Norbert Tonner/Catja Dickmann/Erwin Hoffmann/
Leonhard Rudel/Ralf Sommer/Reinolf Schwandt/Jasmin Schwunk

Kurzvorträge für das Wirtschaftsprüferexamen

3. Auflage

2019
HDS-Verlag
Weil im Schönbuch

Bibliografische Information der Deutschen Nationalbibliothek
Die Deutsche Nationalbibliothek verzeichnet diese Publikation
in der Deutschen Nationalbibliografie; detaillierte bibliografische Daten
sind im Internet über http://dnb.de abrufbar

Gedruckt auf säure- und chlorfreiem, alterungsbeständigem Papier

ISBN: 978-3-95554-539-0

Dieses Werk einschließlich aller seiner Teile ist urheberrechtlich geschützt. Jede Verwertung außerhalb der engen Grenzen des Urheberrechtsgesetzes ist ohne Zustimmung des Verlages unzulässig und strafbar. Das gilt insbesondere für Vervielfältigungen, Übersetzungen, Mikroverfilmungen und die Einspeicherung und Verarbeitung in elektronischen Systemen.

© 2019 HDS-Verlag
www.hds-verlag.de
info@hds-verlag.de

Layout: HDS-Verlag
Einbandgestaltung: Peter Marwitz – etherial.de
Druck und Bindung: Books on Demand GmbH

Printed in Germany
2019

HDS-Verlag Weil im Schönbuch

Die Autoren

Prof. Dr. jur. Norbert Tonner, Steuerberater, ist Hochschullehrer für Steuerrecht und Wirtschaftsprivatrecht an der Hochschule Osnabrück, Studiengangsleiter des Masterstudiengangs MAFT mit Anerkennung nach § 8a WPO, der auf das Wirtschaftsprüferexamen vorbereitet.

Catja Dickmann, M.A., Wirtschaftsprüferin ist Absolventin des § 8a WPO-Studiengangs MAFT und promoviert derzeit als externe Doktorandin an der TU Clausthal-Zellerfeld in Kooperation mit der Fachhochschule Münster. Sie hält Vorlesungen inbesondere im Bereich externes Rechnungswesen in Bachelor- und Masterstudiengängen der Fachhochschule Münster sowie der Hochschule Osnabrück.

Prof. Dr. rer. soc. Erwin Hoffmann, Sozialwissenschaftler, ist Dekan für Wirtschaftspsychologie an der Hochschule Fresenius, Dozent für Kommunikation und Präsentationstechnik des Masterstudiengangs MAFT in Münster/Osnabrück und hat 14 Jahre als Personal- und Organisationsentwickler einer großen mittelständischen Wirtschaftsprüfungsgesellschaft gearbeitet.

Leonhard Rudel, Studium der BWL (Schwerpunkt Steuer- und Revisionswesen) an der Fachhochschule der Wirtschaft (FHDW) in Hannover, Diplom Kaufmann (FH) 2007. Mitarbeiter in einer international tätigen Steuerberatungs- und Wirtschaftsprüfungsgesellschaft 2008 bis 2013. Berufsbegleitender Masterstudiengang an der Hochschule Osnabrück (M.A.) 2013. Seit 2013 tätig bei Dr. Rudel, Schäfer & Partner. Bestellung zum Wirtschaftsprüfer 2015. Partner der Gesellschaft seit Januar 2016.

Ralf Sommer, M.A., Steuerberater, Wirtschaftsprüfer, Rechtsanwalt und Fachanwalt für Steuerrecht ist Absolvent des § 8a WPO Studiengangs. Er ist Inhaber einer mittelständischen Steuer- und Wirtschaftsprüfungskanzlei in Bielefeld. Darüber hinaus ist er als Aufsichtsrat/Verwaltungsrat in mehreren Aufsichtsgremien tätig. Ebenfalls ist er Mitglied im Beirat des Masterstudiengangs MAFT.

Reinolf Schwandt, Wirtschaftsprüfer, führt als Gesellschafter-Geschäftsführer der Context Treuhand GmbH Wirtschaftsprüfungsgesellschaft bundesweit Qualitätskontrollprüfungen bei Wirtschaftsprüfern und Wirtschaftsprüfungsgesellschaften nach § 57a Abs. 3 WPO durch. In seiner Einzelpraxis prüft und berät er Non-Profit-Unternehmen im Sozial- und Gesundheitswesen.

Jasmin Schwunk, Wirtschaftsprüferin, ist Alumni des Masterstudiengangs MAFT mit Anerkennung nach § 8a WPO. Heute ist sie Partnerin in einer mittelständischen Wirtschaftsprüfungsgesellschaft mit den Schwerpunkten „Non-Profit/Sozialwirtschaft" und „Health Care". Jasmin Schwunk war in den Jahren 2014 und 2015 als Privatdozentin an der FOM Hochschule für Ökonomie & Management gem. GmbH für Steuerrecht sowie Internationale und Konzern-Rechnungslegung engagiert. Seit 2016 ist sie als Lehrbeauftragte an der HU Berlin für die Themen Steuerlehre und Gemeinnützigkeit tätig. Ebenfalls ist sie Mitglied im Beirat des Masterstudiengangs MAFT.

Bearbeiterübersicht

Tonner	Vorwort, Kapitel 1–2, Vorträge 1–14, 51, 65–66
Dickmann	Vorträge 15–25
Hoffmann	Kapitel 3
Sommer	Vorträge 26–37
Schwandt	Vorträge 38–49
Schwunk	Vorträge 50–58
Rudel	Vorträge 59–64

Vorwort zur 3. Auflage

In den letzten Jahren sind die Anforderungen an das Wirtschaftsprüferexamen ständig gestiegen. Die Stoffvielfalt, die Anzahl der Verlautbarungen des Instituts der Wirtschaftsprüfer und die zunehmende Rechtsprechung sind kaum noch für die Prüfungskandidaten zu überblicken. Daher ist es für diese von besonderer Bedeutung, sich an einer bewährten Leitlinie zur Vorbereitung auf das mündliche Wirtschaftsprüferexamen orientieren zu können. Da sich das vorliegende Buch an in einzelnen Prüfungsstandorten tatsächlich gestellten Vortragsthemen orientiert, bietet es dem Examenskandidaten diese Hilfe. Das Buch vermittelt ein methodisches Vorgehen zur Erarbeitung und Strukturierung des komplexen Stoffes für einen erfolgreichen mündlichen Vortrag.

Berücksichtigt werden dazu viele Themen aus den Examina 2012–2018, die an den Prüfungsstandorten Berlin, Düsseldorf, Frankfurt, Hamburg, München und Stuttgart abgefragt wurden. Insgesamt werden 66 aktuelle Examensthemen ausgearbeitet. Die Themen entsprechen dem neuesten Stand der nationalen und internationalen Rechnungslegung, den Prüfungsstandards des IDW, der Rechtsprechung, den Verwaltungsanweisungen und der Literatur.

Es empfiehlt sich, die wesentlichen Punkte eines Themas beim Lesen zu vermerken, um mit den Gliederungszusammenfassungen im Anhang eine Schnellwiederholung vor der Prüfung vorzunehmen.

Durch die 2. VO zur Änderung der WiPrPrüfV wurde für alle nach dem 16.02.2019 beginnenden Prüfungen die von der Wirtschaftsprüferkammer initiierte Modularisierung des Wirtschaftsprüfungsexamens eingeführt. Damit ersetzt das modularisierte Wirtschaftsprüfungsexamen erstmals im Prüfungstermin II/2019 die bisherige Prüfung, bei der in einem Prüfungstermin alle Prüfungsgebiete geprüft werden mussten. Zudem können auch Kandidaten, die sich momentan in einem laufenden Prüfungsverfahren befinden, auf ihren Antrag in die Modularisierung wechseln.

Die modulare Prüfungsweise orientiert sich an der Struktur von Hochschulprüfungen, die bereits seit längerem regelmäßig in Form von Modulprüfungen absolviert werden. Für die Ablegung aller Module (der vier Prüfungsgebiete) stehen sechs Jahre zur Verfügung. Der Zeitraum beginnt mit der Zulassung zur Prüfung. Mit dem Zulassungsantrag muss die Anmeldung zu mindestens einer Modulprüfung erfolgen. Die Anmeldung zu weiteren Modulprüfungen ist möglich, solange seit der Zulassung noch keine sechs Jahre vergangen sind.

Die Prüfung ist bestanden, wenn alle abzulegenden Module bestanden sind. Jedes Modul kann innerhalb des 6-Jahres-Prüfungszeitraums zweimal wiederholt werden.

Die mündliche Prüfung besteht wie bisher auch aus einem kurzen Vortrag. Allerdings beginnt nur die mündliche Modulprüfung im Prüfungsgebiet „Wirtschaftliches Prüfungswesen, Unternehmensbewertung und Berufsrecht" mit einem kurzen Vortrag, an den sich zwei Prüfungsabschnitte anschließen. Für den Vortrag stehen drei Themen zur Wahl. Die mündlichen Modulprüfungen in den Prüfungsgebieten „Angewandte Betriebswirtschaftslehre, Volkswirtschaftslehre", „Wirtschaftsrecht" und „Steuerrecht" bestehen aus jeweils einem Prüfungsabschnitt. In den Prüfungsabschnitten werden Fragen gestellt, die mit der beruflichen Tätigkeit der Wirtschaftsprüfer und Wirtschaftsprüferinnen zusammenhängen.

Die Autoren sind Wirtschaftsprüfer, Dozenten und Alumni des Masterstudienganges MAFT der Hochschulen Osnabrück und Münster, die ihre eigenen praktischen Erfahrungen zum erfolgreichen Bestehen der Prüfung in das Buch eingebracht haben.

Die vorliegende dritte Auflage berücksichtigt die Rechtslage bis zum 01.01.2019.

Osnabrück, im Juli 2019   Prof. Dr. Norbert Tonner, Steuerberater

Inhaltsverzeichnis

Die Autoren V
Bearbeiterübersicht VI
Vorwort zur 3. Auflage VII
Abkürzungsverzeichnis XIII

1. Inhalt des Wirtschaftsprüferexamens 1
2. Ablauf der mündlichen Prüfung 1
3. Hinweise zur Vorbereitung auf das Wirtschaftsprüferexamen 3
4. 66 ausgewählte Themen mit Gliederung und ausformuliertem Kurzvortrag 8

Vortrag 1: IDW S 10 – Bewertungen von Immobilien (Prüfungswesen) 9
Vortrag 2: Mängelhaftung des Wirtschaftsprüfers (Wirtschaftsrecht) 13
Vortrag 3: Besitz und Eigentum – Gemeinsamkeiten und Unterschiede (Wirtschaftsrecht) 17
Vortrag 4: Die Bilanzierung entgeltlich erworbener Software in der Handelsbilanz (Prüfungswesen) 22
Vortrag 5: Die E-Bilanz (Steuerrecht) 25
Vortrag 6: Auswirkungen der Digitalisierung auf die Wirtschaftsprüfung (Prüfungswesen) 29
Vortrag 7: Die Prüfung von Tax Compliance Management-Systemen (Prüfungswesen) 32
Vortrag 8: Die Prüfung von Sanierungskonzepten (Prüfungswesen) 35
Vortrag 9: Das Insolvenzeröffnungsverfahren – Eröffnungsgründe, Sicherungsmaßnahmen sowie Mitwirkungs- bzw. Auskunftspflichten (Wirtschaftsrecht) 38
Vortrag 10: Leasingbilanzierung nach IFRS 16 – seine Auswirkungen auf Bilanzkennzahlen (Prüfungswesen) 42
Vortrag 11: Bilanzierung und Bewertung von Rückstellungen nach HGB und deutschem Steuerrecht – Unterschiede und Auswirkungen auf den handelsrechtlichen Jahresabschluss (Prüfungswesen und Steuerrecht) 45
Vortrag 12: Der neue IFRS 16 zur Leasingbilanzierung (Prüfungswesen) 49
Vortrag 13: Prüfungen nach der Datenschutz-Grundverordnung und dem Bundesdatenschutzgesetz (Prüfungswesen) 52
Vortrag 14: Die Haftung des Vorstands bei Verstoß gegen den Deutschen Corporate Governance Kodex (Wirtschaftsrecht) 56
Vortrag 15: Die Beurteilung der Fortführung der Unternehmenstätigkeit im Rahmen der Abschlussprüfung (Prüfungswesen) 59
Vortrag 16: Pflichten des Abschlussprüfers des Tochterunternehmens und des Konzernabschlussprüfers im Zusammenhang mit § 264 Abs. 3 HGB (Prüfungswesen) 64
Vortrag 17: Die Betriebsaufspaltung – Entstehung, Beendigung, Folgen (Steuerrecht) 68
Vortrag 18: Bilanzierung und Bewertung latenter Steuern im Einzelabschluss nach HGB (Prüfungswesen) . 72
Vortrag 19: Die Angabepflichten von Haftungsverhältnissen im handelsrechtlichen Jahres- und Konzernabschluss (Prüfungswesen) 75
Vortrag 20: Auswirkungen einer skalierten Prüfungsdurchführung (Prüfungswesen) 78
Vortrag 21: Die Bilanzierung und Prüfung von Anteilen an Personenhandelsgesellschaften (Prüfungswesen) 81
Vortrag 22: Bilanzierung und Prüfung von Drohverlustrückstellungen im Jahresabschluss nach HGB (Prüfungswesen) 85
Vortrag 23: Die Kapitalflussrechnung nach DRS 21 (Prüfungswesen) 89
Vortrag 24: Die Bilanzierung und Prüfung von Steuern im handelsrechtlichen Jahresabschluss (Prüfungswesen) 92
Vortrag 25: Erlöse aus Verträgen mit Kunden – Das Fünf-Stufen-Modell (Prüfungswesen) 96
Vortrag 26: Die Prüfung des Lageberichts (Prüfungswesen) 100
Vortrag 27: Der Bestätigungsvermerk (Prüfungswesen) 104

Vortrag 28: Die Grundsätze der prüferischen Durchsicht von Jahresabschlüssen nach IDW PS 900 (Prüfungswesen) 109
Vortrag 29: Ereignisse nach dem Bilanzstichtag – Auswirkungen auf Unternehmensleitung und Abschlussprüfer (Wirtschaftsprüfung) 113
Vortrag 30: Wesentlichkeit im Rahmen der Jahresabschlussprüfung (Wirtschaftsprüfung) 116
Vortrag 31: Überschuldung und bestandsgefährdende Tatsachen; Definition, Prüfung und Berichterstattung (Prüfungswesen) 120
Vortrag 32: Währungsumrechnung im HGB-Jahresabschluss (Prüfungswesen) 124
Vortrag 33: Ansatz und Bewertung von immateriellen Vermögensgegenständen/-werten nach HGB und IFRS (Prüfungswesen) 127
Vortrag 34: Angaben zu nahestehenden Personen im Jahresabschluss nach HGB und IFRS (Prüfungswesen) 132
Vortrag 35: Neue Anforderungen an die Qualitätssicherung durch IDW QS 1 (Prüfungswesen) 135
Vortrag 36: ISA Integration am Beispiel des ISA 720 E-DE (Prüfungswesen) 138
Vortrag 37: Eigenkapitalausweis bei Personengesellschaften nach HGB (Prüfungswesen) 141
Vortrag 38: Handelsrechtliche Bilanzierung von Verpflichtungen aus Altersteilzeitvereinbarungen (Prüfungswesen) 145
Vortrag 39: Aufdeckung von Unregelmäßigkeiten im Rahmen der Abschlussprüfung (Prüfungswesen) 148
Vortrag 40: Genussrechte und deren Bilanzierung (Prüfungswesen) 151
Vortrag 41: Anforderungen an die Qualitätssicherung in der Wirtschaftsprüferpraxis (Prüfungswesen) 155
Vortrag 42: Einholung von Bestätigungen Dritter im Rahmen einer Abschlussprüfung (Prüfungswesen) 159
Vortrag 43: Vergangenheits- und zukunftsbezogene Prüfung des Lageberichts bei Unternehmen in der Krise (Prüfungswesen) 162
Vortrag 44: Ausstellung einer Bescheinigung nach § 270b InsO (Prüfungswesen) 166
Vortrag 45: Erstellung von Sanierungskonzepten unter besonderer Berücksichtigung von Marktumfeld und Wettbewerbern (Prüfungswesen) 169
Vortrag 46: Prüfung von Compliance-Management-Systemen (Prüfungswesen) 173
Vortrag 47: Das Risikomodell nach ISA 300, 315 und 330 (Prüfungswesen) 176
Vortrag 48: Die Bedeutung der integrierten Unternehmensplanungsrechnung (Prüfungswesen) 179
Vortrag 49: Zusammenwirken von handelsrechtlicher Fortführungsannahme und insolvenzrechtlicher Fortbestehensprognose (Prüfungswesen) 183
Vortrag 50: Zusammenarbeit zwischen Wirtschaftsprüfer und Aufsichtsrat (Prüfungswesen) 187
Vortrag 51: Bilanzierung und Bewertung nach deutschem Handelsrecht bei Wegfall der Going-Concern-Prämisse (Prüfungswesen) 189
Vortrag 52: Rechnungslegung und Prüfung von gemeinnützigen Stiftungen und Vereinen (Prüfungswesen) 192
Vortrag 53: Der Komponentenansatz im handelsrechtlichen Jahresabschluss (Prüfungswesen) 195
Vortrag 54: Handelsbilanzielle Behandlung von Zuschüssen der öffentlichen Hand (Prüfungswesen) 198
Vortrag 55: Die Erstellung von Jahresabschlüssen durch den Wirtschaftsprüfer hinsichtlich der einzelnen Auftragsarten bezüglich Inhalt, Auftragsdurchführung und Berichterstattung (Prüfungswesen) 202
Vortrag 56: Die Ermittlung des Erfüllungsbetrages von Verbindlichkeitsrückstellungen unter Berücksichtigung der Abzinsungsproblematik und des Beibehaltungswahlrechts (Prüfungswesen) 205
Vortrag 57: Die Bilanzierung von Anteilen an Personenhandelsgesellschaften (Prüfungswesen) 209
Vortrag 58: Die Beurteilung der Fortführung der Unternehmenstätigkeit im Rahmen der Abschlussprüfung (Prüfungswesen) 213
Vortrag 59: Anhangangaben nach HGB zu Geschäften mit nahestehenden Unternehmen und Personen (Prüfungswesen) 216
Vortrag 60: Das Konzept der Wesentlichkeit (Prüfungswesen) 219
Vortrag 61: Der Prüfungsbericht über die Jahresabschlussprüfung von Kapitalgesellschaften – Bedeutung, allgemeine Grundsätze, berichtspflichtige Sachverhalte, Gliederung (Prüfungswesen) 223

Inhaltsverzeichnis

Vortrag 62: Die Erstellung von Jahresabschlüssen durch den Wirtschaftsprüfer (Prüfungswesen) 227
Vortrag 63: Die Grundsätze für die Durchführung von Konzernabschlussprüfungen, einschließlich der Tätigkeit von Teilbereichsprüfern (Prüfungswesen) 230
Vortrag 64: Risiko- und Prognosebericht in der Lageberichterstattung (Prüfungswesen) 234
Vortrag 65: Steuerfreie Rücklagen (Steuerrecht)... 238
Vortrag 66: Ergänzungsbilanzen und Ergänzungs-GuV-Rechnungen bei Personengesellschaften (Steuerrecht) 241

Anhang: Konkretisierung der Prüfungsgebiete nach § 4 Wirtschaftsprüferprüfungsverordnung (§ 4 WiPrPrüfV) 245

Stichwortverzeichnis 271

Abkürzungsverzeichnis

Abs.	Absatz
Abschn.	Abschnitt
a.F.	alte(r) Fassung
AfA	Absetzung für Abnutzung
AG	Aktiengesellschaft
AHK	Anschaffungs- oder Herstellungskosten
AktG	Aktiengesetz
AO	Abgabenordnung
Art.	Artikel
BewG	Bewertungsgesetz
BFH	Bundesfinanzhof
BFH/NV	Sammlung der Entscheidungen des Bundesfinanzhofs (Zeitschrift)
BGB	Bürgerliches Gesetzbuch
BGH	Bundesgerichtshof
BilRuG	Bilanzrichtlinie-Umsetzungsgesetz
BMF	Bundesfinanzministerium
BStBl	Bundessteuerblatt
BT	Bundestag
BVerfG	Bundesverfassungsgericht
BWL	Betriebswirtschaftslehre
bzw.	beziehungsweise
DBA	Doppelbesteuerungsabkommen
DCGK	Deutsche Corporate Governance Kodex
DStR	Deutsches Steuerrecht (Zeitschrift)
EFG	Entscheidungen der Finanzgerichte (Zeitschrift)
ErbStG	Erbschaftsteuergesetz
EStG	Einkommensteuergesetz
EuGH	Europäischer Gerichtshof
EStDV	Einkommensteuerdurchführungsverordnung
EStR	Einkommensteuerrichtlinien
ff.	fortfolgende
FG	Finanzgericht
gem.	gemäß
ggf.	gegebenenfalls
GG	Grundgesetz
GmbH	Gesellschaft mit beschränkter Haftung
GrEStG	Grunderwerbsteuergesetz
GrS	Großer Senat
GuV	Gewinn- und Verlustrechnung
H	Hinweis
HFA	Hauptfachausschuss

HGB	Handelsgesetzbuch	
HS	Halbsatz	
IAS	International Accounting Standards	
IDW	Institut der Wirtschaftsprüfer	
IDW RS	IDW Stellungnahmen zur Rechnungslegung	
IFRS	International Financial Reporting Standards	
i.H.v.	in Höhe von	
InsO	Insolvenzordnung	
i.S.d.	im Sinne des	
i.V.m.	in Verbindung mit	
i.Z.m.	im Zusammenhang mit	
KGaA	Kommanditgesellschaft auf Aktien	
KStG	Körperschaftsteuergesetz	
LStDV	Lohnsteuerdurchführungsverordnung	
Mio.	Millionen	
m.w.N.	mit weiterem Nachweis/mit weiteren Nachweisen	
Nr.	Nummer	
n.F.	neue(r) Fassung	
OHG	Offene Handelsgesellschaft	
PS	Prüfungsstandard	
R	Richtlinie	
Rz.	Randziffer	
sog.	sogenannt(e)	
StGB	Strafgesetzbuch	
u.ä.	und ähnlich(e)	
u.a.	unter anderem	
vgl.	vergleiche	
VO	Verordnung	
WiPrPrüfV	Prüfungsverordnung für Wirtschaftsprüfer nach §§ 14 und 131l der Wirtschaftsprüferordnung	
WPK	Wirtschaftsprüferkammer	
WP	Wirtschaftsprüfer	
WPO	Wirtschaftsprüferordnung	
z.B.	zum Beispiel	
ZPO	Zivilprozessordnung	

1. Inhalt des Wirtschaftsprüferexamens

Die **Inhalte des Wirtschaftsprüfungsexamens** sind in § 4 WiPrPrüfV festgelegt. Prüfungsgebiete sind:
A. Wirtschaftliches Prüfungswesen, Unternehmensbewertung und Berufsrecht,
B. Angewandte Betriebswirtschaftslehre, Volkswirtschaftslehre,
C. Wirtschaftsrecht,
D. Steuerrecht.

Der Zielsetzung eines Berufsexamens folgend werden die Examensinhalte aus der Berufsarbeit abgeleitet. Nach § 2 Abs. 1 WPO haben Wirtschaftsprüfer die berufliche Aufgabe, betriebswirtschaftliche Prüfungen, insbesondere solche von Jahresabschlüssen wirtschaftlicher Unternehmen, durchzuführen. Zu den Kernkompetenzen der Wirtschaftsprüfer zählt neben der Prüfungstätigkeit vorrangig die steuerliche Beratung und Vertretung sowie die Tätigkeit als Gutachter oder Sachverständiger in allen Bereichen der wirtschaftlichen Betriebsführung.

Darüber hinaus ist die Verordnung zur Konkretisierung der Prüfungsgebiete im Wirtschaftsprüferexamen des IDW/WPK-Arbeitskreises, insbesondere § 4 WiPrPrüfV, und die von der Prüfungsstelle für das Wirtschaftsprüferexamen bei der WPK erlassenen Hinweise für die Mitglieder der Prüfungskommission zu beachten. Die **Durchführung des Wirtschaftsprüferexamens** ist auf die sechs Landesgeschäftsstellen der Wirtschaftsprüferkammer (Berlin, Düsseldorf, Frankfurt, Hamburg, München, Stuttgart) verlagert.

2. Ablauf der mündlichen Prüfung

Bisheriger Ablauf

Nach §§ 15 ff. der WiPrPrüfV besteht die mündliche Prüfung bei einer **Vollprüfung** aus einem kurzen Vortrag und fünf Prüfungsabschnitten, und zwar zwei Prüfungsabschnitten aus dem wirtschaftlichen Prüfungswesen, Unternehmensbewertung und Berufsrecht, ein Prüfungsabschnitt aus dem Gebiet der Betriebswirtschaftslehre, Volkswirtschaftslehre und ein Prüfungsabschnitt aus dem Gebiet des Wirtschaftsrechts und bei Vollprüfung zusätzlich aus dem Gebiet des Steuerrechts.

Die **mündliche Prüfung** beginnt mit einem kurzen Vortrag über einen Gegenstand aus der Berufsarbeit der Wirtschaftsprüfer, für den dem Kandidaten 30 Minuten vor der Prüfung aus jedem der vier o.g. Prüfungsgebiete ein Thema zur Wahl gestellt wird. Bei verkürzten Prüfungen (§ 6 WiPrPrüfVO i.V.m. § 13 WPO), d.h. soweit der/die Kandidat bereits die Steuerberaterprüfung abgelegt hat, entfällt das Thema aus dem Bereich des Steuerrechts, es werden dann drei Themen zur Wahl gestellt.

Vergleichbares gilt, wenn bei einem Kandidaten eine Anerkennung aus einem Studiengang nach § 13b WPO erfolgt. In diesem Fall entfällt je nach Anerkennung der Vortrag aus dem Prüfungsgebiet der Betriebswirtschaft oder des Wirtschaftsrechts. Umfasst die Prüfung weniger als drei Prüfungsgebiete, was bei Studierenden mit einer Anerkennung von Studienleistungen nach § 8a oder § 13b WPO der Fall ist, erhöht sich die Zahl der Themen aus dem Prüfungsgebiet nach § 4 Buchstabe A (Wirtschaftliches Prüfungswesen, Unternehmensbewertung und Berufsrecht) entsprechend.

Die **Dauer des Vortrags** soll 10 Minuten nicht überschreiten. Zeitlich optimal ist ein Vortrag mit einer Länge von 10 Minuten oder geringfügig weniger (maximal 2 Minuten). Eine wesentliche zeitliche Unterschreitung kann die Prüfer zur Beurteilung verleiten, dass noch etwas zum Thema hätte gesagt werden können.

Um die Prüfung insgesamt zu bestehen, müssen folgende Noten erreicht werden. Die Gesamtnote ergibt sich aus dem schriftlichen Teil (60 %) und dem mündlichen Teil (40 %) der Prüfung. Die schriftlichen Arbeiten werden von jeweils 2 Mitgliedern des Prüfungsausschusses bewertet. Bei abweichender Beurteilung ergibt sich die Note aus dem Durchschnitt der Einzelnoten. Im Anschluss daran wird eine Gesamtnote für die schriftliche Prüfung über alle Fächer gebildet.

Für die Zulassung zur mündlichen Prüfung muss die Schriftliche und mündliche Prüfung in einem Modul finden wie bisher in zeitlichem Zusammenhang in demselben Prüfungstermin statt. Für Kandidaten, die beispielsweise im 2. Prüfungstermin im Juni die Klausur „Wirtschaftsrecht" schreiben und im August an der schriftlichen Prüfung im Modul „Steuerrecht" teilnehmen, finden die mündlichen Modulprüfungen in diesen beiden

Prüfungsgebieten im November/Dezember desselben Jahres statt. Neu ist, dass in jedem Modul die Teilnahme an der mündlichen Modulprüfung nur möglich ist, wenn in der schriftlichen Modulprüfung mindestens die Note 5,00 erreicht wurde. Ist die Note der schriftlichen Prüfung schlechter, ist die Modulprüfung nicht bestanden. Ebenfalls ausgeschlossen für die mündliche Prüfung wird der Kandidat, wenn trotz zulässiger Gesamtnote die Beurteilung im Fach Wirtschaftliches Prüfungswesen nicht die Note 5,0 erreicht.

In der mündlichen Prüfung werden für den Vortrag und für die einzelnen Prüfungsabschnitte **gesonderte Noten** vergeben. Hierbei wird die Note des Kurzvortrages dem Fach zugerechnet, aus dem der Vortrag gehalten wurde. Für die Fächer Betriebs- und Volkswirtschaft, Wirtschaftsrecht und ggf. Steuern wird eine Gesamtnote in der mündlichen Prüfung erteilt, auf die sich die Prüfer des Fachgebiets einigen müssen.

Für das Fach **Wirtschaftliches Prüfungswesen** werden von beiden Prüfern getrennte Noten vergeben, sodass nach der Addition der Einzelnoten bei der Ermittlung der mündlichen Gesamtnote durch 5 bzw. bei der Vollprüfung durch 6 geteilt wird. Der Vortrag zählt ebenso viel wie die Fachnote, sodass sich z.B. bei einem Vortrag im Fach Wirtschaftliches Prüfungswesen die mündliche Note aus drei Teilnoten zusammensetzt.

Aus den **Durchschnittsnoten des schriftlichen und mündlichen Prüfungsabschnitts** ist dann eine Prüfungsgesamtnote zu bilden. Sie errechnet sich durch Multiplikation der schriftlichen Note mit 6 und der mündlichen Note mit 4. Im Anschluss daran wird die Summe durch 10 geteilt. Die Prüfung ist in vollem Umfang bestanden, wenn sowohl die Note in jedem einzelnen Prüfungsgebiet als auch die Gesamtnote mindestens 4,0 beträgt.

Wurde die Gesamtnote von 4,0 erreicht und hat der Kandidat gleichzeitig in einem oder mehreren Prüfungsgebieten keine ausreichende Benotung, so ist in diesen Fächern eine Ergänzungsprüfung abzulegen. Ergibt sich rechnerisch eine schlechtere Gesamtnote als 4,0, so ist eine Ergänzungsprüfung nur dann zulässig, wenn der Bewerber in zwei Prüfungsgebieten keine ausreichende Note erzielt hat. Bei der **Ergänzungsprüfung** in einem Fach ist die Gesamtnote irrelevant. In allen anderen Fällen gilt die Prüfung als nicht bestanden.

Änderung durch die Modualisierung

Durch die 2. VO zur Änderung der WiPrPrüfV wurde für alle nach dem 16.2.2019 beginnende Prüfungen die von der Wirtschaftsprüferkammer initiierte Modularisierung des Wirtschaftsprüfungsexamens eingeführt. Damit ersetzt das modularisierte Wirtschaftsprüfungsexamen erstmals im Prüfungstermin II/2019 die bisherige Prüfung, bei der in einem Prüfungstermin alle Prüfungsgebiete geprüft werden mussten. Zudem können auch Kandidaten, die sich momentan in einem laufenden Prüfungsverfahren befinden, auf ihren Antrag in die Modularisierung wechseln.

Die modulare Prüfungsweise orientiert sich an der Struktur von Hochschulprüfungen, die bereits seit längerem regelmäßig in Form von Modulprüfungen absolviert werden. Für die Ablegung aller Module (der vier Prüfungsgebiete) stehen sechs Jahre zur Verfügung. Der Zeitraum beginnt mit der Zulassung zur Prüfung. Mit dem Zulassungsantrag muss die Anmeldung zu mindestens einer Modulprüfung erfolgen. Die Anmeldung zu weiteren Modulprüfungen ist möglich, solange seit der Zulassung noch keine sechs Jahre vergangen sind.

Die Prüfung ist bestanden, wenn alle abzulegenden Module bestanden sind. Jedes Modul kann innerhalb des 6-Jahres-Prüfungszeitraums zweimal wiederholt werden.

Schriftliche und mündliche Prüfung in einem Modul finden wie bisher in zeitlichem Zusammenhang in demselben Prüfungstermin statt. Für Kandidaten, die beispielsweise im 2. Prüfungstermin im Juni die Klausur „Wirtschaftsrecht" schreiben und im August an der schriftlichen Prüfung im Modul „Steuerrecht" teilnehmen, finden die mündlichen Modulprüfungen in diesen beiden Prüfungsgebieten im November/Dezember desselben Jahres statt. Neu ist, dass in jedem Modul die Teilnahme an der mündlichen Modulprüfung nur möglich ist, wenn in der schriftlichen Modulprüfung mindestens die Note 5,00 erreicht wurde. Ist die Note der schriftlichen Prüfung schlechter, ist die Modulprüfung nicht bestanden.

Die mündliche Prüfung besteht wie bisher auch aus einem kurzen Vortrag. Allerdings beginnt nur die mündliche Modulprüfung im Prüfungsgebiet „Wirtschaftliches Prüfungswesen, Unternehmensbewertung und Berufsrecht" mit einem kurzen Vortrag, an den sich zwei Prüfungsabschnitte anschließen. Für den Vortrag stehen drei Themen zur Wahl. Die mündlichen Modulprüfungen in den Prüfungsgebieten „Angewandte Betriebswirtschaftslehre, Volkswirtschaftslehre", „Wirtschaftsrecht" und „Steuerrecht" bestehen aus jeweils einem Prüfungsabschnitt. In den Prüfungsabschnitten werden Fragen gestellt, die mit der beruflichen Tätigkeit der Wirtschaftsprüfer und Wirtschaftsprüferinnen zusammenhängen.

3. Hinweise zur Vorbereitung auf das Wirtschaftsprüferexamen

Überzeugend auftreten beim Kurzvortrag

Durch die aktuelle Modularisierung des WP-Examens hat auch die mündliche Prüfung einige Änderungen erfahren. Die schriftliche und mündliche Prüfung in einem Modul finden wie bisher in zeitlichem Zusammenhang in demselben Prüfungstermin statt. Die wesentliche Änderung betrifft die Form der mündlichen Prüfung: Nach der Neufassung der Wirtschaftsprüferprüfungsverordnung (WiPrPrüfV) wird nur noch in der mündlichen Modulprüfung im Prüfungsgebiet Wirtschaftliches Prüfungswesen, Unternehmensbewertung und Berufsrecht ein kurzer Vortrag abgelegt (plus zwei zusätzliche Prüfungsabschnitte mit Frage-Antwort-Prüfung). Die mündlichen Modulprüfungen in den übrigen Prüfungsgebieten bestehen aus jeweils einem Prüfungsabschnitt in Form einer Frage-Antwort-Prüfung (also ohne Vortrag).

Der Kurzvortrag ist aber nach wie vor ein wichtiger Teil des Wirtschaftsprüfungsexamens, denn neben dem Beweis des Fachwissens im gewählten Thema zeigt der Kandidat damit, dass er sich für den Beruf des Wirtschaftsprüfers eignet und den Berufsstand insgesamt würdig vertreten kann. Fest steht aber leider: Kaum jemand hält wirklich gern einen Vortrag. Die Angst, eine Rede halten zu müssen gehört zu den sogenannten sozialen Ängsten. Etwa vierzig Prozent aller Menschen sollen Angst, ja sogar Panik haben, vor einer Gruppe zu sprechen. Man befürchtet sich zum Narren zu machen, den Faden zu verlieren, nicht die richtigen Worte zu finden oder auch nicht zu wissen, was man während des Vortrags eigentlich mit seinen Händen anstellen soll. Und leider ist gerade auch die **Vermittlung von Präsentationstechniken** häufig genug ein Stiefkind der betrieblichen Personalentwicklung, obwohl es sich hierbei eigentlich – ähnlich wie bei anderen Kommunikationstechniken – um eine Basisqualifikation insbesondere für Vertreter des Berufsstandes handeln sollte. Die folgenden Hinweise sollen Ihnen das Rüstzeug für Ihren überzeugenden Kurzvortrag liefern.

Vorbereitung

Es ist sehr zu empfehlen, die Vorbereitung so früh wie möglich zu beginnen. Auch wenn nach dem Abschluss der schriftlichen Prüfungen im jeweiligen Modul immer noch eine gewisse Unsicherheit bestehen wird, ob man diese tatsächlich bestanden hat, sollte man doch nicht bis zum Zugang des Eingangs der Einladung zur mündlichen Prüfung warten. Immerhin: nach Abschluss der schriftlichen Prüfung ist der Lernstoff noch „frisch" und abrufbar. Dies sollte man nutzen und die weitere Vorbereitung auf dieser Wissensbasis aufbauen. Allerdings geht es eben nicht nur um die „Ablieferung von Wissen": Für den Kurzvortrag müssen Sie neben den notwendigen Fachkenntnissen auch die Methodik beherrschen, wie Sie innerhalb von dreißig Minuten aus drei alternativen Themen Ihr Vortragsthema auswählen, hierzu ein Redemanuskript verfassen und anschließend in maximal zehn Minuten einen überzeugenden Vortrag halten. All dies will geübt sein.

Der Vorschlag: Schließen Sie sich gleich nach der schriftlichen Prüfung im Prüfungsgebiet Wirtschaftliches Prüfungswesen, Unternehmensbewertung und Berufsrecht mit drei bis fünf Gleichgesinnten zu einer **Vorbereitungsgruppe** zusammen und bereiten Sie sich gemeinsam auf die mündliche Prüfung vor. Bei den wöchentlichen Treffen sollten Sie sich reihum in Kurzvorträgen den Stoff vortragen. Dabei ist es sinnvoll, von Anfang an unter Echt-Bedingungen zu üben; d.h. jedes Gruppenmitglied erhält drei alternative Vortragsthemen, muss innerhalb von 30 Minuten hiervon ein Thema auswählen und hierzu ein Vortragsmanuskript erarbeiten. Anschließend werden die Vorträge in maximal zehn Minuten präsentiert. Die Zeit wird gestoppt und man erhält von allen Gruppenmitgliedern ein fachliches Feedback, sowie ein Feedback zum eigenen Auftritt und zur Struktur und Wirkung des Vortrags. Auf diese Weise entsteht im Laufe der Zeit eine sehr gute Routine im Vorbereiten und Durchführen der Kurzvorträge. Der Vortrag kann so viel von seinem etwaigen Schrecken verlieren und das Lampenfieber am Prüfungstag wird sicherlich weniger stark ausgeprägt sein, als ohne eine solche fundierte Vorbereitung. Ganz im Gegenteil: Sie werden sicherer und souveräner in die Prüfung gehen!

Es kann sich auch anbieten, dass die Vorträge bei den Treffen mitgefilmt werden (z.B. per Mobiltelefon-Kamera mit anschließendem Abspielen des Films über den PC), sodass man selbst sehen kann, wie man als Vortragender wirkt. Viele Menschen sind erstaunt darüber, welche Grundhaltung sie bei einer Präsentation einnehmen, welche (Fehl-)Gesten sie machen und wie sich eigentlich die eigene Stimme anhört.

Die **Prüfungsvorbereitung in einer Arbeitsgruppe** hat übrigens noch weitere Vorteile:

- Sie hören die Vorträge der anderen Kandidaten und werden so im Laufe der Zeit auch noch einmal auditiv durch den kompletten Lernstoff geführt.
- Die Teammitglieder können als „extrinsische Motivatoren" wirken, die Sie wieder aufrichten können, wenn sich bei Ihnen mal ein Motivationstief in der Vorbereitung abzeichnet.
- Sie erhalten durch das Feedback eine laufende Einschätzung bezüglich Ihres Lernstandes.

Für die Zeit der Vorbereitung gelten folgende Hinweise: Stellen Sie sich einen **Zeitplan zur Vorbereitung** auf. Eine strukturierte geplante Vorbereitung wird Ihnen helfen, möglicherweise aufkommender Hektik vorzubeugen. Ziel muss es sein, am Prüfungstag gut vorbereitet, ruhig und ausgeruht in die mündliche Prüfung zu gehen. Hierzu gehört übrigens auch, sich nicht noch kurz vorher mit detailliertem Prüfungsstoff vollzustopfen, sondern ab einem bestimmten unumstößlichen Punkt (z.B. um 17.00 Uhr des Vortages) aufzuhören mit dem Üben. Dies gilt natürlich auch für die mündlichen Prüfungen in Prüfungsgebieten, die nicht mit einem Vortrag, sondern in Form einer Fragerunde durchgeführt werden.

Lernstress erkennen Sie übrigens an Überreaktionen (Gereiztheit), verminderter Belastbarkeit (Selbstmitleid, Nörgelei), körperlichen Beschwerden (Kopfschmerz, Nackenschmerzen), Konzentrations- und Gedächtnisschwächen und Denkblockaden. Hören Sie dann auf Ihren Körper und entspannen Sie sich zwischendurch!

Die Vorbereitung des Vortrags am Prüfungstag

Vor Beginn der eigentlichen Prüfung Im Prüfungsgebiet Wirtschaftliches Prüfungswesen, Unternehmensbewertung und Berufsrecht bereiten die Kandidaten in einem separaten Raum die jeweiligen Vorträge vor. Hierzu erhalten Sie drei **Vortragsthemen**. Die Vorbereitungszeit beträgt 30 Minuten. Die erste Herausforderung besteht darin, aus den drei Themen zügig das eigene Vortragsthema auszuwählen. Dabei sollte versucht werden, die Auswahl primär danach auszurichten, zu welchem Thema man über das meiste Wissen verfügt und sich sicher fühlt. Für den Fall, dass alle drei Themen für einen selbst gleich gut (oder schlecht) sind, entscheiden Sie sich am besten für ein eher allgemeines Thema, da dies die meisten Prüfer interessieren dürfte. Wenn Sie Ihre Entscheidung getroffen haben, vergessen Sie bitte sofort die anderen zwei Themen. Auf keinen Fall sollten Sie sich noch einmal umentscheiden; der Zeitverlust wäre zu groß.

Oft sind die Themen so gestellt, dass man Sie unmöglich umfassend in zehn Minuten darstellen kann. Das ist aber auch gar nicht notwendig. Wenn Sie die richtigen Schwerpunkte in der vorgegebene Zeit strukturiert in Ihrem Vortrag behandelt haben Sie im Grunde die fachliche Seite des Vortrages bereits gemeistert. Überlegen Sie, was für den Vortrag an Fakten erwartet wird, was auf jeden Fall erläutert oder interpretiert werden muss (Hauptpunkte), wo Sie Beispiele benennen können/sollten und wie sich ggf. eigene Wissensschwerpunkte in den Mittelpunkt stellen lassen.

Beginnen Sie nun damit Ihr **Vortragsskript zu erstellen**. Die Gliederung sollte folgendermaßen aufgebaut sein:
- Einleitung (ggf. mit ausformuliertem Einstiegssatz),
- Hauptteil, mit drei bis fünf Inhaltsabschnitten in systematischer Reihenfolge und entsprechenden Schwerpunkten (Dramaturgie!),
- Schluss mit Fazit und Ausblick (und ggf. ausformuliertem Abschlusssatz).

Die **Gliederung** sollten Sie so auf das DIN A4 Papier schreiben, dass Sie zwischen den Gliederungspunkten genug Platz für Notizen lassen. Im zweiten Schritt können Sie nun die Zwischenräume mit weiteren fachlichen Stichpunkten und Beispielen füllen. Beispiele machen Ihren Vortrag lebendiger und zeigen den Prüfern, dass Sie das Prüfungsthema auf die Praxis übertragen können. Denken Sie beim Schreiben unbedingt daran, nur in Stichworten zu formulieren. Ganze Sätze verleiten dazu, den Vortrag komplett abzulesen. Eine Ausnahme können der Einstiegs- und der Abschlusssatz sein. Hiermit kann man einen schönen ersten und letzten Eindruck hinterlassen und den Vortrag „rund" wirken lassen.

Sie müssen übrigens so groß auf Ihrem Vortragsskript schreiben, dass Sie es noch gut lesen können, wenn Sie das Skript beim Vortrag etwa auf Magenhöhe halten. Eine zu kleine Schrift, würde Sie dazu zwingen, das Skript sehr hoch vor dem Körper zu halten, sodass man glauben könnte, Sie müssten sich hinter Ihrem Skript verstecken.

3. Hinweise zur Vorbereitung auf das Wirtschaftsprüferexamen

Wenn Sie Ihr Skript fertig gestellt haben, sollten Sie Ihren Vortrag einmal in stummer Rede einüben. Dies ermöglicht Ihnen, sich den „roten Faden" Ihres Vortrages zu vergegenwärtigen und ggf. noch Ergänzungen einzufügen, die Ihnen ggf. erst bei diesem zweiten Durchgang einfallen.

Für den Vortrag haben Sie dann maximal zehn Minuten Zeit. Diese sollten Sie auch nutzen. Ein etwas zu kurzer Vortrag (acht bis zehn Minuten) macht für die Benotung übrigens nicht so viel aus, wie eine Zeitüberschreitung. Auch die Einhaltung der Vortragzeit lässt sich üben!

Erster Eindruck

Die Bestellung zum Wirtschaftsprüfer oder zur Wirtschaftsprüferin setzt nach der WPO den Nachweis der fachlichen und persönlichen Eignung voraus. Daher ist es wichtig, im Vortrag neben den Fachinhalten auch sich selbst überzeugend zu präsentieren.

Der Vortrag wird gleich zu Beginn der mündlichen Prüfung im Prüfungsgebiet Wirtschaftliches Prüfungswesen, Unternehmensbewertung und Berufsrecht gehalten. Er ist also für die Prüfer dieses Prüfgebietes der erste Eindruck zu Ihrer Person. Um genau zu sein, macht Ihr erstes Erscheinen im Prüfungsraum bzw. Ihre erste Begegnung mit den Mitgliedern der Prüfungskommission den ersten Eindruck für diese aus. Der Volksmund sagt: „Für den ersten Eindruck gib es keine zweite Chance"; und er hat Recht. Der erste Eindruck, der – je nach Situation – in den ersten Sekunden oder gar Zehntelsekunden einer Begegnung entsteht, entscheidet darüber, ob man eher positiv, neutral oder positiv beim anderen „ankommt". In der Regel versuchen sich Menschen von anderen Menschen, die sie noch nicht kennen, schnell ein Bild zu machen, um einschätzen zu können, wie sich diese Person verhalten wird. Dabei orientiert man sich an leicht erfassbaren – bewussten oder unbewussten Signalen, die diese Person ausstrahlt. Diese Signale werden bewertet und führen zu einem ersten Urteil über den anderen – möglicherweise zu einem Vorurteil, welches das weitere Verhalten gegenüber der Person beeinflusst. Hinterlassen Sie also beispielsweise im ersten Moment der Prüfung einen negativen Eindruck, dann kann es sein, dass sich dies entsprechend auch auf die Bewertung Ihrer fachlichen Leistung im Vortrag auswirkt. Auch Prüfer sind (nur) Menschen.

Für den ersten Eindruck gilt übrigens auch: „Die Menschen erkennen uns an, nicht wie wir sind, sondern wie wir scheinen" – und zwar äußerlich! Der Psychologe Albert Mehrabian hat bereits in den sechziger Jahren herausgefunden, dass der Gehalt menschlicher Aussagen zu 55 % aus visueller Kommunikation, zu 38 % aus stimmlicher Verlautbarung und nur zu 7 % aus Wortbedeutung besteht. An diesen Zahlen lässt sich ganz gut erkennen, welchen Stellenwert die Faktoren ausmachen, mit denen die Prüfer versuchen, Ihre Persönlichkeit einzuschätzen, bzw. ob man sich vorstellen kann, dass Sie den Berufsstand würdig vertreten werden. Neben den Inhalten Ihres Vortrages wirken hier vor allem:
- Ihre Körperhaltung und Ihr Stand (sicher? selbstbewusst? gehemmt?),
- Ihr Blickkontakt,
- die von Ihnen gezeigte (bewusste und unbewusste) Gestik (bzw. „Fehlgestik"),
- Ihre Mimik (offen? verschlossen? grimmig? angespannt? freundlich?) und
- Ihre Stimmführung (Tonfall? Geschwindigkeit? Modulation?).

Man hat auch herausgefunden, was die meisten Zuschauer am Auftreten eines Vortragenden stört:
- ein fehlender Blickkontakt und ein unruhiger, umschweifender Blick,
- eine steife und starre Haltung aber auch, nervöses Hin-und-her-Gehen,
- heftiges Gestikulieren,
- Spielereien mit Kugelschreiber, Manuskript, Brille etc.,
- das „Putzen" und Herumzupfen an Kleidung und Schmuck,
- Anklammern am Tisch/Stuhl und
- das „Verkriechen" im Manuskript.

Ihre Mutter hatte Recht!

Vielleicht erinnern Sie sich ja wie viele anderen an die Ratschläge, die Sie in Ihrer Kindheit von Ihrer Mutter gehört haben, wie z.B. „Steh aufrecht!", „Nimm die Hand aus der Tasche!" oder „Zieh Dir etwas Anständiges an!" Diese weit verbreiteten Erfahrungen zeigen, dass auch unseren Eltern bewusst war, dass ein guter oder schlechter Eindruck tatsächlich zu einem großen Teil von reinen Äußerlichkeiten abhängt. Übertragen auf den Kurzvortrag bedeuten die genannten elterlichen Ratschläge, dass Sie eine überzeugende und selbstbewusste Körperhaltung einnehmen, die Grundformen des guten Benehmens und der Höflichkeit beherrschen (z.B. keine Hand in der Tasche beim Vortrag) und sich dem Anlass entsprechend kleiden sollten. Für Männer gilt dabei der zweiteilige oder dreiteilige Businessanzug in gedeckter Farbe mit einem passenden Hemd und einer dezenten Krawatte. Für Frauen bietet sich ebenfalls ein professionelles Businessoutfit der Branche an, also Hosenanzug oder Kostüm, ggf. mit einem dezenten Schal/Halstuch kombiniert.

Selbstsicher und überzeugend auftreten

Während des Vortrags (und natürlich auch während der gesamten Prüfung) sollten Sie einen selbstbewussten Eindruck machen. Hierzu ist es hilfreich, wenn man weiß, was bei anderen Menschen als selbstbewusst „wirkt":

- ein ruhiger fester Gang (z.B. wenn man den Raum betritt),
- ein fester Händedruck (falls sich hierzu die Gelegenheit ergeben sollte), aber bitte nicht „quetschen",
- ein fester Stand (beim Vortrag im Stehen) und eine in sich ruhende Körperhaltung, bei der sich Kopf und Becken in der Mitte des Körpers befinden sollten. Die Füße stehen etwa schulterbreit auseinander und die Schultern sind leicht zurückgezogen,
- eine ruhige Atmung,
- ein offener Blick und ein möglichst durchgehender Blickkontakt (aber bitte nicht starren). Während der gesamten Vortragszeit sollten Sie Blickkontakt zur Prüfungskommission haben. Hierzu ist es sinnvoll, das „Publikum" imaginär zu dritteln und regelmäßig beim Sprechen vom linken Drittel über das mittlere Drittel, hin zum rechten Drittel und dann wieder zurück mit dem Blick zu wandern,
- ein erhobener Kopf, bei dem Kinn und Hals einen rechten Winkel bilden,
- eine klare und ruhige Sprache, die Sie modulieren sollten, um bestimmte wichtige Sachverhalte Ihres Vortrages zu verdeutlichen,
- eine klare (kontrollierte) Gestik im neutralen Körperbereich (um den Bauch herum) bzw. Im positiven Bereich (= zwischen Bauch und Schultern). Gesten unterhalb des Bauches/der Gürtelhöhe wirken für die meisten Menschen eher negativ.

Bezüglich der verbalen und nonverbalen Sprache sollten Sie sich im Rahmen der Vorbereitung rechtzeitig von den Mitgliedern Ihrer Lerngruppe (oder von anderen Menschen Ihres Vertrauens) Rückmeldungen geben lassen zu möglichen „Fehlgesten" (unbewusste Gesten, die man macht wenn man sich unsicher fühlt) und zu etwaigen Füllwörtern (wie „ähhh" oder „ähm"). Je öfter Sie diese Rückmeldungen bekommen, desto eher werden Sie versuchen, diese sprachlichen Fehler zukünftig zu vermeiden.

Rhetorik

„Beredsamkeit ist die Kunst, die Dinge so auszudrücken, dass die, zu denen wir sprechen, mit Vergnügen zuhören." (Blaise Pascal)

Sie sollten laut und klar und mit einer abwechslungsreichen (also nicht monotonen) Satzmelodie sprechen. Dabei sollten Sie einfache Formulierungen in Hauptsätzen verwenden und Schachtelsätze vermeiden (letzteren ist für Zuhörer oft nur schwierig zu folgen). Anders als in „normalen" Vorträgen (vor eher unkundigem Publikum), dürfen und sollten Sie im Prüfungsvortrag Fachsprache sprechen.

Formulieren Sie einen Gedanken nach dem anderen in verständlichen Worten und versuchen Sie mit Redewendungen den Inhalt für die Zuhörer zu strukturieren. Die Verwendung von Beispielen macht Ihren Vortrag lebendiger.

Sprechen Sie langsam und legen Sie zwischendurch Pausen ein. Pausen ermöglichen es Ihnen, über den nächsten Satz nachzudenken, bzw. diesen zu formulieren, und Ihre Zuhörer erhalten die Chance, die von Ihnen vorgetragenen Inhalte besser zu verarbeiten. Sie werden Ihnen dann besser folgen können. Gesetzte Pausen reduzieren in der Regel auch Füllwörter („ähm"), zu denen man ggf. neigt.

Zu Beginn des Vortrages sprechen Sie die Mitglieder der Prüfungskommission an, z.B. mit einem „Sehr geehrte (Damen und) Herren, mein Thema lautet ..... Gegliedert habe ich meinen Vortrag folgendermaßen ..... Abschließen werde ich meinen Vortrag mit ....". Jetzt weiß die Kommission um was es geht und wie Sie vorgehen wollen. Sie können nun mit Ihrem ersten Gliederungspunkt beginnen und tragen dann weiter entsprechend Ihrer Gliederung vor. Gegen Ende Ihres Vortrages sollten Sie deutlich machen, dass Sie zum Ende kommen werden („Als letzten Gesichtspunkt möchte ich ...") und schließlich mit einer Zusammenfassung und einem etwaigen Ausblick Ihren Vortrag schließen. Natürlich können Sie sich ganz am Ende auch noch für die Aufmerksamkeit der Anwesenden bedanken.

Wenn Sie mit dem Skript arbeiten, sollten Sie nicht den typischen Fehler machen, aus dem Skript abzulesen oder in das Skript hineinzusprechen. Unterscheiden Sie stattdessen folgende Phasen:
- **Eingabe-Phase:** Konzentrierte Aufnahme des jeweiligen Textstückes mit gesenktem Kopf,
- **Kontakt-Phase:** Hochnehmen des Kopfes und Blickkontakt mit der Prüfungskommission,
- **Ausgabe-Phase:** Vortragen des gespeicherten Textes unter Einsatz der gesamten rhetorischen Wirkkräfte,
- **Ausstrahlungs- und Rückkopplungs-Phase:** Blickkontakt in der entstehenden Pause aufrechterhalten, um die Wirkung der Worte zu verstärken und die Reaktion der Zuhörer zu erkennen,
- **Rückschalt-Phase:** Senken des Kopfes zur erneuten Informationsaufnahme, dabei versuchen die Blickspanne zu erweitern, um mehr Information mit einem Blick speichern zu können.

Umgang mit Lampenfieber

Vor einem anstehenden Vortrag kann man sich eine Menge Dinge einreden, warum es nicht klappen wird. Beispiele sind: „Ich werde die Erwartungen nicht erfüllen!", „Ich finde nicht die richtigen Worte!", „Ich werde den Faden verlieren!" Denken Sie aber bitte daran: „Ein bisschen Lampenfieber ist notwendig." Bei fehlendem Lampenfieber besteht die Gefahr, dass Sie sich nicht richtig vorbereiten, und Ihre Zuhörer könnten das Gefühl bekommen, dass Sie die Präsentation zu „locker" angehen und die Prüfung vielleicht gar nicht „ernst nehmen". Eine gewisse Grundspannung sorgt dafür, dass Sie engagiert sind und an alles Notwendige denken und dass Sie engagiert wirken.

Die oben genannten Dinge, die man sich einreden kann, verlieren auch schnell ihre Brisanz, wenn man einmal darüber nachdenkt:
- „Ich werde die Erwartungen nicht erfüllen!": Die Erwartungen erfüllen Sie bereits, wenn Sie sich gut vorbereiten!
- „Ich finde nicht die richtigen Worte!" und „Ich werde den Faden verlieren!": Der rote Faden und die richtigen Worte sind – durch häufiges Üben – in Ihrem Kopf verankert. Außerdem finden Sie sie auf Ihrem Skript.

Gehen Sie auch davon aus, dass jeder Prüfer Ihnen grundsätzlich wohlgesonnen ist und Sie gerne bestehen lässt. Prüfer sind keine Gegner! Betrachten Sie die Mitglieder der Kommission als Ihre persönlichen Lotsen auf dem Weg zum Wirtschaftsprüfer.

Gegen stark ausgeprägtes **Lampenfieber** wird es Ihnen auch helfen, wenn Sie nicht an eine Niederlage denken, oder daran, was so alles schief gehen kann. Denken Sie vielmehr an Ihren Erfolg und malen Sie sich schon vorher aus, wie souverän Sie Ihren Vortrag halten werden.

Möglicherweise kann Ihnen auch eine kleine Entspannungsübung kurz vor der Prüfung helfen, wie z.B. eine der folgenden Übungen:
- **Atemtrick:** Aufrecht hinsetzen, die Augen schließen, auf den Atem konzentrieren; langsame, ruhige und gleichmäßige Atemzüge; ca. 10-15 mal wiederholen.
- **Fokussieren:** Aufrecht hinsetzen, einen Punkt in Augenhöhe für einige Minuten anschauen. Diese Übung hilft Ihnen, ruhig zu werden; sich innerlich auf einen Punkt zu fokussieren – und macht den Blick klar.
- **Visualisieren:** Augen schließen, entspannen, – und erinnern sie sich an eine Situation, in der Sie sehr selbstbewusst und erfolgreich waren. Sehen Sie sich vor Ihrem geistigen Auge – erleben Sie sich noch einmal wieder in dieser angenehmen Situation. Stellen sie sich vor wie Sie sich damals fühlten, wie stolz, aufgeregt und selbstbewusst sie waren.

Lampenfieber kann natürlich auch während der Präsentation auftreten. Auch hierzu einige Hinweise:
- Wenn Ihnen zu einem Stichwort nichts einfällt, gehen Sie zum nächsten über.
- Wenn Sie mitten im Satz stecken bleiben und das richtige Wort fehlt, brechen Sie ab und fangen den Satz neu an. Vermeiden Sie dabei das betreffende Wort.
- Überspielen Sie ggf. mit folgenden Redewendungen die „Panne": „Lassen Sie es mich noch besser formulieren"; „Lassen Sie es mich anders sagen"; „Anders ausgedrückt"; „Besser formuliert ..."
- Sprechen Sie bewusst langsam, machen Sie mehr Pausen (zum geistigen Vorformulieren)!
- Wenn Sie merken, dass Sie vor Aufregung beginnen, innerlich zu zittern und sich dieses Zittern auch auf Ihre Hände überträgt, mit denen Sie Ihr Redeskript halten, sollten Sie das Skript in eine kleinere (z.B. DIN A5) Form falten, damit das Zittern nicht für alle sichtbar wird.

Wenn Sie trotzdem noch starkes Lampenfieber empfinden, denken Sie einfach an die Geschichte von der Hummel:

„Die Hummel hat eine Flügelfläche von ca. 0,7 Quadratzentimetern. Im Verhältnis zu Ihrem Körpergewicht ist es nach den Gesetzen der Aerodynamik unmöglich, zu fliegen.

Die Hummel weiß das nicht. Sie fliegt einfach!"

4. 66 ausgewählte Themen mit Gliederung und ausformuliertem Kurzvortrag

Die Autoren haben 66 Prüfungsvorträge ausgewählt, die in jüngerer Zeit im Wirtschaftsprüferexamen vorgeschlagen bzw. gehalten wurden. Schwerpunktmäßig betreffen sie das **Prüfungsgebiet Prüfungswesen**. Daneben sind aber auch noch Vorträge aus den **Prüfungsgebieten Steuerrecht und Wirtschaftsrecht** abgedruckt.

Vortrag 1
IDW S 10 – Bewertungen von Immobilien (Prüfungswesen)

Sehr geehrte/r Frau/Herr Vorsitzende/r, sehr geehrte Prüfungskommission,
aus den mir zur Auswahl gestellten Themen habe ich mich für das Thema **„IDW S 10 – Bewertungen von Immobilien"** entschieden. Meinen Vortrag gliedere ich wie folgt:

I.	Einleitung
II.	Bewertungsanlässe und Bewertungsobjekte
III.	Immobilienbewertung nach HGB
IV.	Immobilienbewertung nach IFRS
V.	Zielsetzung und Umfang des IDW S 10
VI.	Bewertungsverfahren nach dem IDW S 10
VII.	Dokumentation
VIII.	Fazit

> Vortragszeit: 0,5 Minuten

I. Einleitung

Der **Wert des Immobilienvermögens** wird durch Unsicherheiten auf den Finanzmärkten und das damit einhergehende niedrige Zinsniveau mit hoher Wahrscheinlichkeit in den nächsten Jahren weiter ansteigen. Daher besteht ein erheblicher Bedarf an verlässlichen Entscheidungshilfen für die Bewertungsgutachten von Immobilien. Das Institut der Wirtschaftsprüfer hat 2013 mit dem IDW S 10 „Grundsätze zur Bewertung von Immobilien" eine Empfehlung zur Bewertung von Immobilien veröffentlicht. Dieser soll dem Berufsstand Anhaltspunkte für die Bewertung von Immobilien geben.

> Vortragszeit: 0,5/1 Minute

II. Bewertungsanlässe und Bewertungsobjekte

Die Anwendung eines bestimmten Bewertungsverfahrens richtet sich i.d.R. nach dem Bewertungsanlass und dem zugrunde liegenden Bewertungsobjekt. Eine Bewertung von Immobilien bzw. eine Überprüfung von Wertansätzen ist oft aufgrund von Rechnungslegungsvorschriften (HGB, IFRS) im Rahmen der regelmäßigen Abschlusserstellung und Prüfung erforderlich. Darüber hinaus erfolgen Immobilienbewertungen im Rahmen von unternehmerischen Initiativen, insbesondere dem Kauf bzw. Verkauf von Immobilien oder von ganzen Unternehmen. So können beispielsweise folgende besondere Anlässe eine Immobilienbewertung erforderlich machen:

- Werthaltigkeitsprüfung und Ermittlung des niedrigeren beizulegenden Werts von Immobilien im Anlagevermögen (§ 253 Abs. 3 S. 3 HGB),
- Prüfung und Bewertung von Investment Property (IAS 40),
- Purchase Price Allocation (IFRS 3) und
- Ermittlung des Liquidationswerts des nicht betriebsnotwendigen Vermögens in der Unternehmensbewertung (IDW S 1).

> Vortragszeit: 1,5/2,5 Minuten

III. Immobilienbewertung nach HGB

Für die **Immobilienbewertung nach HGB** gilt der Grundsatz der Einzelbewertung, § 252 Abs. 1 Nr. 3 HGB, d.h. jeder Vermögensgegenstand (VG) und jede Schuld ist im Jahresabschluss einzeln zu bewerten, eine Verrechnung mit anderen VG darf grundsätzlich nicht erfolgen. Zu differenzieren ist zwischen dem nicht abnutzbaren unbeweglichen Vermögensgegenstand Grund- und Boden sowie dem abnutzbaren unbeweglichen Vermögensgegenstand Gebäude, der wiederum von beweglichen Vermögensgegenständen wie Betriebsvorrichtungen zu differenzieren ist.

Nach § 253 Abs. 1 S. 1 HGB sind Vermögensgegenstände höchstens mit den Anschaffungs- oder Herstellungskosten (AHK) vermindert um die Abschreibungen anzusetzen.

Die AHK bilden somit eine Obergrenze. Eine darüber hinausgehende Bewertung ist somit nicht zulässig. Anschaffungskosten sind die Aufwendungen, die geleistet werden, um einen Vermögensgegenstand zu erwerben und ihn in einen betriebsbereiten Zustand zu versetzen, soweit sie dem Vermögensgegenstand einzeln zugeordnet werden können. Zu den Anschaffungskosten gehören auch die Nebenkosten sowie die nachträglichen Anschaffungskosten. **Anschaffungspreisminderungen**, die dem Vermögensgegenstand einzeln zugeordnet werden können, sind abzusetzen. Bei selbst geschaffenen Vermögensgegenständen sind die Herstellungskosten anzusetzen. Diese sind in § 255 Abs. 2 HGB abschließend aufgezählt. Sie unterteilen sich in aktivierungspflichtige Herstellungskosten (Einzelkosten und fertigungsbezogene Gemeinkosten) und Einbeziehungswahlrechte (z.B. Verwaltungskosten, Bauzeitzinsen). In § 255 Abs. 2 S. 4 HGB werden darüber hinaus Kosten genannt, die nicht angesetzt werden dürfen.

Nach § 253 Abs. 3 S. 1 HGB sind bei VG des Anlagevermögens, deren Nutzung zeitlich begrenzt ist, die AHK um planmäßige Abschreibungen zu vermindern. Nach § 253 Abs. 3 S. 3 HGB sind bei Grund und Boden sowie Gebäuden zum Abschlussstichtag außerplanmäßige Abschreibungen auf den niedrigeren beizulegenden Wert vorzunehmen, wenn eine voraussichtliche dauernde Wertminderung vorliegt. Nach herrschender Meinung liegt diese vor, wenn der beizulegende Zeitwert für einen erheblichen Teil der Restnutzungsdauer (mindestens 50 % oder 5 Jahre) unter dem planmäßigen Restbuchwert liegt. Grundlage für die Bewertung der Immobilie und die damit verbundene Beurteilung der künftigen Wertentwicklung ist nach IDW ERS IFA 2 eine entsprechende Planung des Bilanzierenden. Dabei wird zum einen in den intersubjektiv nachprüfbaren Immobilienwert und zum anderen in den subjektiven Immobilienwert unterschieden. Letzterer berücksichtigt die individuellen Verhältnisse des Eigentümers/Erwerbers.

> **Vortragszeit: 1,5/4 Minuten**

IV. Immobilienbewertung nach IFRS

Bestimmungen nach IFRS finden sich in IAS 16, der die Bilanzierung von Sachanlagen (z.B. Immobilien) regelt. Nach IAS 16.6 sind **Sachanlagen** materielle Vermögenswerte, die länger als eine Periode genutzt werden und unter anderem zur Vermietung an Dritte oder für Verwaltungszwecke gehalten werden. Nach IAS 16.37 sind unbebaute Grundstücke sowie Grundstücke und Gebäude eine eigenständige Gruppe von Sachanlagen. Grundsätzlich findet in den IFRS bei der Erstbewertung das Anschaffungskostenprinzip Anwendung. Die Bestandteile der Anschaffungs- oder Herstellkosten sind in IAS 16.16 definiert. Gemäß IAS 16.29 wird die Folgebewertung der Sachanlagen entweder nach dem **Anschaffungskostenmodell** oder nach der Neubewertungsmethode für die gesamte Gruppe nach IAS 16.37 angewandt.

Nach dem Anschaffungskostenmodell ist der Vermögenswert mit den Anschaffungskosten abzüglich kumulierter Abschreibungen und kumulierter Wertminderungsaufwendungen zu bilanzieren. Beim Neubewertungsmodell ist die Sachanlage mit dem beizulegenden Zeitwert zu bilanzieren. Neubewertungen sind in hinreichend regelmäßigen Abständen vorzunehmen um mit einem Buchwert nahe dem beizulegenden Zeitwert auszuweisen.

IAS 40 beschreibt die Behandlung der **Immobilie als Finanzinvestition**. Die Erstbewertung erfolgt analog zum IAS 16 gemäß IAS 40.20 zu AHK. Die Folgebewertung erfolgt ebenso analog zu IAS 16. Es besteht ein Wahlrecht zwischen dem Anschaffungskostenmodell (IAS 40.56) und dem Modell des beizulegenden Zeitwerts (IAS 40.33-55).

> **Vortragszeit: 1/5 Minuten**

V. Zielsetzung und Umfang des IDW S 10

IDW S 10 stellt **Grundsätze zur Bewertung von Immobilien** auf um dem Berufsstand eine Grundlage für die Beurteilung von Immobilienbewertung an die Hand zu geben. IDW S 10 betrifft die reine Immobilienbewertung. Diese ist zu unterscheiden von der Bewertung von Immobilienunternehmen. Immobilienunternehmen werden nach IDW S 1 betreffend Unternehmensbewertungen, d.h. nach dem Ertragswertverfahren bzw. Discounted Cash Flow-Verfahren, bei dem die gesamten Zahlungsüberschüsse eines Unternehmens erfasst und diskontiert werden, bewertet. Nach IDW S 1 werden in Abgrenzung zur Immobilienbewertung nach IDW S 10 unternehmensspezifische Faktoren, wie Objektfinanzierung und steuerliche Besonderheiten des Unternehmens, in der Bewertung berücksichtigt.

Nach IDW S 10 sollte das Bewertungsgutachten folgende Punkte enthalten:
- **Darstellung der Bewertungsaufgabe.** Der Wirtschaftsprüfer kann als Abschlussprüfe, neutraler Gutachter, Berater oder Schiedsgutachter involviert sein. Als neutraler Gutachter ermittelt der Wirtschaftsprüfer, aus Sicht eines fremden Dritten, einen von den individuellen Wertevorstellungen geprägten unabhängigen intersubjektiv nachprüfbaren Wert der Immobilie. Tritt der WP hingegen als Berater auf, wird die Ermittlung des Werts auf die individuellen Möglichkeiten und Planungen des Mandanten abgestellt. Es wird ein subjektiver Entscheidungswert in Form einer Preisobergrenze (für den Käufer) oder eine Preisuntergrenze (für den Verkäufer) ermittelt.
- Auftraggeber.
- Auftrag (Auftragsgegenstand, Bewertungsanlass, Funktion, in der die Wertermittlung durchgeführt wird, angewandtes Wertkonzept).
- Bewertungsstichtag.
- Angewandte Bewertungsmethode(n).
- Beschreibung des Bewertungsobjekts.
- **Abgrenzung des Bewertungsobjekts**
  - Objektlage, Markt-, Gebäude- und Zustandsbeschreibung,
  - wirtschaftliche Grundlagen (z.B. Miet- und Bewirtschaftungsverträge) und
  - rechtliches Umfeld (z.B. Eigentumsverhältnisse).
- **Darstellung der der Bewertung zugrunde liegenden Informationen**
  - Verfügbarkeit und Qualität der Ausgangsdaten (einschließlich Gutachten Dritter),
  - Vergangenheitsanalyse,
  - Planungsrechnungen vor dem Hintergrund der zugrundeliegenden Annahmen,
  - Beurteilung der den Planungen zugrundeliegenden Parameter auf ihre Angemessenheit/ Widerspruchsfreiheit,
  - Abgrenzung der Verantwortung für übernommene Auskünfte.
- **Darstellung der Bewertung**
  - Beschreibung der Bewertungsmethode(n),
  - Darstellung der Annahmen und Prämissen,
  - Darstellung des Bewertungsergebnisses.
- Abschließende Feststellung.

> Vortragszeit: 1,5/6,5 Minuten

VI. Bewertungsverfahren nach IDW S 10

Es kommen drei Arten von Bewertungsverfahren in Betracht, deren Eignung im Einzelfall zu überprüfen ist:
1. Ertragsorientierte Verfahren,
2. Sachwertverfahren und
3. Vergleichswertverfahren.

Ertragsorientierte Verfahren sind für die Immobilienbewertung sachgerecht, wenn die Immobilien nach allgemeiner Marktauffassung zur Erzielung von Erträgen geeignet sind. Der IDW S 10 beschreibt bei den ertragsorientierten Verfahren die Vorgehensweise des **Discounted-Cash-flow-Verfahrens** (DCFM-Verfahren). Insbesondere werden die Wertparameter, der Detailplanungszeitraum, die Ableitung des Restwertes und vor allem die Ermittlung bzw. Ableitung des Diskontierungszinssatzes umfassend erläutert. Nach der ImmoWertV bestehen drei Verfahren zur Ermittlung des Ertragswertes. Die beiden sogenannten statischen Verfahren allgemeines Ertragswertverfahren und vereinfachtes Ertragswertverfahren. Bei diesen wird der Ertragswert durch Kapitalisierung des Reinertrags der Immobilie ermittelt. Das **vereinfachte Ertragswertverfahren** unterscheidet sich vom allgemeinen Ertragswertverfahren darin, dass eine Aufteilung des Gesamtertragswerts der Immobilie in einen Boden- und einen Gebäudewertanteil nicht erfolgt. Beim dritten Verfahren erfolgt die Bewertung auf Grundlage periodisch unterschiedlicher Erträge, die zu einer Summe der kapitalisierten Reinerträge innerhalb eines zu bestimmenden Zeitraums zusammengefasst werden. Außerdem wird das Grundstück mit einem diskontierten Restwert berücksichtigt.

Das **Sachwertverfahren** dagegen kann als Bewertungsverfahren dann angewandt werden, wenn die Ersatzbeschaffungskosten im gewöhnlichen Geschäftsverkehr preisbestimmend sind. Das wird überwiegend bei selbstgenutzten Ein- und Zweifamilienhäusern sowie Immobilien mit öffentlicher Zweckbindung, die am Immobilienmarkt nicht unter Renditegesichtspunkten gehandelt werden, der Fall sein.

Das **Vergleichswertverfahren**, bei dem grundsätzlich am Markt festgestellte Kaufpreise hinreichend vergleichbarer Immobilien heranzuziehen sind, ist in der Theorie zwar das präferierte Verfahren, wenn entsprechende Vergleichspreise vorliegen. Allerdings besteht bei diesem Verfahren in der Praxis das Problem, dass es meist an geeigneten Vergleichsobjekten in unmittelbarer Umgebung mangelt. Ferner müssen die beobachteten Kaufpreise im gewöhnlichen Geschäftsverkehr zustande gekommen sein. Praktische Relevanz erlangt das Vergleichswertverfahren deshalb vor allem bei Ermittlung der Bodenrichtwerte.

> Vortragszeit: 1,5/8 Minuten

VII. Dokumentation

Die Dokumentation zur Ermittlung des Immobilienwerts hat der Wirtschaftsprüfer in seinen Arbeitspapieren niederzuschreiben, wenn diese nicht in dem Bewertungsgutachten schriftlich aufgeführt wurden. Für einen sachkundigen Dritten müssen die Arbeitspapiere nachvollziehbar sein und den Grundsätzen des IDW S 10 entsprechen. Außerdem müssen sie Erläuterungen zu den getroffenen Annahmen sowie den verwendeten Dokumenten/Fakten enthalten. Zu den Arbeitspapieren gehören beispielsweise Kopien von Urkunden, Schriftstücken, der Bewertungsauftrag bzw. Auftragsbestätigung, Fotos und Protokolle der Ortsbesichtigungen, Kataster- und Grundbuchauszüge, Grundstücksmarktberichte und Bodenrichtwertkarten sowie Miet- und Pachtverträge. Ferner hat der WP eine Vollständigkeitserklärung seines Auftraggebers und evtl. weiteren Auskunftspersonen, die bedeutsame für die Immobilienbewertung liefern, vor Abgabe seines Bewertungsgutachtens einzuholen.

Das **Bewertungsgutachten** soll dem Empfänger einen Überblick über die Wertfindung und ihre Methodik, Grundsatzüberlegungen, getroffene Annahmen und Schlussfolgerungen des Wirtschaftsprüfers vermitteln. Das Gutachten soll somit eine Grundlage einer sachlichen Beurteilung für einen Dritten darstellen. Die Grundsätze der ordnungsgemäßen Berichterstattung der Wirtschaftsprüfer sind auch für das Gutachten zur Immobilienbewertung anzuwenden. In dem Gutachten hat der WP einen eindeutigen Wert oder eine Wertspanne für die Immobilie auf einen Bewertungsstichtag zu benennen und zu begründen. Darüber hinaus muss der WP in dem Bewertungsgutachten deutlich machen, in welcher Funktion er die Bewertung vorgenommen hat und auf welcher Basis das Wertkonzept (intersubjektiv nachprüfbarer Immobilienwert, subjektiver Entscheidungswert, Einigungswert) der Bewertung beruht.

Für eine angemessene Beschreibung der Vorgehensweise bei der Bewertung ist es erforderlich auf die angewandten Bewertungsmethoden einzugehen. Es ist auch auf den Umfang und die Qualität der zugrundeliegenden Daten einzugehen sowie die Schätzungen und die wesentlichen Annahmen zu erläutern.

> Vortragszeit: 1,5/9,5 Minuten

VIII. Fazit

IDW S 10 enthält ein Rahmenkonzept für den Berufsstand zur Bewertung von Immobilien. Er beschreibt die allgemeinen Grundsätze zur Bewertung von Immobilien. Dazu wurden verschiedene mögliche Bewertungsmethoden vorgestellt (Ertragsorientierte Verfahren, Sachwertverfahren und Vergleichswertverfahren). Die Bewertungsverfahren sollen einen intersubjektiv nachprüfbaren Wert der zu bewertenden Immobilie (Verkehrswert, Marktwert) auf den Bewertungsstichtag bestimmen.

Der IDW S 10 ermöglicht Chancen für den Berufsstand der Wirtschaftsprüfer ein neues Geschäftsfeld für sich zu erschließen. Er erfordert allerdings eine Beherrschung der vorgestellten Bewertungsverfahren und einen hinreichenden Marktüberblick.

Vielen Dank für Ihre Aufmerksamkeit.

Vortragszeit: 0,5/10 Minuten

Vortrag 2
Mängelhaftung des Wirtschaftsprüfers (Wirtschaftsrecht)

Sehr geehrte/r Frau/Herr Vorsitzende/r, sehr geehrte Prüfungskommission,
aus den mir zur Auswahl gestellten Themen habe ich mich für das Thema „**Mängelhaftung des Wirtschaftsprüfers**" entschieden. Meinen Vortrag gliedere ich wie folgt:

I.	Einleitung
II.	Rechtsbeziehungen/Pflichtverletzung
III.	Rechtswidrigkeit
IV.	Verschulden
V.	Deliktische Ansprüche
VI.	Schaden
VII.	Verjährung
VIII.	Fazit

Vortragszeit: 0,5 Minuten

I. Einleitung
Unterlaufen Wirtschaftsprüfern bei der Prüfung von Jahresabschlüssen oder im Rahmen ihrer sonstigen z.B. gutachterlichen Tätigkeit Fehler und handeln sie schuldhaft, können sie sich Schadensersatzansprüchen ihrer Vertragspartner oder Dritter entgegensehen. Da die Schadenssummen leicht extrem hohe Werte annehmen können, besteht in Deutschland, wie in vielen anderen Ländern eine gesetzliche Begrenzung der Haftung sowie die Pflicht zum Abschluss einer Haftpflichtversicherung.

Vortragszeit: 0,5/1 Minute

II. Rechtsbeziehungen/Pflichtverletzung
Eine **Haftung** setzt ein gesetzliches oder vertragliches Schuldverhältnis zwischen dem Geschädigten und dem Schädiger voraus. Ein gesetzliches Schuldverhältnis wird, ohne dass ein Vertrag erforderlich ist, dadurch begründet, dass die Tatbestandsvoraussetzungen einer **gesetzlichen Haftungsnorm**, z.B. § 823 Abs. 1 BGB, auf Seiten des Geschädigten und des Schädigers erfüllt werden. Ein vertragliches Schuldverhältnis wird durch ausdrücklichen oder konkludenten Abschluss eines Vertrages begründet. Die jeweiligen Pflichten ergeben sich dann aus dem Gesetz, aus der Natur des Vertrages und den konkreten Vereinbarungen mit dem Mandanten.

Haftungsrelevante Rechtsbeziehungen des Wirtschaftsprüfers können aus seinen Aufgaben nach § 2 WPO entstehen. Dazu gehören:
- die Prüfungstätigkeit,
- die Steuerberatung,
- die Sachverständigentätigkeit,
- die Beratung und Interessenvertretung in wirtschaftlichen Angelegenheiten und
- die treuhänderische Verwaltung.

Gesetzliche Pflichten
Im Bereich der Haftung des Wirtschafsprüfers ist vor allem der gesetzlich normierte Pflichtenkreis im Bereich der **gesetzlich vorgeschriebenen Pflichtprüfung** von Bedeutung. Diese Pflichten finden sich in § 323 Abs. 1 HGB. § 323 Abs. 1 HGB geht in seinem Anwendungsbereich als Spezialvorschrift den sonstigen vertraglichen Haftungsnormen des BGB vor.

Vertragliche Pflichten
Nicht gesetzlich geregelt ist dagegen der **vertragliche Pflichtenkreis**. Dieser wird im Rahmen der Vertragsfreiheit durch die Parteien des Mandatsverhältnisses und den Inhalt des konkreten Vertragsverhältnisses bestimmt. Neben den von den Vertragsparteien selbst bestimmten Hauptleistungspflichten, hat die Rechtsprechung eine Reihe vertraglicher Nebenpflichten entwickelt. Daneben sind noch vorvertragliche und nachvertragliche Pflichten zu beachten. Die zentrale Haftungsnorm im Bereich der **Vertragshaftung** ist § 280 BGB.

Die Mandatsbeziehungen eines Wirtschaftsprüfers sind i.d.R. als **Geschäftsbesorgungsverträge** mit werkvertraglichem (§ 675 i.V.m. §§ 631 ff. BGB) oder dienstvertraglichem (§ 675 i.V.m. §§ 611 ff. BGB) Charakter oder als echte Werk- oder Dienstverträge einzuordnen.

Bei einem **Werkvertrag** schuldet der Auftragnehmer (WP), dem Auftraggeber (Mandanten) die Herstellung eines Werkes. Der Vertrag ist auf die Herbeiführung eines bestimmten Erfolges gerichtet. Werkverträge können immer dann vorliegen, wenn Gegenstand des Mandates die Erstellung eines konkreten Arbeitsergebnisses ist.
Dies ist regelmäßig der Fall bei:
- Buchführungsarbeiten und Entwurf des Jahresabschlusses;
- Prüfung von Jahresabschlüssen;
- Mittelverwendungskontrollen oder
- Gutachteraufträgen.

Bei einem **Dienstvertrag** schuldet der WP dagegen nicht die Erstellung eines bestimmten Werkes oder die Herbeiführung eines Erfolges. Hier wird lediglich die Beratungshandlung Gegenstand des Vertrages.

Häufig haben **Mandatsverträge** sowohl Beratungshandlungen, als auch die Herstellung konkreter Arbeitsergebnisse zum Inhalt. Zu erwähnen sind die Erstellung von Jahresabschlüssen, Steuererklärungen und Buchhaltungsarbeiten. Das geschuldete Werk ist dabei nicht die objektive Rechtmäßigkeit der Ergebnisse, sondern die ordnungsgemäße Verarbeitung der vom Mandanten gelieferten Daten. Sind diese, für den Berater nicht erkennbar, unzutreffend, die Verarbeitung auf dieser Grundlage aber zutreffend, ist eine Haftung des Beraters ausgeschlossen.

Haftungsrechtlich unterscheiden sich die Vertragspflichten zwischen Dienst- oder Werkvertrag nicht. Die **Unterscheidung zwischen Dienst- und Werkvertrag** kann aber erhebliche Bedeutung für die Frage eines Nachbesserungsrechts, die Vergütung, den Beginn der Verjährung und die Mandatskündigung haben.

Ist eine **Werkleistung mangelhaft**, kann der Besteller nach §§ 633, 634 BGB Nacherfüllung verlangen und soweit diese fehlschlägt Minderung verlangen, vom Vertrag zurücktreten und – bei Verschulden des Vertragspartners – Schadensersatz verlangen.

Bei dem Nachbesserungs-, Rücktritts- oder Minderungsanspruch handelt es sich um verschuldensunabhängige Ansprüche. Das heißt, es kommt bei der Geltendmachung dieser Rechte nicht darauf an, ob dem Werkhersteller (WP) der Mangel in irgendeiner Form vorzuwerfen ist.

Macht der Mandant dagegen einen **Schadensersatzanspruch** geltend, § 634 Nr. 3 BGB, kann der Wirtschaftsprüfer diesen vermeiden, wenn er beweisen kann, dass er den Mangel nicht zu vertreten hat, § 280 Abs. 1 S. 2 BGB. Nach § 323 Abs. 1 HGB ist der Wirtschaftsprüfer, seine Gehilfen und bei der Prüfung mitwirkende gesetzliche Vertreter zur gewissenhaften und unparteiischen Prüfung und zur Verschwiegenheit verpflichtet.

> **Vortragszeit: 2,5/3,5 Minuten**

III. Rechtswidrigkeit

Die **Pflichtverletzung muss rechtswidrig** sein. Grundsätzlich indiziert die Pflichtverletzung die Rechtswidrigkeit. Maßgeblich ist die Verletzung einer vertraglichen Pflicht, nicht dagegen, ob der Mandant womöglich ein rechtswidriges Ziel verfolgt oder diesem durch die konkret erteilten Maßnahmen Nachteile drohen. Hat der Berater den Mandanten über die nachteiligen Folgen hinreichend gewarnt und beraten, begeht der Berater gegenüber dem Mandanten keine rechtswidrige Pflichtverletzung.

> **Vortragszeit: 0,5/4 Minuten**

IV. Verschulden

Eine Haftung setzt grundsätzlich ein **schuldhaftes Handeln gem. § 276 BGB** voraus. Danach haftet der WP für Vorsatz und Fahrlässigkeit. Für **vorsätzliches Handeln** genügt bedingter Vorsatz. Danach reicht es aus, wenn der WP seine Pflichtverletzung und eine Schadenverursachung nur als möglich erkennt, diese aber billigend in Kauf nimmt.

Fahrlässig handelt gem. § 276 Abs. 2 BGB, wer die im Verkehr erforderliche Sorgfalt außer Acht lässt. Anzusetzen ist ein objektiver Maßstab. Es muss die Sorgfalt beachtet werden, die nach den Erfordernissen des Verkehrs in der konkreten Lage erwartet werden darf. Nicht entscheidend sind dagegen die persönliche Eigenart des Haftpflichtigen, seine individuellen Fähigkeiten, Kenntnisse und Erfahrungen. Vielmehr ist auf die berechtigte Verkehrserwartung an die Berufsgruppe allgemein abzustellen, also auf das Maß an Fähigkeiten, Umsicht und Sorgfalt, das von Angehörigen bei Erledigung der betreffenden Aufgabe typischerweise verlangt werden kann. Dieser objektive Maßstab führt dazu, dass bei Feststellung einer Pflichtverletzung unter Berücksichtigung des erheblichen Vertrauens der Allgemeinheit in den Berufsstand der Wirtschaftsprüfer, i.d.R. zumindest eine Fahrlässigkeit angenommen werden kann.

Nur in Ausnahmefällen kann das Verschulden unter Berücksichtigung der Besonderheiten des Einzelfalles entfallen. So z.B. bei einer plötzlichen Erkrankung, die den WP an der Einhaltung einer Frist hindert. Bei lang anhaltender Erkrankung besteht dagegen die Pflicht, für eine anderweitige Bearbeitung Sorge zu tragen. Eine Arbeitsüberlastung allein führt nicht zu einem Verschuldensausschluss.

Für das Verschulden von Personen, derer sich der WP bei der Erfüllung des übernommenen Auftrags bedient, haftet er gem. § 278 BGB. Eine **Eigenhaftung der Erfüllungsgehilfen**, zu denen auch der freie Mitarbeiter gehört, gegenüber dem Mandanten kommt nur in Ausnahmefällen in Betracht. Für den Bereich der gesetzlichen Pflichtprüfung sieht § 323 Abs. 1 HGB dagegen eine Eigenhaftung der Gehilfen des Wirtschaftsprüfers vor. Eine Wirtschaftsprüfungsgesellschaft haftet gem. § 31 BGB für das Verschulden Ihrer Organe. Nach § 54a Abs. 2 WPO kann die persönliche Haftung von Mitgliedern einer Sozietät auf Schadensersatz auch durch vorformulierte Vertragsbedingungen auf einzelne namentlich bezeichnete Mitglieder der Sozietät beschränkt werden, die die vertragliche Leistung erbringen sollen.

Ein **Schadensersatzanspruch nach den Grundsätzen des Vertrages mit Schutzwirkung zugunsten Dritter** bei Prüfungen von Jahresabschlüssen setzt unter Berücksichtigung von § 323 Abs. 1 Satz 3 HGB voraus, dass dem Prüfer deutlich wird, dass von ihm im Drittinteresse eine besondere Leistung erwartet wird, die über die Erbringung der Prüfungshandlung hinausgeht.

Der Wirtschaftsprüfer kann unter dem Gesichtspunkt des **Vertrages mit Schutzwirkung zugunsten Dritter**, § 328 BGB analog, aus einem Beratungs- oder Prüfungsvertragsverhältnis nicht im Hinblick auf Schäden seines Vertragspartners (Mandanten), sondern auch solchen Dritter schadensersatzpflichtig werden. Den Anspruch kann lediglich der Vertragspartner geltend machen. Die Einbeziehung Dritter in den Vertragsbereich setzt die Leistungsnähe des Dritten und ein erkennbares Interesse des Gläubigers an der Einbeziehung des Dritten in den Schutzbereich des Vertrages voraus.

Ein Wirtschaftsprüfer haftet dem Anleger wegen **fehlerhafter Prospektprüfung** auf Schadensersatz, wenn er als Abschlussprüfer einer Kapitalgesellschaft über das Ergebnis der Prüfung eines Jahresabschlusses oder eines Lageberichts unrichtig berichtet, im Prüfungsbericht erhebliche Umstände verschweigt oder einen unrichtigen Bestätigungsvermerk (Testat) erteilt, sofern der Prüfbericht oder der Bestätigungsvermerk für die Anlageentscheidung ursächlich war. Insoweit sollte der angekündigte Prospektprüfungsbericht nach Fertigstellung nur den von den Vertriebspartnern vorgeschlagenen ernsthaften Interessenten auf Anforderung zur Verfügung gestellt werden.

Denkbar ist auch ein eigener Anspruch des Dritten gegenüber dem Wirtschaftsprüfer unter dem Gesichtspunkt der §§ 280 Abs. 1, 311 Abs. 3, 241 Abs. 2 BGB. Voraussetzung ist, dass zwischen dem Dritten und dem Wirtschaftsprüfer ein Schuldverhältnis mit Rücksichtnahmepflichten gemäß § 241 Abs. 2 BGB bestanden hat. Dies ist nach § 311 Abs. 3 S. 2 BGB insbesondere der Fall, wenn der Wirtschaftsprüfer für sich besonderes Vertrauen in Anspruch nimmt und dadurch die Vertragsverhandlungen oder den Vertragsschluss zwischen dem Mandanten und dem Dritten erheblich beeinflusst. Hat der Wirtschaftsprüfer seine Pflicht zur richtigen und vollständigen Prüfung des Prospektes schuldhaft verletzt, so ist er dem Anleger zum Ersatz des diesem entstandenen Schadens verpflichtet. Eine **Haftung des Wirtschaftsprüfers** kommt allerdings nur in Betracht, wenn er eine zusätzliche, von ihm persönlich ausgehende Gewähr für die Erfüllung des Geschäfts bietet, die für den Willensentschluss des anderen Teils bedeutsam ist.

> Vortragszeit: 2/6 Minuten

V. Deliktische Ansprüche

Im Rahmen **deliktischer Ansprüche** ist § 823 Abs. 1 BGB regelmäßig ausgeschlossen, da kein absolutes Recht verletzt ist, sondern es sich um bloße Vermögensschäden handelt. Hat der Wirtschaftsprüfer jedoch vorsätzlich ein falsches Gutachten erstellt und damit den strafrechtlichen Tatbestand des Betruges, des Kapitalanlagebetruges oder der Untreue verwirklicht, so ist er auch den Anlegern zivilrechtlich zum Ausgleich des dadurch entstandenen Schadens nach §§ 823 Abs. 2 i.V.m. 263, 264a oder 266 StGB verpflichtet. Da diese Voraussetzungen allerdings nur schwer nachzuweisen sind, sind diese Anspruchsgrundlagen in der Praxis selten. Das erforderliche Verschulden richtet nach dem Haftungsmaßstab des verletzten Schutzgesetztes. Setzt dieses, wie z.B. beim **Betrug** gem. § 263 StGB ein vorsätzliches Handeln voraus, ist Vorsatz erforderlich. Kann dem Wirtschaftsprüfer eine vorsätzlich sittenwidrige Schädigung der Anleger nachgewiesen werden, kann § 826 BGB greifen.

> Vortragszeit: 1/7 Minuten

VI. Schaden

Zur Ermittlung der **Höhe des nach §§ 249 ff. BGB zu ersetzenden Schadens** ist ein rechnerischer Vergleich zu ziehen zwischen der durch das schädigende Ereignis bewirkten Vermögenslage mit derjenigen, die ohne diesen Umstand eingetreten wäre. Der geschädigte Mandant ist vermögensmäßig so zu stellen, wie dieser bei pflichtgemäßem Verhalten des Beraters stünde. Zu diesem Zweck muss die tatsächliche Gesamtvermögenslage nach der Pflichtverletzung derjenigen gegenübergestellt werden, die sich ohne den Fehler des Beraters ergeben hätte. Die Differenzrechnung darf nicht nur auf einzelne Rechnungsposten beschränkt werden, sondern erfordert einen **Gesamtvermögensvergleich**, der alle von dem haftungsbegründenden Ereignis betroffenen Vermögensdispositionen umfasst. § 323 Abs. 2 HGB sieht eine Beschränkung der Haftung von Prüfern, den an der Prüfung mitwirkenden gesetzlichen Vertretern einer Prüfungsgesellschaft sowie den Gehilfen des Prüfers auf 1 Million € vor, wenn die ersatzpflichtige Person fahrlässig gehandelt hat. Bei der Prüfung von Aktiengesellschaften, die Aktien mit amtlicher Notierung ausgegeben haben, erhöht sich diese Haftungsgrenze auf 4 Millionen €.

> Vortragszeit: 1/8 Minuten

VII. Verjährung

Vertragliche Mängelansprüche verjähren innerhalb von zwei Jahren, § 634a Abs. 1 Nr. 3 BGB. Die Verjährung beginnt mit der Abnahme des Werkes, §§ 634a Abs. 2, 328, 323 Abs. 1 Satz 3, 311 Abs. 3, 305, 280 Abs. 1 BGB, §§ 316 ff. HGB. Schadensersatzansprüche wegen Vermögensschäden unterliegen der dreijährigen Verjährungsfrist, § 195 BGB. Nach § 199 BGB beginnt die Verjährungsfrist i.d.R. erst, wenn der Mandant oder im Einzelfall ein anspruchsberechtigter Dritter die anspruchsbegründenden Tatsachen kennt.

Vortragszeit: 1/9 Minuten

VIII. Fazit

Wirtschaftsprüfer sehen sich bei der Prüfung von Jahresabschlüssen oder im Rahmen ihrer sonstigen z.B. gutachterlichen Tätigkeit umfangreichen Haftungsrisiken seitens der Mandanten aber auch Dritter ausgesetzt. Es ist wichtig, dass Sie die Risiken einschätzen und sich entsprechend dagegen absichern.

Vielen Dank für Ihre Aufmerksamkeit.

Vortragszeit: 1/10 Minuten

Vortrag 3
Besitz und Eigentum – Gemeinsamkeiten und Unterschiede (Wirtschaftsrecht)

Sehr geehrte/r Frau/Herr Vorsitzende/r, sehr geehrte Prüfungskommission,
aus den mir zur Auswahl gestellten Themen habe ich mich für das Thema **„Besitz und Eigentum – Gemeinsamkeiten und Unterschiede"** entschieden. Meinen Vortrag gliedere ich wie folgt:

I.	Einleitung
II.	Gemeinsamkeiten Eigentum – Besitz
III.	Unterschiede Eigentum – Besitz
IV.	Arten des Eigentums
V.	Erwerb und Schutz des Eigentums
VI.	Arten des Besitzes
VII.	Erwerb und Schutz des Besitzes
VIII.	Fazit

Vortragszeit: 0,5 Minuten

I. Einleitung

Eigentum und Besitz sind die zentralen Begriffe des **Sachenrechts** und in den §§ 903–1011 BGB (Eigentum) bzw. in den §§ 854–872 BGB (Besitz) gesetzlich geregelt.

Eigentum stellt das umfassendste dingliche Recht dar, das an Sachen, seien sie beweglich (Fahrnis) oder unbeweglich (Grundstücke, Immobilien), bestehen kann. Es beinhaltet gemäß § 903 BGB die rechtliche Herrschaft über eine Sache. Als **absolutes Recht** wirkt es gegenüber jedermann. Das Eigentum wird durch Art. 14 Grundgesetz garantiert und ist ein elementares Grundrecht. Mit der Anerkennung des Privateigentums nicht nur an den persönlichen Bedarfsgütern, sondern auch an Grund und Boden sowie Produktionsmitteln stellt das Sachenrecht zugleich die Basis des marktwirtschaftlichen Systems dar, das die Investitions- und Produktionsentscheidungen in die Hand der einzelnen Privateigentümer gibt.

Besitz dagegen ist kein Recht sondern lediglich die tatsächliche Herrschaft über eine Sache (§ 854 BGB). Ohne dass er ein Rechtsverhältnis darstellt, wird er jedoch in verschiedener Hinsicht wie ein Recht behandelt, z.B. durch den Besitzschutz gemäß §§ 858 ff. BGB („verbotene Eigenmacht") oder als sonstiges Recht im Sinne von § 823 Abs. 1 BGB.

> Vortragszeit: 1/1,5 Minuten

II. Gemeinsamkeiten Eigentum – Besitz

Beide Rechtsbegriffe sind gesetzlich im Sachenrecht, dem 3. Buch des BGB geregelt. Sowohl das Eigentum wie auch der Besitz werden gegen unrechtmäßige Beeinträchtigungen geschützt, §§ 985 ff., 1004 BGB einerseits und §§ 858 ff. BGB andererseits. **Verletzungen von Eigentum und Besitz** können Schadensersatzverpflichtungen gemäß § 823 Abs. 1 BGB zur Folge haben.

> Vortragszeit: 0,5/2 Minuten

III. Unterschiede Eigentum – Besitz

Im Gegensatz zum Eigentum stellt der Besitz kein dingliches und absolutes Recht dar. Der Besitz ist auch nicht durch das Grundgesetz geschützt. Abgesehen von gesetzlich geregelten Fällen (z.B. durch Verarbeitung, § 950 BGB, oder Vonselbsterwerb, § 1922 BGB) erfolgt der Erwerb von Eigentum durch **Rechtsgeschäft**, §§ 929 ff., 873 BGB, der Erwerb von Besitz dagegen nicht rechtsgeschäftlich, sondern mittels **Erlangung der tatsächlichen Sachherrschaft**. Eine Ausnahme hiervon stellt die Einigung nach § 854 Abs. 2 BGB dar, die nach h.M. ein Rechtsgeschäft ist.

> Vortragszeit: 0,5/2,5 Minuten

IV. Arten des Eigentums

1. Alleineigentum – Miteigentum – Gesamthandeigentum

Im Falle des Alleineigentums steht das **subjektive Eigentumsrecht** einem einzigen Berechtigten, im Falle des Miteigentums mehreren Berechtigten zu. Im letzten Fall wird zwischen Miteigentum nach Bruchteilen und Gesamthandseigentum unterschieden.

Beim **Miteigentum** steht zwei oder mehr Personen ein Bruchteil an der Sache zu, § 1008 BGB. Das heißt nicht, dass die Sache real zwischen ihnen geteilt ist, sondern jeder zu einem gedanklich-rechnerischen Anteil an der Sache beteiligt ist (sog. ideeller Bruchteil). Sie bilden eine **Bruchteilsgemeinschaft** im Sinne der §§ 741 ff. BGB: Jeder kann die gemeinsame Sache soweit nutzen als nicht der Mitgebrauch der anderen Teilhaber beeinträchtigt wird, § 743 II BGB. Die Verwaltung steht den Miteigentümern gemeinschaftlich zu, § 744 I BGB. Lasten und Kosten müssen anteilsmäßig getragen werden, § 748 BGB. Jeder kann über seinen Anteil verfügen, über den ganzen Gegenstand können nur alle gemeinschaftlich verfügen, § 747 BGB. Beim **Gesamthandseigentum** – gesetzliche Fälle: Gesellschaftsvermögen (§§ 718, 719 BGB), eheliche Gütergemeinschaft und Miterbengemeinschaft – sind die zwei oder mehreren Miteigentümer nicht quotenmäßig mit einem bestimmten Anteil an dem einzelnen Vermögensgegenstand beteiligt. Dieser steht vielmehr allen Miteigentümern zur gesamtem Hand zu, diese können nicht über ihren Anteil an der einzelnen Sache selbständig verfügen, § 719 BGB.

Beim Gesamthandseigentum sind alle gemeinsame Eigentümer des gesamten Gegenstandes und nicht nur eines Bruchteils. Eine Verfügung über den Anteil ist ausgeschlossen: Alle können nur gemeinschaftlich über die ganze Sache verfügen. Das BGB kennt drei **Gesamthandsgemeinschaften mit Gesamthandseigentum**:

- Personengesellschaften (GbR, OHG, KG), vgl. §§ 718 ff. BGB, §§ 105 ff. HGB,
- die eheliche Gütergemeinschaft, vgl. §§ 1416, 1419 BGB,
- die Erbengemeinschaft, vgl. §§ 2032 ff. BGB.

2. Wohnungseigentum, Sondereigentum und Teileigentum

Wohnungseigentum ist eine spezielle Form des Eigentums an einer einzelnen Wohnung. Es wird durch Eintragung in das Grundbuch begründet, d.h. jede Wohnung erhält bei der Begründung ein eigenes Grundbuchblatt und kann damit wie jede andere Immobilie verkauft, verschenkt oder belastet werden.

Teileigentum ist das Sondereigentum an nicht zu Wohnzwecken dienenden Räumen eines Gebäudes in Verbindung mit dem Miteigentumsanteil an dem gemeinschaftlichen Eigentum, zu dem es gehört und ist in § 1 Abs. 3 WEG geregelt.

Teileigentum ist ein Parallelbegriff zu Wohnungseigentum. Im Unterschied zum Wohnungseigentum geht es dabei um Räume, die nicht zu Wohnzwecken dienen. **Nicht zu Wohnzwecken dienende Räume** sind z.B. Ladengeschäfte, Praxis-, Büro- oder Kellerräume und häufig Garagen.

3. Treuhandeigentum

Der Treuhandeigentümer ist **Volleigentümer** wie der Alleineigentümer, jedoch aufgrund des Treuhandverhältnisses schuldrechtlich gegenüber dem Treugeber gebunden, mit dem Treuhandeigentum nach Maßgabe des Treuhandauftrages zu verfahren.

Zu unterscheiden sind die **uneigennützige Treuhand** und die **eigennützige Treuhand**. Im ersteren Fall (Verwaltungstreuhand) darf der Treuhandeigentümer das Eigentum nur zu Zwecken nutzen, die den Interessen des Treugebers als dem wirtschaftlichen Eigentümer dienen (Beispiel: Investment-Fonds aufgrund des Gesetzes über Kapitalanlagegesellschaften). Im letzteren Fall kann die Treuhandsache nach Maßgabe des Treuhandvertrages auch in gewissem Umfang den Interessen des Treuhänders dienen, z.B. bei der sog. Sicherungstreuhand (Beispiel: Sicherungsübereignung).

4. Geistiges Eigentum

Unter geistigem Eigentum versteht man im Gegensatz zum Sacheigentum das „Eigentum" im Sinne von Herrschaftsrechten an unkörperlichen Gegenständen wie z.B. Patent- und Urheberrechten an Erfindungen oder geistigen Schöpfungen sowie Markenrechten an Namen oder Schutzrechte an Gebrauchs- und Geschmacksmustern.

5. Wirtschaftliches Eigentum

Der **Begriff des wirtschaftlichen Eigentums**, § 246 HGB bzw. § 39 Abs. 2 AO spielt dort eine Rolle, wo das formelle Eigentum an einer Sache und die Verfügungsmacht über die Sache auseinanderfallen wie z.B. bei der Sicherungsübereignung, beim Leasing oder beim Eigentumsvorbehalt. Insbesondere im Bilanzrecht und im Steuerrecht stellt sich die Frage, ob und welche Rechtsfolgen sich aus rechtlichen Position des Sicherungsgebers, des Leasingnehmers oder des Vorbehaltskäufers, die nicht „rechtliche" Eigentümer der Sache sind, im Sinne eines wirtschaftlichen Eigentums ergeben können. Der Bundesgerichtshof ist mit der Annahme eines solchen „wirtschaftlichen" Eigentums zurückhaltend.

6. Vorbehaltseigentum

So wird das beim Verkäufer verbleibende Eigentum an der Kaufsache im Fall des **Kaufs unter Eigentumsvorbehalt** gemäß § 449 BGB bezeichnet. Der Käufer erwirbt mit der (aufschiebend) bedingten Übereignung eine rechtlich geschützte, dingliche Anwartschaft, einer Vorstufe zum Vollrecht Eigentum.

> Vortragszeit: 2,5/5 Minuten

V. Erwerb und Schutz des Eigentums

1. Erwerb

Der **Eigentumserwerb** geschieht durch Rechtsgeschäft oder aufgrund gesetzlicher Regelung. Er ist, je nachdem, ob es sich um bewegliche Sachen oder unbewegliche Sachen handelt, an unterschiedliche Voraussetzungen geknüpft.

Durch die Übereignung wird das Eigentum an einer Sache von einer Person auf eine andere übertragen. Handelt es sich dabei um eine bewegliche Sache, so richten sich die Voraussetzungen der Übereignung nach den §§ 929 ff. BGB. Danach hat der der berechtigte Eigentümer die Sache dem Erwerber zu übergeben und beide müssen darüber einig sein, dass das Eigentum übergehen soll.

Liegt eine Berechtigung des Verfügenden zur Übertragung des Eigentums nicht vor, kann gleichwohl ein Eigentumserwerb stattfinden, sofern die Voraussetzungen eines **gutgläubigen Erwerbs** gem. §§ 932–936 BGB vorliegen. Der gute Glaube des Erwerbers wird vermutet. Er ist nicht gegeben, wenn der Erwerber bei Besitzerhalt weiß oder grob fahrlässig nicht erkannt hat, dass der Veräußerer nicht Eigentümer ist, § 932 Abs. 2 BGB. Ein gutgläubiger Erwerb ist ausgeschlossen, wenn die Sache dem Eigentümer gestohlen worden, verloren gegangen oder ansonsten abhandengekommen ist, § 935 BGB.

Kraft Gesetzes findet bei **beweglichen Sachen ein Eigentumserwerb** in folgenden Fällen statt:
- der Ersitzung (§§ 937 ff. BGB),
- der Verbindung, Vermischung, Verarbeitung (§§ 946 ff. BGB),
- bei Aneignung herrenloser Sachen (§§ 958 ff. BGB),
- beim Fund (§§ 965 ff. BGB),
- sowie im Erbfall (§ 1922 BGB).

Bei Grundstücken ist zur rechtsgeschäftlichen Eigentumsübertragung ebenfalls eine Einigung zwischen Veräußerer und Erwerber über den Eigentumsübergang nötig. Diese Einigung ist nur wirksam, wenn sie vor einem Notar erfolgt, § 925 BGB, sog. **Auflassung**. Sie muss bei gleichzeitiger Anwesenheit beider Teile vor dem Notar erklärt und von diesem nach den Regeln des Beurkundungsgesetzes beurkundet werden. Dabei können die Parteien sich auch vertreten lassen.

Ferner ist für den rechtsgeschäftlichen Eigentumserwerb die **Eintragung der Rechtsänderung im Grundbuch** erforderlich, d.h. diese hat konstitutive Wirkung.

2. Eigentumsschutz

Das Eigentum wird zivilrechtlich in mehrfacher Hinsicht vor **unzulässigen Eingriffen Dritter** geschützt, z.B. durch:
- den Schadensersatzanspruch gegen den Schädiger nach § 823 Abs. 1 BGB bei einer Eigentumsverletzung oder -entziehung,
- den Eigentumsherausgabeanspruch nach §§ 985, 986 BGB gegen den nichtberechtigten Besitzer im Falle der Besitzentziehung,
- Nutzungsherausgabe- und Schadensersatzansprüche nach §§ 987 ff. BGB gegen den unberechtigten Besitzer,
- den Beseitigungs- und Unterlassungsanspruch nach § 1004 BGB gegen den Störer im Falle einer Besitzstörung.

> Vortragszeit: 2/7 Minuten

VI. Arten des Besitzes
1. Eigen- und Fremdbesitz, Besitzdiener

Der **Eigenbesitzer** besitzt eine Sache als ihm gehörend, § 872 BGB. Fremdbesitzer ist dagegen, wer bei seinem Besitz einen anderen als Eigenbesitzer oder sonst besser Berechtigten anerkennt. Dies ist so beispielsweise im Fall des Mieters im Verhältnis zum Vermieter.

Der **Besitzdiener** ist weder Eigen- noch Fremdbesitzer, § 855 BGB.

2. Unmittelbarer – mittelbarer Besitz

Der **unmittelbare Besitzer** übt selbst die tatsächliche Sachherrschaft aus, § 854 BGB, der mittelbare Besitzer (§ 868 BGB) dagegen nicht. Dieser kann nicht direkt auf die Sache zugreifen. Ihm ist der unmittelbare Besitzer als sog. **Besitzmittler** „vorgeschaltet". Zwischen beiden besteht ein vorübergehendes Besitzmittlungsverhältnis wie z.B. im Rahmen eines Miet-. Pacht- oder Verwahrungsverhältnisses. Auch der (nur) mittelbare Besitz wird rechtlich geschützt, z.B. gegen verbotene Eigenmacht, vgl. § 869 BGB.

3. Alleinbesitz und Mitbesitz, Teilbesitz

Während der Alleinbesitzer die Sache allein besitzt, besitzen im Falle des Mitbesitzes mehrere Berechtigte die ganze Sache gemeinschaftlich, § 866 BGB. Beim **schlichten Mitbesitz** ist die Sache jedem Mitbesitzer allein (z.B. Fahrstuhl oder Waschküche), beim **qualifizierten Mitbesitz** nur mehreren Mitbesitzern gemeinsam zugänglich (z.B. Mitverschluss bei einem Schließfach). Ein **gesamthänderischer Mitbesitz** liegt beispielsweise dann vor, wenn eine Erbengemeinschaft eine Sache vermietet.

Teilbesitz liegt vor, wenn jemand nur einen Teil einer Sache, z.B. einzelne abgesonderte Räume eines Gebäudes oder einer Wohnung besitzt, § 865 BGB.

Vortragszeit: 1/8 Minuten

VII. Erwerb und Schutz des Besitzes

1. Erwerb

Zum **Erwerb des Besitzes** sind die Erlangung der tatsächlichen Gewalt und ein Sachbeherrschungswille nötig. Dabei genügt ein genereller, nicht auf eine bestimmte Sache gerichteter Wille. Ein Beispiel für den generellen Besitzwillen ist der Briefkasten, für alle eingeworfenen Briefe etc.

Der **Besitz geht verloren** durch die bewusste Aufgabe der tatsächlichen Gewalt oder einen sonstigen Verlust der tatsächlichen Gewalt, § 856 BGB.

2. Besitzschutz

Ungeachtet der Rechtsqualität des Besitzes, wird er rechtlich vor Störungen, Entzug, unrechtmäßiger Nutzung oder Beschädigung umfassend geschützt. Zu erwähnen sind z.B. die nachfolgenden Ansprüche:
- die Vorschriften über die ungerechtfertigte Bereicherung nach §§ 812 ff. BGB sowie
- die Schadensersatzregelungen der §§ 823 ff. BGB,
- die spezifischen Besitzschutzansprüche nach §§ 859 ff. BGB.

Vortragszeit: 1/9 Minuten

VIII. Fazit

Das Gesetz unterscheidet zwischen dem Eigentümer und dem Besitzer. Eigentum und Besitz sind zu differenzieren. Ein Besitzer ist derjenige, in dessen Einflussbereich sich die Sache befindet und der deshalb auf sie zugreifen kann. Der Besitzer darf mit der Sache jedoch nicht alles machen, was er möchte, sondern nur das, was der Eigentümer ihm erlaubt hat. Zwischen verschiedenen Arten des Eigentums und des Besitzes ist zu differenzieren. Ebenso ergeben sich Unterschiede beim Erwerb und dem Rechtsschutz betreffend Eigentum und Besitz.

Vielen Dank für Ihre Aufmerksamkeit.

Vortragszeit: 1/10 Minuten

Vortrag 4
Die Bilanzierung entgeltlich erworbener Software in der Handelsbilanz (Prüfungswesen)

Sehr geehrte/r Frau/Herr Vorsitzende/r, sehr geehrte Prüfungskommission,
aus den mir zur Auswahl gestellten Themen habe ich mich für das Thema „**Die Bilanzierung entgeltlich erworbener Software in der Handelsbilanz**" entschieden. Meinen Vortrag gliedere ich wie folgt:

I.	Einleitung und Begriffsbestimmungen (Softwarearten)
II.	Klassifizierung der Software
III.	Einstufung der Software als immaterieller oder materieller Vermögensgegenstand des Anlagevermögens
IV.	Abgrenzung zwischen Anschaffungs- und Herstellungskosten
V.	Investitionen in bestehende Software
VI.	Bewertung der Software
VII.	Fazit

Vortragszeit: 0,5 Minuten

I. Einleitung und Begriffsbestimmungen (Softwarearten)

Die **bilanzielle Behandlung von Software** ist in der handels- und steuerrechtlichen Bilanzierungspraxis und im Rahmen der Jahresabschlussprüfung ein bedeutsames Thema, da es sich regelmäßig um wesentliche Investitionen handelt. Zentrales Problem der bilanziellen Behandlung entgeltlich erworbener Software ist die Abgrenzung zwischen Herstellung und Anschaffung. Ist von einer Anschaffung auszugehen, müssen die Anschaffungskosten aktiviert und mit der betriebsgewöhnlichen Nutzungsdauer abgeschrieben werden. Ist jedoch von einer Herstellung der Software auszugehen, so greift das Aktivierungsverbot von § 248 Abs. 2 HGB und § 5 Abs. 2 EStG. Folglich müssen die Aufwendungen in der Entstehungsperiode gewinnmindernd angesetzt werden.

Vortragszeit: 1/1,5 Minuten

II. Klassifizierung der Software

Der IDW RS HFA 11 vom 23.06.2010 behandelt die Frage, unter welchen Voraussetzungen und in welcher Höhe Ausgaben, die im Zusammenhang mit Software anfallen, im handelsrechtlichen Abschluss des Softwareanwenders zu aktivieren oder sofort als Aufwand zu erfassen sind. Die Frage stellt sich, wenn der Softwareanwender von dem Aktivierungswahlrecht für selbst geschaffene immaterielle Vermögensgegenstände des Anlagevermögens nach § 248 Abs. 2 Satz 1 HGB keinen Gebrauch macht, z.B. weil er insoweit eine einheitliche Vorgehensweise in Handels- und Steuerbilanz anstrebt.

Zunächst ist zu differenzieren, ob es sich bei den Computerprogrammen um **materielle oder immaterielle Vermögensgegenstände des Anlagevermögens** handelt. Bei letzteren, ist im Hinblick auf § 248 Abs. 2 HGB zu klären, ob diese entgeltlich erworben oder selbst geschaffen worden sind. Soweit entgeltlich erworbene immaterielle Vermögensgegenständen vorliegen, ist weiterhin der Umfang der aktivierungspflichtigen Anschaffungskosten zu klären.

Der Standard klassifiziert folgende Softwarearten:
1. **Firmware**, d.h. mit dem Computer fest verbundene, in das Gerät eingebettete Programmbausteine, die die Grundfunktionen des Computers steuern und die Hardware miteinander verbinden.

2. **Systemsoftware**, d.h. die Gesamtheit der im Betriebssystem zusammengefassten Programme, die die Ressourcen des Computers verwalten, Programmabläufe steuern und Befehle der Benutzer ausführen, aber unmittelbar keiner konkreten praktischen Anwendung dienen); die genutzte Systemsoftware kann jederzeit gelöscht oder durch andere Systemsoftware ersetzt werden.
3. **Anwendungssoftware**, d.h. alle Anwendungsprogramme, die die Datenverarbeitungsaufgaben des Anwenders lösen. Bei der Anwendungssoftware lassen sich Individual- und Standardsoftware unterscheiden. Während Individualsoftware ausschließlich für die Bedürfnisse eines bestimmten Anwenders entwickelt wird, ist Standardsoftware für den Einsatz bei einer Vielzahl von Anwendern konzipiert.

> **Vortragszeit: 2/3,5 Minuten**

III. Einstufung der Software als immaterieller oder materieller Vermögensgegenstand des Anlagevermögens

Die Bilanzierung von Software als immaterieller oder materieller Vermögensgegenstand richtet sich nach der vorgenannten Klassifizierung der Software.

Firmware ist als unselbständiger Teil der Hardware als Sachanlagevermögen zu aktivieren.

System- oder Anwendungssoftware sind hingegen aufgrund ihrer selbstständigen Verwertbarkeit grundsätzlich losgelöst von der Hardware als immaterielle Vermögensgegenstände zu bilanzieren. Dies gilt selbst dann, wenn sie für eine ganz bestimmte Datenverarbeitungsanlage angeschafft werden und ohne diese nicht nutzbar sind. Durch das Einspeisen in den Computer verlieren sie nicht ihre Eigenschaft als selbstständiger Vermögensgegenstand.

Beim sog. **Bundling** wird die Systemsoftware zusammen mit der Hardware ohne gesonderte Berechnung erworben. Kann man das Entgelt in dem Fall nicht aufteilen, etwa weil Hardware und Systemsoftware am Markt nicht einzeln gehandelt werden, ist die Software zusammen mit der Hardware wie ein einheitlicher Vermögensgegenstand des Sachanlagevermögens zu behandeln.

Anwendungssoftware ist ebenfalls grundsätzlich als immaterieller Vermögensgegenstand zu aktivieren. Ausnahmsweise liegt ein materieller Vermögensgegenstand vor, wenn bei ihrer Verwendung weder aus ihrem Inhalt resultierende besondere wirtschaftliche Vorteile noch die Fähigkeit der Software zur Steuerung von Abläufen im Vordergrund stehen; dies gilt insbesondere, wenn Software allgemein zugängliche Datenbestände auf einem Datenträger enthält (z.B. Telefon- oder Kursbücher in elektronischer Form). Bei diesen kann entsprechend den ertragsteuerlichen Vorgaben der Finanzverwaltung (H 6.13 EStH ABC der nichtselbständigen Wirtschaftsgüter „Trivialsoftware") die Vereinfachungsmöglichkeit für geringwertige Wirtschaftsgüter auch für Software in Anspruch genommen werden, die nach den genannten Grundsätzen zu den immateriellen Vermögensgegenständen gehören würden.

> **Vortragszeit: 1,5/5 Minuten**

IV. Abgrenzung zwischen Anschaffungs- und Herstellungskosten

Ist **Software entgeltlich erworben** worden, liegen regelmäßig aktivierungspflichtige Anschaffungskosten vor, § 255 Abs. 1 HGB. In Einzelfällen können sich Herstellungskosten i.S.v. § 255 Abs. 2 HGB ergeben, wenn im Rahmen der Neuimplementierung oder Veränderung von Software immaterielle Vermögensgegenstände des Anlagevermögens durch den Bilanzierenden selbst geschaffen werden. In diesem Falle besteht ein Aktivierungswahlrecht gemäß § 248 Abs. 2 Satz 1 HGB.

Bei **Individualsoftware** kommt eine Herstellung in Betracht, wenn der Anwender das Herstellungsrisiko trägt. Die Eigenherstellung setzt den Einsatz eigener materieller und personeller Ressourcen des Softwareanwenders voraus (z.B. die eigene IT-Abteilung). Diese ist auch dann nicht ausgeschlossen, wenn der bilanzierende Softwareanwender mit einem Softwareanbieter einen Dienstvertrag geschlossen hat und der Softwareanbieter ihn bei der Erstellung der Software unterstützt hat. Hier trägt der Anwender das wirtschaftliche Risiko einer nicht erfolgreichen Realisierung des Projekts. Wird hingegen ein Werkvertrag mit dem Softwareanbieter geschlossen, so liegt aus der Sicht des bilanzierenden Anwenders ein Anschaffungsvorgang vor, sofern das Herstellungsrisiko beim Softwareanbieter verbleibt.

Erwirbt der **Softwareanwender** im Rahmen einer Erstellung von Individualsoftware vom Softwareanbieter **Teile der Software**, so sind die hieraus resultierenden Anschaffungskosten nur dann selbständig zu aktivieren, wenn die erworbenen Programmteile auch künftig selbständig genutzt werden könnten. Nimmt der Anwender **Maßnahmen zur Erweiterung oder Verbesserung von Software** vor, gelten die gleichen Grundsätze. Liegt das wirtschaftliche Risiko einer erfolgreichen Realisierung der Erweiterungs- oder Verbesserungsmaßnahmen beim Softwareanwender, so handelt es sich um nachträgliche Herstellungskosten, was ein Aktivierungswahlrecht zur Folge hat.

Aufgrund des **Grundsatzes der Ansatzstetigkeit gem. § 246 Abs. 3 HGB** ist der Bilanzierende bei Maßnahmen zur Erweiterung oder wesentlicher Verbesserung von Software an den Ansatz, den er bei Zugang der Software getroffen hat, gebunden.

Erworbene Standardsoftware ist mit den Anschaffungskosten zu aktivieren. Wenn die zuvor käuflich erworbene Standardsoftware an die betrieblichen Erfordernisse des Softwareanwenders angepasst wurde, ist zu prüfen, ob die Standardsoftware dabei eine sog. Wesensänderung vollzogen hat und der Bilanzierende einen neuen immateriellen Vermögensgegenstand des Anlagevermögens selbst geschaffen hat. In diesem Fall liegen Herstellungskosten vor und die Standardsoftware wird zur Individualsoftware.

Auch beim sog. **Customizing**, d.h. Aufwendungen, die dem Softwareanwender bei der Einbettung der Software in das individuelle betriebliche Umfeld z.B. in sein ERP-System entstehen, ist zu fragen, ob sich hieraus Anschaffungs- oder Herstellungskosten ergeben. Dies gilt für Beratungshonorare, Programmierungskosten oder Kosten für die Einrichtung von Schnittstellen oder die Kosten der Installation der Software auf die Computer. Soweit die Kosten dafür anfallen, die Standardsoftware in einen betriebsbereiten Zustand zu versetzen, handelt es sich um aktivierungspflichtige Anschaffungskosten, § 255 Abs. 1 HGB.

> **Vortragszeit: 2/7 Minuten**

V. Investitionen in bestehende Software

Kosten für eine umfangreiche Bearbeitung und Ergänzung der Software, die über die Versetzung in die Betriebsbereitschaft hinausgehen (z.B. zusätzliche Funktionalitäten) führen im Falle einer Eigenherstellung zu Herstellungskosten.

Kosten des Softwareanwenders für Updates stellen grundsätzlich laufenden Erhaltungsaufwand dar, sofern sie lediglich der Aufrechterhaltung der Funktionsfähigkeit der bestehenden Software dienen. Etwas anderes gilt, wenn die getroffenen Maßnahmen zu einer tiefgreifenden Überarbeitung der bisherigen Programmversion, z.B. zu einem vollständigen Generationswechsel, führen. In dem Fall sind die Aufwendungen zu aktivieren. Die nachträglichen Anschaffungskosten sind ab dem Zeitpunkt ihrer Aktivierung innerhalb der Restnutzungsdauer der Software planmäßig abzuschreiben. Der Restbuchwert der alten Programmversion ist aufgrund einer voraussichtlich dauernden Wertminderung außerplanmäßig abzuschreiben, § 253 Abs. 3 Satz 3 HGB.

> **Vortragszeit: 1/8 Minuten**

VI. Bewertung der Software

Gemäß § 255 Abs. 1 HGB sind **Anschaffungskosten** die Aufwendungen, die geleistet werden, um einen Vermögensgegenstand zu erwerben und ihn in einen betriebsbereiten Zustand zu versetzen, soweit diese dem Vermögensgegenstand einzeln zugeordnet werden können. Zu den Anschaffungskosten zählen auch die **Anschaffungsnebenkosten** sowie die nachträglichen Anschaffungskosten. Sind **Anschaffungspreisminderungen** gewährt worden, die dem Vermögensgegenstand einzeln zugeordnet werden können, so sind diese abzusetzen.

Soweit die entgeltlich erworbene Software zu Anschaffungskosten aktiviert worden ist, sind diese ab dem Zeitpunkt der Realisierung der Betriebsbereitschaft um die planmäßigen Abschreibungen zu vermindern. Im Hinblick auf die betriebsgewöhnliche Nutzungsdauer ist zu berücksichtigen, dass Software im Hinblick auf die hohe Innovationsgeschwindigkeit regelmäßig einer raschen wirtschaftlichen Entwertung unterliegt. Für den Beginn der planmäßigen Abschreibungen ist die Betriebsbereitschaft ausreichend, die tatsächliche Ingebrauchnahme durch den Softwareanwender ist nicht erforderlich. Die Vereinfachungsmöglichkeit für geringwertige Wirtschaftsgüter kann auch für Software in Anspruch genommen werden.

> Vortragszeit: 1/9 Minuten

VII. Fazit

Die Frage, unter welchen Voraussetzungen und in welcher Höhe Ausgaben, die im Zusammenhang mit Software anfallen, in einem handelsrechtlichen Abschluss des Softwareanwenders zu aktivieren oder sofort als Aufwand zu erfassen sind, falls der Softwareanwender von dem Aktivierungswahlrecht nach § 248 Abs. 2 Satz 1 HGB keinen Gebrauch macht, spielt in der Praxis eine große Rolle. Der IDW RS HFA 11 gibt hierfür praxistaugliche Beurteilungskriterien. Er differenziert danach, ob es sich bei den Computerprogrammen um materielle oder immaterielle Vermögensgegenstände des Anlagevermögens handelt und ob Anschaffungs- oder Herstellungskosten gegeben sind. Ausgehend davon werden Zweifelsfragen zur Aktivierung sowie der Erst- und Folgebewertung nachvollziehbar beantwortet.

Vielen Dank für Ihre Aufmerksamkeit.

> Vortragszeit: 1/10 Minuten

Vortrag 5
Die E-Bilanz (Steuerrecht)

Sehr geehrte/r Frau/Herr Vorsitzende/r, sehr geehrte Prüfungskommission,
aus den mir zur Auswahl gestellten Themen habe ich mich für das Thema **„Die E-Bilanz"** entschieden. Meinen Vortrag gliedere ich wie folgt:

I.	Einleitung
II.	Persönlicher und sachlicher Geltungsbereich
III.	Gegenstand der elektronischen Übermittlung
IV.	Form und Inhalt
V.	Datenübermittlung
VI.	Verzicht auf die E-Bilanz aus Billigkeitsgründen
VII.	Fazit

> Vortragszeit: 0,5 Minuten

I. Einleitung

Um weitere Bürokratiekosten einzusparen, hatte die Bundesregierung beispielsweise die elektronische Steuererklärung **ELSTER** oder die **elektronische Lohnsteuerkarte** eingeführt. § 5b EStG sieht darüber hinaus den Ersatz der Papierbilanz durch elektronische Dokumente vor. Der Inhalt der Bilanz, der Gewinn- und Verlustrechnung sowie einer ggf. notwendigen Überleitungsrechnung sind nach amtlich vorgeschriebenen Datensatz durch Datenfernübertragung an die Finanzbehörden zu übermitteln. Zugleich sollen Medienbrüche, beim Wechsel zwischen Papier- und elektronischer Form durch manuelle Eingaben vermieden werden. Weiteres Ziel ist die dauerhafte und verlässliche Sicherstellung der Finanzierung staatlicher Aufgaben (BT-Drucks. 16/10188, 13). Aus den standardisierten und elektronisch verarbeitbaren Bilanzdaten können die Finanzbehörden wichtige Informationen (z.B. Bilanzkennzahlen) für die Anordnung und Durchführung von

Außenprüfungen (§§ 193 f. AO) und die Plausibilität und Verprobung der Angaben in den Steuererklärungen gewinnen.

§ 5b EStG ergänzt § 25 Abs. 4 EStG, § 31 Abs. 1a KStG und § 3 Abs. 2 der VO über die gesonderte Feststellung von Besteuerungsgrundlagen nach § 180 Abs. 2 AO. § 60 Abs. 4 EStDV enthält eine Parallelregelung bezüglich der Pflicht zur **Übermittlung von Einnahme-Überschussrechnungen durch Datenfernübertragung**. § 150 Abs. 7 AO, ist für die Übermittlungen nach § 5b Abs. 1 EStG entsprechend anzuwenden.

> Vortragszeit: 1,5/2 Minuten

II. Persönlicher und sachlicher Geltungsbereich

Persönlich gilt § 5b EStG für alle Unternehmen unabhängig von der Rechtsform, d.h. natürliche Personen, Personengesellschaften und Körperschaftsteuerpflichtige, § 31 Abs. 1 KStG, die ihren Gewinn nach § 4 Abs. 1 EStG, § 5 EStG oder § 5a EStG ermitteln. Unerheblich ist, ob sie nach §§ 140 oder 141 AO verpflichtet sind, den Gewinn durch Vermögensvergleich zu ermitteln oder dies freiwillig tun (BMF vom 28.09.2011, IV C 6 – S 2133-b/11/10009 :004, BStBl I 2011, 855, Rz. 1). Ermittelt der Steuerpflichtige den Gewinn nach § 4 Abs. 3 EStG durch Einnahme-Überschussrechnung, ist diese nach amtlich vorgeschriebenem Datensatz durch Datenfernübertragung zu übermitteln, vgl. § 60 Abs. 4 EStDV.

Die **Verpflichtung zur Datenfernübertragung** betrifft die Inhalte der Bilanz sowie Gewinn- und Verlustrechnung (sog. E-Bilanz). Betroffen sind auch die anlässlich einer Betriebsveräußerung, Betriebsaufgabe, Änderung der Gewinnermittlungsart oder in Umwandlungsfällen aufzustellenden Bilanzen, Zwischenbilanzen, die auf den Zeitpunkt eines Gesellschafterwechsels aufgestellt werden, als Sonderform einer Schlussbilanz, sowie wie Liquidationsbilanzen nach § 11 KStG.

Hat ein inländisches Unternehmen eine ausländische Betriebsstätte, ist – soweit der Gewinn nach § 4 Abs. 1 EStG, § 5 EStG oder § 5a EStG ermittelt wird – **für das Unternehmen als Ganzes eine Bilanz und Gewinn- und Verlustrechnung mit entsprechendem Datensatz durch Fernübertragung** abzugeben (BMF vom 28.09.2011, a.a.O. Rz. 3 unter Hinweis auf BFH-Urteil vom 16.02.1996, I R 43/95, BStBl II 1997, 128).

Bei **inländischen Betriebsstätten ausländischer Unternehmen** oder gewerblicher Vermietung i.S.v. § 49 Abs. 1 Nr. 2 Buchst. f Doppelbuchst. aa EStG beschränkt sich die Aufstellung der Bilanz und Gewinn- und Verlustrechnung auf die inländische Betriebsstätte bzw. die überlassenen WG als unselbständiger Teil des Unternehmens (BMF vom 28.09.2011 a.a.O. Rz. 7; BMF vom 16.05.2011, BStBl I 2011, 530 Rz. 3 und 7). Auf **persönlich befreite Körperschaftsteuerpflichtige** (z.B. §§ 5 Abs. 1 Nr. 1, 2, 2a, 15 KStG), findet § 5b EStG keine Anwendung. Bei teilweiser Befreiung (z.B. §§ 5 Abs. 1 Nr. 5, 6, 7, 9, 10, 14, 16, 19, 22 KStG) besteht für eine aufzustellende Bilanz und Gewinn- und Verlustrechnung die Verpflichtung nach § 5b EStG. Gleiches gilt für Betriebe gewerblicher Art von juristischen Personen des öffentlichen Rechts i.S.v. § 1 Nr. 6 KStG.

> Vortragszeit: 1,5/3,5 Minuten

III. Gegenstand der elektronischen Übermittlung

Gem. § 5b EStG kann der Steuerpflichtige wie bei der Übermittlung in Papierform gem. § 60 Abs. 1, 2 EStDV zwischen zwei Alternativen wählen. Die erste Alternative ergibt sich aus § 5b Abs. 1 S. 1 und S. 2 EStG. Danach übermittelt der Steuerpflichtige den Inhalt der Handelsbilanz und den Inhalt der handelsrechtlichen Gewinn- und Verlustrechnung. Weichen dabei handels- und steuerrechtliche Ansätze und Bewertungen voneinander ab, ist eine **Überleitungsrechnung auf die steuerlichen Werte** ebenfalls elektronisch zu übermitteln. Alternativ kann der Steuerpflichtige gem. § 5b Abs. 1 S. 1 und S. 3 EStG eine den steuerlichen Vorschriften entsprechende Bilanz, d.h. eine Steuerbilanz und eine Gewinn- und Verlustrechnung übermitteln. Unklar ist, ob aufgrund dieses Wahlrechts eine Steuerbilanz statt der Handelsbilanz nebst der Überleitungsrechnung oder nur zusätzlich zu diesen übermittelt werden darf. Der Zweck der Vorschrift spricht für die erste Alternative (so auch BMF vom 19.01.2010, BStBl I 2010, 47, Rz. 2).

Durch die E-Bilanz kann es zu einer Doppel- oder Dreifachübermittlung derselben Daten kommen, da einige Daten der E-Bilanz ebenfalls im Rahmen der elektronischen Steuererklärung übermittelt werden.

Vortrag 5: Die E-Bilanz (Steuerrecht)

Neben der Bilanz nebst GuV-Rechnung auf den Schluss des jeweiligen Geschäftsjahres (Abs. 1 S. 1) einschließlich der steuerlichen Modifikationen sind auch die **Eröffnungsbilanzen** oder auch Schluss- und Anfangsbilanzen gemäß § 13 KStG von § 5b EStG erfasst. Nicht erfasst werden Bilanzen und GuV-Rechnungen, die für die Besteuerung des Gewinns ohne Bedeutung sind, wie z.B. Quartals- oder Halbjahresbilanzen, Überschuldungsbilanzen.

> **Vortragszeit: 1,5/5 Minuten**

IV. Form und Inhalt
Vorgeschriebener Datensatz (Taxonomie)
Der Inhalt der Bilanz und GuV-Rechnung und die etwaige Überleitungsrechnung müssen nach amtlich vorgeschriebenem Datensatz durch Datenfernübertragung der zuständigen Finanzbehörde übermittelt werden. Die Einzelheiten der Übermittlung nach amtlich vorgeschriebenem Datensatz durch Datenfernübertragung werden durch Rechtsverordnung festgelegt (§ 150 Abs. 7 AO i.V.m. § 5b Abs. 1 S. 4 EStG). Das BMF ist gem. § 51 Abs. 4 Nr. 1b EStG ermächtigt, im Einvernehmen mit den obersten Finanzbehörden der Länder, den Inhalt der zu übermittelnden Daten, nähere Ausführungen zum vorgeschriebenen Datensatz und zur Fernübertragung festzulegen. Mittlerweile hat das BMF die aktualisierte **Taxonomie 6.1 vom 01.04.2017 am 16.05.2017 bekannt gegeben. S. BMF Schreiben vom 16.05.2017, IV C 6 - S-2133b/17/10003.**

Das für steuerliche Zwecke angepasste Datenschema enthält die Bilanzposten und Gewinn- und Verlustpositionen des amtlichen Datensatzes nach § 5b EStG. Es umfasst ein Stammdaten-Modul („GCD-Modul") und ein Jahresabschluss-Modul („GAAP-Modul").

Mindestumfang der Taxonomie nach § 51 Abs. 4 Nr. 1b EStG
Die elektronische Übermittlung der Inhalte der Bilanz und der Gewinn- und Verlustrechnung erfolgt grundsätzlich nach der Kerntaxonomie. Sie beinhaltet die Positionen für alle Rechtsformen, wobei im jeweiligen Einzelfall nur die Positionen zu befüllen sind, zu denen auch tatsächlich Geschäftsvorfälle vorliegen. Für bestimmte Wirtschaftszweige wurden Branchentaxonomien erstellt, die in diesen Fällen für die Übermittlung der Datensätze zu verwenden sind. Dies sind Spezialtaxonomien (Banken und Versicherungen) oder Ergänzungstaxonomien (Wohnungswirtschaft, Verkehrsunternehmen, Land- und Forstwirtschaft, Krankenhäuser, Kommunale Eigenbetriebe). Individuelle Erweiterungen der Taxonomien können nicht übermittelt werden.

Die **Steuertaxonomie** unterscheidet folgende Positionseinheiten: „Mussfeld", „Mussfeld, Kontennachweis erwünscht" und „Summenmussfeld". Alle in der Taxonomie als Mussfelder gekennzeichneten Positionen sind zwingend zu übermitteln und werden auf Vollständigkeit elektronisch geprüft. Den Mussfeldern mit erwünschtem Kontennachweis kann der Kontennachweis freiwillig elektronisch beigefügt werden, z.B. als Summen- und Saldenliste.

Auffangpositionen sollen der vorhandenen Individualität der Buchhaltung Rechnung tragen und die Übermittlung erleichtern. Sie sind erkennbar durch die Bezeichnung „nicht zuordenbar".

Es besteht die Möglichkeit eine Position leer zu übermitteln, sog. **NIL-Wert** (not in list). Dieses soll möglich sein, wenn sich ein Feld nicht mit Daten füllen lässt, z.B. weil aufgrund der Rechtsform des Unternehmens kein entsprechendes Konto in der Buchführung existiert. Soweit in der Taxonomie für Einzelunternehmer, für Körperschaften und für Personengesellschaften steuerlich unzulässige Positionen vorhanden sind, z.B. Aktivierung selbsterstellter immaterieller VG des Anlagevermögens lässt das BMF-Schreiben vom 28.09.2011, BStBl I 2011, 855 einen Ansatz ohne Wert (NIL-Wert) zu.

Der XBRL-Datensatz
Die Übermittlung soll in Form eines XBRL-Datensatzes durch Datenfernübertragung erfolgen. XBRL steht für **eXtensible Business Reporting Language**, es handelt sich um eine einheitliche Computersprache zum elektronischen Austausch und zur Veröffentlichung von Finanzinformationen. Soweit in der Taxonomie Positionen nicht rechnerisch zur jeweiligen Oberposition verknüpft sind (erkennbar daran, dass eine entsprechende rechnerische Verknüpfung im Datenschema nicht enthalten ist), handelt es sich um sogenannte „davon-Positionen".

Diese Positionen enthalten in der Positionsbezeichnung das Wort „davon". Dementsprechend werden Rechenregeln nicht geprüft.

Vortragszeit: 2/7 Minuten

V. Datenübermittlung

Wegen des Umfangs der Steuertaxonomie im Rahmen des § 5b EStG und des erheblichen Umstellungsaufwands stellt sich die Frage nach der Zumutbarkeit für den Steuerpflichtigen. Die Mitwirkung des Steuerpflichtigen muss zur Sachverhaltsaufklärung notwendig, geeignet, erfüllbar und zumutbar sein. Da die für die Ermittlung der Besteuerung relevanten Tatsachen der Finanzverwaltung i.d.R. nicht bekannt sind ist deren Amtsermittlungsgrundsatz nach § 88 AO insoweit zu relativieren, als dem Steuerpflichtigen umfangreiche Aufklärungspflichten auferlegt werden dürfen. Das insoweit der Finanzverwaltung zugestandene weitgehende Ermessen ist für den Fall der E-Bilanz gesetzlich konkretisiert. Eine **Schätzung wegen Nichtvorlage von Büchern oder Aufzeichnungen** wegen Nichtübermittlung der Unterlagen gem. § 162 Abs. 2 AO kann allerdings in Betracht kommen, wenn die gemäß Abs. 1 zu übermittelnden Daten nicht, nicht vollständig elektronisch oder in anderer Form dem Finanzamt übermittelt werden und das Finanzamt deshalb nicht klären kann, ob die Angaben zum Gewinn in der Steuererklärung zutreffen (Levedag H/H/R, EStG/KStG, § 5b EStG Rn. 6; Hofmeister Blümich, EStG/KStG/GewStG, § 5b EStG Rn. 40).

§ 5b EStG ist erstmals für Wirtschaftsjahre anzuwenden, die nach dem 31.12.2012 beginnen. Dies gilt entsprechend für z.B. Liquidationsbilanzen sowie für Eröffnungsbilanzen, sofern diese nach dem 31.12.2012 aufzustellen sind. Es wird nicht beanstandet, wenn diese auch für das vorangehende Wirtschaftsjahr 2012 oder 2012/2013 verwendet werden (BMF vom 05.06.2012, IV C 6 - S 2133-b/11/10016, BStBl I 2012, 598).

Für inländische Betriebsstätten ausländischer Unternehmen, steuerbefreite Körperschaften und Betriebe gewerblicher Art wird es nicht beanstandet, wenn die Inhalte der Bilanz und GuV erstmals für Wirtschaftsjahre, die nach dem 31.12.2014 beginnen, durch Datenfern**übertragung übermittelt werden**.

Vortragszeit: 1/8 Minuten

VI. Verzicht auf die E-Bilanz aus Billigkeitsgründen

§ 5b Abs. 2 S. 2 EStG i.V.m. § 150 Abs. 8 AO sieht eine **allgemeine Härtefallregelung** vor. Danach kann die Finanzbehörde auf Antrag zur Vermeidung unbilliger Härten auf eine elektronische Übermittlung verzichten. Dem Antrag ist zu entsprechen, wenn eine elektronische Übermittlung für den Steuerpflichtigen wirtschaftlich oder persönlich unzumutbar ist. Dies ist insbesondere der Fall, wenn die Schaffung der technischen Möglichkeiten für eine elektronische Übermittlung nur mit einem nicht unerheblichen finanziellen Aufwand möglich wäre oder wenn der Steuerpflichtige nach seinen individuellen Kenntnissen und Fähigkeiten nicht oder nur eingeschränkt in der Lage ist, die Möglichkeiten der elektronischen Übermittlung zu nutzen, § 5b Abs. 2 Satz 2 EStG i.V.m. § 150 Abs. 8 AO.

Vortragszeit: 1/9 Minuten

VII. Fazit

Der Gesetzgeber hat mit § 5b EStG eine Verfahrensvorschrift erlassen, die die Bürokratiekosten des Staates verringert, den Steuerpflichtigen jedoch durch die vorgeschriebene Taxonomie belastet. Aus den standardisierten und elektronisch verarbeitbaren Bilanzdaten können die Finanzbehörden zudem wichtige Informationen gewinnen.

Zweifelhaft ist, ob sich aus den §§ 5b, 51 Abs. 4 Nr. 1b EStG eine ausreichende Ermächtigungsgrundlage für die geforderten Bestandteile der Steuertaxonomie ergibt (Heinsen/Adrian in DStR 2010, 2593). Die Zweifel bestehen hinsichtlich der Übermittlung einer steuerlichen GuV, bzw. eine Überleitungsrechnung der handelsrechtlichen GuV zur steuerlichen GuV. Für originär Buchführungspflichtige gem. § 141 AO ist ein Bestandsvergleich hinreichend. Ebenso ist die Forderung eines Anhangs und Lageberichts nicht von der Ermächtigung gedeckt, da § 5b EStG nicht vom Inhalt des gesamten Jahresabschlusses spricht, sondern nur von Bilanz und

GuV. Gem. § 60 Abs. 3 EStDV sind Anhang und Lagebericht der Steuererklärung in Abschrift beizufügen, und zwar weiterhin in Papierform.
Vielen Dank für Ihre Aufmerksamkeit.

> Vortragszeit: 1/10 Minuten

Vortrag 6
Auswirkungen der Digitalisierung auf die Wirtschaftsprüfung (Prüfungswesen)

Sehr geehrte/r Frau/Herr Vorsitzende/r, sehr geehrte Prüfungskommission,
aus den mir zur Auswahl gestellten Themen habe ich mich für das Thema **„Auswirkungen der Digitalisierung auf die Wirtschaftsprüfung"** entschieden. Meinen Vortrag gliedere ich wie folgt:

I.	Einleitung
II.	Aufgaben und Berufspflichten des Wirtschaftsprüfers
III.	Digitalisierung
IV.	Datenschutz
V.	Anforderungen der Digitalisierung an die Wirtschaftsprüfung
VI.	Verlautbarungen des Berufsstandes
VII.	Chancen und Risiken für den Wirtschaftsprüfer
VIII.	Fazit

> Vortragszeit: 0,5 Minuten

I. Einleitung
In allen Bereichen des Wirtschaftslebens schreitet die Digitalisierung unaufhaltsam voran. Viele Tätigkeiten drohen durch Maschinen ersetzt zu werden; gleichzeitig erhöht sich der Grad an Spezialisierung. Auf der anderen Seite entstehen infolge des digitalen Wandels neue Geschäftsfelder. Industrie 4.0, die vierte industrielle Revolution mit der digitalen Vernetzung von Maschinen und Menschen und der durch die Digitalisierung entstehenden enorme Datenmengen (Big Data) erfordert eine diesen Anforderungen entsprechende Wirtschaftsprüfung. Dabei muss sich der Berufsstand auch im Bereich der Digitalisierung fortentwickeln um für die neuen Aufgabenfelder gewappnet zu sein und seine Attraktivität für Berufseinsteiger zu erhalten.

> Vortragszeit: 0,5/1 Minute

II. Aufgaben und Berufspflichten des Wirtschaftsprüfers
Die Aufgaben eines Wirtschaftsprüfers gehen aus § 2 Wirtschaftsprüferordnung (WPO) hervor:
Nach § 2 Abs. 1 WPO führt er betriebswirtschaftliche Prüfungen durch. Die Befähigung, einen Bestätigungsvermerk zu erteilen bzw. zu versagen, stellt gemäß § 319 Abs. 1 S 1, 2 i.V.m. § 267 Abs. 3 HGB eine Vorbehaltsaufgabe des Wirtschaftsprüfers dar. Neben der Pflichtprüfung von Jahresabschlüssen und Lageberichten sowie Konzernabschlüssen und Konzernlageberichten umfasst sein Aufgabengebiet auch Prüfungen von nach international anerkannten Rechnungslegungsgrundsätzen aufgestellten Jahres- und Konzernabschlüssen und sons-tige gesetzlich vorgeschriebene Prüfungen, wie zum Beispiel Sonderprüfungen nach dem Aktiengesetz.

In § 2 Abs. 3 WPO sind sonstige Tätigkeiten des Wirtschaftsprüfers benannt. Aufgrund seiner besonderen Befähigung werden ihm regelmäßig auch sonstige betriebswirtschaftliche Prüfungen übertragen, wie etwa Due-Diligence-Prüfungen und Unterschlagungsprüfungen. Ebenfalls zum Berufsbild gehört die Tätigkeit als Gutachter oder Sachverständiger in allen Bereichen der wirtschaftlichen Betriebsführung, wie z.B. Beispiel die Unternehmensbewertung. Auch ist der Wirtschaftsprüfer zur Rechtsberatung in Angelegenheiten, die in unmittelbarem Zusammenhang mit seinen Aufgaben stehen, befugt. Die Beratung in unternehmerischen und wirtschaftlichen Angelegenheiten gehört ebenfalls zu seinen Aufgaben. Schließlich zählt zu den beruflichen Aufgaben die Steuerberatung, d.h. die unbeschränkte (geschäftsmäßige) Hilfeleistung in Steuersachen, einschließlich des Rechtes der Vertretung der Steuerpflichtigen vor den Finanzbehörden und Finanzgerichten.

Bei der Ausübung ihrer Tätigkeit haben Wirtschaftsprüfer nach §§ 43 ff. WPO umfassende Berufspflichten zu erfüllen. Zu diesen gehören die Unabhängigkeit, Unbefangenheit, Unparteilichkeit, Verschwiegenheit, Gewissenhaftigkeit, Eigenverantwortlichkeit und berufswürdiges Verhalten.

Vortragszeit: 2/3 Minuten

III. Digitalisierung

Jeder Bereich des Wirtschaftslebens wird aktuell digitalisiert, von der Rohstoffbeschaffung über die Produktion bis hin zu den Dienstleistungen. Auch die Wirtschaftsprüfung bleibt von den Umwälzungen der Digitalen Transformation nicht verschont und steht vor großen Herausforderungen. Daten der Finanzbuchhaltung werden heute – meist über mehrere Teilprozesse – in komplexen, hochintegrierten ERP-Systemen erzeugt und finden als Massendaten über Vor- und Nebensysteme letztlich Eingang in die Bilanz und Gewinn- und Verlustrechnung. Dabei nimmt die Datenflut der über Schnittstellen angelieferten Informationen ständig zu.

Das Datenvolumen ist auch bei mittelständische Unternehmen zu groß um es noch mit klassischen Methoden auswerten zu können Dabei werden künftig sogenannte Datencrawler die erforderlichen Daten über vorgefertigte Templates akquirieren und Analysen direkt im System des Mandanten vornehmen. Digitale Labore (sogenannte Digital Labs) mit nahezu unbegrenzten Rechnerkapazitäten werden künftig die Aufgabe übernehmen, Daten des Mandanten aufzubereiten und schließlich dem Wirtschaftsprüfer visualisiert zur Verfügung zu stellen. Über entsprechende Global Shared Services lassen sich dabei cloudbasiert Geschäftsvorfälle – jenseits von reinen Stichproben – nahezu vollumfänglich analysieren. Dabei werden System- und Prozessprüfung automatisiert angestoßen und auf diese Weise Prüfungsschwerpunkte identifiziert, die der Wirtschaftsprüfer in seiner Prüfungsplanung berücksichtigt.

Vortragszeit: 1/4 Minuten

IV. Datenschutz

Im Zuge der Digitalisierung sind die rechtlichen Bestimmungen des Datenschutzes laufend zu aktualisieren. So ist die seit dem 25.5.2018 geltende Datenschutzgrundverordnung, die die Verarbeitung personenbezogener Daten in der EU regelt, zu beachten. Bei einer Verletzung der Regelungen zum Datenschutz können Bußgelder bis zu 20 Mio. € oder 4 % des weltweiten Konzernumsatzes verhängt werden (Art. 83 Abs. 5 DSGVO). Der Datenschutz kann in einem Zielkonflikt mit der Wirtschaftsprüfung stehen. Das Bundesdatenschutzgesetz verhindert grundsätzlich die Speicherung personenbezogener Daten. Nach § 320 Abs. 1 und 2 HGB ist der Abschlussprüfer jedoch ermächtigt, vom gesetzlichen Vertreter alle für die Prüfung erforderlichen Daten anzufordern und diese nach § 51b Abs. 1 und 2 WPO im Rahmen der gesetzlichen Aufbewahrungspflichten zu speichern. Von einer Datenpanne sind Aufsichtsbehörde und Mandant umgehend in Kenntnis zu setzen (§§ 33 ff. DSGVO).

Vortragszeit: 1/5 Minuten

V. Anforderungen der Digitalisierung an die Wirtschaftsprüfung

Der Grad der digitalisierten Prüfung hängt in großen Teilen vom Grad der Digitalisierung des Mandanten ab. Existieren kaum automatisierte Buchungen und werden beim Mandanten v.a. manuelle Prozesse getätigt, muss auch in der Jahresabschlussprüfung auf einfache Hauptbuchanalysen und eine manuelle Prüfung des internen

Kontrollsystems (IKS) zurückgegriffen werden. Ist der Mandant in der Digitalisierung fortgeschritten und hat er Buchungen automatisiert und das interne Kontrollsystem vollständig digitalisiert, sind IKS-Prüfungen mit Datenanalysen sowie risikoorientierte Stichproben, die auf Auffälligkeiten basieren, möglich. Für eine effiziente Prüfung muss sich der Abschlussprüfer darauf einstellen und vermehrt mit digitalen Prüfungshandlungen und Datenanalysen reagieren. Durch die Automatisierung kann ein besseres Kontrollniveau und somit eine Reduktion der Fehlerquote erreicht werden. Über Prüfmakros sowie entsprechende Algorithmen lassen sich selbst komplexe Datenanalysen automatisiert auswerten und zugleich mandatsübergreifend anwenden.

Bei allen Arten des Outsourcings und damit auch beim Cloud Computing verbleibt die Verantwortung für die Einhaltung der Ordnungsmäßigkeit und der Sicherheitsanforderungen bei den gesetzlichen Vertretern des auslagernden Unternehmens. Aus diesem Grund müssen die gesetzlichen Vertreter die aus dem Outsourcing entstehenden Risiken und die damit verbundenen Auswirkungen auf das interne Kontrollsystem des Unternehmens beachten. Hierzu zählen auch die Risiken, die sich aus der Nichteinhaltung der steuerrechtlichen Anforderungen, insb. der Anforderungen der Abgabenordnung bzw. der vom BMF veröffentlichten GoBD an die Verarbeitung, den Zugriff und die Aufbewahrung ergeben. Um den Mandaten bei diesem Prozeß zu begleiten bedarf es fachlich hierauf aus- und fortgebildete Wirtschaftsprüfer und diesen unterstützenden fachlich spezialisierte Mitarbeiter.

Vortragszeit: 1,5/6,5 Minuten

VI. Verlautbarungen des Berufsstandes zur Digitalisierung

Die Vorgehensweise der Prüfung von Softwareprodukten folgt der Systematik von Systemprüfungen bei Einsatz von Informationstechnologie (IT), wie sie im IDW PS 330 niedergelegt sind. Zum Begriff der Informationstechnologie und zu den Ordnungsmäßigkeits- und Sicherheitsanforderungen beim Einsatz von IT gelten die Regelungen des IDW RS FAIT 5. Dieser konkretisiert die bei der Auslagerung von rechnungslegungsrelevanten Prozessen und Funktionen (IT-Outsourcing) aus den §§ 238, 239 und 257 HGB resultierenden Anforderungen an die Führung der Handelsbücher mittels IT-gestützter Systeme.

Darüber hinaus behandelt der IDW PS 880 die Verwertung der Ergebnisse der Prüfung von Softwareprodukten im Rahmen einer Abschlussprüfung beim Softwareanwender zur Beurteilung der Ordnungsmäßigkeit und Sicherheit der Buchführung. Insoweit spezifiziert dieser IDW PS die im IDW PS 320 und im IDW PS 322 enthaltenen Überlegungen zur Verwertung von Prüfungsergebnissen Dritter.

Vortragszeit: 1/7,5 Minuten

VII. Chancen und Risiken für den Wirtschaftsprüfer

Die Digitalisierung macht die Arbeit des klassischen Wirtschaftsprüfers nicht obsolet, sondern abwechslungsreicher. Er kann sich auf komplexe Fragestellungen konzentrieren und erhält so kreative Freiräume. In einer Symbiose aus langjähriger Berufserfahrung und Digitalkenntnissen verändert das Anforderungsprofil an den Wirtschaftsprüfer. Dadurch kann die Prüfungsqualität sowie die Zukunftsfähigkeit des Berufsstandes gesichert und dem Mandanten ein attraktiver Mehrwert geboten werden. Die digitale Transformation sollte der Wirtschaftsprüfer zu seinem Vorteil nutzen und damit zugleich die Attraktivität des Berufsstandes fördern.

Die Vernetzung zwischen Mandant und Wirtschaftsprüfer steht ganz oben auf der Agenda nahezu aller Wirtschaftsprüfungsgesellschaften. Dabei gab es nie mehr Möglichkeiten der digitalen und direkten Zusammenarbeit zwischen Wirtschaftsprüfer und Mandant. Ob digitale Datenräume, Remote-Zugriffe, Shared Services oder gemeinsame, webbasierte Dateiablagen – letztlich finden sich zahlreiche digitale Werkzeuge, um die Zusammenarbeit effizienter und zugleich enger zu gestalten.

Mithilfe von Technologiekomponenten und IT-basierten Analysewerkzeugen kann die digitale Prüfung effizienter gestaltet werden.

Vortragszeit: 1,5/9 Minuten

VIII. Fazit

Die Welt ist im Wandel und die digitale Transformation ist unaufhaltbar. Dabei ist das Berufsbild des Wirtschaftsprüfers geradezu prädestiniert für die Gestaltung von Veränderungsprozessen. Allerdings bedarf es entsprechender Anstrengungen, den Wirtschaftsprüfer in das digitale Ökosystem einzubetten. Hierzu werden Wirtschaftsprüfer benötigt, die die Digitalisierung sowohl des Berufsstandes als auch ihrer Mandanten fachlich begleiten und bestehendes Wissen über das Funktionieren traditioneller Geschäftsmodelle transformieren. Nur über eine sinnvolle Kombination beider Welten – Wirtschaftsprüfung und Informationstechnologie lässt sich ein Mehrwert bieten, den die Mandanten und andere Stakeholder in Zukunft einfordern werden und der dazu beiträgt, dass das Berufsbild des Wirtschaftsprüfers für den Nachwuchs auch langfristig attraktiv bleibt.

Vielen Dank für Ihre Aufmerksamkeit.

> Vortragszeit: 1/10 Minuten

Vortrag 7
Die Prüfung von Tax Compliance Management-Systemen (Prüfungswesen)

Sehr geehrte/r Frau/Herr Vorsitzende/r, sehr geehrte Prüfungskommission,
aus den mir zur Auswahl gestellten Themen habe ich mich für das Thema **„Die Prüfung von Tax Compliance Management-Systemen"** entschieden. Meinen Vortrag gliedere ich wie folgt:

I.	Einleitung
II.	Motive und rechtliche Rahmenbedingungen von Tax Compliance Management-Systemen (TCMS)
III.	Konsequenzen bei Verstoß
IV.	Aufbau eines TCMS
V.	Ziel und Gegenstand der Prüfung von TCMS
VI.	Prüfungsdurchführung und Berichterstattung
VII.	Fazit

> Vortragszeit: 0,5 Minuten

I. Einleitung

Unter einem Tax Compliance Management-System (Tax CMS) versteht man alle Grundsätze und Maßnahmen eines Unternehmens, die auf die Erfüllung der immer umfangreicheren steuerlichen Pflichten bzw. auf die Verhinderung von Verstößen gegen die Steuergesetze gerichtet sind. Dabei stellt die Finanzverwaltung nicht nur auf Steuergesetze sondern auch auf interne Richtlinien ab, nach denen z.B. die GoBD wie gesetzliche Normen zu behandeln sind oder in denen die steuerliche Risikoanfälligkeit eines Unternehmens abgegrenzt wird. Um bei Fehlern nicht einem Strafvorwurf ausgesetzt zu sein, kann ein TCMS bzw. ein Steuer-IKS helfen.

Weiterhin stellt der Anwendungserlass zu § 153 AO bei der Abgrenzung der Anzeige- und Berichtigungspflicht von einer Selbstanzeige unter anderem auf ein internes Kontrollsystem bzw. TCMS ab. In der Praxis beinhaltet das TCMS umfängliche Richtlinien, Arbeitsanweisungen und Berichtswege, die dem Zweck der Erfüllung steuerlicher Pflichten bzw. der Vermeidung von Verstößen gegen die Steuergesetze dienen. Einen Schwerpunkt bildet dabei stets das Risikomanagement, welches als ein kontinuierlicher Prozess der Identifizierung und Beurteilung steuerlicher Risiken beschrieben wird.

> Vortragszeit: 0,5/1 Minute

II. Motive und rechtliche Rahmenbedingungen von Tax Compliance Management-Systemen (TCMS)

Die immer höheren Anforderungen an die Dokumentation steuerlicher Sachverhalte im Rahmen von Steuererklärungen und vermehrten Mitwirkungspflichten (z.B. bei ausländischen Beteiligungen oder im Rahmen der Konzernverrechnungspreise §§ 90 Abs. 3 und § 138 Abs. 2 AO). Insgesamt nimmt das Risiko stetig zu, falsche, unvollständige oder nicht zeitgerecht erstellte Erklärungen abzugeben. Dies kann weitreichende Folgen haben. Die Verletzung der steuerlichen Pflichten ist Bußgeld und strafrechtlich bewehrt, zudem können zivilrechtliche Regressansprüche und erhebliche Reputationsschäden entstehen.

Eine gesetzliche Pflicht zur Implementierung eines Tax CMS gibt es nicht. Hat der Steuerpflichtige ein innerbetriebliches Kontrollsystem eingerichtet, das der Erfüllung der steuerlichen Pflichten dient, kann dies allerdings ein Indiz darstellen, das gegen das Vorliegen eines Vorsatzes oder der Leichtfertigkeit bei der Verletzung von steuerliche Pflichten sprechen kann (AE zu § 153 AO Rz. 26). Hinweise zur Hinweise zur praktischen Umsetzung und insbesondere zur konkreten Ausgestaltung des Tax CMS gibt die Verwaltungsanweisung indes nicht. Der BGH hat im Rahmen der Verhängung einer Geldbuße im Steuerstrafverfahren und die Möglichkeit einer Minderung der Geldbuße bei Installation eines Tax CMS bejaht (Urteil vom 09.05.2017, 1 StR 265/16, NJW 2017, 3798).

> Vortragszeit: 2/3 Minuten

III. Konsequenzen bei Verstoß

Die Verletzung der steuerlichen Pflichten ist Bußgeld und strafrechtlich bewehrt, zudem können zivilrechtliche Regressansprüche und erhebliche Reputationsschäden entstehen. Unterläuft dem Steuerpflichtigen trotz eingerichteten TCMS ein Fehler in der Steuererklärung, kann nach dem AEAO zu § 153 AO ein TCMS wie gesagt als Indiz gegen bedingten Vorsatz und Leichtfertigkeit angesehen werden.

> Vortragszeit: 0,5/3,5 Minuten

IV. Aufbau eines TCMS

Zum Aufbau eines TCMS existieren „Best Practice"-Beispiele und Leitfäden zur Implementierung eines internen Kontrollsystems aus dem allgemeinen Compliance-Bereich. Zum anderen kann der IDW Praxishinweis 1/2016 zur Ausgestaltung und Prüfung eines TCMS nach IDW PS 980 als umfassende Quelle herangezogen werden. Die Erarbeitung dieses Praxishinweises wurde von der Finanzverwaltung mit dem Ziel angeregt, dass im AEAO zu § 153 AO genannten TCMS um Anhaltspunkte zu dessen Ausgestaltung anzureichern und somit den Unternehmen den Aufbau und die Implementierung eines prozessorientierten TCMS zu erleichtern. Neben Informationen zur Ausgestaltung eines TCMS enthält der Praxishinweis Ausführungen zum Zweck eins TCMS sowie dessen Grenzen und darüber hinaus Hinweise zur Prüfung und Testierung durch Wirtschaftsprüfer.

Nach dem IDW Praxishinweis 1/2016 besteht ein TCMS im aus den folgenden sieben Grundelementen:
1. Tax Compliance-Kultur,
2. Tax Compliance-Ziele,
3. Tax Compliance-Organisation,
4. Tax Compliance-Risiken,
5. Tax Compliance-Programm,
6. Tax Compliance-Kommunikation und
7. Tax Compliance-Überwachung und -Verbesserung.

Diese sieben Grundelemente stehen in Wechselwirkung zueinander. Sie sind lediglich als Rahmenkonzept zu verstehen, in dem Handlungs- und Gestaltungsspielräume bestehen, um das TCMS speziell auf die unternehmensspezifischen Anforderungen auszurichten.

Die **Tax Compliance-Kultur** stellt die Grundlage für die Angemessenheit und Wirksamkeit des TCMS dar. Sie wird durch die Grundeinstellungen und Verhaltensweisen des Managements sowie durch die Rolle der

Aufsichtsorgane geprägt. Sie beeinflusst die Einstellung die Mitarbeiter des Unternehmens der Beachtung von Regeln beimessen.

Die **Tax Compliance-Ziele** werden von den gesetzlichen Vertretern im Hinblick auf die im Unternehmen bedeutsamen Regeln festgelegt.

Im Rahmen der **Tax Compliance-Organisation** legt das Management die Verantwortlichkeiten fest und stellt die für ein wirksames CMS notwendigen Ressourcen zur Verfügung.

Unter Berücksichtigung der Compliance-Ziele werden die **Tax Compliance-Risiken** festgestellt, die Verstöße gegen einzuhaltende Regeln und damit eine Verfehlung der Compliance-Ziele zur Folge haben können.

Auf der Grundlage der Beurteilung der Compliance-Risiken werden in einem **Tax Compliance Programm** Grundsätze und Maßnahmen eingeführt, die auf die Begrenzung der Compliance-Risiken und damit auf die Vermeidung von Compliance-Verstößen ausgerichtet sind.

Durch eine **Tax Compliance Kommunikation** informiert das Management die betroffenen Mitarbeiter und ggf. Dritte über das Compliance-Programm. Dabei werden Verantwortlichkeiten und Berichtswege definiert.

Zur **TCMS Überwachung** und Verbesserung wird schließlich eine nachvollziehbare und ausreichende Dokumentation erstellt.

> Vortragszeit: 2/6 Minuten

V. Ziel und Gegenstand der Prüfung von TCMS

Für die Prüfung eines TCMS gibt der IDW Praxishinweis 1/2016 einen aus dem IDW PS 980 auf den Bereich der steuerlichen Compliance übertragenen Rahmen vor. Das TCMS kann daraufhin nach dem IDW PS 980 einer Angemessenheitsprüfung oder darüberhinausgehend einer Wirksamkeitsprüfung unterzogen werden.

Der PS 980 unterscheidet drei Stufen der Prüfung eines CMS, die die typischen Entwicklungsstufen der Einrichtung eines CMS widerspiegeln:
1. Konzeptionsprüfung des TCMS,
2. Prüfung der Angemessenheit des TCMS,
3. Prüfung der Wirksamkeit des TCMS.

Sinnvoll ist es, wenn der Wirtschaftsprüfer bereits bei der Konzeptionierung eingebunden wird.

Ein voll funktionsfähiges, angemessenes und wirksames Compliance Management System kann allerdings nur in der Stufe 3, d.h. der Wirksamkeit des TCMS, bescheinigt werden.

> Vortragszeit: 1/7 Minuten

VI. Prüfungsdurchführung und Berichterstattung

Bei der Konzeptionsprüfung des TCMS werden insbesondere folgenden Fragestellungen beantwortet:
- Sind die in der Beschreibung des TCMS getroffenen Aussagen zur Konzeption in allen wesentlichen Punkten zutreffend dargestellt?
- Sind alle Grundelemente eines CMS enthalten?

Gegenstand der ersten Stufe, der Konzeptionsprüfung, ist auch eine Beurteilung der Aufbauorganisation des Compliance-Managements. Der Prüfungsbericht zur Konzeptionsprüfung trifft eine Aussage darüber, ob die in der CMS-Beschreibung enthaltenen Aussagen zur Konzeption des CMS angemessen dargestellt sind.

In der anschließende zweiten Stufe, der Angemessenheitsprüfung des TCMS soll festgestellt werden, ob die in der Beschreibung des TCMS dargestellten und implementierten Grundsätze und Maßnahmen des TCMS geeignet sind, Risiken für wesentliche Regelverstöße zu einem bestimmten Stichtag mit hinreichender Sicherheit zu erkennen und zu verhindern.

Der Prüfungsbericht zur Angemessenheitsprüfung trifft eine Aussage darüber, ob die in der TCMS-Beschreibung enthaltenen Aussagen über die Grundsätze und Maßnahmen des TCMS in allen wesentlichen Belangen angemessen dargestellt sind. Er stellt fest, ob die dargestellten Grundsätze und Maßnahmen in Übereinstimmung mit den angewandten TCMS-Grundsätzen geeignet sind, mit hinreichender Sicherheit sowohl Risiken für wesentliche Regelverstöße rechtzeitig zu erkennen als auch solche Regelverstöße zu verhindern und ob die Grundsätze und Maßnahmen zu einem bestimmten Zeitpunkt implementiert waren.

In der dritten Stufe ist schließlich einer Wirksamkeitsprüfung des TCMS durchzuführen. Mit dieser soll festgestellt werden, ob die Grundsätze und die Maßnahmen des TCMS zu einem bestimmten Zeitpunkt implementiert und in einem bestimmten Zeitraum wirksam waren. Dabei wird auch geprüft, ob die Grundsätze und Maßnahmen des TCMS allen Betroffenen bekannt waren und beachtet wurden.

Der Prüfungsbericht zur Wirksamkeitsprüfung trifft eine Aussage darüber, ob die in der TCMS-Beschreibung enthaltenen Aussagen über die Grundsätze und Maßnahmen des TCMS in allen wesentlichen Belangen angemessen dargestellt sind. Der Prüfungsbericht stellt ferner fest, ob die dargestellten Grundsätze und Maßnahmen in Übereinstimmung mit den angewandten TCMS-Grundsätzen geeignet sind, mit hinreichender Sicherheit sowohl Risiken für wesentliche Regelverstöße rechtzeitig zu erkennen als auch solche Regelverstöße zu verhindern und ob die Grundsätze und Maßnahmen zu einem bestimmten Zeitpunkt implementiert waren. Darüber hinaus trifft er eine Aussage darüber, ob die Grundsätze und Maßnahmen während eines definierten Zeitraums wirksam waren.

Der IDW Praxishinweis 1/2016 weist darauf hin, dass der Prüfungsbericht zur Information des geprüften Unternehmens über das Ergebnis der Prüfung bestimmt ist und es der Entscheidung des Unternehmens obliegt, ob der Bericht der Finanzverwaltung zugänglich gemacht wird. Grundsätzlich dürfte dies im Hinblick auf die Aussage im AEAO zu § 153 AO zu empfehlen sein.

Vortragszeit: 2/9 Minuten

VII. Fazit

Im Hinblick auf sich stetig verschärfende steuerlichen Pflichten ist Unternehmen seitens Ihres Abschlussprüfers anzuraten ein TCMS zu installieren Mit dem IDW Praxishinweis 1/2016 verfügt dieser über Anhaltspunkte, wie ein innerbetriebliches Tax Kontrollsystem, das der Erfüllung der steuerlichen Pflichten dient, gestaltet werden kann. Dieses kann gegebenenfalls der Finanzverwaltung oder Gerichten als Indiz für das Fehlen des Vorsatzes bzw. einer leichtfertigen Handlung bei der Feststellung von Fehlern in der Abgabe von Erklärungen oder Erfüllung von steuerlichen Mitwirkungspflichten dienen. Hiermit lässt sich das Risiko der Verurteilung wegen einer Steuerstraftat oder -ordnungswidrigkeit reduzieren.

Vielen Dank für Ihre Aufmerksamkeit.

Vortragszeit: 1/10 Minuten

Vortrag 8
Die Prüfung von Sanierungskonzepten (Prüfungswesen)

Sehr geehrte/r Frau/Herr Vorsitzende/r, sehr geehrte Prüfungskommission,
aus den mir zur Auswahl gestellten Themen habe ich mich für das Thema „**Die Prüfung von Sanierungskonzepten**" entschieden. Meinen Vortrag gliedere ich wie folgt:

I.	Einleitung
II.	Anforderungen an das Sanierungskonzept
III.	Erforderlichkeit der Prüfung des Sanierungskonzepts
IV.	Gegenstand der Sanierungsgutachten IDW S6
V.	Auftrag und Prüfungsdurchführung
VI.	Berichterstattung

VII.	Fazit

Vortragszeit: 0,5 Minuten

I. Einleitung

Rechtshandlungen, die der Schuldner in den letzten 10 Jahren, in Sicherungs- bzw. Befriedigungsfällen den letzten 4 Jahren, vor dem Antrag auf Eröffnung des Insolvenzverfahrens vorgenommen hat, um seine Gläubiger zu benachteiligen sind nach § 133 Abs. 1 S. 1 InsO anfechtbar, wenn der Vertragspartner den Vorsatz des Schuldners kannte. Nach S. 2 der Vorschrift wird die Kenntnis des Vertragspartners vermutet, wenn er wusste, dass die Zahlungsunfähigkeit drohte und dass die Handlung andere Gläubiger benachteiligt.

Nach ständiger Rechtsprechung (z.B. BGH vom 14.06.2018, IX ZR 22/15, DB 2018, 2175 Nr. 36) kann der Schuldner die durch unzureichende Liquidität vermutete Benachteiligungsabsicht und die Kenntnis des Gläubigers durch ein Sanierungskonzept widerlegen, das bestimmten Anforderungen genügen muss. Sanierungskonzepte werden regelmäßig zur Bewältigung von Unternehmenskrisen aufgestellt bzw. von den Eigen- und Fremdkapitalgebern zur Beibehaltung oder Ausweitung ihres Engagements gefordert.

Vortragszeit: 0,5/1 Minute

II. Anforderungen an das Sanierungskonzept

Den Gläubiger, der die (drohende) Zahlungsunfähigkeit des Schuldners und die Benachteiligung der Gläubiger kennt, trifft die Darlegungs- und Beweislast, dass er spätere Zahlungen auf der Grundlage eines schlüssigen Sanierungsplans erlangt hat. Dieser muss keinen bestimmten formalen Voraussetzungen genügen, aber ein inhaltlich schlüssiges Konzept haben. Welches Konzept geeignet ist, hängt von der Art und vom jeweiligen Stadium der Unternehmenskrise ab. Charakteristische Arten einer Krise lassen sich die Stakeholder-, Strategie-, Produkt- und Absatzkrise sowie die Erfolgs- und die Liquiditätskrise bis hin zu einer Insolvenzlage unterscheiden. Das jeweilige Krisenstadium bestimmt die Inhalte und den jeweils gebotenen Detaillierungsgrad eines Sanierungskonzepts. Dabei sind zunächst Maßnahmen zur Insolvenzvermeidung und zur Herbeiführung bzw. Sicherstellung der Fortführungsfähigkeit des Unternehmens vorzusehen. Auf dieser Grundlage geht es sodann um die Erreichung der Wettbewerbsfähigkeit. Das Konzept muss von den tatsächlichen Gegebenheiten ausgehen, mindestens in den Anfängen in die Tat umgesetzt sein und die ernsthafte und begründete Aussicht auf Erfolg rechtfertigen. Es müssen die Probleme aller bereits durchlaufenen Krisenstadien aufgearbeitet werden, um eine sachgerechte Aussage über die Sanierungsfähigkeit eines Unternehmens treffen zu können. Neben individuellen Konzeptanforderungen wird regelmäßig die Aufstellung und Prüfung von Sanierungskonzepten nach dem Standard des Institutes der Wirtschaftsprüfer (IDW S 6 – Anforderungen an die Erstellung von Sanierungskonzepten) vorgenommen.

Vortragszeit: 2/3 Minuten

III. Erforderlichkeit der Prüfung des Sanierungskonzepts

Zur Entkräftung des Gläubigerbenachteiligungsvorsatzes muss der Gläubiger beweisen, dass die angefochtene Rechtshandlung Bestandteil eines ernsthaften, letztlich aber fehlgeschlagenen Sanierungsversuchs war. Ein Sanierungsgutachten nach IDW S 6 kann diesen Nachweis unterstützen. Um in der Krise belastbare Finanzierungsentscheidungen treffen zu können, müssen Sanierungsgutachten strenge formale Anforderungen erfüllen. Es sind Wege zur Überwindung der Krise sind aufzeigen und konkrete Maßnahmen zu benennen. Auch eine Beurteilung des Vorliegens von Insolvenzeröffnungsgründen nach IDW S 11 ist ggf. erforderlich.

Vortragszeit: 0,5/3,5 Minuten

IV. Gegenstand der Sanierungsgutachten IDW S6

Die Prüfung hat den Sanierungsplan im Hinblick auf folgende Fragestellungen untersuchen:
- Sind die Krisenursachen auch im Hinblick auf das Management klar dargelegt?

- Ist das zukünftige Geschäftsmodell klar herausgearbeitet und im Abgleich auf den Markt und die Strategieentwicklung plausibel?
- Sind die Sanierungsmaßnahmen konkret und nachvollziehbar dargelegt und bewertet?
- Beheben die Maßnahmen die Krisenursachen?
- Wurden Chancen und Risiken der Planung dargelegt und Wahrscheinlichkeitsaussagen getroffen?
- Gibt es eine konkrete, zeitliche (Maßnahmen-) Umsetzungsplanung und korrespondiert diese mit der integrierten Sanierungsplanung?

IDW S 6 enthält ein Stufenkonzept bei der Erstellung des jeweiligen Sanierungskonzeptes. Nach der Auftragsannahme ist in einer Vorstufe zunächst eine unverzügliche Beurteilung der Insolvenzantragsgründe erforderlich. Dabei ist eine Analyse der möglichen Insolvenzreife nach IDW S 11 erforderlich. Wird eine akute Illiquiditätslage festgestellt, müssen unverzüglich Maßnahmen zu deren Beseitigung konkretisiert und umgesetzt werden.

Erst danach ist in der **ersten Stufe** sodann die Fortführungsfähigkeit zu prüfen. Hierbei kommt es darauf an, dass das Unternehmen im Prognosezeitraum des Konzepts mit überwiegender Wahrscheinlichkeit seine fälligen und fällig werdenden Verbindlichkeiten fristgerecht bedienen und somit die Insolvenzreife mit überwiegender Wahrscheinlichkeit ausgeschlossen werden kann.

In der **zweiten Stufe** ist sodann die Prüfung der Wettbewerbsfähigkeit vorzunehmen. Wettbewerbsfähigkeit umfasst nach IDW S 6 ein tragfähiges Geschäftsmodell mit leistungsfähigen Mitarbeitern, qualifiziertem Management und marktfähigen Produkten/Dienstleistungen.

Fortführungsfähigkeit liegt vor, wenn eine positive insolvenzrechtliche Fortführungsprognose vorliegt, aus der sich ergibt, dass plangemäß mit überwiegender Wahrscheinlichkeit die bestehenden und künftigen Verbindlichkeiten im einschlägigen Prognosezeitraum entsprechend ihrer Fälligkeit bedient werden können.

Sanierungsfähigkeit ist gegeben, wenn darüber hinaus, durch geeignete Maßnahmen im Prognosezeitraum auch nachhaltig Wettbewerbs- und Renditefähigkeit wiedererlangt werden kann.

> Vortragszeit: 2/5,5 Minuten

V. Auftrag und Prüfungsdurchführung

Der Wirtschaftsprüfer hat über die Durchführung seines Auftrags in berufsüblicher Form schriftlich zu berichten und die Verantwortlichkeiten zu benennen. Dabei ist auch einzugehen auf die Grundlagen des Auftragsgegenstands und der Auftragsbedingungen sowie auf ggf. zusätzlich vereinbarte Regelungen über die Einbeziehung Dritter und die Haftung gegenüber Dritten. Bei der Beauftragung ist deutlich zu kennzeichnen, ob es sich um ein Sanierungskonzept i.S. des IDW S 6 handelt oder ob nur Teilbereiche eines solchen Konzepts Gegenstand der Aufgabenstellung sind. Diese können z.B. die Erstellung einer Liquiditätsplanung für Zwecke einer Fortbestehensprognose oder einer weitergehenden Fortführungsprognose nach § 252 Abs. 1 Nr. 2 HGB auf Grundlage einer integrierten Planung beinhalten. Nicht Gegenstand des Auftrags ist es, die dem Sanierungskonzept zugrunde liegenden Ausgangsdaten und Informationen nach Art und Umfang einer Jahresabschlussprüfung zu prüfen. Es ist klarzustellen, dass die dem Sanierungskonzept zugrunde liegende integrierte Planung auf zukunftsorientierten Informationen basiert, die notwendigerweise Unsicherheiten unterliegen.

Die Prüfung hat folgende Punkte zu umfassen:
- Eine Basisinformationen über die Ausgangslage des Unternehmens,
- die Analyse der Unternehmenslage (interne Verhältnisse, Branchenentwicklung und Umfeld),
- die Feststellung des Krisenstadiums (Art- und Fortschritt der Krisen, Prüfung Insolvenzreife),
- die Analyse der Krisenursachen,
- Aussagen zur Unternehmensfortführung,
- die Ausrichtung am Leitbild des sanierten Unternehmens,
- eine Beurteilung der stadiengerechten Bewältigung der Unternehmenskrise,
- Beurteilung der Integrierte Sanierungsplanung (Ergebnis-, Finanz- und Vermögensplan) und schließlich
- zusammenfassende Feststellungen zur Sanierungsfähigkeit und zum erwarteten Sanierungserfolg.

> Vortragszeit: 2,5/8 Minuten

VI. Berichterstattung

Die Berichterstattung verfolgt grundsätzlich das Ziel, den Empfänger in die Lage zu versetzen, die Ausgangssituation, die wesentlichen Annahmen und Maßnahmen, die Grundsatzüberlegungen und Schlussfolgerungen mit vertretbarem Aufwand nachzuvollziehen und aus seiner Sicht würdigen zu können, sodass er in die Lage versetzt wird, sich anhand des Berichts eine eigene Meinung bilden zu können. Eine Zusammenfassung der wesentlichen Ergebnisse darf nur zusammen mit dem Bericht, aus dem die maßgeblichen Einzelschritte und -ergebnisse ersichtlich sind, an Dritte weitergegeben werden, um Missverständnisse über Art und Umfang der Tätigkeit des Wirtschaftsprüfers und die Tragweite seiner Erklärung zu vermeiden.

Die Berichterstattung enthält die wesentlichen Annahmen, Feststellungen, Zwischenergebnisse und Schlussfolgerungen und als Schlussbemerkung zur Zusammenfassung, eine Einschätzung, ob das Unternehmen – auch im Hinblick auf die Plausibilität der wesentlichen Annahmen – sanierungsfähig ist, d.h., dass auf Basis des Sanierungskonzepts bei objektiver Beurteilung ernsthafte und begründete Aussichten auf eine erfolgreiche Sanierung in einem überschaubaren Zeitraum bestehen. Je nach Krisenstadium des Unternehmens kann es erforderlich sein, auf die positive Fortführungsprognose gesondert einzugehen.

Sind nur einzelne Teilbereiche eines Sanierungskonzepts Gegenstand des Auftrags, ist kenntlich zu machen, dass es sich nicht um ein umfassendes Sanierungskonzept i.S.d. IDW S 6 handelt.

> Vortragszeit: 1/9 Minuten

VII. Fazit

Nach der höchstrichterlichen Rechtsprechung kann das Risiko der Insolvenzanfechtung, d.h. die die vermuteten Benachteiligungsabsicht des Schuldners und die Kenntnis des Gläubigers durch ein Sanierungskonzept widerlegt werden, das bestimmten Anforderungen genügen muss. Dieses muss plausibel machen, dass das Unternehmen dauerhaft sanierungsfähig ist, d.h. Profitabilität und Rentabilität wiederhergestellt werden müssen. Dies wiederum setzt voraus, dass die Krisenursachen zu ermitteln und zu beseitigen sind. Ergänzend hat der BGH hierzu festgestellt, dass die Aufstellung und Prüfung des Sanierungskonzepts nach IDW S 6 diese Anforderungen erfüllt. Die Prüfung des Sanierungskonzepts trägt dazu bei die Einhaltung der Kriterien des IDW S 6 sicherzustellen.

Vielen Dank für Ihre Aufmerksamkeit.

> Vortragszeit: 1/10 Minuten

Vortrag 9
Das Insolvenzeröffnungsverfahren – Eröffnungsgründe, Sicherungsmaßnahmen sowie Mitwirkungs- bzw. Auskunftspflichten (Wirtschaftsrecht)

Sehr geehrte/r Frau/Herr Vorsitzende/r, sehr geehrte Prüfungskommission,
aus den mir zur Auswahl gestellten Themen habe ich mich für das Thema „**Das Insolvenzeröffnungsverfahren – Eröffnungsgründe, Sicherungsmaßnahmen sowie Mitwirkungs- bzw. Auskunftspflichten**" entschieden. Meinen Vortrag gliedere ich wie folgt:

I.	Einleitung

II.	Eröffnungsgründe
III.	Antragsrecht/-pflicht
IV.	Entscheidung des Insolvenzgerichts, Eröffnungsverfahren
V.	Sicherungsmaßnahmen
VI.	Mitwirkungs- bzw. Auskunftspflichten
VII.	Fazit

Vortragszeit: 0,5 Minuten

I. Einleitung

Die **Insolvenzordnung** hat zwei Ziele:
1. Die gleichmäßige Befriedung der Gläubiger über die Verwertung des Vermögens des Schuldners und eine geregelte Abführung seiner Einnahmen. Dabei wird dem Schuldner das für seinen Lebensunterhalt notwendige Einkommen gesichert. Nach Abschluss des Insolvenzverfahrens wird der Verwertungserlös abzüglich der Verfahrenskosten an die Gläubiger ausgezahlt.
2. Dem redlichen Schuldner Gelegenheit zu geben, sich von seinen Verbindlichkeiten zu befreien und nach einem Wohlverhaltenszeitraum (Dauer bis zu 6 Jahre ab Eröffnung des Verfahrens) ein von den Altschulden befreites Leben zu führen. Unternehmen erhalten durch verschiedene Regelungen im Rahmen der Insolvenzordnung ebenfalls die Möglichkeit zu einem Neuanfang.

Das **Insolvenzeröffnungsverfahren** beginnt mit der Stellung des Insolvenzantrags über das Vermögen des Schuldners (§§ 13, 15, 305-310 InsO) und endet mit der Entscheidung des Gerichts über den Eröffnungsantrag (§§ 26, 27 InsO). Im Eröffnungsverfahren wird vom Gericht geprüft, ob der Insolvenzantrag zulässig (§§ 2, 3, 11-15, 18 Abs. 3 InsO) und begründet ist (§§ 16-19, 5 Abs. 1, 20 Abs. 1 InsO), also die formellen und materiellen Voraussetzungen für eine Insolvenzeröffnung vorliegen.

Vortragszeit: 1,5/2 Minuten

II. Eröffnungsgründe

Die Insolvenzordnung kennt drei Eröffnungsgründe:
1. Zahlungsunfähigkeit, diese ist der allgemeine, d.h. für alle Schuldner geltende Eröffnungsgrund (§ 17 InsO).
2. Drohende Zahlungsunfähigkeit. Dies gilt allerdings nur für den Fall, dass der Schuldner den Antrag stellt (§ 18 InsO).
3. Überschuldung bei juristischen Personen und bei der GmbH & Co KG (§ 19 InsO).

Vortragszeit: 1/3 Minuten

III. Antragsrecht/-pflicht

Das **Insolvenzverfahren** wird nicht von Amts wegen eingeleitet, sondern nur auf schriftlichen Antrag eröffnet – entweder beim Insolvenzgericht der Niederlassung des Schuldners oder wenn diese fehlt, da wo sich das Wesentliche des Vermögens des Schuldners befindet. Das Antragserfordernis gilt nicht nur für die Insolvenzeröffnung, sondern auch für das Eröffnungsverfahren. Berechtigt zur Stellung des Insolvenzantrags sind die Gläubiger und der Schuldner (§ 13 Abs. 1 und § 14 InsO). Ist der Schuldner eine Gesellschaft oder eine juristische Person, so kann der Antrag von jedem Mitglied des Vertretungsorgans (Vorstand, Geschäftsführer), jedem persönlich haftenden Gesellschafter und jedem Liquidator gestellt werden (§ 15 InsO).

Das **Eigenantragsrecht des Schuldners** gibt diesem die Möglichkeit, das Verfahren rechtzeitig zur Eröffnung zu bringen. Dies kann für ihn interessant sein, weil die InsO ihm die Chance eröffnet, sein Unternehmen zu sanieren bzw. als natürliche Person eine Restschuldbefreiung zu erhalten und damit einen wirtschaftlichen Neuanfang zu ermöglichen. Allerdings birgt der Eigenantrag auch Gefahren, z.B. dass die Gläubiger einen vom Schuldnerunternehmen vorgelegten Sanierungsplan ablehnen und beschließen, dass das Unternehmen des

Schuldners stillgelegt wird (§ 157 S. 1 InsO). Auch ist die Gläubigerversammlung berechtigt, den Verwalter zu beauftragen, ebenfalls einen Insolvenzplan auszuarbeiten, und ihm das Ziel des Plans vorzugeben (§ 157 S. 2 InsO) oder Assets des Schuldnerunternehmens auf eine Auffanggesellschaft zu übertragen. D.h. ist das Verfahren einmal eröffnet, hat der Schuldner keinen Einfluss mehr auf die Bestimmung des Verfahrensziels.

Eine **Antragspflicht** besteht für den Schuldner grundsätzlich nicht. Bei Ehegatten ist nach Güterart zu differenzieren. Bei Gütertrennung und Zugewinngemeinschaft kann jeder Ehegatte das Insolvenzverfahren über sein Vermögen beantragen. Beim Gesamtgut einer Gütergemeinschaft das von den Ehegatten gemeinschaftlich verwaltet wird, ist jeder Ehegatte berechtigt den Antrag zu stellen (§ 333 Abs. 2 S. 1 InsO). Wird der Antrag nicht von beiden Ehegatten gestellt, ist er nur zulässig, wenn die Zahlungsunfähigkeit des Gesamtguts glaubhaft gemacht wird. Der Insolvenzantrag wegen drohender Zahlungsunfähigkeit ist beim gemeinschaftlich verwalteten Gesamtgut einer Gütergemeinschaft nur zulässig, wenn beide Ehegatten den Antrag stellen (§ 333 Abs. 2 S. 3 InsO).

Bei juristischen Personen und Personengesellschaften ist außer den Gläubigern gem. § 15 Abs. 1 InsO jedes Mitglied des Vertretungsorgans sowie jeder Liquidator antragsberechtigt. Bei der GmbH sind daher der Geschäftsführer oder Abwickler, bei der GmbH & Co. KG der Geschäftsführer der Komplementär-GmbH, bei der Aktiengesellschaft jedes Mitglied des Vorstands und der Liquidator, bei der OHG und der GbR jeder einzelne Gesellschafter und bei der Kommanditgesellschaft der Komplementär antragsberechtigt. Für den rechtsfähigen Verein ist jedes Vorstandsmitglied und jeder Liquidator berechtigt den Insolvenzantrag zu stellen (§§ 26 ff., 48 ff. BGB). Prokuristen und Handlungsbevollmächtigte können keinen Insolvenzantrag für das von ihnen vertretene Unternehmen stellen, denn es handelt sich nicht um ein **Prinzipalgeschäft** handelt. Wird der Antrag durch eine nicht zur Vertretung befugte Person gestellt, beseitigt die Genehmigung des Berechtigten den Antragsmangel rückwirkend (BGH vom 27.03.2003, ZIP 2003, 1007).

Dem Antrag des Schuldners ist ein **Verzeichnis der Gläubiger und ihrer Forderungen** beizufügen. Wenn der Schuldner einen Geschäftsbetrieb hat, der nicht eingestellt ist, sollen in dem Verzeichnis besonders z.B. kenntlich gemacht werden, die höchsten Forderungen, die höchsten gesicherten Forderungen oder die Forderungen der Finanzverwaltung, der Sozialversicherungsträger sowie aus betrieblicher Altersversorgung. In dem Fall sind auch Angaben zur Bilanzsumme, zu den Umsatzerlösen und zur durchschnittlichen Zahl der Arbeitnehmer des vorangegangenen Geschäftsjahres zu machen, § 13 Abs. 1 S. 3 InsO.

Gläubiger dürfen einen Insolvenzantrag stellen, soweit sie ein rechtlich geschütztes Interesse an der Eröffnung des Insolvenzverfahrens über das Vermögen seines Schuldners haben, § 14 Abs. 1 S. 1 InsO. Gläubiger, die nicht am Insolvenzverfahren teilnehmen oder nach der Art ihres Anspruchs keine Befriedigung aus dem Schuldnervermögen erlangen können, haben grundsätzlich kein rechtlich geschütztes Interesse an der Verfahrenseröffnung. Ihr Insolvenzantrag ist mangels Rechtsschutzinteresses unzulässig.

> **Vortragszeit: 2/5 Minuten**

IV. Entscheidung des Insolvenzgerichts, Eröffnungsverfahren

Das Insolvenzgericht, bei dem ein Antrag auf Eröffnung eines Insolvenzverfahrens eingeht, prüft, ob der Insolvenzantrag zulässig ist. Dies ist der Fall, wenn er von einem Antragsberechtigten gestellt ist und die allgemeinen Zulässigkeitsvoraussetzungen gegeben sind. Bei einem Eigenantrag müssen darüber hinaus die in § 13 Abs. 1 S. 3 bis 7 InsO geregelten speziellen **Zulässigkeitsvoraussetzungen** erfüllt sein. Bei dem Antrag eines Gläubigers ist nach § 14 Abs. 1 InsO neben den allgemeinen Zulässigkeitsvoraussetzungen zusätzlich erforderlich, dass ein rechtliches Interesse an der Verfahrenseröffnung besteht und der Eröffnungsgrund und der Anspruch des Gläubigers glaubhaft gemacht sind. Die Begründetheit des Antrags setzt voraus, dass der Eröffnungsgrund vom Gericht festgestellt (§ 16 InsO) und eine die Kosten des Verfahrens deckende Masse vorhanden ist (vgl. § 26 Abs. 1 InsO). Die **Verfahrenskosten**, die von der Masse gedeckt sein müssen, sind die Gerichtskosten und die Kosten von Insolvenzverwalter und Gläubigerausschuss (§ 54 InsO). Bei unzureichender Masse weist das Gericht den Antrag ab und trägt den Schuldner in das vom Gericht geführte Schuldnerverzeichnis (die „Schwarze Liste") ein (§ 26 Abs. 2 InsO).

Ist der Eröffnungsantrag unzulässig, so fordert das Insolvenzgericht den Antragsteller unverzüglich auf, den Mangel zu beheben und räumt ihm hierzu eine angemessene Frist ein (§ 13 Abs. 3 InsO).

Durch den Insolvenzantrag wird das Eröffnungsverfahren eingeleitet, das in zwei Verfahrensabschnitte unterteilt ist:
1. das Vorprüfungs- oder Zulassungsverfahren und
2. das Hauptprüfungsverfahren.

Im **Vorprüfungsverfahren** prüft das Insolvenzgericht zunächst die Zulässigkeit des eingereichten Insolvenzantrags. Es gilt hier kein Amtsermittlungsgrundsatz, d.h. die Zulässigkeitsprüfung des Insolvenzantrages erfolgt ausschließlich anhand der Angaben des Antragstellers und der von ihm vorgelegten Unterlagen. Es hat dem Antragsteller allerdings Gelegenheit zu geben, unvollständige Angaben binnen angemessener Frist zu ergänzen bzw. fehlenden Unterlagen nachzureichen.

Mit der **Zulassung des Insolvenzantrags** erfolgt der Übergang vom Zulassungs- zum Hauptprüfungsverfahren. Im **Hauptprüfungsverfahren** besteht eine Amtsermittlungspflicht des Gerichtes. Das Insolvenzgericht hat von Amts wegen insbesondere zu ermitteln, ob ein Eröffnungsgrund vorliegt. Zur Vorbereitung der Entscheidung schaltet das Gericht meist Sachverständige ein, um zu ermitteln, ob einer oder mehrere der Insolvenzgründe (§§ 17–19 InsO) im konkreten Fall vorliegen und ausreichende Masse vorhanden ist. Ergebnis der Hauptprüfung können die Eröffnung des Insolvenzverfahrens (§ 27 InsO), die Abweisung des Antrags mangels Masse (§ 26 InsO) oder die Abweisung des Insolvenzantrags als unbegründet sein.

> **Vortragszeit: 1,5/6,5 Minuten**

V. Sicherungsmaßnahmen

Während des Eröffnungsverfahrens kann das Gericht Maßnahmen ergreifen, um eine weitere Schmälerung der Masse zu verhindern; vor allem kann es einen vorläufigen Insolvenzverwalter einsetzen, der den Schuldner überwacht (§ 21 Abs. 2 Nr. 1 InsO). Wird die Einsetzung mit dem **Erlass eines allgemeinen Veräußerungsverbots an den Schuldner** verbunden, so erlangt der vorläufige Verwalter das Verwaltungs- und Verfügungsrecht über die Masse und wird dann **Sequester** genannt (§ 21 Abs. 2 Nr. 2, § 22 Abs. 1 InsO).

Liegen die Voraussetzungen für die Eröffnung vor, so eröffnet das Gericht das eigentliche Insolvenzverfahren durch einen Beschluss, in dem auch der Insolvenzverwalter (vorläufig) bestellt, die Gläubiger zur Anmeldung ihrer Forderungen beim Insolvenzverwalter aufgerufen und die beiden ersten **Gläubigerversammlungen** – der Berichtstermin und der Prüfungstermin – festgesetzt werden. Außerdem werden die Schuldner des Schuldners aufgefordert, nur noch an den Verwalter zu leisten. Wegen der einschneidenden Bedeutung der Eröffnung ist im Beschluss die Stunde der Eröffnung genau anzugeben; wird dies versäumt, so gilt als Eröffnungszeit die Mittagsstunde (§§ 27-29 InsO). Der Beschluss wird veröffentlicht und zur Eintragung an die Registergerichte (Grundbuch, Handelsregister usw.) weitergeleitet (§§ 31, 32 InsO).

> **Vortragszeit: 1/7,5 Minuten**

VI. Mitwirkungs- bzw. Auskunftspflichten

Im Rahmen seiner **Mitwirkungspflichten** (und in den Grenzen des Verfahrenszwecks) ist der Geschäftsführer u.U. auch verpflichtet, Banken, Steuerberater, Rechtsanwälte oder Wirtschaftsprüfer von ihrer Schweigepflicht zu entbinden. § 97 Abs. 2 InsO gilt gemäß § 101 Abs. 1 Satz 2 InsO nicht für solche Geschäftsführer, die vor Antragstellung aus ihrem Amt ausgeschieden sind. Sie trifft lediglich eine Auskunfts-, jedoch keine Mitwirkungspflicht.

Ein generelles Akteneinsichtsrecht des Geschäftspartners des Schuldners in die Insolvenzakten des Gerichts gibt es nicht. § 299 Abs. 1 ZPO, auf den § 4 InsO verweist, sieht ein **Akteneinsichtsrecht** nur für die Parteien des Insolvenzantragsverfahrens vor. Hierzu kann auch der Geschäftspartner des Schuldners gehören, wenn er als Insolvenzgläubiger selbst den Antrag auf Eröffnung des Insolvenzverfahrens über das Vermögen des Schuldners gestellt hat.

Das Insolvenzgericht beauftragt im Regelfall einen Sachverständigen mit der Prüfung des Vorliegens von Insolvenzgründen und der Verfahrenskostendeckung durch die verfügbaren Vermögenswerte. Für die Ermittlungsbefugnisse des Sachverständigen ist danach zu differenzieren, ob der Sachverständige zugleich zum vorläufigen Insolvenzverwalter bestellt worden ist.

Ist der Sachverständige nicht auch zugleich vorläufiger Insolvenzverwalter, ist er allein darauf angewiesen, dass der Schuldner ihm gegenüber entsprechend seiner insolvenzrechtlichen Pflichten Auskunft erteilt. Dem **Sachverständigen** stehen dagegen keine umfassenden Ermittlungsbefugnisse zu, die er über den Schuldner hinweg aufgrund eigener Kompetenzen wahrnehmen könnte. Die Reichweite seiner Befugnisse bestimmt sich nach den §§ 402 ff. ZPO. Daraus folgt, dass Dritte dem Sachverständigen gegenüber nicht zur Auskunft verpflichtet sind. Dies ist im Verhältnis zu Banken von erheblicher Bedeutung, weil diese zu Auskünften – ohne Zustimmung des Schuldners – nicht gezwungen werden können. Entsprechendes gilt auch für Steuerberater und Rechtsanwälte des Schuldners, denen zu empfehlen ist, dem Sachverständigen nur nach vorheriger ausdrücklicher Zustimmung des Schuldners Auskünfte zu erteilen.

Dritte sind jedenfalls gegenüber dem sog. „starken" vorläufigen Insolvenzverwalter zur umfassenden Auskunft verpflichtet oder berechtigt. Inwieweit auch der „schwache" vorläufige Insolvenzverwalter gegenüber dem Vertragspartner des Schuldners **Auskunftsansprüche** hat, richtet sich nach den dem vorläufigen Insolvenzverwalter seitens des Insolvenzgerichts auf der Grundlage von § 21 Abs. 1 InsO zugewiesenen Einzelkompetenzen.

Vortragszeit: 1,5/9 Minuten

VII. Fazit

Das Insolvenzverfahren dient der gleichmäßigen Befriedung der Gläubiger und gibt dem redlichen Schuldner Gelegenheit, nach einem Wohlverhaltenszeitraum sich von seinen Verbindlichkeiten zu befreien oder sein Unternehmen zu erhalten. Das Eröffnungsverfahren soll den Schuldner oder Gläubiger vor den schweren Nachteilen zu bewahren, welche eine schematische Eröffnung des Insolvenzverfahrens mit sich bringen könnte.

Vielen Dank für Ihre Aufmerksamkeit.

Vortragszeit: 1/10 Minuten

Vortrag 10
Leasingbilanzierung nach IFRS 16 – seine Auswirkungen auf Bilanzkennzahlen (Prüfungswesen)

Sehr geehrte/r Frau/Herr Vorsitzende/r, sehr geehrte Prüfungskommission,
aus den mir zur Auswahl gestellten Themen habe ich mich für das Thema „**Leasingbilanzierung nach IFRS 16 – seine Auswirkungen auf Bilanzkennzahlen**" entschieden. Meinen Vortrag gliedere ich wie folgt:

I.	Einleitung
II.	Bisherige Bilanzierung von Leasingengagements
III.	Kritik
IV.	Neukonzeption durch IFRS 16
V.	Bewertung
VI.	Auswirkungen auf Bilanzierung und Finanzkennzahlen
VII.	Escape-Möglichkeiten
VIII.	Fazit

Vortragszeit: 0,5 Minuten

Vortrag 10: Leasingbilanzierung nach IFRS 16 – seine Auswirkungen auf Bilanzkennzahlen

I. Einleitung
Durch den stetig gestiegenen Umfang an Leasinggeschäften sind die Off-Balance Risiken bei vielen Unternehmen im Laufe der Zeit deutlich angestiegen, die der bisherige IAS 17 ermöglicht hat. Die Standardsetter IASB und FASB haben daraufhin in einem über 10-jährigen Joint Project den neuen IFRS 16 zur Leasingbilanzierung entwickelt. Die Neufassung soll die gestiegenen Risiken der Abbildung der Leasingverhältnisse in der Bilanz sowie die bisherige komplexe und ermessensfehlerbehaftete Unterscheidung von Operating- und Finanzierungs-Leasingverhältnissen vereinfachen und zu vereinheitlichen. Durch diesen wurden materiell ähnliche Sachverhalte bilanziell unterschiedlich abgebildet. Die Folge war eine mangelnde Vergleichbarkeit von Abschlüssen und eine Verletzung der Entscheidungsnützlichkeit, die Hauptziel der IFRS-Rechnungslegung. Der neue Leasingstandard führt zu einem Paradigmenwechsel, indem der bisherige „all-or-nothing-approach" durch einen stets bilanzwirksamen „right-to-use-approach" ersetzt wird. Dies ändert die Leasingbilanzierung in der internationalen Rechnungslegung grundlegend. Der IFRS 16 ersetzt ab 01.01.2019 den aktuell geltenden, 1982 veröffentlichten, IAS 17 und die Interpretationen IFRIC 4, SIC 15 und SIC 27. Der neue Standard wurde schon im Entstehungszeitraum überaus kontrovers diskutiert.

> Vortragszeit: 0,5/1 Minute

II. Bisherige Bilanzierung von Leasingengagements
Nach dem bisherigen IAS 17 ist der dem Leasingverhältnis zugrundeliegenden Vermögenswert nach Maßgabe des wirtschaftlichen Eigentums entweder dem Leasinggeber oder dem Leasingnehmer zuzurechnen (all-or-nothing-approach). Dazu werden entscheidende Zurechnungskriterien vorgegeben. Diese stellen für sich oder gemeinsam mit anderen Kriterien Indikatoren für die Übertragung des wirtschaftlichen Eigentums dar. Unter Berücksichtigung einer gesamtwirtschaftlichen Betrachtung und Abwägung liegt letztlich entweder ein Operating- oder ein Finanzierungs-Leasingverhältnis vor. Aus der Perspektive des Leasingnehmers hat diese Unterscheidung wesentliche Auswirkungen auf die Darstellung des Sachverhaltes im Rahmen des Jahresabschlusses.

> Vortragszeit: 1/2 Minuten

III. Kritik
Die Regelungen des IAS 17 sind seit längerer Zeit Gegenstand intensiver Kritik: Im Zentrum steht dabei der Risk-and-Reward-Ansatz, da die aus Leasingverträgen resultierenden Rechte und Pflichten in den Fällen von Operating-Leasingverhältnissen nicht anhand der Bilanz ersichtlich sind.

> Vortragszeit: 0,5/2,5 Minuten

IV. Neukonzeption durch IFRS 16
Zentraler Inhalt der neuen Leasingnehmerbilanzierung ist nach IFRS 16 ist das Nutzungsrechtmodell. Gegenstand der Betrachtung des IFRS 16 ist demnach nicht das Leasingobjekt, welches dem Vertrag zugrunde liegt, sondern das Nutzungsrecht (right to use) an diesem Vermögenswert (underlying asset). Somit entfällt eine Unterscheidung in Finanzierungs- und Operating-Leasingverhältnisse. Die entsprechenden Zahlungsverpflichtungen werden nach IFRS 16.BC25 als Verbindlichkeit eingeordnet. Als Nutzungsrecht ist nach IFRS 16.B9 das Recht des Leasingnehmers definiert, das Leasingobjekt innerhalb der Laufzeit des Leasingverhältnisses zu kontrollieren. Das setzt voraus, dass er nicht nur über Einsatzart und Nutzungszweck bestimmen kann, sondern auch die wesentlichen wirtschaftlichen Vorteile aus dem Vermögenswert erhält. Dieser prinzipienorientierte Asset-and-Liability-Ansatz steht im Einklang mit den Definitionsgrundlagen des Rahmenkonzeptes und stellt das ausschließliche Bilanzierungsmodell für den Leasingnehmer dar.

Ausnahmen:
1. Leasingverträge im Hinblick auf die Erforschung und Verarbeitung nicht-nachwachsender Ressourcen, wie z.B. Öl, Erdgas etc.,
2. Leasingverträge in Bezug auf Vermögenswerte i.S.d. IAS 41,
3. Dienstleistungskonzessionsvereinbarungen i.S.d. IFRIC 12,
4. Gewährte Lizenzen über geistiges Eigentum i.S.d. IFRS 15 und

5. Rechte aufgrund von Lizenzvereinbarungen über Filme, Theaterstücke oder Urheberrechte i.S.d. IAS 38.

Ausnahmen bestehen für kurzfristige Leasingverhältnisse deren Vertragslaufzeit maximal zwölf Monate betragen. Dabei darf der Vertrag keine Kaufoption vorsehen.und für low-value assets, d.h. für Leasingverträge, die geringwertige Leasingobjekte betreffen und individuell unabhängig zu anderen Leasingverhältnissen sind (insbesondere „small IT equipment").

Während die Leasingnehmer künftig alle Leasingvorfälle in der Bilanz ausweisen müssen, werden für Leasinggeber die bisherigen Regelungen des IAS 17 fortgesetzt. Diese müssen immer noch nach finance und operating leasing unterscheiden. Dieser konzeptionelle Bruch ist insofern problematisch, als dass im Einzelfall ein Vermögenswert sowohl beim Leasingnehmer als auch beim -geber auf der Aktiv-Seite bilanziert wird.

Vortragszeit: 2/4,5 Minuten

V. Bewertung

Die Leasingverbindlichkeit ist nach IFRS 16.26 zum Barwert der während der Laufzeit anstehenden Leasingzahlungen zu bewerten. Maßgeblich für den Berechnungszeitpunkt des Barwertes ist der Beginn der Laufzeit des Leasingverhältnisses. Zu berücksichtigen sind zu diesem Datum alle noch ausstehenden Leasingzahlungen. Aufgrund der Diskontierungs-methode wird die Bewertung der Leasingverbindlichkeit von drei entscheidenden Parametern beeinflusst: Dazu zählen neben der Laufzeit des Leasingverhältnisses die Höhe und der Fälligkeitszeitpunkt der Leasingzahlungen sowie der angemessene Diskontierungszinssatz. Diese Faktoren sind im Hinblick auf das einzelne Leasingverhältnis und unter Berücksichtigung der jeweiligen Umstände zu ermitteln.

Die Bewertung des Nutzungsrechtes gründet nach IFRS 16.23 ff. auf der Erstbewertung der Leasingverbindlichkeit nach dem Grundsatz des Anschaffungskostenprinzips. Darüber hinaus sind demnach vorab geleistete Leasingsonderzahlungen zu aktivieren. Direkt dem Vertrag zuordenbare vorab geleistete Anreize des Leasinggebers sind in Abzug zu bringen.

Die korrespondierende Leasingverbindlichkeit ist nach IFRS 16.36 nach der Effektivzinsmethode aufzuzinsen, um die Verzinsung der Schuld abzubilden.

Vortragszeit: 1,5/6 Minuten

VI. Auswirkungen auf Bilanzierung und Finanzkennzahlen

Bei Operating-Leasingverhältnissen kommt es durch die Umstellung auf IFRS 16 mit dem Ausweis eines Nutzungsrechtes und einer dazu korrespondierenden Leasingverbindlichkeit zu einer Bilanzverlängerung. Der Anstieg des Gesamtkapitals erfolgt komplett aus fremden Mitteln. Demnach verringert sich ceteris paribus der Anteil des Eigenkapitals am Gesamtkapital, während die Fremdkapitalquote demgegenüber ansteigt. Dies beeinflusst ratingrelevante Bilanzkennzahlen wie Eigenkapitalquote, Verschuldungsgrad und Anlagenintensität, die sich verschlechtern. Dagegen verbessern sich in der Gewinn- und Verlustrechnung durch die Umgliederung der Mietaufwendungen vom operativen Bereich, hin zu den Abschreibungen und Zinsaufwendungen die Kennzahlen EBIT und EBITDA deutlich.

Die Auswirkungen des neuen Leasingstandards dürften insgesamt moderat ausfallen, mit starken branchenabhängigen Unterschieden. In den leasingintensiven Branchen Handel, Transport, Tourismus und Telekommunikation werden die Auswirkungen deutlich stärker sein.

Vortragszeit: 1,5/7,5 Minuten

VII. Escape-Möglichkeiten

Die bisherige bilanzpolitische Möglichkeit durch die Klassifizierung als Operating Leasing eine out of balance Darstellung zu erreich ist weggefallen. Da Leasingnehmen auch zukünftig daran interessiert sein dürften negative bilanzielle Auswirkungen von Leasingverhältnissen zu minimieren, ist zu untersuchen, welche bilanzpolitischen Möglichkeiten unter IFRS 16 noch möglich sind.

Möglichkeiten bestehen im Rahmen der durch den Standard ausdrücklich eingeräumten Ansatzwahlrechte. Solche existieren für z.B. kurzfristige Leasingverhältnisse bis 12 Monate. Ob dies durch sich bei einem unbefristeten Mietverhältnis mit einer Kündigungsfrist von maximal 12 Monaten erreich lässt, wird in der Literatur vertreten (Lüdenbach/Hoffmann/Freibach IFRS, S. 731). Weiterhin besteht bei Leasingverhältnissen mit geringwertigen Vermögenswerten bis 5.000 $ ein Ansatzwahlrecht. Um zu verhindern, dass durch eine Atomisierung die Voraussetzung konstruiert werden, dürfen die Vermögenswerte nicht in einem funktionalen Zusammenhang stehen.

Eine außerbilanzielle Abbildung von Leasingverträgen lässt sich auch durch eine Vertragsgestaltung erreichen, die die Leasingdefinition des IFRS 16 nicht erfüllt. IFRS 16 stellt darauf abgestellt, dass der Leasingnehmer die Kontrolle über einen direkt oder indirekt identifizierbaren Vermögensgegenstand für einen befristeten Zeitraum hat und den Leasinggegenstand in diesem Zeitraum uneingeschränkt nutzen kann. Diese Identifizierbarkeit kann z.B. bei einem Transportunternehmen dadurch vermieden werden, dass statt der Möglichkeit einen bestimmten LKW zu mieten, das Recht eingeräumt werden, eine gewisse Anzahl eines bestimmten LKW-Typs für Transportzwecke zu nutzen. Besteht zudem die Möglichkeit, dem Leasinggeber ein Austauschrecht am geleasten Fahrzeug einzuräumen, sind die Voraussetzungen der Leasingdefinition auch hierdurch nicht erfüllt. Es handelt sich dann um einen Dienstleistungsvertrag gem. IFRS 15, der nicht bilanziell zu erfassen ist (Lüdenbach u.a. a.a.O).

Eine weitere Möglichkeit der Sachverhaltsgestaltung könnte die Vereinbarung vollständig variabler Leasingraten sein. Dabei müsste sichergestellt sein, dass die Vergütung vollständig variabel ist und dass es im Vorfeld keine hinreichende Sicherheit bezüglich der Höhe der zu zahlenden Leasingraten gibt.

Schließlich könnten Leasingverträge in ein Joint Venture verlagert werden, an dem eine Tochtergesellschaft sowie eine konzernfremde Gesellschaft jeweils zu 50% beteiligt sind. Aufgrund der Regelungen des IFRS 11 würden in diesem Fall die Nutzungsrechte und Leasingverpflichtungen sowie die Aufwendungen und Erträge aus den Leasingverhältnissen nicht in den Konzernabschluss einbezogen.

Vortragszeit: 1,5/9 Minuten

VIII. Fazit

Die Auswirkungen des neuen Leasingstandards auf den Jahres- und Konzernabschluss sowie auf einige Finanzkennzahlen, insbesondere für anlagenintensive Leasingnehmer-Unternehmen mit einem großen Umfang an Leasingverhältnissen, können durchaus erheblich sein. Dies kann zu nachteiligen bilanziellen Veränderungen führen. Die Auswirkungen auf die Finanzkennzahlen dürften meist jedoch kein Ausschlusskriterium sein. Häufig sind nur vereinzelte Kennzahlen von den Veränderungen betroffen, die sich bei einem kreditfinanzierten Kauf in gleichem Maße ändern. Zudem bietet auch der neue Leasingstandard Gestaltungsspielräume, die einen bilanziellen Ausweis vermeiden lassen.

Vielen Dank für Ihre Aufmerksamkeit.

Vortragszeit: 1/10 Minuten

Vortrag 11
Bilanzierung und Bewertung von Rückstellungen nach HGB und deutschem Steuerrecht – Unterschiede und Auswirkungen auf den handelsrechtlichen Jahresabschluss (Prüfungswesen und Steuerrecht)

Sehr geehrte/r Frau/Herr Vorsitzende/r, sehr geehrte Prüfungskommission,
aus den mir zur Auswahl gestellten Themen habe ich mich für das Thema „**Bilanzierung und Bewertung von Rückstellungen nach HGB und deutschem Steuerrecht – Unterschiede und Auswirkungen auf den handelsrechtlichen Jahresabschluss**" entschieden. Meinen Vortrag gliedere ich wie folgt:

I.	Einleitung, Rückstellungsbegriff
II.	Bilanzierung nach HGB
III.	Bilanzierung nach EStG
IV.	Bewertung nach HGB
V.	Bewertung nach Steuerrecht
VI.	Übernahme einer Rückstellung
VII.	Auswirkung der Abweichungen im Hinblick auf latente Steuern
VIII.	Fazit

Vortragszeit: 0,5 Minuten

I. Einleitung, Rückstellungsbegriff

Rückstellungen sind Schulden, die noch nicht ausreichend konkretisiert sind, aber für die Bilanzadressaten erkennbar sein sollen. Im Hinblick auf das **Vollständigkeitsgebot** müssen Rückstellungen, soweit sie vermögensschmälernde Verpflichtungen enthalten, ausgewiesen werden. Das Gesetz enthält keine Definition. § 249 HGB zählt jedoch Einzelfälle auf. Danach sind Rückstellungen zu bilden für ungewisse Verbindlichkeiten, drohende Verluste aus schwebenden Geschäften sowie bestimmte Aufwandsrückstellungen. Zu unterscheiden ist zwischen **Schuldrückstellungen** und **Aufwandsrückstellungen**. Schuldrückstellungen, § 249 Abs. 1 HGB werden für rechtliche oder faktische Verpflichtungen gegenüber Dritten gebildet, die das Vermögen am Abschlussstichtag belasten. Zu ihnen rechnen die Rückstellungen für ungewisse Verbindlichkeiten (Verbindlichkeitsrückstellungen) und die Rückstellungen für drohende Verluste aus schwebenden Geschäften (Drohverlustrückstellungen). Grundsätzlich besteht für Schuldrückstellungen eine Passivierungspflicht. Bei einer Schuldrückstellung besteht gegenüber Dritten eine ungewisse Rechtsverpflichtung, während bei einer Aufwandsrückstellung eine Selbstverpflichtung vorliegt, etwa bei der beschlossenen – und noch nicht vollzogenen – Durchführung von betrieblichen Instandhaltungsmaßnahmen. Das Gliederungsschema des § 266 Abs. 3 B I–III HGB unterteilt die Rückstellungen in Pensions-, Steuer- und sonstige Rückstellungen.

Vortragszeit: 1,5/2 Minuten

II. Bilanzierung nach HGB

Handelsrechtlich ist die **Bildung von Rückstellungen** nach § 249 HGB vorgesehen für:
- **ungewisse Verbindlichkeiten** (einschließlich Pensionsrückstellungen für sog. Neuzusagen), Wahlrecht für Altzusagen von 01.01.1987,
- **drohende Verluste aus schwebenden Geschäften**,
- **im Geschäftsjahr unterlassene Aufwendungen für Instandhaltung**, die im folgenden Geschäftsjahr innerhalb von drei Monaten nachgeholt werden,
- **im Geschäftsjahr unterlassene Aufwendungen für Abraumbeseitigung**, die im folgenden Geschäftsjahr nachgeholt werden,
- Gewährleistungen, die ohne rechtliche Verpflichtung erbracht werden.

Die Aufzählung ist abschließend, d.h. für andere Arten von Rückstellungen besteht ein **Rückstellungsverbot**.
  Hinweise zur Bilanzierung enthalten zudem die Verlautbarungen des Hauptfachausschusses des IDW zur Rechnungslegung; für Rückstellungen: IDW RS HFA 3, 4, 7, 23, 30, 35 (siehe darüber hinaus IDW RH HFA 1.009). Sie legen die Berufsauffassung der Wirtschaftsprüfer zu Rechnungslegungsfragen dar.

Vortragszeit: 1,5/3,5 Minuten

Vortrag 11: Bilanzierung und Bewertung von Rückstellungen nach HGB und deutschem ...

III. Bilanzierung nach EStG

Aufgrund des Maßgeblichkeitsprinzips in § 5 Abs. 1 EStG erfolgt regelmäßig eine Übernahme der handelsrechtlichen Rückstellungen in die Steuerbilanz. Steuerrechtlich bestehen darüber hinaus aber eigene **Ansatz- und Bewertungsvorschriften**:

- Nach § 5 Abs. 2a EStG besteht ein **Ansatzverbot für von Drohverlustrückstellungen**. Ausnahmen gibt es für sog. Bewertungseinheiten.
- Nach § 5 Abs. 3 EStG besteht ein **Passivierungsverbot für Patent- oder Urheberrechtsverletzungen**, aus denen mit einer Inanspruchnahme nicht ernsthaft zu rechnen ist.
- Nach § 5 Abs. 4 EStG dürfen **Rückstellungen für Dienstjubiläen** nur unter qualifizierten zeitlichen und formellen Voraussetzungen erfolgen.
- Nach § 5 Abs. 4a EStG darf Aufwand, der in künftigen Wirtschaftsjahren als AK/HK zu aktivieren ist, nicht durch eine Rückstellung vorweggenommen werden. Gleiches gilt für Verpflichtung zur schadlosen Verwertung Reststoffe, im Zusammenhang mit der Wiederaufbereitung von Kernbrennstoffen.
- § 6a Abs. 1 und 2 EStG sieht die **Passivierung von Pensionsrückstellungen** nur unter qualifizierten Voraussetzungen vor.
  Insgesamt sind durch das BilMoG verstärkte Abweichungen zwischen Handels- und Steuerbilanz und eine Durchbrechung Maßgeblichkeit erfolgt.

Vortragszeit: 1,5/5 Minuten

IV. Bewertung nach HGB

Die **handelsbilanzielle Bewertung der Rückstellungen** erfolgt gemäß § 253 Abs. 1 HGB mit dem „nach vernünftiger kaufmännischer Beurteilung notwendigen Erfüllungsbetrag". Maßgebend sind dabei die Wertverhältnisse im Erfüllungszeitpunkt. Einzubeziehen sind daher künftige Preis- und Kostensteigerungen. Sachleistungsverpflichtungen sind unter Vollkosten zu bewerten. Bei einer Restlaufzeit von mehr als einem Jahr sind Rückstellungen mit ihrem **Barwert** zu passivieren. Handelsbilanziell ermittelt er sich auf Basis eines in § 253 Abs. 2 HGB normierten, von der Deutschen Bundesbank zu ermittelnden Abzinsungssatzes der zurückliegenden sieben bzw. 10 Jahre.

Vortragszeit: 0,5/5,5 Minuten

V. Bewertung nach Steuerrecht

Die steuerrechtliche Bewertung von Rückstellungen ist zu weiten Teilen eigenständig geregelt, was zu erheblichen Abweichungen im Vergleich zur Handelsbilanz führen kann. § 6 Abs. 1 Nr. 3a EStG enthält folgende besondere **Bewertungsbestimmungen**:

- Nach Buchst. a sind bei gleichartigen Verpflichtungen, wie z.B. **Gewährleistungsverpflichtungen** die Erfahrungen der Vergangenheit zu berücksichtigen.
- Nach Buchst. b sind **Sachleistungsverpflichtungen** nicht mit den Vollkosten, sondern nur mit den Einzelkosten und angemessene Teile der notwendigen Gemeinkosten (ohne Fixkosten) anzusetzen.
- Nach Buchst. c besteht ein Saldierungsgebot von Verpflichtungen mit Vorteilen die mit der künftigen Erfüllung anfallen (Beispiele bei Nachbetreuungsverpflichtungen von Optikern oder selbständigen Versicherungsvertretern).
- Nach Buchst. d sind **Ansammlungsrückstellungen** (Beispiel: Pachterneuerungsverpflichtungen) zeitanteilig in gleichen Raten anzusammeln.
- Nach Buchst. e besteht bei **Geld- und Sachleistungsverpflichtungen** mit über einjähriger Laufzeit ein Gebot zur Abzinsung mit 5,5 %, bei Pensionsrückstellungen nach § 6a EStG mit 6 %, also deutlich unter den aktuellen handelsrechtlichen Abzinsungssätzen.
- Nach Buchst. f sind bei Geld- und Sachleistungsverpflichtungen die Wertverhältnisse des Bilanzstichtags maßgeblich, also im Gegensatz zur Handelsbilanz keine künftigen Preis- und Kostensteigerungen zu berücksichtigen.

> Vortragszeit: 1,5/7 Minuten

VI. Übernahme einer Rückstellung

Nach der Rechtsprechung des BFH darf der Erwerber einer steuerlich ansatzbeschränkten Rückstellung diese nach dem **Anschaffungskostenprinzip** mit den höheren handelsrechtlichen Werten ausweisen (z.B. BFH, Urteil vom 14.12.2011, I R 72/10, BFH/NV 2012; dagegen BMF, Schreiben vom 24.06.2011, IV C 6 – S 2137/0 – 03, BStBl I 2011, 627). Der Gesetzgeber hat hierauf die Vorschriften des § 5 Abs. 7 und § 4f EStG eingeführt. Nach § 5 Abs. 7 EStG hat der Erwerber die ansatzbeschränkten Verbindlichkeiten zunächst erfolgsneutral mit den Anschaffungskosten, d.h. ohne Ansatzbeschränkung auszuweisen. In der ersten Schlussbilanz wird die Ansatzbeschränkung ertragswirksam aufgenommen. Der hieraus entstehende Ertrag darf auf 15 Jahre verteilt werden. Der Veräußerer einer passivierungsbeschränkten Verbindlichkeit weist nach § 4f EStG korrespondierend einen Verlust aus. Dieser ist allerdings nicht sofort abzugsfähig, sondern muss über einen Zeitraum von 15 Jahren steuerlich verteilt werden.

> Vortragszeit: 0,5/7,5 Minuten

VII. Auswirkung der Abweichungen im Hinblick auf latente Steuern

Die durch die genannten Abweichungen zwischen handelsrechtlichen und steuerrechtlichen Ansatz- und Bewertungsvorschriften, führen zu **Steuerlatenzen**. Deren Ermittlung richtet sich gem. **§ 274 HGB** nach dem international üblichen **Temporary-Konzept**. Das Temporary-Konzept ist bilanzorientiert, wodurch jeder Unterschied zwischen Handels- und Steuerbilanz für die Abgrenzung latenter Steuern herangezogen wird, wenn dieser zukünftig zur Steuerent- bzw. -belastung führt, ausgenommen sind nur außerbilanzielle Hinzurechnungen und Kürzungen (z.B. Investitionsabzugsbetrag nach § 7g EStG). Einbezogen werden temporäre und quasi-permanente Differenzen. Die Bilanzierung latenter Steuern ist daher unabhängig davon, wann sich die Differenzen zwischen Handelsbilanz und Steuerbilanz ausgleichen bzw. ob die Bilanzierungs- und Bewertungsunterschiede ergebniswirksam oder ergebnisneutral entstanden.

Passive latente Steuern entstehen, wenn das Handelsbilanzergebnis höher als das Steuerbilanzergebnis ist, also bei höherer Aktivierung bzw. niedriger Passivierung in der Handelsbilanz.

Aktive latente Steuern entstehen, wenn das Handelsbilanzergebnis niedriger als das Steuerbilanzergebnis ist, also bei niedrigerer Aktivierung bzw. höherer Passivierung in der Handelsbilanz.

Die **Bilanzierung latenter Steuern** ist unabhängig davon, wann sich die Differenzen zwischen Handelsbilanz und Steuerbilanz ausgleichen bzw. ob die Bilanzierungs- und Bewertungsunterschiede ergebniswirksam oder ergebnisneutral entstanden.

Wegen der restriktiven steuerrechtlichen Ansatz- und Bewertungsvorschriften ist der **steuerliche** Rückstellungsausweis regelmäßig niedriger, d.h. das Handelsbilanzergebnis niedriger als das steuerpflichtige Ergebnis. Dies hat zur Folge, dass eine aktive latente Steuerposition zu bilden ist. Aktive latente Steuern ergeben sich grundsätzlich, falls niedrigere Werte für Vermögensgegenstände bzw. höhere Werte für Schulden in der Handelsbilanz im Vergleich zu Steuerbilanz vorliegen. Aktive latente Steuern liegen z.B. auch vor, wenn Vermögensgegenstände nicht in der Handelsbilanz, aber in der Steuerbilanz angesetzt werden bzw. wie z.B. bei den Drohverlustrückstellungen ein Ansatz der Schulden in Handelsbilanz aber kein Ansatz in Steuerbilanz erfolgt. Im Gegensatz zu passiven latenten Steuern, die bei einem niedrigeren handelsbilanziellen Ansatz von Rückstellungen zu bilden wären und deren Ansatz nach § 274 Abs. 1 HGB verpflichtend ist, besteht bei aktiven latenten Steuern nach § 274 Abs. 2 HGB ein Bilanzierungswahlrecht (**Bilanzierungshilfe**). Die dazugehörige Erläuterung ist im Anhang zu machen. Das Aktivierungswahlrecht als Bilanzierungshilfe ist mit einer Ausschüttungssperre verbunden. Eine Ausschüttungssperre besteht nach § 274 Abs. 2 S. 3 bzw. § 268 Abs. 8 S. 2 HGB, soweit die aktiven latenten Steuern die passiven latenten Steuern übersteigen.

> Vortragszeit: 2/9,5 Minuten

VIII. Fazit

Die Rückstellungsbegriffe in Handels- und Steuerbilanz sind infolge des Maßgeblichkeitsprinzips nach § 5 Abs. 1 EStG, i.V.m. § 249 HGB gleich. Durch restriktive Maßnahmen des Gesetzgebers sind die Rückstellungsansätze steuerlich zunehmend reglementiert worden. Auch die Bewertungsansätze sind zunehmenden Einschränkungen unterworfen. Der i.d.R. niedrigere steuerliche Rückstellungsansatz führt zu aktiven latenten Steuern. Ein höherer passiver Rückstellungsansatz in der Steuerbilanz, der passive latente Steuern zur Folge hätte, ist theoretisch möglich, nach Auffassung der Finanzverwaltung dürfen die handelsrechtlichen Werte jedoch nicht überschritten werden. Zur Begründung wird auf die Formulierung in § 6 Abs. 1 Nr. 3a EStG „höchstens" verwiesen.

Vielen Dank für Ihre Aufmerksamkeit.

> Vortragszeit: 0,5/10 Minuten

Vortrag 12
Der neue IFRS 16 zur Leasingbilanzierung (Prüfungswesen)

Sehr geehrte/r Frau/Herr Vorsitzende/r, sehr geehrte Prüfungskommission,
aus den mir zur Auswahl gestellten Themen habe ich mich für das Thema **„Der neue IFRS 16 zur Leasingbilanzierung"** entschieden. Meinen Vortrag gliedere ich wie folgt:

I.	Einleitung
II.	Leasingbilanzierung nach IFRS
III.	IASB Projekt Leases
IV.	Neuer IFRS 16
V.	Fazit

> Vortragszeit: 0,5 Minuten

I. Einleitung

Leasing hat sich als bedeutende Finanzierungsform im Wirtschaftsleben entwickelt. Über 25 % der betrieblichen mobilen Investitionen werden über Leasing finanziert. Bei kapitalmarktorientierten Unternehmen, die nach den IAS/IFRS bilanzieren richtet sich die **Bilanzierung von Leasingverhältnissen** danach, ob das wirtschaftliche Eigentum am Leasinggegenstand dem Leasinggeber oder dem Leasingnehmer zugerechnet wird. Erfolgt eine Zurechnung aller wesentlichen mit dem Eigentum verbundenen Chancen und Risiken zum Leasingnehmer, liegt ein Finanzierungsleasing mit der Folge vor, dass der Leasingnehmer den Leasinggegenstand und eine Leasingverbindlichkeit zu bilanzieren hat. Diese Bilanzierung beim Leasingnehmer wird aktuell durch Vereinbarungen von Operating-Leasingverhältnissen vermieden, die so gestaltet werden können, dass gerade eben nicht alle wesentlichen mit dem Eigentum verbundenen Chancen und Risiken dem Leasingnehmer zugeordnet werden. Durch diese sogenannte **Off-Balance-Gestaltung** wird die Bilanz des Leasingnehmers „entlastet" und – nach Auffassung des Standardsetzers – der Informationsgehalt des Jahresabschlusses verringert. Die Unternehmen müssen sich auf wesentliche Änderungen in der Leasingbilanzierung einstellen, die Auswirkungen auf mehrere Unternehmensbereiche haben werden.

> Vortragszeit: 1/1,5 Minuten

II. Leasingbilanzierung nach IFRS

Der bisherige Standard **IAS 17** mit Bestimmungen in IFRIC 4, SIC 27 und SIC 15 ist durch den in ihm verankerten „**all-or-nothing-approach**" geprägt.

IAS 17 unterscheidet zwischen **Finanzierungs-Leasingverhältnissen** und **Operating-Leasingverhältnissen**. Für die Klassifizierung eines Leasingverhältnisses nach IAS 17 ist nicht in erster Linie die rechtliche Gestaltung des Vertragsverhältnisses von Bedeutung, sondern der wirtschaftliche Gehalt (Grundsatz der wirtschaftlichen Betrachtungsweise – substance over form).

Beim **Finanzierungsleasing** werden im Wesentlichen alle mit dem Eigentum verbundenen Risiken und Chancen des Leasingobjekts an den Leasingnehmer übertragen (IAS 17.4). Der Vorgang ist daher eher als Kauffinanzierung denn als Mietvertrag anzusehen.

Unter **Operating Lease** versteht man jedes Leasingverhältnis, bei dem es sich nicht um ein Finanzierungsleasing handelt. Der wichtigste Unterschied zum Finanzierungsleasing besteht darin, dass die wesentlichen Chancen und Risiken im Zusammenhang mit der Nutzung des Vermögenswertes beim Leasinggeber verbleiben.

Beim Finanzierungsleasing hat der Leasingnehmer das wirtschaftliche Eigentum und daher den Vermögenswert des Leasinggegenstandes und Schulden (= Zahlungsverpflichtungen gegenüber dem Leasinggeber) in gleicher Höhe in seiner Bilanz auszuweisen. Die Bewertung des Vermögenswerts bzw. der Schulden erfolgt entweder mit dem beizulegenden **Zeitwert des Leasinggegenstandes** oder mit dem **Barwert der Mindestleasingzahlungen**, sofern dieser Wert niedriger ist. Der Leasinggeber hat in seiner Bilanz eine Forderung in Höhe des Nettoinvestitionswertes aus dem Leasingverhältnis zu aktivieren. Die ausstehenden Leasingzahlungen werden vom Leasinggeber als Kapitalrückzahlung und Finanzertrag behandelt.

Beim **Operating-Leasingverhältnis** ist der Leasinggeber rechtlicher und wirtschaftlicher Eigentümer der Leasingobjekte und hat diese in seiner Bilanz zu aktivieren. Die Bewertung beim erstmaligen Ansatz erfolgt zu Anschaffungs- oder Herstellungskosten. In der Folgebewertung ist das Leasingobjekt entsprechend den üblichen Grundsätzen planmäßig und ggf. außerplanmäßig abzuschreiben. Beim Leasingnehmer beschränkt sich die Abbildung des Leasingverhältnisses auf die Erfassung der Leasingraten in der Erfolgsrechnung. Die Leasingraten sind als Aufwand i.d.R. linear über die Laufzeit des Leasingverhältnisses zu erfassen, soweit nicht ein anderer Verlauf sachgerechter ist.

Bei der Einordnung in ein Operating-Leasingverhältnis wird dem Leasingnehmer durch das bilanzneutrale Geschäft ein „**off-balance-sheet-Effekt**" ermöglicht. Folge dieses Effekts ist, dass die Informationsfunktion von IFRS-Abschlüssen, aufgrund fehlender Angaben über das Leasingobjekt und die Leasingverbindlichkeiten, eingeschränkt wird. Trotz der Überarbeitung des Standards in den Jahren 1990 und 2003 befindet sich die Leasingbilanzierung insbesondere durch Vorkommnisse in der Finanzmarktkrise seit langem in der Kritik.

> **Vortragszeit: 3/4,5 Minuten**

III. IASB Projekt Leases

Durch die anhaltende Kritik an dem derzeitigen Standard, wurde 2006 ein „joint project" von IASB und FASB über die Reform die Bilanzierung von Leasingverhältnissen in die Wege geleitet. Am 19. März 2009 wurde zuerst ein Diskussionspapier „Leases" und dem folgend im Jahr 2010 der „**Exposure Draft ED/2010/09 Leases**" veröffentlicht. Der Grundgedanke des neuen Konzepts basiert auf den Erörterungen der sog. G4+1-Gruppe und ihrem veröffentlichten McGregor-Papier. Dabei wurde eine Abkehr von der bisherigen Bilanzierung von Leasingverhältnissen beim wirtschaftlichen Eigentümer gefordert und zugleich mit dem „Right-of-Use-Approach" ein Ansatzmodell, das zu einer durchgehenden **on-balance-Bilanzierung** führt. Das IASB hat am 16.05.2013 den Standardentwurf ED/213/6 Leases veröffentlicht. Der Entwurf sieht vor, dass generell alle Leasingverhältnisse in die Bilanz des Leasingnehmers aufzunehmen sind. Die Leasingverhältnisse werden in zwei Kategorien unterteilt, Typ A und Typ B.

Ein Typ A-Leasingverhältnis liegt vor, wenn der Leasingnehmer voraussichtlich einen mehr als unwesentlichen Teil des wirtschaftlichen Nutzens des Leasinggegenstandes während der Leasinglaufzeit verbraucht. Ist dies nicht der Fall, ist das Leasingverhältnis als Typ B zu klassifizieren. Folglich sind Leasingverhältnisse über Immobilien regelmäßig als Typ B zu klassifizieren, es sei denn:

- die Grundmietzeit erstreckt sich über den größten Teil der restlichen wirtschaftlichen Nutzungsdauer oder

- der Barwert der Leasingzahlungen ist unwesentlich im Vergleich zum Zeitwert des Leasinggegenstandes.

Beim Leasingnehmer ist – unabhängig von der Klassifizierung des Leasingverhältnisses als Typ A oder Typ B – zu Beginn der Laufzeit ein Vermögenswert für das gewährte Nutzungsrecht am Leasingobjekt (Right-of-Use) und eine Verbindlichkeit für die Verpflichtung zur Zahlung der Leasingraten zu erfassen. Die Erstbewertung der Leasingverbindlichkeit erfolgt mit dem Barwert der Leasingzahlungen (fixe auch variable), die an einen Index oder Zinssatz gekoppelt sind (ED/2013/6.38 (a)). Der Buchwert der Leasingverbindlichkeit ist an den folgenden Bilanzstichtagen unter Anwendung der Effektivzinsmethode fortzuschreiben und um die gezahlten Leasingraten zu reduzieren (ED/2013/6.41 (a)).

Das Nutzungsrecht wird bei **Typ A-Leasingverhältnissen** linear über die Vertragslaufzeit abgeschrieben, sofern nicht eine andere planmäßige Verteilung dem erwarteten Nutzenverbrauch eher entspricht (ED/2013/6.47).

Bei **Typ B-Leasingverhältnissen** ist ein jährlich gleichbleibend hoher Gesamtaufwand zu erfassen. Dieser setzt sich aus dem Fortschreibungsbetrag der Leasingverbindlichkeit und der Abschreibung des Nutzungsrechts zusammen. Die Höhe der jährlichen Abschreibung ergibt sich dann aus der Differenz zwischen Gesamtaufwand und dem Fortschreibungsbetrag. Durch den über die Leasingdauer degressiven Verlauf der Zinsaufwendungen ergibt sich ein progressiver Verlauf der Abschreibungen auf das Nutzungsrecht (ED/2013/6.42 (b)).

Die bilanzielle Abbildung beim Leasinggeber ist von der Klassifikation des Leasingverhältnisses abhängig und ist damit weder spiegelbildlich noch komplementär zu der des Leasingnehmers.

Bei Typ A-Leasingverhältnissen hat der Leasinggeber zu Vertragsbeginn den Leasinggegenstand auszubuchen und gleichzeitig eine Leasingforderung und einen Restvermögenswert (**receivable and residual approach**, entspricht dem nicht zur Nutzung überlassenen Anteil am Leasingobjekt). Die Leasingforderung wird mit dem Barwert der anfänglichen Kosten und zukünftigen Leasingzahlungen bewertet. Der Restvermögenswert wird mit dem Barwert des vom Leasinggeber erwarteten Restwerts am Ende der Leasinglaufzeit zuzüglich des Barwerts der erwarteten variablen Leasingzahlungen bewertet.

In den Folgeperioden werden Leasingforderung und Restvermögenswert fortgeschrieben und sind gem. IAS 36 bzw. IAS 39 auf Wertminderung zu prüfen.

Bei Typ B-Leasingverhältnissen verbleibt das Leasingobjekt in der Bilanz des Leasinggebers. Es wird zu Anschaffungs- bzw. Herstellungskosten abzüglich der planmäßigen Abschreibung und eventueller Wertminderungen bewertet.

Aus dem IASB Projekt Leases ist der neue IFRS 16 entstanden (s. IV.).

> **Vortragszeit: 2,5/7 Minuten**

IV. Neuer IFRS 16

Das IASB hat am 13.01.2016 den neuen Standard IFRS 16 „Leasingverhältnisse" veröffentlicht. IFRS 16 ersetzt IAS 17 sowie die Interpretationen IFRIC 4, SIC-15 und SIC-27. Mit dem neuen Standard wird es keinen Unterschied mehr zwischen finance und operating leasing geben. Nach Erhebungen des IASB ist gut jedes zweite nach IFRS bilanzierende Unternehmen von den Änderungen betroffen. Der neue Standard findet Anwendung auf alle Leasingbeziehungen mit wenigen Ausnahmen z.B. bei Nutzungsrechten gem. IAS 38, IFRS 6 oder IAS 41, sog. Short-Term-Leases (Leasingverhältnisse mit einer Laufzeit von weniger als 12 Monaten und keiner Verlängerungsoption) sowie bei sog. small Ticket Leases (bei Einkaufspreis unter 5.000 $, z.B. small IT equipment).

Nach IFRS 16 hat der Leasingnehmer mit der Bereitstellung des Leasinggegenstands ein Nutzungsrecht (right-of-use asset) und eine Leasingverbindlichkeit zu bilanzieren. Homogene Leasingvereinbarungen können zu einem Bilanzierungsobjekt zusammengefasst werden (Portfolio-Option). Die Leasingverbindlichkeit umfasst den Barwert der ausstehenden Leasingzahlungen zuzüglich der Restwertgarantien o.ä. Die Leasingverbindlichkeit ist in der Folgebewertung aufzuzinsen. Das Nutzungsrecht ist i.d.R. linear abzuschreiben.

Im Gegensatz zum Leasingnehmer, der künftig alle Leasingvorfälle in der Bilanz ausweisen muss, werden für Leasinggeber die bisherigen Regelungen des IAS 17 fortgesetzt. Bei ihm bleibt es bei der Unterscheidung nach finance und operating leasing. Dies ist insofern problematisch, als dass im Einzelfall ein Vermögenswert sowohl beim Leasingnehmer als auch beim -geber aktiviert werden kann.

Der Standard ist verpflichtend ab dem 1. Januar 2019 anzuwenden. Die freiwillige vorzeitige Anwendung ist gestattet, jedoch nur wenn zu diesem Zeitpunkt auch IFRS 15 Revenue Recognition angewendet wird. IFRS 16 lässt die Option zwischen einer vollen retrospektiven Anwendung nach IAS 8 und einer modifizierten, bei der die Vergleichszahlen nicht angepasst und Leasingverhältnisse mit einer Restnutzungsdauer von weniger als 12 Monaten nicht nach IFRS 16 neu beurteilt werden müssen. Eine Anwendung in der EU setzt eine Übernahme der Vorschriften in europäisches Gemeinschaftsrecht voraus (EU-Endorsement).

> Vortragszeit: 2,5/9,5 Minuten

V. Fazit

Mit dem neuen IFRS 16 hat das IASB Projekt Leasing nach 10 Jahren sein Ende gefunden. Insbesondere bei leasingintensiven Unternehmen wird er erhebliche Auswirkungen auf die Bilanzrelationen haben, da er kaum noch Möglichkeiten zur Off-Balance-Darstellung von Leasingvereinbarungen ermöglicht. Für den Leasinggeber sind die Auswirkungen geringer, da die Unterscheidung in finance und operating leasing im Wesentlichen bleibt. Dies kann zu einer beidseitigen Aktivierung führen.

Vielen Dank für Ihre Aufmerksamkeit.

> Vortragszeit: 1/0,5 Minuten

Vortrag 13
Prüfungen nach der Datenschutz-Grundverordnung und dem Bundesdatenschutzgesetz (Prüfungswesen)

Sehr geehrte/r Frau/Herr Vorsitzende/r, sehr geehrte Prüfungskommission,
aus den mir zur Auswahl gestellten Themen habe ich mich für das Thema „**Prüfungen nach der Datenschutz-Grundverordnung und dem Bundesdatenschutzgesetz**" entschieden. Meinen Vortrag gliedere ich wie folgt:

I.	Einleitung
II.	Die Datenschutz-Grundverordnung
III.	Sanktionen bei Nichteinhaltung der Anforderungen der DSGVO
IV.	Prüfungsanlässe
V.	Prüfungsdurchführung
VI.	Praxishinweise/Prüfungsergebnis
VII.	Fazit

> Vortragszeit: 0,5 Minuten

I. Einleitung

Wirtschaftsprüfer sind im Rahmen der Jahresabschlussprüfung verpflichtet, auf die Gesellschaft gefährdende Risiken hinzuweisen. Derartige Risiken können sich u.a. aus der mangelnden Umsetzung der seit 25. Mai 2018 anwendbaren EU-Datenschutz-Grundverordnung (DSGVO) und des gleichzeitig in Kraft getretene Bundesdatenschutzgesetzes (BDSG) ergeben. Diese Risiken können aufgrund der in der DSGVO vorgesehenen erheblichen Bußgelder zu hohen Rückstellungen führen. Mit den Risiken steigt der Bedarf für eine Prüfung der

Umsetzung der technischen und organisatorischen Erfordernisse und Maßnahmen durch einen Wirtschaftsprüfer.

Der IDW Prüfungshinweis PH 9.860.1 konkretisiert die Anwendung der Grundsätze des IDW PS 860 in Bezug auf datenschutzspezifische Prüfungen und soll den Berufsstand bei diesen Prüfungen unterstützen.

> Vortragszeit: 0,5/1 Minute

II. Die Datenschutz-Grundverordnung

Die DSGVO soll einen einheitlichen und starken Datenschutz in der EU gewährleisten, ohne den freien Datenverkehr innerhalb der EU zu gefährden. Sie regelt den Schutz personenbezogener Daten bei der ganz oder teilweise automatisierten Verarbeitung sowie bei der nichtautomatisierten Verarbeitung personenbezogener Daten, die in einem Dateisystem gespeichert sind oder gespeichert werden sollen. Die DSGVO stärkt insbesondere die Betroffenenrechte, beispielsweise durch erhöhte Anforderungen an die Transparenz und umfangreichere Informations- und Benachrichtigungspflichten der Unternehmen und Behörden. Neue Betroffenenrechte erhöhen den Einfluss der Betroffenen auf die Verarbeitung der eigenen Daten. Zu den neuen Vorgaben der DSGVO gehören insbesondere:

- das Marktortprinzip, nach dem auch alle außereuropäischen Unternehmen verpflichtet sind, das europäische Datenschutzrecht einzuhalten, wenn sie auf dem europäischen Markt ihre Dienstleistungen anbieten,
- die Rechenschaftspflicht (Verantwortlichkeit der Daten verarbeitenden Stellen für die Einhaltung der Datenschutz-Prinzipien und dessen Nachweis) und
- neue Betroffenenrechte wie das Recht auf Vergessenwerden und das Recht auf Datenübertragbarkeit.

Erhöhte Anforderungen bestehen an die Transparenz bei der Datenverarbeitung, die Voraussetzungen an eine rechtswirksame Einwilligung der betroffenen Personen und die Meldepflichten bei Datenschutzverletzungen.

Für Unternehmen enthält die DSGVO zusätzliche Anforderungen, beispielsweise an die Erstellung und Vorhaltung eines Verfahrensverzeichnisses, die Durchführung von Datenschutz-Folgenabschätzungen sowie umfangreiche Pflichten gegenüber betroffenen Personen, deren personenbezogene Daten durch das Unternehmen verarbeitet werden. Große und mittelgroße Kapitalgesellschaften i.S.v. § 267 Abs. 2, 3 HGB sind verpflichtet, eine Risikoberichterstattung in Form eines Lageberichtes beizufügen. Der Lagebericht soll Aufschluss darüber geben, ob und inwieweit die Gesellschaft gefährdende Entwicklungen erkannt hat. Derartige Risiken können sich u.a. aus einer fehlenden Umsetzung der Anforderungen der DSGVO im Unternehmen ergeben.

> Vortragszeit: 2/3 Minuten

III. Sanktionen bei Nichteinhalten der Anforderungen der DSGVO

Die Nichteinhaltung dieser Anforderungen kann für Unternehmen weitreichende nachteilige Folgen haben, so beispielsweise die Einschränkung bzw. Untersagung der Datenverarbeitung. Darüber hinaus drohen bei Verstößen gegen die DSGVO Geldbußen, die bis zu 10 Mio. € oder 2 % des Jahresumsatzes oder bei schwerwiegenderen Datenschutzverstößen bis zu 20 Mio. € oder 4 % des Jahresumsatzes betragen können (Art. 83 Abs. 4 bzw. 5 DSGVO).

> Vortragszeit: 1/4 Minuten

IV. Prüfungsanlässe

Grundsätzlich hat die DSGVO keine für den Abschlussprüfer relevante Bedeutung, da die Anforderungen der DSGVO grundsätzlich kein Prüfungsgegenstand im Rahmen der Jahresabschlussprüfung sind. Insofern enthält das Prüfungsurteil des Abschlussprüfers grundsätzlich auch keine Aussage dazu, ob die geprüfte Gesellschaft die Anforderungen der DSGVO erfüllt.

Allerdings hat die DSGVO durchaus bedeutende Auswirkungen auf die Tätigkeit des Wirtschaftsprüfers. Im Rahmen der Abschlussprüfung muss sich dieser ein Bild über das rechnungslegungsbezogene IKS machen. Dabei stellt die Funktion des Datenschutzbeauftragten eine wichtige Komponente des IKS dar, da der Datenschutzbeauftragte sich mit der Einhaltung und Überwachung der Anforderungen der DSGVO auseinandersetzt.

Der Abschlussprüfer muss sich gemäß dem IDW PS 330 PS auch mit den Anforderungen an die IT-Sicherheit auseinandersetzen. Dabei kann der Abschlussprüfer gegebenenfalls auch die Ergebnisse der Überwachungstätigkeit des Datenschutzbeauftragten verwerten, da die Anforderungen der DSGVO und des IDW PS 330 hinsichtlich der Datensicherheit weitgehend übereinstimmen. Stellt der Abschlussprüfer fest, dass wichtige Anforderungen an die IT-Sicherheit nicht eingehalten werden und sich somit bedeutsame Schwächen im IKS ergeben, hat er ggf. hierüber im Prüfungsbericht zu berichten.

Gegenstand einer Prüfung gemäß IDW PH 9.860.1 kann einerseits eine „Prüfung einer Erklärung der gesetzlichen Vertreter zu den Grundsätzen, Verfahren und Maßnahmen nach der DSGVO und dem BDSG" oder eine „direkte Prüfung der Grundsätze, Verfahren und Maßnahmen nach der DSGVO und dem BDSG" sein.

Auftragsverarbeitende Unternehmen sollen gem. Art 28 Abs 3 (h) DSGVO mit Kunden vertraglich vereinbaren, alle Informationen zum Nachweis der Einhaltung der Anforderungen der DSGVO zur Verfügung zu stellen und entsprechende Überprüfungen zuzulassen. Auch dieser Nachweis kann durch einen Prüfungsvermerk- bzw. -bericht nach PS 860 i.V.m. PH 9.860.1 erleichtert werden.

Vortragszeit: 2/6 Minuten

V. Prüfungsdurchführung

Im IDW PH 9.860.1 werden für Wirtschaftsprüfer die Grundsätze des IDW PS 860 für datenschutzspezifischen Prüfungen konkretisiert. Im Rahmen der Abschlussprüfung eines Unternehmens haben Wirtschaftsprüfer u.a. zu prüfen, ob der Jahresabschluss einer Kapitalgesellschaft den gesetzlichen Vorschriften entspricht und der Lagebericht die Chancen und Risiken der künftigen Entwicklung darstellt.

Im Rahmen der Jahresabschlussprüfung prüft der Wirtschaftsprüfer u.a., ob das Unternehmen geeignete und wirksame Maßnahmen zur Umsetzung der Anforderungen der DSGVO getroffen hat. Der IDW PH 9.860.1 gilt ausdrücklich nur außerhalb der Jahresabschlussprüfung, die dort festgelegten Grundsätze können aber als Grundlage für die Beurteilung der Unternehmenssituation im Rahmen der Jahresabschlussprüfung herangezogen werden.

Der Prüfungshinweis IDW PH 9.860.1 ermöglicht Wirtschaftsprüfern ein checklistenartiges Abarbeiten der datenschutzrechtlichen Vorgaben die in Anlagen aufgeführt sind:
- Anlage 1 des Prüfungshinweises enthält einen umfassenden Anforderungskatalog, der die Regelungen der DSGVO und des BDSG konkretisiert. Er ist eine beispielhafte Anwendung der Kriterien zur Einrichtung geeigneter Grundsätze, Verfahren und Maßnahmen, die bei einer Prüfung nach IDW PH 9.860.1 beurteilt werden.
- Anlagen 2 und 3 beschreiben die Auftragsart der „Prüfung einer Erklärung zu den Grundsätzen, Verfahren und Maßnahmen nach der DSGVO und dem BDSG und geben ein Formulierungsbeispiel für den Prüfungsvermerk/Prüfungsbericht über die Wirksamkeitsprüfung bzw. die Angemessenheitsprüfung.
- Anlagen 4 und 5 beschreiben die Auftragsart „Direkte Prüfung der Grundsätze, Verfahren und Maßnahmen nach der DSGVO und dem BDSG geben ein Formulierungsbeispiel für den Prüfungsvermerk/Prüfungsbericht über die Wirksamkeitsprüfung bzw. die Angemessenheitsprüfung.

Die Checkliste sieht insbesondere die Prüfung folgender Anforderungen vor:
- Stellt das Unternehmen durch ein geeignetes Umfelds und eine geeigneten Aufbau- und Ablauforganisation die Einhaltung der einschlägigen datenschutzrechtlichen Vorgaben sicher?
- Stellen die eingerichteten Verfahren und Kontrollen sicher, dass der Datenschutzbeauftragte seine Aufgaben erfüllt?
- Ist ein ausreichendes Datenrisikomanagement vorhanden?
- Werden bereits bei der Programmierung, Konzeption und Entwicklung der Datenverarbeitungsvorgänge und -technik die Datenschutzgrundsätze berücksichtigt?
- Sind geeignete technische und organisatorische Maßnahmen eingerichtet, um die Sicherheit der Verarbeitung personenbezogener Daten zu gewährleisten?
- Stellen eingerichtete Verfahren und Kontrollen sicher, dass personenbezogene Daten nach Zweckbindung bzw. Ablauf der Aufbewahrungsfrist gelöscht bzw. anderweitig unbrauchbar gemacht werden?

- Daten gem. Art. 17 i.V.m. Art. 5 DSGVO regelmäßig nach Zweckbindung bzw. nach Ablauf der Aufbewahrungsfrist gelöscht bzw. anderweitig unbrauchbar gemacht werden.

Sofern der Abschlussprüfer feststellt, dass Anforderungen des Datenschutzes nicht eingehalten werden, muss er beurteilen, ob es sich um schwerwiegende Gesetzesverstöße oder erhebliche Schwächen des internen Kontrollsystems handelt. Ist letzteres der Fall, muss er im Rahmen eines abschließenden Bestätigungsvermerks über das Ergebnis seiner Prüfung berichten, und eine Entscheidung darüber treffen, ob letztlich ein eingeschränkter Bestätigungsvermerk ergeht oder dieser sogar gänzlich versagt wird, § 322 Abs. 4 Satz 1 HGB.

Darüber hinaus kann das Unternehmen gemäß § 249 Abs. 1 HGB verpflichtet sein, Rückstellungen zu bilden, beispielsweise für die Kosten, die dem Unternehmen im Rahmen der Umsetzung der Anforderungen der DSGVO entstehen sowie für eventuelle Bußgelder.

Umgekehrt kann die Kontrolle des Wirtschaftsprüfers, bei Umsetzung der gesetzlichen Vorgaben, auch zu einem positiven Prüfvermerk für das Unternehmen führen. Eine solche positive Bestätigung der DSGVO-Konformität bringt Wettbewerbsvorteile und Vertrauen in Beziehungen mit aktiven aber auch zukünftigen Geschäftspartnern.

Vortragszeit: 2/8 Minuten

VI. Praxishinweise/Prüfungsergebnis

Der Wirtschaftsprüfer muss sich im Rahmen der Prüfung des Jahresabschlusses und des Lageberichts angemessene und ausreichende Kenntnis darüber verschaffen, ob beim geprüften Unternehmen Risiken aus fehlender Einhaltung der Anforderungen der DSGVO drohen und ob diese zutreffend im Jahresabschluss und Lagebericht abgebildet sind.

Geschäftsführer und Vorstände sollten daher, soweit noch nicht geschehen, unverzüglich Maßnahmen zur Umsetzung der Anforderungen der DSGVO in Unternehmen ergreifen, um negative Feststellungen im Rahmen der Jahresabschlussprüfung zu vermeiden. Es ist unabdingbar, dass der Datenschutz zum festen Bestandteil des Unternehmens-Risikomanagementsystems wird und sich folglich im Jahresabschluss und im Lagebericht niederschlägt.

Das Prüfungsergebnis ist in beiden Fällen, ob die in der Erklärung enthaltenen bzw. die vom Unternehmen nach Feststellung des Wirtschaftsprüfers verwendeten Kriterien geeignet sind, die im Prüfungshinweis definierten Kriterien einzuhalten, ob diese Kriterien zum Prüfungszeitpunkt implementiert sind und – im Falle einer Prüfung der Wirksamkeit – auch über den Prüfungszeitraum wirksam waren.

In Anlage 1 des Prüfungshinweises dargestellten Grundsätze, Verfahren und Maßnahmen zur Erfüllung der Anforderungen an die Verarbeitung personenbezogener Daten durch nicht-öffentliche Stellen beziehen sich im Wesentlichen auf die Verankerung des Datenschutzes in der Unternehmensorganisation und die zum Schutz der Daten erforderlichen technischen und organisatorischen Maßnahmen. Spezifiziert werden bspw. die Einrichtung eines den Datenschutz fördernden Kontrollumfelds, die Ausgestaltung der Datenschutzorganisation einschließlich eines Datenschutzbeauftragten oder die technisch-organisatorische Umsetzung der Vorschriften zur Erfassung, Verarbeitung, Speicherung, Beauskunftung oder Löschung von Daten.

Die Berichterstattung über die Ergebnisse der Prüfung erfolgt bei beiden Auftragsarten über formalisierte Prüfungsvermerke (Kurzform) oder Prüfungsberichte (Langform), um die Vergleichbarkeit der Vermerke/Berichte bei den Adressaten sicherzustellen.

Auch wenn dies im Prüfungshinweis aus formalen Gründen nicht genannt wird, sind Vermerke bzw. Prüfungsberichte über die Erfüllung von Kriterien nach DSGVO und dem BDSG geeignet, den Nachweispflichten von Art. 24 Abs. 3 DSGVO nachzukommen.

Vortragszeit: 1/9 Minuten

VII. Fazit

Die EU-Datenschutz-Grundverordnung (DSGVO) und das Bundesdatenschutzgesetz (BDSG) stellen Unternehmen vor große Herausforderungen. Die Unternehmen haben ihre datenschutzrelevanten Verfahren und Maßnahmen anzupassen. Gleichzeitig steigt der Bedarf für eine Prüfung dieser technischen und organisatorischen

Verfahren und Maßnahmen durch einen Wirtschaftsprüfer. Der IDW PH 9.860.1 gibt dem Wirtschaftsprüfer ein Gerüst zur Prüfung datenschutzrechtlicher Anforderungen anhand eines beispielhaften Kriterienkatalogs. Die Prüfung kann in Form der Prüfung einer Erklärung oder in Form einer direkten Prüfung durchgeführt werden. Hierbei kann die Angemessenheit oder gar die Wirksamkeit je nach Auftragsvereinbarung geprüft werden. Das Unternehmen erhält einen standardisierten Bericht und kann bei entdeckten Abweichungen von Verordnung und Gesetz gezielte Maßnahmen zur Risikovermeidung beschließen.

Der Wirtschaftsprüfer kann durch die Prüfung nach dem IDW PH 9.860.1 dem Unternehmen einen Mehrwert liefern, da die eingerichteten Datenschutzsysteme geprüft und mit einem entsprechenden Vermerk versehen werden können.

Vielen Dank für Ihre Aufmerksamkeit.

Vortragszeit: 1/10 Minuten

Vortrag 14
Die Haftung des Vorstands bei Verstoß gegen den Deutschen Corporate Governance Kodex (Wirtschaftsrecht)

Sehr geehrte/r Frau/Herr Vorsitzende/r, sehr geehrte Prüfungskommission,
aus den mir zur Auswahl gestellten Themen habe ich mich für das Thema „**Die Haftung des Vorstands bei Verstoß gegen den Deutschen Corporate Governance Kodex**" entschieden. Meinen Vortrag gliedere ich wie folgt:

I.	Einleitung
II.	Begriff Corporate Governance
III.	Der Deutsche Corporate Governance Kodex
IV.	Pflichten des Vorstands
V.	Haftung des Vorstands bei Verstoß
VI.	Fazit

Vortragszeit: 0,5 Minuten

I. Einleitung
Für Vorstände von Unternehmen wird die **Corporate Governance** (zu Deutsch: Grundsätze der Unternehmensführung) immer bedeutender. Hierunter wird der Ordnungsrahmen für die Leitung und Überwachung von Unternehmen verstanden. Dieser wird insbesondere durch den Gesetzgeber aber auch durch den Eigentümer bestimmt. Eine Verletzung der Grundsätze kann schwerwiegende Folgen für das Unternehmen aber auch deren Organe Vorstand oder Aufsichtsrat haben.

Vortragszeit: 0,5/1 Minute

II. Begriff Corporate Governance
Unter „Corporate Governance" versteht man die Grundsätze verantwortungsvoller Leitung und Überwachung eines Unternehmens, d.h. eine **vorbildliche Unternehmensführung**. Der Begriff ist nicht legal definiert und umfasst daher in der Unternehmenspraxis ein Bündel von Maßnahmen und Aktivitäten, die aber sämtlich der Sicherstellung, der Einhaltung von internen wie externen Regelungen, wie auch der Erreichung der Unterneh-

menziele dienen sollen. Corporate Governance bezeichnet daher in erster Linie **Führungsgrundsätze für das Unternehmen**. Corporate Governance betrifft hauptsächlich kapitalmarktorientierte Aktiengesellschaften und wendet sich vornehmlich an den Vorstand, aber auch an den Aufsichtsrat und teilweise auch an den Wirtschaftsprüfer.

> Vortragszeit: 1,5/2,5 Minuten

III. Der Deutsche Corporate Governance Kodex

Im Jahr 2002 hat das Bundesministerium der Justiz den **Deutschen Corporate Governance Kodex** (DCGK) veröffentlicht.

Der DCGK gliedert sich in eine Präambel und folgende sechs Teile:
1. Aktionäre und Hauptversammlung,
2. Zusammenwirken von Vorstand und Aufsichtsrat,
3. Vorstand,
4. Aufsichtsrat,
5. Transparenz,
6. Rechnungslegung und Abschlussprüfung.

Inhaltlich enthält der Kodex drei Arten von **Bestimmungen**:
1. Die Wiedergabe wesentlicher gesetzlicher Regelungen, insbesondere des Aktiengesetzes,
2. Empfehlungen („Soll"-Vorschriften) und
3. Anregungen („Kann"-Vorschriften).

Vorstand und Aufsichtsrat einer börsennotierten Aktiengesellschaft müssen gemäß § 161 AktG jährlich eine **Erklärung** abgeben, inwieweit sie den DCGK befolgen, d.h.:
- dass den Empfehlungen des DCGK entsprochen wurde/wird und
- welche Empfehlungen nicht angewendet wurden/werden.

Die Erklärung muss den Aktionären und allen anderen Interessierten (Stakeholder) auf der Internetseite der Gesellschaft dauerhaft zugänglich gemacht werden. Zu den **Stakeholdern** eines Unternehmens gehören alle natürlichen Personen und Institutionen, die auf der Grundlage unvollständiger Verträge Transaktionen mit dem Unternehmen durchführen und aus diesem Grund ein (im weiten Sinne) ökonomisches Interesse am Unternehmensgeschehen haben.

Man unterscheidet drei Arten der **Entsprechenserklärung**:
1. Kodex wird als Ganzes angenommen wird (= **Einverständniserklärung**),
2. Kodex wird als Ganzes abgelehnt wird (= **Ablehnungserklärung**),
3. Nur Teile des Kodex werden befolgt (= **Qualifizierte Abweichungserklärung**).

Die Aktionäre haben zwei Möglichkeiten zur **externen Überwachung der Unternehmensleitung**:
1. Die **Voice-Option**: Hauptversammlung als Forum (§ 118 Abs. 1 AktG). Beschlussfassung über die Entlastung der Mitglieder des Vorstands und Aufsichtsrats (§ 120 Abs. 1, 2 AktG), bis hin zur Entlastungsverweigerung. Ein Entlastungsbeschluss ist anfechtbar, wenn er die Amtsführung eines Vorstands trotz „gravierender" Pflichtverletzung billigt (BGH vom 25.11.2002, II ZR 133/01 Fall Macroton Delisting). Gleiches gilt, wenn die Entsprechenserklärung in einem nicht unwesentlichen Punkt nicht der tatsächlichen Praxis der Gesellschaft entspricht (BGH vom 21.09.2009, II ZR 174/08 Fall Dt. Bank: Kirch).
2. Die **Exit-Option**: Verkauf von Aktien auf dem Sekundärmarkt (Markt für Unternehmenskontrolle bis hin zu (feindlichen) Übernahmen).

> Vortragszeit: 2,5/5 Minuten

IV. Pflichten des Vorstands
Die Vorstandsmitglieder haben infolge ihrer Stellung als Vertreter der Gesellschaft **Organpflichten**. Diese sind insbesondere begründet durch das Aktiengesetz. Weitere vertragliche Verpflichtungen können auf dem Anstellungsvertrag beruhen. Wichtige Organpflichten sind:
1. § 76 Abs. 1 AktG als Hauptpflicht, die besagt, dass der **Vorstand die Gesellschaft aus eigener Verantwortung zu leiten hat**,
2. die **Berichtspflicht gemäß § 90 AktG**,
3. die **Sorgfalts- und Verschwiegenheitspflicht nach § 93 Abs. 1 AktG**,
4. § 76 Abs. 4 AktG der besagt, dass der Vorstand von Gesellschaften, die börsennotiert sind oder der Mitbestimmung unterliegen, für den Frauenanteil in den beiden Führungsebenen unterhalb des Vorstands Zielgrößen festzulegen hat. Liegt der Frauenanteil bei Festlegung der Zielgrößen unter 30 %, so dürfen die Zielgrößen den jeweils erreichten Anteil nicht mehr unterschreiten. Gleichzeitig sind Fristen zur Erreichung der Zielgrößen festzulegen. Die Fristen dürfen jeweils nicht länger als fünf Jahre sein.

Der **Anstellungsvertrag** kann **weitere Pflichten** vorsehen, z.B. ein nachvertragliches Wettbewerbsverbot oder eine Regelung, die Empfehlungen des DCGK und der internen Corporate Governance-Grundsätze und Compliance Richtlinien zu beachten.

Die Mitglieder des Vorstands handeln eigenverantwortlich und sind grundsätzlich weder an Weisungen der Hauptversammlung noch des Aufsichtsrats gebunden. Der Vorstand legt die strategische Unternehmensplanung fest, besetzt und koordiniert Führungsposten und hat sie zu überwachen. Die Unternehmensführung umfasst die Einrichtung eines Risikofrüherkennungs- und internen Überwachungssystems, § 91 Abs. 2 AktG. Weiterhin obliegt dem Vorstand die Verantwortung für die Erstellung der Rechnungslegungsunterlagen.

Vortragszeit: 1,5/6,5 Minuten

V. Haftung des Vorstands bei Verstoß
1. Haftung im Innenverhältnis
Ein **Verstoß gegen den DCGK** kann einen Anspruch der Aktiengesellschaft gegen den Vorstand/Aufsichtsrat aus §§ 93 Abs. 2 S. 1, 116 S. 1 AktG begründen.

Eine Pflichtverletzung ist ein Verstoß gegen die allgemeine Pflicht einer ordentlichen und gewissenhaften Geschäftsausübung, § 93 Abs. 1 Satz 1 AktG. Zu berücksichtigen ist dabei, dass unternehmerische Fehlentscheidungen im Rahmen der **business judgement rule** vertretbar sind und grundsätzlich keine Haftung auslösen.

Ein **Verstoß** gegen **Entsprechenserklärung** nach § 161 AktG stellt eine Pflichtverletzung dar.

Für das **Verschulden** genügt einfache Fahrlässigkeit.

Ein **Schaden** ist dabei jede Beeinträchtigung des Gesellschaftsvermögens, auch ein entgangener Gewinn (§ 252 BGB) oder Gesellschaftsschulden.

Weiterhin muss die Pflichtverletzung für den Schaden adäquat-kausal, d.h. messbar ursächlich sein. Ein Mitverursachen reicht aus.

Will die Aktiengesellschaft eine Geldstrafe, Geldbuße oder Geldauflage eines ihrer Vorstandsmitglieder übernehmen, muss die Hauptversammlung zustimmen, wenn das Vorstandsmitglied durch die der Verhängung zugrundeliegende Handlung gleichzeitig seine Pflichten gegenüber der Aktiengesellschaft verletzt hat.

2. Haftung im Außenverhältnis
a) Vertraglicher Anspruch aus § 311 Abs. 3 S. 2 BGB
Eine **Eigenhaftung des Vorstands** gegenüber Vertragspartnern der Gesellschaft unter dem Gesichtspunkt der **culpa in contrahendo** kommt nur in Betracht, wenn das Vorstandsmitglied ein eigenes wirtschaftliches Interesse hat oder ein besonderes Vertrauen in Anspruch genommen hat und hierdurch Vertragsverhandlungen maßgeblich beeinflusst hat (BGH vom 27.03.1995, II ZR 136/94, NJW 1995, 1544). I.d.R. scheidet eine Eigenhaftung aus. Ausnahmsweise kann eine Haftung bestehen, soweit ein selbständiges Garantieversprechen vorliegt oder wenn der Vorstand selbst wirtschaftlich am Vertragsabschluss interessiert ist und aus dem Geschäft mit Dritten einen eigenen Nutzen erstrebt.

b) Deliktischer Anspruch aus § 823 Abs. 1 BGB

Dies setzt die Verletzung eines absoluten Rechts voraus. Grundsätzlich liegt nur ein durch die Vorschrift nicht geschützter Vermögensschaden vor. Das Mitgliedschaftsrecht des Aktionärs als mögliches absolutes Recht ist durch eine fehlerhafte Entsprechenserklärung und einen damit verbundenen geringeren Börsenkurs nicht substanziell beeinträchtigt.

c) Deliktischer Anspruch aus § 823 Abs. 2 BGB i.V.m. § 161 AktG

Der Anspruch scheidet ebenfalls aus, da § 161 AktG kein Schutzgesetz i.S.v. § 823 Abs. 2 BGB ist. Nach h.M. dient § 161 AktG nur dem Informationsbedürfnis aller Anleger, nicht dem Individualschutz.

d) Deliktischer Anspruch aus § 826 BGB

Für eine **vorsätzlich sittenwidrige Schädigung** fehlt es i.d.R. am nachweisbaren Vorsatz.

e) Kapitalmarktrechtliche Ansprüche

§ 44 BörsG analog bzw. §§ 37b, 37c WpHG scheiden regelmäßig ebenfalls aus (BGH vom 08.07.2014, II ZR 174/13).

Will die Aktiengesellschaft eine Geldstrafe, Geldbuße oder Geldauflage eines ihrer Vorstandsmitglieder übernehmen, muss die Hauptversammlung zustimmen, wenn das Vorstandsmitglied durch die der Verhängung zugrundeliegende Handlung gleichzeitig seine Pflichten gegenüber der Aktiengesellschaft verletzt hat.

> Vortragszeit: 2,5/9 Minuten

VI. Fazit

Gerade durch die Unternehmensskandale der jüngeren Vergangenheit, bei der Unregelmäßigkeiten in der Unternehmensführung hervorgetreten sind, wurde die Bedeutung des Corporate Governance verdeutlicht. Eine Missachtung der Empfehlungen des DCGK bzw. interner Corporate Governance-Grundsätze und eine unvollständige oder fehlerhafte Entsprechenserklärung können schwerwiegende Folgen für das Unternehmen und die Unternehmensleitung haben. Der Vorstand sieht sich Haftungsansprüchen der Gesellschaft oder in Einzelfällen auch der Aktionäre und anderer Stakeholder ausgesetzt. Schließlich muss er auch mit der Kündigung seines Anstellungsvertrages und im Extremfall mit der Gefährdung von Pensionsansprüchen rechnen.

Vielen Dank für Ihre Aufmerksamkeit.

> Vortragszeit: 1/10 Minuten

Vortrag 15
Die Beurteilung der Fortführung der Unternehmenstätigkeit im Rahmen der Abschlussprüfung (Prüfungswesen)

Sehr geehrte/r Frau/Herr Vorsitzende/r, sehr geehrte Prüfungskommission,
aus den mir zur Auswahl gestellten Themen habe ich mich für das Thema **„Die Beurteilung der Fortführung der Unternehmenstätigkeit im Rahmen der Abschlussprüfung"** entschieden. Meinen Vortrag gliedere ich wie folgt:

I.	Grundlagen
II.	Verantwortlichkeiten und Ziele

III.	Prüfung
IV.	Auswirkungen der Schlussfolgerungen des Abschlussprüfers
V.	Fazit

Vortragszeit: 0,5 Minuten

I. Grundlagen

Die **Annahme der Fortführung des Unternehmens gem. § 252 Abs. 1 Nr. 2 HGB** ist zunächst eine gesetzliche Regelvermutung, die dem Jahresabschluss eines Unternehmens zugrunde liegt. Dieser ist immer dann zu folgen, wenn der Fortführung des Unternehmens (im Folgenden „going-concern" und „going-concern-Prämisse") keine rechtlichen und tatsächlichen Gegebenheiten entgegenstehen, wie z.B. ein Liquidationsbeschluss oder aber bestandsgefährdende Tatsachen. Dem gleichen Grundgedanken folgt IAS 1.25 – Die Fortführung ist anzunehmen, es sei denn, es wird beabsichtigt, das Unternehmen zu liquidieren, das Geschäft einzustellen oder es besteht hierzu keine realistische Alternative.

Von der Fortführung eines Unternehmens kann grundsätzlich dann ausgegangen werden, wenn in der Vergangenheit nachhaltige Gewinne erzielt wurden, leicht auf finanzielle Mittel zurückgegriffen werden kann und keine bilanzielle Überschuldung droht. Im Folgenden werde ich mich auf diese drei Sachverhalte mit dem Begriff „die drei Kriterien" beziehen.

Kann von der Fortführung eines Unternehmens nicht mehr ausgegangen werden, kann die Bilanzierung von Vermögenswerten und Schulden nicht mehr auf der Grundlage erfolgen, dass das Unternehmen im Rahmen seines gewöhnlichen Geschäftsverlaufs in der Lage sein wird, seine Vermögenswerte zu realisieren bzw. seine Schulden zu begleichen. Vielmehr müssen fallbezogen sachgerechte Bilanzierungsmethoden ermittelt werden.

Die Rechnungslegungshinweise des IDW Hauptfachausschusses IDW RH HFA 1.010–1.012 sowie die Rechnungslegungsstellungnahme IDW RS HFA 17 – Auswirkungen einer Abkehr von der Going-Concern-Prämisse auf den handelsrechtlichen Jahresabschluss – enthalten entsprechende Hinweise.

Die gesetzlichen Vertreter nehmen die Einschätzung der **going-concern-Prämisse** im Rahmen der Auf- und Erstellung des Jahresabschlusses vor, die Beurteilung dieser Einschätzung erfolgt im Rahmen der Jahresabschlussprüfung durch den Jahresabschlussprüfer nach den Grundsätzen des IDW Prüfungsstandards 270 n.F., der dem ISA 570 „Going Concern" entspricht und darüber hinaus die Besonderheiten des deutschen Bilanzrecht insbesondere im Zusammenhang mit dem Lagebericht und der Prüfungsberichterstattung umfasst.

Bevor ich näher insbesondere auf den IDW PS 270 n.F. eingehe, möchte ich kurz darauf hinweisen, dass aufgrund der Umsetzung des ISA neue Begrifflichkeiten eingeführt wurden. Dabei wird das „bestandsgefährdende Risiko" durch die Formulierung „wesentliche Unsicherheit im Zusammenhang mit Ereignissen und Gegebenheiten, die bedeutsame Zweifel an der Fähigkeit des Unternehmens zur Fortführung der Unternehmenstätigkeit aufwerfen können" (in Folgenden „Wesentliche Unsicherheit") ersetzt.

Vortragszeit: 1,5/2 Minuten

II. Verantwortlichkeiten und Ziele

Zunächst werde ich die soeben skizzierten Verantwortlichkeiten näher konkretisieren.

Die gesetzlichen Vertreter sind für die Auf- und Erstellung des Jahresabschlusses verantwortlich. Im Rahmen dessen müssen diese für einen Prognosezeitraum von 12 Monaten eine Einschätzung vornehmen, ob die Unternehmenstätigkeit fortgeführt werden kann. In Einzelfällen kommt ein **abweichender Prognosezeitraum** in Betracht, beispielsweise, wenn das Unternehmen einen längeren Produktzyklus als 12 Monate hat.

Die gesetzlichen Vertreter können vom „going-concern" immer dann ausgehen, wenn die drei Kriterien vorliegen. Liegen diese Voraussetzungen allerdings nicht vor oder werfen finanzielle, betriebliche oder sonstige Ereignisse oder Gegebenheiten bedeutsame Zweifel an der **„going-concern-Prämisse"** auf, müssen die gesetzlichen Vertreter mittels einer integrierten Unternehmensplanung darlegen, dass der Fortbestand des Unternehmens gesichert ist. Dabei ist zu berücksichtigen, wie sich die einzelnen Ereignisse oder Gegebenheiten (z.B. übersteigen die Schulden das Vermögen des Unternehmens, da das Unternehmen Darlehen in CHF aufgenommen hatte und dem Wertverlust durch den Kurseinbruch nach Aufgabe der Kursbindung an den Euro keine entsprechenden Vermögensgegenstände gegenüberstehen) auf die Vermögens-, Finanz- und Ertragslage des Unternehmens auswirken und ob diese durch objektiv und subjektiv durchsetzbare Gegenmaßnahmen abgefangen werden können. Ist dem nicht der Fall, liegt eine wesentliche Unsicherheit vor. Das Ergebnis der Unternehmensplanung ist sodann bei der Bilanzierung zu berücksichtigen und löst eine **Berichterstattungspflicht** im Abschluss und im Lagebericht aus. Die Berichterstattung über wesentliche Unsicherheiten im Abschluss soll dabei gem. PS 270, Tz. 9 im Anhang erfolgen, oder unterhalb der Bilanz, wenn ein solcher Anhang nicht erstellt wird. Zudem ist die wesentliche Unsicherheit vor dem Hintergrund etwaiger insolvenzrechtlicher Verpflichtungen zu würdigen.

Der Abschlussprüfer hat die der Rechnungslegung, dem Jahresabschluss und dem Lagebericht zugrundeliegende Prämisse auf ihre Angemessenheit hin zu untersuchen. Zudem muss er durch angemessene und ausreichende Prüfungsnachweise zu der Schlussfolgerung gelangen, ob eine wesentliche Unsicherheit bzgl. der Fortführung des Unternehmens besteht. Zudem hat der Abschlussprüfer dafür Sorge zu tragen, dass im Bestätigungsvermerk und im Prüfungsbericht angemessen über die wesentliche Unsicherheit berichtet wird. Da die **Grundsätze der Wirtschaftlichkeit und Wesentlichkeit der Abschlussprüfung** den Abschlussprüfer lediglich zu einer hinreichenden Prüfungssicherheit führen, gibt es Grenzen in der Möglichkeit des Abschlussprüfers, die Prämisse einzuschätzen. Auch ein uneingeschränkter Bestätigungsvermerk ohne Berichterstattung über bestandsgefährdende Tatsachen ist keine Garantie dafür, dass die Geschäftstätigkeit des Unternehmens nicht während des Prognosezeitraums eingestellt werden muss.

> Vortragszeit: 2/4 Minuten

III. Prüfung

Ich komme nun zum Kern meines Kurzvortrags. Im Folgenden stelle ich die Prüfungshandlungen dar, die der Abschlussprüfer im Zusammenhang mit der „going-concern-Prämisse" durchführen sollte.

Im Rahmen des risikoorientierten Prüfungsansatzes, schätzt der Abschlussprüfer ein, ob Ereignisse oder Gegebenheiten vorliegen, die bedeutsame Zweifel an der going-concern-Prämisse begründen. Ereignisse oder Gegebenheiten können dabei finanzwirtschaftlicher, betrieblicher oder sonstiger Natur sein. Beispiele ergeben sich aus den Anwendungshinweisen, wie insbesondere:
- Das Fälligwerden einer Darlehensverbindlichkeit ohne realistische Aussicht auf Rückzahlung oder Verlängerung,
- das Ausscheiden von Führungspersonal in Schlüsselpositionen ohne angemessenen Ersatz, oder auch
- unzureichender Versicherungsschutz.

Bei der Einschätzung, der Bedeutsamkeit dieser und anderer Ereignisse oder Gegebenheiten sind auch ergriffene Maßnahmen zur Risikovermeidung, -minimierung oder -umwälzung zu beachten.

Der risikoorientierte Prüfungsansatz ist ein dynamischer Prozess, sodass auf das Vorhandensein von Ereignissen oder Gegebenheiten während der gesamten Abschlussprüfung zu achten ist.

Sofern die gesetzlichen Vertreter eine Einschätzung der Ereignisse oder Gegebenheiten bereits vorgenommen haben, ist mit diesem gemeinsam zu erörtern, ob Ereignisse oder Gegebenheiten erkannt wurden, die bedeutsame Zweifel an der Fortführung des Unternehmens aufgeworfen haben und welche Maßnahmen ergriffen wurden, dagegen vorzugehen. Wenn noch keine Einschätzung durch die gesetzlichen Vertreter vorgenommen wurde, ist die Rechnungslegung unter Anwendung der going-concern-Prämisse mit dem Leitungsorgan zu erörtern und eine Befragung desselben vorzunehmen, ob Ereignisse und Gegebenheiten bekannt sind, die der Prämisse unter Umständen entgegenstehen. Es ist nicht Aufgabe des Abschlussprüfers, die Einschätzung für die gesetzlichen Vertreter vorzunehmen. Unter Umständen kann auch beim Fehlen der Einschätzung des Managements von einer angemessenen going-concern Prämisse ausgegangen werden, wenn in der Vergangenheit nachhaltig Gewinne erwirtschaftet wurden, das Unternehmen leicht auf finanzielle Mittel zurückgreifen kann und keine bilanzielle Überschuldung droht.

Bei der Beurteilung der Einschätzung der gesetzlichen Vertreter sind zwei Beurteilungszeiträume zu berücksichtigen. Die Beurteilung der Einschätzung der gesetzlichen Vertreter erfolgt zunächst für den Zeitraum, den diese ihrer Einschätzung zugrunde gelegt haben. Der **Prognosezeitraum** muss mindestens 12 Monate nach dem Bilanzstichtag betragen, wenn sich nicht aufgrund unternehmensindividueller Besonderheiten ein längerer Prognosezeitraum ergibt. Innerhalb dieses Zeitraumes ist die Angemessenheit der angewendeten Prognoseverfahren und die Qualität der in die Planung eingehenden Basisdaten zu überprüfen. Auch sind künftige Vorhaben, die in die Planung einfließen auf ihre objektive Durchsetzbarkeit und den zugrundeliegenden Durchsetzungswillen hin zu untersuchen. Umfasst der Beurteilungszeitraum der gesetzlichen Vertreter nicht den gesamten Prognosezeitraum, sind diese aufzufordern den Beurteilungszeitraum entsprechend zu verlängern, es ist nicht die Aufgabe des Abschlussprüfers diese Prognose zu ersetzen.

Der zweite Beurteilungszeitraum ist der **sich dem Prognosezeitraum anschließende Zeitraum**. Der Abschlussprüfer hat mehrere Möglichkeiten festzustellen, ob sich für diesen Zeitraum gegebenenfalls Anhaltspunkte für Ereignisse oder Gegebenheiten ergeben können. Neben dem Gespräch mit dem Management können sich aus der laufenden Prüfung der Ereignisse nach dem Bilanzstichtag oder des Lageberichts und des Anhangs, insbesondere des Prognose- und Nachtragsberichts entsprechende Hinweise ergeben. Diese sind dann aufgrund ihrer Auswirkungen für die „going-concern-Prämisse" und die aktuelle Abschlussprüfung zu würdigen. Da die Unsicherheit über Tatsachen mit zunehmender Zeit abnimmt, müssen die Anzeichen für den Eintritt bestandsgefährdender Ereignisse sehr überzeugend sein, damit weitere Maßnahmen eingeleitet werden. Werden dem Abschlussprüfer nach den oben genannten Prüfungshandlungen keine Hinweise auf Ereignisse oder Gegebenheiten außerhalb des Prognosezeitraums bekannt, ist er nicht verpflichtet weiter zu prüfen.

Wenn das Ergebnis dieser Prüfungshandlungen ist, dass Ereignisse oder Gegebenheiten vorliegen, die bedeutsame Zweifel an der Fortführung des Unternehmens begründen, ist der Abschlussprüfer zu zusätzlichen Prüfungshandlungen verpflichtet, die darauf abzielen, ausreichende und angemessene Prüfungsnachweise zu darüber zu erlangen, ob wesentliche Unsicherheiten im Zusammenhang mit diesen Ereignissen und Gegebenheiten bestehen. Bei der Einschätzung, ob eine wesentliche Unsicherheit besteht, sind solche Maßnahmen zu berücksichtigen, die der bedeutsamen Ereignissen oder Gegebenheiten entgegenwirken. So kann es einem Unternehmen bspw. nicht möglich gewesen sein, einen notwendigen Kredit zu verlängern. Durch eine Patronatserklärung des Mutterunternehmens wurde diesem aber zugesichert, die fällig werdenden Verbindlichkeiten so lange zu begleichen, bis eine Anschlussfinanzierung gesichert ist. In diesem Fall läge dann keine wesentliche Unsicherheit vor.

Grundsätzlich sind bei **Vorliegen einer wesentlichen Unsicherheit** folgende Prüfungshandlungen durchzuführen:

- Aufforderung, dass das Management die going-concern-Einschätzung vornimmt, sofern dies noch nicht geschehen ist.
- Beurteilung der Pläne zukünftiger Maßnahmen, die der Annahme der Unternehmensfortführung vorliegen und Einschätzung des Potentials derselben zur Verbesserung der Situation. Zudem ist einzuschätzen, ob die Maßnahmen durchführbar sind. Bestehen Zweifel an dem Willen zur Durchführung, sind u.U. schriftliche Erklärungen der gesetzlichen Vertreter und/oder des Aufsichtsorgans einzuholen.
- Einschätzung, ob nach der Einschätzung durch die gesetzlichen Vertreter zusätzliche relevante Tatsachen oder Informationen bekannt geworden sind.
- Sofern eine Liquiditätsprognose vorliegt, ist diese zu analysieren und die Verlässlichkeit der zugrundeliegenden Daten, sowie die ausreichende Begründung der getroffenen Annahmen zu beurteilen.

Die Ergebnisse dieser Prüfungshandlungen sind zu einer Einschätzung zu verdichten, ob auf die wesentliche Unsicherheit angemessen reagiert wurde. Stellt der Abschlussprüfer einen **Insolvenzantragsgrund** fest, hat er das Management auf seine Pflicht zur Insolvenzantragsstellung hinzuweisen. Dies sollte zusätzlich zur Berichterstattung im Prüfungsbericht bereits vorab geschehen.

> Vortragszeit: 3/7 Minuten

IV. Auswirkungen der Schlussfolgerungen des Abschlussprüfers

Im vierten Teil meines Kurzvortrags möchte ich Ihnen kurz erläutern, welche Auswirkungen das Vorliegen von Ereignissen und Gegebenheiten sowie daraus resultierende wesentliche Unsicherheiten auf die Schlussfolgerung des Abschlussprüfung hat. Über wesentliche Unsicherheiten ist im Risikobericht des Lageberichts zu berichten. Über IDW PS 207, Tz. 24 i.V.m. Tz. A28 ist ein Bericht über die wesentlichen Unsicherheiten aber auch im Anhang oder an vergleichbarer Stelle im Abschluss aufzunehmen.

Sofern zwar Ereignisse oder Gegebenheiten vorliegen, eine wesentliche Unsicherheit aber nicht gegeben ist, ist vom Abschlussprüfer anhand des vorliegenden Rechnungslegungswerks zu überprüfen, ob Angaben im Abschluss gemacht werden müssen. Sofern die Pflicht zur Lageberichterstattung besteht, ist in diesem auf die identifizierten Ereignisse oder Gegebenheiten einzugehen.

IDW PS 270 unterscheidet sodann unterschiedliche Fallkonstellationen, die die Auswirkungen unterschiedlicher Schlussfolgerungen auf das Prüfungsurteil und den Prüfungsbericht darlegen:
1. Die Annahme der Fortführung der Unternehmenstätigkeit ist angemessen, es besteht hierüber aber eine wesentliche Unsicherheit.
2. Die Annahme der Fortführung der Unternehmenstätigkeit ist nicht angemessen.
3. Fehlende oder unzureichende Einschätzung der Fortführung der Unternehmenstätigkeit durch die gesetzlichen Vertreter.
4. Verzögerung der Aufstellung des Jahresabschlusses.

Ist der going-concern-Prämisse grundsätzlich zu folgen, besteht hierüber aber eine wesentliche Unsicherheit, hat der Abschlussprüfer zu berücksichtigen, ob im Abschluss und Lagebericht in angemessener Weise über die Ereignisse oder Gegebenheiten und die entsprechend vorgesehenen Gegenmaßnahmen berichtet und auf die wesentliche Unsicherheit über die Fortführung des Unternehmens hingewiesen wird oder diese Berichterstattung im Abschluss und Lagebericht entfällt. Im Fall der angemessenen Berichterstattung kann der Abschlussprüfer ein nicht modifiziertes Prüfungsurteil fällt, muss dieses jedoch um einen gesonderten Abschnitt zur wesentlichen Unsicherheit, dem Pflichthinweis gem. § 322 Abs. 2 S. 3 HGB ergänzen. Im Prüfungsurteil ist auch darauf hinzuweisen, dass die „wesentliche Unsicherheit" dem „bestandsgefährdenden Risiko"-Begriffs des HGB entspricht. Im Prüfungsbericht sind in der Vorwegberichterstattung zum einen Stellung zur Lage des Unternehmens zu nehmen sowie zum anderen ein eingehender Hinweis auf die wesentlichen Unsicherheiten aufzunehmen. Dies hat in solch einer Weise zu erfolgen, dass deutlich wird, dass erhebliche Zweifel an der Fortführung des Unternehmens bestehen.

Entfällt eine angemessene Berichterstattung über die wesentliche Unsicherheit im Rahmen des Abschlusses und des Lageberichts, ist das Prüfungsurteil gem. IDW PS 405 unter Angabe der Gründe hierfür zu versagen oder einzuschränken. Ebenfalls ist das Prüfungsurteil um den **Pflichthinweis gem. § 322 Abs. 2 S. 3 HGB** zu ergänzen. Der Grund für die Einschränkung oder Versagung ist eingehend im Prüfungsbericht zu erläutern. Wurde der Abschluss unter Abkehr von der „going-concern-Prämisse" erstellt und sind die Auswirkungen richtigerweise im Jahresabschluss und Lagebericht erfasst und dargestellt worden, kann ein nicht modifiziertes Prüfungsurteil erteilt werden. Im Hinweis auf die bestandsgefährdenden Tatsachen gem. § 322 Abs. 2 S. 3 HGB ist dann unter Bezugnahme auf Anhang und Lagebericht zu berichten, dass der Jahresabschluss unter Abkehr von § 252 Abs. 1 Nr. 2 aufgestellt wurde.

Im Fall, dass die Fortführung des Unternehmens nicht der Bewertung zugrunde gelegt werden kann, diesem Umstand im Jahresabschluss allerdings keine Rechnung getragen wird, ist das Prüfungsurteil gem. IDW PS 405 zu versagen, da keine Aussage über die Richtigkeit der Rechnungslegung gemacht werden kann. Dies gilt unabhängig davon, ob über die Bestandsgefährdung in angemessener Weise im Abschluss und Lagebericht berichtet wird. Die Versagung ist im Prüfungsbericht zu erläutern.

Verweigern die gesetzlichen Vertreter die Vornahme oder Ausweitung einer Einschätzung über die „going-concern-Prämisse", liegt gegebenenfalls ein Prüfungshemmnis vor, wenn der Abschlussprüfer nicht durch anderweitige Prüfungshandlungen zu dem Ergebnis kommt, dass die Fortführung des Unternehmens gesichert ist. In offenkundigen Fällen, in denen die drei Kriterien vorliegen, kann der Abschlussprüfer unproblematisch von „going-concern" ausgehen. Liegt allerdings ein **Prüfungshemmnis** vor, kann der Abschlussprüfer keine positive Gesamtaussage über die Rechnungslegung machen, das Prüfungsurteil ist zu versagen. Über die

Gründe der Versagung ist im Prüfungsbericht zu berichten. Die Weigerung der gesetzlichen Vertreter stellt einen Verstoß gegen ihre Auskunftspflichten gem. § 320 Abs. 2 HGB dar, über die im Rahmen der Vorwegberichterstattung im Prüfungsbericht zu berichten ist.

Sollte sich die **Aufstellung des Jahresabschlusses wesentlich verzögern**, ist dem Grund hierfür nachzugehen. Gegebenenfalls kann dies auf das Vorliegen wesentlicher Unsicherheiten hinweisen, die entweder erweiterte Prüfungshandlungen erfordern oder die zu einer wesentlichen Unsicherheit über die Fortführung des Unternehmens führen, auf die im Rahmen der Berichterstattung und im Bestätigungsvermerk einzugehen ist.

> Vortragszeit: 2,5/9,5 Minuten

V. Fazit

Abschließend möchte ich noch einmal unterstreichen, dass die **Fortführungsannahme des § 252 Abs. 1 Nr. 2 HGB** eine der wesentlichen Bewertungsgrundlagen des Handelsgesetzbuches ist. Die Entscheidung für oder gegen die Fortführung der Unternehmenstätigkeit hat Einfluss auf ausnahmslos alle Teile der Rechnungslegung und des Lageberichts und bringt daneben zumeist noch insolvenzrechtliche Fragestellungen mit sich. So eng die handelsrechtliche Fortführungsprognose und die insolvenzrechtliche Fortbestehensprognose aber auf den ersten Blick miteinander verknüpft sind, so sehr unterscheiden diese sich doch hinsichtlich ihrer Details. Im seinem Positionspapier **Zusammenwirken von handelsrechtlicher Fortführungsannahme und insolvenzrechtlicher Fortbestehensprognose** vom 13.08.2012 nahm das IDW zu den beiden Prognosen Stellung.

Der Abschlussprüfer hat in jeder Phase des Prozesses der Abschlussprüfung aufmerksam zu verfolgen, ob sich nicht Indizien für **wesentliche Unsicherheiten** ergeben, die im Ergebnis zur Abkehr von der Fortführungsannahme führen können. Nicht zuletzt aufgrund seiner Sorgfaltspflichten im Rahmen des Vertragsverhältnisses mit dem Mandanten erwächst für ihn hieraus ein großes Haftungsrisiko bei nicht rechtzeitiger Mitteilung an denselben. Auch aufgrund der öffentlichen Wirkung des Prüfungsurteils muss der Abschlussprüfer höchste Ansprüche an die Beurteilung der Fortführung der Unternehmenstätigkeit im Rahmen der Abschlussprüfung stellen.

Vielen Dank für Ihre Aufmerksamkeit.

> Vortragszeit: 0,5/10 Minuten

Vortrag 16
Pflichten des Abschlussprüfers des Tochterunternehmens und des Konzernabschlussprüfers im Zusammenhang mit § 264 Abs. 3 HGB (Prüfungswesen)

Sehr geehrte/r Frau/Herr Vorsitzende/r, sehr geehrte Prüfungskommission,
aus den mir zur Auswahl gestellten Themen habe ich mich für das Thema „**Pflichten des Abschlussprüfers des Tochterunternehmens und des Konzernabschlussprüfers im Zusammenhang mit § 264 Abs. 3 HGB**" entschieden. Meinen Vortrag gliedere ich wie folgt:

I.	Erläuterung des § 264 Abs. 3 HGB
II.	Pflichten des Abschlussprüfers des Tochterunternehmens
III.	Pflichten des Konzernabschlussprüfers
IV.	Die Einstandspflicht nach § 264 Abs. 3 Nr. 2 HGB

V.	Fazit

> Vortragszeit: 0,5 Minuten

I. Erläuterung des § 264 Abs. 3 HGB

Der § 264 Abs. 3 HGB ermöglicht Erleichterungen für in Konzernabschlüsse einbezogene Unternehmen. Das am 23.07.2015 in Kraft getretene Bilanzrichtlinienumsetzungsgesetz (BilRUG) brachte eine Überarbeitung der Prämissen für die Inanspruchnahme der Erleichterungen mit sich. Auf eine davon – die Einstandspflicht – werde ich in einem gesonderten Kapitel eingehen.

§ 264 Abs. 3 HGB eröffnet Kapitalgesellschaften, die in den Konzernabschluss eines Mutterunternehmens mit Sitz in einem Mitgliedstaat der Europäischen Union oder einem anderen Vertragsstaat des Europäischen Wirtschaftsraums im Rahmen der Vollkonsolidierung einbezogen sind, das Wahlrecht unter bestimmten Voraussetzungen die Vorschriften des Ersten, Dritten und Vierten Unterabschnitts des zweiten Abschnitts des Dritten Buchs über die Aufstellung des Jahresabschlusses, die Abschlussprüfung und die Offenlegung nicht anzuwenden. Diese **Erleichterungsvorschriften** können dann wahlweise ganz oder in Teilen in Anspruch genommen werden, wenn:

1. Ein einstimmiger Gesellschafterversammlungsbeschluss der Gesellschafter des Tochterunternehmens über die Befreiung für das jeweilige Geschäftsjahr vorliegt.
2. Der Gläubigerschutz dadurch gewährleistet ist, dass das Mutterunternehmen sich bereit erklärt, für die vom Tochterunternehmen bis zum Abschlussstichtag eingegangenen Verpflichtungen im folgenden Geschäftsjahr einzustehen.
3. Die Kapitalgesellschaft in den nach europäischem Recht aufgestellten und geprüften Konzernabschluss einbezogen worden ist.
4. Über die Befreiung des Tochterunternehmens im Anhang des vom Mutterunternehmens aufgestellten Konzernabschlusses berichtet wird.
5. Die aufgezählten Beschlüsse, Erklärungen sowie der Konzernabschluss und -lagebericht inklusive des Bestätigungsvermerks durch das Tochterunternehmen offen gelegt wurden, es sei denn, dass das Mutterunternehmen diese in deutscher oder englischer Sprache offen gelegt hat und diese im Bundesanzeiger zum Tochterunternehmen gefunden werden können.

Eine vergleichbare Vorschrift findet sich in § 264b HGB für in einen Konzernabschluss einbezogene Personengesellschaft nach § 264a HGB, mit dem Unterschied, dass eine Einstandserklärung hier nicht erforderlich ist. Im Folgenden gemachte Ausführungen gelten sowohl für die Inanspruchnahme der Erleichterung nach § 264 Abs. 3 als auch nach § 264b HGB.

> Vortragszeit: 1/1,5 Minuten

II. Pflichten des Abschlussprüfers des Tochterunternehmens

Im Folgenden werde ich auf die Auswirkungen eingehen, die sich aus der Erleichterungsvorschrift für den Abschlussprüfer des Tochterunternehmens ergeben. Diese Pflichten sind insbesondere im Prüfungshinweis des IDW PH 9.200.1 näher definiert. Es sei darauf hingewiesen, dass sich dieser auf die Fassung des § 264 Abs. 3 HGB vor dem BilRUG bezieht. Meines Erachtens dürfte dieser jedoch weiterhin in wesentlichen Punkten für das berufs- und fachgerechte Prüfungsvorgehen relevant sein.

Zunächst ergeben sich dreierlei Fälle, aus denen sich Besonderheiten bei der Beauftragung des Abschlussprüfers ergeben können. Je nach Umfang der Inanspruchnahme der Erleichterungsvorschrift kann die Gesellschafterversammlung auf die **Inanspruchnahme der Befreiung von der Abschlussprüfung verzichten**. Sodann findet keine Pflichtprüfung der Berichtsgesellschaft gem. §§ 317 ff. HGB statt. Wurde auf die Aufstellung eines Anhangs und eines Lageberichtes verzichtet, ist der Prüfungsgegenstand im Vergleich zur „normalen" Abschlussprüfung entsprechend im Umfang vermindert.

Wird von der Erleichterungsvorschrift in dem Sinne Gebrauch gemacht, dass das Berichtsunternehmen von der Abschlussprüfung befreit ist und werden die Voraussetzungen für die Inanspruchnahme später nicht erfüllt, liegt eine ordnungsmäßige Beauftragung zur Pflichtprüfung vor, wenn die Wahl und die Bestellung des Abschlussprüfers korrekt erfolgten.

In Fällen, in denen schließlich eine Beauftragung zur freiwilligen Prüfung vorliegt, kann die **Ordnungsmäßigkeit des Jahresabschlusses** nur bestätigt werden, wenn die Voraussetzungen des § 264 Abs. 3 HGB vorliegen.

Ein Prüfungsziel des Abschlussprüfers im Zusammenhang mit § 264 Abs. 3 HGB ist es, festzustellen, ob die Voraussetzungen für die Inanspruchnahme der Erleichterungen vorliegen. Grundsätzlich ist es dem Abschlussprüfer möglich, die Voraussetzungen gem. § 264 Abs. 3 Nr. 1 und 2 HGB im Rahmen der **Prüfung des Tochterunternehmens** zu prüfen. Ob das Tochterunternehmen in den Konzernabschluss des Mutterunternehmens einbezogen wird, eine Mitteilung über die Befreiung des Tochterunternehmens im Konzernanhang erfolgt und der Konzernabschluss gem. § 325 HGB im Bundesanzeiger offen gelegt wird, ist allerdings regelmäßig bei Beendigung der Prüfung des Tochterunternehmens noch ausstehend. Der Abschlussprüfer kann lediglich Prüfungsnachweise darüber einholen, dass die Voraussetzungen voraussichtlich erfüllt werden. Kann der Abschlussprüfer sich davon überzeugen, dass die Voraussetzungen voraussichtlich erfüllt werden, kann er (bei ansonsten beanstandungsfreier Abschlussprüfung) einen **uneingeschränkten Bestätigungsvermerk** erteilen. Das Eintreten der Voraussetzungen sollte er sich im Nachgang bestätigen lassen. Grundsätzlich ist das Vorliegen von Tatsachen, deren Realisation Rückwirkungen auf den Berichtszeitraum hat und mit deren Eintreten höchstwahrscheinlich gerechnet wird, ein Grund für die Erteilung eines bedingten Bestätigungsvermerks. Ein solcher **bedingter Bestätigungsvermerk** gilt allerdings als nicht erteilt, der Jahresabschluss ist noch nicht geprüft, eine Feststellung kann nicht vorgenommen werden. Da dies regelmäßig nicht im Interesse des Tochterunternehmens liegt, kommt die Erteilung eines **unbedingten Bestätigungsvermerks** in Betracht. In diesen ist zunächst im zweiten Satz des einleitenden Teils des Bestätigungsvermerks ein Hinweis darauf zu geben, dass die Buchführung und die Aufstellung des geprüften Jahresabschlusses unter Inanspruchnahme der Erleichterungen des § 264 Abs. 3 HGB nach den Vorschriften des Ersten Abschnitts des Dritten Buchs des HGB erfolgten. Zudem ist in einem ergänzenden Absatz nach dem Prüfungsurteil darüber zu berichten, dass die vollständige Erfüllung der Voraussetzungen des § 264 Abs. 3 HGB noch aussteht.

Bei der Prüfung, ob die Voraussetzungen des § 264 Abs. 3 HGB vorliegen, kann dem Abschlussprüfer auffallen, dass diese auch nach Beendigung der Prüfung nicht erfüllt werden. IDW PH 9.200.1 führt das Beispiel an, dass das Tochterunternehmen im Vorjahr aufgrund § 296 HGB nicht in den Konzernabschluss einbezogen wurde und sich im Verlauf der aktuellen Prüfung kein Hinweis darauf ergibt, dass sich an den Verhältnissen etwas geändert hat. In diesem Fall ist die Inanspruchnahme der Erleichterungen nicht möglich. Der Abschlussprüfer hat dies den gesetzlichen Vertreter zu kommunizieren und darauf hinzuwirken, dass alle Voraussetzungen geschaffen werden, damit eine ordnungsgemäße Pflichtprüfung erfolgen kann. Das bedeutet, dass der Abschlussprüfer ordnungsgemäß gewählt und bestellt werden muss und die Buchführung und die Aufstellung des Jahresabschlusses und des Lageberichts nach den allgemeingültigen Bestimmungen des HGB zu erfolgen hat.

Wird dem Abschlussprüfer nach Beendigung der Prüfung gewahr, dass die Voraussetzungen des § 264 Abs. 3 HGB nicht eingetreten sind, hat er dies unverzüglich mit den gesetzlichen Vertretern des Tochterunternehmens zu besprechen. Erfolgt daraufhin eine Änderung und Ergänzung des Jahresabschlusses durch die gesetzlichen Vertreter, hat der Abschlussprüfer eine **Nachtragsprüfung** vorzunehmen, soweit die Änderung reicht (§ 316 Abs. 3 HGB). Es ist eine Ergänzung des Prüfungsurteils um einen gesonderten Absatz vorzunehmen, in der über das Ergebnis der Nachtragsprüfung berichtet wird. Der **Bestätigungsvermerk ist mit dem sogenannten Doppeldatum** – also dem Datum des Abschlusses der ursprünglichen Prüfung und dem Abschluss der Nachtragsprüfung – zu unterzeichnen (vgl. IDW PS 400, Tz. 90).

Besteht seitens der Geschäftsleitung keinerlei Bereitschaft, die notwendigen Änderungen vorzunehmen und die Abschlussadressaten zu informieren, ist der Abschlussprüfer zum **Widerruf des Bestätigungsvermerks** berechtigt und verpflichtet, um die Irreführung der Öffentlichkeit durch den fehlerhaften Bestätigungsvermerk zu vermeiden. Aufgrund seines Prüfungsauftrags ist der Abschlussprüfer daraufhin zur Abgabe eines neuen Prüfungsurteils verpflichtet. Wird die Offenlegung des Jahresabschlusses in diesem Fall aufgrund der unzulässigen Inanspruchnahme des § 264 Abs. 3 HGB unterlassen, ist im folgenden Prüfungsjahr im Rahmen der Redepflicht nach § 321 Abs. 1 S. 3 HGB über diese pflichtwidrige Unterlassung zu berichten.

> **Vortragszeit: 4,5/6 Minuten**

III. Pflichten des Konzernabschlussprüfers

Nach den Ausführungen zu den Pflichten des Abschlussprüfers des Tochterunternehmens, werde ich nun die **Pflichten des Konzernabschlussprüfers** darstellen.

Der Teil des Prüfungsgegenstands des Konzernabschlussprüfers, der von der Vorschrift des § 264 Abs. 3 HGB betroffen ist, ist der Konzernanhang. In diesem muss über die Befreiung des Tochterunternehmens berichtet werden. Diese Mitteilung hat reinen Informationscharakter für die Adressaten des Tochterunternehmens und keine Auswirkungen auf die Ordnungsmäßigkeit des Konzernabschlusses. Der Konzernabschlussprüfer prüft daher das Vorhandensein der Angabe, nicht allerdings ob deren Inhalt zutreffend ist.

Erkennt der Konzernabschlussprüfer im Verlauf seiner Prüfung, dass die Voraussetzungen nicht vorliegen, z.B. weil von der Befreiung eines Tochterunternehmens berichtet wird, das aufgrund § 296 HGB nicht in den Konzernabschluss einbezogen wird, berührt dies nicht die **Ordnungsmäßigkeit des Konzernabschlusses**. Gleichwohl ist nach pflichtgemäßem Ermessen des Konzernprüfers abzuwägen, ob der Bestätigungsvermerk um einen Hinweis nach § 322 Abs. 3 S. 2 HGB zu ergänzen ist. Dies sollte regelmäßig erfolgen, um die Irreführung der Abschlussadressaten des Konzern- vor allem des Jahresabschlusses zu vermeiden.

> **Vortragszeit: 2/8 Minuten**

IV. Die Einstandspflicht nach § 264 Abs. 3 Nr. 2 HGB

Abschließend soll die neue eingeführte Einstandspflicht erläutert werden. Diese ersetzt bzw. erweitert die bislang notwendige Verlustübernahmeerklärung. Der Grundgedanke der Einstandspflicht folgt dem Gläubigerschutzgedanken: Der Gesetzgeber will Vertragspartner und Kreditgeber des Tochterunternehmens schützen, indem diese ihre wirtschaftlichen Risiken und Chancen mit Blick auf den Jahresabschluss des Mutterunternehmens einschätzen können, da dieses aufgrund der Einstandspflicht aus den Vertragsverhältnisses des Tochterunternehmens mitverpflichtet ist.

Die Einstandspflicht fordert, dass das Mutterunternehmen sich bereit erklärt, für die vom Tochterunternehmen bis zum Abschlussstichtag eingegangenen Verpflichtungen im folgenden Geschäftsjahr einzustehen. Für die dem Abschlussstichtag folgenden 12 Monate muss beim Mutterunternehmen eine Bereitschaft zur Verlustübernahme sowie zum Ausgleich von Liquiditätsengpässen bestehen, auch wenn das Tochterunternehmen einen Jahresüberschuss ausweist.

Das IDW führte hierzu im Rahmen des Gesetzgebungsprozesses in seiner Stellungnahme zum Referentenentwurf vom 10.10.2014 aus, dass dem Gläubigerschutz seiner Ansicht nach mit der aktuell notwendigen Verlustübernahmeverpflichtung ausreichend Rechnung getragen würde. Zudem hätte sich in der relevanten Passage der EU-Richtlinie keinerlei Änderung ergeben. Sei die aktuelle Rechtslage doch richtlinienkonform gewesen, sei fraglich, aus welchem Grund nunmehr die Einstandsverpflichtung eingeführt werden solle. Sollte durch den Gesetzgeber hierdurch eine materiell-rechtliche Änderung eingeführt werden, sei weiter zu konkretisieren, in welcher Form eine solche Einstandsverpflichtung übernommen werden solle.

Zwar änderte sich daraufhin nicht die Formulierung der Einstandspflicht: diese ist unverändert Gesetz geworden. Allerdings präzisierte der Ausschuss für Recht und Verbraucherschutz, dass die Anpassung des Gesetzeswortlauts nicht als materiell-rechtliche Änderung sondern vielmehr als redaktionelle Anpassung an den Text der EU-Richtlinie zu sehen sei.

> **Vortragszeit: 1,5/9,5 Minuten**

V. Fazit

Im Ergebnis erfüllen damit bestehende Beherrschungs- und Gewinnabführungsverträge oder Verlustübernahmeerklärungen nach § 302 AktG weiterhin die Voraussetzungen nach § 264 Abs. 3 HGB, sofern diese zum Bilanzstichtag noch mindestens ein Jahr Bestand haben. Die Inanspruchnahme der Erleichterungen nach § 264

Abs. 3 HGB dürften damit weiterhin ein beliebtes Instrument zur Vermeidung von Aufstellungs-, Prüfungs- und Offenlegungsvorschriften sein.

Vielen Dank für Ihre Aufmerksamkeit.

> Vortragszeit: 0,5/10 Minuten

Vortrag 17
Die Betriebsaufspaltung – Entstehung, Beendigung, Folgen (Steuerrecht)

Sehr geehrte/r Frau/Herr Vorsitzende/r, sehr geehrte Prüfungskommission,
aus den mir zur Auswahl gestellten Themen habe ich mich für das Thema „**Die Betriebsaufspaltung – Entstehung, Beendigung, Folgen**" entschieden. Meinen Vortrag gliedere ich wie folgt:

I.	Einordnung
II.	Entstehung
III.	Beendigung
IV.	Besonderheiten
V.	Fazit

> Vortragszeit: 0,5 Minuten

I. Einordnung

Einführend möchte ich ausführen, dass die Betriebsaufspaltung ein von der Rechtsprechung entwickeltes **Rechtsinstitut** ist. Für die Einordnung, ob ein Gewerbebetrieb gem. § 15 Abs. 2 EStG vorliegt, ist unter anderem die Abgrenzung notwendig, ob es sich bei der zu beurteilenden Tätigkeit um die Verwaltung eigenen Vermögens handelt. Ein Steuerpflichtiger, der seine Tätigkeit auf die Verwaltung eigenen Vermögens ausgerichtet hat, nimmt regelmäßig nicht am allgemeinen wirtschaftlichen Verkehr teil. Sofern es aufgrund der nachfolgend noch darzustellenden Merkmale allerdings zu einer Betriebsaufspaltung kommt, wird dem Steuerpflichtigen ein **einheitlicher Betätigungswille** unterstellt, der zu einer Teilnahme des Steuerpflichtigen am allgemeinen wirtschaftlichen Verkehr und damit zum Vorliegen eines Gewerbebetriebs führt. Die Grundsätze der Betriebsaufspaltung finden sich nicht im Gesetz, sondern werden in R 15.7 Abs. 4 ff. EStR näher erläutert.

Klassischerweise erfolgt die **Begründung einer Betriebsaufspaltung** aus haftungstechnischen Gründen, da die wesentlichen Betriebsgrundlagen durch Verlagerung des unternehmerischen Risikos auf eine Kapitalgesellschaft vor Inanspruchnahme aus der Haftung geschützt werden sollen.

Das Steuerrecht kennt diverse Arten der Betriebsaufspaltung. Bei der **echten Betriebsaufspaltung** wird das operative Geschäft inklusive des Umlaufvermögens klassischerweise auf eine Betriebsgesellschaft übertragen. Das Anlagevermögen verbleibt bei der Besitzpersonengesellschaft, die dieses an die operative Betriebsgesellschaft verpachtet. Aus einem Unternehmen werden zwei rechtlich selbstständige Einheiten.

Bei der **unechten Betriebsaufspaltung** bestehen von vornehrein zwei rechtlich selbstständige Unternehmen, die später aufgrund der Verpachtung wesentlicher Betriebsgrundlagen an die Betriebsgesellschaft miteinander verbunden werden.

Sowohl bei der echten als auch bei der unechten Betriebsaufspaltung können auf Ebene des Besitz- und des Betriebsunternehmens jeweils Personen- oder Kapitalgesellschaften beteiligt sein. Handelt es sich bei beiden Parteien um eine Kapitalgesellschaft, liegt eine **kapitalistische Betriebsaufspaltung** vor. Da Kapitalgesellschaften allerdings immer gewerbliche Einkünfte haben, hat die Betriebsaufspaltung in diesem Fall nahezu keine Bedeutung. Sofern beide Parteien Personengesellschaften sind, liegt eine **mitunternehmerische Betriebsaufspaltung** vor. Im Folgenden sollen die steuerlichen Aspekte des klassischen Falls der Betriebsaufspaltung betrachtet werden, in dem der Inhaber des Besitzunternehmens eine natürliche Person und das Betriebsunternehmen eine Kapitalgesellschaft ist. Die, sich aus der Entstehung und der Beendigung der Betriebsaufspaltung ergebenden Rechtsfolgen werde ich bei den jeweiligen Punkten darstellen.

> **Vortragszeit: 1,5/2 Minuten**

II. Entstehung

Eine Betriebsaufspaltung entsteht, wenn die in H 15.7 Abs. 4 [Allgemeines] EStH dargelegten Voraussetzungen erfüllt sind. Hier ist definiert, dass eine Betriebsaufspaltung vorliegt, wenn „ein Unternehmen (Besitzunternehmen) eine wesentliche Betriebsgrundlage an eine gewerblich tätige Personen- oder Kapitalgesellschaft (Betriebsunternehmen) zur Nutzung überlässt (**sachliche Verflechtung**) und eine Person oder mehrere Personen zusammen (Personengruppe) sowohl das Besitzunternehmen als auch das Betriebsunternehmen in dem Sinne beherrschen, dass sie in der Lage sind, in beiden Unternehmen einen **einheitlichen geschäftlichen Betätigungswillen** durchzusetzen".

Die sachliche Verflechtung ist dem Wortlaut nach immer dann gegeben, wenn eine **wesentliche Betriebsgrundlage** überlassen wird. Dabei ist hier darauf abzustellen, ob diese Betriebsgrundlage funktional wesentlich für das Betriebsunternehmen ist. Ob in der Betriebsgrundlage erhebliche stille Reserven vorhanden sind, ist irrelevant. Grundstücke sind grundsätzlich immer wesentliche Betriebsgrundlagen und auch der klassische Gegenstand der sachlichen Verflechtung. Die wesentliche Betriebsgrundlage muss dem Betriebs- vom Besitzunternehmen überlassen werden. Ob dies entgeltlich oder unentgeltlich geschieht, spielt für die Entstehung der Betriebsaufspaltung zunächst keine Rolle. Ebenfalls keine Rolle spielt, ob sich die wesentliche Betriebsgrundlage im Eigentum des Besitzunternehmens befindet. So kann auch die Lagerhalle, die das Besitzunternehmen angemietet hat, im Rahmen eines Untermietverhältnisses an die Betriebsgesellschaft vermietet werden. Auch in diesem Fall liegt eine sachliche Verflechtung vor.

Das Tatbestandsmerkmal der **personellen Verflechtung** ist vielschichtiger als das der sachlichen Verflechtung. Die Betriebsaufspaltung setzt voraus, dass die Personen, die hinter beiden Unternehmen stehen einen einheitlichen geschäftlichen Betätigungswillen haben. Hierbei muss nicht zwingend das gleiche Beteiligungsverhältnis bei beiden Unternehmen bestehen, es ist ausreichend, wenn die, das Besitzunternehmen beherrschenden Personen in der Lage sind, ihren Willen auch im Betriebsunternehmen durchzusetzen. Bei einer Kapitalgesellschaft ist ein Wille grundsätzlich mit der einfachen Mehrheit der Stimmrechte durchsetzbar, vgl. § 47 Abs. 1 GmbHG. Bei GbRs, OHGs und KGs hingegen können Entscheidungen grundsätzlich nur einstimmig getroffen werden, sofern im Gesellschaftsvertrag nichts Abweichendes geregelt ist. Beispielsweise wäre in Fällen, in denen ein Mehrheitsgesellschafter der Kapitalgesellschaft zusammen mit einem Dritten an der Besitzgesellschaft beteiligt ist, eine personelle Verflechtung dann nicht gegeben, wenn aufgrund der **gesetzlichen Einstimmigkeitsabrede** das Veto des fremden Besitzunternehmensgesellschafters dazu führt, dass der Mehrheitsbetriebsunternehmensgesellschafter seinen Willen in der Besitzpersonengesellschaft nicht durchsetzen kann (BMF vom 07.10.2002, IV A 6 – S 2240 – 134/02). In die Betrachtung der Beherrschungsverhältnisse sind auch **faktische Beherrschungsverhältnisse** einzubeziehen. Dabei kann von einer Beherrschung im Einzelfall auch dann ausgegangen werden, wenn dem Mehrheitsgesellschafter des einen Unternehmens zwar nicht die rechtliche Mehrheit der Stimmrechte an dem anderen Unternehmen zusteht, er jedoch faktischen Einfluss auf die Entscheidung des Minderheitsgesellschafters nehmen kann.

Besonders hinweisen möchte ich noch auf Fälle, in denen Angehörige, insbesondere Ehegatten und Kinder an der einen oder anderen Unternehmung beteiligt sind. Die **Zusammenrechnung von Ehegattenanteilen** kommt grundsätzlich nicht in Betracht. In Einzelfällen können aber weitere Anzeichen dafür vorliegen, dass ein einheitlicher Betätigungswille vorliegt. Das **Wiesbadener Modell**, in dem der eine Ehegatte an dem Besitz- und der andere Ehegatte an dem Betriebsunternehmen beteiligt ist, führt nicht zur personellen Verflechtung (vgl. H 15.7 Abs. 7 [Allgemeines] EStH).

Anteile von minderjährigen Kindern hingegen sind grundsätzlich mit den Anteilen der Eltern zusammenzurechnen, wenn diesen das Vermögenssorgerecht für die Kinder zusteht, vgl. R 15.7 Abs. 8 EStR.

Die Rechtsfolgen des Vorliegens der soeben dargestellten sachlichen und personellen Verflechtung ist ebenfalls in H 15.7 Abs. 4 [Allgemeines] EStH definiert: „Liegen die Voraussetzungen [...] vor, ist die Vermietung oder Verpachtung keine Vermögensverwaltung mehr, sondern eine gewerbliche Vermietung oder Verpachtung. Das Besitzunternehmen ist Gewerbebetrieb."

Dies bedeutet für den Gesellschafter des Besitzunternehmens, dass durch das Vorliegen der Betriebsaufspaltung Betriebsvermögen begründet wird. Die zur Nutzung überlassene wesentliche Betriebsgrundlage wird nach den Vorschriften des EStG in das Betriebsvermögen eingelegt. Dies erfolgt grundsätzlich zum Teilwert, es sei denn die Anschaffung oder Herstellung des Wirtschaftsguts liegt noch nicht länger als drei Jahre zurück. Dann kommt eine Einlage zu (fortgeführten) Anschaffungs- oder Herstellungskosten in Betracht (vgl. § 6 Abs. 1 Nr. 5 EStG). Sofern die wesentliche Betriebsgrundlage abnutzbar ist und vor Begründung der Betriebsaufspaltung zur Erzielung von Einkünften genutzt wurde, sind für die Folgebewertung gegebenenfalls Besonderheiten bei der Ermittlung der Bemessungsgrundlage der Absetzung für Abnutzung gem. § 7 Abs. 1 S. 5 EStG zu beachten. Neben der wesentlichen Betriebsgrundlage wird der **Anteil an der Betriebskapitalgesellschaft** ebenfalls notwendiges Betriebsvermögen. Die Einlage erfolgt regelmäßig zu den Anschaffungskosten.

Die Beteiligten der Besitzpersonengesellschaft erzielen nunmehr Einkünfte aus Gewerbebetrieb gem. § 15 EStG. Der Gewinn aus dem Gewerbebetrieb unterliegt neben der Einkommensteuer nun auch der Gewerbesteuer. Die erzielten Erträge aus der Überlassung der wesentlichen Betriebsgrundlage, regelmäßig Mieterträge, erhöhen den Gewerbeertrag nach § 7 GewStG. Sofern es sich bei der wesentlichen Betriebsgrundlage um eine Immobilie handelt, kommen die Kürzungsvorschriften des § 9 Nr. 1 GewStG – Kürzung um 1,2 % des Einheitswerts – in Betracht. Die erweiterte Kürzung für Grundstücksunternehmen kommt bei Vorliegen einer Betriebsaufspaltung gerade nicht in Betracht, da es sich nicht um eine rein vermögensverwaltende Tätigkeit handelt. Etwaige **Ausschüttungen der Betriebskapitalgesellschaft** sind bei der Ermittlung der Einkünfte aus Gewerbebetrieb nach dem Teileinkünfteverfahren gem. §§ 3 Nr. 40 d), 3c Abs. 2 EStG zu 40 % als steuerfrei zu behandeln. Gewerbesteuerlich sind die im Gewerbeertrag verbleibenden 60 % gem. des regelmäßig anzuwendenden Schachtelprivilegs des § 9 Nr. 2a GewStG zu kürzen.

Für die **Betriebskapitalgesellschaft** ergibt sich grundsätzlich durch die Begründung der Betriebsaufspaltung keine abweichende Rechtsfolge der Besteuerung. Hier sei lediglich auf die Besonderheit hingewiesen, dass sich etwaige gezahlte Mietzinsen in dem Unternehmensverbund gewerbesteuerlich doppelt auswirken können, da sie bei der Besitzgesellschaft den Gewerbeertrag erhöhen und bei der Betriebsgesellschaft dem Gewerbeertrag wieder hinzuzurechnen sind.

Grundsätzlich sind die Leistungen zwischen den durch die Betriebsaufspaltung verbundenen Unternehmen umsatzsteuerbar und -pflichtig. Sofern es sich bei der Überlassung um eine gem. § 4 Nr. 12 ff. UStG **umsatzsteuerfreie Vermietungsleistung** handelt, kommt gegebenenfalls die Optierung zur Umsatzsteuer gem. § 9 UStG in Betracht. Denkbar ist im klassischen Fall der Betriebsaufspaltung auch das Vorliegen einer **umsatzsteuerlichen Organschaft**, in der die Leistungen dann nicht steuerbare Innenumsätze wären. Hierzu wären die Kriterien organisatorische, wirtschaftliche und finanzielle Eingliederung zu prüfen, wobei die ersteren regelmäßig unstrittig sein werden.

> **Vortragszeit: 4/6 Minuten**

III. Beendigung

Nach den ausführlichen Erläuterungen zur Entstehung der Betriebsaufspaltung, werde ich im Folgenden auf die **Beendigung der Betriebsaufspaltung** eingehen.

Die Betriebsaufspaltung endet, sobald eine der Voraussetzungen sachliche oder persönliche Verflechtung entfällt. Dies kann z.B. dann der Fall sein, wenn die Anteile an der Betriebskapitalgesellschaft oder die Immobilie, die die wesentliche Betriebsgrundlage darstellt veräußert werden. Auch denkbar ist die Beendigung der Betriebsaufspaltung in Fällen, in denen Kinder, deren Anteile denen der Eltern hinzugerechnet werden, volljährig werden.

Regelmäßig liegt dann eine **Betriebsaufgabe** im Sinne des § 16 Abs. 3 EStG vor. Hieraus folgt, dass die im Betriebsvermögen des früheren Besitzunternehmens enthaltenen stillen Reserven aufzulösen sind. Die Wirtschaftsgüter des Betriebsvermögens werden zum Teilwert aus dem Betriebsvermögen ins Privatvermögen entnommen. Der **Aufgabegewinn** ist nach § 16 Abs. 2 EStG zu ermitteln. Dem Teilwert des Betriebsvermögens ist das Kapital zu Buchwerten entgegen zu stellen. Der Teil des Aufgabegewinns, der auf die Anteile an der Betriebskapitalgesellschaft entfällt, unterliegt dem Teileinkünfteverfahren gem. §§ 3 Nr. 40 S. 1 lit. b), 3c Abs. 2 EStG. Der restliche Aufgabegewinn ist gegebenenfalls gem. §§ 16 Abs. 4, 34 Abs. 1 oder 3 EStG mit dem einmaligen Freibetrag und der Fünftel-Regelung oder dem modifizierten halben Steuersatz begünstigt.

> **Vortragszeit: 2/8 Minuten**

IV. Besonderheiten

Bevor ich zum Ende meines Kurzvortrags komme, möchte ich noch kurz auf die **Anwendung des Teileinkünfteverfahrens** bei der steuerlichen Gewinnermittlung des Besitzunternehmens eingehen. Das Bundesministerium für Finanzen hat sich im Schreiben vom 23.10.2010 mit den Fällen beschäftigt, in denen der Betriebskapitalgesellschaft die wesentliche Betriebsgrundlage nicht zu fremdüblichen Konditionen überlassen wird. Da die Anteile an der Betriebsgesellschaft immer zum Betriebsvermögen der Besitzgesellschaft gehören, fließen etwaige spätere Ausschüttungen ebenfalls in das Betriebsvermögen der Besitzgesellschaft. Werden nun von der Betriebskapitalgesellschaft keine fremdüblichen Konditionen verlangt, sieht das BMF vom 23.10.2013, IV C 6 – S 2128/07/10001 dies als Vergünstigung im Zusammenhang mit späteren nach dem Teileinkünfteverfahren begünstigten Kapitalerträgen aus der Betriebsgesellschaft an. Laufende Aufwendungen, wie z.B. Aufwendungen für Strom, Gas, Wasser, Heizkosten, Gebäudereinigungskosten, Versicherungsbeiträge und Finanzierungskosten sind dann im Verhältnis der tatsächlichen zur fremdüblichen Gegenleistung nur zu 60 % zum Abzug zugelassen. Diese **Anwendung des Teilabzugsverbots** gilt ausweislich des BMF-Schreibens allerdings nicht für laufende Aufwendungen für die Substanz des überlassenden Betriebsvermögens, wie z.B. die Abschreibung auf die überlassene Immobilie.

> **Vortragszeit: 1/9 Minuten**

V. Fazit

Ich komme nun zum Ende meines Kurzvortrags und möchte zusammenfassend darauf hinweisen, dass das Rechtsinstitut der Betriebsaufspaltung weitreichende Folgen für die Besteuerung der Gesellschafter des Besitzunternehmens haben kann. Insbesondere sollten die Besitzgesellschafter auf die Folgen der Beendigung der Betriebsaufspaltung hingewiesen werden, bei der es zur Aufdeckung der stillen Reserven im Betriebsvermögen kommt. Dies kann zu einer spürbaren Steuerbelastung vor allem in dem Fall führen, in dem der Wert der Anteile an der Betriebskapitalgesellschaft während der Zeit der Betriebsaufspaltung gestiegen ist. Erfolgt die Beendigung der Betriebsaufspaltung nicht durch Verkauf von Anteilen oder Betriebsgrundlagen steht der entstehenden Verbindlichkeit gegenüber dem Finanzamt keinerlei Liquiditätszufluss zu. Hier ist es auch die Aufgabe des steuerlichen Beraters den Steuerpflichtigen vor einem Liquiditätsengpass, geschweige denn der Zahlungsunfähigkeit zu bewahren.

Vielen Dank für Ihre Aufmerksamkeit.

> **Vortragszeit: 1/10 Minuten**

Vortrag 18
Bilanzierung und Bewertung latenter Steuern im Einzelabschluss nach HGB (Prüfungswesen)

Sehr geehrte/r Frau/Herr Vorsitzende/r, sehr geehrte Prüfungskommission,
aus den mir zur Auswahl gestellten Themen habe ich mich für das Thema „**Bilanzierung und Bewertung latenter Steuern im Einzelabschluss nach HGB**" entschieden. Meinen Vortrag gliedere ich wie folgt:

I.	Einleitung und Abgrenzung des Anwendungsbereichs
II.	Ansatz
III.	Bewertung
IV.	Ausweis
V.	Fazit

Vortragszeit: 0,5 Minuten

I. Einleitung und Abgrenzung des Anwendungsbereichs

Latente Steuern im Jahresabschluss dienen dazu, den Bilanzleser darauf hinzuweisen, dass sich aufgrund bestehender, in Zukunft abzubauender Bewertungsdifferenzen zwischen Handels- und Steuerrecht künftige Steuerbe- oder -entlastungen für das Berichtsunternehmen ergeben können. Der Bilanzierung der latenten Steuern liegt das aus der internationalen Rechnungslegung bekannte, bilanzorientierte Temporary-Konzept zugrunde.

§ 274 HGB regelt die Bilanzierung latenter Steuern. Dabei besteht ein **Passivierungsgebot** für einen Überhang an passiven latenten Steuern und ein Aktivierungswahlrecht für einen Überhang aktiver latenter Steuern. Aufgrund der Stellung des § 274 HGB im Zweiten Abschnitt des Dritten Unterabschnitts des HGB gilt derselbe nur für Kapitalgesellschaften sowie diesen gleichgestellten haftungsbeschränkten Personenhandelsgesellschaften gem. § 264a HGB. **Nicht haftungsbeschränkte Personenhandelsgesellschaften** haben damit grundsätzlich keine latenten Steuern zu bilanzieren. Allerdings sieht IDW RS HFA 7 die Pflicht zur Bildung einer Verbindlichkeitsrückstellung nach § 249 Abs. 1 HGB vor, sofern die Voraussetzungen zur Bildung latenter Steuern vorliegen. Kleine Kapitalgesellschaften und solche Gesellschaften nach § 264a HGB sind gem. § 274a Nr. 5 HGB von der Anwendung des § 274 HGB befreit, haben im Zweifel aber auch die Pflicht, Rückstellungen für passive latente Steuern zu bilden.

Vortragszeit: 0,5/1 Minute

II. Ansatz

Nach dieser kurzen Einleitung möchte ich nun eingehender auf den Ansatz latenter Steuern eingehen, bevor ich die Bewertung und den Ausweis derselben darstelle.

Latente Steuern sind zu bilden, wenn zwischen dem handelsrechtlichen Wert eines Vermögensgegenstandes oder einer Schuld und dem steuerlichen Wert des Wirtschaftsguts oder der Schuld eine Bewertungsdifferenz besteht, die temporärer oder quasi-permanenter Natur ist. **Temporär** bedeutet, dass sich die Bewertungsdifferenz im Zeitablauf automatisch umkehrt, wie beispielsweise bei handels- und steuerrechtlich abweichender Abschreibung. **Quasi-permanente Differenzen** sind solche, die sich nicht durch Zeitablauf umkehren, die sich aber durch unternehmerische Initiativen ausgleichen. Dies ist beispielsweise der Fall, wenn Differenzen bei nicht abnutzbaren Vermögensgegenständen bestehen, die im Rahmen des Verkaufs derselben allerdings entfallen. Der Ausgleich der Bewertungsdifferenz führt zu einer Steuerbe- oder -entlastung in den folgenden Geschäftsjahren.

Die gegenüberzustellenden Wertansätze sind zum einen der Wert in der Handelsbilanz, der sich aus den HGB-Vorschriften über die Bilanzierung ergibt und zum anderen der Wert, der sich aus den steuerlich relevanten Vorschriften des KStG und des EStG ergibt. Nach Aufgabe der Maßgeblichkeit der Handels- für die Steuerbilanz sowie der umgekehrten Maßgeblichkeit sowie vor dem Hintergrund diverser steuerlicher Bewertungsvorbehalte, haben die Bewertungsunterschiede seit der Einführung des BilMoG zugenommen.

Ein weiterer Sachverhalt, der gem. § 274 Abs. 1 S. 4 HGB zu latenten Steuern führen kann (**Aktivierungswahlrecht**) ist, dass bestehende steuerliche Verlustvorträge in den nächsten fünf Jahren mit zu erwartenden Überschüssen verrechnet werden können. Die Erweiterung der Sachverhalte aktiver latenter Steuern um diese Möglichkeit ist konsequent, da es auch hier zu einer Steuerentlastung in folgenden Geschäftsjahren kommt.

In einem kurzen Zwischenfazit kann festgestellt werden, das künftige Steuerentlastungen zu aktiven latenten Steuern und künftige Steuerbelastungen zu passiven latenten Steuern führen oder bilanziell gesprochen, die höhere handelsbilanzielle Bewertung von Aktiva zu passiven, die niedrigere Bewertung zu aktiven latenten Steuern führt. Bei der Betrachtung der Passiva dreht sich diese Logik um und die höhere handelsbilanzielle Bewertung von Schulden führt zu aktiven, die niedrigere Bewertung zu passiven latenten Steuern. Die handelsrechtlichen Wertansätze werden somit über die Position der latenten Steuern an das steuerliche Nettovermögen angeglichen.

> **Vortragszeit: 2/3 Minuten**

III. Bewertung

Die **Zugangsbewertung von latenten Steuern** erfolgt im Zeitpunkt des erstmaligen Entstehens der Bewertungsansätze zwischen Handels- und Steuerbilanz. Zu bilanzieren ist der Betrag der zukünftigen Steuerbe- oder -entlastung. Dies bedeutet, dass die Differenz aus den gegenüberzustellenden Werten mit dem Steuersatz zu multiplizieren ist, der im Zeitpunkt des Abbaus der Wertdifferenz für das jeweilige Unternehmen relevant ist. In dem sehr stabilen Rechtsraum Deutschlands ist dies regelmäßig der aktuell im Gesetz festgeschriebene Steuersatz. Bei der Bewertung dürfen Änderungen von Steuersätzen nur berücksichtig werden, wenn die Änderung derselben rechtlich verbindlich ist. Vor dem Hintergrund der deutschen Legislative wäre dies der Fall, wenn die Änderung des Steuersatzes durch das zuständige Gesetzgebungsorgan (je nach Länder- oder Bundeszuständigkeit) verabschiedet ist.

Körperschaftsteuer fiele nach derzeitiger Rechtslage i.H.v. 15 % gemäß § 23 KStG zuzüglich 5,5 % Solidaritätszuschlag an. Die **Gewerbesteuer** variiert je nach Hebesatz der hebeberechtigten Gemeinde, beträgt aber durchschnittlich regelmäßig 14 %. Zu beachten ist immer, ob sich die Differenz sowohl auf die körperschaftsteuerliche als auch auf die gewerbesteuerliche Bemessungsgrundlage niederschlägt. In Fällen, in denen sich eine Bewertungsdifferenz daraus ergibt, dass der Bilanzierende (Annahme GmbH) an einer Personenhandelsgesellschaft beteiligt ist und der steuerlich phasengleich vereinnahmte Gewinn handelsrechtlich phasenverschoben vereinnahmt wird, kommt es zu einer Bewertungsdifferenz im Beteiligungswertansatz. Diese wirkt sich allerdings nur auf die körperschaftsteuerliche Bemessungsgrundlage aus, da sich aufgrund gewerbesteuerlicher Kürzungsvorschriften der Gewinnanteil aus der Personenhandelsgesellschaft nicht im Gewerbeertrag niederschlägt.

Trotz der in vielen Fällen vorliegenden Langfristigkeit der latenten Steuern kommt eine Abzinsung der Position ausweislich des Gesetzeswortlauts nicht in Betracht.

In der Folgebewertung folgt die Entwicklung der latenten Steuern der Entwicklung der Bilanzposition, deren Bewertungsdifferenz zum Ansatz latenter Steuern geführt hat. Dabei werden die latenten Steuern aufgelöst, wenn die Steuerbe- oder -entlastung eintritt bzw. mit dieser nicht mehr zu rechnen ist. Die **Auflösung** erfolgt erfolgswirksam.

Aktive latente Steuern auf Verlustvorträge werden ebenfalls nach oben dargestellter Systematik durch Anwendung des relevanten Steuersatzes auf das Verlustverrechnungspotenzial gebildet. Bei der Ausübung des Wahlrechts sollte allerdings eine verlässliche und hinreichend konkrete Planung des künftigen Verlustverrechnungspotenzials vorhanden sein. Zwar kann die Aktivierung latenter Steuern auf die Verlustvorträge vorrübergehend Ertrag generieren und somit das Jahresergebnis verbessern. Es ist aber zu berücksichtigen, dass eine Pflicht zur aufwandswirksamen Auflösung der aktiven latenten Steuern besteht, sobald das Verlustverrechnungspotenzial entfällt. **Steuerliche Verlustvorträge** können auf eine in der Vergangenheit angespannte Ertragslage hindeuten. Sofern sich diese trotz anders lautender Planungen aber tatsächlich nicht erholt, müssen im Zweifel hohe Aufwendungen aus der Auflösung der aktiven latenten Steuern erfasst werden, die die angespannte Ertragslage weiter belasten.

> Vortragszeit: 3/6 Minuten

IV. Ausweis

Beim **Ausweis latenter Steuern** hat der Bilanzierende ein Wahlrecht zum saldierten oder unsaldierten Ausweis. Macht der Bilanzierende vom Saldierungswahlrecht Gebrauch, werden die einzeln ermittelten latenten Steuern zusammengefasst. Kommt es zu einem Überhang aktiver latenter Steuern, besteht für diese ein Aktivierungswahlrecht. Führt die Saldierung zu einem Überhang passiver latenter Steuern, ist dieser Überhang zu passivieren. Bei einem **unsaldierten Ausweis** bestehen die entsprechenden Ausweispflichten und -wahlrechte entsprechend für die unsaldierten latenten Steuern. Der Ausweis erfolgt entweder auf der Aktivseite als aktive latente Steuern gem. § 266 Abs. 2 D. HGB oder auf der Passivseite als passive latente Steuern unter § 266 Abs. 3 E. HGB. Letztere Bilanzposition ist eine solche eigener Art, da der Charakter latenter Steuern als Schuld lange Zeit umstritten war. Um relative Rechtssicherheit zu schaffen und die Diskussion zu beenden, wurde mit dem BilMoG die soeben genannte Bilanzposition eingeführt.

Die **Ergebniseffekte aus der Anpassung latenter Steuern** sind in der Gewinn- und Verlustrechnung unter der Position Steuern vom Einkommen und Ertrag zu erfassen.

Im Zusammenhang mit der Bildung latenter Steuern ist auch die Verpflichtung zur Ergänzung des Jahresabschlusses um weitere Angaben zu beachten. Zum einen ist gem. § 285 Nr. 29 HGB anzugeben, auf welchen Differenzen oder steuerlichen Verlustvorträgen die latenten Steuern beruhen und mit welchen Steuersätzen diese bewertet wurden. § 285 Nr. 30 HGB fordert Angaben zu Veränderungen an der Bilanzposition latente Steuern. Da kleine Gesellschaften von der Bildung latenter Steuern befreit sind, sind diese auch von den Anhangangaben befreit. Zum anderen kommt beim **Vorliegen eines Überhangs aktiver latenter Steuern** nach § 285 Nr. 28 HGB die Angabe der insgesamt ausschüttungsgesperrten Beträge gem. § 268 Abs. 8 HGB in Betracht. Im Zusammenhang mit latenten Steuern ist ein Betrag in der Höhe von der Ausschüttung ausgeschlossen, in der die aktiven latenten Steuern die passiven latenten Steuern übersteigen.

> Vortragszeit: 3/9 Minuten

V. Fazit

Abschließend möchte ich zusammenfassen, dass durch die Aufgabe der Einheitsbilanz im Rahmen des BilMoG die Sachverhalte zugenommen haben, in denen es zu Wertdifferenzen kommt, die die Beschäftigung mit dem Thema latente Steuern notwendig macht. Zudem wurden das Thema „latente Steuern" durch die Einführung der Rückstellungspflicht für nicht haftungsbeschränkte Personenhandelsgesellschaften gem. IDW RS HFA 7 zu einem, das tatsächlich alle Bilanzierenden angeht. Standen die Bilanzierenden in den ersten Geschäftsjahren nach Einführung des BilMoG dem Thema latente Steuern größtenteils noch skeptisch gegenüber, nimmt die Akzeptanz und das Verständnis in der täglichen Bilanzierungspraxis nach und nach zu. Nichtsdestotrotz erfordert die Bilanzierung latenter Steuern neben handelsrechtlicher auch fundierte steuerrechtliche Kenntnis. Mit dieser müssen die Wirtschaftsprüfer den Mandanten beiseite stehen, damit gewährleistet wird, dass die Bilanzierung latenter Steuern im handelsrechtlichen Jahresabschluss frei von Fehlern ist.

Vielen Dank für Ihre Aufmerksamkeit.

> Vortragszeit: 1/10 Minuten

Vortrag 19
Die Angabepflichten von Haftungsverhältnissen im handelsrechtlichen Jahres- und Konzernabschluss (Prüfungswesen)

Sehr geehrte/r Frau/Herr Vorsitzende/r, sehr geehrte Prüfungskommission,
aus den mir zur Auswahl gestellten Themen habe ich mich für das Thema „**Die Angabepflichten von Haftungsverhältnissen im handelsrechtlichen Jahres- und Konzernabschluss**" entschieden. Meinen Vortrag gliedere ich wie folgt:

I.	Einleitung
II.	Haftungsverhältnisse im handelsrechtlichen Jahresabschluss
III.	Haftungsverhältnisse im handelsrechtlichen Konzernabschluss
IV.	Fazit

Vortragszeit: 0,5 Minuten

I. Einleitung

Einleitend möchte ich den Begriff **Haftungsverhältnisse** definieren. Gemäß der Kommentierung des § 251 HGB, in: Ellrott, Helmut u.a. (Hrsg.), Beck'scher Bilanz-Kommentar, 11. Aufl. sind dies „alle Verbindlichkeiten aufgrund von Rechtsverhältnissen, aus denen der Kaufmann nur unter bestimmten Umständen, mit denen er nicht rechnet in Anspruch genommen werden kann." Neben dem Ausweis aller Schulden in der Bilanz gem. § 264 Abs. 1 HGB ergänzt § 251 HGB die Angabepflichten des Kaufmanns um die Pflicht zur Angabe der vertraglichen Haftungsverhältnisse unter der Bilanz zur vollständigen Darstellung der Vermögens-, Finanz- und Ertragslage (VFE-Lage). § 251 HGB zählt die Haftungsverhältnisse wie folgt abschließend auf:
1. Verbindlichkeiten aus der Begebung und Übertragung von Wechseln (Wechselobligo),
2. Verbindlichkeiten aus Bürgschaften, Wechsel- und Scheckbürgschaften,
3. Verbindlichkeiten aus Gewährleistungsverträgen,
4. Haftungsverhältnisse aus der Bestellung von Sicherheiten für fremde Verbindlichkeiten.

Der Kaufmann darf die abschließend aufgezählten Haftungsverhältnisse in einem Betrag angeben. Kapitalgesellschaften und Personenhandelsgesellschaften (PHG) im Sinne des § 264a HGB sind gem. § 268 Abs. 7 Nr. 2 HGB zur gesonderten Angabe der vier Gruppen verpflichtet. Die Angabepflicht des § 251 HGB wird von der Vorschrift § 285 Nr. 3a und Nr. 3 HGB flankiert und erweitert. Nach diesen müssen auch sonstige finanzielle Verpflichtungen und nicht in der Bilanz enthaltene Geschäfte zur besseren Darstellung der VFE-Lage im Anhang angegeben werden.

Über die Vorschrift des § 298 Abs. 1 HGB, der auf die Anwendbarkeit der §§ 251, 268 Abs. 7 HGB verweist, sind auch im Konzernabschluss die Haftungsverhältnisse des Konzerns anzugeben. Auch auf den IDW RH HFA 1.013 ist hinzuweisen.

Vortragszeit: 0,5/1 Minute

II. Haftungsverhältnisse im handelsrechtlichen Jahresabschluss
Abgrenzung

Um meinen Hauptteil einzuleiten, nehme ich zunächst die Abgrenzung der Haftungsverhältnisse zu anderen Angaben in der Bilanz vor. Es unterliegen lediglich die vier im Gesetz genannten Fallgruppen der Angabepflicht – aus diesem Grund werden auch nur diese Gegenstand meiner Ausführungen sein. Dabei fallen laut der Kommentierung des § 251 HGB, in: Ellrott, Helmut u.a. (Hrsg.), Beck'scher Bilanz-Kommentar, 11. Aufl. nur solche

Haftungsverhältnisse unter die Angabepflicht, die sich aus besonderen Geschäftsvorfällen ergeben und daher zur Vermittlung des tatsächlichen Bildes der VFE-Lage notwendig sind.

Eine **Angabe als Haftungsverhältnis** kommt lediglich in Betracht, wenn eine Inanspruchnahme lediglich möglich ist. Sobald diese wahrscheinlich ist, ist eine Rückstellung oder eine Verbindlichkeit zu passivieren.

1. Ansatz/Angabepflicht

Zur Darstellung, wann ein Haftungsverhältnis Eingang in den Jahresabschluss finden muss, werde ich für jede der vier Fallgruppen ein Beispiel geben, aus dem sich die Angabepflicht eines Haftungsverhältnisses ergibt.

Wechselobligo

Der Begriff **Wechselobligo** ist die kurze Bezeichnung der Verbindlichkeit aus der Begebung und Übertragung von Wechseln.

Die Angabe eines Haftungsverhältnisses aufgrund eines Wechselobligos ist verpflichtend, wenn der Kaufmann am Bilanzstichtag einen Wechsel gem. § 1 WG als Austeller begeben (§ 9 WG) oder als Indossant (§ 15 WG) übertragen hat und der Wechsel noch nicht fällig oder eingelöst war. Sodann besteht noch die Möglichkeit, dass der Kaufmann bei Nichteinlösung in die Pflicht genommen wird.

Verbindlichkeiten aus der Begebung aus Bürgschaften, Wechsel- und Scheckbürgschaften

Geht der Kaufmann gegenüber dem Gläubiger eines Dritten die Verpflichtung ein, für die Verbindlichkeiten des Dritten einzustehen und besteht die Hauptschuld des Dritten am Bilanzstichtag, so ist eine Angabe von Haftungsverhältnissen aus Bürgschaften verpflichtend.

Verbindlichkeiten aus Gewährleistungsverträgen

Hier kommen nur **vertragliche Gewährleistungen** in Betracht. Angabepflichtig sind zum einen die Gewährleistungen für eigene und solche für fremde Leistungen. Ein Beispiel für angabepflichtige Gewährleistungen für eigene Verpflichtungen ist die Zusage eines über die übliche Beschaffenheit einer Sache oder Dienstleistung hinausgehenden Erfolgs, der außerhalb der Verfügungsmacht des Kaufmanns liegt, so wie wenn bei der Veräußerung einer Immobilie noch eine Mietgarantie übernommen wird. Die meisten angabepflichtigen Haftungsverhältnisse ergeben sich sicherlich aus **Gewährleistungen für fremde Verbindlichkeiten**. Diese sind immer dann anzugeben, wenn der Kaufmann eine Garantie für den Erfolg der Verbindlichkeit eines Dritten dessen Vertragspartner gegenüber übernimmt. Ein Beispiel hierfür ist die sogenannte **Patronatserklärung**. In sogenannten weichen oder harten Patronatserklärung verpflichten sich insbesondere in Konzernstrukturen Mutterunternehmen den Gläubigern ihrer Tochterunternehmen gegenüber, die Kreditwürdigkeit der Tochterunternehmen aufrecht zu erhalten. Dabei führen lediglich „harte" Patronatserklärungen zu einer Vermerkpflicht. Dies sind Verpflichtungen, in denen das Mutterunternehmen garantiert, bei Inanspruchnahme einen tatsächlichen Liquiditätsfluss an das Tochterunternehmen zu generieren.

Haftungsverhältnisse aus der Bestellung von Sicherheiten für fremde Verbindlichkeiten

Ein angabepflichtiges Haftungsverhältnis besteht, wenn der Kaufmann dem Gläubiger eines Dritten Sicherheiten an den, in seinem Eigentum stehenden Vermögensgegenständen einräumt, z.B. die **Bestellung von Grundschulden**.

2. Bewertung

In der Kommentierung des § 251 HGB, in: Ellrott, Helmut u.a. (Hrsg.), Beck'scher Bilanz-Kommentar, 11. Aufl. gibt es folgende Hinweise zu der im HGB nicht näher konkretisierten **Bewertung von Haftungsverhältnissen**. Die Bewertung erfolgt ausweislich des § 251 HGB mit dem Bruttowert, eine Saldierung mit Rückgriffsrechten kommt nicht in Betracht. Der Zweck der Angabepflicht ist die Darstellung der potentiellen Haftungsrisiken des Kaufmanns, sodass auch nur die Angabe der vollständigen potentiellen Haftsumme in Betracht kommt. Ist ein Wert bezifferbar, für den die Inanspruchnahme wahrscheinlich ist, so ist in dieser Höhe eine Verbindlichkeit zu passivieren. Sofern ein Wert nicht bezifferbar ist, kommt eine bestmögliche kaufmännische Schätzung und im Zweifel die Angabe des Haftungsverhältnisses mit 1 € in Betracht.

3. Ausweis

Für die Haftungsverhältnisse ist grundsätzlich für alle Kaufleute die Angabe unter der Bilanz unter Benutzung der im § 251 HGB aufgeführten Bezeichnungen geboten. Die Angabe kann in einem Betrag erfolgen.

Für **Kapitalgesellschaften und Personenhandelsgesellschaften** i.S.d. § 264a HGB findet darüber hinaus das Dritte Buch des HGB Anwendung. Diese Kaufleute haben ihren Jahresabschluss um einen Anhang zu erweitern. Für diese ergibt sich gem. § 268 Abs. 7 HGB das Wahlrecht, die Angaben im Anhang zu machen. Dieses Wahlrecht geht einher mit der Verpflichtung die Haftungsverhältnisse der jeweiligen Positionen gesondert anzugeben und wird erweitert durch § 285 Nr. 27 HGB, nach dem Angaben zu den Gründen der Einschätzung des Risikos der Inanspruchnahme aus den einzelnen Haftungsverhältnissen zu machen sind. Dabei müssen konkrete Tatsachen dargestellt werden, gem. denen der Bilanzierende zu dem Schluss kommt, dass er mit einer Inanspruchnahme nicht zu rechnen hat. Beispielsweise kann sich die Kreditwürdigkeit eines Tochterunternehmens aufgrund seiner positiven VFE-Lage, der guten Eigenkapitalquote und der guten Liquiditätsausstattung zum Bilanzstichtag als so positiv darstellen, dass mit der Inanspruchnahme aus einer harten Patronatserklärung mit hoher Wahrscheinlichkeit nicht zu rechnen ist.

Die Angabe von Haftungsverhältnissen gegenüber verbundenen Unternehmen hat gesondert zu erfolgen.

Vortragszeit: 6/7 Minuten

III. Haftungsverhältnisse im handelsrechtlichen Konzernabschluss

Im Folgenden werde ich kurz auf die Besonderheiten im **handelsrechtlichen Konzernabschluss** eingehen. Gem. § 300 Abs. 2 HGB sind die Haftungsverhältnisse der in den Konsolidierungskreis einbezogenen Unternehmen nicht in den Konzernabschluss aufzunehmen. Dafür, dass diese dennoch Eingang in den Konzernabschluss finden, sorgt der Verweis in § 298 HGB auf §§ 251, 268 Abs. 7 HGB. Daher gelten meine bisherigen Ausführungen auch für den Konzern als Einheit (§ 297 Abs. 3 HGB) aller in den Konsolidierungskreis einbezogenen Unternehmen.

Die Haftungsverhältnisse aller zu konsolidierender Unternehmen finden zunächst Eingang in die **Konzernsummenbilanz**. Im Rahmen der Schuldenkonsolidierung gem. § 303 HGB entfallen jedoch die zwischen den einzelnen Konzernunternehmen eingegangenen Haftungsverhältnisse. Bei den bereits erläuterten Patronatserklärungen ist im Rahmen der Schuldenkonsolidierung beispielsweise zu ermitteln, inwieweit beim Tochterunternehmen bereits eine Verbindlichkeit passiviert ist. Da eine Passivierung zusammen mit einer Angabe der Patronatserklärung zu einer Doppelerfassung der Verpflichtung führen würde, kommt nur die Angabe des über die Verbindlichkeit des Tochterunternehmens bestehenden Umfangs der Patronatserklärung in Betracht (Beck'scher Bilanzkommentar, 11. Aufl. § 303 Tz. 41).

Für die Bewertung und den Ausweis der Haftungsverhältnisse im handelsrechtlichen Konzernabschluss gilt das zum Jahresabschluss Gesagte, bezieht sich aber auf die nach der Schuldenkonsolidierung bestehenden Haftungsverhältnisse.

Vortragszeit: 2/9 Minuten

IV. Fazit

Zum Abschluss meines Kurzvortrags möchte ich unter Zuhilfenahme der durch das MicroBilG eingeführten Vorschriften noch einmal auf das Gewicht hinweisen, dass der Gesetzgeber den Angaben zu den Haftungsverhältnissen nach § 251 HGB zuweist.

Nach dem MicroBilG können Kleinstkapitalgesellschaften von der Möglichkeit Gebrauch machen, keinen Anhang aufzustellen. Dies ist gem. § 264 Abs. 1 S. 4 HGB aber nur möglich, wenn die Angaben nach §§ 251 und 268 Abs. 7 HGB unter der Bilanz gemacht werden. Trotz der gewollten und weitgreifenden Erleichterung für Kleinstkapitalgesellschaften besteht der Gesetzgeber dennoch auf der Angabe der Haftungsverhältnisse, da diese für die Bilanzadressaten notwendig sind, um sich ein Bild vom gesamten Haftungsumfeld des Kaufmanns zu machen.

Vielen Dank für Ihre Aufmerksamkeit.

> Vortragszeit: 1/10 Minuten

Vortrag 20
Auswirkungen einer skalierten Prüfungsdurchführung (Prüfungswesen)

Sehr geehrte/r Frau/Herr Vorsitzende/r, sehr geehrte Prüfungskommission,
aus den mir zur Auswahl gestellten Themen habe ich mich für das Thema „**Auswirkungen einer skalierten Prüfungsdurchführung**" entschieden. Meinen Vortrag gliedere ich wie folgt:

I.	Grundlagen der Skalierung
II.	Anwendungsbereiche
III.	Auswirkungen der Skalierung im Prüfungsprozess
IV.	Fazit

> Vortragszeit: 0,5 Minuten

I. Grundlagen der Skalierung

Einführend möchte ich den abstrakten Begriff „**Skalierung**" einmal definieren. Eine skalierte Abschlussprüfung ist eine Prüfung, die sich in Art und Umfang all ihrer Prozessschritte an Größe, Komplexität und Risiko des Prüfungsgegenstandes orientiert und sich im Rahmen der Eigenverantwortlichkeit nach pflichtgemäßem Ermessen des Prüfers bestimmt. Dabei ist die Skalierung kein neues Konzept, sondern wird bereits in den berufsständischen Verlautbarungen aufgegriffen. Insbesondere gem. § 39 Abs. 1 BS WP/vBP haben Wirtschaftsprüfer „für eine den Verhältnissen des zu prüfenden Unternehmens entsprechende Prüfungsdurchführung" zu sorgen. Diese Regelung folgt dem § 43a des Vorschlages zur Änderung der Abschlussprüferrichtlinie, der eine entsprechende Abstufung der Prüfungshandlungen nach den gegebenen Umständen fordert. Die berufsständischen Verlautbarungen des IDW sowie die ISA integrieren den Skalierungsaspekt, in dem diese immer wieder darauf hinweisen, dass die einzelnen Prüfungsschritte von der Größe, Komplexität und des Risikos des Prüfungsgegenstands abhängen. Der klassische Fall der Auswirkungen der Skalierung wird schließlich im Prüfungshinweis zur Prüfung kleiner und mittlerer Unternehmen des IDW (IDW PH 9.100.1) dargestellt.

> Vortragszeit: 1/1,5 Minuten

II. Anwendungsbereiche

Der **Grad der Skalierung** hängt, wie soeben dargestellt also von der Größe, der Komplexität und des Risikos des Prüfungsgegenstandes ab. Zwar ist die Größe ein erstes Indiz dafür, dass es bei der Prüfung eines Unternehmens eines gewissen Maßes an Skalierung bedarf. Dies muss allerdings durch die Einschätzung der Komplexität der Unternehmenstätigkeit sowie insbesondere durch die Beurteilung der Risiken verifiziert und untermauert werden, die gegebenenfalls Auswirkungen auf die Aussagen in der Rechnungslegung haben können. Dabei kann klassischerweise von der Notwendigkeit und Möglichkeit der Skalierung ausgegangen werden, wenn es sich bei dem Prüfungsgegenstand um ein kleines oder mittleres Unternehmen handelt. Zur Verdeutli-

chung der Charakteristika eines solchen sog. KMU zähle ich im Folgenden die im IDW PH 9.100.1 aufgeführten **typischen Merkmale eines KMU** auf:
- Eigentum bei einer kleinen Anzahl von Personen,
- Eigentümer mit geschäftsführender Funktion,
- Wenige Geschäftsbereiche,
- Einfaches Rechnungswesen,
- Einfache interne Kontrollen,
- Rechnungslegungsrelevante Informationen sind bei nur wenigen im Rechnungswesen zuständigen Mitarbeitern vorhanden,
- Unternehmensspezifisches Wissen ist nur bei wenigen Personen angesiedelt.

Auch eine skalierte Prüfung kommt weiterhin zu einem hinreichend sicheren Prüfungsurteil, lediglich der Weg zum Prüfungsurteil kann und muss sich von Art und Umfang her von Prüfungen großer und komplexer Unternehmen unterscheiden.

> **Vortragszeit: 1,5/3 Minuten**

III. Auswirkungen der Skalierung im Prüfungsprozess

Nach dieser einleitenden Einordnung des Begriffs der Skalierung möchte ich im Folgenden vertiefend darauf eingehen, welche Möglichkeiten der Skalierung sich im Rahmen des klassischen Prüfungsprozesses eröffnen. Dabei werde ich die Skalierung zunächst im Rahmen der Prüfungsplanung, dann der -durchführung und schließlich der Dokumentation darstellen.

Prüfungsplanung

Bereits die Auswahl der Größe des Prüfungsteams ist ein Skalierungsaspekt. Die Prüfung eines KMU mit einer wenig komplexen Geschäftstätigkeit und einem geringen Risiko bedarf nur weniger Prüfungsteammitglieder, wenn nicht der Auftragsverantwortliche die Abschlussprüfung sogar ganz alleine durchführt. Der Aufwand für die angemessene Koordination und Kommunikation kann entsprechend gering gehalten werden. Eine einmal erarbeitete Prüfungsstrategie kann unter Berücksichtigung von Besonderheiten des Geschäftsjahres beibehalten und unter Zuhilfenahme entsprechender Checklisten abgearbeitet werden.

Im Rahmen des **risikoorientierten Prüfungsansatzes** hat der Abschlussprüfer zunächst ein Verständnis vom zu prüfenden Unternehmen zu gewinnen. Bereits in dieser Phase des Prüfungsprozesses hat der Abschlussprüfer die Möglichkeit eine Skalierung seiner Prüfung vorzunehmen. Dabei kann es dem Abschlussprüfer leichter fallen, ein Verständnis vom Mandanten und dessen Umfeld zu gewinnen, wenn er auf Informationen aus dem Vorjahr zurückgreifen kann. Dabei sind etwaige Veränderungen der Verhältnisse des Vorjahres entsprechend zu beachten.

Bei der **Einschätzung des Kontrollrisikos** sieht sich der Abschlussprüfer oftmals einem einfach strukturierten internen Kontrollsystem gegenüber. Das Verständnis des Systems ist daher regelmäßig leicht zu erlangen und konzentriert sich auf die entsprechenden rechnungslegungsrelevanten Kontrollen. Nichtsdestoweniger ist auch bei der Einschätzung des Kontrollrisikos eines KMU eine Aufbauprüfung der fünf Elemente eines IKS notwendig. Da Kontrollen in KMU regelmäßig so ausgestaltet sind, dass das Geschäftsführungsorgan die kontrollierende Instanz ist, kommt der Einschätzung des Kontrollumfelds eine erhöhte Bedeutung zu. Für die Annahme der Angemessenheit des Kontrollsystems muss insbesondere die Integrität der Geschäftsführung und die hohe Bedeutung von Werten im Unternehmen eindeutig bejaht werden.

Die **Risikobeurteilung** erfolgt bei KMU regelmäßig nicht im Rahmen eines entsprechend eingerichteten Systems, sondern durch die Geschäftsleitung aus dem laufenden Geschäft. Zur Gewinnung eines Verständnisses kommt hier insbesondere die Befragung des Managements in Betracht.

In KMU werden rechnungslegungsrelevante Kontrollen und Systeme nicht notwendigerweise dokumentiert, sondern mündlich und durch betriebliche Übung an die zuständigen Mitarbeiter kommuniziert und weiter gegeben. Zur Prüfung des **dritten Bausteins des IKS-Modells** ist eine Befragung der zuständigen Mitarbeiter zielführend. Sofern der Abschlussprüfer sich auf diesem Weg vom Vorhandensein rechnungslegungsbezogener Kontrollen überzeugen kann, stellt die fehlende Dokumentation des IKS kein Prüfungshindernis dar.

Die Kontrollaktivitäten werden regelmäßig durch die Geschäftsführung durchgeführt. Hier ist die eingangs erwähnte Integrität der Geschäftsleitung ins Kalkül zu ziehen, um die Gefahr eines **Management-Overrides** zu kalkulieren und einzuschätzen, ob die Ergebnisse der Kontrollüberwachung Eingang in die Fortentwicklung des Überwachungssystems finden. Für letzteren Punkt kann die Einsichtnahme in die Entwicklung der Unternehmensplanung hilfreich sein, sofern die Geschäftsleitung diese laufend an die Entwicklungen im Unternehmen anpasst. Insbesondere sollte aber für die Beurteilung der Kontrollrisiken das Gespräch mit der Geschäftsleitung gesucht werden. Diese wird bei KMU regelmäßig leichter greifbar sein als bei großen Prüfungsmandaten.

Prüfungsdurchführung

Nach der entsprechenden Risikobeurteilung muss der Abschlussprüfer seine Reaktionen auf die identifizierten Risiken festlegen. Hier kommen regelmäßig zunächst **Funktionsprüfungshandlungen** in Betracht, wenn der Abschlussprüfer wesentliche Risiken identifiziert hat, sich für die Prüfungssicherheit auf die Wirksamkeit von IKS-Kontrollen verlassen will oder aussagebezogenen Prüfungshandlungen allein keine hinreichende Prüfungssicherheit generieren können, da vielfach automatisierte Routinetransaktionen vorhanden sind. Der Aspekt der Skalierung führt allerdings dazu, dass Funktionsprüfungen nicht immer erforderlich sind. Zum Beispiel kann es sein, dass aufgrund der Struktur des Unternehmens ein IKS nur in geringem Umfang besteht. In diesem Fall wird die Durchführung allein von aussagebezogenen Prüfungshandlungen eine höhere Aussagekraft für den Abschlussprüfer haben. Werden allerdings Funktionsprüfungen durchgeführt, können diese vor dem Hintergrund der Skalierung so ausgerichtet werden, dass sie neben der Wirksamkeit des IKS auch direkt weitere Aussagen in der Rechnungslegung verifizieren. Der sogenannte **dual-purpose-test** führt mit minimalem Aufwand zu maximalen Prüfungsnachweisen und sollte daher für die Skalierung in Betracht gezogen werden.

Für den weiteren Verlauf des Prüfungsprozesses muss der Abschlussprüfer als Reaktion auf die beurteilten Fehlerrisiken auch **aussagebezogene Prüfungshandlungen** durchführen. Dabei ist stets der Grundsatz zu beachten, dass die Erlangung einer hinreichenden Prüfungssicherheit nicht bedeutet, dass eine Vollprüfung stattzufinden hat, sondern dass sich die Prüfungshandlungen auf solche Prüffelder beziehen, in denen der Abschlussprüfer entsprechende Risiken festgestellt hat. Klassischerweise sind dies z.B. Prüffelder, die geschätzte Werte enthalten, die aus der Interaktion mit nahe stehenden Personen entstanden sind oder die einer vorausschauenden integrierten Unternehmensplanung bedürfen (z.B. Einschätzung der Fortführung der Unternehmenstätigkeit). Bei Vorliegen von Geschäftsvorfällen mit nahestehenden Personen im KMU ist der Einfluss der nahestehenden Personen auf das Unternehmen einzuschätzen, um auszuschließen, dass sich für das Unternehmen z.B. steuerliche Risiken ergeben. Auch die **Fortführung der Unternehmenstätigkeit** ist bei KMU regelmäßig von der finanziellen Unterstützung durch den Eigentümer abhängig. Hier hat sich der Abschlussprüfer nachweisen zu lassen, dass etwaige notwendige Gesellschafterfinanzierungen während der 12 Monate nach dem Bilanzstichtag aufrechterhalten werden können und sollen.

Vielfach wird sich bei der Prüfung von KMU die Erlangung einer hinreichenden Prüfungssicherheit auf die hauptsächliche Durchführung von aussagebezogenen Prüfungshandlungen stützen, da die Notwendigkeit rechnungslegungsbezogener Prozesse aufgrund eines geringen Geschäftsumfangs oftmals nicht gegeben ist. Skalierung bedeutet also auch, sich auf diese Gegebenheiten entsprechend einzulassen.

Dokumentation

Der **Umfang der Dokumentation** wird die skalierte Prüfung entsprechend widerspiegeln. Sofern ein Prüfer ausschließlich alleine tätig ist, wird eine Dokumentation, die allein Informationszwecken des Prüfungsteams dient, vollständig entfallen. Der Mindestumfang der Dokumentation umfasst die Dokumentation von Art und Umfang der Prüfungshandlungen, der Prüfungsnachweise und der daraus erzielten Prüfungsfeststellungen sowie bedeutsamer Sachverhalte. Dabei sollen insbesondere bei Belegprüfungen nicht alle eingesehenen Belege zu den Akten genommen werden, sondern diese lediglich eindeutig bezeichnet werden. Grundlage einer angemessenen Prüfungsdokumentation kann zum Beispiel das Zentraldokument des IDW Prüfungsnavigators sein. In diesem dokumentiert der Prüfer sein gesamtes Prüfungsvorgehen beginnend bei der Gewinnung eines Verständnisses des Unternehmens, endend mit dem abschließenden Prüfungsurteil und ergänzt es an wesentlichen Stellen durch Verknüpfung mit der Dokumentation besonderer Prüfungshandlungen.

Vortragszeit: 6/9 Minuten

IV. Fazit

Bevor ich zum Ende meines Vortrags komme, möchte ich noch einmal herausstellen, dass der risikoorientierte Prüfungsansatz allein bereits den Grundgedanken der Skalierung verinnerlicht. Der Abschlussprüfer muss bei korrekter Anwendung des Risikomodells entsprechend identifizieren können, dass sich für KMU zwar keine bedeutsamen Risiken aus der Komplexität der Geschäftstätigkeit ergeben, häufig aber spezielle Sachverhalte, wie z.B. die Abhängigkeit des going-concern von der Gesellschafterfinanzierung, gegeben sind, die eine entsprechende Ausrichtung der Prüfungshandlungen bedürfen. Eine weitere Besonderheit bei der Prüfung von KMU ist allerdings auch, dass seitens des Mandanten oftmals das Bedürfnis nach detaillierter Erläuterung jeder Position des Jahresabschlusses besteht. Die Erweiterung des Prüfungsberichts um einen sogenannten Erläuterungsteil erfordert aber die, über das eigentlich vom Gedanken der Skalierung erforderte Maß hinausgehende, Auseinandersetzung mit dem Jahresabschluss. Es entsteht hier daher die skurrile Situation, dass gerade Prüfungen, die Musterbeispiele für eine skalierte Prüfungsdurchführung wären, zeitliche und personelle Ressourcen in unverhältnismäßiger Weise binden. Dies sollte entsprechend bei der Auftragsannahme mit dem Mandanten thematisiert werden, damit dieser nicht eine falsche Vorstellung vom Wesen der Abschlussprüfung erlangt.

Vielen Dank für Ihre Aufmerksamkeit.

Vortragszeit: 1/10 Minuten

Vortrag 21
Die Bilanzierung und Prüfung von Anteilen an Personenhandelsgesellschaften (Prüfungswesen)

Sehr geehrte/r Frau/Herr Vorsitzende/r, sehr geehrte Prüfungskommission,
aus den mir zur Auswahl gestellten Themen habe ich mich für das Thema „**Die Bilanzierung und Prüfung von Anteilen an Personenhandelsgesellschaften**" entschieden. Meinen Vortrag gliedere ich wie folgt:

I.	Rechtliche Einordnung, Begriff und Abgrenzung
II.	Bilanzierung und Bewertung
III.	Prüfung von Anteilen an Personenhandelsgesellschaften
IV.	Fazit

Vortragszeit: 0,5 Minuten

I. Rechtliche Einordnung, Begriffe und Abgrenzung

Als **Personenhandelsgesellschaften** (PHG) bezeichnet man die offene Handelsgesellschaft gem. §§ 105 ff. HGB sowie die Kommanditgesellschaft gem. §§ 161 ff. HGB. Diese sind gem. § 124 HGB bzw. §§ 161 Abs. 2 i.V.m. 124 HGB zivilrechtlich eigenständig. Für steuerliche Zwecke gilt diese Eigenständigkeit nicht, vielmehr ist die PHG steuerlich transparent. Im Ergebnis bedeutet dies, dass der Gesellschafter einer PHG zivilrechtliches

Eigentum an einer eigenständigen Gesellschaft hat, während ihm steuerlich das anteilige Eigentum an den Wirtschaftsgütern der Beteiligung zusteht.

Die **Bilanzierung von Anteilen an PHG** erfolgt nach den allgemeinen Grundsätzen des HGB. Die Zugangsbewertung erfolgt gem. §§ 253 Abs. 1, 255 Abs. 1 HGB, die Folgebewertung hat gem. den Grundsätzen des § 253 Abs. 3 HGB zu erfolgen. Einzelheiten zur Zugangs- und Folgebewertung regeln die IDW Rechnungslegungsstandards des Hauptfachausschusses (IDW RS HFA) 18 und 10. Die Bewertung von Anteilen an PHG erfolgt nach dem IDW Standard 1 i.d.F. 2008.

Die **Prüfung von Anteilen an PHG** erfolgt abhängig von der Zuordnung derselben zum Prüffeld Anlage- oder Umlaufvermögen.

> Vortragszeit: 0,5/1 Minute

II. Bilanzierung und Bewertung

Ich werde nun zunächst auf die Bilanzierung und Bewertung von Anteilen an PHG eingehen und neben der Zugangs- und Folgebewertung auch auf den Ausweis, die Gewinnvereinnahmung, die in den Anhang aufzunehmenden Angaben und auf latente Steuern im Zusammenhang mit Anteilen an PHG hinweisen.

Gem. § 246 Abs. 2 HGB sind in der Bilanz sämtliche Vermögensgegenstände zu erfassen, die im Eigentum des Bilanzierenden stehen. Wie bereits eingangs erwähnt, hat der Gesellschafter einer PHG das Eigentum an einem Vermögensgegenstand, nämlich der Beteiligung an der PHG. Diese Beteiligung kann dem Finanzanlagevermögen (FAV) oder dem Umlaufvermögen (UV) zuzuordnen sein, je nachdem, ob die Beteiligung dem Geschäftsbetrieb dauerhaft dienen soll (§ 247 Abs. 2 HGB) oder ob die Halteabsicht nur kurzfristiger Natur ist. Die folgenden Ausführungen zur Bilanzierung der Beteiligung werden sich auf die Darstellung der Bilanzierung von im FAV gehaltenen Beteiligungen konzentrieren.

Sofern der Gesellschafter nicht die **Mehrheit der Stimmrechte** an der PHG hält und dieses damit ein verbundenes Unternehmen i.S.d. § 271 Abs. 2 HGB ist, erfolgt der Ausweis immer als Beteiligungsunternehmen gem. § 266 Abs. 2 A. III. Nr. 3 HGB.

Zugangsbewertung

Der Gesellschafter begründet oder verstärkt seine Gesellschafterstellung entweder durch Kauf von Anteilen an der PHG, durch Gründung einer PHG (nur möglich zusammen mit einem zweiten Gesellschafter) oder durch Einlage in das Kapital der PHG. Dieser Vorgang führt zu einem Zugang der Beteiligung, die zu Anschaffungskosten gem. § 255 Abs. 1 HGB zu bewerten ist. Fälle, in denen die im Handelsregister eingetragene Haftsumme die bedungene Einlage übersteigt, führen nicht zu Anschaffungskosten des Gesellschafters. Die Höhe der Anschaffungskosten richtet sich beim Kauf nach dem vereinbarten und gezahlten Kaufpreis. Bei der Gründung und der Einlage ist danach zu unterscheiden, ob die Einlage durch Barmittel oder durch eine Sacheinlage erbracht werden muss. Bei einer **Bareinlage** erfolgt die Zugangsbewertung zum Nominalwert der Barmittel, bei der Sacheinlage bestimmt sich die Höhe der Anschaffungskosten nach den Tauschgrundsätzen. Hier kann sich der Gesellschafter zwischen den drei Möglichkeiten Buchwert, Zeitwert oder erfolgsneutraler Zeitwert entscheiden. Bei letzterem kann die, auf die aufgedeckten stillen Reserven entfallende Steuer aktiviert werden. Sofern Einlagen eingefordert aber noch nicht eingezahlt sind, wird dieser Betrag in der Bilanz des Gesellschafters passiviert. Für die Passivierung der Sacheinlageverpflichtung kommt lediglich die Passivierung zum Buchwert in Betracht.

Nicht eingeforderte, noch nicht eingezahlte Einlagen sind als sonstige finanzielle Verpflichtungen im Jahresabschluss aufzunehmen.

Folgebewertung

Beteiligungen an PHG sind dem FAV zuzuordnen und unterliegen daher den Vorschriften über die Folgebewertung gem. § 253 Abs. 3 S. 3 und 4 HGB. Beteiligungen haben grundsätzlich eine zeitlich unbegrenzte Nutzungsdauer. Ihr Wert wird daher nur abgeschrieben, wenn eine Wertminderung vorliegt. Für VG des FAV steht dem Bilanzierenden ein Wahlrecht zur Abschreibung auf den niedrigeren beizulegenden Wert zu, auch wenn diese Wertminderung voraussichtlich nicht dauerhaft ist. Bei dauerhafter Wertminderung besteht eine Pflicht zur Abschreibung auf den niedrigeren beizulegenden Wert.

Vortrag 21: Die Bilanzierung und Prüfung von Anteilen an Personenhandelsgesellschaften

Der **Wert einer Beteiligung** kann durch verschiedene Gründe gemindert werden. Zum einen kommen Liquiditätsausschüttungen in Betracht, die grundsätzlich zu einer, vor Abschreibungen aufgrund anderer Wertminderungen, vorrangigen Abschreibung des Beteiligungsbuchwerts führen. Zum anderen sind anhaltend defizitäre Ergebnisse Indikatoren für eine Minderung des Beteiligungsbuchwerts. Der Wert der Beteiligung ist gem. den Grundsätzen des IDW S 1 i.d.F. 2008 i.V.m. IDW RS HFA 10 im Rahmen eines Ertragswertverfahrens unter Berücksichtigung der individuellen Umstände des Gesellschafters zu ermitteln.

Sollte sich der Wert einer Beteiligung in den Folgeperioden wieder erholen, ist eine Zuschreibung auf die fortgeführten Anschaffungskosten zwingend vorgeschrieben (§ 253 Abs. 4 HGB).

Nach der Darstellung der Grundsätze der Bilanzierung, gehe ich im Folgenden auf die **Gewinnvereinnahmung durch den Gesellschafter einer PHG**, insbesondere auf den Zeitpunkt der Entstehung des Anspruchs auf Gewinnausschüttung und damit den Zeitpunkt der Aktivierung einer Forderung gegenüber der PHG ein.

Anders als bei Kapitalgesellschaften, bei denen dem Gesellschafter der Gewinnanspruch erst nach Gesellschafterbeschluss über die Gewinnverwendung zusteht, regelt das Gesetz in §§ 120 ff. HGB, dass der aus der Bilanz ermittelte Gewinn (oder Verlust) einer PHG dem Gesellschafter grundsätzlich unmittelbar zusteht. Sofern im Gesellschaftsvertrag der PHG nichts anderes vereinbart ist, erfolgt die **Vereinnahmung des Gewinns** durch den Gesellschafter dann phasengleich, d.h. im selben Geschäftsjahr, wenn die folgenden Voraussetzungen vorliegen:
1. Das Geschäftsjahr der PHG darf nicht später enden als das des Gesellschafters,
2. Die Höhe des Gewinns muss hinreichend konkret sein. Dies ist dann gewährleistet, wenn der für den Gewinn relevante Jahresabschluss im maßgeblichen Wertaufhellungszeitraum des Gesellschafters festgestellt oder zumindest aufgestellt und von der Geschäftsführung unterschrieben ist.

Der **Gesellschaftsvertrag** kann die Gewinnverwendung allerdings der individuellen Verfügungsmacht der Gesellschafter entziehen, in dem dieser entweder die Bildung von Rücklagen oder aber einen Gesellschafterbeschluss über die Ergebnisverwendung vorsieht. Sofern ein Gesellschafterbeschluss vorgesehen ist, kommt eine phasengleiche Gewinnvereinnahmung regelmäßig nicht in Betracht. Besitzt allerdings ein Gesellschafter die absolute Mehrheit der Stimmrechte kann für diesen dennoch eine phasengleiche Gewinnvereinnahmung in Betracht kommen, wenn die Forderung auf Gewinn hinreichend konkretisiert ist. Hierfür hat der BGH (II ZR 67/73 vom 03.11.1975, BGHZ 65, 230) folgende Grundsätze festgesetzt:
1. Der Gesellschafter besitzt eine Mehrheitsbeteiligung.
2. Die Geschäftsjahre der Gesellschaften sind deckungsgleich, bzw. das Geschäftsjahr des Tochterunternehmens endet vor dem Geschäftsjahr des Gesellschafters.
3. Die Feststellung des Jahresabschlusses des Tochterunternehmens erfolgt vor dem Abschluss der Jahresabschlussprüfung des beherrschenden Unternehmens (sofern dieses prüfungspflichtig ist).
4. Es liegt ein Gewinnverwendungsbeschluss, zumindest aber ein Gewinnverwendungsvorschlag, vor.

Im Rahmen des Bilanzrichtlinie-Umsetzungsgesetz wurde mit dem § 272 Abs. 5 HGB eine bilanziell auszuweisende Ausschüttungssperre in Form einer Rücklage für den Fall der **phasengleichen Gewinnvereinnahmung** eingeführt. Die Rücklage ist für solche Beträge zu bilden, die den auf eine Beteiligung entfallenden Teil des Jahresüberschusses in der Gewinn- und Verlustrechnung überschreiten, die als Dividende oder Gewinnanteil eingegangen sind oder auf deren Zahlung die Kapitalgesellschaft einen Anspruch hat. Im Klartext heißt dies, dass die ausschüttungsgesperrte Rücklage dann nicht zu bilden ist, wenn ein Zahlungsanspruch besteht. Nach Anwendung der soeben dargestellten Grundsätze der Gewinnvereinnahmung sollte ein solcher immer bestehen. Die Anwendungsfälle der Ausschüttungssperre dürften somit begrenzt sein.

Im Zusammenhang mit der steuerlich zum Teil abweichenden Behandlung der Ergebnisvereinnahmung kann es bei der Bilanzierung von Anteilen an PHG zu Bewertungsunterschieden zwischen Steuer- und Handelsbilanz kommen, die zur Bildung von latenten Steuern führen kann. Steuerlich kommt eine phasengleiche Gewinnvereinnahmung immer in Betracht und Verluste werden dem Kapitalkonto des Gesellschafters auch dann belastet, wenn handelsrechtlich kein Wertminderungsbedarf besteht. Diese **quasi-temporäre Differenz** führt dann zu latenten Steuern, wenn der Gesellschafter der PHG eine Kapitalgesellschaft ist, bei dem diese Differenz zu späterer Be- oder Entlastung mit Körperschaftsteuer führt. Die gewerbesteuerlichen Hinzurechnungs- und Kürzungsvorschriften verhindern die Belastung des Gesellschafters mit Gewerbesteuer. Auf die weiteren Gründe, die zu einer Bewertungsdifferenz im Beteiligungswert führen können, gehe ich aus Zeitgründen nicht weiter ein.

Zum Abschluss dieses Teils meines Vortrags möchte ich noch kurz darauf hinweisen, dass für persönlich haftende Gesellschafter einer PHG Angaben zur Gesellschafterstellung als unbeschränkt haftender Gesellschafter im Anhang gem. § 285 Nr. 11a HGB und zur unbeschränkten Haftung in der Bilanz oder im Anhang zu machen sind. Letzteres gilt auch für Kommanditisten, deren Einlage die bedungene Einlage unterschreitet.

Vortragszeit: 5/6 Minuten

III. Prüfung von Anteilen an Personenhandelsgesellschaften

Wie eingangs erwähnt, hängt die Prüfung von Anteilen an PHG davon ab, ob diese zum AV oder UV gehören. Diese Zuordnung kann grundsätzlich nur durch die Aussage des gesetzlichen Vertreters verifiziert werden, der für die strategische Ausrichtung des Unternehmens zuständig ist (vgl. auch IDW PS 303 Tz. 18). Im Folgenden gehe ich auf die Prüfung der Beteiligung im FAV ein.

Im Rahmen der **Prüfungsplanung** ist das Fehlerrisiko einzuschätzen, dass sich aus der Bilanzierung von Beteiligungen ergibt und daraufhin festzulegen, welche Aussagen der Rechnungslegung durch welche Prüfungshandlungen nachgewiesen werden sollen. Zunächst kommt die Angemessenheitsprüfung des mit dem Beteiligungsmanagement zusammenhängenden internen Kontrollsystems in Betracht. Es ist festzustellen, ob ein System vorhanden ist, dass den Prozess der Zugangs- und Folgebewertung von Beteiligungen vollumfänglich umfasst und Kontrollen eingerichtet sind, die verhindern, dass dieser Prozess zu Falschaussagen in der Rechnungslegung führt. Es ist sicherzustellen, dass der Prozess den relevanten Mitarbeitern bekannt ist. Sofern der Prozess vorhanden aber nicht verschriftlicht ist, kommt zunächst die Aufnahme desselben in Betracht. Kommt der Abschlussprüfer zu dem Schluss, dass das IKS angemessen ist, kann er hieraus und aus der ersten Risikoeinschätzung ableiten, welche Aussagen im Rahmen der aussagebezogenen Prüfungshandlungen noch überprüft werden sollen. Dies können beispielsweise folgenden Aussagen sein:

- Die Vollständigkeit des Ansatzes der Beteiligungen an PHG.
- Die richtige Folgebewertung und zeitgerechte Vereinnahmung von Gewinnanteilen.
- Die Richtigkeit der den latenten Steuern zugrundeliegenden Bewertungsdifferenzen.
- Die Richtigkeit der Anhangangaben.

Neben der **Funktionsprüfung des IKS**, in dem vor allem die durchgängige Wirksamkeit des Systems anhand eines sog. Walk-Throughs geprüft werden muss, kommen in diesem Prüffeld diverse Einzelfallprüfungshandlungen in Betracht. Das Prüffeld Beteiligungen an PHG ist klassischerweise keines, in denen aussagebezogene Prüfungshandlungen alleine zur Erzielung einer hinreichenden Sicherheit nicht ausreichen. Somit sollte der Abschlussprüfer für die soeben genannten Aussagen in der Rechnungslegung mit den folgenden Prüfungshandlungen ausreichende und angemessene Prüfungsnachweise erzielen können:

Zur Überprüfung der Vollständigkeit des Ansatzes kommt die Einsichtnahme in die Vertragsakten der Gesellschaft in Betracht. Ebenfalls sollten Gesellschafterbeschlüsse über etwaige Einlagen und die Umwandlung von Gewinnen in Rücklagen eingesehen werden.

Für die richtige Folgebewertung sind aktuelle Jahresabschlüsse der Tochterunternehmen sowie Ertrags- und Liquiditätsplanungen anzufordern und mit dem Beteiligungsbuchwert abzugleichen. Gegebenenfalls kommt **die Erstellung einer eigenen IDW S 1-Bewertung** zu Vergleichszwecken in Betracht. Die Einsichtnahme in Gesellschafterversammlungsprotokolle der Gesellschafterversammlungen der PHG können Hinweise auf ggf. notwendige Wertminderungen geben.

Zur Feststellung, ob ein Gewinn richtigerweise phasengleich vereinnahmt wurde, ist zunächst anhand des Gesellschaftsvertrags heraus zu arbeiten, ob die Gewinnvereinnahmung nach dem gesetzlichen Regelstatut erfolgt, oder diese vom Beschluss der Gesellschafterversammlung abhängig ist. Zudem sollten die unterschriebenen oder festgestellten Jahresabschlüsse oder Gewinnverwendungsvorschläge oder -beschlüsse angefordert und zeitlich mit der etwaigen Erfassung einer Forderung abgeglichen werden.

Für die Überprüfung der richtigen Ermittlung der Bewertungsdifferenzen, die den latenten Steuern zugrunde liegen, sollte sichergestellt werden, dass der Abschlussprüfer in alle steuerlich relevanten Unterlagen der PHG Einsicht nehmen kann. Dies betrifft vor allem Fälle, in denen Ergänzungsbilanzen des Gesellschafters vorliegen. Auch muss überprüft werden, ob die steuerlichen Besonderheiten auf Ebene des Gesellschafters korrekt berücksichtigt wurden.

Schließlich kann die Richtigkeit der Anhangangaben gem. § 285 Nr. 11a HBG des Gesellschafters beispielsweise dadurch überprüft werden, dass die Angaben zu Name, Sitz und Rechtsform der Unternehmen, deren unbeschränkt haftender Gesellschafter das Berichtsunternehmen ist, mit den jeweiligen Handelsregisterauszügen der Tochterunternehmen abgeglichen werden.

Durch die **Einholung einer Vollständigkeitserklärung** können die Prüfungshandlungen abgerundet werden. Ersetzen kann diese die einzelnen Prüfungshandlungen allerdings nicht.

Führen die oben genannten Prüfungshandlungen zu keinen Beanstandungen kann ein uneingeschränkter Bestätigungsvermerk erteilt werden, im Prüfungsbericht ist auf die Art und den Umfang der Prüfungshandlungen einzugehen, die im Rahmen der Prüfung vorgenommen wurden.

In Fällen in denen wesentliche Unterlagen der PHG aufgrund wie auch immer gearteter Hindernisse nicht beschafft werden können, kann gegebenenfalls ein Prüfungshemmnis vorliegen, dass je nach Wesentlichkeit des Prüfungsfeldes zu einer **Einschränkung des Prüfungsurteils** führen kann. Die Einschränkung desselben führt zu entsprechender Vorwegberichterstattung sowie einer Berichterstattung im Hauptteil des Prüfungsberichts und im Bestätigungsvermerk. Solch ein Fall liegt zum Beispiel vor, wenn die den latenten Steuern zugrundeliegenden Bewertungsdifferenzen aufgrund nicht vorliegender steuerlicher Grunddaten der PHG nicht verifiziert werden können.

> Vortragszeit: 3,5/9,5 Minuten

IV. Fazit

Zum Ende meines Kurzvortrags möchte ich zusammenfassend noch einmal die Aufmerksamkeit darauf lenken, dass bei der Bilanzierung von Anteilen an PHG insbesondere aufgrund haftungs- und steuerrechtlicher Besonderheiten eine besondere Sorgfalt zu gewährleisten ist. Das Vorliegen vollständiger Unterlagen ist eine essentielle Voraussetzung dafür, dass es bei dem Ansatz und der Bewertung sowie der weiteren Angaben im Jahresabschluss nicht zu wesentlichen Falschaussagen kommt. Im Rahmen der Abschlussprüfung sollte dieses inhärente Risiko immer in Betracht gezogen werden.

Vielen Dank für Ihre Aufmerksamkeit.

> Vortragszeit: 0,5/10 Minuten

Vortrag 22
Bilanzierung und Prüfung von Drohverlustrückstellungen im Jahresabschluss nach HGB (Prüfungswesen)

Sehr geehrte/r Frau/Herr Vorsitzende/r, sehr geehrte Prüfungskommission,
aus den mir zur Auswahl gestellten Themen habe ich mich für das Thema „**Bilanzierung und Prüfung von Drohverlustrückstellungen im Jahresabschluss nach HGB**" entschieden. Meinen Vortrag gliedere ich wie folgt:

I.	Rechtliche Einordnung, Begriff und Abgrenzung
II.	Bilanzierung und Bewertung

III.	Prüfung von Drohverlustrückstellungen
IV.	Fazit

> Vortragszeit: 0,5 Minuten

I. Rechtliche Einordnung, Begriff und Abgrenzung

Aus dem, dem deutschen Handelsrecht zugrundeliegenden Grundsatz der vorsichtigen Bilanzierung, § 252 Abs. 1 Nr. 4 HGB, ergibt sich für den Kaufmann die Verpflichtung, Verluste im Jahresabschluss zu berücksichtigen, wenn diese entstanden sind. Gem. § 249 Abs. 1 S. 1 HGB sind daher bereits erfolgswirksame **Rückstellungen für drohende Verluste aus schwebenden Geschäften** zu bilden. Steuerrechtlich besteht gem. § 5 Abs. 4a S. 1 EStG ein Verbot zur Passivierung von Rückstellungen für drohende Verluste.

Der Berufsstand der Wirtschaftsprüfer befasst sich im IDW RS HFA 4 mit Zweifelsfragen in Zusammenhang mit dem Ansatz und der Bilanzierung von Drohverlustrückstellungen. Die **Prüfung der Bewertung von Drohverlustrückstellungen** orientiert sich an den in IDW PS 314 – Prüfung von Zeit- und Schätzwerten erfassten Grundsätzen des Berufsstandes.

Zur weiteren Eingrenzung des Themas werde ich den Begriff „schwebendes Geschäft" und „drohender Verlust" kurz skizzieren und die Drohverlustrückstellungen von den Rückstellungen für ungewisse Verbindlichkeiten abgrenzen.

Unter einem **schwebenden Geschäft** sind gegenseitige Geschäfte zwischen zwei Vertragsparteien zu verstehen, die auf einen gegenseitigen Leistungsaustausch gerichtet sind und die zum Bilanzstichtag noch nicht erfüllt worden sind. Diese gegenseitigen Geschäfte können sowohl Lieferungen von Gegenständen des Anlage- oder Umlaufvermögens (Kaufvertrag über ein Grundstück, Werkvertrag über die Herstellung einer Maschine) als auch Leistungen (Mietverhältnis) zum Gegenstand haben. Der Bilanzierende kann aus diesen gegenseitigen Verträgen entweder der Verpflichtete (Absatzgeschäft) oder der Empfangende (Beschaffungsgeschäft) sein. Ein schwebendes Geschäft beginnt grundsätzlich mit dem rechtlich verbindlichen Abschluss eines gegenseitigen Vertrags und endet mit der Erfüllung der Verpflichtung, der sogenannten Sachleistung. Die Zahlung der Geldleistung führt hingegen nicht zum Abschluss eines schwebenden Geschäfts.

Ein **drohender Verlust** liegt vor, wenn sich aus dem gegenseitigen Geschäft ein Verpflichtungsüberschuss ergibt, der Wert der Leistung des Bilanzierenden also den Wert seiner Gegenleistung übersteigt. Beispielsweise kann der Bilanzierende aus einem Werkvertrag verpflichtet sein, ein Gebäude für eine vereinbarte Gegenleistung herzustellen. Wenn sich nunmehr herausstellt, dass unter Berücksichtigung der Umstände der Vertragsabwicklung die Aufwendungen für die Erfüllung der Sachleistungsverpflichtung die zu erzielende Gegenleistung übersteigen werden (beispielsweise die Verhandlung von Nachträgen nicht erfolgsversprechend ist), ist ein drohender Verlust aus einem Absatzgeschäft entstanden.

Im dargestellten Beispiel hätte die Abwertung des unfertigen Erzeugnisses im Rahmen des strengen Niederstwertprinzips gem. § 253 Abs. 4 HGB auf den niedrigeren beizulegenden Wert Vorrang vor der Bildung einer Drohverlustrückstellung. Nur ein den Wert des Vermögensgegenstandes übersteigender drohender Verlust würde zur Bildung einer Drohverlustrückstellung führen. Sofern Vermögensgegenstände nur mittelbar Gegenstand eines schwebenden Geschäfts sind (Vermietung von Anlagevermögen), kommt die Abwertung des Vermögenstandes nur bei voraussichtlich dauernder Wertminderung in Betracht.

Wie bei einer Drohverlustrückstellung beruhen auch **Rückstellungen für ungewisse Verbindlichkeiten** auf der Leistungsverpflichtung des Bilanzierenden einem Dritten gegenüber. Im Gegensatz zur Drohverlustrückstellung, die einen Verpflichtungsüberschuss erfasst, ergibt sich die Verpflichtung zur Bildung einer Rückstellung für ungewisse Verbindlichkeiten jedoch daraus, dass zukünftige Aufwendungen aus in der Vergangenheit realisierten Erträgen erwachsen (z.B. Gewährleistungsverpflichtungen) oder aber zukünftigen Aufwendungen keine Erträge (z.B. Verpflichtung zur Leistung von Schadensersatz) gegenüber stehen.

> Vortragszeit: 2/2,5 Minuten

II. Bilanzierung und Bewertung

Lassen Sie mich nunmehr vertiefend auf die **Bilanzierung** und insbesondere die **Bewertung von Drohverlustrückstellungen** eingehen.

Wie eingangs bereits erwähnt, führt das Vorliegen eines Verpflichtungsüberschusses aus einem schwebenden Geschäft grundsätzlich zur Verpflichtung, eine Rückstellung für drohende Verluste gem. § 249 Abs. 1 S. 1 HGB zu bilden, wenn dieser drohende Verlust nicht zuvor vorrangig durch die Abwertung von Vermögensgegenständen des Anlage- oder Umlaufvermögens abgebildet wird.

Drohverlustrückstellungen sind gem. § 253 Abs. 1 S. 2 und Abs. 2 HGB mit dem nach vernünftiger kaufmännischer Beurteilung notwendigen Erfüllungsbetrag zu bewerten. Maßgeblich sind dabei nicht nur die am Bilanzstichtag vorliegenden Verhältnisse. Auch **künftige Preis- und Kostensteigerungen** fließen in die Bewertung ein, wenn die Erwartung derselben begründet ist. Im vorangegangenen Beispiel, in dem der Bilanzierende zur Herstellung eines Gebäudes verpflichtet ist, wären z.B. künftig erwartete Tariflohnsteigerungen des zur Erfüllung der Sachleistungsverpflichtung eingesetzten Personals wertbeeinflussend.

Preis- und Kostensteigerungen, die auf singulären Ereignissen beruhen, sind hingegen nicht in die Bewertung mit einzubeziehen.

Gem. § 253 Abs. 2 S. 1 HGB sind Rückstellungen mit einer Restlaufzeit von mehr als einem Jahr mit dem ihrer Restlaufzeit entsprechenden durchschnittlichen Marktzinssatz der vergangenen sieben bzw. zehn Geschäftsjahre abzuzinsen. Aus dem schwebenden Geschäft ergeben sich in Zukunft voraussichtlich erfolgswirksame Ein- und Auszahlungen. Diese sind auf den Bilanzstichtag abzuzinsen. Durch die Berücksichtigung der verschiedenen Ein- und Auszahlungszeitpunkte wird den Zinseffekten der unterschiedlichen Zahlungszeitpunkte Rechnung getragen. Zudem berücksichtigt die Abzinsung die durch die Rückstellungsbildung begründete Mittelbindung im Unternehmen und die Möglichkeit ihrer zwischenzeitlich möglichen verzinslichen Verwendung.

Besonders möchte ich noch die **Notwendigkeit der Differenzierung schwebender Absatz- und Beschaffungsgeschäfte** für die Findung der korrekten Wertansätze herausstellen.

Bei dem bislang bemühten Beispiel der Verpflichtung zur Herstellung eines Gebäudes handelt es sich um ein **schwebendes Absatzgeschäft**. Für die Ermittlung der Höhe des drohenden Verlusts sind die bislang aktivierten Herstellungskosten maßgeblich. Die voraussichtlich noch anfallenden Material- und Fertigungseinzel- und -gemeinkosten sind zu Vollkosten zu bewerten. Bei der Ermittlung der zu erwartenden weiteren Gemeinkosten ist von normaler Kapazitätsauslastung auszugehen.

Bei **schwebenden Beschaffungsgeschäften** ist in solche über bilanzierungsfähige Vermögensgegenstände und solche über nicht bilanzierungsfähige Leistungen zu unterscheiden.

Bei drohenden Verlusten aus schwebenden Beschaffungsgeschäften liegt aus Sicht des Bilanzierenden ein **Verpflichtungsüberschuss der Geldleistungsverpflichtung** vor. Handelt es sich bei der zu empfangenden Sachleistungsverpflichtung **um einen bilanzierungsfähigen Gegenstand**, stellt die Drohverlustrückstellung eine vorweggenommene Abschreibung auf den Vermögensgegenstand dar. Ob der drohende Verlust aus dem schwebenden Geschäft zu einer Drohverlustrückstellung führt, korrespondiert mit dem Wesen der zu empfangenden Sachleistung. Sofern es sich bei der zu empfangenden Sachleistungsverpflichtung um einen Gegenstand des Umlaufvermögens handelt, kommt es aufgrund der aus dem strengen Niederstwertprinzip erwachsenden Abschreibungsverpflichtung zu einer Passivierungspflicht für die Drohverlustrückstellung. Bei Sachanlagevermögen kommt eine Passivierung bei voraussichtlich nicht dauernder Wertminderung nicht in Betracht. Bei Finanzanlagevermögen korrespondiert die Passivierung hingegen nicht etwa mit der Ausübung des Abschreibungswahlrechts gem. § 253 Abs. 3 Satz 4 HGB. In diesem Fall besteht ein Verbot zur Bildung einer Drohverlustrückstellung, wenn es sich nur um eine vorübergehende Wertminderung handelt.

In Fällen von schwebenden Beschaffungsgeschäften über nicht bilanzierungsfähige Leistungen (z.B. Mietverhältnis) ist auf den Beitrag der Sachleistung zum Unternehmenswert abzustellen. Nur sofern dieser nicht objektiv ermittelbar ist, d.h. der Leistung keine Erträge zugerechnet werden können, ist die Bildung einer Drohverlustrückstellung zulässig, wenn die beschaffte Leistung vollends nicht verwertet werden kann.

Vortragszeit: 3,5/6 Minuten

III. Prüfung von Drohverlustrückstellungen

Im Folgenden werde ich beispielhaft die **Prüfung der vollständigen Erfassung von Drohverlustrückstellungen** für schwebende Absatzgeschäfte im klassischen Prüfungsprozess darstellen.

Verantwortlich für die vollständige Erfassung von Rückstellungen für drohende Verluste aus schwebenden Absatzgeschäften ist das Management des zu prüfenden Unternehmens. Dieses hat organisatorische Vorkehrungen zu treffen, dass alle schwebenden Geschäfte zum Abschlussstichtag erfasst sind und die einzelnen Geschäfte auf die potenzielle Gefahr eines Verpflichtungsüberschusses hin untersucht werden.

Der Abschlussprüfer ist dafür verantwortlich, seine Prüfungshandlungen so auszurichten, dass er Fehler in der Rechnungslegung mit hinreichender Sicherheit erkennt. Er muss **ausreichende und angemessene Prüfungsnachweise** einholen, die belegen, dass die bilanzierten Rückstellungen für drohende Verluste sämtliche schwebende Absatzgeschäfte berücksichtigen, aus denen dem Bilanzierenden ein Verpflichtungsüberschuss erwächst, dem nicht zuvor durch Abwertung des Aktivvermögens Rechnung getragen werden konnte.

Hierfür ist zunächst im Rahmen der **Risikobeurteilung** ein Verständnis von den organisatorischen Vorkehrungen zu gewinnen, die getroffen wurden, um die vollständige Erfassung aller schwebenden Absatzgeschäfte zu gewährleisten. Dieses Verständnis erlangt der Abschlussprüfer generell durch die Gewinnung eines Verständnisses von der Geschäftstätigkeit des Unternehmens und speziell beispielsweise durch Gespräche mit dem Management, das den Prozess erläutert. Unter Berücksichtigung der so gewonnen Informationen hat der Abschlussprüfer im Rahmen seines Ermessens einzuschätzen, ob gegebenenfalls sogar ein bedeutsames Risiko vorliegt, dass die vollständige Erfassung von Drohverlustrückstellungen aus schwebenden Absatzgeschäften nicht gegeben ist.

In den nächsten Phasen der Prüfung erfolgen aufgrund der Ergebnisse aus der Risikobeurteilung eine System- sowie gegebenenfalls weitere aussagebezogene Prüfungshandlungen. Im Rahmen der **Systemprüfungshandlung** wird überprüft, ob die vom Management vorgesehenen Kontrollen angemessen und wirksam sind, um sicherzustellen, dass alle schwebenden Absatzgeschäfte erfasst und auf ihr Verlustpotenzial hin überprüft werden. Hierzu sollte der Abschlussprüfer in einem ersten Schritt Einsicht in die Arbeitsanweisungen zur Erfassung und Überprüfung von schwebenden Geschäften nehmen. Kommt er zu dem Schluss, dass das System zur Erfassung von schwebenden Geschäften angemessen ist, die Vollständigkeit zu gewährleisten, ist im Rahmen der Funktionsprüfung zu klären, ob die vorhandenen Maßnahmen im Unternehmen bekannt sind und durchgängig umgesetzt werden. Hierzu ist idealerweise z.B. anhand eines eingehenden Werkvertrags die Behandlung desselben im Auftragsprozess zu überprüfen, sog. **walk-trough**.

Die Ergebnisse der Risikobeurteilung und der Systemprüfungshandlung beeinflussen den Einsatz und den Umfang aussagebezogener Prüfungshandlungen. Vor dem Hintergrund des Grundsatzes der Wirtschaftlichkeit und Wesentlichkeit der Abschlussprüfungen sind aussagebezogene Prüfungshandlungen einzusetzen, wenn es sich nach Einschätzung des Abschlussprüfers bei der Vollständigkeit der Drohverlustrückstellungen um ein wesentliches Fehlerrisiko handelt oder aber wenn die aus den Systemprüfungshandlungen erlangten Prüfungsnachweise noch nicht zu einem hinreichenden sicheren Prüfungsurteil führen. Als aussagebezogene Prüfungshandlungen kommen Erkenntnisse z.B. aus dem walk-through durch den Auftragsprozess in Betracht. Zudem wären Prüfungshandlungen wie beispielsweise die Einsichtnahme in die offenen Kauf- und Werkverträge des Unternehmens und deren Abgleich mit dem offenen Auftragsbestand denkbar. Auch kann die Einsichtnahme in Vertragsunterlagen über zu verhandelnde Nachträge Hinweise auf potentielle Verpflichtungsüberschüsse geben. Außerdem kommen Gespräche mit zuständigen Projektleitern sowie der Abgleich projektbezogener Kostenstellenrechnungen mit den Angebotszahlen einzelner Projekte in Betracht.

Schließlich hat der Abschlussprüfer eine **schriftliche Vollständigkeitserklärung des Managements** einzuholen.

Der Abschlussprüfer hat auf Grundlage der eingeholten Prüfungsnachweise zu beurteilen, ob die bilanzierten Drohverlustrückstellungen die drohenden Verluste aus schwebenden Absatzgeschäften vollständig abbilden. Auswirkungen auf den Bestätigungsvermerk ergeben sich lediglich, wenn Verpflichtungsüberschüsse nicht ordnungsgemäß in der Rechnungslegung abgebildet werden, sei es durch Abwertung der betreffenden Aktivposition, sei es durch die Bildung einer Drohverlustrückstellung. Die Berichterstattung im Prüfungsbericht korrespondiert mit der Behandlung im Bestätigungsvermerk. Die vorgenommen Prüfungshandlungen und die erlangten Prüfungsnachweise sind in den Arbeitspapieren zu dokumentieren.

> Vortragszeit: 3/9 Minuten

IV. Fazit

Hiermit komme ich zum Ende meines heutigen Kurzvortrags. Ich habe dargestellt, dass die Bilanzierung und Bewertung von Drohverlustrückstellungen ein komplexes Gebiet der Rechnungslegung ist. Insbesondere für die Bewertung ist die Unterscheidung der schwebenden Geschäfte als Absatz- oder Beschaffungsgeschäft von hoher Bedeutung. Komplexität gewinnt die Bilanzierung von schwebenden Geschäften zudem auch dadurch, dass sich die Erfassung der drohenden Verluste in einigen Fällen zunächst auf Ebene der Bewertung von Vermögensgegenständen niederschlägt.

Die komplexe Materie machen die „Drohverlustrückstellungen" zu einem oftmals wesentlichen Prüfungsfeld. Neben der Bewertung der Rückstellungen können Fehlerrisiken insbesondere auch in der Vollständigkeit der Erfassung drohender Verluste liegen. Vor allem vor dem Hintergrund der Entwicklung der Abschlussprüfung hin zu einer skalierten Prüfung sollte man bei der Risikobeurteilung „drohender Verluste aus schwebenden Geschäften" die Augen offen halten.

Vielen Dank für Ihre Aufmerksamkeit.

> Vortragszeit: 1/10 Minuten

Vortrag 23
Die Kapitalflussrechnung nach DRS 21 (Prüfungswesen)

Sehr geehrte/r Frau/Herr Vorsitzende/r, sehr geehrte Prüfungskommission,
aus den mir zur Auswahl gestellten Themen habe ich mich für das Thema **„Die Kapitalflussrechnung nach DRS 21"** entschieden. Meinen Vortrag gliedere ich wie folgt:

I.	Einleitung
II.	Anwendungsbereich
III.	Darstellung der einzelnen Bestandteile des DRS 21
IV.	Praxisauswirkungen

> Vortragszeit: 0,5 Minuten

I. Einleitung

Bevor ich anhand der Erläuterungen der einzelnen Bestandteile der Kapitalflussrechnung (KFR) den Deutschen Rechnungslegungsstandard (DRS) 21 erläutere, möchte ich einleitend zunächst den Zweck und die Zielsetzung des Instruments der Kapitalflussrechnung erläutern.

Die **Kapitalflussrechnung** erklärt die Veränderung des Finanzmittelfonds des Unternehmens durch eine Mittelzufluss- und -verwendungsrechnung. Ausgehend vom Finanzmittelfonds des Vorjahres wird dargestellt, welche zahlungswirksamen Mittelzu- und -abflüsse aus der operativen, der Investitions- und der Finanzierungstätigkeit des Unternehmens resultieren. Dabei wird dargestellt, ob das Unternehmen in der Lage ist, aus seinem Jahresergebnis laufende Zahlungsverpflichtungen zu erfüllen, Ausschüttungen an die Anteilseigner zu leisten und dabei künftige finanzielle Überschüsse zu erwirtschaften.

> Vortragszeit: 0,5/1 Minute

II. Anwendungsbereich

Die Kapitalflussrechnung ist gem. § 297 Abs. 1 HGB **Pflichtbestandteil eines Konzernabschlusses**. Diese ist nach den Grundsätzen ordnungsmäßiger Buchführung aufzustellen. Die Grundsätze der DRS haben keinen Gesetzescharakter, erhalten aber **Konzern-GoB-Vermutung**, wenn diese gem. § 342 Abs. 2 HGB durch das Bundesministerium für Justiz im Bundesanzeiger bekannt gemacht worden sind. Am 08.04.2014 hat das BMJV den DRS 21 im Bundesanzeiger veröffentlicht. Seitdem besitzt dieser Konzern-GoB-Vermutung und ersetzt für alle Geschäftsjahre, die nach dem 31.12.2014 beginnen den bislang gültigen DRS 2. Verpflichtend ist der DRS 21 zwar grundsätzlich nur von Mutterunternehmen anzuwenden, die einen Konzernabschluss aufzustellen haben. Sofern Jahresabschlüsse jedoch um eine freiwillige Kapitalflussrechnung erweitert werden, spricht DRS 21 die Empfehlung aus, diesen ebenfalls anzuwenden.

> Vortragszeit: 2/3 Minuten

III. Darstellung der einzelnen Bestandteile des DRS 21

Im Schwerpunkt meines Kurzvortrags werde ich einzelne Bestandteile der KFR vorstellen.

Finanzmittelfonds

Die Kapitalflussrechnung erklärt vorrangig die **Veränderung des Finanzmittelfonds** während eines Geschäftsjahres. Die knappe Definition des DRS 21 zum Finanzmittelfonds lautet: „Bestand an Zahlungsmitteln und Zahlungsmitteläquivalenten." Unter Zahlungsmittel sind die liquiden Mittel des Unternehmens zu verstehen, klassischerweise die Position § 266 Abs. 2 B., IV. HGB – Kassenbestand, Bundesbankguthaben, Guthaben bei Kreditinstituten und Schecks. Jederzeit fällige Verbindlichkeiten gegenüber Kreditinstituten sind dabei von den Zahlungsmitteln offen abzusetzen.

Zahlungsmitteläquivalente sind liquide Finanzmittel, die jederzeit in Zahlungsmittel umgewandelt werden können. Im DRS 21 wird klarstellend geregelt, dass die Restlaufzeit der Zahlungsmitteläquivalente im Erwerbszeitpunkt drei Monate betragen muss, damit diese in den Finanzmittelfonds mit aufgenommen werden dürfen.

Veränderungen des Finanzmittelfonds, die aus der Währungsumrechnung zum Bilanzstichtag in Euro resultieren, sowie aus Änderungen des Konsolidierungskreises aufgrund § 296 HGB werden gesondert in der Kapitalflussrechnung ausgewiesen. Dabei fordert DRS 21 nicht nur den gesonderten Ausweis der wechselkurs- und bewertungsbedingten Änderungen des Finanzmittelfonds, sondern eben auch solche aus Änderungen des Konsolidierungskreises.

Cashflow aus operativer Tätigkeit

Der Cashflow aus der laufenden Geschäftstätigkeit stellt die Zahlungsströme dar, die sich aus der Geschäftstätigkeit des Unternehmens ergeben, die in der Satzung im Gesellschaftszweck näher definiert ist. In Negativabgrenzung sind dies solche Zahlungsströme, die nicht der Investitions- und Finanzierungstätigkeit zuzuordnen sind.

DRS 21 lässt weiterhin die direkte, unsaldierte, wie auch die indirekte Methode zur Ermittlung des Cashflows zu, bei der das Jahresergebnis um alle zahlungsunwirksamen Effekte eliminiert wird. Zudem wird der Cashflow aus operativer Tätigkeit nunmehr auch um solche Effekte bereinigt, die auf die Investitions- und Finanzierungstätigkeit entfallen. Insbesondere sind Zinsaufwendungen dem Jahresergebnis wieder hinzuzurechnen und Beteiligungs- und Zinserträge abzuziehen.

DRS 21 verlangt, **die Ertragsteueraufwendungen und -erträge** stets in Bezug auf ihre Zahlungswirksamkeit zu korrigieren und dies offen in der Ermittlung des operativen Cashflow auszuweisen. DRS 21 ordnet dabei den Steuereffekt stets dem operativen Cashflow zu, auch wenn dieser ebenfalls mit Transaktionen der Investitions- und Finanzierungstätigkeit zusammenhängen kann.

Die außerordentlichen Effekte sind nach DRS 21 ebenfalls verursachungsgerecht auf die einzelnen Zahlungsströme zu verteilen.

Cashflow aus Investitionstätigkeit

Die Investitionstätigkeit eines Unternehmens wird im DRS 21 definiert und zwar als eine auf den Zu- und Abgang von Vermögensgegenständen des Anlage- und Umlaufvermögens gerichtete Tätigkeit, die weder dem operativen noch dem Finanzierungsbereich des Unternehmens zugeordnet werden kann.

Die Ermittlung des Cashflow aus Investitionstätigkeit erfolgt nach der direkten Methode, bei der Ein- und Auszahlungen aus der Durchführung dieser Aktivitäten dem Finanzmittelfonds vom Beginn des Geschäftsjahres zu- bzw. abgerechnet werden. Klassischerweise ist dies die Zurechnung von Einzahlungen aus dem Abgang und die Abrechnung von Auszahlungen aus dem Zugang von Gegenständen des Anlagevermögens.

Nach DRS 21 sind die Zahlungsströme gesondert gem. der Aktivposten auszuweisen, auf deren Veränderungen sich diese beziehen. Außerdem erfolgt vor allem die eindeutige Zuordnung der Zahlungsströme aus erhaltenen Zinsen und Dividenden. Diese werden eindeutig dem Cashflow aus Investitionstätigkeit zugeordnet. DRS 21 geht davon aus, dass diese Früchte aus der Mittelverwendung in Form der Zuführung von Fremd- oder Eigenkapital bei anderen Unternehmen sind.

Auch sind außerordentliche Effekte aus der Investmenttätigkeit diesem Cashflow zuzuordnen.

Cashflow aus Finanzierungstätigkeit

Die Definition der Finanzierungstätigkeit beschreibt diese als „Aktivität, die sich auf die Höhe und/oder Zusammensetzung der Eigenkapitalposten und/oder Finanzschulden auswirkt, einschließlich der Vergütungen für die Kapitalüberlassung."

Insbesondere gezahlte Zinsen werden explizit zum Cashflow aus Finanzierungstätigkeit gezählt. Die Ermittlung erfolgt über die **direkte Methode**. Neben der verpflichtenden Zuordnung von gezahlten Entgelten für überlassenes Fremdkapital sowie die Erfassung von außerordentlichen Effekten aus der Finanzierungstätigkeit zu diesem Cashflow, schreibt DRS 21 wie schon im Rahmen der Ermittlung des Cashflow aus der Investitionstätigkeit eine detailliertere Darstellung der Entwicklung des Cashflow aus Finanzierungstätigkeit vor.

So werden insbesondere der Mittelzufluss und die -verwendung bei Veränderungen des Eigenkapitals getrennt nach Gesellschaftern des Mutterunternehmens und anderen Gesellschaftern des Tochterunternehmens dargestellt.

Grundsätze

Der DRS 21 schreibt zehn Grundsätze für die Darstellung der Zahlungsströme vor. Von diesen Grundsätzen erwähnte ich hier insbesondere den der Zuordnung von Zahlungsströmen zu den Tätigkeitsbereichen, in dem eindeutig festgelegt wurde, dass erhaltene Zinsen und Dividenden der Investitionstätigkeit, Ertragssteuererstattungen- und -zahlungen grundsätzlich dem operativen Cashflow und gezahlte Zinsen der Finanzierungstätigkeit zuzuordnen sind.

Flankiert wird dieser Grundsatz durch allgemeine Prinzipien wie beispielsweise den **Wesentlichkeits- und den Stetigkeitsgrundsatz**.

> Vortragszeit: 6/9 Minuten

IV. Praxisauswirkungen

Zum Abschluss meines Vortrags möchte ich kurz auf die **Auswirkungen des DRS 21 auf die Praxis** eingehen. Die Umstellung vom alten DRS 2 auf den neuen DRS 21 sollte erfolgreich geschafft sein. Nach wie vor ist die Kapitalflussrechnung ein wichtiges Element der Unternehmenspublizität, ist diese Größe doch unbeeinflusst von Bilanzpolitik und findet Eingang in diverse wichtige Bilanzkennzahlen wie beispielsweise den dynamischen Verschuldungsgrad. Neben der Bedeutung der Kapitalflussrechnung für die externen Adressaten stellt diese ein sinnvolles Berichtselement der internen Unternehmenssteuerung dar.

Vielen Dank für Ihre Aufmerksamkeit.

> Vortragszeit: 1/10 Minuten

Vortrag 24
Die Bilanzierung und Prüfung von Steuern im handelsrechtlichen Jahresabschluss (Prüfungswesen)

Sehr geehrte/r Frau/Herr Vorsitzende/r, sehr geehrte Prüfungskommission,
aus den mir zur Auswahl gestellten Themen habe ich mich für das Thema **„Die Bilanzierung und Prüfung von Steuern im handelsrechtlichen Jahresabschluss"** entschieden. Meinen Vortrag gliedere ich wie folgt:

I.	Einführung
II.	Bilanzierung und Bewertung
III.	Prüfung von Steuern
IV.	Fazit

> **Vortragszeit: 0,5 Minuten**

I. Einführung

Das Thema **Steuern im handelsrechtlichen Jahresabschluss** ist weitreichend und erfasst zunächst die Steuern aus Einkommen und Ertrag, wie die **Körperschaftsteuer, Kapitalertragsteuer und die Gewerbesteuer**. Eine weitere wichtige Steuerart, die den handelsrechtlichen Jahresabschluss erfasst, ist die **Umsatzsteuer**. Zudem werden im Jahresabschluss regelmäßig weitere Steuerarten, wie beispielsweise **Lohnsteuern, Grund- und Kfz-Steuern** oder in selteneren Fällen auch die **Grunderwerbsteuer** zu berücksichtigen sein. Im Folgenden werde ich mich mit der Bilanzierung und Prüfung von Körperschaftsteuer und Gewerbesteuer beschäftigen.

Wer Steuersubjekt der **Körperschaftsteuer** ist, regelt § 1 Abs. 1 KStG. Demnach unterliegen grundsätzlich alle **juristischen Personen** der Besteuerung mit Körperschaftsteuer. Die juristische Person betreibt daneben regelmäßig einen Gewerbebetrieb, der Steuergegenstand im Sinne des § 2 Abs. 2 GewStG ist. Die sich aus dem Betrieb dieses Gewerbebetriebs ergebende **Gewerbesteuer** schuldet die juristische Person als Unternehmer gem. § 5 Abs. 1 GewStG.

Neben den juristischen Personen sind auch **Personenhandelsgesellschaften** (haftungsbeschränkt und nicht haftungsbeschränkt) verpflichtet, einen Jahresabschluss nach den Vorschriften des HGB aufzustellen. Zwar sind Personengesellschaften zivilrechtlich gem. § 124 HGB eigenständige Rechtssubjekte. Ertragsteuerlich unterliegen diese allerdings dem **Transparenzprinzip**, nach dem die Besteuerung nicht auf Ebene der Gesellschaft, sondern auf Ebene der Gesellschafter, der steuerlichen Mitunternehmer, stattfindet. Gewerbesteuerlich gilt dieses Transparenzprinzip allerdings nicht. Hier ist wiederrum der stehende Gewerbebetrieb Gegenstand der Besteuerung (§ 2 Abs. 1 GewStG), der Steuerschuldner ist der Unternehmer, auf dessen Rechnung das Gewerbe betrieben wird (§ 5 Abs. 1 GewStG). Hieraus ergibt sich also die Konsequenz, dass juristische Personen der **Körperschaftsteuer- und Gewerbesteuerpflicht** und Personengesellschaften nur der **Gewerbesteuerpflicht** unterliegen. Dabei folgt der Gewinnermittlungszeitraum für die Körperschaftsteuer gem. § 8 Abs. 1 KStG i.V.m. § 4a Abs. 1 Nr. 2 EStG dem Zeitraum, für den regelmäßig Abschlüsse zu machen sind, sodass der Veranlagungszeitraum und das Geschäftsjahr immer deckungsgleich sind. Der Erhebungszeitraum für die Gewerbesteuer ist gem. § 14 S. 2 GewStG das Kalenderjahr.

Da die Unternehmen, die handelsrechtliche Jahresabschlüsse erstellen, gem. § 246 Abs. 1 HGB alle Vermögensgegenstände, Schulden, Rechnungsabgrenzungsposten sowie Aufwendungen und Erträge auszuweisen haben, erwächst auch aus den rechtlichen Ansprüchen und Verpflichtungen gegenüber dem Finanzamt die **Pflicht, die Steuern im Jahresabschluss** entsprechend zu **berücksichtigen**. Der entsprechend aufgestellte Jahresabschluss ist Gegenstand der Prüfung des Abschlussprüfers gem. §§ 317 ff. HGB und verpflichtet den Abschlussprüfer somit zur Prüfung der im handelsrechtlichen Jahresabschluss ausgewiesenen Steuern.

> **Vortragszeit: 1,5/2 Minuten**

II. Bilanzierung und Bewertung

Wie soeben dargestellt, erwächst dem bilanzierenden Steuerpflichtigen aus dem **Vollständigkeitsgebot** des § 246 Abs. 1 HGB die Pflicht, sämtliche Vermögensgegenstände und Schulden in seinen Jahresabschluss aufzunehmen. Anhand des Dreiklangs „Ansatz, Bewertung und Ausweis" soll im Folgenden dargestellt werden, wie die Steuern Eingang in den Jahresabschluss finden. Dabei meint der Begriff Steuern grundsätzlich die Körperschaftsteuer und die Gewerbesteuer. Bei Besonderheiten der einzelnen Steuerarten werde ich gesondert darauf hinweisen.

Ansatz

Fraglich ist zunächst, wann die Steuer überhaupt rechtlich entsteht. Gem. § 30 Nr. 3 KStG entsteht die veranlagte **Körperschaftsteuer** mit Ablauf des Veranlagungszeitraums, d.h. also mit Ablauf des Geschäftsjahres. Damit sind etwaige Steuererstattungsansprüche bzw. Steuerzahllasten in dem Jahr im Jahresabschluss zu berücksichtigen, auf dessen Jahresergebnis diese sich beziehen. Die **Gewerbesteuer** entsteht gem. § 18 GewStG mit Ablauf des Erhebungszeitraums, für den die Festsetzung vorgenommen wird, also grundsätzlich immer mit Ablauf des Kalenderjahres. Sofern das bilanzierende Unternehmen also kein abweichendes Wirtschaftsjahr hat, entstehen die Steuern rechtlich mit Ablauf des Kalenderjahres. Ein Ansatz erfolgt damit entweder als Forderung oder Schuld des Steuerpflichtigen gegenüber dem Finanzamt bzw. in Fällen der Gewerbesteuer gegenüber der Gemeinde.

Bewertung

Die **Bewertung der Steuerforderung bzw. -schuld** stellt den komplexesten Teil der Bilanzierung von Steuern dar. Grundsätzlich bemisst sich die Steuer nach der einfachen Formel Bemessungsgrundlage × Steuersatz. Dabei liegt der aktuelle Körperschaftsteuersatz gem. § 23 KStG bei 15 % und beträgt unter Berücksichtigung des Solidaritätszuschlags 15,83 %. Die **Höhe der Gewerbesteuer** wird durch die Höhe der gemeindespezifischen Hebesätze beeinflusst. Auf den sich aus dem Gewerbeertrag ergebenden Steuermessbetrag (Steuermesszahl 3,5 %) wird eben dieser Hebesatz angewendet. Dieser beträgt mindestens 200 % (§ 16 Abs. 4 S. 2 GewStG).

Für die **Ermittlung der Bemessungsgrundlage** sind die den Steuerarten eigenen Ermittlungsschemata zugrunde zu legen. Da der **Gewerbeertrag** gem. § 7 S. 1 GewStG zunächst vom steuerpflichtigen Gewinn ausgeht, der sich nach den Vorschriften des EStG und des KStG ermittelt, werde ich zunächst das Schema der **körperschaftsteuerlichen Gewinnermittlung** darstellen. Wie einleitend ausgeführt, ermittelt sich das körperschaftsteuerliche zu versteuernde Einkommen gem. § 8 Abs. 1 KStG nach den Vorschriften des Einkommensteuergesetzes und des Körperschaftsteuergesetzes.

Ausgehend vom handelsrechtlichen Jahresergebnis ist zunächst entweder eine Überleitungsrechnung gem. § 60 EStDV vorzunehmen oder der **Steuerbilanzgewinn** zu ermitteln. Dabei sind innerbilanziell die sogenannten steuerlichen Bewertungsvorbehalte zu berücksichtigen. Steuerlich bestehen insbesondere gem. § 5 EStG besondere Ansatz- und gem. § 6 EStG besondere Bewertungsvorschriften. So besteht zum Beispiel für handelsrechtlich gebildete Drohverlustrückstellungen ein steuerrechtliches Passivierungsverbot gem. § 5 Abs. 4a S. 1 EStG. Die entsprechende Rückstellung ist sodann ertragswirksam aufzulösen. Eine steuerrechtliche Bewertungsbesonderheit ergibt sich beispielsweise aus § 6 Abs. 1 Nr. 3a lit. e S. 1 EStG, nach dem langfristige Rückstellungen mit 5,5 % abzuzinsen sind und nicht wie nach § 253 Abs. 2 S. 1 HGB mit dem der Restlaufzeit entsprechenden durchschnittlichen Marktzinssatz der letzten sieben Geschäftsjahre. Auch diese Differenz ist entsprechend erfolgswirksam zu korrigieren.

Neben diesen **innerbilanziellen Korrekturen** sind weitere **außerbilanzielle Gewinnkorrekturen** vorzunehmen. Vor allem sind die nicht abziehbaren Betriebsausgaben gem. § 4 Abs. 5 EStG und § 10 KStG vorzunehmen. Hier sind all jene Aufwendungen hinzuzurechnen, die sich steuerlich nicht auswirken dürfen – regelmäßig die geleisteten Steuervorauszahlungen oder bestimmte Teile der Bewirtungskosten. Vice versa sind natürlich auch Erträge abzuziehen, die nicht der Besteuerung unterliegen. Dies sind gem. § 8b Abs. 1 und Abs. 5 KStG zum Beispiel 95 % der Dividenden, die eine Kapitalgesellschaft von einer Tochterkapitalgesellschaft bezogen hat.

Weitere Besonderheiten bei der Ermittlung des zu versteuernden Einkommens bestehen auch beim Vorliegen einer ertragsteuerlichen Organschaft. Dies soll hier allerdings nicht weiter beleuchtet werden.

Am Ende ergibt sich aus diesem Ermittlungsschema das **zu versteuernde Einkommen,** auf das der Steuersatz angewendet wird, sofern dieses positiv ist. Von diesem Betrag werden die geleisteten Vorauszahlungen abgezogen, sodass sich entsprechend eine finale **Steuerzahllast** oder ein finaler **Steuererstattungsanspruch** ergibt. Sofern das zu versteuernde Einkommen negativ ist, wird ein steuerlicher Verlustvortrag festgestellt, der in Folgejahren mit positiven Ergebnissen zu verrechnen ist. Der steuerliche Verlustvortrag allein findet allerdings keinen Eingang in die Bilanz.

Ausgehend vom steuerpflichtigen Gewinn nach EStG und KStG wird der **Gewerbeertrag** ermittelt. Dem steuerpflichtigen Gewinn sind in § 8 GewStG festgelegte Aufwendungen hinzuzurechnen, sofern diese den Gewinn gemindert haben. Beispielsweise sind dies Schuldzinsen oder Mietaufwendungen. § 9 GewStG ist die im Gegenzug bestehende **Kürzungsvorschrift**, aus der hervorgeht, dass für bestimmte Sachverhalte Abschläge vom Gewinn gemacht werden müssen. Dies ist der Fall, wenn im Gewinn beispielsweise Erträge aus Beteiligungen an Personengesellschaften enthalten sind. Da diese bereits bei der Personengesellschaft der Besteuerung unterlagen, soll durch die Kürzung eine **Doppelbesteuerung** vermieden werden. Nach Anwendung der Hinzurechnungs- und Kürzungsvorschriften ergibt sich der Gewerbeertrag, auf den die Steuermesszahl und der Hebesatz der entsprechend hebeberechtigten Gemeinde anzuwenden ist. Auch hier werden die entsprechend geleisteten Vorauszahlungen von der sich ergebenden Gewerbesteuer abgezogen, sodass sich die finale Steuerzahllast oder ein finaler Steuererstattungsanspruch ergibt. Für einen negativen Gewerbeertrag gilt das zum negativen zu versteuernden Einkommen Gesagte.

Ausweis
Ergibt die Steuerermittlung eine **Forderung gegenüber den Behörden**, ist ein Ausweis unter den sonstigen Vermögensgegenständen gem. § 266 Abs. 2 A. II. Nr. 4 HGB vorzunehmen. Da die Steuer mit dem Ablauf des Wirtschafts- bzw. Kalenderjahres entsteht, ist die **Aktivierung eines Erstattungsanspruchs** auch vor dem Hintergrund des Realisationsprinzips geboten. Eine etwaige Steuerschuld ist zu passivieren. Ohne, dass ein Steuerbescheid vorliegt, in dem neben der Steuerfestsetzung auch die Fälligkeit der Steuerzahlung beschieden wird, ist der Eintritt der Verpflichtung aus der Verbindlichkeit insbesondere hinsichtlich des Zeitpunkts noch ungewiss, sodass die Passivierung einer Rückstellung mit Ausweis unter § 266 Abs. 3 B. Nr. 2 HGB vorzunehmen ist.

Vortragszeit: 4/6 Minuten

III. Prüfung von Steuern
Wie einleitend bereits ausgeführt, ist das Prüffeld Steuern **klassischer Bestandteil der Jahresabschlussprüfung**. Der Abschlussprüfer muss sich entsprechend bereits im Rahmen der Prüfungsplanung mit dem Thema beschäftigen. Neben den klassischen Steuerforderungen oder -rückstellungen, können sich bei einem Unternehmen diverse steuerliche Fragestellungen ergeben. So ist ein Verständnis vom für das Unternehmen relevanten steuerlichen Rechtssystem zu gewinnen und der Umfang abzuschätzen, in dem sich steuerliche Sachverhalte auf den Jahresabschluss auswirken. Steuerrelevante Sachverhalte, aus denen sich **Risiken für die Rechnungslegung** ergeben können, sind beispielsweise:
- Das Tätigwerden im Ausland, bei dem das Engagement nicht allein nach deutschem sondern auch nach ausländischem Steuerrecht gewürdigt werden muss.
- Das Vorhandensein steuerlicher Verlustvorträge vor allem bei Umstrukturierungen im Unternehmen, z.B. der Untergang der Verlustvorträge nach § 8c KStG.
- Die Ankündigung und/oder Durchführung von Betriebsprüfungen.
- Wesentliche Abweichungen zwischen Handels- und Steuerbilanz.
- Keine fachliche Fortbildung der zuständigen Mitarbeiter, etc.

Der Abschlussprüfer hat abzuschätzen, ob zur Analyse komplexer oder außergewöhnlicher Fragen zur Einhaltung von Steuervorschriften nicht gegebenenfalls ein Sachverständiger zurate zu ziehen ist. Sodann sind die Vorschriften des IDW PS 322 n.F. zur **Verwertung von Arbeiten von für den Abschlussprüfer tätigen Sachverständigen** zu berücksichtigen. Der Abschlussprüfer ist weiterhin in der alleinigen Verantwortung für das abzugebende Prüfungsurteil und muss die Arbeit des Sachverständigen entsprechend koordinieren und verwerten.

Neben der Gewinnung des Verständnisses über die steuerrechtlich relevanten Sachverhalte hat der Abschlussprüfer ebenfalls zu überprüfen, ob der vom Unternehmen eingerichtete Prozess zur Ermittlung der Steuern angemessen ist. Gegebenenfalls ist das Unternehmen auch steuerlich von einem externen Steuerberater betreut, sodass die **Grundsätze gem. IDW PS 331 zur Abschlussprüfung bei teilweiser Auslagerung der Rechnungslegung auf Dienstleistungsunternehmen** anzuwenden sind. Hier ist insbesondere einzuschätzen, ob das Kontrollrisiko auf Ebene des Unternehmens verbleibt, sodass dem die Arbeiten des externen Dienstleisters den Kontrollmaßnahmen des auslagernden Unternehmens unterliegen, oder ob das Kontrollrisiko auf Ebene des Dienstleisters angesiedelt ist, sodass sich das auslagernde Unternehmen auf die Angemessenheit und Wirksamkeit der Kontrollen des Dienstleisters verlassen muss.

Im Rahmen der **Prüfung des inhärenten und des Kontrollrisikos** wird der Abschlussprüfer die für die Prüfung relevanten Risiken herausarbeiten. Auf dieser Basis legt er sein Prüfungsprogramm fest. Angenommen, beim Berichtsunternehmen bestehen zahlreiche Abweichungen zwischen Handels- und Steuerbilanz, die einer sorgfältigen und lückenlosen Überleitung des handels- auf den steuerrechtlichen Gewinn bedürfen, ist nach Feststellung eines angemessenen Systems zur Ermittlung des steuerlichen Gewinns zunächst eine Funktionsprüfung durchzuführen, mit der ermittelt wird, ob das System auch zeitraumbezogen wirksam war. Mit einem sogenannten **walk-through**, in dem der Prozess der Ermittlung der Steuern im Unternehmen anhand eines Beispielsachverhalts nachvollzogen wird, wird der Abschlussprüfer die Wirksamkeit des Systems feststellen können.

Sind die Risiken, die sich aus den steuerlichen Sachverhalten ergeben, wesentlich, kommen neben der Funktionsprüfung weitere aussagebezogene Prüfungshandlungen in Betracht. Zielführend ist der Abgleich der Steuerermittlung mit den zugrundeliegenden Daten. Wurden alle steuerlich abweichend zu beurteilenden Ansatz- und Bewertungsvorschriften entsprechend berücksichtigt und betragsmäßig richtig verarbeitet? Sind etwaige in vorherigen Betriebsprüfungen festgesetzte Vorgehensweisen entsprechend umgesetzt worden? Beispielsweise können sich aufgrund von Betriebsprüfungen Abweichungen von den handelsrechtlichen Nutzungsdauern für Vermögensgegenstände/Wirtschaftsgüter ergeben. Diese müssen sowohl konsequent für alle vorhandenen aber auch für neu angeschaffte Wirtschaftsgüter angewendet werden.

Schließlich kann die **Qualität der Ermittlung der Steuerforderung/-schuld** gegenüber den Behörden auch überprüft werden, indem die bilanzierten Steuern des Vorjahres mit dem entsprechenden Steuerbescheid abgeglichen werden. Auch kommt die Würdigung der Ergebnisse vorangegangener Betriebsprüfungen in Betracht.

Die sich aus oben beispielhaft genannten Prüfungshandlungen ergebenden **Prüfungsfeststellungen** sind im Prüfungsurteil zu verdichten. Es liegt im Ermessen des Abschlussprüfers abzuschätzen, ob er eine hinreichende Prüfungssicherheit gewonnen hat, oder ob weitere Prüfungshandlungen getätigt werden müssen. Als finale Prüfungshandlung kommt die Einholung einer Vollständigkeitserklärung in Betracht, in der die gesetzlichen Vertreter die Vollständigkeit der vorgelegten Unterlagen bestätigen. Im Rahmen der Berichterstattung kommt in der Stellungnahme zur Lage des Unternehmens eine Berichterstattung in Betracht, sofern sich aus den steuerlichen Risiken bestandsgefährdende Risiken für das Unternehmen ergeben. Dies muss sich entsprechend im Prüfungsurteil niederschlagen. In der Vorwegberichterstattung gem. § 321 Abs. 1 S. 3 HGB berichtet der Abschlussprüfer über Verstöße des Unternehmens gegen steuerliche Vorschriften. Der Hauptteil beinhaltet die Berichterstattung über die Art und den Umfang der Prüfungshandlungen.

Werden dem Abschlussprüfer während seiner Prüfungshandlungen steuerliche Risiken gewahr, die bislang noch keinen Eingang in den Jahresabschluss gefunden haben, hat er dies unverzüglich mit dem Management zu besprechen und weitere notwendige Maßnahmen auszuloten.

Vortragszeit: 3/9 Minuten

IV. Fazit

Mit diesem Kurzvortrag habe ich dargestellt, wie umfassend das Thema Steuern den handelsrechtlichen Jahresabschluss und damit seine Prüfung beeinflusst. Handels- und Steuerrecht sind grundsätzlich zwei unterschiedliche Rechtssysteme, deren Auswirkungen allerdings in einem Rechtsraum, in dem das handelsrechtliche Rechenwerk den Ausgangspunkt für die Ermittlung der Steuern darstellt, in einem starken Abhängigkeitsverhältnis voneinander stehen. Um beiden Rechtssystemen gerecht zu werden und die rechtlich richtigen Konsequenzen hieraus zu ziehen, ist ein gefestigtes Verständnis beider Rechtssysteme von Nöten. Dieses muss vor dem Hintergrund sich schnell ändernder Gesetze, Rechtsprechungen und Finanzverwaltungsauffassungen regelmäßig aktualisiert werden, damit Mandanten zielführend beraten und Abschlussprüfungen angemessen durchgeführt werden können.

Vielen Dank für Ihre Aufmerksamkeit.

> Vortragszeit: 1/10 Minuten

Vortrag 25
Erlöse aus Verträgen mit Kunden – Das Fünf-Stufen-Modell (Prüfungswesen)

Sehr geehrte/r Frau/Herr Vorsitzende/r, sehr geehrte Prüfungskommission,
aus den mir zur Auswahl gestellten Themen habe ich mich für das Thema „**Erlöse aus Verträgen mit Kunden – Das Fünf-Stufen-Modell**" entschieden. Meinen Vortrag gliedere ich wie folgt:

I.	Einführung
II.	Anwendungsbereich und wesentliche Definitionen
III.	Das Fünf-Stufen-Modell
IV.	Fazit/Ausblick

> Vortragszeit: 0,5 Minuten

I. Einführung

Der IFRS 15 ist das Ergebnis eines mehr als zehn Jahre dauernden Entstehungsprozesses. Der neue Standard ersetzt mehrere Standards und Interpretationen: IAS 18 und 11, IFRIC 13, 15 und 18 sowie SIC-31.

Hintergrund für die Neufassung war insbesondere, dass die Erlöserfassung nach IAS 18 und IAS 11 oftmals zu heterogenen und damit für die Adressaten wenig entscheidungsnützlichen Ergebnissen bei der Realisation von Erträgen führte. Beispielsweise enthielten die alten Regelungen keine trennscharfen Regelungen bei der Erlöserfassung von Mehrkomponentenverträgen. Außerdem sollte die Zusammenführung der einzelnen Vorschriften zu einem zentralen Standard die Anwendung für die Unternehmen erleichtern.

Insbesondere mit dem Kernstück der Regelung, dem Fünf-Stufen-Modell, soll das Ziel des IFRS 15.1 erreicht werden, dass entscheidungsnützliche Informationen über Art, Höhe, Zeitpunkt und Unsicherheiten von Erlösen und Zahlungsströmen vermittelt werden. Die Anwendung des Modells auf alle Verträge soll eine Gleichmäßigkeit und bessere Vergleichbarkeit gewährleisten.

Mögliche Auslegungsschwierigkeiten und Ermessensspielräume, die sich aus der Anwendung ergeben sollen nicht Gegenstand des Vortrags sein.

> Vortragszeit: 0,5/1 Minute

II. Anwendungsbereich und wesentliche Definitionen

Der IFRS 15 ist erstmalig für Geschäftsjahre anzuwenden, die am oder nach dem 01. Januar 2018 beginnen. Eine frühere freiwillige Anwendung ist zulässig, muss aber erläutert werden. Die im Standard enthaltenen Übergangsvorschriften ermöglichen die vollständige oder modifizierte rückwirkende Anwendung. Auf diese soll im Weiteren allerdings nicht eingegangen werden.

Sachlich umfasst der Standard alle Verträge mit Kunden, die keine Leasingverträge, Versicherungsverträge, Finanzinstrumente respektive ähnliche Rechte und Pflichten oder nicht-monetäre Tauschgeschäfte zwischen Unternehmen derselben Sparte sind.

Da sowohl der „Vertrag" als auch der „Kunde" dabei die ausschlaggebenden Begrifflichkeiten sind, soll die im Standard enthaltene Definition hier kurz wiedergegeben werden:

Der Vertrag ist gem. IFRS 15.10 eine Vereinbarung zwischen zwei oder mehr Parteien, die durchsetzbare Rechte und Pflichten begründet.

IFRS 15.6 bestimmt, dass ein Kunde eine Partei ist, die mit einem Unternehmen vertraglich vereinbart hat, im Austausch für eine Gegenleistung Güter oder Dienstleistungen aus der gewöhnlichen Geschäftstätigkeit des Unternehmens zu erhalten.

Vortragszeit: 1/2 Minuten

III. Das Fünf-Stufen-Modell

Ich komme nun zum Hauptteil meines Vortrags, der Darstellung des Fünf-Stufen-Modells. Alle in den Anwendungsbereich des Standards fallenden Kundenverträge sind für Zwecke der Festellung ihrer Art, Höhe, ihres Zeitpunkts sowie Unsicherheiten der Erfassung ihrer Erlöse nach den folgenden fünf Kriterien zu beurteilen:
1. Identifizierung von Verträgen mit Kunden,
2. Identifizierung von Leistungsverpflichtungen,
3. Bestimmung eines Transaktionspreises,
4. Verteilung des Transaktionspreises auf die Leistungsverpflichtungen,
5. Ertragserfassung, sobald eine Leistungsverpflichtung erfüllt ist.

Ich möchte Ihnen die einzelnen Punkte des Fünf-Stufen-Modells gerne am Beispiel eines Bauträgervertrags erläutern. In diesem Bauträgervertrag veräußert der Bauträger Wohnungseigentum mit dem dazugehörigen Bruchteil am Grundstück. Die Bauzeit umschließt dabei einen Bilanzstichtag. Der Vertragsabsschluss soll dabei vor demselben liegen, die Übergabe erfolgt nach dem Bilanzstichtag.

Zunächst ist zu identifizieren, ob ein **Vertrag mit einem Kunden** abgeschlossen wurde. Dabei muss der Vertrag nicht nur rechtlich bindend sein, d.h. zwei übereinstimmende Willenserklärungen beinhalten und die Rechte der Parteien identifizieren. Zudem muss er auch eine wirtschaftliche Substanz haben. Die Zahlungsbedingungen müssen identifizierbar sein, die eine Auswirkung auf zukünftige Cashflows haben. Insbesondere muss auch die Vereinnahmung der Gegenleistung bei Vertragsbeginn wahrscheinlich sein.

Im Beispielsfall ist darauf zu achten, dass ein Vertrag, der Eigentum an einem Grundstück zum Gegenstand hat, notariell beurkundet werden muss, um rechtlich bindend zu sein. Wenn wir davon ausgehen, dass dies im vorliegenden Fall geschehen ist, können wir davon ausgehen, ist ein Vertrag im Rechtssinn mit einem Kunden, in diesem Fall den Käufern, geschlossen wurde. Mangels anderweitiger Informationen gehen wir hier auch von der guten Bonität der Kunden aus. Zum Vertragsbeginn war die Vereinnahmung der Gegenleistung also wahrscheinlich. Da es sich um kein reines Tauschgeschäft handelt, ist auch von der wirtschaftlichen Substanz der Vereinbarung auszugehen.

Besonderheiten in dieser Stufe ergeben sich insbesondere bei dem Vorliegen mehrerer Verträge. Diese können zusammengefasst werden, wenn diese mit ein und demselben Kunden beinahe zeitgleich mit demselben wirtschaftlichen Ziel ausgehandelt wurden, die Gegenleistung des einen Vertrags vom Preis oder der Erfüllung des anderen Vertrags abhängt oder die Vertragsgegenstände eine einzige Leistungsverpflichtung darstellen.

Die Beantwortung der Frage nach der **Identifizierung einer Leistungsverpflichtung** ist Gegenstand der zweiten Stufe. Jede einzelne Leistungsverpflichtung ist ein eigenständiger Gegenstand der Erlöserfassung. Dafür ist für alle im Vertrag zugesagten Güter oder Dienstleistungen zu überprüfen, wann diese gem. IFRS

15.27 abgrenzbar sind. Das ist der Fall, wenn die Vertragsgegenstände durch den Kunden eigenständig nutzbar (abstrakte Abgrenzbarkeit) und von anderen Zusagen aus dem Vertrag trennbar sind (konkrete Abgrenzbarkeit im Vertragskontext). Letztere ist beispielsweise nicht gegeben, wenn wesentliche Integrationsleistungen zu erbringen sind. Dabei sind einzelne Güter und Dienstleistungen gem. IFRS 15.30 so lange zu kombinieren, bis eine abgrenzbare Leistungsverpflichtung vorliegt.

Im Bauträgervertrag des Beispiels ist zunächst die abstrakte Abgrenzbarkeit des Wohnungseigentums mit dem anteiligen Grundstücksteil zu überprüfen. Da nach der Teilungserklärung das Eigentum an der konkreten Wohneinheit separat übertragen werden kann und solches Teileigentum auch regelmäßig Gegenstand von Veräußerungsgeschäften ist, ist eine abstrakte Abgrenzbarkeit ohne Weiteres zu bejahen. Das Teileigentum kann dabei nur gemeinsam mit dem anteiligen Grund und Boden genutzt werden. Es sind im vorliegenden Fall keine Anhaltspunkte dafür gegeben, dass es an der konkreten Abgrenzbarkeit im Vertragskontext mangelt. Diese wäre zum Beispiel bei der Einzelbetrachtung der Gewerke zu thematisieren, die notwendig sind, um die erwerbende Wohnung in den vom Kunden gewünschten Zustand zu bringen. Grundsätzlich wären die Gewerke einzeln zu erwerben, also abstrakt abgrenzbar. Allerdings wären diese Leistungen in hohen Maße voneinander abhängig, da der Käufer sich grundsätzlich für den Erwerb einer fertigen Wohnung entschieden hat. Für die Erfüllung dieser Leistung müssen die einzelnen Gewerke nacheinander erbracht werden, bauen also aufeinander auf und sind somit zur Leistungsverpflichtung „Wohnung mit Grundstücksanteil" zusammenzufassen.

Im vorliegenden Fall ist denkbar, dass die Käufer einen branchenüblichen Sicherheitsabschlag einbehalten. Wenn sich dieser sich aus der gesetzlich vorgeschriebenen Gewährleistungsgarantie des Bauträgers begründet, stellt dieser Sicherheitsabschlag gem. IFRS B31(a) keine zusätzliche Leistungsverpflichtung dar.

Im dritten Schritt erfolgt die **Bestimmung des Transaktionspreises**. Der Transaktionspreis ist ein Nettopreis und setzt sich zusammen aus den fixen und variablen Komponenten abzüglich Zahlungen an den Kunden sowie einer etwaigen Finanzierungskomponente. Die variablen Komponenten umfassen zum Beispiel Rabatte, Skonti und Boni respektive sind vom (Nicht)Eintritt künftiger Ereignisse abhängig, die vom Kunden, nicht von externen Faktoren beeinflussbar sein müssen. Die Komponenten sind mit dem Erwartungswert bzw. mit dem wahrscheinlichsten Wert anzusetzen.

Ein Transaktionspreis enthält eine Finanzierungskomponente, wenn aufgrund der zeitlichen Diskrepanz zwischen dem vereinbarten Zahlungszeitpunkt und der Leistungserbringung dem Kunden oder dem Unternehmen ein signifikanter Nutzen entsteht. Bei zeitlichen Verschiebungen von weniger als einem Jahr besteht ein Wahlrecht zur Abgrenzung einer Finanzierungskomponente.

In meinem Beispiel gehe ich davon aus, dass ein Festpreis vereinbart ist, der als Transaktionspreis zu identifizieren ist. Variable Bestandteils wie ein Skontoabzug sind nicht vorgesehen und auch nicht üblich. Fraglich ist, ob der Transaktionspreis eine Finanzierungskomponente enthält. Das hängt zum einen davon ab, ob die Käufer vor Bezugsfertigkeit bereits Abschlagszahlungen leisten oder ob der Bauträger in Vorleistung tritt und somit das Finanzierungsrisiko trägt. Zum anderen ist fraglich, ob zwischen dem Vertragsabschluss und der Zahlung des Kaufpreises mehr als zwöf Monate liegen. Liegt das Finanzierungsrisiko beim Bauträger und kann von dem Wahlrecht der Nichterfassung einer Finanzierungskomponente bei einer zeitlichen Diskrepanz von weniger als einem Kalenderjahr nicht Gebrauch gemacht werden, ist der Transaktionspreis um die Finanzierungskomponente zu kürzen. Diese wird durch die Anwendung des Abzinsungssatzes ermittelt, der bei einem gesonderten Finanzierungsgeschäft zugrunde gelegt worden wäre.

Der so bestimmte Transaktionspreis wird dann auf der vierten Stufe auf die identifizierten Leistungsverpflichtungen verteilt. Dies erfolgt im Grundsatz nach dem Verhältnis der Einzelveräußerungspreise im Zeitpunkt des Vertragsabschlusses. Wenn beobachtbare Einzelveräußerungspreise nicht vorliegen, sind diese auf dem Wege einer geeigneten Schätzung zu ermitteln. IFRS 15.79 sieht dafür beispielhaft drei Verfahren vor, wie den adjusted-market-assessment-Ansatz, den expected-cost-plus-a-margin-Ansatz und den Residualwertansatz. Eine Hierarchie der Methoden besteht nicht. Preisnachlässe und variable Gegenleistungen werden nach demselben Schlüssel verteilt, sofern diese nicht einer Leistungsverpflichtung einzeln zuzurechnen sind.

Da im betrachteten Beispiel lediglich eine Leistungsverpflichtung identifiziert wurde, kommt eine Aufteilung des Transaktionspreises hier nicht in Betracht.

Im fünften und letzten Schritt ist zu identifizieren, ob die Erlöse zeitraum- oder zeitpunktbezogen zu erfassen sind. Dabei ist grundsätzlich entscheidend, wann die Verfügungsgewalt übergeht. Hinsichtlich der Vorgehensweise wird zunächst überprüft, ob eine zeitraumbezogene Erfassung vorliegt. Ist dies nicht der Fall, wird der Erlös zu dem Zeitpunkt erfasst, zu dem die Verfügungsgewalt, „control" auf ihn übergeht.

Eine zeitraumbezogene Erfassung erfolgt, wenn eines der drei in IFRS 15.35 aufgeführten Kriterien erfüllt ist:

1. wenn dem Kunden der Nutzen aus der Leistung des Unternehmens zufließt und er die Leistung gleichzeitig nutzt, während diese erbracht wird. Dies ist beispielsweise der Fall bei einem langfristigen Beratungsauftrag, bei dem sich der Zahlungsanspruch nach den geleisteten Arbeitstagen des Beraterteams richtet.
2. wenn durch die Leistung des Unternehmens ein Vermögenswert erstellt oder verbessert wird und der Kunde die Verfügungsgewalt über den Vermögensgegenstand erhält, während dieser erstellt oder verbessert wird. Hier wäre eine Fallgestaltung denkbar, in der z.B. das Eigenheim des Kunden über einen langfristigen Zeitraum saniert wird.
3. Eine zeitraumbezogene Erlöserfassung erfolgt im dritten Fall dann, wenn durch die Leistung des Unternehmens ein Vermögenswert erstellt wird, der keine alternativen Nutzungsmöglichkeiten für das Unternehmen aufweist und das Unternehmen einen Rechtsanspruch auf Bezahlung der bereits erbrachten Leistungen hat. Unter diesen Fall wäre auch der von mir angeführte Beispielsfall zu subsummieren. Dadurch, dass das jeweilige Wohnungseigentum in den Verträgen mit den Kunden eindeutig bezeichnet ist, kann die jeweils veräußerte, noch fertigzustellende Wohnung nicht anderweitig durch den Bauträger veräußert werden. Ebenfalls werden auch die zu berücksichtigenden kundenspezifischen Wünsche eine alternative Nutzung nicht ohne Weiteres möglich machen.

Der dritte und letzte Fall weicht von der Systematik der Erlöserfassung beim Übergang der Verfügungsgewalt ab und ist Ausdruck der Berücksichtigung der Interessen der Unternehmen im Standardsetzungsprozess. Dieser ermöglicht grundsätzlich die Fortführung der Erlöserfassung nach der PoC-Methode, wie sie unter dem Regime von IFRS 18 und 11 bei der Langfristfertigung kundenspezifischer Verträge Anwendung fand.

Nur, wenn keines der drei genannten Kriterien vorliegt, erfolgt, wie bereits gesagt, eine zeitpunktbezogene Erfassung. Zusätzlich sind gem. IFRS 15.38 weitere Indikatoren für den Übergang der „control" zu beachten. Ein erster Indikator ist, dass das Unternehmen ein unbedingtes Recht auf Zahlung erlangt hat. Zudem weisen Besitz- und Eigentumsübergang auf den Kunden darauf hin, dass die Verfügungsmacht auf diesen übergegangen ist. Weitere Indikatoren sind die formelle Abnahme und der Übergang von Chancen und Risiken auf den Kunden.

Nach der Überprüfung der fünf Schritte kommt es sodann zur entsprechenden Erlöserfassung. In unserem Beispielsfall erfolgt eine zeitraumbezogene Erfassung. Die bereits angesprochene PoC-Methode würde in diesem Zusammenhang Anwendung finden.

Vortragszeit: 7,5/9,5 Minuten

IV. Fazit/Ausblick

Das neue Modell der Erlöserfassung ist das Ergebnis eines langen Standardsetzungsprozesses. Insbesondere aufgrund des vermeintlich großen Einflusses auf die Praxis nahmen die Unternehmensvertreter intensiv an den Diskussionen teil. Im Ergebnis folgt die Erlöserfassung nun grundsätzlich auf den Übergang der Verfügungsmacht. Der Einfluss der Praxis auf den Standardsetzungsprozess zeigt sich aber in der Einfügung des IFRS 15.35(c). Dieser übernimmt, abweichend vom grundsätzlichen Prinzip der Erlöserfassung beim Übergang der „control", den Gedanken des IFRS 11 der kundenspezifischen Auftragsfertigung. Er ermöglicht den Unternehmen im Ergebnis weiterhin die Anwendung der PoC-Methode. Wie in meinem Beispielsfall gezeigt ist dies der Fall z.B. bei Bauträgerverträgen. Für diese werden sich durch die Neuregelung des IFRS 15 vermutlich wenig Änderungen ergeben. Für andere Branchen und Vertragsgestaltungen können sich demgegenüber wesentliche Änderungen der Ertrags- aber auch der Vermögenslage ergeben.

Die Jahresabschlüsse 2018 der IFRS-Anwender werden auf jeden Fall im Fokus des Enforcements stehen. Neben einem erhöhten Augenmerk, das die Abschlussprüfung auf die Erlöserfassung haben sollte, hat auch die

Deutsche Prüfstelle für Rechnungslegung ausgewählte Aspekte von IFRS 15 bereits als einen ihrer aktuellen Prüfungsschwerpunkte im Jahr 2019 festgelegt.

Hiermit komme ich zum Ende meines Vortrags und bedanke mich recht herzlich für Ihre Aufmerksamkeit.

> Vortragszeit: 0,5/10 Minuten

Vortrag 26
Die Prüfung des Lageberichts (Prüfungswesen)

Sehr geehrte/r Frau/Herr Vorsitzende/r, sehr geehrte Prüfungskommission,
aus den mir zur Auswahl gestellten Themen habe ich mich für das Thema „**Die Prüfung des Lageberichts**" entschieden. Meinen Vortrag gliedere ich wie folgt:

I.	Begriff und Überblick
II.	Verantwortung der gesetzlichen Vertreter und des Abschlussprüfers
III.	Prüfungsdurchführung
IV.	Berichterstattung
V.	Fazit

> Vortragszeit: 0,5 Minuten

I. Begriff und Überblick

Mittelgroße und große Kapitalgesellschaften bzw. Kap & Co.-Gesellschaften haben gem. § 264 i.V.m. § 264a HGB einen **Lagebericht** aufzustellen. Darüber hinaus ist der Konzernabschluss um einen Konzernlagebericht zu ergänzen, § 315 HGB. Auf den Konzernlagebericht und dessen Prüfung soll hier nicht weiter eingegangen werden.

Der Lagebericht stellt neben dem Jahresabschluss einen eigenständigen Teil der jährlichen Rechenschaftslegung dar. Er ergänzt und verdichtet den Jahresabschluss um eine der Komplexität der Geschäftstätigkeit entsprechende analytische Beurteilung des Geschäftsverlaufs einschließlich des Geschäftsergebnisses sowie der Lage der Gesellschaft durch die Geschäftsführung, da der Jahresabschluss mit den Erläuterungen im Anhang den Adressaten nur begrenzt ermöglicht, die tatsächliche Lage zu erkennen. Dabei ist er nicht an das **Stichtags- und Vorsichtsprinzip** gebunden und deshalb umfassender und zukunftsorientierter ausgerichtet (s. Marten/Quick/Ruhnke, Wirtschaftsprüfung, 5. Auflage, Stuttgart 2015, S. 652 f.).

Mit der Neufassung des § 289 HGB erfordert das Gesetz eine ausgewogene und umfassende, dem Umfang und der Komplexität der Geschäftstätigkeit entsprechende Analyse des Geschäftsverlaufs und der Lage der Gesellschaft. In diese Analyse sind für die Gesellschaft bedeutsame finanzielle Leistungsindikatoren einzubeziehen, Jahresabschlussangaben erforderlich und dort ausgewiesene Beträge zu erläutern.

Wie bisher ist die voraussichtliche Entwicklung mir ihren wesentlichen Chancen und Risiken zu beurteilen und zu erläutern; entsprechend zugrundeliegende Annahmen sind anzugeben.

Der **Geschäftsverlauf** und die Lage der Gesellschaft einschließlich des Geschäftsergebnisses im Lagebericht sind so darzustellen, dass dem **true and fair view** Rechnung getragen wird.

Weiterhin ist im Lagebericht einzugehen auf:
1. a) die Risikomanagementziele und -methoden der Gesellschaft einschließlich ihrer Methoden zur Absicherung aller wichtigen Arten von Transaktionen, die im Rahmen der Bilanzierung von Sicherungsgeschäften erfasst werden, sowie

b) die Preisänderungs-, Ausfall- und Liquiditätsrisiken sowie die Risiken aus Zahlungsstromschwankungen, denen die Gesellschaft ausgesetzt ist,

jeweils in Bezug auf die Verwendung von Finanzinstrumenten durch die Gesellschaft und sofern dies für die Beurteilung der Lage oder der voraussichtlichen Entwicklung von Belang ist;
2. den Bereich Forschung und Entwicklung sowie
3. bestehende Zweigniederlassungen der Gesellschaft.

Darüber hinaus haben bestimmte Gesellschaften gem. § 289 Abs. 3-4 und § 289a HGB weitergehende Informationen aufzunehmen. Die gesetzlichen Vertreter einer kapitalmarktorientierten Gesellschaft haben gem. § 289 Abs. 1 S. 5 HGB einen sog. **Bilanzeid** zu leisten.

Der Lagebericht von Kapitalgesellschaften bzw. Kap & Co.-Gesellschaften i.S.v. § 264a HGB ist durch einen **Abschlussprüfer** zu prüfen. Abschlussprüfer können gem. § 319 Abs. 1 HGB Wirtschaftsprüfer und Wirtschaftsprüfungsgesellschaften sein, wobei mittelgroße Gesellschaften auch von vereidigten Buchprüfern und Buchprüfungsgesellschaften geprüft werden können, § 319 Abs. 1 S. 2 HGB. Der Abschlussprüfer muss im Berufsregister als gesetzlicher Abschlussprüfer eingetragen sein – vgl. § 38 Nr. 1h, 2f WPO.

Mit der Neufassung des IDW PS 350 n.F. in der Fassung vom 12.12.2017 wurde die Struktur des Standards in Anlehnung an das sog. „Clarity Format" neu gefasst.

> **Vortragszeit: 2/2,5 Minuten**

II. Verantwortung der gesetzlichen Vertreter und des Abschlussprüfers

Die gesetzlichen Vertreter sind veranwortlich für die Aufstellung eines Lageberichts, der die anzuwendenden gesetzlichen Vorschriften erfüllt. In diesem Zusammenhang haben sie Vorkehrungen und Maßnahmen einzurichten und aufrecht zu erhalten, die für die Aufstellung eines ordnungsgemäßen Lageberichts erforderlich sind.

Darüber hinaus haben sie sicher zustellen, dass die im Lagebericht enthaltenen Aussagen belegbar sind. Diese sind dem Abschlussprüfer vorzulegen und ihm ggnüber sind alle erbetenen Aufklärungen und Nachweise zu erbringen.

Der Abschlussprüfer ist verpflichtet, die Prüfung des Lageberichts in Übereinstimmung mit § 317 Abs. 2 HGB und unter Beachtung des IDW PS 350 n.F. zu planen und durchzuführen. Er hat dabei hinreichende Sicherheit zu Erlangen, ob:

- der Lagebericht in allen wesentlichen Belangen mit dem Jahresabschluss sowie den bei der Abschlussprüfung gewonnenen Erkenntnissen im Einklang steht,
- der Lagebericht den deutschen gesetzlichen Vorschriften in allen wesentlichen Belangen entspricht,
- der Lagebericht insgesamt ein zutreffendes Bild von der Lage des Unternehmens vermittelt und
- die Chancen und Risiken der zukünftigen Enwicklung in allen wesetnlichen Belangen zutreffend dargestellt sind.

Die **Pflicht zur inhaltlichen Prüfung des Lageberichts** erstreckt sich nicht auf die nichtfinanzielle Berichterstattung (§§ 289b bis 289e, 315b bis 315c HGB) und (Konzern-)Erklärung der Unternehmensführung (§§ 289f, 315d HGB). Der Abschlussprüfer hat nur festzustellen, ob die nichtfinanzielle Berichterstattung (§ 317 Abs. 2 S. 4 HGB) vorgelegt wurde bzw. die notwendigen Erklärungen (§ 317 Abs. 2 S. 6 HGB) gemacht wurden.

Zusammenfassend sind somit im Rahmen der Prüfung des Lageberichts folgende Berichtselemente zu differenzieren:
- lageberichtstypische Angaben,
- lageberichtsfremde Angaben,
- Querverweise im Lagebericht,
- nicht prüfbare Angaben.

> **Vortragszeit: 1/3,5 Minuten**

III. Prüfungsdurchführung

Planung der Lageberichtsprüfung
Zunächst hat der Abschlussprüfer die Prüfung des Lageberichts so zu planen, dass sie wirksam durchgeführt wird. Zu diesem Zweck hat er die Planungsaktivitäten zur Prüfung des Lageberichts in die nach IDW PS 240 vorzunehmende Planung der Abschlussprüfung zu integrieren (vgl. IDW EPS 350 n.F. Rz. 23).

Wesentlichkeit im Rahmen der Lageberichtsprüfung
Falsche Darstellungen im Lagebericht, einschließlich fehlender Darstellungen, hat der Abschlussprüfer als wesentlich anzusehen, wenn vernünftigerweise erwartet werden kann, das sie einzeln oder insgesamt auf der Grundlage des Lageberichts als ganzes getroffene wirtschaftlichen Entscheidungen von Adressaten beeinflussen können (IDW PS 350 n.F. Rz. 28).

Risikobeurteilung
Der Abschlussprüfer hat Prüfungshandlungen zur Risikobeurteilung durchzuführen, um eine Grundlage für die Identifizierung und Beruteilung von Risiken wesentlicher falscher Darstellungen auf Lageberichtsebene insgesamt und auf Sachebene zu schaffen. Dabei hat er auch das Risiko wesentlicher falscher qualitativer Darstellungen zu berücksichtigen (IDW PS 350 n.F. Rz. 32). Dabei kommen als Prüfungshandlungen Befragungen, Inaugenscheinnahmen, analytische Prüfungshandlungen in Betracht.

Weiterhin hat sich der Abschlussprüfer sich mit dem Prozess zur Aufstellung des Lageberechts zu befassen und dabei ein Verständnis von den für die Aufstellung verwendeten Vorkehrungen und Maßnahmen (Systeme) zu Erlangen. Zu den prognostischen Angaben hat er entsprechend weitergehende Prüfungshandlungen vorzunehmen.

Als Ergebnis der Risikobeurteilung muss der Abschlussprüfer die Risiken wesentlicher falscher Darstellungen auf Lageberichts- und Aussageebene identifizieren und beurteilen, um daraus eine Grundlage für die Gestaltung und Durchführung der weiteren Prüfungshandlungen zu schaffen.

Reaktion des Abschlussprüfers auf die Risikobeurteilung
Als Ausfluss seiner Risikobeurteilung hat der Abschlussprüfer die weiteren Prüfungshandlungen so zu planen und durchzuführen, dass diese nach Art, Umfang und Zeitpunkt auf die beurteilten Risiken ausgerichtet sind. Er kann sich zwar auf die Ergebnisse seiner „Systemprüfung" im Rahmen der Lageberichtsprüfung stützen. Für die wesentlichen Angaben im Lagebricht hat er aussagebezogene Prüfungshandlungen zu planen und durchzuführen. Dabei hat der auch den Abgleich bzw. die Abstimmung der Lageberichtsangaben mit den zugrundeliegenden Unterlagen des Unternehmens vorzunehmen.

Im Rahmen der vergangenheitsorientierten aussagebezogenen Prüfungshandlungen hat der Abschlussprüfer zu beurteilen, ob die vergangenheitsbezogenen Angaben den tatsächlichen Gegebenheiten entsprechen.

Bei den einzelnen Informationskategorien des Lageberichts hat der Abschlussprüfer angemessene und ausreichende Prüfungshandlungen auf Aussageebene vorzunehmen. In diesem Zusammenhang hat der Lagebericht weitergehende Aussagen zu folgenden Kategorien zu beinhalten, die entsprechender aussagebezogener Prüfungshandlungen des Abschlussprüfers bedürfen:
- Ziele und Strategien,
- Steuerungssytem,
- Gesamtwirtschaftliche und branchenbezogene Rahmenbedingungen,
- Geschäftsverlauf,
- Vermögens-, Finanz- und Ertragslage nebst Leistungsindikatoren,
- Prognosebericht,
- Chancen- und Risikobericht,
- Grundzüge des Vergütungssystems,

- Übernahmerelevante Angaben und Angaben zu eigenen Aktien,
- Nichtfinanzielle Berichterstattung gem. §§ 289b–289e HGB.

Der von bestimmen Gesellschaften gem. § 22 Abs. 4 EntgTranspG dem Lagebericht nach § 289 HGB als Anhang beizufügende Bericht zur Gleichstellund und Entgeltgleichheit ist nicht Gegenstand der Abschlussprüfung (vgl. IDW PS 350 n.F. Rz. 88).

Gesamtwürdigung des Lageberichts

Der Abschlussprüfer hat eine abschließende Gesamtwürdigung des Lagerberichts vorzunehmen um zu beurteilen, ob die Lageberichtsangaben in einem angemessenen und ausgewogenen Verhältnis zueinander stehen. Dabei hat er auch zu prüfen, ob zwar sachlich richtige Angaben aufgrund der Darstellungsform oder Wortwahl einen irreführenden Eindruck vermitteln (vgl. IDW EPS 350 n.F. Rz. 92).

Weitergehend ist festzustellen, ob der Lagebericht sämtliche gesetzlich vorgeschriebenen Bestandteile enthält und abschließend ein zutreffendes Bild von der Lages des Unternehmens und den Chancen und Risiken der zukünftigen Entwicklung des Unternehmens vermittelt.

Der Abschlussprüfer hat weiterhin zu beurteilen, ob die erlangten Prüfungsnachweise ausreichend und geeignet sind.

Beurteilung der festgestellten falschen Angaben im Lagebericht

Der Abschlussprüfer hat die während der Prüfung festgestellten falschen Darstellungen im Lagebericht und ihre Auswirkungen auf die Prüfungsdurchführung, den Lagebericht und ggf. den Abschluss sowie die diesbezüglichen Prüfungsurteile zu beurteilen. Der Abschlussprüfer hat das Unternehmen aufzufordern, die festgestellten falschen Darstellungen zu korrigieren (IDW PS 350 n.F. Rz. 99).

Im Rahmen seines pflichtgemäßen Ermessens kann der Abschlussprüfer schriftliche Erklärungen z.B. der gesetzlicher Vertreter bei Zweifel an deren Integrität einholen.

Der Abschlussprüfer hat sämtliche wesentlichen für das Prüfungsurteil entscheidenden Feststellungen zu dokumentieren.

Vortragszeit: 5/8,5 Minuten

IV. Berichterstattung

Mit der Neufassung des IDW PS 350 ist die Berichterstattung im Prüfungsbericht und im Bestätigungsvermerk vollumfänglich neu geregelt worden. Hierzu sehen IDW PS 400 n.F. und IDW PS 450 n.F. umfangeiche neue Berichtspflichten des Abschlussprüfers vor, auf welche hier, bis auf einen Hinweis, jedoch nicht weiter eingegangen werden soll.

Hat der Abschlussprüfer jedoch festgestellt, dass die Klarheit und Übersichtlichkeit des Lageberichts durch lageberichtsfremde Angaben wesentlich beeinträchtigt ist, hat er das Prüfungsurteile zum Lagebericht im Bestätigungsvermerk einzuschränken oder zu versagen (IDW PS 350 n.F. Rz. 119).

Vortragszeit: 0,5/9 Minuten

V. Fazit

Die Prüfung des Lagerberichts stellt den Abschlussprüfer mehr denn je vor besondere Herausforderungen. Durch die Ergänzung der gesetzlichen Vorschrift des § 289 HGB und der Einführung des Clarity Formates als weitere Annäherung an die ISA ist IDW PS 350 umfassend neu gefasst worden. Dabei sind noch umfangreiche Anpassungen zum bisher veröffentlichen IDW EPS 350 vorgenommen worden. Stark betont wird dabei der bereits aus IDW PS 261 bekannte stark konsequente risikoorientierte Ansatz der Abschlussprüfung insgesamt und nun auch der Lageberichtsprüfung.

Durch eine **gewissenhafte Lageberichtsprüfung** trägt der Abschlussprüfer zu einem größeren Vertrauen in die Lageberichtsangaben durch die shareholder/stakeholder des Unternehmens insbesondere aufgrund der zukunftsorientieren Angaben aber auch aufgrund der Angabepflicht zu bestandsgefährdenden Risiken bei.

Vielen Dank für Ihre Aufmerksamkeit.

> Vortragszeit: 1/10 Minuten

Vortrag 27
Der Bestätigungsvermerk (Prüfungswesen)

Sehr geehrte/r Frau/Herr Vorsitzende/r, sehr geehrte Prüfungskommission,
aus den mir zur Auswahl gestellten Themen habe ich mich für das Thema „**Der Bestätigungsvermerk**" entschieden. Meinen Vortrag gliedere ich wie folgt:

I.	Allgemeines
II.	Vermerk über die Prüfung des Abschlusses
III.	Sonstige gesetzliche und andere rechtliche Anforderungen
IV.	Erteilung des Bestätigungsvermerks
V.	Sonderfragen zum Bestätigungsvermerk
VI.	Fazit

> Vortragszeit: 0,5 Minuten

I. Allgemeines

Der Jahresabschluss und der Lagebericht von mittelgroßen und großen Kapitalgesellschaften bzw. Kap&Co.-Gesellschaften ist gemäß § 316 Abs. 1 HGB durch einen Abschlussprüfer zu prüfen. Das Ergebnis seiner Prüfung hat der Abschlussprüfer schriftlich in einem **Bestätigungsvermerk gem. § 322 HGB** zusammenzufassen.

Auf den **Bestätigungsvermerk eines Konzernabschlusses/Konzernlageberichtes** sowie auf die Besonderheiten im Zusammenhang mit internationalen Rechnungslegungsvorschriften soll an dieser Stelle nicht weiter eingegangen werden.

Nach § 322 Abs. 2 HGB hat der Abschlussprüfer zu erklären, ob der von den gesetzlichen Vertretern der Gesellschaft aufgestellte Jahresabschluss aufgrund der bei der Prüfung gewonnenen Erkenntnisse des Abschlussprüfers nach seiner Beurteilung den gesetzlichen Vorschriften entspricht und unter Beachtung der Grundsätze ordnungsmäßiger Buchführung oder sonstiger maßgeblicher Rechnungslegungsgrundsätze ein den tatsächlichen Verhältnissen entsprechendes Bild der Vermögens-, Finanz- und Ertragslage des Unternehmens vermittelt.

Der sodann zu erteilende Bestätigungsvermerk ist Bestandteil der Offenlegung gem. § 325 Abs. 1 Nr. 1 HGB. Mit dem Bestätigungsvermerk bzw. dem Versagungsvermerk wird nach außen zum Ausdruck gebracht, dass die Prüfungspflicht nach § 316 HGB erfüllt worden ist und zu welchem Ergebnis die Prüfung geführt hat (Schmidt/Küster in BeckBilKom, 11. Auflage 2018, § 322 Rz. 13).

Insoweit ist zu beachten, dass zwischen den Erwartungen der Öffentlichkeit und den an den begrenzten Möglichkeiten der Rechnungslegung ausgerichteten Aussagen des Bestätigungsvermerkes eine Diskrepanz besteht (vgl. Marten/Quick/Ruhnke, Wirtschaftsprüfung, 5. Auflage 2015, S. 19 m.w.N.), welche man auch als „Erwartungslücke" bezeichnet (sog. **expectation gap**).

Das Institut der Wirtschaftsprüfer hat mit der Neufassung des IDW PS 400 n.F. vom 30.11.2017 den bisherigen IDW EPS 400 n.F. umgesetzt und die berufsmäßige Auffassung über das Rahmenkonzept und die Grundsätze für die **ordnungsgemäße Erteilung von Bestätigungsvermerken bei Abschlussprüfungen** vollumfänglich neu geregelt. IDW PS 400 n.F. sieht eine verpflichtende Anwendung vor für Berichtszeiträume die nach dem 15.12.2017 beginnen. Ausgenommen sind Rumpfgeschäftsjahre im Jahr 2018. Es sind alle Standards verpflichtend anzuwenden für Abschlüsse ab dem 31.12.2018, also **für die in 2019 erteilten Bestätigungsvermerke**. Eine vorzeitige Anwendung ist möglich.

> Vortragszeit: 1,5/2 Minuten

II. Vermerk über die Prüfung des Abschlusses

Das **Ziel der Abschlussprüfung** ist es:
a) auf der Grundlage der Beurteilung der aus den erlangten Prüfungsnachweisen gezogenen Schlussfolgerungen Prüfungsurteile zum Abschluss und zum Lagebericht bzw. zu den sonstigen Prüfungsgegenständen zu bilden und
b) diese Prüfungsurteile durch einen Bestätigungsvermerk schriftlich klar zum Ausdruck zu bringen (IDW PS 400 n.F. Rz. 13).

Um dieses Prüfungsurteil zu bilden, muss der Abschlussprüfer zu dem Schluss kommen, ob hinreichende Sicherheit darüber erlangt wurde, ob der Abschluss als Ganzes frei von – beabsichtigten oder unbeabsichtigten – wesentlichen falschen Angaben ist.

Dabei ist Folgendes zu berücksichtigen, ob die vom Abschlussprüfer in Übereinstimmung mit IDW PS 261. gezogene Schlussfolgerung darüber, ob ausreichende und angemessene Prüfungsnachweise erlangt wurden und die vom Abschlussprüfer in Übereinstimmung mit IDW PS 250 gezogene Schlussfolgerung darüber, ob nicht korrigierte falsche Angaben einzeln oder insgesamt wesentlich sind (vgl. IDW PS 400 n.F. Rz. 14).

Der Abschlussprüfer muss weiterhin beurteilen, ob der Abschluss in allen wesentlichen Belangen in Übereinstimmung mit den Anforderungen der maßgebenden Rechnungslegungsgrundsätze aufgestellt ist. Insbesondere muss der Abschlussprüfer beurteilen, ob unter Berücksichtigung der Anforderungen der maßgebenden Rechnungslegungsgrundsätze:
a) die ausgewählten und angewandten bedeutsamen Rechnungslegungsmethoden im Abschluss angemessen angegeben sind;
b) die ausgewählten und angewandten Rechnungslegungsmethoden mit den maßgebenden Rechnungslegungsgrundsätzen in Einklang stehen und angemessen sind;
c) die von den gesetzlichen Vertretern ermittelten geschätzten Werte in der Rechnungslegung vertretbar sind;
d) die im Abschluss dargestellten Informationen relevant, verlässlich, vergleichbar und verständlich sind;
e) der Abschluss angemessene Angaben liefert, damit die vorgesehenen Adressaten die Auswirkungen von wesentlichen Geschäftsvorfällen und Ereignissen auf die im Abschluss die Formulierungen behandelt, die bei Rechnungslegungsgrundsätzen zur sachgerechten Gesamtdarstellung bzw. bei Rechnungslegungsgrundsätzen zur Ordnungsmäßigkeit verwendet werden, um dieses Prüfungsurteil auszudrücken;
f) die im Abschluss verwendete Terminologie, einschließlich der Bezeichnung der einzelnen Finanzaufstellungen, angemessen ist;
(IDW PS 400 n.F. Rz. 15-16).

> Vortragszeit: 1,5/3,5 Minuten

III. Sonstige gesetzliche und andere rechtliche Anforderungen

1. **Vermerk über die Prüfung des Lageberichts**
   In Bezug auf den Lagebericht muss sich der Abschlussprüfer unter Beachtung des IDW EPS 350 n.F. ein Prüfungsurteil darüber bilden, ob dieser in allen wesentlichen Belangen in Übereinstimmung mit den maßgebenden Rechnungslegungsgrundsätzen aufgestellt ist; das heißt, ob:
   a) der Lagebericht insgesamt ein zutreffendes Bild von der Lage des Unternehmens vermittelt sowie
   b) der Lagebericht in allen wesentlichen Belangen:

aa) mit dem Abschluss in Einklang steht,
   bb) den gesetzlichen Vorschriften entspricht.
   Wenn die gesetzlichen Vertreter ohne gesetzliche Verpflichtung einen Lagebericht freiwillig unter vollständiger Beachtung der maßgebenden Rechnungslegungsgrundsätze aufgestellt haben und der Abschlussprüfer beauftragt wird, diesen zu prüfen, hat sich der Bestätigungsvermerk auch darauf zu erstrecken (IDW EPS 400 n.F. Rz. 19-20).
2. **Vermerk zu sonstigen Prüfungsgegenständen**
   In Bezug auf sonstige Prüfungsgegenstände muss sich der Abschlussprüfer ein Prüfungsurteil darüber bilden, ob diese in allen wesentlichen Belangen den maßgebenden gesetzlichen Vorschriften entsprechen. Prüfungsurteile zu sonstigen Prüfungsgegenständen dürfen in den Bestätigungsvermerk nur dann aufgenommen werden, wenn eine Rechtsnorm dies vorsieht. Sehen gesetzliche Vorschriften eine Erweiterung des Prüfungsgegenstands, nicht aber die Aufnahme eines Prüfungsurteils darüber im Bestätigungsvermerk vor, trifft der Abschlussprüfer die Prüfungsaussagen ausschließlich im Prüfungsbericht nach IDW EPS 450 n.F. (IDW EPS 450 n.F. Rz. 21-22).

> **Vortragszeit: 1,5/5 Minuten**

IV. Erteilung des Bestätigungsvermerks
1. Arten des Prüfungsurteils

Das Prüfungsurteil (Beurteilung des Prüfungsergebnisses) muss nach § 322 Abs. 2 HGB zweifelsfrei ergeben, ob:
- ein uneingeschränkter Bestätigungsvermerk erteilt,
- ein eingeschränkter Bestätigungsvermerk erteilt,
- der Bestätigungsvermerk aufgrund von Einwendungen versagt oder
- der Bestätigungsvermerk deshalb versagt wird, weil der Abschlussprüfer nicht in der Lage ist, ein Prüfungsurteil abzugeben.

IDW PS 400 n.F. bzw. EPS 405 n.F. sprechen von einem nicht modifizierten und einem modifizierten Prüfungsurteil.

Ein nicht modifiziertes Prüfungsurteil zum Abschluss bzw. zum Lagebericht ist abzugeben, wenn er zu dem Schluss gelangt, dass der Abschluss bzw. der Lagebericht in allen wesentlichen Belangen in Übereinstimmung mit den maßgeblichen Rechnungslegungsgrundsätzen aufgestellt ist. (vgl. IDW PS 400 n.F. Rz. 23 bzw. 27).
   Wenn der Abschlussprüfer:
a) auf der Grundlage der erhaltenen Prüfungsnachweise zu dem Schluss gelangt, dass der Abschluss als Ganzes nicht frei von wesentlichen falschen Angaben ist, oder
b) nicht in der Lage ist, ausreichende und angemessene Prüfungsnachweise zu erhalten, um zu der Schlussfolgerung zu gelangen, dass der Abschluss als Ganzes frei von wesentlichen falschen Angaben ist, muss er das Prüfungsurteil zum Abschluss im Bestätigungsvermerk in Übereinstimmung mit IDW EPS 405 modifizieren (IDW EPS 400 n.F. Rz. 24).

Wenn der Abschlussprüfer:
a) auf der Grundlage der erhaltenen Prüfungsnachweise zu dem Schluss gelangt, dass der Lagebericht nicht in allen wesentlichen Belangen in Übereinstimmung mit den maßgebenden Rechnungslegungsgrundsätzen aufgestellt ist, oder
b) nicht in der Lage ist, ausreichende und angemessene Prüfungsnachweise zu erhalten, um zu der Schlussfolgerung zu gelangen, dass der Lagebericht in allen wesentlichen Belangen in Übereinstimmung mit den maßgebenden Rechnungslegungsgrundsätzen, aufgestellt ist,

muss er das Prüfungsurteil zum Lagebericht im Bestätigungsvermerk in Übereinstimmung mit IDW EPS 405 modifizieren (IDW PS 400 n.F. Rz. 28).
   IDW PS 405 unterscheidet dabei drei Arten von modifizierten Prüfungsurteilen:
- das eingeschränkte Prüfungsurteil,
- das versagte Prüfungsurteil und

- die Erklärung der Nichtabgabe eines Prüfungsurteils.

Der Abschlussprüfer hat ein eingeschränktes Prüfungsurteil abzugeben, wenn:
a) er nach Erlangung ausreichender und angemessener Prüfungsnachweise zu dem Schluss gelangt, dass Einwendungen gegen den Abschluss, Lagebericht bzw. einen sonstigen Prüfungsgegenstand wesentlich, aber nicht umfassend sind, oder
b) er im Fall von Prüfungshemmnissen zu dem Schluss gelangt, dass deren mögliche Auswirkungen auf den Abschluss, den Lagebericht bzw. einen sonstigen Prüfungsgegenstand wesentlich, aber noch nicht umfassend sind (IDW PS 405 Rz. 9).

Sind die Einwendungen gegen den Abschluss bzw. den Lagebericht nicht nur wesentlich, sondern auch umfassend, hat der Abschlussprüfer ein versagtes Prüfungsurteil abzugeben (vgl. IDW PS 405 Rz. 11).

Die Erklärung der Nichtabgabe eines Prüfungsurteils erfolgt, wenn die Auswirkungen von Prüfungshemmnissen nicht nur wesentlich, sondern auch umfassend sind (vgl. IDW PS 405 Rz. 12).

2. Gliederung

Der „neue" Bestätigungsvermerk auf Basis von IDW PS 450 n.F. gliedert sich wie folgt:
- Überschrift,
- Empfänger,
- Vermerk über die Prüfung des Abschlusses und des Lageberichts,
- Prüfungsurteile,
- Grundlage für die Prüfungsurteile,
- ggf. wesentliche Unsicherheit im Zusammenhang mit der Fortführung der Unternehmenstätigkeit,
- ggf. Sonstige Informationen,
- Verantwortung der gesetzlichen Vertreter und des Aufsichtsrates für den Jahresabschluss und des Lageberichts,
- Verantwortung des Abschlussprüfers für die Prüfung des Jahresabschlusses und des Lageberichts

(vgl. IDW PS 400 n.F. Rz. 31-56).

3. Weitere Bestandteile

Gemäß IDW EQS 1 ist der Name des für die Prüfung verantwortlichen Wirtschaftsprüfers zu nennen (dort Rz. 12).

Der Bestätigungsvermerk ist unabhängig vom Prüfungsbericht zu erteilen und im Prüfungsbericht wiederzugeben. Er ist auf dem Jahresabschluss anzubringen oder mit diesem ggf. mit dem Lageberichts sowie ggf. mit den sonstigen Prüfungsgeständen fest zu verbinden. (vgl. IDW PS 400 n.F. Rz. 72).

Der verantwortliche Abschlussprüfer hat nach § 322 Abs. 7 Satz 1 HGB den Bestätigungsvermerk unter Angabe des Ortes der Niederlassung des Abschlussprüfers und des Tages der Unterzeichnung eigenhändig zu unterzeichnen. Im Fall des § 322 Abs. 6a HGB hat die Unterzeichnung durch alle bestellten Personen zu erfolgen. Dabei hat der Abschlussprüfer seiner Unterschrift die Berufsbezeichnung „Wirtschaftsprüfer/in" gem. § 18 WPO hinzuzufügen.

Handelt es sich bei der Prüfung um eine Vorbehaltsaufgabe, hat der Abschlussprüfer den Bestätigungsvermerk nach § 38 Abs. 1 WPO mit dem Berufssiegel zu versehen.

> Vortragszeit: 2,5/7,5 Minuten

V. Sonderfragen beim Bestätigungsvermerk
1. Abschlussprüfung unter Beachtung der ISA

Wird ein Prüfungsauftrag auftragsgemäß zusätzlich zu den vom IDW festgestellten deutschen Grundsätzen ordnungsgemäßer Abschlussprüfung auf Basis der ISA durchgeführt, darf der Abschlussprüfer im Bestätigungsvermerk zusätzlich zu den IDW PS zu den ISA Bezug nehmen (IDW PS 400 n.F. Rz. 81).

2. Kündigung des Prüfungsauftrages

Wird ein Prüfungsauftrag vorzeitig beendet, so darf weder ein Bestätigungsvermerk, noch ein Prüfungsvermerk erteilt werden (IDW PS 400 n.F. Rz. 86).

3. Nachtragsprüfung

Grundsätzlich ist die Tätigkeit des Abschlussprüfers mit der Erteilung des Prüfungsurteiles und der zugrundeliegenden Dokumentation erledigt. Er hat insoweit auch nicht die Verpflichtung den geprüften Jahresabschluss und Lagebericht weiter zu verfolgen.

Werden ihm jedoch Tatsachen nach Erteilung des Bestätigungsvermerkes bekannt, die bereits zum Zeitpunkt der Erteilung des Prüfungsurteiles bestanden haben, hat der Abschlussprüfer das Unternehmen zu veranlassen den Abschluss zu ändern, wenn diese Tatsache zu einem eingeschränkten Bestätigungsvermerk oder einer Versagung geführt hätten.

Soweit das Unternehmen diesem Änderungsbegehren des Abschlussprüfers folgt, hat diese eine sog. **Nachtragsprüfung** durchzuführen. In den Bestätigungsvermerk zur Nachtragsprüfung ist ein Hinweis nach den Grundsätzen des IDW PS 406 aufzunehmen. Folgt das Unternehmen nicht der Anregung des Abschlussprüfers, so hat er zu prüfen, ob der Bestätigungsvermerk zu widerrufen ist.

Soweit der bereits geprüfte und mit einem Prüfungsurteil versehene Jahresabschluss und/oder Lagebericht geändert wird, ist eine **Nachtragsprüfung durch den gesetzlichen Abschlussprüfer** durchzuführen.

Kommt der Abschlussprüfer im Rahmen dieser Nachtragsprüfung zu demselben uneingeschränkten Bestätigungsvermerk, ist dieser in einem gesonderten Abschnitt im Bestätigungsvermerk zu ergänzen und mit den Daten der Beendigung der ursprünglichen Abschlussprüfung und der Beendigung der Nachtragsprüfung (sog. **Doppeldatum**) zu versehen.

4. Widerruf des Bestätigungsvermerks

Kommt der Abschlussprüfer in der Nachtragsprüfung zu einem abweichenden eingeschränkten Bestätigungsvermerk oder einen Versagungsvermerk, ist der Abschlussprüfer verpflichtet, den (ursprünglichen) uneingeschränkten Bestätigungsvermerk zu widerrufen.

Der **Widerruf** ist schriftlich zu begründen und an den Auftraggeber zu richten. Darüber hinaus kann es im Interesse des Abschlussprüfers sein, Personen, die von dem Bestätigungsvermerk bereits Kenntnis erlangt haben, über den Widerruf zu informieren. Insbesondere kommt dies gegenüber dem Aufsichtsrat in Betracht.

Nach erfolgtem Widerruf ist ein entsprechender abweichender Bestätigungsvermerk zu erteilen.

Bevor der Abschlussprüfer einen Bestätigungsvermerk widerruft, sollte er zuvor – mit Rücksicht auf die erheblichen Auswirkungen eines Widerrufs – rechtlichen Rat einholen.

5. Aufschiebende Bedingung

Wurden in dem geprüften Abschluss bereits Sachverhalte berücksichtigt, die erst nach Abschluss der Prüfung wirksam werden, darf der Bestätigungsvermerk unter einer aufschiebenden Bedingung erteilt werden, wenn:

a) der noch nicht wirksame Sachverhalt nach Eintritt der Voraussetzung für seine Wirksamkeit auf den geprüften Abschluss zurückwirkt und

b) die zum Abschluss der Prüfung noch nicht erfüllte Bedingung in einem formgebundenen Verfahren inhaltlich bereits festgelegt ist und zur rechtlichen Verwirklichung ausschließlich noch formeller Akte bedarf, und

c) die anstehende Erfüllung der Voraussetzung mit an Sicherheit grenzender Wahrscheinlichkeit erwartet werden kann.

> Vortragszeit: 1,5/9 Minuten

VI. Fazit

Der Bestätigungsvermerk, der sich – anders als der Prüfungsbericht – an die Öffentlichkeit richtet, verdeutlicht die besondere Stellung des Abschlussprüfers und seines öffentlichen Auftrages zur Durchführung von gesetzlichen Jahresabschlussprüfungen.

Durch den Bestätigungsvermerk erlangt der Jahresabschluss eine erhöhte Glaubhaftigkeit. Jedoch hat der Bestätigungsvermerk bzw. die Jahresabschlussprüfung gerade gegenüber der Öffentlichkeit auch eine begrenzte Aussagekraft insbesondere über die Wirtschaftlichkeit eines Unternehmens. Dieser sog. **Erwartungslücke** hat der Abschlussprüfer entsprechend durch angemessene Berichterstattung im Bestätigungsvermerk und Prüfungsbericht Rechnung zu tragen.

Durch die Neufassung der IDW 400er-Reihe (insbesondere IDW PS 400 n.F. und IDW PS 405) wurden nicht nur zwingend gesetzliche Änderungen z.B. durch das BilRuG oder APAReg umgesetzt, sondern auch ein höherer Informationsgehalt hervorgeben, welches aufgrund der Offenlegung des Bestätigungsvermerkes als positiv zu beurteilen ist (vgl. dazu auch Schmidt/Küster in BeckBilKom., 11. Auflage 2018, § 322 Rz. 42). Auch durch die vorstehende Neufassung ist die Erwartungslücke leider nicht geschlossen worden.

Vielen Dank für Ihre Aufmerksamkeit.

Vortragszeit: 1/10 Minuten

Vortrag 28
Die Grundsätze der prüferischen Durchsicht von Jahresabschlüssen nach IDW PS 900 (Prüfungswesen)

Sehr geehrte/r Frau/Herr Vorsitzende/r, sehr geehrte Prüfungskommission,
aus den mir zur Auswahl gestellten Themen habe ich mich für das Thema „**Die Grundsätze der prüferischen Durchsicht von Jahresabschlüssen nach IDW PS 900**" entschieden. Meinen Vortrag gliedere ich wie folgt:

I.	Überblick
II.	Ziel und Gegenstand der prüferischen Durchsicht von Abschlüssen
III.	Grundsätze für die Durchführung einer prüferischen Durchsicht von Abschlüssen
IV.	Auftragsbedingungen
V.	Planung
VI.	Art, zeitlicher Ablauf und Umfang der prüferischen Durchsicht von Abschlüssen
VII.	Verwertung von Arbeiten Dritter
VIII.	Dokumentation
IX.	Berichterstattung
X.	Fazit

Vortragszeit: 0,5 Minuten

I. Überblick

Im Gegensatz zur gesetzlichen Jahresabschlussprüfung nach § 316 HGB besteht die Möglichkeit, einen Jahresabschluss einer **prüferischen Durchsicht** zu unterziehen. Dadurch soll die Glaubhaftigkeit der in dem Jahresabschluss enthaltenen Informationen erhöht werden. Die prüferische Durchsicht wird auch als Review bezeichnet.

Das IDW hat die berufsmäßige Auffassung zu den Grundsätzen der prüferischen Durchsicht von Abschlüssen im **IDW PS 900** niedergelegt.

Die prüferische Durchsicht stellt dabei keine und auch keine in ihrem Umfang reduzierte Abschlussprüfung dar, sondern besitzt eine begrenzte Aussagefähigkeit, welche im Folgenden dargestellt wird (vgl. IDW PS 900 Rn. 2).

Gesetzlich ist die prüferische Durchsicht nicht geregelt. Jedoch erwähnt § 37w Abs. 5 WpHG die prüferische Durchsicht ausdrücklich. § 37w Abs. 5 WpHG sieht die prüferische Durchsicht zwar für die dort geregelten Fälle nicht zwingend vor; wird jedoch eine prüferische Durchsicht durchgeführt, so ist diese so anzulegen, dass bei **gewissenhafter Berufsausübung** ausgeschlossen werden kann, dass der verkürzte Abschluss und der Zwischenlagebericht in wesentlichen Belangen den anzuwendenden Rechnungslegungsgrundsätzen widersprechen (Walz in Schüppen/Schaub, MAH Aktienrecht, 2. Aufl. 2010, § 48 Rn. 239).

> **Vortragszeit: 1/1,5 Minuten**

II. Ziel und Gegenstand der prüferischen Durchsicht von Abschlüssen

Die prüferische Durchsicht stellt eine **betriebswirtschaftliche Prüfung** im Sinne von § 2 Abs. 1 WPO dar.

Durch die prüferische Durchsicht soll die Glaubhaftigkeit der in den Abschlüssen enthaltenen Informationen erhöht werden, wobei auf die durch eine Abschlussprüfung erreichbare hinreichende Sicherheit für ein Prüfungsurteil mit positiver Gesamtaussage verzichtet wird (IDW PS 900 Rn. 5).

Die Aufgabe des Wirtschaftsprüfers besteht beim **Review** darin, die im Jahresabschluss getroffenen Aussagen und Informationen kritisch auf der Grundlage einer Plausibilitätsbeurteilung zu würdigen. Er muss dabei mit einer gewissen Sicherheit ausschließen können, dass der Jahresabschluss in wesentlichen Belangen nicht in Übereinstimmung mit den angewandten Rechnungslegungsgrundsätzen erstellt worden ist. Er trifft – anders als in der Jahresabschlussprüfung – eine negativ formulierte Gesamtaussage. Dementsprechend sind auch nicht alle bei einer Jahresabschlussprüfung erforderlichen Prüfungsnachweise zu erbringen (vgl. Marten/Quick/Ruhnke, Wirtschaftsprüfung, 5. Aufl. 2015, 677 m.w.N.).

> **Vortragszeit: 1,5/3 Minuten**

III. Grundsätze für die Durchführung einer prüferischen Durchsicht von Abschlüssen

Auch wenn es sich bei der prüferischen Durchsicht nicht um eine Jahresabschlussprüfung handelt, finden grundsätzlich die für den Abschlussprüfer maßgeblichen beruflichen Grundsätze Anwendung.

Um die erforderliche negativ formulierte Gesamtaussage treffen zu können, sind ausreichende und angemessene Nachweise einzuholen. Als **Prüfungsnachweise** kommen bei der prüferischen Durchsicht insbesondere Befragungen und analytische Beurteilungen in Betracht (vgl. Marten/Quick/Ruhnke, a.a.O., 773 m.w.N.).

Analytische Beurteilungen bestehen aus **Plausibilitätsbeurteilungen** von Verhältniszahlen und Trends, durch die Beziehungen zwischen den Daten aus dem Gegenstand der prüferischen Durchsicht sowie zu anderen Daten aufgezeigt sowie auffällige Abweichungen festgestellt werden (IDW PS 900 Rn. 10). Dabei ist die berufsübliche kritische Grundhaltung zu wahren.

Soweit der Wirtschaftsprüfer im Rahmen der Durchführung der prüferischen Durchsicht Tatsachen feststellt, die den Bestand des geprüften Unternehmens gefährden oder seine Entwicklung wesentliche beeinträchtigen können oder schwerwiegende Verstöße gegen Gesetz, Satzung oder Gesellschaftsvertrag ersichtlich sind, ergibt sich aus der **Treuepflicht des Wirtschaftsprüfers**, dass er dies dem Unternehmen schriftlich mitteilt (vgl. IDW PS 900 Rn. 12).

> **Vortragszeit: 1/4 Minuten**

IV. Auftragsbedingungen

Wenn der Wirtschaftsprüfer mit einer prüferischen Durchsicht beauftragt wird, hat er die berufsüblichen Pflichten und Grundsätze zu bewahren. Dementsprechend hat er in einem Auftragsbestätigungsschreiben die wesentlichen **Regelungen/Inhalte einer prüferischen Durchsicht** wie folgt aufzunehmen:

- Zielsetzung der prüferischen Durchsicht,
- Verantwortung der gesetzlichen Vertreter für den Abschluss,

- Art und Umfang der prüferischen Durchsicht sowie Bezugnahme auf den IDW PS 900 und dass im Wesentlichen Befragungen und analytische Beurteilungen vorgenommen werden,
- Erfordernis eines uneingeschränkten Zugangs zu den für die prüferische Durchsicht erforderlichen Dokumenten, Aufzeichnungen etc. und die Bereitschaft der gesetzlichen Vertreter, Auskünfte im erforderlichen Umfang vollständig zu erteilen,
- Hinweis auf die aufgrund der prüferischen Durchsicht immanenten Grenzen erhöhten Risiken, dass selbst wesentliche Fehler etc. nicht aufgedeckt werden,
- Form und Inhalt der Berichterstattung inklusive der Klarstellung, dass es sich nicht um eine Abschlussprüfung handelt (vgl. IDW PS 900 Rn. 14).

> Vortragszeit: 1/5 Minuten

V. Planung

Nach den berufsmäßigen Grundsätzen hat der Wirtschaftsprüfer die Tätigkeit so zu planen, dass die geforderte negative Prüfungsaussage getroffen werden kann.

Dabei hat sich der Wirtschaftsprüfer **Kenntnisse über die Geschäftstätigkeit und das wirtschaftliche und rechtliche Umfeld des Unternehmens** zu verschaffen bzw. diese zu aktualisieren. Darüber hinaus muss er sich mit den Produktions- und Absatzmethoden, den Produktsortimenten und Standorten des Unternehmens sowie verbundenen Unternehmen und nachstehenden Personen vertraut machen.

Nur auf einer solchen Grundlage kann der Wirtschaftsprüfer sachdienliche Befragungen und analytische Prüfungshandlungen durchführen, um schlussendlich die erforderte (negativ formulierte) Gesamtaussage treffen zu können (vgl. IDW PS 900 Rn. 16).

> Vortragszeit: 0,5/5,5 Minuten

VI. Art, zeitlicher Ablauf und Umfang der prüferischen Durchsicht von Abschlüssen

Der Wirtschaftsprüfer hat Art und Umfang der im Einzelfall erforderlichen Maßnahmen im Rahmen der Eigenverantwortlichkeit nach pflichtgemäßem Ermessen zu bestimmen (vgl. Marten/Quick/Ruhnke, a.a.O., 773 m.w.N.; IDW PS 900 Rn. 17).

Weitergehende Prüfungshandlungen als die Befragungen und analytischen Prüfungshandlungen sind regelmäßig nur dann erforderlich, wenn der Wirtschaftsprüfer Grund zu der Annahme hat, dass die erlangten Informationen wesentlich falsche Aussagen enthalten oder entsprechende Hinweise auf falsche Auskünfte vorliegen (vgl. IDW PS 900 Rn. 18). Es ist dabei jedoch der **Grundsatz der Wesentlichkeit** zu beachten.

Neben den Befragungen zu den angewandten Rechnungslegungsgrundsätzen, zu den Abläufen im Unternehmen und zu der Einschätzung der Unternehmensleitung zum Kontrollumfeld und Unregelmäßigkeiten im Unternehmen, hat der Abschlussprüfer auch **Befragungen zu Ereignissen nach dem Stichtag** vorzunehmen.

Darüber hinaus hat der Wirtschaftsprüfer den Abschluss kritisch zu lesen und abzugleichen, ob die im Rahmen der prüferischen Durchsicht erlangten Kenntnisse in Übereinstimmung mit den sich aus dem Jahresabschluss ergebenen Informationen stehen und der Jahresabschluss insgesamt (nicht) den angewandten Rechnungslegungsgrundsätzen entspricht (vgl. IDW PS 900 Rn. 21).

Soweit erforderlich, sind **Informationen von sachverständigen Dritten** zu beschaffen.

Abschließend hat der Wirtschaftsprüfer die **berufsübliche Vollständigkeitserklärung** von den gesetzlichen Vertretern einzuholen.

> Vortragszeit: 1/6,5 Minuten

VII. Verwertung von Arbeiten Dritter

Grundsätzlich sind für die **Verwertung von Arbeiten Dritter** die berufsmäßigen Grundsätze anzuwenden (z.B. IDW PS 322). Es ist jedoch zu prüfen, ob diese für die Zwecke der prüferischen Durchsicht geeignet sind und hierbei eine analoge Anwendung finden können (vgl. IDW PS 900 Rn. 23).

> Vortragszeit: 0,5/7 Minuten

VIII. Dokumentation

Der Wirtschaftsprüfer hat die Sachverhalte zu dokumentieren, die wichtige Nachweise zur Unterstützung der Bescheinigung liefern, sowie Nachweise dafür festzuhalten, dass die prüferische Durchsicht unter Berücksichtigung des IDW PS 900 durchgeführt wurde (IDW PS 900 Rn. 24).

> Vortragszeit: 0,5/7,5 Minuten

IX. Berichterstattung

Der Wirtschaftsprüfer hat über die von ihm durchgeführte prüferische Durchsicht Bericht zu erstatten. Dies erfolgt im Rahmen einer Bescheinigung, welche als solche zu bezeichnen ist, um insbesondere auch die Abgrenzung von der Jahresabschlussprüfung zu verdeutlichen.

Die vom Wirtschaftsprüfer zu treffende negativ formulierte Gesamtaussage ist dahingehend zu treffen, ob die durch die prüferische Durchsicht erhaltenen Nachweise darauf hinweisen, dass der **Abschluss den angewandten Rechnungslegungsgrundsätzen widerspricht** (vgl. Marten/Quick/Ruhnke, Wirtschaftsprüfung, 5. Aufl. 2015, 775 m.w.N.; IDW PS 900 Rn. 25).

Die **Bescheinigung** hat folgende **Grundbestandteile** in der nachfolgenden Reihenfolge zu enthalten:
- Überschrift;
- Adressat;
- Einleitender Abschnitt mit Bezeichnung des Abschlusses, der angewandten Rechnungslegungsgrundsätze und einer Erklärung über die Verantwortlichkeit von Unternehmensleitung und Wirtschaftsprüfer;
- Beschreibender Abschnitt, in dem:
  - die Art und Weise der prüferischen Durchsicht beschrieben wird,
  - auf IDW PS 900 Bezug genommen wird,
  - erklärt wird, dass sich die prüferische Durchsicht in erster Linie auf Befragungen und analytische Prüfungshandlungen beschränkt, und
  - klargestellt wird, dass keine Abschlussprüfung durchgeführt worden ist, sodass die durchgeführten Maßnahmen der prüferischen Durchsicht zu einer geringeren Sicherheit führen, als sie bei einer Abschlussprüfung erreichbar ist und dass deshalb kein Bestätigungsvermerk erteilt wird;
- Negativ formulierte Aussage des Wirtschaftsprüfers, die besagt, dass der Wirtschaftsprüfer aufgrund der prüferischen Durchsicht nicht auf Sachverhalte gestoßen ist, die zu der Annahme veranlassen, dass der Abschluss in wesentlichen Belangen nicht in Übereinstimmung mit den angewandten Rechnungslegungsgrundsätzen aufgestellt worden ist (IDW PS 900 Rn. 26).

IDW PS 900 enthält entsprechende umfangreiche Formulierungshinweise, die vom Wirtschaftsprüfer im Rahmen der Berufsgrundsätze verwandt werden sollten.

Die Bescheinigung ist sodann unter Angabe von Ort und Datum vom Wirtschaftsprüfer eigenhändig zu unterzeichnen. Sie kann mit dem Berufssiegel versehen werden, wobei zu beachten ist, dass im Rahmen der externen Qualitätskontrolle mittlerweile aufgrund der Neufassung des IDW EPS 140 n.F. Rz. 13 (nur noch) gesetzliche Abschlussprüfungen (und betriebswirtschaftliche Prüfungen, die von der BaFin angeordnet wurden) einzubeziehen sind.

Es empfiehlt sich eine schriftliche Zusammenfassung der Ergebnisse der prüferischen Durchsicht zusätzlich zur Bescheinigung – in den Grundzügen ähnlich einem Prüfungsbericht – zu erstellen (vgl. IDW PS 900 Rn. 33).

> Vortragszeit: 2/9,5 Minuten

X. Fazit

Die prüferische Durchsicht oder auch **Review** genannt, hat das Ziel das Vertrauen/die Glaubhaftigkeit der in dem Jahresabschluss getroffenen Aussagen und Informationen zu erhöhen.

Kritisch ist jedoch anzumerken, dass dieses Ziel beim stakeholder nur erreicht werden kann, wenn er die wesentlichen Informationen identifizieren kann. Auch können Dritte häufig nicht erkennen, welcher Grad der Zusicherung bei einem Review angesetzt wird. Hier könnte sich eine weitere Erwartungslücke auftun. Jedoch kann die Alternative nicht darin bestehen, „noch" weniger Kommunikation zu betreiben (vgl. dazu kritisch Marten/Quick/Ruhnke, Wirtschaftsprüfung, 5. Aufl. 2015, 775 m.w.N.). Dies sollte der Berufsstand aufnehmen, um das Vertrauen in die von Wirtschaftsprüfern erbrachten Dienstleistungen (insbesondere hier durch erteilte Bescheinigungen) weiterhin auf einem hohen Qualitätsstandard zu halten.

Vielen Dank für Ihre Aufmerksamkeit.

Vortragszeit: 0,5/10 Minuten

Vortrag 29
Ereignisse nach dem Bilanzstichtag – Auswirkungen auf Unternehmensleitung und Abschlussprüfer (Wirtschaftsprüfung)

Sehr geehrte/r Frau/Herr Vorsitzende/r, sehr geehrte Prüfungskommission,
aus den mir zur Auswahl gestellten Themen habe ich mich für das Thema „**Ereignisse nach dem Bilanzstichtag – Auswirkungen auf Unternehmensleitung und Abschlussprüfer**" entschieden. Meinen Vortrag gliedere ich wie folgt:

I.	Einführung und Konzeption
II.	Ereignisse zwischen dem Abschlussstichtag und dem Datum des Bestätigungsvermerkes
III.	Ereignisse nach dem Datum des Bestätigungsvermerks
IV.	Fazit

Vortragszeit: 0,5 Minuten

I. Einführung und Konzeption

Der Kaufmann hat den **Jahresabschluss** gem. § 242 HGB auf den Schluss seines Geschäftsjahres aufzustellen. Vermögensgegenstände und Schulden sind nicht am, sondern zum Stichtag gem. § 252 Abs. 1 Nr. 3 HGB einzeln zu bewerten. Dieses Stichtagsprinzip ist Ausfluss der Grundsätze ordnungsgemäßer Buchführung, wird jedoch an unterschiedlichen Stellen in der handelsrechtlichen Rechnungslegung durchbrochen (z.B. der Erfüllungsbetrag bei der Bewertung von Rückstellungen).

Das **Stichtagsprinzip** besagt weiterhin, dass die Kenntnisse zwischen dem Stichtag und dem Aufstellungszeitpunkt zu berücksichtigen sind. Es wird dabei zwischen wertaufhellenden Tatsachen und wertbeeinflussenden Tatsachen unterschieden, wobei aufgrund des vorstehenden Stichtagsprinzips in der Bilanz nur wertaufhellende Tatsachen zu berücksichtigen sind.

Das **Wertaufhellungsprinzip** als Ausfluss des Stichtagsprinzips verlangt, dass Ereignisse, deren Ursachen bereits vor dem Bilanzstichtag liegen, auch dann bei der Bilanzierung zu berücksichtigen sind, wenn diese erst nach dem Stichtag bekannt werden.

Das Wertaufhellungsprinzip verletzt nicht das Stichtagsprinzip. Es will vielmehr sicherstellen, dass sämtliche am Bilanzstichtag objektiv bestehenden Tatsachen bei der Bilanzaufstellung berücksichtigt werden. Hierfür ist der **Zeitpunkt der Bilanzfeststellung** der letztmögliche. Deshalb ist grundsätzlich der Zeitpunkt der Bilanzaufstellung für die Berücksichtigung wertaufhellender Tatsachen und Ereignisse maßgebend (Winnefeld in Winnfeld, Bilanzhandbuch, 5. Auflage 2015, Kapitel E, Rn. 240 m.w.N.).

Unter **wertbeeinflussenden Tatsachen** versteht man dagegen Ereignisse nach dem Bilanzstichtag, die keinen Rückschluss auf die Verhältnisse an dem Bilanzstichtag zulassen, wie z.B. der Brand eines Warenlagers nach dem Stichtag. In diesen Fällen handelt es sich um wertbeeinflussende Tatsachen, die bei der Bilanzierung außer Betracht bleiben müssen (Winnefeld in Winnfeld, Bilanzhandbuch, 5. Auflage 2015, Kapitel E, Rn. 244 m.w.N.).

Der Abschlussprüfer hat geeignete Prüfungshandlungen vorzunehmen, um alle Ereignisse nach dem Abschlussstichtag festzustellen, die wesentlichen Einfluss auf den Jahresabschluss respektive den Lagebericht haben können (Marten/Quick/Ruhnke, Wirtschaftsprüfung, 5. Auflage 2015, 555).

Vortragszeit: 1,5/2 Minuten

II. Ereignisse zwischen dem Abschlussstichtag und dem Datum des Bestätigungsvermerkes

Der Abschlussprüfer hat im Rahmen der Erlangung von Prüfungsnachweisen auch Prüfungshandlungen durchzuführen, um Kenntnisse über Ereignisse zwischen dem Abschlussstichtag und dem Datum des Bestätigungsvermerkes zu gewinnen. Dabei hat er auch festzustellen, dass gerade keine wertbeeinflussenden Ereignisse nach dem Bilanzstichtag Berücksichtigung gefunden haben (IDW PS 203 Rn. 11).

Diese Prüfungshandlungen sind in zeitlicher Nähe zum Abschlussstichtag zu beziehen. Dazu gehören beispielsweise die **Prüfung der Vorratsabgrenzung** oder die Begleichung von Verbindlichkeiten in zeitlicher Nähe zum Bilanzstichtag. Dabei ist jedoch darauf zu achten, dass diese Prüfungshandlungen zeitnah zum Datum des Bestätigungsvermerkes durchgeführt werden. Dies ist in den Arbeitspapieren zu dokumentieren.

Folgende **Prüfungshandlungen** sind diesbezüglich vorzunehmen (vgl. IDW PS 203 Rn. 13 ff.):
- Erzielung eines Verständnisses von den Maßnahmen, die die Unternehmensleitung getroffen hat, um eine vollständige und zeitlich richtige Erfassung von Ereignissen zu gewährleisten.
- Kritisches Lesen von Protokollen von Gesellschafterversammlungen/Sitzungen von Verwaltungsorganen und ggf. deren Befragung.
- Kritisches Lesen von aktuellen Zwischenabschlüssen/-berichten und anderen unternehmensinternen Berichten.
- Ggf. kann auch eine Aktualisierung der Rechtsanwaltsauskünfte in Betracht kommen.

Darüber hinaus hat der Abschlussprüfer die Unternehmensleitung und erforderlichenfalls das Aufsichtsorgan zu Ereignissen nach dem Abschlussstichtag zu befragen.

Stellt der Abschlussprüfer Ereignisse nach dem Abschlussstichtag fest, die sich wesentlich auf den Jahresabschluss bzw. den Lagebericht auswirken und nicht in der Rechnungslegung Berücksichtigung gefunden haben, obschon es sich um werterhellende Tatsachen handelt, hat der Abschlussprüfer Konsequenzen für den Bestätigungsvermerk zu ziehen (vgl. Marten/Quick/Ruhnke, Wirtschaftsprüfung, 5. Auflage 2015, 555).

Vortragszeit: 2,5/4,5 Minuten

III. Ereignisse nach dem Datum des Bestätigungsvermerks

Nach **Erteilung des Bestätigungsvermerkes** trifft den Abschlussprüfer grundsätzlich keine weitergehende Prüfungspflicht zu Ereignissen nach dem Bilanzstichtag. Es liegt vielmehr in der Verantwortung der gesetzlichen Vertreter des geprüften Unternehmens, den Abschlussprüfer über wesentliche Ereignisse nach Erteilung des Bestätigungsvermerkes zu informieren (vgl. IDW PS 203 Rn. 18).

Liegt hingegen ein längerer Zeitraum zwischen dem Bestätigungsvermerk und dessen Auslieferung bzw. waren bereits bei der Abschlussprüfung wesentliche Ereignisse nach dem Datum des Bestätigungsvermerkes zu erwarten, liegt es in der Verantwortung des Abschlussprüfers, dies mit der Unternehmensleitung zu klären (vgl. Marten/Quick/Ruhnke, Wirtschaftsprüfung, 5. Auflage 2015, 555).

Liegen nun werterhellende Tatsachen nach dem Datum des Bestätigungsvermerkes tatsächlich vor, hat der Abschlussprüfer die Unternehmensleitung damit zu konfrontieren und aufzufordern, den Jahresabschluss – soweit diese Ereignisse sich wesentlich auf den Jahresabschluss und ggf. den Lagebericht auswirken – zu ändern.

Abhängig von dem Verhalten der gesetzlichen Vertreter des geprüften Unternehmens können unterschiedliche Konstellationen unterschieden werden:

1. Der Jahresabschluss wird aufgrund **werterhellender Tatsachen geändert** (IDW PS 203 Rn. 22 ff.).

Der Abschlussprüfer hat die geänderten Unterlagen im Wege einer **Nachtragsprüfung** gem. § 316 Abs. 3 Satz 1 HGB zu prüfen, soweit es die Änderungen erfordern.

Über das Ergebnis dieser Nachtragsprüfung hat der Abschlussprüfer in einem gesonderten Prüfungsbericht zu berichten und den Bestätigungsvermerk zu ergänzen. Dabei ist der Bestätigungsvermerk aufgrund der Nachtragsprüfung neben dem ursprünglichen Datum mit dem Datum der Beendigung der Nachtragsprüfung zu versehen (sog. **Doppeldatum**), vgl. IDW PS 400 n.F. Rz. 87 und IDW PS 406.

In diesem Zusammenhang ist auch der Hinweis nach den Grundsätzen des PS 406 aufzunehmen (vgl. IDW PS 400 n.F. Rz. 84). Dieser umfasst:
- eine Erklärung, dass der Bestätigungsvermerk auf Grundlage der ursprünglichen, abgeschlossenen Abschlussprüfung sowie der Nachtragsprüfung erteilt wird
- eine Erklärung, dass der Bestätigungsvermerk sich auf einen geänderten Abschluss oder Lagebericht bezieht
- eine Bezeichnung des Gegenstands der Änderung im geänderten Abschluss oder Lagebericht, sowie
- eine Erklärung, ob die Nachtragsprüfung zu einer Modifizierung des den Abschluss oder Lagebericht betreffenden Prüfungsurteils geführt hat.

Darüber hinaus ist auf die Angabe im Abschluss oder im Lagebericht zu verweisen, die die Änderung begründet und erläutert, falls eine solche Angabe nach den maßgebenden Rechnungslegungsgrundsätzen erforderlich ist (IDW PS 400 n.F. Rz. 89).

Mit Erteilung des neuen Prüfungsberichtes nebst Bestätigungsvermerk hat der Abschlussprüfer die Unternehmensleitung und ggf. das Aufsichtsorgan darauf hinzuweisen, dass der ursprüngliche Bestätigungsvermerk nicht mehr an Dritte herauszugeben ist. Ist dies bereits erfolgt, hat der Abschlussprüfer kritisch zu prüfen, welche Maßnahmen die Unternehmensleitung diesbezüglich schon unternommen hat, um diese Dritten zu informieren.

Sollte die Unternehmensleitung keine oder keine geeigneten Maßnahmen ergreifen, hat er sie und ggf. das Aufsichtsorgan darüber zu informieren, dass er selbst entsprechende Maßnahmen ergreifen wird.

2. Der Jahresabschluss wird aufgrund werterhellender Tatsachen **nicht geändert** (IDW PS 203 Rn. 28 f.).

    Soweit die Unternehmensleitung trotz vorliegender wesentlicher werterhellender Tatsachen, den Jahresabschluss nicht ändert, hat der Abschlussprüfer zu prüfen, ob der erteilte Bestätigungsvermerk zu widerrufen ist (vgl. IDW PS 400 n.F. Rz. 92). Der Abschlussprüfer hat den Widerruf des Bestätigungsvermerks zu begründen und schriftlich an den Auftraggeber sowie an das geprüfte Unternehmen zu richten (IDW PS 400 n.F. Rz. 93). In dieser Situation kann es auf Seiten des Abschlussprüfers angezeigt sein, rechtlichen Rat bezüglich eines beabsichtigten Widerrufs einzuholen.

    Erklärt der Abschlussprüfer den Widerruf des Bestätigungsvermerks, ist das Unternehmen zugleich aufzufordern, den Jahresabschluss, den Lagebericht und den widerrufenen Bestätigungsvermerk nicht zu veröffentlichen oder an Dritte zu übergeben. Der Abschlussprüfer hat geeignete Maßnahmen zu ergreifen, dass alle, die Kenntnis von dem ursprünglichen Bestätigungsvermerk erlangen konnten, auch von dem Widerruf Kenntnis erlangen können (IDW PS 400 n.F. Rz. 93).

3. Der **Bestätigungsvermerk wurde widerrufen und das Unternehmen ändert den Jahresabschluss nicht** (IDW PS 203 Rn. 29).

    Wird der Jahresabschluss und/oder der Lagebericht auch nach dem Widerruf nicht geändert, so hat der Abschlussprüfer aufgrund des erteilten Prüfungsauftrags einen neuen Bestätigungsvermerk in der Form zu erteilen, wie sie aufgrund der nachträglichen Feststellungen erforderlich ist (vgl. IDW PS 400 n.F. Rz. 95).

4. Der **Bestätigungsvermerk wurde widerrufen und das Unternehmen** ändert **den Jahresabschluss** (IDW PS 203 Rn. 30).

    Wird der Jahresabschluss und/oder der Lagebericht dagegen nach dem Widerruf des Bestätigungsvermerks geändert, sind die geänderten Unterlagen von dem Abschlussprüfer im Rahmen einer Nachtragsprüfung zu prüfen (vgl. IDW PS 400 n.F. Rz. 87).

    Dem steht auch nicht entgegen, dass der ursprünglich erteilte Bestätigungsvermerk durch den Abschlussprüfer bereits widerrufen worden ist. Es ist jedoch in dem Nachtragsprüfungsbericht auf den Widerruf hinzuweisen. Im Übrigen gelten die Vorgehensweisen einer Nachtragsprüfung (s.o.).

> Vortragszeit: 4/8,5 Minuten

IV. Fazit

Hinsichtlich der Frage der Berücksichtigung von Ereignissen nach dem Bilanzstichtag sind unterschiedliche Fallkonstellationen zu unterscheiden. Maßgeblich ist der Zeitraum und die Qualität des Ereignisses als werterhellendes oder wertbeeinflussendes Ereignis.

Die Vorgehensweise seitens des Abschlussprüfers ist in IDW PS 203 ausführlich und klar geregelt und durch die Neufassung des IDW PS 400 n.F. nochmals unterstrichen worden; dennoch steht der Abschlussprüfer ggf. vor folgenschweren Entscheidungen, wenn z.B. die Unternehmensleitung trotz Änderungsbedürfnis den Jahresabschluss/Lagebericht nicht ändert und der Abschlussprüfer beispielsweise den Bestätigungsvermerk widerrufen muss. An dieser Stelle zeigt sich auch eine Systemschwäche der Abschlussprüfung: Der Abschlussprüfer als Auftragnehmer muss seinem Auftraggeber negative ggf. folgenschwere Konsequenzen „zumuten". Zwar kann der Auftraggeber (das zu prüfende Unternehmen) den Prüfungsauftrag nicht widerrufen, aber ob eine Auftragserteilung im Folgejahr an diesen Abschlussprüfer erfolgt, bleibt offen.

Vielen Dank für Ihre Aufmerksamkeit.

> Vortragszeit: 0,5/9 Minuten

Vortrag 30
Wesentlichkeit im Rahmen der Jahresabschlussprüfung (Wirtschaftsprüfung)

Sehr geehrte/r Frau/Herr Vorsitzende/r, sehr geehrte Prüfungskommission,
aus den mir zur Auswahl gestellten Themen habe ich mich für das Thema „**Wesentlichkeit im Rahmen der Jahresabschlussprüfung**" entschieden. Meinen Vortrag gliedere ich wie folgt:

I.	Überblick und Problemstellung
II.	Anwendung des Konzepts der Wesentlichkeit
III.	Einfluss von falschen Angaben auf die Prüfungsdurchführung sowie auf die Rechnungslegung und das Prüfungsurteil
IV.	Dokumentation
V.	Fazit

> Vortragszeit: 0,5 Minuten

I. Überblick und Problemstellung

Die **Jahresabschlussprüfung** ist gem. § 317 Abs. 1 HGB durch den Abschlussprüfer so anzulegen, dass Unrichtigkeiten und Verstöße, die sich auf die Darstellung des Bildes der Vermögens-, Finanz- und Ertragslage des Unternehmens wesentlich auswirken, bei gewissenhafter Berufsausübung erkannt werden.

Im Rahmen des risikoorientierten Prüfungsansatzes hat der Abschlussprüfer keine Vollprüfung vorzunehmen, sondern die Prüfung darauf auszurichten, dass er den Jahresabschluss bzw. ein Prüffeld nur akzeptiert, soweit keine wesentlich falschen Angaben vorliegen (vgl. Marten/Quick/Ruhnke, Wirtschaftsprüfung, 5. Auflage 2015, 232).

Daraus wird ersichtlich, dass das **Prüfungsrisiko** und die **Wesentlichkeit** (materiality) in einem wechselseitigen Zusammenhang zueinanderstehen: Je höher der Wesentlichkeitsgrad, umso geringer ist das Prüfungsrisiko bzw. die einzelnen Teilrisiken (IDW PS 250 Rn. 14).

Das **Konzept der Wesentlichkeit** ist adressatenorientiert. Rechnungslegungsinformationen sind als wesentlich anzusehen, wenn vernünftigerweise zu erwarten ist, dass ihre falsche Darstellung (einschließlich ihres Weglassens) im Einzelnen oder insgesamt die auf Basis der Rechnungslegung getroffenen wirtschaftlichen Entscheidungen der Rechnungslegungsadressaten beeinflusst (IDW PS 250 Rn. 5). Mit der Adressatenorientierung besteht das Problem, dass es zahlreiche Prüfungsadressaten mit heterogenen Informationsbedürfnissen gibt (Marten/Quick/Ruhnke, Wirtschaftsprüfung, 5. Auflage 2015, 241). Das IDW wirft diese Problematik im PS 250 nicht auf, sondern beschränkt sich auf die Definition der Wesentlichkeit.

In der Literatur wird – als Ausfluss des anglo-amerikanischen Prüfungswesens – zur Lösung dieses Konfliktes empfohlen, das Informationsbedürfnis eines **average prudent investor** heranzuziehen (vgl. Marten/Quick/Ruhnke, Wirtschaftsprüfung, 5. Auflage 2015, 241 m.w.N.). Insoweit sind jedoch die divergierenden Adressatenkreise des HGB-Jahresabschlusses auf der einen Seite und des Jahresabschlusses nach internationalen Rechnungslegungsvorschriften (IFRS) oder beispielhaft amerikanischer Rechnungslegung nach US-GAAP zu beachten. Hier steht der Abschlussprüfer somit in einem Zielkonflikt, der zurzeit nicht abschließend für den HGB-Jahresabschluss geklärt werden kann.

Die **Festlegung der Wesentlichkeit** liegt im pflichtgemäßen Ermessen des Abschlussprüfers und ist bei der Planung und Durchführung von Abschlussprüfungen zu beachten, damit der Abschlussprüfer sein Prüfungsurteil mit der notwendigen hinreichenden Sicherheit treffen kann (vgl. IDW PS 250 Rn. 6 f.).

> **Vortragszeit: 1/1,5 Minuten**

II. Anwendung des Konzepts der Wesentlichkeit

Das Konzept der Wesentlichkeit ist sowohl bei der **Prüfungsplanung** als auch bei der **Prüfungsdurchführung** zu beachten. Im Rahmen der Prüfungsplanung ist es beispielsweise bei der vorläufigen Risikoeinschätzung zu berücksichtigen. Es wird weiter angewendet für die Feststellung von Art, Zeitpunkt und Umfang der Prüfungshandlungen. Aber auch bei der Beurteilung der Auswirkung von festgestellten falschen Angaben in der Rechnungslegung und bei der Bildung des Prüfungsurteils ist die Wesentlichkeit zu berücksichtigen (vgl. IDW PS 250 Rn. 10).

Die Wesentlichkeit kann sich sowohl quantitativ in einem betragsmäßigen Grenzwert als auch qualitativ in einer Eigenschaft ausdrücken (vgl. Ebke in Münchener Kommentar zum HGB, 3. Auflage 2013, § 317 Rn. 68 m.w.N.).

Dabei sind unterschiedliche Arten von „Wesentlichkeiten" zu berücksichtigen:

Die Wesentlichkeit auf Abschlussebene bezeichnet die Gesamtwesentlichkeit und dient vor allem der Festlegung einer Prüfungsstrategie (vgl. Marten/Quick/Ruhnke, Wirtschaftsprüfung, 5. Auflage 2015, 241). Bezieht sich die Wesentlichkeit hingegen auf bestimmte Arten von Aussagen, bei denen erwartet werden kann, dass Falschdarstellungen unterhalb der Gesamtwesentlichkeitsgrenze wirtschaftliche Entscheidungen der Abschlussadressaten beeinflussen, ist von der spezifischen Wesentlichkeit (auf Aussageebene) die Rede (vgl. Marten/Quick/Ruhnke, Wirtschaftsprüfung, 5. Auflage 2015, 241 m.w.N.).

Bei der **Toleranzwesentlichkeit** handelt es sich um den Betrag oder die Beträge, die vom Abschlussprüfer unterhalb der Wesentlichkeit für den Abschluss als Ganzes festgelegt werden, um die Wahrscheinlichkeit auf ein angemessen niedriges Maß zu reduzieren, dass die Summen aus den nicht korrigierten und den nicht aufgedeckten falschen Angaben die Wesentlichkeit für den Abschluss als Ganzes überschreitet (IDW PS 250 Rn. 11).

In diesem Kontext ist auch die **Nichtaufgriffsgrenze** von Relevanz: Sie bezeichnet den Betrag unter dessen falsche Angaben zweifelsfrei unbeachtlich sind (Marten/Quick/Ruhnke, Wirtschaftsprüfung, 5. Auflage 2015, 242). Zweifelsfrei unbeachtliche Informationen haben eine erheblich geringere Größenordnung als die zuvor festgesetzte Wesentlichkeit. Um Missverständnisse zu vermeiden, sollte hier auch nicht von „nicht wesentlichen" Sachverhalten gesprochen werden (vgl. IDW PS 250 Rn. 19).

Wesentlichkeit – Prüfungsrisiko – Prüfungsplanung

Wie schon erwähnt, stehen Wesentlichkeit und Prüfungsrisiko in einem engen wechselseitigen Zusammenhang.

Das Prüfungsrisiko (audit risk), dass sich aus dem **inhärenten Risiko** (inherent risk), dem **Kontrollrisiko** (control risk) und dem **Entdeckungsrisiko** (detection Risk) zusammensetzt, ist umso geringer, je höher die Wesentlichkeit festgelegt wird. Dabei hat der Abschlussprüfer direkt nur Einfluss auf das Entdeckungsrisiko. Es wird auch als das der Abschlussprüfung innewohnende Risiko bezeichnet.

Bereits bei der Prüfungsplanung und somit bei der Erarbeitung der Prüfungsstrategie und des Prüfungsplanes hat der Abschlussprüfer für die Aufdeckung von falschen Angaben eine angemessene Wesentlichkeit für den Abschluss als Ganzes und die Toleranzwesentlichkeit festzulegen. Es wird in diesem Zusammenhang auch von einer **vorläufigen Risikoeinschätzung** gesprochen (vgl. IDW PS 250 Rn. 15 ff.).

Im Laufe der Abschlussprüfung gewinnt der Abschlussprüfer immer bessere Kenntnisse über das zu prüfende Unternehmen und hat somit ggf. die Wesentlichkeit im Laufe der Prüfung anzupassen. Er kompensiert dabei das Prüfungsrisiko durch eine **Verringerung der Höhe des Entdeckungsrisikos**, in dem Art oder Zeitpunkt der geplanten aussagebezogenen Prüfungshandlungen angepasst werden bzw. deren Umfang erweitert wird (IDW PS 250 Rn. 14).

Die Wesentlichkeit ist im Laufe der Prüfung anzupassen, wenn sich erweist, dass der Abschlussprüfer diese bei Kenntnis der neuen Informationen abweichend festgelegt hätte. Vor der abschließenden Beurteilung hat der Abschlussprüfer zu prüfen, ob die zuvor festgesetzte Wesentlichkeit weiterhin angemessen ist (vgl. IDW PS 250 Rn. 15 ff.).

> **Vortragszeit: 3/4,5 Minuten**

III. Einfluss von falschen Angaben auf die Prüfungsdurchführung sowie auf die Rechnungslegung und das Prüfungsurteil

Der Abschlussprüfer muss die **während der Prüfung festgestellten falschen Angaben** zusammenstellen, soweit diese nicht unbeachtlich sind.

Diese falschen Angaben hat der Abschlussprüfer nun strukturiert wie folgt zu beurteilen (vgl. Ablaufdiagramm in IDW PS 250 Rn. 20):

1. **Zweifelsfrei unbeachtliche Angaben unterhalb der Nichtaufgriffsgrenze** bedürfen keiner weiteren Beurteilung.
2. Die sodann verbleibenden falschen Angaben in Höhe oder oberhalb der Nichtaufgriffsgrenze sind hinsichtlich ihrer Auswirkungen auf die weitere Prüfungsdurchführung zu beurteilen.

   Insbesondere hat der Abschlussprüfer zu hinterfragen, ob die Prüfungsstrategie und das Prüfungsprogramm überarbeitet werden müssen, um unter den gegebenen Umständen, ausreichende und angemessene Prüfungsnachweise zu erlangen.

   Weiterhin sind die **gesetzlichen Vertreter des prüfenden Unternehmens zur Korrektur aufzufordern**.

   a) Soweit die falschen Angaben durch die gesetzlichen Vertreter korrigiert werden, hat der Abschlussprüfer festzustellen, ob die vom Management durchgeführten Maßnahmen angemessen sind.

   b) Erfolgt die Korrektur der falschen Angaben nicht, hat der Abschlussprüfer diese in die **Aufstellung nicht korrigierter Prüfungsdifferenzen** (SUD) aufzunehmen, soweit sie nicht zweifelsfrei unbeachtlich sind. Die Gründe für die nicht erfolgte Korrektur sind dabei zu vermerken und dies bei der Bildung des Prüfungsurteils zu berücksichtigen.

   Es ist zu prüfen, ob diese nicht korrigierten Angaben einzeln oder insgesamt wesentlich sind und der Abschluss ein den tatsächlichen Verhältnissen entsprechendes Bild der Vermögens-, Finanz- und Ertragslage des Unternehmens vermittelt und der Lagebericht insbesondere eine noch zutreffende Darstellung von der Lage der Gesellschaft und über die Chancen und Risiken der zukünftigen Entwicklung widerspiegelt.

Dabei ist zu beachten, dass originär quantitative und qualitative Angaben in Anhang und Lagebericht stets als wesentliche einzustufen sind.

Der Abschlussprüfer hat dem Aufsichtsorgan über die von den gesetzlichen Vertretern nicht korrigierten falschen Angaben zu berichten. Dies umfasst auch die Auswirkungen dieser Angaben auf das Prüfungsurteil. Dabei hat er dem Aufsichtsorgan Gelegenheit zu geben, die gesetzlichen Vertreter zur Korrektur aufzufordern (IDW PS 250 Rn. 30).

Der Abschlussprüfer hat den **Bestätigungsvermerk zu modifizieren**, wenn die gesetzlichen Vertreter keine Anpassung des Abschlusses bzw. des Lageberichts vornehmen und die nicht korrigierten falschen Angaben für die Rechnungslegung wesentlich sind (vgl. IDW PS 400 n.F. Rn. 23 ff.).

Vortragszeit: 3,5/8 Minuten

IV. Dokumentation

Die Berücksichtigung des Konzepts der Wesentlichkeit und ihre Schlussfolgerungen auf eingeholte Prüfungsnachweise ist in den Arbeitspapieren zu dokumentieren. Dabei sind **folgende Faktoren festzuhalten**:
- die Wesentlichkeit für den Abschluss als Ganzes,
- spezifische Wesentlichkeiten,
- Toleranzwesentlichkeit(en),
- Anpassungen der einzelnen Wesentlichkeiten,
- Nichtaufgriffsgrenze,
- Zusammenstellung der nicht korrigierten falschen Angaben als auch der korrigierten falschen Angaben,
- Schlussfolgerungen über nicht korrigierte falsche Angaben und deren Gründe.

Vortragszeit: 1/9 Minuten

V. Fazit

Die Wesentlichkeit stellt eine Herausforderung des Abschlussprüfers in seiner alltäglichen Prüfungstätigkeit dar. Sowohl die vorläufige Risikoeinschätzung als auch die Festlegung der unterschiedlichen Arten von Wesentlichkeiten bedürfen einer besonderen Aufmerksamkeit des Abschlussprüfers. Darüber hinaus zwingt sie den Abschlussprüfer den Blick auf das „Wesentliche" zu richten um ein Prüfungsurteil mit hinreichender Sicherheit abgeben zu können.

Vielen Dank für Ihre Aufmerksamkeit.

Vortragszeit: 1/10 Minuten

Vortrag 31
Überschuldung und bestandsgefährdende Tatsachen; Definition, Prüfung und Berichterstattung (Prüfungswesen)

Sehr geehrte/r Frau/Herr Vorsitzende/r, sehr geehrte Prüfungskommission,
aus den mir zur Auswahl gestellten Themen habe ich mich für das Thema „**Überschuldung und bestandsgefährdende Tatsachen; Definition, Prüfung und Berichterstattung**" entschieden. Meinen Vortrag gliedere ich wie folgt:

I.	Einführung
II.	Beurteilung des Vorliegens der Überschuldung
III.	Auswirkung auf die Jahresabschlussprüfung
IV.	Auswirkungen auf die Berichterstattung
V.	Fazit

Vortragszeit: 0,5 Minuten

I. Einführung

Der **Jahresabschluss** ist nach § 252 Abs. 1 Nr. 2 HGB unter Fortführungsgesichtspunkten aufzustellen, sofern dem nicht tatsächliche oder rechtliche Gegebenheiten entgegenstehen. Dieses Prinzip der Fortsetzung der Unternehmenstätigkeit wird auch als **going-concern-concept** bezeichnet (vgl. Winkeljohann/Büssow in Beck'scher Bilanzkommentar, 11. Auflage 2018, § 252 Rn. 9).

Neben der Überschuldung (§ 19 InsO) stellen die Zahlungsunfähigkeit (§ 17 InsO) und die drohende Zahlungsfähigkeit (§ 18 InsO) einen **Insolvenzeröffnungsgrund** dar.

Die **Verpflichtung zur Stellung eines Insolvenzantrages** trifft die gesetzlichen Vertreter. Diese haben bei Vorliegen eines Insolvenzeröffnungsgrundes innerhalb von 3 Wochen einen Eröffnungsantrag zu stellen. Bei Nichtvornahme drohen strafrechtliche Folgen (vgl. § 15a InsO) und haftungsrechtliche Konsequenzen. Es wird sodann auch von einer Insolvenzverschleppung gesprochen.

Das Institut der Wirtschaftsprüfer hat mit dem IDW S 11 eine einheitliche Stellungnahme zur **Beurteilung des Vorliegens von Insolvenzeröffnungsgründen** veröffentlicht. Der IDW S 11 löst entsprechend den IDW PS 800 (zur Zahlungsunfähigkeit) und die Stellungnahme IDW FAR 1/1996 (zur Überschuldung) ab und ist mit der aktuellen Gesetzes- und Rechtsprechungssituation nunmehr konform.

Vortragszeit: 0,5/1 Minute

II. Beurteilung des Vorliegens der Überschuldung

Überschuldung liegt nach § 19 InsO vor, wenn das Vermögen des Schuldners die bestehenden Verbindlichkeiten nicht mehr deckt, es sei denn, die Fortführung des Unternehmens ist nach den Umständen überwiegend wahrscheinlich.

Durch das Finanzmarktstabilitätsgesetz ist ab dem 18.10.2008 dieser zweistufige Überschuldungsbegriff wieder anzuwenden. Er war zunächst für 2 Jahre aufgrund der Auswirkungen der Finanzmarktkrise befristet. Als sich abzeichnete, dass die Folgen der Finanzmarktkrise nicht bis Ende 2010 bewältigt werden konnten, wurde die Regelung zunächst bis zum 31.12.2013 und sodann doch als unbefristet in das Gesetz übernommen.

Ziel dieses zweistufigen Überschuldungsbegriffes ist es, den in eine wirtschaftliche Schieflage geratenen Unternehmen gleichwohl die Einleitung eines Insolvenzverfahrens zu ersparen, soweit sie über eine positive Fortführungsprognose verfügen (Mönning in Nerlich/Römermann, Insolvenzordnung, 33. EL September 2017, § 19 Rn. 13 m.w.N.).

Auf Basis dieses zweistufigen Überschuldungsbegriffes ist zunächst auf der ersten Stufe eine **Fortführungsprognose** zu erstellen, bei dem die Überlebenschancen des Unternehmens zu beurteilen sind. Ist dies positiv, liegt keine Überschuldung vor und beseitigt entsprechend die Insolvenzantragspflicht (vgl. IDW S 11 Rn. 53 und Mönning in Nerlich/Römermann, Insolvenzordnung, 33. EL September 2017, § 19 Rn. 42).

Ist die Fortführungsprognose hingegen negativ, sind auf der zweiten Stufe Vermögen und Schulden des Unternehmens einer rechnerischen Überschuldungsprüfung zu unterwerfen.

1. Fortbestehensprognose

Obwohl textlich nachgestaltet, steht bei der Beurteilung der Überschuldung im Sinne von § 19 InsO die Fortführungsprognose aufgrund der höchstrichterlichen Rechtsprechung, dem der Gesetzestext angelehnt ist, am Anfang (vgl. Mönning in Nerlich/Römermann, Insolvenzordnung, 33. EL September 2017, § 19 Rn. 13, 42 ff. m.w.N.).

Eine **positive Fortführungsprognose** setzt die überwiegende Wahrscheinlichkeit voraus, dass das Unternehmen mittelfristig zahlungsfähig bleibt. Dies erfolgt auf der Grundlage des Unternehmenskonzepts und des auf der integrierten Planung abgeleiteten Finanzplans (vgl. IDW S 11 Rn. 59, 63).

Dies stellt die Unternehmensleitung in der Regel vor große Herausforderungen, da jeder Planung immanent ist, dass die zugrunde gelegten Annahmen aufgrund von nicht vorhersehbaren Umständen nicht eintreten oder anders ausfallen können. Mit zeitlicher Entfernung steigt der Grad der Unsicherheit und sinkt der Detaillierungsgrad. Dennoch hat der Gesetzgeber dies bewusst in Kauf genommen. Überwunden werden kann diese Unsicherheit durch den Maßstab der überwiegenden Wahrscheinlichkeit.

Überwiegende Wahrscheinlichkeit bedeutet, dass die Wahrscheinlichkeit der Aufrechterhaltung der Zahlungsfähigkeit im Prognosezeitraum höher ist, als die Wahrscheinlichkeit, dass die Zahlungsfähigkeit im Prognosezeitraum nicht gegeben sein wird.

Der Prognosezeitraum umfasst das laufende und das folgende Geschäftsjahr (vgl. IDW S 11 Rn. 61 m.w.N.).

2. Rechnerischer Überschuldungsstatus

Soweit die **Fortführungsprognose** jedoch **negativ** ist, ist ein rechnerischer Überschuldungsstatus erforderlich.

Diese sog. **Überschuldungsbilanz** erfasst und bewertet das gesamte Vermögen und alle bestehenden Verbindlichkeiten, wobei materielle und immaterielle Vermögenswerte anzusetzen sind, die verwertbar wären. Dabei ist zu beachten, dass Verbindlichkeiten unabhängig von ihrer Fälligkeit zu passivieren sind, d.h. auch bedingte und unverzinslich betagte Schulden müssen in die Bewertung einbezogen werden (IDW S 11 Rn. 71 f.).

Da eine Fortführung des Unternehmens nicht mehr wahrscheinlich ist, sind Vermögenswerte und Schulden zu Liquidationswerten zu bewerten. Ggf. vorhandene stille Reserven und/oder Lasten sind aufzudecken. Dabei ist von der wahrscheinlichsten Verwertungsmöglichkeit auszugehen (vgl. IDW S 11 Rn. 73 ff.).

Deckt das Vermögen die Verbindlichkeiten, liegt somit keine Überschuldung vor.

Bei negativen Reinvermögen im Überschuldungsstatus liegt der gesetzlich definierte insolvenzauslösende Tatbestand der Überschuldung vor (IDW S 11 Rn. 90).

> **Vortragszeit: 2/3 Minuten**

III. Auswirkung auf die Jahresabschlussprüfung

Der **Jahresabschluss** ist grundsätzlich unter **Fortführungsgesichtspunkten** aufzustellen. Sind Insolvenzantragsgründe gegeben, kann nicht mehr von einer Fortführung gesprochen werden.

Ob diese **going-concern-Prämisse** im Rahmen der Jahresabschlusserstellung auch Anwendung findet, ist von den gesetzlichen Vertretern des zu prüfenden Unternehmens zu beurteilen. Bei der Aufstellung des Jahresabschlusses haben sie über die Berechtigung dieser Annahme zu entscheiden, wobei sie davon ausgehen dürfen, wenn das Unternehmen in der Vergangenheit nachhaltig Gewinne erzielt hat, leicht auf finanzielle Mittel zurückgreifen kann und keine bilanzielle Überschuldung droht.

Der Abschlussprüfer ist dafür verantwortlich, ausreichende geeignete Prüfungsnachweise darüber zu erlangen und zu einer Schlussfolgerung zu kommen, ob die Einschätzung der gesetzlichen Vertreter über die Anwendung des Rechnungslegungsgrundsatzes der Fortführung der Unternehmenstätigkeit bei der Aufstellung des Abschlusses und des Lageberichts angemessen ist. Ferner ist der Abschlussprüfer dafür verantwortlich, auf Grundlage der erlangten Prüfungsnachweise zu einer Schlussfolgerung zu kommen, ob eine wesentliche Unsicherheit über die Fähigkeit des Unternehmens zur Fortführung der Unternehmenstätigkeit besteht (IDW PS 270 n.F. Rz. 10).

Der Abschlussprüfer ist ferner dafür verantwortlich, nach § 322 Abs. 2 Satz 3 HGB im Bestätigungsvermerk auf Risiken, die den Fortbestand des Unternehmens gefährden, gesondert einzugehen und nach § 321 Abs. 1 Satz 2 und 3 HGB im Prüfungsbericht über bei Durchführung der Abschlussprüfung festgestellte Tatsachen zu berichten, welche den Bestand des geprüften Unternehmens oder des Konzerns gefährden oder seine Entwicklung wesentlich beeinträchtigen können (IDW PS 270 n.F. Rz. 11).

Bereits bei der **Prüfungsplanung** hat der Abschlussprüfer zu beurteilen, ob Anhaltspunkte dafür vorliegen, dass erhebliche Zweifel an der Fortführung der Unternehmenstätigkeit bestehen (sog. bestandsgefährdende Tatsachen).

Bestandsgefährdende Tatsachen könnten jedoch auch während der Durchführung der Prüfung bekannt werden; ihre Beurteilung ist dann im weiteren Verlauf der Prüfung fortzuführen.

Gerade die Insolvenzantragsgründe stellen bestandsgefährdende Tatsachen dar. Erkennt der Abschlussprüfer auf der Grundlage der von ihm zusätzlich vorzunehmen Maßnahmen, Anhaltspunkte für eine Insolvenzgefahr, so sind die gesetzlichen Vertreter im Rahmen der Berichtspflicht durch den Abschlussprüfer auf ihre insolvenzrechtlichen Verpflichtungen hinzuweisen (IDW PS 270 Rn. 29 a.E.).

Wurde der **Jahresabschluss** unter Annahme der **going-concern-Prämisse** aufgestellt, obwohl im Zeitpunkt der Aufstellung nicht davon ausgegangen werden konnte, muss sich der Abschlussprüfer davon überzeigen, ob durch zwischenzeitliche Maßnahmen oder Ergebnisse die Bestandsgefährdung behoben wurde und damit der Abschluss zu Recht unter Fortführungsgesichtspunkten aufgestellt wurde (vgl. IDW PS 270 Rn. 31).

Sind bereits **Insolvenzantragspflichten** vorhanden, denen die gesetzlichen Vertreter auch nachgekommen sind, geht die handels- und steuerrechtliche Rechnungslegungspflicht auf den Insolvenzverwalter gem. § 155 Abs. 1 InsO über. Mit der Insolvenzeröffnung beginnt ein neues Geschäftsjahr – § 155 Abs. 2 InsO.

Auf die weitergehenden Besonderheiten zur Rechnungslegung und Jahresabschlussprüfung in der Insolvenz soll an dieser Stelle nicht weiter eingegangen werden.

Vortragszeit: 3/6 Minuten

IV. Auswirkungen auf die Berichterstattung

Auf der Grundlage der erlangten Prüfungsnachweise hat der Abschlussprüfer auch zu beurteilen, ob die **Bilanzierung unter Fortführungsgesichtspunkten** angemessen ist (vgl. IDW PS 270 n.F. Rz. 22).

Die inhärenten Grenzen einer Abschlussprüfung, wesentliche falsche Darstellungen aufzudecken, sind bei zukünftigen Ereignissen oder Gegebenheiten, die dazu führen können, dass ein Unternehmen seine Unternehmenstätigkeit einstellt, besonders ausgeprägt. Der Abschlussprüfer kann solche zukünftigen Ereignisse oder Gegebenheiten nicht vorhersagen. Folglich kann die Tatsache, dass ein Bestätigungsvermerk keinen Hinweis auf eine wesentliche Unsicherheit über die Fähigkeit des Unternehmens zur Fortführung der Unternehmenstätigkeit enthält, nicht als Garantie für die Fähigkeit des Unternehmens zur Fortführung der Unternehmenstätigkeit angesehen werden (IDW PS 270 n.F. Rz. 12).

Es sind folgende Konstellationen bei den Auswirkungen auf den Bestätigungsvermerk zu unterscheiden:

1. **Unangemessene Anwendung des Rechnungslegungsgrundsatzes der Fortführung der Unternehmenstätigkeit**

   Wenn der Abschluss unter Anwendung des Rechnungslegungsgrundsatzes der Fortführung der Unternehmenstätigkeit aufgestellt wurde, jedoch nach der Beurteilung des Abschlussprüfers die von den gesetzlichen Vertretern bei der Aufstellung des Abschlusses vorgenommene Anwendung des Rechnungslegungsgrundsatzes der Fortführung der Unternehmenstätigkeit unangemessen ist, hat der Abschlussprüfer sein Prüfungsurteil zum Abschluss in Übereinstimmung mit IDW PS 405 zu versagen (IDW PS 270 Rz. 28).

2. Angemessene Anwendung des Rechnungslegungsgrundsatzes der Fortführung der Unternehmenstätigkeit, obwohl eine wesentliche Unsicherheit besteht

Ist die wesentliche Unsicherheit (bestandsgefährdendes Risiko) im Abschluss angemessen angegeben, hat der Abschlussprüfer diesbezüglich ein nicht modifiziertes Prüfungsurteil zum Abschluss abzugeben. In diesem Fall hat der Bestätigungsvermerk einen gesonderten Abschnitt mit der Überschrift „Wesentliche Unsicherheit im Zusammenhang mit der Fortführung der Unternehmenstätigkeit" zu enthalten (IDW PS 270 Rz. 29).

Wenn die wesentliche Unsicherheit (bestandsgefährdendes Risiko) im Abschluss nicht angemessen angegeben ist, hat der Abschlussprüfer:

a) ein eingeschränktes bzw. versagtes Prüfungsurteil zum Abschluss – wie nach IDW PS 405 erforderlich – abzugeben und

b) im Abschnitt „Grundlage für das eingeschränkte (versagte) Prüfungsurteil" des Bestätigungsvermerks darzulegen, dass eine wesentliche Unsicherheit besteht, die bedeutsame Zweifel an der Fähigkeit des Unternehmens zur Fortführung der Unternehmenstätigkeit aufwerfen kann, dass dieser Sachverhalt im Abschluss nicht angemessen angegeben ist und dass wesentliche Unsicherheiten bestandsgefährdenden Risiken gemäß § 322 Abs. 2 Satz 3 HGB entsprechen (IDW PS 270 n.F. Rz. 31).

Haben die gesetzlichen Vertreter einen Lagebericht aufgestellt und wird dieser in die Prüfung einbezogen, so gelten die vorstehenden Anforderungen jeweils entsprechend.

Wenn die gesetzlichen Vertreter nicht bereit sind, nach entsprechender Aufforderung durch den Abschlussprüfer ihre Einschätzung der Fähigkeit des Unternehmens zur Fortführung der Unternehmenstätigkeit vorzunehmen oder den ihrer Einschätzung zugrunde liegenden Zeitraum auszudehnen, hat der Abschlussprüfer die Auswirkungen auf seinen Bestätigungsvermerk abzuwägen (IDW PS 270 n.F. Rz. 33).

Nach § 321 Abs. 1 Satz 3 HGB hat der Abschlussprüfer im Prüfungsbericht über bei Durchführung der Abschlussprüfung festgestellte Tatsachen zu berichten, welche den Bestand des geprüften Unternehmens oder des Konzerns gefährden oder seine Entwicklung wesentlich beeinträchtigen können. Darüber hinaus hat der Abschlussprüfer gemäß § 321 Abs. 1 Satz 2 HGB zur Beurteilung der Lage des Unternehmens im Abschluss und im Lagebericht durch die gesetzlichen Vertreter Stellung zu nehmen, wobei insb. auf die Annahme der Fortführung der Unternehmenstätigkeit und auf die Beurteilung der künftigen Entwicklung des Unternehmens einzugehen ist, wie sie im Abschluss und im Lagebericht ihren Ausdruck gefunden haben (IDW PS 270 n.F. Rz. 33).

> **Vortragszeit: 3,5/9,5 Minuten**

V. Fazit

In Zeiten von wirtschaftlich volatilen Verhältnissen gelangt die Fortführungsprognose bzw. das Vorhandensein von bestandsgefährdenden Tatsachen an zunehmender Bedeutung – auch für die Abschlussprüfung.

Dabei ist jedoch darauf hinzuweisen, dass eine Bestätigung einer positiven Fortführungsprognose durch den Abschlussprüfer keine Garantie für den Fortbestand eines Unternehmens darstellen kann und darf. Die Beurteilung der Fortführung eines Unternehmens bzw. des Vorhandenseins von bestandsgefährdenden Tatsachen liegt allein in der Verantwortlichkeit der gesetzlichen Vertreter. Darauf hat der Abschlussprüfer entsprechend hinzuweisen um einer evtl. Erwartungslücke entgegenzuwirken.

Vielen Dank für Ihre Aufmerksamkeit.

> **Vortragszeit: 0,5/10 Minuten**

Vortrag 32
Währungsumrechnung im HGB-Jahresabschluss (Prüfungswesen)

Sehr geehrte/r Frau/Herr Vorsitzende/r, sehr geehrte Prüfungskommission,
aus den mir zur Auswahl gestellten Themen habe ich mich für das Thema **„Währungsumrechnung im HGB-Jahresabschluss"** entschieden. Meinen Vortrag gliedere ich wie folgt:

I.	Einführung und Konzeption
II.	Umrechnung von Fremdwährungsgeschäften
III.	Fazit

Vortragszeit: 0,5 Minuten

I. Einführung und Konzeption

Der **Jahresabschluss** ist gem. § 244 HGB in Euro aufzustellen. Daraus ergibt sich die Notwendigkeit auf fremde Währung laufende Geschäfte in Euro umzurechnen.

Durch das Bilanzrechtsmodernisierungsgesetz hat das HGB erstmals eine explizite Vorschrift zur Währungsumrechnung im handelsrechtlichen Jahresabschluss erfahren. Zuvor waren allgemeine Bewertungsmethoden heranzuziehen.

Durch die Einführung des § 256a HGB (und des § 308a HGB) wollte der Gesetzgeber die bereits etablierten Vorgehensweisen in den Gesetzestext übernehmen (vgl. Senger/Brune, MüKo zum Bilanzrecht, 1. Auflage 2013, § 256a, Rn. 3 m.w.N.).

Keine Anwendung findet § 256a HGB auf Bewertungseinheiten aufgrund der Sondernorm des § 254 HGB.

Darüber hinaus ist § 256a HGB nicht auf Rückstellungen, latente Steuern und Rechnungsabgrenzungsposten anzuwenden (vgl. BT-Drucksache 16/10067, 62).

Für die **Währungsumrechnung im Konzernabschluss** und von Kredit- und Finanzinstituten existieren mit § 308a HGB und § 340h HGB Spezialvorschriften (lex specialis). Das DRSC hat im neuen E-DRS 33 zur Währungsumrechnung im Konzernabschluss entsprechend Stellung genommen.

Vortragszeit: 0,5/1 Minute

II. Umrechnung von Fremdwährungsgeschäften
1. Anwendungsbereich des § 256a HGB
Nach § 256a HGB sind auf fremde Währung lautende Vermögensgestände und Verbindlichkeiten zum **Devisenkassamittelkurs** umzurechnen. Dabei handelt es sich um eine Vorschrift zur Folgebewertung. Die Zugangsbewertung richtet sich hingegen nach den allgemeinen Bewertungsvorschriften.

In § 256a S. 2 HGB findet sich die Sonderregelung bei Laufzeiten von einem Jahr oder weniger. In diesen Fällen findet das Realisations- und Imparitätsprinzip (kodifiziert in § 252 Nr. 4 HGB) und das **Anschaffungskostenprinzip** des § 253 Abs. 1 S. 1 HGB keine Anwendung. Diese Posten sind ausschließlich mit dem Devisenkassamittelkurs am Abschlussstichtag umzurechnen, auch wenn dies dazu führt, dass ein Wert anzusetzen ist, der über demjenigen aus der Währungsumrechnung zum Anschaffungszeitpunkt liegt.

Vortragszeit: 1/2 Minuten

2. Zugangsbewertung
Bei der Zugangsbewertung finden – mangels einer gesetzlichen Spezialregelung – die allgemeinen Bilanzierungs- und Bewertungsregeln unter Berücksichtigung des Anschaffungskosten-, Realisations- und Imparitätsprinzips Anwendung (vgl. Senger/Brune, MüKo zum Bilanzrecht, 1. Auflage 2013, § 256a, Rn. 20 m.w.N.).

Die Währungsumrechnung bei der Zugangsbewertung stellt einen reinen, erfolgsneutralen Transformationsvorgang dar, indem ein Fremdwährungsbetrag mit einem Wechselkurs zum Transaktionstag multipliziert bzw. dividiert wird. Eine Bewertungsentscheidung ist ausschließlich bei der Auswahl des maßgeblichen Wechselkurses zu treffen (vgl. Grottel/Koeplin in BeBiKo, 11. Auflage 2018, § 256a, Rn. 33-35).

Dementsprechend sind **Vermögensgegenstände des Anlage- und Umlaufvermögens (Sachanlagen, immaterielle Vermögensgegenstände und Vorräte)**, deren Anschaffungs-/Herstellungskosten auf Fremdwährung lauten, grundsätzlich mit dem Geldkurs zu bewerten, da fremde Devisen gekauft werden.

Geldkurs ist der höchste Preis, zu dem ein Marktteilnehmer bereit ist, eine Devise zu kaufen (vgl. § 30 BörsG).

Hingegen sind **Forderungen aus Lieferungen und Leistungen** mit dem Briefkurs im Zeitpunkt ihres Zuganges zu bewerten, da davon auszugehen ist, dass die Devisen im Zeitpunkt ihres Zuflusses verkauft werden.

Als **Briefkurs** wird der niedrigste Preis bezeichnet, zu dem ein Marktteilnehmer bereits ist, eine Devise zu verkaufen.

Bei einem **gewährten Fremdwährungsdarlehen** ist entsprechend der Geldkurs anzusetzen, da davon ausgegangen wird, dass die Devisen gegen Euro zunächst beschafft werden müssen.

Bei **sonstigen Vermögensgegenständen** ist von denselben dargestellten Prämissen auszugehen.

Flüssige Mittel in fremder Währung beinhalten im Wesentlichen Bankguthaben. Hier ist zu unterscheiden, ob die Zahlungsmittel gegen Hingabe von Euro oder im Rahmen einer Zahlungsverpflichtung von Dritten (z.B. Erfüllung von Forderungen aus Lieferungen und Leistungen) bestehen. Daraus folgend sind Zahlungsmittel aus der Hingabe von Euro mit dem Geldkurs und aus der Begleichung von Forderungen durch Dritte mit dem Briefkurs zu bewerten (vgl. Grottel/Koeplin in BeBiKo, 11. Auflage 2018, § 256a, Rn. 151).

Da das **Eigenkapital** originär auf Euro lautet, können sich hier grundsätzlich keine Währungsproblematiken ergeben (vgl. Böcking/Gros/Koch in Ebenroth/Boujong/Joost/Strohn, HGB, 3. Auflage 2014, § 256a Rn. 4 m.w.N.). Bei ausstehenden oder eingeforderten Einlagen sind die oben beschriebenen Grundsätze anzuwenden.

Da **Rückstellungen** gem. § 253 Abs. 1 S. 2 HGB in Höhe des nach vernünftiger kaufmännischer Beurteilung notwendigen Erfüllungsbetrages anzusetzen sind, ist die Währungsumrechnung von der Art der Rückstellung und des zugrunde liegenden Sachverhaltes abhängig. Ob der Brief- oder Geldkurs anzusetzen ist, ist danach zu entscheiden, ob fremde Devisen angekauft oder verkauft werden (s.o.).

Verbindlichkeiten sind mit dem Geldkurs zu bewerten, da zur Begleichung der Verbindlichkeiten fremde Devisen angeschafft werden müssen.

Rechnungsabgrenzungsposten sind nach den oben dargestellten Prämissen (lediglich) im Zeitpunkt ihres Zuganges zu bewerten. Aktive Rechnungsabgrenzungsposten sind somit mit dem Geldkurs und passive Rechnungsabgrenzungsposten mit dem Briefkurs zu bewerten.

Abschließend ist im Rahmen der Zugangsbewertung darauf hinzuweisen, dass es nicht zu beanstanden ist, wenn Mittelkurse angesetzt werden (vgl. Grottel/Koeplin in BeBiKo, 11. Auflage 2018, § 256a, Rn. 34 m.w.N. insbesondere auch vgl. BT-Drucksache 16/10067, 62).

> **Vortragszeit: 3/5 Minuten**

3. Folgebewertung

Im Gegensatz zu der erfolgsneutralen Erstumrechnung handelt es sich bei der Umrechnung zum Bilanzstichtag um einen Bewertungsvorgang, der bei Wechselkursänderungen Auswirkungen auf die Erfolgsrechnung der Periode hat (Senger/Brune, MüKo zum Bilanzrecht, 1. Auflage 2013, § 256a, Rn. 25).

Die in den Anwendungsbereich des § 256a HGB fallenden Vermögensgegenstände und Schulden (bei einer Restlaufzeit von mehr als einem Jahr) sind mit dem Devisenkassamittelkurs am Anschlussstichtag in Euro umzurechnen. Als Umkehrschluss aus § 256a S. 2 HGB sind jedoch das Realisations- und Imparitätsprinzip und das Anschaffungskostenprinzip zu beachten.

Der **Devisenkassamittelkurs** ist definiert als der arithmetische Mittelwert aus Brief- und Geldkurs. Zur Ermittlung dürfen die von der EZB veröffentlichten Referenzkurse oder die aus den im Interbankmarkt quotierten Kurse abgeleiteten Mittelkurse verwendet werden (vgl. Grottel/Koeplin in BeBiKo, 11. Auflage 2018, § 256a, Rn. 14).

Als Besonderheit ist der Fall zu erwähnen, dass eine ausländische Betriebsstätte aus einem Hochinflationsland in den Jahresabschluss einzubeziehen ist. In diesem Fall erscheint es sachgerecht, die Regelung des § 308a

HGB (sog. **Hochinflationsregelung**) analog anzuwenden (vgl. Grottel/Koeplin in BeBiKo, 11. Auflage 2018, § 256a, Rn. 260).

> Vortragszeit: 1/6 Minuten

4. Erfassung und Ausweis in der Gewinn- und Verlustrechnung

Die Erfassung von **Währungsumrechnungen in der Gewinn- und Verlustrechnung** korrespondiert entsprechend mit der Umrechnung der Posten in der Bilanz.

Aufgrund des reinen rechnerischen Transformationsvorganges im Zeitpunkt des Zugangs können sich lediglich aus der Währungsumrechnung am darauffolgenden Abschlussstichtag aus der Folgebewertung Wertänderungen ergeben (vgl. Senger/Brune, MüKo zum Bilanzrecht, 1. Auflage 2013, § 256a, Rn. 37).

Aufwendungen und Erträge aus der Währungsumrechnung sind gem. § 277 Abs. 5 S. 2 HGB grundsätzlich gesondert unter den GuV-Posten sonstige betriebliche Erträge bzw. sonstige betriebliche Aufwendungen auszuweisen. Wahlweise kann diese Angabe auch im Anhang gemacht werden.

Soweit **währungsbedingte Abschreibungen** (auf nicht monetäre Posten) vorgenommen werden, sind diese – da sie ein integraler Bestandteil der Bewertung des betroffenen Vermögensgegenstandes sind – unter Abschreibungen gem. § 275 Abs. 2 Nr. 7 HGB auszuweisen. Währungsbedingte Wertaufholungen sind entsprechend als sonstige betriebliche Erträge (§ 275 Abs. 2 Nr. 4 HGB) auszuweisen.

> Vortragszeit: 1/7 Minuten

5. Abgrenzung von Steuerlatenzen

Für Abweichungen zwischen Handels- und Steuerbilanzwerten sind nach dem **temporary-Konzept** latente Steuern abzugrenzen.

Aus der Währungsumrechnung gem. § 256a S. 2 HGB für Fremdwährungsforderungen mit einer Restlaufzeit bis zu einem Jahr, kann eine Aufwertung der Fremdwährung gegenüber dem Euro zu einem Anstieg des handelsrechtlichen Buchwertes auch über die Anschaffungskosten hinaus zu bilanzieren sein, während in der Steuerbilanz der Anschaffungskostenwert nicht überschritten werden darf.

Darauf ist eine entsprechend **Steuerlatenz gem. § 274 HGB** zu bilden.

Aber auch wechselkursbedingte außerplanmäßige Abschreibungen von Vermögensgegenständen und die Aufwertung von Schulden können die Bildung einer Steuerlatenz gem. § 274 HGB nach sich ziehen, soweit die erfasste Wertkorrektur nicht von voraussichtlicher Dauer ist und somit in der Steuerbilanz nicht angesetzt werden darf (Senger/Brune, MüKo zum Bilanzrecht, 1. Auflage 2013, § 256a, Rn. 43 ff.).

> Vortragszeit: 1/8 Minuten

6. Angaben in Anhang und Lagebericht

Bis zum Inkrafttreten des Bilanzrichtlinienumsetzungsgesetzes (BilRUG) waren die Grundsätze der Währungsumrechnung im Anhang gem. § 284 Abs. 2 Nr. HGB a.F. anzugeben. Mit dem BilRUG ist diese Anhangangabe ersatzlos entfallen.

Es wird jedoch die Auffassung vertreten, dass trotz Aufhebung des § 284 Abs. 2 Nr. 2 a.F. durch das BilRUG weiterhin die Grundlagen der Umrechnung von Fremdwährungen in Euro anzugeben, soweit der Jahresabschluss Posten enthält, denen wesentliche Beträge zugrunde liegen, die auf fremde Währung lauten oder ursprünglich auf fremde Währung lauteten. Die Angaben sind nunmehr bei den Angaben der auf die Posten der Bilanz und der Gewinn- und Verlustrechnung angewandten Bilanzierungs- und Bewertungsmethoden nach § 284 Abs. 2 Nr. 1 zu machen (vgl. Gesetzesbegründung zum BilRUG, die von keiner Änderung der materiellen Rechtslage durch die Aufhebung des § 284 Abs. 2 Nr. 2 a.F. ausgeht); (Grottel/Koeplin in BeckBilK, 11. Auflage 2018, § 256a Rn. 270).

Im **Lagebericht** sind gem. § 289 Abs. 1 HGB der Geschäftsverlauf und die Lage der Gesellschaft darzustellen. Entsprechende Ausführungen zu Einflüssen aus Wechselkursänderungen sind bei der Analyse der Ertragslage (vgl. DRS 20.76), der Finanzlage (vgl. DRS 20.80 und 82) und der Vermögenslage (vgl. DRS 20.100) zu machen. Dies wird regelmäßig dann der Fall sein, wenn das Unternehmen umfangreiche Export- oder Importbeziehungen zu Nicht-Euro Ländern hat, eine wesentliche Beteiligung in diesen Ländern hält oder in einem Markt tätig ist, in dem Geschäfte iW in Währung abgewickelt werden (Grottel/Leistner in BeckBilK, 10. Auflage 2016, § 256a Rn. 276).

Darüber hinaus sind im Rahmen der voraussichtlichen Entwicklung der Gesellschaft mit ihren Chancen und Risiken erwartete Währungskursentwicklungen bei den eben erwähnten Unternehmen Angaben erforderlich. Dies erstreckt sich auf den Prognosebericht (vgl. DRS 20.122), den Risikobericht (vgl. DRS 20.146f) und den Chancenbericht. Solle das Unternehmen Absicherungsstrategien zu Fremdwährungsschwankungen ergriffen haben, ist darüber zu berichten (DRS 20.185) (Grottel/Koeplin in BeckBilK, 11. Auflage 2018, § 256a Rn. 276).

> Vortragszeit: 1/9 Minuten

III. Fazit

Die durch das Bilanzrechtsmodernisierungsgesetz eingefügte Vorschrift des § 256a HGB hat auf der einen Seite für eine klare Vorgehensweise bei der Währungsumrechnung im Jahresabschluss gesorgt. Auf der anderen Seite ist sie jedoch nur für die Folgebewertung anwendbar. Aus Praktikabilitätsgesichtspunkten wäre es wünschenswert gewesen, hätte der Gesetzgeber auch eine „vereinfachte Mittelkurs"-Regelung für die Zugangsbewertung geschaffen, wie es die Literatur heute fordert und eine entsprechende Anwendung von Mittelkursen bei der Zugangsbewertung grundsätzlich nicht beanstandet.

Abschließend sei jedoch noch darauf hinzuweisen, dass ein Verstoß gegen § 256a HGB eine Ordnungswidrigkeit gem. § 334 Abs. 1 Nr. 1b HGB darstellt, die mit einem Bußgeld von bis zum 50.000 € geahndet werden kann.

Vielen Dank für Ihre Aufmerksamkeit.

> Vortragszeit: 1/10 Minuten

Vortrag 33
Ansatz und Bewertung von immateriellen Vermögensgegenständen/-werten nach HGB und IFRS (Prüfungswesen)

Sehr geehrte/r Frau/Herr Vorsitzende/r, sehr geehrte Prüfungskommission,
aus den mir zur Auswahl gestellten Themen habe ich mich für das Thema „**Ansatz und Bewertung von immateriellen Vermögensgegenständen/-werten nach HGB und IFRS**" entschieden. Meinen Vortrag gliedere ich wie folgt:

I.	Einführung
II.	Immaterielle Vermögensgegenstände im Jahresabschluss nach HGB
III.	Immaterielle Vermögenswerte im Einzelabschluss nach IFRS
IV.	Fazit

> Vortragszeit: 0,5 Minuten

I. Einführung

Gemäß § 242 HGB hat der **Kaufmann** zu **Beginn seines Handelsgewerbes** und für den Schluss eines jeden Geschäftsjahrs einen das Verhältnis seines Vermögens und seiner Schulden darstellenden Abschluss aufzustellen. Der **Jahresabschluss** hat gemäß § 246 Abs. 1 HGB sämtliche Vermögestände zu enthalten.

Daraus schlussfolgernd sind also auch (grundsätzlich) **immaterielle Vermögensgestände** in den Jahresabschluss aufzunehmen.

Allgemein werden unter immateriellen Vermögensgegenständen (**intangible assets**) Vermögensgegenstände verstanden, deren wirtschaftlicher Gehalt weder durch physische Substanz noch durch einen monetären Anspruch verkörpert wird und der in der Bilanz erfasst werden kann (vgl. Schmidt/Usinger in BeBiKo, 11. Auflage 2018, § 248 Rn. 10 m.w.N.).

> Vortragszeit: 0,5/1 Minute

II. Immaterielle Vermögensgegenstände im Jahresabschluss nach HGB

Im handelsrechtlichen Jahresabschluss nach HGB sind die immateriellen Vermögensgegenstände des Kaufmannes zu erfassen. Grundsätzlich sind sämtliche Vermögensgegenstände aufzunehmen. Hier ist jedoch zu differenzieren.

Eine **Aktivierung** setzt dem Grunde nach zunächst voraus, dass ein immaterieller Vermögensgegenstand im Sinne des HGB gegeben ist. Dies wird im Gesetz nicht ausdrücklich bestimmt. Aus der Rechtsprechung und Literatur als auch aus der Gesetzesbegründung zum Bilanzrechtsmodernisierungsgesetz, mit dem § 248 HGB neu gefasst worden ist, lassen sich folgende Voraussetzungen zusammenfassen:

- Unkörperlichkeit,
- Selbständigkeit,
- Selbständige Nutzbarkeit (vgl. Hennrichs in MüKo zum Bilanzrecht, 1. Auflage 2013, § 248 Rn. 26 m.w.N.).

Weiterhin ist hier zu unterscheiden, ob der immaterielle Vermögensgegenstand entgeltlich erworben oder selbst geschaffen wurde, da § 248 HGB zum einen ein **Aktivierungswahlrecht** und zum anderen ein **Aktivierungsverbot** für bestimmte Arten von selbst geschaffenen immateriellen Vermögensgegenständen vorsieht. Diese Unterscheidung ist jedoch auch hinsichtlich des Ausweises in der Bilanz erforderlich.

1. Entgeltlich erworbene immaterielle Vermögensgegenstände

Für entgeltlich erworbene (sog. derivative) immaterielle Vermögensgegenstände besteht wegen dem Vollständigkeitsgebot des § 246 HGB eine **Aktivierungspflicht** im handelsrechtlichen Jahresabschluss.

Als entgeltlicher Erwerb ist nur der auf einen Leistungsaustausch am Markt beruhende, Anschaffungsvorgang zu bezeichnen. Dabei kommen alle Rechtsverhältnisse in Betracht, die auf Übertragung von Vermögensgegenständen gerichtet sind (z.B. Kauf § 433 BGB, Tausch § 515 BGB). Interne Aufwendungen hingegen genügen nicht (Hennrichs in MüKo zum Bilanzrecht, 1. Auflage 2013, § 248 Rn. 43 ff.).

Hinsichtlich Ansatz, Bewertung und Ausweis entgeltlich erworbener immaterieller Vermögensgegenstände gelten die allgemeinen Vorschriften.

Die **Zugangs-/Folgebewertung** erfolgt entsprechend § 253 HGB mit den Anschaffungs-/Herstellungskosten (§ 255 HGB) bzw. die um Abschreibungen geminderten Anschaffungs-/Herstellungskosten (sog. fortgeführte Anschaffungs-/Herstellungskosten).

Die voraussichtliche Nutzungsdauer muss unter kaufmännischen Gesichtspunkten geschätzt werden. Ist dies bei einem entgeltlich erworbenen Geschäfts- oder Firmenwert nicht möglich, ist eine Nutzungsdauer von 10 Jahren anzusetzen, § 253 Abs. 3 S. 3 HGB (anders § 7 Abs. 1 Satz 3 EStG (15 Jahre)).

Die entgeltlich erworbenen immateriellen Vermögensgestände sind nach der Bilanzgliederung des § 266 Abs. 2 A. I. Nr. 2 bzw. Nr. 3 HGB auszuweisen.

2. Selbst geschaffene immaterielle Vermögensgegenstände

Bei selbst geschaffenen immateriellen, also nicht von Dritten erworbenen, (sog. originären) Vermögensgegenständen galt vor Inkrafttreten des Bilanzrechtsmodernisierungsgesetzes ein **Aktivierungsverbot** gem. § 248 Abs. 2 HGB a.F. Im Rahmen der weitergehenden Harmonisierung der deutschen handelsrechtlichen Rechnungslegung an internationale oder andere nationale Rechnungslegungsvorschriften (z.B. IFRS oder auch US-GAAP) wurde das bisherige Aktivierungsverbot aufgehoben und ein Aktivierungswahlrecht (anders § 5 Abs. 2 EStG (Aktivierungsverbot)) geschaffen, wobei gem. § 248 Abs. 2 HGB für selbst geschaffene Marken, Drucktitel,

Verlagsrechte, Kundenlisten oder vergleichbare immaterielle Vermögensgegenstände des Anlagevermögens weiterhin ein Aktivierungsverbot gilt.

Zu beachten ist, dass die **Ausübung des Aktivierungswahlrechts** eine Ausschüttungs- und Abführungssperre nach sich zieht (§ 268 Abs. 8 HGB, § 301 S. 1 AktG).

Die **Aktivierungsmöglichkeit** beginnt nach umstrittener, aber zutreffender Ansicht, frühestens mit dem Zeitpunkt, ab dem die Kriterien eines Vermögensstands gegeben sind, da § 246 Abs. 1 HGB als Grundvoraussetzung die sog. abstrakte Aktivierungsfähigkeit für einen Vermögensgegenstand verlangt (vgl. Hennrichs in MüKo zum Bilanzrecht, 1. Auflage 2013, § 248 Rn. 36).

Die **Zugangsbewertung** bestimmt sich bei selbst geschaffenen immateriellen Vermögensgegenständen nach §§ 253 Abs. 1 Satz 1, 255 Abs. 2 und 2a HGB. Danach sind Herstellungskosten eines selbst geschaffenen immateriellen Vermögensgegenstands des Anlagevermögens, die bei dessen Entwicklung anfallenden Aufwendungen im Sinne von § 255 Abs. 2 HGB.

Entwicklung ist die Anwendung von Forschungsergebnissen oder von anderem Wissen für die Neuentwicklung von Gütern oder Verfahren oder die Weiterentwicklung von Gütern oder Verfahren mittels wesentlicher Änderungen. Aufwendungen, die in der Forschungsphase entstanden sind, dürfen nicht in die Herstellungskosten einbezogen werden.

Forschung ist die eigenständige und planmäßige Suche nach neuen wissenschaftlichen oder technischen Erkenntnissen oder Erfahrungen allgemeiner Art, über deren technische Verwertbarkeit und wirtschaftliche Erfolgsaussichten grundsätzlich keine Aussagen gemacht werden können.

Können Forschung und Entwicklung nicht verlässlich voneinander unterschieden werden, ist eine Aktivierung ausgeschlossen.

Für die **Folgebewertung** selbst geschaffener immaterieller Vermögensgegenstände sind im HGB keine speziellen Regelungen enthalten, sodass die allgemeinen Abschreibungsregelungen des § 253 HGB (sog. fortgeführte Anschaffungs-/Herstellungskosten) Anwendung finden. Die voraussichtliche betriebliche Nutzungsdauer ist vorsichtig zu schätzen. Ist dies im Einzelfall schwierig oder gar unmöglich, ist gem. § 253 Abs. 3 Satz 3 HGB eine Nutzungsdauer von 10 Jahren anzusetzen.

Im Fall der Aktivierung nach § 248 Abs. 2 HGB sind im **Anhang** gem. § 285 Nr. 22 HGB der Gesamtbetrag der Forschungs- und Entwicklungskosten des Geschäftsjahrs sowie der davon auf die selbst geschaffenen immateriellen Vermögensgegenstände des Anlagevermögens entfallende Betrag anzugeben.

Wegen dem Auseinanderfallen von handels- und steuerrechtlichen Ansätzen und Bewertungen (**temporary Konzept**), ist die Regelung des § 274 HGB zur Bildung von Steuerlatenzen zu berücksichtigen.

> **Vortragszeit: 4/5 Minuten**

III. Immaterielle Vermögenswerte im Einzelabschluss nach IFRS

Im Einzelabschluss nach internationalen Rechnungslegungsvorschriften (IAS/IFRS) ist bei der Bilanzierung von immateriellen Vermögenswerten (intangible assets) insbesondere IAS 38 einschlägig.

1. Anwendungsbereich des IAS 38

Grundsätzlich findet zur Frage zur Erfassung und Bewertung von intangible assets IAS 38 Anwendung. Eine Ausnahme besteht jedoch beispielsweise beim Erwerb im Rahmen eines Unternehmenszusammenschlusses (IFRS 3) oder bei zum Verkauf im normalen Geschäftsgang gehaltene intangible assets (IAS 2 bzw. IAS 11); also ein speziellerer Rechnungslegungsstandard greift.

2. Definition

Ein **immaterieller Vermögenswert** ist ein identifizierbarer, nicht monetärer (Geldmittel) Vermögenswert ohne physische Substanz.

Ein Vermögenswert ist eine Ressource, die aufgrund von Ereignissen der Vergangenheit von einem Unternehmen beherrscht wird und bei der erwartet wird, dass durch sie in Zukunft ein wirtschaftlicher Nutzen zufließt (IAS 38.8).

Der Vermögenswert ist identifizierbar, wenn er separierbar ist, d.h. er kann vom Unternehmen getrennt und verkauft, übertragen, lizensiert, vermietet oder getauscht werden (IAS 38.12).

Bezüglich der Beurteilung der Wahrscheinlichkeit des Nutzenzuflusses weist das IASB ausdrücklich darauf hin, dass begründbare und angemessene Annahmen herangezogen werden müssen, die die beste Schätzung des Managements hinsichtlich der künftigen Umweltbedingungen widerspiegeln (vgl. IAS 38.22).

3. Erfassung und Bewertung

Ein immaterieller Vermögenswert ist bei Zugang mit seinen Anschaffungs- oder Herstellungskosten zu bewerten.

Die **Anschaffungs-/Herstellungskosten** umfassen dabei die zum Erwerb oder zur Herstellung eines Vermögenswertes entrichteten Beträge an Zahlungsmitteln oder Zahlungsmitteläquivalenten (IAS 38.8).

Dieser Betrag umfasst also den Erwerbspreis, eine nicht abzugsfähige Umsatzsteuer nach Abzug von Rabatten, Boni und Skonti als auch die direkt zurechenbaren Kosten für die Vorbereitung des Vermögenswertes auf seine betriebliche Nutzung (IAS 38.27).

Hinsichtlich eines selbst geschaffenen immateriellen Vermögenswertes ist der Erstellungsprozess des Vermögenswertes in eine Forschungs- und eine Entwicklungsphase zu unterscheiden, da ein aus der Forschungsphase entstehender immaterieller Vermögenswert nicht angesetzt werden darf (vgl. IAS 38.52).

Entwicklung ist die Anwendung von Forschungsergebnissen oder von anderem Wissen auf einen Plan oder Entwurf für die Produktion von neuen oder beträchtlich verbesserten Materialien, Vorrichtungen, Produkten, Verfahren, Systemen oder Dienstleistungen. Die Entwicklung findet dabei vor Beginn der kommerziellen Produktion oder Nutzung statt.

Forschung hingegen ist die eigenständige und planmäßige Suche mit der Aussicht, zu neuen wissenschaftlichen oder technischen Erkenntnissen zu gelangen (IAS 38.8). Die Forschung ist also die der Entwicklung vorgelagerte Phase.

Können Forschungs- und Entwicklungsphase nicht voneinander getrennt werden, unterbleibt ein Ansatz.

Ein aus der Entwicklung (oder der Entwicklungsphase eines internen Projekts) entstehender immaterieller Vermögenswert ist dann und nur dann anzusetzen, wenn ein Unternehmen Folgendes nachweisen kann:
1. Die Fertigstellung des immateriellen Vermögenswerts kann technisch soweit realisiert werden, dass er genutzt oder verkauft werden kann.
2. Das Unternehmen beabsichtigt, den immateriellen Vermögenswert fertigzustellen und ihn zu nutzen oder zu verkaufen.
3. Das Unternehmen ist fähig, den immateriellen Vermögenswert zu nutzen oder zu verkaufen.
4. Die Art und Weise, wie der immaterielle Vermögenswert voraussichtlich einen künftigen wirtschaftlichen Nutzen erzielen wird; das Unternehmen kann u.a. die Existenz eines Markts für die Produkte des immateriellen Vermögenswertes oder für den immateriellen Vermögenswert an sich oder, falls er intern genutzt werden soll, den Nutzen des immateriellen Vermögenswerts nachweisen.
5. Adäquate technische, finanzielle und sonstige Ressourcen sind verfügbar, sodass die Entwicklung abgeschlossen und der immaterielle Vermögenswert genutzt oder verkauft werden kann.
6. Das Unternehmen ist fähig, die dem immateriellen Vermögenswert während seiner Entwicklung zurechenbaren Ausgaben verlässlich zu bewerten (IAS 38.57).

Eine **Aktivierung des selbst geschaffenen Geschäfts- oder Firmenwertes** ist ausgeschlossen (IAS 38.48).

Selbst geschaffene Markennamen, Drucktitel, Verlagsrechte, Kundenlisten sowie ihrem Wesen nach ähnliche Sachverhalte dürfen ebenfalls nicht als immaterielle Vermögenswerte angesetzt werden (IAS 38.63).

Bei der **Zugangsbewertung** des selbst geschaffenen immateriellen Vermögenswertes gelten die bereits oben dargestellten Grundsätze zu den Herstellungskosten.

Hinsichtlich der **Folgebewertung** (entgeltlich erworbener und selbstgeschaffener) immaterieller Vermögenswerte hat das Unternehmen ein Wahlrecht zwischen der Anschaffungskostenmethode und der Neubewertungsmethode (vgl. IAS 38.72). Die Neubewertungsmethode scheidet jedoch aus, wenn für die Vermögenswerte kein aktiver Markt existiert.

Die **Anschaffungskostenmethode** besagt, dass der Vermögenswert mit den fortgeführten Anschaffungskosten anzusetzen ist, also abzüglich kumulierter Amortisationen und Wertminderungsaufwendungen (vgl. IAS 38.74).

Bei der **Neubewertungsmethode** ist der immaterielle Vermögenswert mit einem Neubewertungsbetrag fortzuführen, der seinem beizulegenden Zeitwert zum Zeitpunkt der Neubewertung entspricht, jedoch abzüglich kumulierter Amortisationen und späterer Wertminderungsaufwendungen. Im Rahmen der unter diesen Standard fallenden Neubewertungen ist der beizulegende Zeitwert unter Bezugnahme auf einen aktiven Markt zu bemessen. Neubewertungen sind mit einer solchen Regelmäßigkeit vorzunehmen, dass der Buchwert des Vermögenswerts nicht wesentlich von seinem beizulegenden Zeitwert abweicht (IAS 38.75).

Wertsteigerungen sind bei der **Neubewertungsmethode** somit zulässig, sind jedoch im sonstigen Ergebnis und unter dem Eigenkapital in der Neubewertungsrücklage auszuweisen. Spätere Wertminderungen mindern die Neubewertungsrücklage entsprechend. Darüberhinausgehende Wertminderungen sind im Gewinn/Verlust zu zeigen (vgl. IAS 38.88 f.).

Hinsichtlich der vorzunehmen Amortisationen hat das Unternehmen zunächst zu beurteilen, ob es sich um einen Vermögenswert mit begrenzter oder unbegrenzter Nutzungsdauer handelt.

Ein Vermögenswert mit unbegrenzter Nutzungsdauer darf nicht abgeschrieben werden (IAS 38.107).

Das Unternehmen hat in Anlehnung an die in IAS 38 festgelegten Kriterien (z.B. technische Veralterung oder Zeitraum vor Verfügungsgewalt) die Nutzungsdauer zu schätzen (siehe IAS 38.90 ff.).

Der Restwert eines immateriellen Vermögenswerts mit einer begrenzten Nutzugsdauer ist mit Null anzusetzen, es sei denn, dass:

1. eine Verpflichtung seitens einer dritten Partei besteht, den Vermögenswert am Ende seiner Nutzungsdauer zu erwerben; oder
2. ein aktiver Markt (gemäß Definition in IFRS 13) für den Vermögenswert besteht, und
3. der Restwert unter Bezugnahme auf diesen Markt ermittelt werden kann, und
4. es wahrscheinlich ist, dass ein solcher Markt am Ende der Nutzungsdauer des Vermögenswerts bestehen wird (IAS 38.100).

Zu jedem Bewertungszeitpunkt hat das Unternehmen eine Überprüfung des Wertansatzes durch einen **Impairment-Test** gem. IAS 36 vorzunehmen (sog. **impairment-only-approach**); (vgl. IAS 38.108).

4. Angaben

Nach IAS 38 sind bei immateriellen Vermögenswerten umfangreiche Angaben z.B. zur begrenzten/unbegrenzten Nutzungsdauer, die Amortisationssätze, die kumulierte Amortisation oder bei Wahl der Neubewertungsmethode der Stichtag der Neubewertung und zum Buchwert der neu bewerteten immateriellen Vermögenswerte zu machen (siehe IAS 38.118 ff.).

Darüber hinaus hat das Unternehmen die **Summe der Ausgaben für Forschung und Entwicklung** offen zu legen, die als Aufwand erfasst wurden (IAS 38.126).

| Vortragszeit: 5/9 Minuten |

IV. Fazit

Ansatz, Bewertung und Ausweis von immateriellen insbesondere von selbst geschaffenen immateriellen Vermögenswerten stellen den Bilanzersteller aber auch den Abschlussprüfer vor eine große Herausforderung. Zwar sind im HGB als auch im IAS 38 spezifische Regelungen vorhanden. Beide Rechnungslegungswerke lassen am Ende aller Tage bei den selbst geschaffen immateriellen Vermögensgegenständen/-werten insbesondere hinsichtlich einer fehlenden scharfen Abgrenzung von Forschungs- und Entwicklungskosten große Unsicherheiten entstehen, die praktisch nach beiden Regelungskreisen zu Wahlrechten führen. Hier sind die Gesetzes-/Normengeber aufgefordert Klarheit zu schaffen, da nur eine objektive und transparente Rechnungslegung bei den Adressaten der Rechnungslegung Vertrauen in diese schaffen kann.

Vielen Dank für Ihre Aufmerksamkeit.

> Vortragszeit: 1/10 Minuten

Vortrag 34
Angaben zu nahestehenden Personen im Jahresabschluss nach HGB und IFRS (Prüfungswesen)

Sehr geehrte/r Frau/Herr Vorsitzende/r, sehr geehrte Prüfungskommission,
aus den mir zur Auswahl gestellten Themen habe ich mich für das Thema „**Angaben zu nahestehenden Personen im Jahresabschluss nach HGB und IFRS**" entschieden. Meinen Vortrag gliedere ich wie folgt:

I.	Einführung und Definition
II.	Angaben im Jahresabschluss nach HGB
III.	Angaben im Einzelabschluss nach IFRS
IV.	Fazit

> Vortragszeit: 0,5 Minuten

I. Einführung und Definition

Beziehungen von Unternehmen zu nahestehenden Personen/Unternehmen können dazu führen, dass Geschäfte nur aufgrund dieser Beziehung abgeschlossen oder gerade unterlassen wurden. Häufig halten diese Geschäfte auch nicht dem **Drittvergleich** stand. Mithin besteht ein erhöhtes Risiko, dass solche Geschäftsvorfälle in der Rechnungslegung nicht zutreffend oder unvollständige abgebildet werden. Deshalb dient die Offenlegung von Beziehungen zu Geschäftsvorfällen mit nahestehenden Personen einer Verbesserung des Einblicks in die Vermögens-, Finanz- und Ertragslage der Bericht erstattenden Einheit (Marten/Quick/Ruhnke, Wirtschaftsprüfung, 5. Auflage 2015, 638).

Die gesetzlichen Vertreter einer Kapitalgesellschaft haben gem. § 264 HGB den **Jahresabschluss** um einen Anhang zu erweitern, der mit der Bilanz und der Gewinn- und Verlustrechnung eine Einheit bildet.

Der **Anhang** ist ebenso wie **Bilanz und Gewinn- und Verlustrechnung** ein gleichwertiger Bestandteil des Jahresabschlusses. Zusammen mit den Angaben des Anhangs haben die Bilanz und Gewinn- und Verlustrechnung unter Beachtung der Grundsätze ordnungsgemäßer Buchführung ein den tatsächlichen Verhältnissen entsprechendes Bild der Vermögens-, Finanz- und Ertragslage des Unternehmens zu vermitteln (Grottel in BeBiKo, 11. Auflage 2018, § 284 Rn. 6).

Durch die verstärkte **Informationsfunktion der Anhangangaben** bekommt der Anhang zum einen eine entlastende Funktion zum anderen aber auch eine besondere Bedeutung neben der Bilanz und der Gewinn- und Verlustrechnung.

Auch der Begriff der „**nahestehenden Personen**" wurde durch das Bilanzrechtsmodernisierungsgesetz in das HGB in Übereinstimmung mit **IAS 24** eingeführt. Damit sind die Definitionen von anderen Gesetzen (z.B. § 15 AO, § 1 AStG, DeutscherCorporateGovernanceKodex) nicht anzuwenden. Vielmehr ist auf IAS 24 zurückzugreifen.

IAS 24 enthält jedoch keine explizite Definition der nahestehenden Personen. Vielmehr findet sich dort ein abschließender Katalog:
Eine Person oder ein naher Familienangehöriger dieser Person steht einem berichtenden Unternehmen nahe, wenn sie/er:
- das berichtende Unternehmen beherrscht oder an dessen Gemeinschaftlicher Führung beteiligt ist,
- maßgeblichen Einfluss auf das berichtende Unternehmen hat oder

- im Management des berichtenden Unternehmens oder eines Mutterunternehmens des berichtenden Unternehmens eine Schlüsselposition bekleidet.

Auch die internationale Rechnungslegung verlangt mit IAS 24 vom bilanzierenden Unternehmen – unter den vorstehenden Gesichtspunkten – Angaben in den notes zu Geschäften mit nahestehenden Personen/Unternehmen.

Der Vollständigkeit halber möchte ich darauf hinweisen, dass das IDW am 08.01.2019 im Rahmen der ISA Integrationen den ISA 550 (E-DE) herausgegeben hat, der sich mit den Anforderungen zu nahestehenden Personen im Rahmen der Abschlussprüfung beschäftigt. Auf diesen möchte ich hier nicht eingehen.

> **Vortragszeit: 2/2,5 Minuten**

II. Angaben im Jahresabschluss nach HGB

Gemäß § 285 Nr. 21 HGB sind zumindest die nicht zu marktüblichen Bedingungen zustande gekommen Geschäfte, soweit sie wesentlich sind, mit nahestehenden Unternehmen und Personen, einschließlich Angabe zur Art der Beziehung, zum Wert der Geschäfte sowie weitere Angaben, die für die Beurteilung der Finanzlage notwendig sind, anzugeben (vgl. IDW RS HFA 33 Rn. 1).

Kleine Kapitalgesellschaften bzw. Kap&Co.-Gesellschaften im Sinne von § 264a HGB müssen diese Angaben nicht machen. Mittelgroße Gesellschaften brauchen die Angaben nach § 285 Nr. 21 HGB nur zu machen, sofern die Geschäfte direkt oder indirekt mit einem Gesellschafter, Unternehmen, an denen die Gesellschaft selbst eine Beteiligung hält, oder Mitgliedern des Geschäftsführungs-, Aufsichts- oder Verwaltungsorgans abgeschlossen wurden (vgl. § 288 Abs. 1 und 2 HGB).

Der Begriff **Geschäft** ist in einem umfassenden funktionalen Sinn zu verstehen. Somit sind hierunter nicht nur Rechtsgeschäfte, sondern auch andere Maßnahmen zu verstehen, die eine unentgeltliche oder entgeltliche Übertragung oder Nutzung von Vermögensgegenständen oder Schulden zum Gegenstand haben. Anzugeben sind somit alle Transaktionen rechtlicher oder wirtschaftlicher Art, die sich auf die Finanzlage des Unternehmens auswirken können (Kessler in MüKo zum Bilanzrecht, 1. Auflage 2013, § 285 Rn. 228).

Dabei sind allerdings nur solche anzugeben, die für die **Beurteilung der Finanzlage** wesentlich sind. Die Wesentlichkeit ist unter Berücksichtigung der Verhältnisse des Einzelfalls zu beurteilen. Eine kompensatorische Betrachtung der Auswirkungen gegenläufiger Geschäfte zur Beurteilung ihrer Wesentlichkeit ist nicht zulässig (IDW RS HFA 33 Rn. 7).

Eine **Negativanzeige** ist nicht notwendig, wenn keine marktunüblichen Geschäfte mit nahestehenden Personen abgeschlossen wurden (Poezlig in MüKo, 3. Auflage 2013, § 285 Rn. 350 m.w.N.).

Die Marktüblichkeit der Bedingungen ist durch einen **Drittvergleich** (at arms length) festzustellen. Die Prüfung der Marktunüblichkeit kann anhand der betriebswirtschaftlichen Grundsätze erfolgen, die sich für die Beurteilung der Geschäfte im Rahmen des Abhängigkeitsberichts nach § 317 AktG herausgebildet haben. Anhaltspunkte bieten auch die für das Steuerrecht entwickelten Maßgaben für das Vorliegen einer verdeckten Gewinnausschüttung oder verdeckten Einlage. Maßgeblich für den Drittvergleich ist die Perspektive der Gesellschaft, nicht der nahestehenden Personen oder Unternehmen. Marktunübliche Bedingungen liegen vor, wenn die Gesellschaft das Geschäft bei gleichliegenden Verhältnissen zu diesen Konditionen mit einem fremden unabhängigen Dritten nicht abgeschlossen hätte. Unerheblich ist demnach, ob das Geschäft für die Gesellschaft im Drittvergleich vorteilhaft oder nachteilig ist. Marktunüblich und damit nach Nr. 21 angabepflichtig sind auch solche Geschäfte, die die Gesellschaft mit einem Dritten nicht abgeschlossen hätte, weil Gründe in der Person des Dritten – insbesondere finanzielle oder gar existenzielle Schwierigkeiten, verminderte Kreditwürdigkeit u.Ä. – vorlagen (Poezlig in MüKo, 3. Auflage 2013, § 285 Rn. 369 m.w.N.).

§ 285 Nr. 21 HGB verlangt Angaben zu der **Art der Beziehung**, dem Wert der Geschäfte sowie weitere Angaben, die für die Beurteilung der Finanzlage notwendig sind.

Bei den Angaben zur Art der Beziehung und der Art der Geschäfte ist eine Kategorisierung möglich.

Hinsichtlich des anzugebenden Wertes ist nicht der übliche Marktpreis gemeint, sondern das vereinbarte Gesamtentgelt. Wurde kein Entgelt vereinbart, entfällt diese Abgabepflicht nicht, sondern ist mit 0 € zu vermerken (IDW RS HFA 33 Rn. 16).

Weitere Angaben, die für die **Beurteilung der Finanzlage** von Bedeutung sind, bedeutet nicht, dass der Angabekreis des § 285 Nr. 21 HGB erweitert wird. Vielmehr sind einzelfallbezogene Angaben zu Geschäften zu machen, die hinsichtlich ihres Volumens ungewöhnlich sind oder bei Dauerschuldverhältnissen, die einer ungewöhnlich langen Bindungsdauer, ungewöhnlichen Kündigungsmöglichkeiten o.Ä. abgeschlossen wurden (vgl. IDW RS HFA 33 Rn. 18).

§ 285 Nr. 21 HGB gewährt dem bilanzierenden Unternehmen ein **Wahlrecht** („zumindest"), entweder nur die wesentlichen nicht zu marktüblichen Bedingungen zustande gekommenen Geschäfte mit nahestehenden Unternehmen und Personen oder alle wesentlichen Geschäfte mit nahestehenden Unternehmen und Personen anzugeben (vgl. Winnefeld, Bilanz-Handbuch, 5. Auflage 2014, Kapitel J, Rn. 347 m.w.N.).

> Vortragszeit: 4,5/7 Minuten

III. Angaben im Einzelabschluss nach IFRS

In der **internationalen Rechnungslegung** hat der Anhang (notes) gegenüber dem handelsrechtlichen Anhang zwar die gleiche Funktion (sog. Überbrückungsfunktion), aber eine weitaus größere Bedeutung. Die notes haben die für die internationale Rechnungslegung typische Informationsfunktion, wobei ihnen – im Gegensatz zum Anhang nach HGB – keine Korrekturfunktionen zukommen (vgl. Winnefeld, Bilanz-Handbuch, 5. Auflage 2014, Kapitel J, Rn. 440).

IAS 24 regelt die **Angaben zu Geschäften mit nahestehenden Personen**:
Hat es bei einem Unternehmen, Geschäftsvorfälle mit nahestehenden Unternehmen oder Personen gegeben, so hat es anzugeben, welcher Art seine Beziehung zu dem nahestehenden Unternehmen/der nahestehenden Person ist, und die Abschlussadressaten über die diejenigen Geschäftsvorfälle und ausstehenden Salden zu informieren, die diese benötigen, um die möglichen Auswirkungen dieser auf den Abschluss nachzuvollziehen (IAS 24.18).

Angabepflichtig sind weiterhin:
- die Höhe der Geschäftsvorfälle,
- die Höhe der ausstehenden Salden einschließlich Verpflichtungen und
  - deren Bedingungen und Konditionen und
  - Einzelheiten gewährter oder erhaltender Garantien,
- Rückstellungen für zweifelhafte Forderungen im Zusammenhang mit ausstehenden Salden,
- der während der Periode erfasste Aufwand für uneinbringliche oder zweifelhafte Forderungen gegenüber nahestehenden Unternehmen und Personen.

Gleichartige Posten dürfen grundsätzlich zusammengefasst werden.

Im Gegensatz zum HGB sieht die internationale Rechnungslegung bei den notes keine größenabhängigen Erleichterungen vor.

Die Angaben zu den nahestehenden Personen sind in der Gliederung der notes im Anhang 30–35: Sonstige Angaben explizit aufgeführt (siehe IAS 1.103 ff.).

> Vortragszeit: 2/9 Minuten

IV. Fazit

Durch Angaben zu Geschäften mit nahestehenden Personen/Unternehmen im Anhang bzw. den notes wird – insbesondere bei dem IFRS-Einzelabschluss – dem Informationsbedürfnis der Rechnungslegungsempfänger – Rechnung getragen. Aus diesem Grunde unterscheiden sich auch die Regelungen des § 285 Nr. 21 HGB und IAS 24 hinsichtlich dieser Angabepflichten. Das HGB verlangt zumindest die Angabe der marktunüblichen Geschäfte mit nahestehenden Personen/Unternehmen, wobei IAS 24 die Angabe sämtlicher Geschäfte mit nahestehenden Personen/Unternehmen verlangt.

Der deutsche Gesetzgeber hat durch die Neuschaffung des § 285 Nr. 21 HGB durch das BilMoG einen deutlichen Schritt zur weitergehenden Harmonisierung der deutschen Rechnungslegung an internationale bzw. anglo-amerikanische Rechnungslegungsvorschriften vollzogen. Dies wird sicherlich nicht der letzte Schritt dieser Art sein, damit der HGB-Jahresabschluss mit fortschreitender Globalisierung dauerhaft nicht seine Existenz verliert.

Vielen Dank für Ihre Aufmerksamkeit.

> Vortragszeit: 1/10 Minuten

Vortrag 35
Neue Anforderungen an die Qualitätssicherung durch IDW QS 1 (Prüfungswesen)

Sehr geehrte/r Frau/Herr Vorsitzende/r, sehr geehrte Prüfungskommission,
aus den mir zur Auswahl gestellten Themen habe ich mich für das Thema **„Neue Anforderungen an die Qualitätssicherung durch IDW QS 1"** entschieden. Meinen Vortrag gliedere ich wie folgt:

I.	Einführung
II.	Anwendungsbereich
III.	Einrichtung, Durchsetzung und Überwachung eines Qualitätssicherungssystems
IV.	Wesentliche Neuerungen durch IDW QS 1
V.	Fazit

> Vortragszeit: 0,5 Minuten

I. Einführung

Der **Beruf des Wirtschaftsprüfers** (Wirtschaftsprüfer/Wirtschaftsprüferin) ist ein freier Beruf, welcher durch die Wirtschaftsprüfer selbst verwaltet wird (sog. Selbstverwaltung des Berufsstandes).

Der Wirtschaftsprüfer hat seinen Beruf unabhängig, gewissenhaft, verschwiegen und eigenverantwortlich auszuüben. Er hat sich insbesondere bei der Erstattung von Prüfungsberichten und Gutachten unparteiisch zu verhalten (§ 43 WPO).

Aus der **allgemeinen Berufspflicht** der Gewissenhaftigkeit ist abzuleiten, dass der Wirtschaftsprüfer die von ihm erbrachten Dienstleistungen qualitativ hochwertig erbringt. Es bedarf mithin einer internen Qualitätssicherung innerhalb der Wirtschaftsprüferkanzlei, um diesem Anspruch und der Gewissenhaftigkeit gerecht zu werden (vgl. § 4 der Berufssatzung).

Darüber hinaus sind Wirtschaftsprüfer nach § 57a Abs. 1 WPO verpflichtet, sich einer **externen Qualitätskontrolle** zu unterziehen, wenn sie beabsichtigen, gesetzlich vorgeschriebene Abschlussprüfungen durchzuführen. Auf die externe Qualitätskontrolle soll hier jedoch nicht weiter eingegangen werden.

Durch die Änderung der Abschlussprüferrichtlinie wurde mit dem Abschlussprüferaufsichtsreformgesetz (APAReG) in der WPO und auch in der Berufssatzung, die Anforderungen an die Organisation de Qualitätssicherung erweitert, soweit gesetzliche Abschlussprüfungen nach § 316 HGB durchgeführt werden. In Folge dessen musste VO 1/2006 überarbeitet werden, welches durch den neuen QS 1 erfolgt ist.

> Vortragszeit: 0,5/1 Minute

II. Anwendungsbereich

Der neue IDW QS 1 enthält die berufsständige Auffassung zur Schaffung eines Qualitätssicherungssystems in der Praxis des Wirtschaftsprüfers. Es wird dabei zwischen den allgemeinen Regelungen zur Qualitätssicherung in der Praxisorganisation (vgl. § 55b Abs. 1 WPO) und den Regelungen zur Auftragsabwicklung betriebswirtschaftlicher Prüfungen gem. § 2 Abs. 1 WPO. Dies sind insbesondere gesetzliche und freiwillige Abschlussprüfungen, externe Qualitätskontrollen und prüferische Durchsichten.

Mit Inkrafttreten von § 55b WPO am 17.06.2016 und der damit einhergehenden neuen Berufssatzung am 23.09.2016 gelten die Regelungen des IDW QS 1 vorrangig. Die Regelungen der VO 1/2006 sind durch die WPK mit Wirkung zum 31.12.2016 aufgehoben worden.

In diesem Zusammenhang sei noch die Besonderheit erwähnt, dass die VO 1/2006 eine gemeinsame Stellungnahme von IDW und WPK ist. Der IDW QS 1 hingegen ist eine Stellungnahme ausschließlich vom IDW. Zwar stellen die „Stellungnahmen" des IDW „nur" Interpretationen des Berufsstandes dar. Es ist jedoch, wie auch bei den übrigen Stellungnahmen des IDW davon auszugehen, dass die WPK als auch die Rechtsprechung der Auslegung des IDW folgen wird.

Vortragszeit: 1/2 Minuten

III. Einrichtung, Durchsetzung und Überwachung eines Qualitätssicherungssystems

IDW QS 1 versteht das gesamte Qualitätsmanagementsystem als einen Prozess zur Einrichtung, Überwachung und Durchsetzung des QSS, der sich insbesondere auf die Förderung einer positiven Qualitätskultur, die Festlegung von Qualitätszielen, die daraus abzuleitende Feststellung und Beurteilung der qualitätsgefährdenden Risiken der WP-Praxis, auf die Schaffung von praxisinternen Regelungen zur Identifizierung, Bewertung und Steuerung der qualitätsgefährdenden Risiken einschließlich der Überwachung des QSS im Rahmen eines Nachschauprozesses und des Verfahrens der kontinuierlichen Verbesserung des QSS erstreckt. Mit diesem Prozess wird insbesondere das Ziel verfolgt, mit hinreichender Sicherheit die Einhaltung der Berufspflichten, d.h. die gesetzlichen und berufsständischen Anforderungen zu gewährleisten (Farr/Niemann in DStR 2017, 341 Ziffer 3 m.w.N.).

Verantwortlich für die Einrichtung, Durchsetzung und Überwachung des QSS ist der in eigener Praxis tätige Berufsangehörige bzw. die Praxisleitung.

Mit § 55b Abs. 1 WPO ist erstmals der Verhältnismäßigkeitsgrundsatz bei der Etablierung eines QSS kodifiziert worden. Die Berufssatzung führt dazu aus, dass die getroffenen Qualitätssicherungsmaßnahmen in einem angemessenen Verhältnis zu Art, Umfang und Komplexität der beruflichen Tätigkeit der Praxis stehen müssen (vgl. § 8 Abs. 1 BS).

Wie bereits die VO 1/2006 sieht IDW QS 1 wesentliche Bestandteile eines QSS vor: Qualitätsumfeld, Festlegung von Qualitätszielen als neuer Bestandteil, qualitätsgefährdende Risiken, Regelungen zur Qualitätssicherung, Kommunikation und Dokumentation dieser Regelungen und Überwachung dieser Regelungen sowie – und dies ist neu – die kontinuierliche Verbesserung des QSS.

Entsprechend der Differenzierung der Regelungen der allgemeinen Praxisorganisation und den Regelungen zur Auftragsabwicklung sind die enthaltenen Regelungsbereiche wie folgt zu unterscheiden:

- **Regelungsbereich allgemeine Praxisorganisation**
  - Beachtung der allgemeinen Berufspflichten (bei Praxen die gesetzliche Abschlussprüfungen nach § 316 HGB durchführen, wird dieser Bereich ergänzt um „solide Verwaltungs- und Rechnungslegungsverfahren einschließlich wirksamer Kontrollen und Sicherheitsvorkehrungen für Datenverarbeitungssysteme"),
  - Annahme, Fortführung und vorzeitige Beendigung von Aufträgen,
  - Mitarbeiterentwicklung,
  - Gesamtplanung aller Aufträge,
  - Umgang mit Beschwerden und Vorwürfen einschließlich eines Hinweisgebersystems (als neuer Bestandteil).
- **Regelungsbereich der Auftragsabwicklung**
  - Organisation der Auftragsabwicklung,
  - Einhaltung der gesetzlichen Vorschriften und der fachlichen Regelungen für die Auftragsabwicklung,
  - Anleitung des Auftragsteams,
  - Überwachung der Auftragsabwicklung,

- Abschließende Durchsicht der Auftragsergebnisse,
- Auftragsbezogene Qualitätssicherung (Einholung fachlichen Rats, Berichtskritik, auftragsbegleitende Qualitätssicherung),
- Lösung von Meinungsverschiedenheiten,
- Auftragsdokumentation, einschließlich Integrität, Vertraulichkeit und Verfügbarkeit der Datenverarbeitungssysteme und der Arbeitspapiere (neuer Bestandteil),
- Auslagerung wichtiger Prüfungstätigkeiten (neuer Bestandteil),
- Regelungen zur Nachschau.

Darüber hinaus legt § 55b Abs. 1 S. 3 WPO fest, dass das interne QSS zu dokumentieren und den Mitarbeitern zu Kenntnis zu geben ist. Maßstab ist der sachkundige Dritte, der innerhalb angemessener Zeit in der Lage sein muss, sich ein Bild von der Angemessenheit und Wirksamkeit des QSS zu verschaffen.

> **Vortragszeit: 3/5 Minuten**

IV. Wesentliche Neuerungen durch IDW QS 1

Erfreulicherweise knüpft IDW QS 1 an die Struktur der VO 1/2006 an, sodass Änderungen leicht erkennbar sind. Infolge dessen möchte ich einige wesentliche Änderungen nochmals besonders hervorheben (abgesehen von Änderungen im Rahmen von § 319a HGB Prüfungen, auf die aus Zeitgründen hier nicht gesondert eingegangen werden soll):

1. **Risikoorientierte Regelungen zur Einhaltung der allgemeinen Berufspflichten**
   IDW QS 1 stellt die qualitätsgefährdenden Risiken der WP-Praxis als Maßstab für die zu schaffenden Regelungen zur Einhaltung der allgemeinen Berufspflichten in den Vordergrund (IDW QS 1 Rz. 38). einzuhaltenden allgemeinen. Damit einher geht der neu eingeführte Verhältnismäßigkeitsgrundsatz des § 55b EStG. Diese Sichtweise ist dem Abschlussprüfer nicht fremd, sondern aus dem risikoorientierten Prüfungsansatz des IDW PS 261 bestens bekannt.

2. **Unabhängigkeit, Unparteilichkeit und Vermeidung der Besorgung der Befangenheit**
   Die Berufssatzung erweitert in § 36 die Tatbestände, die die Unbefangenheit beeinträchtigen können, um das neue Merkmal der „Einschüchterung". Darunter sind z.B. Drohungen des Mandanten oder Dritten zu verstehen, die Anhaltspunkte dafür begründen, dass der WP aufgrund der Drohung von einer sachgerechten Entscheidung abgehalten werden könne (vgl. Farr/Niemann a.a.O. Ziff. 4.2).

3. **Grundsätze der Honorarbemessung**
   Nunmehr kodifiziert IDW QS 1 für den Bereich der Abschlussprüfungen nach § 316 HGB, dass die Grundsätze der Honorarbemessung im wesentlichen darauf ausgerichtet sein müssen, dass die Höhe der Vergütung nicht vom Ergebnis der Abschlussprüfung abhängt und die Qualität der gesetzlichen Abschlussprüfung sichergestellt sind muss. Darüber hinaus sollen Pauschalhonorare nur mit einer sog. Öffnungsklausel für unvorhergesehene Umstände vereinbart werden (vgl. IDW QS 1 Rz. 66 ff.).

4. **Umgang mit Beschwerden und Vorwürfen**
   Dieser Regelungsbereich ist für gesetzliche Abschlussprüfungen im Vergleich zur bisherigen VO 01/2006 um Regelungen über die vertrauliche Berichterstattung von Mitarbeitern über mögliche und tatsächliche Verstöße (sog. „Whistleblowing") ergänzt werden (vgl. IDW QS 1 Rz. 103 f.).

5. **Auftragsdokumentation (Auftragsdatei und Prüfungsakte)**
   Durch die Neufassung von § 51c WPO muss für Abschlussprüfungen nach § 316 HGB eine Auftragsdatei geführt werden, aus der Folgendes zum Auftraggeber hervorgeht:
   - Name, Anschrift, Ort,
   - bei Wirtschaftsprüfungsgesellschaften die Namen der jeweils verantwortlichen Prüfungspartner,
   - für jedes Geschäftsjahr die für Abschlussprüfung und für andere Leistungen in Rechnung gestellten Honorare.

   Nach § 51b Abs. 1 WPO ist für jeden Prüfungsauftrag im Sinne von § 316 HGB eine Prüfungsakte zu führen, die 60 Tage nach Unterzeichnung des Bestätigungsvermerkes zu schließen ist zu führen. Diese hat folgenden Mindestinhalt aufzuweisen:

- Einhaltung der Unabhängigkeit, das Vorliegen von die Unabhängigkeit gefährdenden Umständen und die ergriffenen Schutzmaßnahmen,
- die Zeit, das Personal und sonstige Mittel, die zur angemessenen Durchführung der Abschlussprüfung erforderlich sind,
- Art, Umfang und Ergebnisse der Verwertung der Arbeit von Sachverständigen,
- Verantwortliche Prüfungspartner bei Berufsgesellschaften,
- Informationen und Unterlagen, die zur Begründung des Bestätigungsvermerks und des Prüfungsberichtes dienen,
- Informationen und Unterlagen, die zur Kontrolle der Einhaltung der Berufspflichten von Bedeutung sind,
- Informationen und Unterlagen über schriftliche Beschwerden.

6. **Nachschau**

Mit § 55b Abs. 3 WPO wird nunmehr die Nachschau erstmalig gesetzlich geregelt. Wie bisher haben alle Berufsangehörigen die Anwendung der Regelungen des QSS zu überwachen, d.h. die Einhaltung der Berufspflichten in ihrer Praxis in angemessenen Zeitabständen zu überprüfen. Bei Abschlussprüfungen nach § 316 HGB sind weitergehende Mindestregelungen zu berücksichtigen (Farr/Niemann a.a.O. Ziff. 4.9). Dies sind insbesondere die Bereiche der Fortbildung, Anleitung und Kontrolle der Mitarbeiter sowie für die Handakten eine gesonderte jährliche Nachschau. § 63 der Berufssatzung stellt den Mindestkatalog an Regelungen für die regelmäßig stattfindende Nachschau auf.

Vortragszeit: 4/9 Minuten

V. Fazit

Durch die Neufassung des IDW QS 1 und der damit einhergehenden Aufhebung der bisherigen VO 01/2006 hat das IDW eine Aktualisierung und Erweiterung des Qualitätssicherungssystems vorgenommen. Im Rahmen der zeitlichen/technischen Weiterentwicklung wurden Regelungen zum „Whistleblowing" oder auch die Datenverarbeitungssystemen aufgenommen. Als systemisch wesentliche Änderung/Erweiterung ist der Aspekt der qualitätsgefährdenden Risiken und das in § 55b WPO kodifizierte Verhältnismäßigkeitsprinzip zu nennen. Dies ist dem Abschlussprüfer jedoch nicht fremd, sondern Bestandteil seiner täglichen Prüfungstätigkeit im Rahmen des risikoorientierten Prüfungsansatzes des IDW PS 261. Somit ist es nur folgerichtig diesen (bewährten) Aspekt auch in das „IKS der Wirtschaftsprüferpraxis" mit aufzunehmen.

Vielen Dank für Ihre Aufmerksamkeit.

Vortragszeit: 1/10 Minuten

Vortrag 36
ISA Integration am Beispiel des ISA 720 E-DE (Prüfungswesen)

Sehr geehrte/r Frau/Herr Vorsitzende/r, sehr geehrte Prüfungskommission,
aus den mir zur Auswahl gestellten Themen habe ich mich für das Thema „**ISA Integration am Beispiel des ISA 720 E-DE**" entschieden. Meinen Vortrag gliedere ich wie folgt:

I.	Einführung
II.	Integration des ISA 720
III.	Fazit

Vortrag 36: ISA Integration am Beispiel des ISA 720 E-DE (Prüfungswesen)

> Vortragszeit: 0,5 Minuten

I. Einführung

Bisher wurden die International Standards on Auditing (ISA) vom IDW in die IDW Prüfungsstandards transformiert (sog. **Transformationsmodell**). Mit dem ISA 720 wird diese Transformation nicht mehr fortgeführt, sondern es erfolgt ein Systemwechsel auf das sog. Integrationsmodell. Die ISA werden auf deutsch übersetzt und sodann um spezifische deutsche gesetzliche Regelungen ergänzt (sog. Add-Ons). Diese Ergänzungen werden als sog. D-Textziffern gesondert kenntlich gemacht. Sollten Anforderungen der ISA in Deutschland nicht entsprochen werden können, werden diese dann als nicht anwendbar erklärt (sog. Carve-Out).

Neben den übersetzten und ergänzten ISA wird es auch künftig noch IDW PS geben, da in Deutschland bestimmte Vorgaben bestehen, die sich auf die Abschlussprüfung auswirken, für die aber kein entsprechender ISA existiert (z.B. die Prüfung des Lageberichts IDW PS 350).

Darüber hinaus ist zu erwähnen, dass das sog. Clarity-Format der ISA bereits in die zwischenzeitlich überarbeiteten IDW PS übernommen worden ist (z.B. IDW PS 400 n.F.). Das Clarity-Format gliedert sich wie folgt:
1. Einleitung mit Anwendungsbereich und -zeitpunkt,
2. Ziele, die der Abschlussprüfer durch die Anwendung der ISA erreichen soll,
3. Definitionen,
4. Anforderungen (Darstellung der einzelnen Prüfungshandlungen),
5. Anwendungshinweise.

> Vortragszeit: 0,5/1 Minute

II. Integration des ISA 720

1. Grundlagen

Der ISA 720 (Revised) thematisiert die Verantwortlichkeiten des Abschlussprüfers hinsichtlich sonstiger Informationen. Sonstige Informationen sind solche, die im Zusammenhang mit dem zu prüfenden Abschluss herausgegeben werden.

ISA 720 (Revised) (E-DE) soll erstmals für die Prüfung von Abschlüssen für Berichtszeiträume gelten, die am oder nach dem 15.12.2017 beginnen, mit Ausnahme von Rumpfgeschäftsjahren, die vor dem 31.12.2018 enden. Eine freiwillige vorzeitige Anwendung ist zulässig. Wird der Bestätigungsvermerk nach IDW PS 400 n.F. erteilt, sind die Anforderungen des ISA 720 (Revised) (E-DE) zu beachten.

Bisher wurden Die Anforderungen von ISA 720 durch IDW PS 202 geregelt. Gegenüber IDW PS 202 enhält der ISA 720 (Revised) (E-DE)vor allem erweiterte Pflichten in Bezug auf die sonstigen Informationen, Handlungen und erstamlige Berichterstattungspflichten zu den sonstigen Informationen im Bestätigungsvermerk.

Sonstige Informationen nach ISA 720 (Revised) (E-DE) sind in einem Geschäftsbericht in einer Einheit enthaltene Finanzinformationen oder nichtfinanzielle Informationen, mit Ausnahme des Jahresabschlusses und des Bestätigungsvermerks selbst (vgl. ISA 720 (Revised) (E-DE) Rz. 12), wie z.B. Ergebnis je Aktie, Bruttogewinnspanne, Strategieüberblick (vgl. ISA 720 (Revised) (E-DE) Rz. A8, Anlage 1).

Grundsätzlich erstreckt sich das Prüfungsurteil des Abschlussprüfers nicht auf die Ordnungsmäßigkeit dieser sonstigen Informationen. Da jedoch diese sonstigen Informationen zusammen mit dem Jahresabschluss und dem Bestätigungsvermerk (z.B. in einem Geschäftsbericht) veröffentlicht werden, liegt e sim Interesse des Abschlussprüfers, zu verhindern, dass mögliche Unstimmigkeiten zwischen den sonstigen Informationen und dem geprüften Jahresabschluss entstehen, wodurch die Glaubwürdigkeit des Jahresabschlusses und des Bestätigungsvermerks beinträchtigt würde.

Aus diesem Grund hat sich der Abschlussprüfer auch mit dem Inhalt der sonstigen Inforamtionen auseinander zu setzen und auf wesentliche Unstimmigkeiten zwischen diesen Informationen und dem geprüften Jahresabschluss zu reagieren.

2. Ziele

Nach dem Lesen der sonstigen Informationen sind die Ziele des Abschlussprüfers:

a) zu würdigen, ob eine wesentliche Unstimmigkeit zwischen den sonstigen Informationen und dem Abschluss vorliegt,
b) zu würdigen, ob eine wesentliche Unstimmigkeit zwischen den sonstigen Informationen und den bei der Abschlussprüfung Erlangen Kenntnissen des Abschlussprüfers vorliegt,
c) angemessen zu reagieren, wenn der Abschlussprüfer identifiziert, dass solche wesentlichen Unstimmigkeiten vorzuliegen scheinen, oder wenn er anderweitig erkennt, dass sonstige Informationen wesentlich falsch dargestellt erscheinen, und
d) einen Vermerk in Übereinstimmung mit dem ISA 720 zu erteilen.
(ISA 720 (Revised) (E-DE) Rz. 11).

3. Anforderungen

Der Abschlussprüfer hat zunächst die sonstigen Informationen zu erlangen. Dies erfolgt durch Erörterung mit dem Manamgent, aus welchen Dokumenten der Geschäftsbericht besteht sowie der Erörterung der geplanten Vorgehensweise und zeitlichen Einteilung der Einheit zur Herausgabe dieser Dokumente. Er hat sodann mit dem Management geeignete Vorkehrungen zu treffen, um in angemessener Zeit, die finale Version dieser Dokumente zu erlangen. Sollten Dokumente nicht vor dem Datum des Bestätigungsvermerks zur Verfügung stehen, hat der Abschlussprüfer das Mangement aufzufordern, eine schriftliche Erklärung abzugeben, dass die endgültige Version dieser Dokumente sobald verfügbar - und vor Herausgabe - dem Abschlussprüfer zur Verfügung gestellt wird, sodass er den Anforderungen des ISA 720 (Revised) nachkommen kann (vgl. ISA 720 (Revised) (E-DE) Rz. 13).

Wenn diese dann vorliegen, hat er die sonstigen Informationen zu lesen und dabei zu würdigen, ob eine wesentliche Unstimmigkeit zwischen den sonstigen Informationen und dem Abschluss vorliegt und ob, im Zusammenhang mit den bei der Abschlussprüfung erlangten Prüfungsnachweisen und gezogenen Schlussfolgerungen eine wesentliche Unstimmigkeit zwischen den sonstigen Informationen und den bei der Abschlussprüfung erlangten Kenntnissen des Abschlussprüfers vorliegt (vgl. ISA 720 (Revised) (E-DE) Rz. 14).

Aus den sodann gewonnen Erkenntnissen hat der Abschlussprüfer angemessen zu reagieren. Dabei können folgende Konstellationen auftreten:

a) **Es scheint eine wesentliche Unstimmigkeit vorzuliegen oder die sonstigen Informationen erscheinen falsch dargestellt**
In diesem Fall hat der Abschlussprüfer diese Unstimmigkeit mit dem Management zu erörtern, um die notwendige Sicherheit seiner Einschätzung zu erlangen.
b) **Der Abschlussprüfer zieht den Schluss, dass eine wesentlich falsche Darstellung der sonstigen Informationen vorliegt**
Es ist das Management durch den Abschlussprüfer aufzufordern, die sonstigen Informationen zu korrigieren. Weigert sich das Management, die Korrektur vorzunehmen, hat der Abschlussprüfer zu prüfen, ob dies einen schweigenden Verstoß gegen die gesetzliche Berichterstattungspflicht darstellt, über den gem. § 321 Abs. 1 Satz 3 HGB zu berichten ist.
c) Es liegt eine wesentlich falsche Darstellung im Jahresabschluss vor oder eine Aktualisierung des Verständnisses des Abschlussprüfers ist erforderlich.
Der Abschlussprüfer hat unter Beachtung der weitergehenden Grundsätze ordnungsgemäßer Abschlussprüfung zu prüfen, ob die wesentlich falsche Darstellung im Jahresabschluss zu einer Einschränkung oder Versagung des Prüfungsrurteils führt.

4. Auswirkungen auf den Bestätigungsvermerk

Der Bestätigungsvermerk des Abschlussprüfers hat einen gesonderten Abschnitt mit der Überschrift "Sonstige Informationen" oder einer anderen geeignete Überschrift zu enthalten, wenn zum Datum des Vermerks des Abschlussprüfers sonstige Informationen erlangt hat oder erwartet.

Der Bestätigungsvermerk hat sodann folgende Punkte zu enthalten:
- Erklärung, dass das Management für die sonstigen Informationen verantwortlich ist
- Bezeichnung der vom Abschlussprüfer erlangten oder erwarteten sonstigen Informationen

- Erklärung, dass sich das Prüfungsurteil nicht auf die sonstigen Informationen erstreckt
- Beschreibung der Verantwortlichkeit des Abschlussprüfers zu den sonstigen Informationen.

(Vgl. ISA 720 (Revised) (E-DE) Rz. 21).

5. Dokumentation

Zur Erfüllung der für den ISA 720 (Revised) (E-DE) geltenden Anforderungen hat der Abschlussprüfer in der Prüfungsdokumentation aufzunehmen die durchgeführten Handlungen und die endgültige Version der sonstigen Informationen zu denen der Abschlussprüfer die ihm obliegenden Tätigkeiten durchgeführt hat (vgl. ISA 720 (Revised) (E-DE) Rz. 25).

Vortragszeit: 8/9 Minuten

III. Fazit

Nachdem Deutschland als eines der letzten Mitglieder der EU sich nun auch für die ISA Integration entschieden hat, ist gewährleistet, dass die deutsche Abschlussprüfung nicht den internationalen Anschluss verliert.

Durch die Integration ist zwar durch die Abschlussprüfer relativ kurzfristig eine Umstellung der Referenzierung und somit der Anpassung der QM-Handbücher vorzunehmen. Es entstehen dadurch jedoch einheitliche netzwerkweite Prüfungshandbücher.

Weiterhin wird durch die ISA Integration die Transparazen zur ISA-Konformität der deutschen Abschlussprüfung wesentlich verbessert.

Abschließend ist somit festzuhalten, dass durch die Integration der ISA die Akzeptanz und Wettbewerbsfähigkeit einer Prüfung nach deutschen Grundsätzen ordnungsmäßer Abschlussprüfung im internationalen Kontext gewährleistet wird.

Vielen Dank für Ihre Aufmerksamkeit.

Vortragszeit: 1/10 Minuten

Vortrag 37
Eigenkapitalausweis bei Personengesellschaften nach HGB (Prüfungswesen)

Sehr geehrte/r Frau/Herr Vorsitzende/r, sehr geehrte Prüfungskommission,

aus den mir zur Auswahl gestellten Themen habe ich mich für das Thema „**Eigenkapitalausweis bei Personengesellschaften nach HGB**" entschieden. Meinen Vortrag gliedere ich wie folgt:

I.	Einführung und Grundlagen
II.	Die einzelnen Bestandteile des Eigenkapitals
III.	Fazit

Vortragszeit: 0,5 Minuten

I. Einführung und Grundlagen

Der **Kaufmann** hat nach dem **Vollständigkeitsgebot** des § 246 Abs. 1 HGB sämtliche Vermögensgegenstände, Schulden und Rechnungsabgrenzungsposten in seine Bilanz aufzunehmen. Die daraus resultierende Residualgröße bestimmt das **Eigenkapital**, welches Bestandteil der Mindestgliederung der Bilanz gem. § 247 HGB ist. Diese Regelungen gelten für alle Kaufleute, somit auch für die hier zu behandelnden Personengesellschaften.

Eine **Personengesellschaft** liegt vor, wenn sich mindestens zwei natürliche respektive juristische Personen zur Erreichung eines gemeinsamen Zweckes zusammentun. Als typische Personengesellschaften kommen die Gesellschaft bürgerlichen Rechts (§ 705 BGB), die offene Handelsgesellschaft (§ 105 HGB) und die Kommanditgesellschaft (§ 161 HGB) mit ihren unterschiedlichsten Ausprägungen insbesondere der GmbH & Co. KG in Betracht.

Eigenkapital liegt bei einer Personengesellschaft vor, wenn die bereitgestellten Mittel als Verlustdeckungspotenzial zur Verfügung stehen (vgl. ERS HFA 7 n.F. Rn. 13).

Dieses ist bei der GbR, der oHG und den Komplementären einer KG immer gegeben, da diese unbeschränkt haften.

Ein **Ausweis als Eigenkapital** ist somit nur möglich, wenn:
- künftige Verluste mit den bereitgestellten Mitteln – also mit den betreffenden Gesellschafterkonten – zur vollen Höhe zu verrechnen sind (**Grundsatz der vollen Verlustteilnahme**).
- im Falle einer Insolvenz der Gesellschaft eine Insolvenzforderung nicht geltend gemacht werden kann bzw. bei einer Liquidation erst nach Befriedigung aller Gesellschaftsgläubiger mit dem Eigenkapital auszugleichen ist (**Grundsatz der Nachrangigkeit**); (BStBK vom 2./3. März 2006 in DStR 2006, 669).

Die Fristigkeit der Überlassung der Mittel ist heute kein Kriterium mehr für die Qualifikation als Eigenkapital.

Die weitergehenden Ausführungen beschränken sich auf die Darstellung einer Kap&Co. Personengesellschaft, also einer Personengesellschaft, bei der nicht mindestens eine natürliche Person persönlich haftender Gesellschafter ist, da hier alle Aspekte des Eigenkapitalausweises einer Personengesellschaft behandelt werden (vgl. § 264a HGB).

Durch das **Kapitalgesellschaften und Co.-Richtliniengesetz** vom 24.02.2000 wurden in das HGB spezielle Vorschriften zur Rechnungslegung für diese Personengesellschaften mit den §§ 264a ff. HGB aufgenommen. Damit finden grundsätzlich auf die Kap&Co. i.S.v. § 264a Abs. 1 HGB die Vorschriften für Kapitalgesellschaften Anwendung.

§ 264c HGB ergänzt die **Eigenkapitalgliederung** des § 266 HGB für diese Personengesellschaften. Danach ist das Eigenkapital wie folgt zu gliedern:

I. Kapitalanteile
   1. Kapitalanteile persönlich haftender Gesellschafter
   2. Kapitalanteile von Kommanditisten
II. Rücklagen
III. Gewinnvortrag/Verlustvortrag
IV. Jahresüberschuss/Jahresfehlbetrag

> Vortragszeit: 2/2,5 Minuten

II. Die einzelnen Bestandteile des Eigenkapitals

Unter der Position **Kapitalanteile** sind die Kapitalanteile der persönlich haftenden Gesellschafter und der Kommanditisten getrennt auszuweisen.

1. Feste Kapitalkonten

Die festen Kapitalkonten (Kapitalkonto I) entsprechen der gesellschaftsvertraglich vereinbarten Pflichteinlage (vgl. Reiner in MüKo, 3. Auflage 2013, § 264c, Rn. 23 m.w.N.).

Anstelle des Postens „Gezeichnetes Kapital" sind die **Kapitalanteile der persönlich haftenden Gesellschafters** auszuweisen. Der auf den Kapitalanteil eines persönlich haftenden Gesellschafters für das Geschäftsjahr entfallende Verlust ist von dem Kapitalanteil abzuschreiben.

Bei der klassischen GmbH & Co. KG, bei der die Komplementär GmbH nicht am Kapital der Gesellschaft beteiligt ist, wird hier nur das Kommanditkapital der Kommanditisten ausgewiesen.

2. Variable Kapitalkonten

Die Kapitalanteile sind ausgehend von den gesellschaftsvertraglich bedungenen Pflichteinlagen zu ermitteln. Eine weitere Untergliederung des Postens „Kapitalanteile" ist zwar vom Gesetz nicht gefordert, in der Praxis jedoch durch den getrennten Ausweis von festen und variablen Unterkonten des Kapitalkontos gebräuchlich.

Bei der KG besteht für **Komplementäre** die Möglichkeit, entsprechend der gesetzlichen Regelung ausschließlich variable Kapitalkonten zu führen oder zwischen festen und variablen Kapitalkonten zu differenzieren.

Für **Kommanditisten** hingegen ist gemäß § 161 Abs. 2 HGB i.V.m. § 120 Abs. 2 HGB auch die **Führung eines beweglichen Kapitalkontos** vorgeschrieben. Jedoch ist der Gewinnanteil des Kommanditisten nach § 167 Abs. 2 HGB seinem Kapitalanteil nur solange zuzuschreiben, wie die im Gesellschaftsvertrag festgelegte Pflichteinlage nicht erreicht ist. Diese Regelung macht es zwingend erforderlich, ein weiteres Kapitalkonto (**Kapitalkonto II**) zu führen, was im Gegensatz zum Kapitalkonto II der Komplementäre Verbindlichkeitscharakter und aufgrund eines fehlenden Verlustdeckungspotenzials damit auch Fremdkapitalcharakter hat (BStBK vom 2./3. März 2006 in DStR 2006, 672).

Wird das Kapitalkonto II fälschlicherweise unter dem Eigenkapital ausgewiesen, kann dies dazu führen, dass der Jahresabschluss entgegen § 264 Abs. 2 Satz 1 HGB kein den tatsächlichen Verhältnissen entsprechendes Bild der Vermögenslage der Gesellschaft vermittelt.

Werden gesellschaftsvertraglich **Verlustsonderkonten** als Untergliederung des Kapitalkontos I geführt, so sind die Verlustanteile der Gesellschafter dort zu erfassen. Weist dieses Konto einen Verlustvortrag aus, werden Gewinne solange mit dem Verlustvortrag verrechnet, bis kein Verlustvortrag mehr vorhanden ist. Erst darüber hinausgehende Gewinne werden wieder dem Kapitalkonto II oder den Privat- oder Verrechnungskonten zugewiesen (BStBK vom 2./3. März 2006 in DStR 2006, 672).

Sinkt der Kapitalanteil des Kommanditisten aufgrund von Verlusten unter den Betrag der gesellschaftsvertraglich vereinbarten Summe oder wird er gar negativ, darf gemäß § 264c Abs. 2 S. 7 HS 1 HGB auf der Aktivseite der Bilanz eine Forderung gegen den Kommanditisten ebenso wie bei persönlich haftenden Gesellschaftern nur ausgewiesen werden, soweit er gegenüber der Gesellschaft zur Leistung eines Nachschusses verpflichtet ist. Eine entsprechende **Nachschussverpflichtung des Kommanditisten** kann sich aus dem Gesellschaftsvertrag ergeben. Nach dem Gesetz ist der Kommanditist grundsätzlich nicht zum Ausgleich von Verlusten verpflichtet.

Entnimmt der Kommanditist dagegen Gewinne und sinkt der Wert seines Kapitalanteils dadurch nicht unter den gesellschaftsvertraglich vorgesehenen Betrag, so entsteht noch kein Ausgleichsanspruch (Reiner in MüKo, 3. Auflage 2013, § 264c, Rn. 2). Erst bei Überentnahmen entsteht ein Ausgleichsanspruch und somit eine aktivische Forderung gegenüber dem Kommanditisten.

Im **Anhang** ist im Interesse der Gläubiger der KG die gesellschaftsvertraglich vorgesehene Pflichteinlage gem. § 264c Abs. 2 S. 9 HGB anzugeben, soweit diese nicht geleistet ist.

Über das sog. **Zwei-Konten-Modell** – als dem gesetzlichen Regelfall des § 264c Abs. 1 HGB – hinaus kann gesellschaftsvertraglich ein **Drei- oder Vier-Konten-Modell** vereinbart werden.

Bei diesen Modellen wird anstelle des einheitlich variablen Kapitalkontos zunächst ein unveränderliches Festkapitalkonto, ein bewegliches Kapitalkonto und ein Verrechnungskonto gebildet. Darüber hinaus könnte noch ein Gewinn-/Verlustvortragskonto gebildet werden (vgl. insbesondere Graf/Bisle in MüKo zum Bilanzrecht, 1. Auflage 2013, § 264c Rn. 26 ff. und 34).

Darüber hinaus kann gesellschaftsvertraglich vereinbart werden, dass das Kapitalkonto II oder auch die weitergehenden Konten z.B. im 3-Konten-Modell an der Verlustverrechnung teilnimmt und somit Eigenkapitalcharakter erhält (vgl. insbesondere Hoffman in DStR 2000, 837).

Im Rahmen der gesellschaftsvertraglichen Gestaltung sollten die Gesellschafter sich zunächst im klaren darüber sein, ob ihre weitergehenden Kapitalkonten Eigenkapital- oder Fremdkapitalcharaker erhalten sollen. Dies kann neben dem eigentlichen Kapitalausweis (z.B. im Bankenrating anhand der Eigenkapitalquote) auch stark steuerlich motiviert sein, da aufgrund der Sondervorschrift des § 15a EStG Verluste nur soweit steuerlich abzugsfähig sind, als Eigenkapital vorhanden ist. Darüber hinaus können Überentnahmen zu nicht abzugsfähigen Schuldzinsen gem. § 4 Abs. 4a EStG führen.

3. Rücklagen

Auch bei Personengesellschaften i.S.d. § 264a Abs. 1 HGB kann es zur Bildung von Rücklagen kommen, die allein auf gesellschaftsrechtlicher Grundlage möglich sind (§ 264c Abs. 2 Satz 8 HGB). Eine Unterscheidung nach Gewinn- oder Kapitalrücklagen wird nicht vorgenommen (vgl. Reiner in MüKo, 3. Auflage 2013, § 264c, Rn. 26 m.w.N.). Es handelt sich hier in der Regel um nicht entnahmefähige Gewinne, die der langfristigen Selbstfinanzierung der Gesellschaft dienen, Eigenkapitalcharakter haben und ganz oder teilweise gesonderten Rücklagekonten zugewiesen werden (BStBK vom 2./3. März 2006 in DStR 2006, 673).

4. Gewinnausweis und -verwendung

Für den **Gewinnausweis und die -verwendung** gelten auch für Personengesellschaften i.S.d. § 264a Abs. 1 HGB die allgemeinen Grundsätze, sofern keine abweichenden gesellschaftsvertraglichen Bestimmungen vorliegen. Der einem Gesellschafter zustehende Gewinn ist somit seinem Kapitalanteil zuzubuchen (§ 120 Abs. 2 HGB).

Für Kommanditisten gilt dies mit der Maßgabe, dass eine Zuschreibung von Gewinnanteilen auf das Kapitalkonto I nur insoweit erfolgt, als der Kapitalanteil den Betrag der Pflichteinlage unterschreitet (§ 167 Abs. 2 HGB); dies ist beispielsweise der Fall, wenn zuvor Verlustanteile oder Entnahmen verrechnet worden sind (vgl. BStBK vom 2./3. März 2006 in DStR 2006, 674).

Die auf voll eingezahlte Kommanditanteile entfallenden Gewinnanteile sind daher nicht dem Kapitalkonto I zuzubuchen, sondern dem Kapitalkonto II, welches – bei nicht anderweitiger gesellschaftsvertraglicher Regelung – Fremdkapitalcharakter besitzt.

Aufgrund der Gewinnzuweisung gem. § 120 Abs. 2 i.V.m. § 161 Abs. 2 und § 264c Abs. 2 HGB sind die auf einen Gesellschafter der Personengesellschaft entfallenden Gewinn-/Verlustanteile grundsätzlich **unmittelbar** dem Kapitalanteil eines Gesellschafter zu- bzw. abzuschreiben.

Danach ist im gesetzlichen Regelfall ein Ausweis eines Verlust-/Gewinnvortragskonto nicht möglich. Des Weiteren hat dies zur Folge, dass der Jahresabschluss der Personengesellschaft unter vollständiger Ergebnisverwendung im Sinne von § 268 Abs. 1 HGB aufzustellen ist. Der Ergebnisanspruch des Personengesellschafters steht den Gesellschaftern mit dem Abschlussstichtag zu (vgl. Graf/Bisle in MüKo zum Bilanzrecht, 1. Auflage 2013, § 264c Rn. 30 ff. m.w.N.).

Der Ausweis eines Jahresüberschusses ist somit nicht zulässig (anders Hoffman in DStR 2000, 842).

5. Ausweis des Kapitalkontos II

Für Personengesellschaften i.S.d. § 264a Abs. 1 HGB sieht § 264c Abs. 1 Satz 1 HGB für die Darstellung der Verbindlichkeiten/Forderungen gegenüber Gesellschaftern zwei Methoden vor:
- Entweder erfolgt der Ausweis der Kapitalkonten II je nach Saldo in der Bilanz als „Verbindlichkeiten gegenüber Gesellschaftern", „Forderungen gegen Gesellschafter", „Ausleihungen an Gesellschafter"
  oder
- der Saldo auf dem Kapitalkonto II wird innerhalb der Position „Sonstige Vermögensgegenstände" bzw. „Sonstige Verbindlichkeiten" ausgewiesen und im Anhang werden die jeweiligen, den Gesellschafter betreffenden Beträge gesondert dargestellt (vgl. BStBK vom 2./3. März 2006 in DStR 2006, 674).

Bei dieser Darstellung ist zu beachten, dass sie von dem gesetzlichen Regelfall ausgeht, dass das **Kapitalkonto II Fremdkapitalcharakter** besitzt. Auf die Möglichkeit der gesellschaftsvertraglichen abweichenden Regelung ist bereits hingewiesen worden.

> Vortragszeit: 6,5/9 Minuten

III. Fazit

Durch das Kap&Co.-Richtliniengesetz sind im HGB Regelungen für diese speziellen Personengesellschaften zur Rechnungslegung insbesondere auch zum Kapitalausweis aufgenommen worden. Diese Regelungen lassen jedoch noch viele Fragen offen, die in der Folgezeit durch Rechtsprechung, Literatur oder auch den Berufsstand aufgegriffen worden sind. Dadurch ist zwar ein gewisses Maß an Sicherheit entstanden, dennoch stellt der

Kapitalausweis den Bilanzaufsteller respektive den Abschlussprüfer einer Personengesellschaft vor eine nicht einfache Aufgabe.

Vielen Dank für Ihre Aufmerksamkeit.

Vortragszeit: 1/10 Minuten

Vortrag 38
Handelsrechtliche Bilanzierung von Verpflichtungen aus Altersteilzeitvereinbarungen (Prüfungswesen)

Sehr geehrte/r Frau/Herr Vorsitzende/r, sehr geehrte Prüfungskommission,
aus den mir zur Auswahl gestellten Themen habe ich mich für das Thema „**Handelsrechtliche Bilanzierung von Verpflichtungen aus Altersteilzeitvereinbarungen**" entschieden. Meinen Vortrag gliedere ich wie folgt:

I.	Grundlagen
II.	Bilanzierung von Verpflichtungen zur Zahlung von Aufstockungsbeträgen
III.	Bilanzierung von Erfüllungsrückständen
IV.	Fazit

Vortragszeit: 1 Minute

I. Grundlagen

Im Jahr 1996 war das **Gesetz zur Förderung eines gleitenden Übergangs in den Ruhestand (Altersteilzeitgesetz)** in Kraft getreten. Danach besteht die Möglichkeit, mit Arbeitnehmern, die das 55. Lebensjahr vollendet haben, für den darauf folgenden Zeitraum **Altersteilzeitverhältnisse** zu vereinbaren. Dabei sind zwei grundsätzliche Varianten zu unterscheiden. In der ersten Variante kann die verbleibende Arbeitszeit vor Eintritt in den Ruhestand gleichmäßig auf die Hälfte der regelmäßigen tariflichen Wochenarbeitszeit reduziert werden, weshalb diese Variante auch **Gleichverteilungsmodell** genannt wird. In der Praxis wird hiervon jedoch vergleichsweise wenig Gebrauch gemacht.

Des Weiteren gibt es eine Variante, die **Blockmodell** genannt wird, weil bei deren Anwendung das Altersteilzeitarbeitsverhältnis in zwei gleich lange Zeiträume zerlegt wird. Während der Arbeitnehmer in der ersten Hälfte die Arbeitsleistung für die volle tarifliche Arbeitszeit erbringt (sog. **Beschäftigungsphase**), wird er in der während der zweiten Hälfte völlig von der Arbeit freigestellt (sog. **Freistellungsphase**). Das Blockmodell ist die in der Praxis mit Abstand am weitesten verbreitete Variante (vgl. Höfer/Kempkes, Rückstellungen für Altersteilzeit, DB 50/1999, S. 2537 f.).

Ursprünglich zielte das Altersteilzeitgesetz darauf ab, mit älteren Arbeitnehmern einen gleitenden Übergang in deren Ruhestand vereinbaren zu können und zwar auf der Basis eines gesetzlichen Rahmens für die Sozialpartner.

Um die Möglichkeit aus Arbeitnehmersicht attraktiver zu gestalten, erhält dieser nicht nur seine Bezüge, wie sie bei normaler Teilzeitarbeit angefallen wären, sondern darüber hinaus sog. **Aufstockungszahlungen**. Die Höhe dieser Aufstockungsleistungen ergibt sich im Einzelfall aus den jeweils geltenden **kollektivrechtlichen** Vorschriften (Tarifvertrag oder Betriebsvereinbarung) oder aus individualrechtlichen Regelungen (Arbeitsvertrag).

Wurden in der Vergangenheit Verträge abgeschlossen, nach denen die Altersteilzeitarbeit noch vor dem 01. Januar 2010 begonnen worden ist, erbringt die Bundesagentur für Arbeit (BA) unter bestimmten weiteren

Voraussetzungen (nach §§ 2 und 3 Altersteilzeitgesetz) über einen Zeitraum von höchstens sechs Jahren **finanzielle Förderleistungen** (IDW Stellungnahme zur Rechnungslegung: Handelsrechtliche Bilanzierung von Verpflichtungen aus Altersteilzeitregelungen (IDW RS HFA 3) (Stand: 19.06.2013), Tz. 2, 24 f.).

Der Hauptfachausschuss des Instituts der Wirtschaftsprüfer hat mit IDW RS HFA 3 Stellung zu der Frage der **Bilanzierung von Verpflichtungen aus Altersteilzeitregelungen** genommen.

> Vortragszeit: 2/3 Minuten

II. Bilanzierung von Verpflichtungen zur Zahlung von Aufstockungsbeträgen

Bei der bilanziellen **Behandlung der Aufstockungsbeträge** ist danach zu unterscheiden, ob diesen ein reiner Abfindungscharakter oder ein zusätzlicher Entlohnungscharakter zukommt. Entscheidend ist dabei auf den wirtschaftlichen Charakter der entsprechenden Vereinbarung im Einzelfall abzustellen: Eine **eigenständige Abfindungsverpflichtung** des Arbeitgebers liegt in all denjenigen Fällen vor, die in erster Linie – der ursprünglichen Zielsetzung des Altersteilzeitgesetzes entsprechend – einen gleitenden Übergang älterer Arbeitnehmer in den Ruhestand fördern wollen. Dieses war bzw. ist in Zeiten eines **Strukturwandels** innerhalb einzelner Branchen ein nachvollziehbares Anliegen betroffener Arbeitgeber. Aufstockungsleistungen dienen in diesem Fall der Steigerung der Attraktivität der Vereinbarung aus Arbeitnehmersicht (IDW RS HFA 3, Tz. 7 f.).

Daneben werden Altersteilzeitvereinbarungen – nicht zuletzt vor dem Hintergrund des häufig bemühten Arguments eines zunehmenden **„Fachkräftemangels"** auch mit der Zielsetzung abgeschlossen, langjährige und damit vor allem erfahrene Arbeitnehmer – die langjährige Betriebszugehörigkeit von Arbeitnehmern durch zusätzliche Honorierung im Wege von Altersteilzeitvereinbarungen – zu einer Verlängerung ihrer Gesamtlebensarbeitszeit zu bewegen. Aufstockungsbeträge sind in diesem Kontext als **Bestandteil der Leistungs- und Entgeltpflichten aus dem Arbeitsverhältnis** anzusehen (IDW RS HFA 3, Tz. 9).

Für die Verpflichtung zur Zahlung der Aufstockungsbeträge ist dem Grunde nach eine **Rückstellung für ungewisse Verbindlichkeiten** nach § 249 Abs. 1 Satz 1 HGB zu bilden. Sie ist gemäß § 253 Abs. 1 Satz 2 HGB mit dem nach **vernünftiger kaufmännischer Beurteilung notwendigen Erfüllungsbetrag** anzusetzen. Sofern sich ihre Restlaufzeit auf mehr als ein Jahr beläuft, ist sie entsprechend § 253 Abs. 2 Satz 1 HGB mit dem ihrer Restlaufzeit entsprechenden durchschnittlichen Marktzinssatz der vergangenen sieben bzw. zehn Geschäftsjahre abzuzinsen. Zwar darf nach Auffassung des IDW grundsätzlich auch von der Vereinfachungsregel Gebrauch gemacht werden, wonach es bei der Ableitung des Abzinsungssatzes erlaubt ist, von einer pauschalen Restlaufzeit von 15 Jahren auszugehen. Jedoch empfiehlt das IDW, von der tatsächlichen Restlaufzeit auszugehen, weil diese bei Altersteilzeitvereinbarungen regelmäßig deutlich kürzer als 15 Jahre ist (IDW RS HFA 3, Tz. 18).

Eine Besonderheit bei der Bewertung ergibt sich beispielsweise für aufgrund eines bestehenden **Wahlrechts der Arbeitnehmer** voraussichtlich zukünftig abzuschließenden Altersteilzeitvereinbarungen: Auszugehen ist dabei vom Grad der wahrscheinlichen Inanspruchnahme, wobei die zu leistenden Beträge verständlicherweise vorsichtig geschätzt werden müssen. Liegen hierfür keinerlei Erfahrungswerte vor, hält es das IDW für sachgerecht, hilfsweise die Ergebnisse einer unternehmens- bzw. betriebsinternen Umfrage heranzuziehen (IDW RS HFA 3, Tz. 14).

Bei der Bewertung muss im Übrigen der Umstand Berücksichtigung finden, dass die Leistungsverpflichtung des Arbeitgebers mit Eintritt des Todes oder einer Invalidität des Arbeitnehmers erlischt (IDW RS HFA 3, Tz. 16).

Für den **Zeitpunkt der Passivierung der Rückstellung für Aufstockungsbeträge** kommt es auf das Ergebnis ihrer Klassifizierung (Abfindungs- oder Entlohnungscharakter?) an. Werden Vereinbarungen getroffen, in denen der Zahlung von Aufstockungsbeträgen **Abfindungscharakter** zukommt, so sind diese im Zeitpunkt ihrer Entstehung sofort (d.h. mit Abschluss der Vereinbarung) in voller Höhe aufwandswirksam zu passivieren.

Anders verhält es sich mit Vereinbarungen, nach denen Aufstockungsbeträge **Entlohnungscharakter** haben. In diesem Fall ist eine entsprechende **Rückstellung über den Zeitraum der Erdienung** der zusätzlichen Entlohnung hinweg anzusammeln, da diese dann in der Freistellungsphase zahlungswirksam werden. Sofern diesbezüglich keine explizite Vereinbarung getroffen wurde, ist davon auszugehen, dass die Erdienung während der Beschäftigungsphase stattfindet (bis zu deren Ende dann auch die Rückstellung anzusammeln ist), während die Auszahlung der zusätzlichen Entlohnung während der Freistellungsphase erfolgt, mit deren Beginn die Rückstellung bis zu deren Ende sukzessive aufgelöst wird.

> Vortragszeit: 3,5/6,5 Minuten

III. Bilanzierung von Erfüllungsrückständen

Bei Altersteilzeitverhältnissen im Rahmen des sog. **Blockmodells** erbringt der Arbeitnehmer während der Beschäftigungsphase die volle Arbeitsleistung, während er in der zweiten Hälfte der Laufzeit von der Arbeitsleistung freigestellt ist. Infolgedessen entsteht auf Seiten des Arbeitgebers im Laufe der Beschäftigungsphase ein Erfüllungsrückstand in Höhe des noch nicht entlohnten Anteils der geleisteten Arbeit. Hierfür ist durch ratierliche Ansammlung eine **Rückstellung für ungewisse Verbindlichkeiten** gemäß § 249 Abs. 1 Satz 1 HGB zu bilden.

Die Bewertung dieser Rückstellung erfolgt – § 253 Abs. 1 Satz 2 HGB entsprechend – in Höhe des nach vernünftiger kaufmännischer Beurteilung notwendigen Erfüllungsbetrages.

Nach § 8a Altersteilzeitgesetz ist der Arbeitgeber für den Fall, dass eine Altersteilzeitvereinbarung zum Aufbau eines Wertguthabens führt (im Blockmodell während der Beschäftigungsphase), welches das Dreifache des Regelarbeitsentgeltes inklusive des darauf entfallenden Arbeitgeberanteils zum Gesamtsozialversicherungsbeitrag übersteigt, verpflichtet, das Wertguthaben inklusive des darauf entfallenden Arbeitgeberanteils zum Gesamtsozialversicherungsbeitrag in geeigneter Weise (beispielsweise im Rahmen eines Treuhandmodells) gegen das Risiko seiner Zahlungsunfähigkeit abzusichern (**Insolvenzsicherung**, vgl. Thaut: Die Bilanzierung von Aufstockungsleistungen bei Altersteilzeit nach HGB, in: DB 48/2013, S. 2693).

Da es sich hierbei um Vermögensgegenstände handelt, die dem Zugriff aller übrigen Gläubiger entzogen sind und ausschließlich der Erfüllung von Schulden aus dem Wertguthaben dienen, fallen diese unter die Definition des § 246 Abs. 2 Satz 2 Halbsatz 2 HGB (sog. **zweckexklusives Deckungsvermögen**; vgl. IDW Stellungnahme zur Rechnungslegung: Handelsrechtliche Bilanzierung von Altersversorgungsverpflichtungen (IDW RS HFA 30 n.F.) (Stand: 16.12.2016), Tz. 22 ff.).

Nach dem HGB in der Fassung des Bilanzrechtsmodernisierungsgesetzes (BilMoG) sind derartige Vermögensgegenstände – als **Ausnahme vom Saldierungsverbot** des § 252 Abs. 1 Nr. 3 HGB – zwingend mit den dazugehörigen Schulden, d.h. mit den Wertguthaben, zu verrechnen. Sofern nach der Verrechnung ein Passivüberhang verbleibt, ist dieser als **sonstige Rückstellung** (§ 266 Abs. 3 Buchstabe B. Nr. 3 HGB) auszuweisen. Übersteigen stattdessen die beizulegenden Zeitwerte des Deckungsvermögens die Wertguthaben, so ist der saldierte Betrag in einem gesonderten Aktivposten als „**aktiver Unterschiedsbetrag aus der Vermögensverrechnung**" auszuweisen.

Die **Inanspruchnahme der Rückstellung** erfolgt in Perioden, in denen der Arbeitnehmer der Altersteilzeitregelung entsprechend entlohnt wird, ohne noch eine Arbeitsleistung zu erbringen (im Blockmodell während der Freistellungsphase); (IDW RS HFA 3, Tz. 26).

> Vortragszeit: 2,5/9 Minuten

IV. Fazit

Durch die **Regelungen des Altersteilzeitgesetzes** soll älteren Arbeitnehmern die Möglichkeit eines frühzeitigen und gleitenden Übergangs in den Ruhestand eröffnet werden. Die unternehmerische Praxis nutzt die Altersteilzeit bisweilen aber auch als ein **personalwirtschaftliches Instrument zum Stellenabbau**.

Das IDW hat mit RS HFA 3 Stellung zur **handelsrechtlichen Bilanzierung von Verpflichtungen aus Altersteilzeitregelungen** genommen. Die Stellungnahme ist anwenderorientiert, da sie einen klaren und strukturierten Überblick über die bestehenden gesetzlichen Grundlagen der Altersteilzeit aber auch über den Ansatz, die Bewertung und den Ausweis in der Handelsbilanz bietet. Die Entscheidung zugunsten eines bestimmten Ansammlungsverfahrens (beispielsweise Anwendung des sog. **ARAP-Modells** oder des sog. **Fifo-Verfahrens**) hat das IDW in seiner o.g. Stellungnahme vermutlich bewusst nicht vorgenommen. Mit der einmal getroffenen Entscheidung zugunsten eines bestimmten Verfahrens bei der erstmaligen Bildung einer Rückstellung werden vonseiten der Bilanzierenden Fakten geschaffen, die später nicht ohne Weiteres revidierbar sein dürften (vgl. Thaut, a.a.O., 2699).

Die Stellungnahme RS HFA 3 wird – hinsichtlich der Bilanzierung des zweckexklusiven Deckungsvermögens – von der IDW Stellungnahme RS HFA 30 n.F. (**Handelsrechtliche Bilanzierung von Altersversorgungsverpflichtungen**) „flankiert".
Vielen Dank für Ihre Aufmerksamkeit.

> Vortragszeit: 1/10 Minuten

Vortrag 39
Aufdeckung von Unregelmäßigkeiten im Rahmen der Abschlussprüfung (Prüfungswesen)

Sehr geehrte/r Frau/Herr Vorsitzende/r, sehr geehrte Prüfungskommission,
aus den mir zur Auswahl gestellten Themen habe ich mich für die „**Aufdeckung von Unregelmäßigkeiten im Rahmen der Abschlussprüfung**" entschieden. Meinen Vortrag gliedere ich wie folgt:

I.	Grundlagen
II.	Prüfungsansatz zur Berücksichtigung von Unregelmäßigkeiten
III.	Maßnahmen bei Vermutung oder Aufdeckung von Unregelmäßigkeiten
IV.	Fazit

> Vortragszeit: 0,5 Minuten

I. Grundlagen
Unregelmäßigkeiten werden danach unterschieden, inwieweit sie zu falschen Angaben in der Rechnungslegung führen (**Unrichtigkeiten** und **Verstöße**) oder nicht (**sonstige Gesetzesverstöße**).

Während unter **Unrichtigkeiten** unbeabsichtigte falsche Angaben im Jahresabschluss und Lagebericht, wie beispielsweise bloße Schreib- oder Rechenfehler oder eine unbewusst falsche Anwendung von Rechnungslegungsgrundsätzen verstanden werden, handelt es sich bei **Verstößen** um bewusste Täuschungen, Vermögensschädigungen und Gesetzesverstöße, die zu falschen Angaben in der Rechnungslegung führen.

Verantwortung für die Vermeidung und Aufdeckung von Unregelmäßigkeiten und Verstößen tragen zunächst die gesetzlichen Vertreter eines Unternehmens. Ihnen obliegt es bereits im Rahmen ihrer kaufmännischen Sorgfaltspflichten (§ 93 Abs. 1 Satz 1 AktG, § 43 Abs. 1 GmbHG), geeignete organisatorische Maßnahmen – Stichwort: **Internes Kontrollsystem** – zur Einhaltung von gesetzlichen Vorschriften und der Satzung einzuführen und laufend zu unterhalten.

Dem **Deutschen Corporate Governance Kodex** entsprechend hat der Vorstand einer börsennotierten Gesellschaft und einer Gesellschaft mit Kapitalmarktbezug im Sinne des § 161 Abs. 1 Satz 2 AktG für die Einhaltung der gesetzlichen Bestimmungen und der unternehmensinternen Richtlinien zu sorgen und auf die Beachtung durch Konzernunternehmen hinzuwirken (Stichwort: **Compliance**). Für eine wirksame Unternehmensüberwachung trägt wiederum der Aufsichtsrat die Verantwortung (§ 107 Abs. 3 AktG).

Inwieweit Wirtschaftsprüfer Unregelmäßigkeiten im Rahmen der Abschlussprüfung aufzudecken und über diese zu berichten haben, hat das IDW in seinem Prüfungsstandard „Zur Aufdeckung von Unregelmäßigkeiten im Rahmen der Abschlussprüfung" (IDW PS 210) dargelegt. Eine Verantwortung für die Verhinderung von Unrichtigkeiten und Verstößen trägt der Abschlussprüfer nach Auffassung des IDW nicht (vgl. IDW Prüfungsstandard: Zur Aufdeckung von Unregelmäßigkeiten im Rahmen der Abschlussprüfung (IDW PS 210) (Stand: 12.12.2012) Tz. 11).

> Vortragszeit: 2/2,5 Minuten

II. Prüfungsansatz zur Berücksichtigung von Unregelmäßigkeiten

Die Abschlussprüfung ist nach § 317 Abs. 1 Satz 3 HGB so anzulegen, dass Unrichtigkeiten und Verstöße gegen gesetzliche Vorschriften und sie ergänzende Bestimmungen des Gesellschaftsvertrags oder der Satzung, die sich auf die Darstellung des sich nach § 264 Abs. 2 HGB ergebenden Bildes der Vermögens-, Finanz- und Ertragslage des Unternehmens wesentlich auswirken, bei gewissenhafter Berufsausübung erkannt werden.

Des Weiteren hat der Abschlussprüfer über bei der Prüfung festgestellte Tatsachen zu berichten, die schwerwiegende (sonstige) Verstöße der gesetzlichen Vertreter oder von Arbeitnehmern gegen Gesetz, Gesellschaftsvertrag oder Satzung erkennen lassen.

Zunächst ist die Abschlussprüfung ganz allgemein mit einer kritischen Grundhaltung gegenüber dem geprüften Unternehmen, dessen gesetzlichen Vertretern, Mitarbeitern und Mitgliedern des Aufsichtsorgans zu planen und durchzuführen. Ein darüber hinausgehendes **besonderes Misstrauen**, wie es bei einer **Unterschlagungsprüfung** – d.h. einer Sonderprüfung zur gezielten Aufdeckung von Vermögensschädigungen aufgrund eines bestehenden Verdachts – gefordert ist (vgl. IDW Fachgutachten 1/1937 i.d.F. 1990: Pflichtprüfung und Unterschlagungsprüfung), entspricht nicht dem Prüfungsansatz einer pflichtgemäßen Abschlussprüfung.

Im Rahmen der Anwendung des **risikoorientierten Prüfungsansatzes** hat der Abschlussprüfer Prüfungshandlungen durchzuführen, um die bestehenden Fehlerrisiken festzustellen. Anschließend sind die festgestellten Fehlerrisiken zu beurteilen. Auf der Grundlage dieser Beurteilung hat der Prüfer Nachweise zur Funktion relevanter Teile des internen Kontrollsystems (Funktionsprüfungen) und zu den einzelnen Aussagen in der Rechnungslegung (aussagebezogene Prüfungshandlungen) einzuholen (vgl. IDW Prüfungsstandard: Feststellungen und Beurteilung von Fehlerrisiken und Reaktionen des Abschlussprüfers auf die beurteilten Fehlerrisiken (IDW PS 261 n.F.) (Stand: 15.09.2017) Tz. 10).

Der Abschlussprüfer muss bei der Planung und Durchführung seiner Prüfung auch das Risiko berücksichtigen, dass interne Kontrollmaßnahmen durch das für deren Einrichtung selbst verantwortliche Management und/oder durch instrumentalisierte unterstellte Mitarbeiter außer Kraft gesetzt worden sein könnten (neudeutsch: „**Management Override**").

In jedem Fall muss der Abschlussprüfer vorliegenden Anhaltspunkten bzw. **Warnzeichen** für erhöhte Risiken falscher Angaben aufgrund von Unrichtigkeiten und Verstößen (neudeutsch: „Red Flags") im Sinne von IDW in PS 210 nachgehen. Dieses können beispielsweise **Zweifel an der Integrität oder der Kompetenz des Managements** (bspw. grenzwertige Bilanzpolitik, Beherrschung des Geschäftsführungsgremiums durch eine Person ohne wirksame Kontrolle), **kritische Unternehmenssituationen** (z.B. ungünstige Ergebnisentwicklung, fehlende Liquidität), **ungewöhnliche Geschäfte** (z.B. sog. „Off-balance-sheet-Gestaltungen"), **Schwierigkeiten bei der Erlangung von Prüfungsnachweisen** (bspw. schwer nachvollziehbare Auskünfte des Managements) oder auch **sonstige Umstände** (bspw. hohe ergebnisabhängige Vergütungen für leitende Mitarbeiter, „fast-close") sein (vgl. Peemöller/Hofmann: Bilanzskandale, 2. Aufl., Berlin 2017). Das Vorhandensein der genannten Warnzeichen geht jedoch nicht zwangsläufig mit der Existenz von Bilanzdelikten im Sinne der §§ 331 ff. HGB einher.

Weil wesentliche falsche Angaben aufgrund von Täuschungen häufig auf einen erhöhten Umsatzausweis zurückzuführen sind, muss der Abschlussprüfer unterstellen, dass hinsichtlich der **Umsatzrealisation Verstoßrisiken** vorliegen können. Sollte er zu dem Ergebnis kommen, diese Frage ausnahmsweise nicht als bedeutsames Risiko einzuschätzen, so muss er die Gründe hierfür dokumentieren.

Bei der Auswahl von Art, Umfang und Zeitpunkt seiner Prüfungshandlungen muss der Abschlussprüfer u.a. auch ein Überraschungselement vorsehen, um dem Risiko bewusster Täuschungen entgegenwirken zu können.

Darüber hinaus muss der Prüfer beispielsweise auch Befragungen von in den Rechnungslegungsprozess eingebundenen Mitarbeitern vornehmen, um falsche Angaben im Abschluss aufgrund von Verstößen durch Manipulationen innerhalb dieses Prozesses erkennen zu können.

Hingegen kann der Abschlussprüfer – sofern keine gegenteiligen Anhaltspunkte vorliegen – grundsätzlich durchaus von der Echtheit der ihm vorgelegten Dokumente und Buchungsunterlagen sowie von der Korrektheit der ihm übergebenen Informationen ausgehen.

Vortragszeit: 3/5,5 Minuten

III. Maßnahmen bei Vermutung oder Aufdeckung von Unregelmäßigkeiten

Liegen Anzeichen für Unrichtigkeiten und Verstöße vor, muss der Abschlussprüfer im Rahmen einer **erweiterten Prüfungspflicht** möglichen Ursachen und Auswirkungen auf den Grund gehen (vgl. IDW PS 210, Tz. 58). Im Zweifel ist davon auszugehen, dass die vermutete Unrichtigkeit nicht bloßen Einzelfallcharakter hat. Häufig ist in solchen Situationen auch die Einholung rechtlichen Rates geboten.

Sofern der Abschlussprüfer von der Annahme ausgeht, falsche Angaben im Jahresabschluss oder im Lagebericht könnten auf Verstöße zurückzuführen sein, an denen das Management mitgewirkt hat, so muss er die daraus resultierenden Risiken wesentlicher Falschangaben und deren Auswirkungen auf Art, Umfang und Zeitpunkt der entsprechenden Prüfungshandlungen erneut beurteilen. Auch ist dabei nach Auffassung des IDW die Möglichkeit eines **kollusiven Verhaltens** – also einer gemeinschaftlichen Tatbegehung – womit regelmäßig eine intensivere Tatverschleierung sowie ein deutlich erhöhtes Entdeckungsrisiko einhergeht, zu berücksichtigen.

Werden Unregelmäßigkeiten vermutet oder sogar aufgedeckt, treffen den Abschlussprüfer weitreichende **Mitteilungspflichten** (vgl. IDW PS 210, Tz. 60 ff.). In diesem Fall hat er zeitnah nach pflichtgemäßem Ermessen zu beurteilen, welche Managementebene zu informieren ist. Grundsätzlich ist dieses die nächst höhere Hierarchieebene über derjenigen, welcher die verdächtigte Person angehört. Deckt der Abschlussprüfer beispielsweise wesentliche Verstöße auf, in welche die gesetzlichen Vertreter verwickelt sind, muss er darüber unverzüglich das Aufsichtsorgan informieren. In Zweifelsfällen – falls beispielsweise keine nächst höhere Ebene vorhanden ist oder das Aufsichtsorgan an den Verstößen beteiligt ist – muss der Abschlussprüfer abwägen, ob diesbezüglich rechtlicher Rat einzuholen geboten ist. Vor dem Hintergrund seiner **Verschwiegenheitspflicht** (§ 43 Abs. 1 WPO, § 323 HGB, § 203 StGB) darf der Abschlussprüfer – von wenigen Ausnahmen aufgrund gesetzlicher Regelungen im Falle bestimmter Prüfungen (beispielsweise nach § 29 Abs. 3 KWG) abgesehen – Dritten seine Erkenntnisse über Unrichtigkeiten und Verstöße nicht mitteilen (vgl. IDW PS 210, Tz. 66).

Von den gesetzlichen Vertretern hat der Abschlussprüfer eine schriftliche Erklärung (regelmäßig im Rahmen der Vollständigkeitserklärung) darüber einzuholen, dass diese ihn über die Ergebnisse von Risikobeurteilungen im Hinblick auf wesentliche Falschangaben in Jahresabschluss und/oder Lagebericht in Kenntnis gesetzt und über alle ihnen bekannten oder vermuteten Verstöße sowie von außen zugetragener Behauptungen begangener oder vermuteter Verstöße informiert haben.

Neben den allgemeinen **Dokumentationspflichten** muss der Abschlussprüfer auch die Ergebnisse derjenigen Prüfungshandlungen festhalten, welche er mit Blick auf das „**Management-Override-Risiko**" durchgeführt hat. Des Weiteren hat er insbesondere festgestellte Verstöße und Ergebnisse aus geführten Gesprächen mit den gesetzlichen Vertretern, dem Aufsichtsorgan und Aufsichtsbehörden zu dokumentieren.

Während der Abschlussprüfer im Falle erkannter wesentlicher Unrichtigkeiten und Verstöße im Bestätigungsvermerk **und** im Prüfungsbericht zu berichten hat, muss er über sonstige Gesetzesverstöße, die zu keinen falschen Angaben in der Rechnungslegung geführt haben, im Prüfungsbericht berichten.

Der **Bestätigungsvermerk ist jedoch nur dann einzuschränken oder zu versagen**, wenn sich festgestellte Unrichtigkeiten und Verstöße wesentlich auf den Abschluss auswirken und die Falschangabe innerhalb der Rechnungslegung im Zeitpunkt der Beendigung der Prüfung noch vorliegt und keine zutreffende Darstellung im Abschluss erfolgt ist.

> Vortragszeit: 3,5/9 Minuten

IV. Fazit

Nicht zuletzt unter dem Eindruck zahlreicher internationaler (bspw. Enron, WorldCom, AOL Time Warner, Parmalat, etc.) und nationaler Bilanzskandale (bspw. Herstatt-Bank, FlowTex, MLP, Bankgesellschaft Berlin, etc.) sowie unter dem Einfluss des US-amerikanischen „Sarbanes-Oxley-Acts" und der International Standards on Auditing (ISA) hat sich das in Deutschland vorherrschende Leitbild der Abschlussprüfung von einer reinen Ordnungsmäßigkeitsprüfung hin zu einer Prüfung gewandelt, die mittlerweile durchaus auch auf die Aufdeckung möglicher deliktischer Handlungen ausgerichtet sein muss.

Zwar bedeutet dieses ausdrücklich keine Gleichsetzung einer gesetzlichen Pflichtprüfung, die sich methodisch zwar risikoorientiert aber gleichwohl auch auf Stichproben stützt, mit einer Unterschlagungsprüfung, bei der ganze Teilbereiche – gegebenenfalls auch periodenübergreifend – untersucht werden müssen. Denn forensische Prüfungen dienen – bspw. unter Rekonstruktion durchgeführter krimineller Handlungen, Identifikation ausgenutzter organisatorischer Schwachstellen, Erbringung entsprechender Beweise, Ermittlung der verursachten Schadenshöhe und/oder Erbringung von vor Gericht verwertbaren Gutachten – vorrangig der Aufklärung von (bis dato behaupteten und/oder vermuteten) Tatbeständen. Dabei kommen in der Regel Prüfer mit forensischen Spezialkenntnissen zu Einsatz (vgl. Peemöller/Hofmann: Bilanzskandale, 2. Aufl., Berlin 2017, S. 285 f.).

In dem Bewusstsein, dass die (gesetzliche oder freiwillige) Abschlussprüfung keine absolute Sicherheit erreichen und somit auch keine Gewähr dafür bieten kann, dass wesentliche falsche Angaben aufgrund von Unrichtigkeiten und Verstößen durch den Abschlussprüfer zwangsläufig aufgedeckt werden, kommt der Berücksichtigung der dargestellten Grundsätze eine hohe Bedeutung zu. Der Abschlussprüfer hat gleichwohl dem „Fraud-Risiko" während des gesamten Prüfungsprozesses – von Prüfungsplanung bis hin zur Dokumentation – mit einer kritischen Grundhaltung Rechnung zu tragen. Das Konzept des „risikoorientierten Prüfungsansatzes" basiert auf der Annahme eines vorhandenen internen Kontrollsystems (IKS), welches – jedenfalls im Falle von „Management Override" – gerade bewusst außer Kraft gesetzt wird (vgl. American Institute of Certified Public Accountants (AICPA): Management Override of Internal Controls – The Achilles´ Heel of Fraud Prevention, New York 2005). Grenzen erfährt die Abschlussprüfung regelmäßig dann, wenn bewusste Verstöße auf erheblicher krimineller Energie (wie bspw. bei Belegfälschungen) der Täter beruhen.

Vielen Dank für Ihre Aufmerksamkeit.

> **Vortragszeit: 1/10 Minuten**

Vortrag 40
Genussrechte und deren Bilanzierung (Prüfungswesen)

Sehr geehrte/r Frau/Herr Vorsitzende/r, sehr geehrte Prüfungskommission,
aus den mir zur Auswahl gestellten Themen habe ich mich für das Thema **„Genussrechte und deren Bilanzierung"** entschieden. Meinen Vortrag gliedere ich wie folgt:

I.	Grundlagen
II.	Bilanzierung bei der Genussrechte emittierenden Kapitalgesellschaft
III.	Bilanzierung beim Genussrechtsinhaber
IV.	Fazit

> **Vortragszeit: 0,5 Minuten**

I. Grundlagen

Zur Finanzierung des Baus des Suez-Kanals vor etwa 150 Jahren wurden erstmals **Genussscheine** eingesetzt. Nachdem diese infolge der Einführung der stimmrechtslosen Vorzugsaktie an Bedeutung verloren hatten, erlebt diese Finanzierungsform – begünstigt durch verschiedene gesetzgeberische Maßnahmen – seit den 1980er Jahren eine Renaissance (vgl. von Alvensleben: Genussrechte, in: Häger/Elkemann-Reusch, Mezzanine Finanzierungsinstrumente, Berlin 2004, Rn. 536).

Ihr Einsatz ist heute vielfältig: So können sie beispielsweise als Erfolgsbeteiligung der Mitarbeiter dienen, in Sanierungsfällen zur Entschädigung eines Schuldenerlasses an die Gläubiger ausgegeben werden oder – was in der Praxis überwiegt – als **Finanzierungsgenussschein** zum Einsatz kommen (vgl. von Alvensleben, Rn. 543).

Obwohl der **Begriff des Genussrechts** in vielen gesetzlichen Regelungen Erwähnung findet, hat der Gesetzgeber auf seine exakte Definition verzichtet. Auf schuldrechtlicher Grundlage vereinbart, gewähren Genussrechte vermögensrechtliche Ansprüche, wie Teilhabe am Gewinn und/oder Verlust und/oder am Liquidationserlös. Mitgliedschaftliche Verwaltungsrechte gewähren sie dagegen nicht. Nach herrschender Auffassung sind sie – obwohl ausdrücklich im Aktiengesetz (beispielsweise § 160 Abs. 1 Nr. 6 AktG) erwähnt – rechtsformneutral, d.h. auch bei der GmbH und bei Personengesellschaften zulässig.

Als **reines Finanzierungsinstrument** können sie – ohne unternehmerische Mitsprache einzuräumen – sehr flexibel eingesetzt werden, indem Genussrechte als nachrangiges Kapital Haftungsfunktion übernehmen und handelsbilanziell die Eigenkapitalquote steigern können, während sie sich ergebnisabhängig bedienen lassen und Ausschüttungen auf Genussrechte steuerrechtlich als Betriebsausgaben abzugsfähig sind (vgl. von Alvensleben: Genussrechte, in: Häger/Elkemann-Reusch, Mezzanine Finanzierungsinstrumente, Berlin 2004, Rn. 545).

Aus Sicht des Genussrechtsinhabers erweist sich der Umstand eines qua Gesetz bestehenden **Verwässerungsschutzes** als vorteilhaft.

Der Hauptfachausschuss des IDW hat mit **HFA 1/1994** Stellung zur Behandlung von Genussrechten im Jahresabschluss von Kapitalgesellschaften genommen (vgl. Hauptfachausschuss des Instituts der Wirtschaftsprüfer: Zur Behandlung von Genussrechten im Jahresabschluss von Kapitalgesellschaften (HFA 1/1994)). Der HFA äußert sich darin sowohl zur **Bilanzierung bei der Genussrechte emittierenden Kapitalgesellschaft** als auch zur **Bilanzierung bei dem Genussrechtsinhaber** sowie zu Sonderfragen, die nicht Gegenstand dieses Vortrags sind.

> Vortragszeit: 2/2,5 Minuten

II. Bilanzierung bei der Genussrechte emittierenden Kapitalgesellschaft

In Abhängigkeit von der jeweiligen konkreten Ausgestaltung der zugrunde liegenden Genussrechtsbedingungen kann **Genussrechtskapital bei seiner Zuführung** (in Form einer Kapitalzufuhr oder eines Forderungsverzichts nach § 397 BGB) als Fremd- oder Eigenkapital auf der Passivseite zu bilanzieren oder aber erfolgswirksam zu vereinnahmen sein.

Eine Qualifizierung des Genussrechtskapitals als bilanzielles Eigenkapital setzt voraus, dass dieses aus Gründen des Gläubigerschutzes eine ausreichende Haftungsqualität erreicht, die in der kumulativen Einhaltung folgender **drei Kriterien** ihren Ausdruck findet:

1. Muss das Genussrechtskapital **im Liquidations- oder Insolvenzfall als Haftungssubstanz verfügbar** sein. Das bedeutet, dass ein Rückzahlungsanspruch der Genussrechtsinhaber erst nach Befriedigung aller anderen Gläubiger geltend gemacht werden kann, deren Kapitalüberlassung nicht als bilanzielles Eigenkapital behandelt werden kann (vgl. HFA 1/1994, Ziffer 2.1.1). Ein qualifizierter Rangrücktritt nach § 39 Abs. 2 InsO ist damit zwar bilanzrechtlich nicht erforderlich, jedoch lässt sich durch Kombination mit einem **insolvenzrechtlichen Rangrücktritt** durchaus gleichzeitig eine Nicht-Passivierung eines als Sanierungsinstruments eingesetzten Genussrechts im insolvenzrechtlichen Überschuldungsstatus (§ 19 Abs. 2 Satz 2 InsO) herbeiführen. Zu beachten ist dabei, dass der Rangrücktritt sowohl für den Fall des Insolvenzverfahrens als auch für die Liquidation außerhalb der Insolvenz erklärt werden muss, um bilanziellen Eigenkapitalcharakter zu gewinnen (vgl. Rusch/Brocker, Debt Mezzanine Swap bei Unternehmensfinanzierungen, in: ZIP 45/2012, 2196).
2. Dürfen die **gesetzlichen Kapitalerhaltungsregeln** nicht durch etwaige Beschränkungen der Verlustteilnahme und Zusagen von erfolgsunabhängigen Vergütungen des Genussrechtskapitals umgangen werden können.
3. Es bedarf einer **Längerfristigkeit der Kapitalüberlassung** (vgl. HFA 1/1994, Ziffer 2.1.1). Während ein genauer Zeitraum in der Stellungnahme des IDW nicht genannt wird, geht die Literatur überwiegend von einem Zeitraum von mindestens fünf Jahren aus, in dem die Rückzahlung ausgeschlossen ist (vgl. Rusch/Brocker, Debt Mezzanine Swap bei Unternehmensfinanzierungen, in: ZIP 45/2012, 2197).

Wenn eine Rückzahlung vor Ablauf des auf den Abschlusststichtag folgenden Geschäftsjahres möglich ist, hat eine **Umqualifizierung von Eigen- in Fremdkapital** zu erfolgen (vgl. HFA 1/1994, Ziffer 2.1.1).

Eine **erfolgswirksame Vereinnahmung des überlassenen Genussrechtskapitals durch den Genussrechtsemittenten** kommt nur unter der Bedingung infrage, dass der Genussrechtsinhaber keinen Rückzahlungsanspruch hat und dieser einen Ertragszuschuss leisten will.

Als **bilanzielles Eigenkapital zu qualifizierendes Genussrechtskapital** ist nach § 266 Abs. 3 HGB innerhalb des Postens Eigenkapital – und zwar in einem separaten Posten wahlweise nach dem gezeichneten Kapital, den Gewinnrücklagen oder als letzter Posten innerhalb des Eigenkapitals – auszuweisen. Sofern es dagegen als Fremdkapital zu qualifizieren ist, ist es unter der Position Verbindlichkeiten als Genussrechtskapital, während erfolgswirksam zu vereinnahmendes Genussrechtskapital gegenwärtig (noch) als außerordentlicher Ertrag (§ 277 Abs. 3 Satz 1 und 2 HGB) ausgewiesen wird (vgl. HFA 1/1994, Ziffer 2.1.3).

Im Anhang sind nach § 160 Abs. 1 Nr. 6 AktG die Art und Zahl der bestehenden sowie die der während des Geschäftsjahres neu entstandenen Rechte anzugeben. Sind Genussrechte bilanziell als Fremdkapital zu behandeln, so müssen nach § 285 Nr. 1a HGB diejenigen mit einer Restlaufzeit von mehr als fünf Jahren angegeben werden. Werden sie hingegen als bilanzielles Eigenkapital qualifiziert, so verlangt HFA 1/1994 zur bestehenden Restlaufzeit am Bilanzstichtag Erläuterungen. Die Angabe des frühestmöglichen Kündigungs- und Auszahlungstermins ist aus der Sicht Abschlussadressaten erforderlich, um die Dauer der Haftungsqualität des Genussrechts (unter der o.g. Voraussetzung ist gegebenenfalls eine **Umqualifizierung von Eigen- und Fremdkapital** geboten) einschätzen zu können (vgl. HFA 1/1994, Ziffer 2.1.3).

Die laufende Vergütung von **Genussrechtskapital mit bilanziellem Fremdkapitalcharakter** ist in der Gewinn- und Verlustrechnung unter der Position Zinsen und ähnliche Aufwendungen auszuweisen. Treten bei der Genussrechte emittierenden Gesellschaft Verluste ein und nimmt der Genussrechteinhaber vereinbarungsgemäß am Verlust teil, wird die Rückzahlungsverpflichtung des Emittenten ergebniswirksam als gesondert ausgewiesener **Ertrag aus der Verlustübernahme** herabgesetzt (vgl. HFA 1/1994, Ziffer 2.2.1).

Die laufende Vergütung von Genussrechtskapital mit bilanziellem Eigenkapitalcharakter ist in der Gewinn- und Verlustrechnung unter der Position **Vergütung für Genussrechtskapital** gesondert auszuweisen. Da die Vergütung auf einem schuldrechtlichen Vertrag beruht, stellt sie Aufwand dar und ist nicht Teil der Gewinnverwendung. Veränderungen des Genussrechtskapitals mit Eigenkapitalcharakter sind wie Veränderungen der Rücklagen nach dem Jahresergebnis – unter der Bezeichnung **Entnahme aus Genussrechtskapital** bzw. als **Wiederauffüllung des Genussrechtskapitals** auszuweisen (vgl. HFA 1/1994, Ziffer 2.2.2).

Treten bei der Genussrechte emittierenden Gesellschaft Verluste ein und nimmt der Genussrechteinhaber vereinbarungsgemäß am Verlust teil, wird die Rückzahlungsverpflichtung des Emittenten ergebniswirksam als gesondert ausgewiesener **Ertrag aus der Verlustübernahme** herabgesetzt.

> **Vortragszeit: 4,5/7 Minuten**

III. Bilanzierung beim Genussrechtsinhaber

Durch Kapitalüberlassung erwirbt der Genussrechtsinhaber mit dem **Genussrecht** einen eigenständigen Vermögensgegenstand, dessen Anschaffungskosten der Höhe des Betrags des überlassenen Kapitals entsprechen. Erfolgt die Kapitalüberlassung demgegenüber in der Form eines Forderungsverzichts (§ 397 BGB), so entsprechen die Anschaffungskosten dem fortgeführten Buchwert der untergehenden Forderung im Zeitpunkt der Anschaffung. Im Fall einer **Sanierung** ist dieses häufig lediglich der beizulegende Zeitwert bzw. Erinnerungswert (vgl. HFA 1/1994, Ziffer 3.1).

Der Ausweis richtet sich danach, ob Genussrechte (als Inhaber- oder Orderpapiere) mit der Absicht gehalten werden, dem Betrieb **dauerhaft** zu dienen, sodass ein Ausweis unter den Wertpapieren des Anlagevermögens – oder bei Zuordnung zum Umlaufvermögen wegen kurzfristiger Besitzabsicht unter den sonstigen Wertpapieren stattfindet. Als nicht verbriefte Rechte sind sie bei Dauerbesitzabsicht als sonstige Ausleihungen auszuweisen (vgl. HFA 1/1994, Ziffer 3.1).

Für den Fall, dass Genussrechte über pari ausgegeben werden und das Aufgeld gedanklich einer vergleichsweise hohen Verzinsung entspricht, ist es als Rechnungsabgrenzungsposten zu aktivieren, wenn es **Aufwand** für eine bestimmte Zeit nach dem Abschlussstichtag repräsentiert. Die Auflösung des Abgrenzungspostens mindert in diesem Fall in den Folgeperioden den Ertrag aus den Genussrechten (vgl. HFA 1/1994, Ziffer 3.1).

Für die **handelsrechtliche Bewertung** gibt es keine besonderen Regeln, sodass die allgemeinen Bewertungsregeln der §§ 252 ff., 279 ff. HGB anzuwenden sind (vgl. HFA 1/1994, Ziffer 3.1).

Der Genussrechtsinhaber weist seine **Vergütung für die Kapitalüberlassung** als Zins- oder Wertpapiererträge aus. Eine Verlustteilnahme darf nur insoweit Berücksichtigung finden, wie die aktivierten Genussrechte abgewertet werden müssen bzw. dürfen. Je nach Ausweisposition der Genussrechte innerhalb der Bilanz sind Abwertungen als Abschreibungen auf Finanzanlagen und auf Wertpapiere des Umlaufvermögens oder als sonstige betriebliche Aufwendungen auszuweisen.

Vortragszeit: 2/9 Minuten

IV. Fazit

Genussscheine erleben seit den 1980er Jahren eine Renaissance – zum Beispiel als Gegenleistung für einen Forderungsverzicht (**Debt Mezzanine Swap**) – vor allem aber als **Finanzierungsgenussschein**. Als flexibles Finanzierungsinstrument vereinen sie im Wesentlichen fünf Funktionen miteinander:
1. Unter Vereinbarung der Nachrangigkeit entsteht zusätzliche Haftungssubstanz,
2. die bilanzielle Eigenkapitalquote lässt sich – insbesondere im Rahmen von Unternehmenssanierungen verbessern (positive Auswirkungen auf die Kredit- und Ratingentscheidungen); dies gilt insbesondere bei Vorliegen der in Kap. II genannten drei Kriterien,
3. es erfolgt eine ergebnisabhängige Verzinsung,
4. Ausschüttungen sind als Betriebsausgaben abzugsfähig und
5. eine unternehmerische Mitsprache der Genussrechtsinhaber ist ausgeschlossen.

Hinsichtlich der **handelsrechtlichen Bilanzierung von Genussrechten** hatte der Hauptfachausschuss des IDW zuletzt im Jahre 1994 Stellung (s. HFA 1/1994) genommen. Diese Stellungnahme ist heute nach wie vor das Maß der Dinge auf diesem Gebiet.

Eine gewisse Brisanz erfuhr die Umwandlung nicht werthaltiger Gesellschafterdarlehen bei in die Krise geratenen Kapitalgesellschaften in Genussrechte (**„Debt-Mezzanine-Swaps"**) im Jahre 2011 durch eine Verwaltungsanweisung der OFD Rheinland. Die OFD war der Auffassung, dass eine handelsbilanzielle Umqualifizierung der Verbindlichkeit in Eigenkapital infolge des Maßgeblichkeitsprinzips auch eine steuerrechtliche Umqualifizierung in Eigenkapital nach sich ziehe. Infolge dessen komme es zu einem steuerbilanziellen Ertrag, während eine entsprechende Ausgestaltung des Genussrechts zur Vermeidung der Rechtsfolgen aus § 8 Abs. 3 Satz 2 Halbsatz 2 KStG ins Leere greife (vgl. Rusch/Brocker, Debt Mezzanine Swap bei Unternehmensfinanzierungen – rechtliche und steuerliche Rahmenbedingungen, in: ZIP 45/2012, 2194 f.). Nach einer Verfügung der OFD NRW vom 12.05.2016 dürfen Ausschüttungen jeder Art auf Genussrechte, die in der Handelsbilanz als Fremdkapital behandelt werden, mit denen aber das Recht auf Beteiligung am Gewinn und am Liquidationserlös der Kapitalgesellschaft verbunden ist, das Einkommen der ausschüttenden Körperschaft nicht mindern (§ 8 Abs. 3 Satz 2 Halbsatz 2 KStG). Einige Stimmen in der Literatur sehen das jedoch differenzierter (vgl. Hennrichs/Schlotter: Körperschaftsteuerliche Behandlung von Genussrechten, in: DB 36/2016, 2072-2078).

Vielen Dank für Ihre Aufmerksamkeit.

Vortragszeit: 1/10 Minuten

Vortrag 41
Anforderungen an die Qualitätssicherung in der Wirtschaftsprüferpraxis (Prüfungswesen)

Sehr geehrte/r Frau/Herr Vorsitzende/r, sehr geehrte Prüfungskommission,
aus den mir zur Auswahl gestellten Themen habe ich mich für das Thema **„Anforderung an die Qualitätssicherung in der Wirtschaftsprüferpraxis"** entschieden. Meinen Vortrag gliedere ich wie folgt:

I.	Grundlagen
II.	Berufspflicht zur Einrichtung, Durchsetzung und Überwachung eines ordnungsgemäßen Qualitätssicherungssystems
III.	Regelungen zur Qualitätssteuerung und -überwachung in der WP-Praxis
IV.	Fazit

Vortragszeit: 0,5 Minuten

I. Grundlagen

Nach dem mit der 6. WPO-Novelle eingeführten § 55b WPO a.F. beschränkten sich die gesetzlichen Vorgaben zum Qualitätssicherungssystem in der Vergangenheit darauf, dass Berufsträger Regelungen zu schaffen hatten, die zur **Einhaltung der Berufspflichten** (Unabhängigkeit, Gewissenhaftigkeit, Verschwiegenheit und Eigenverantwortlichkeit) erforderlich sind sowie deren Anwendung zu überwachen und durchzusetzen. Die Berufspflichten selbst werden von der Wirtschaftsprüferkammer (WPK) in der Berufssatzung für Wirtschaftsprüfer/vereidigte Buchprüfer (BS WP/vBP) konkretisiert. Ursprünglich war die Berufspflicht zur Schaffung eines Qualitätssicherungssystems allein aus dem **Grundsatz der gewissenhaften Berufsausübung** nach § 43 Abs. 1 Satz 1 WPO abgeleitet worden.

Im Zuge des **Abschlussprüferaufsichtsreformgesetzes (APAReG)** ist der **§ 55b WPO** nunmehr in drei Absätze aufgegliedert worden: In dem Absatz 1 der Vorschrift ist eine **Generalklausel** zur Einrichtung eines internen Qualitätssicherungssystems enthalten, die sämtliche Tätigkeiten des Berufsträgers betrifft. Die **Absätze 2 und 3** beinhalten **Sonderregelungen** zum Qualitätssicherungssystem **bei der Durchführung von Abschlussprüfungen nach § 316 HGB** – und zwar betreffend den Mindestumfang zu schaffender Regelungen („9-Punkte-Katalog") sowie Vorgaben zur Nachschau. Zu dem bisherigen Mindestumfang sind insbesondere folgende Neuerungen hinzugetreten:
- IT-Sicherheitsvorkehrungen für Datenverarbeitungssysteme,
- Hinweisgebersystem („Whistleblowing") und
- Regelungen und Verfahren im Zusammenhang mit der Auslagerung wichtiger Prüfungstätigkeiten.

Nach dem Willen des Gesetzgebers soll das interne Qualitätssicherungssystem in einem angemessenen Umfang zur Komplexität der beruflichen Tätigkeit stehen (§ 55b Abs. 1 Satz 2 WPO). Diesem neuerdings gesetzlich kodifizierten **Verhältnismäßigkeitsgrundsatz** entsprechend hängen der Umfang und die konkrete Ausgestaltung des internen Qualitätssicherungssystems maßgeblich von der Art und Größe, dem gegenwärtigen und künftigen Tätigkeitsbereich, aber auch von den qualitätsgefährdenden Risiken einer Wirtschaftsprüferpraxis ab. Der Gesetzgeber gesteht kleinen und mittleren Wirtschaftsprüferpraxen somit die Möglichkeit zu, im Hinblick auf die zu treffenden Regelungen im Allgemeinen geringer zu differenzieren und zu formalisieren, als größere Wirtschaftsprüferpraxen. Bei Berufsangehörigen, die gesetzliche Abschlussprüfungen nach § 316 HGB durchführen, haben die Regelungen des Qualitätssicherungssystems angemessene Grundsätze und Verfahren zur ordnungsmäßigen Durchführung und Sicherung der Qualität der Abschlussprüfung zu umfassen (§ 55b Abs. 2 WPO). Besonders hoch sind die Anforderungen an das interne Qualitätssicherungssystem von

Wirtschaftsprüferpraxen, die Abschlussprüfungen bei Unternehmen von öffentlichem Interesse (§ 319a Abs. 1 Satz 1 HGB) durchführen.

Die gemeinsame Stellungnahme der Vorstände der Wirtschaftsprüferkammer (WPK) und des Instituts der Wirtschaftsprüfer **(IDW) VO 1/2006** als bisheriger berufsständischer Qualitätsstandard ist inzwischen durch den **IDW QS 1** (IDW Qualitätsstandard: Anforderungen an die Qualitätssicherung in der Wirtschaftsprüferpraxis (Stand: 09.06.2017)) abgelöst worden. In diesem neuen Qualitätssicherungsstandard legt das IDW die Berufsauffassung darüber dar, wie ein Qualitätssicherungssystem ausgestaltet sein sollte, um die Einhaltung der gesetzlichen und satzungsmäßigen Anforderungen sicherzustellen. Werden nach den individuellen Belangen einer Praxis erforderliche Anforderungen der Stellungnahme nicht beachtet und die Einhaltung der Berufspflichten nicht anderweitig sichergestellt, so kann dieses nachteilige Konsequenzen in einem berufsaufsichtlichen oder einem zivilrechtlichen Verfahren nach sich ziehen.

Im Kern kommt dem praxisinternen Qualitätssicherungssystem – ebenso wie der **externen Qualitätskontrolle** nach §§ 57a ff. WPO – **Präventivfunktion** zu.

> **Vortragszeit: 2/2,5 Minuten**

II. Berufspflicht zur Einrichtung, Durchsetzung und Überwachung eines ordnungsgemäßen Qualitätssicherungssystems

Für die **Einrichtung, Durchsetzung und Überwachung eines angemessenen und wirksamen Qualitätssicherungssystems** ist nach § 31 BS WP/vBP die Praxisleitung verantwortlich. Jedoch können Aufgaben auch auf einzelne Mitglieder der Praxisleitung oder leitende Mitarbeiter delegiert werden. Voraussetzung dafür ist allerdings, dass die betreffenden Personen über ausreichende Kompetenzen und Erfahrungen sowie über die nötige persönliche Autorität verfügen. Bei Wirtschaftsprüfungsgesellschaften, die gesetzlich vorgeschriebene Abschlussprüfungen durchführen, liegt die Verantwortung für das interne Qualitätssicherungssystem bei Berufsangehörigen, vBP oder EU- oder EWR-Abschlussprüfern (§ 55b Abs. 4 WPO).

Die Regelungen innerhalb eines Qualitätssicherungssystems sind angemessen, wenn sie mit hinreichender Sicherheit gewährleisten, dass Verstöße gegen Berufspflichten verhindert bzw. zeitnah erkannt werden. Dieses setzt zunächst eine **Feststellung von qualitätsgefährdenden Risiken** bezogen auf Verstöße gegen Berufspflichten, deren Analyse sowie entsprechende Berichterstattung an die zuständige Stelle innerhalb der Praxis voraus. Die verantwortliche Stelle muss sodann dafür Sorge tragen, dass auf die erkannten Verstöße unverzüglich und auf erfasste Risiken zeitnah in geeigneter Weise reagiert wird. Werden diese Regelungen von allen Berufsträgern und sonstigen Mitarbeitern zur Kenntnis genommen und bei ihrer täglichen Arbeit entsprechend ihrer jeweiligen Verantwortung angewendet, so ist das interne System Qualitätssicherung **wirksam**.

Bei der Einrichtung, Durchsetzung und Überwachung eines Qualitätssicherungssystems sind folgende Bestandteile zu berücksichtigen:
- Qualitätsumfeld bzw. Qualitätskultur,
- Festlegung der Qualitätsziele,
- Feststellung und Einschätzung qualitätsgefährdender Risiken,
- Regelungen zur Qualitätssicherung,
- Kommunikation und Dokumentation der Regelungen zur Qualitätssicherung und
- Überwachung der Angemessenheit und Wirksamkeit der Regelungen zur Qualitätssicherung und kontinuierliche Verbesserung des Qualitätssicherungssystems.

Da ein **wirksames Qualitätsumfeld** maßgeblich von der Integrität und den Verhaltensweisen der Entscheidungsträger innerhalb der Praxis abhängt (zu neudeutsch: „tone at the top"), sind es auch diese Personen, welche ein positives Qualitätsumfeld aufbauen und fördern müssen. Durch eine Aufnahme in Aus- und Fortbildungsprogramme und das Mitarbeiterbeurteilungssystem wird die Bedeutung des Qualitätsaspektes im Rahmen der Berufsausübung hervorgehoben. Im Idealfall führt ein hohes Maß an persönlicher Identifikation aller Praxisangehörigen mit den Qualitätszielen dazu, dass der notwendige Überwachungsaufwand durch die Praxisleitung entsprechend reduziert werden kann.

Qualitätsziele sind von der Praxisleitung festzulegen. Im Vordergrund steht dabei insbesondere das Ziel, die Einhaltung der Berufspflichten, d.h. der gesetzlichen und berufsständischen Anforderungen, zu gewährleisten (Compliance-Gedanke).

Qualitätsgefährdende Risiken können aus unterschiedlichen Sachverhalten, wie beispielsweise aus dem Ausbildungsniveau der Mitarbeiter, aus dem Grad der Gewichtung geschäftlicher Ziele (zulasten oder zugunsten der Qualität) oder aus dem Grad der Risikobehaftung einzelner Aufträge, resultieren. Ihre Feststellung und Analyse müssen fortlaufend gewährleistet bleiben, da dieses die Grundlage für die **Einrichtung angemessener und wirksamer Regelungen zur Qualitätssicherung** bildet. Diese müssen wiederum ausreichend Gewähr dafür bieten, dass Mängel in der Berufsausübung, die auf qualitätsgefährdende Risiken zurückzuführen sind, präventiv verhindert oder aufgedeckt und behoben werden. Nach **Regelungsbereichen** lassen sich dabei unterscheiden:
- Regelungen zur allgemeinen Praxisorganisation,
- Regelungen zur Auftragsabwicklung und
- Regelungen zur prozessunabhängigen Überwachung der Angemessenheit und Wirksamkeit des Qualitätssicherungssystems (Nachschau).

Das **Qualitätssicherungssystem** ist – zwecks Verstetigung und Nachvollziehbarkeit – schriftlich oder in elektronischer Form zu dokumentieren und den Praxismitarbeitern – beispielsweise in Form von Seminaren oder schriftlichen Informationen – zur Kenntnis zu bringen. Im Zweifel gilt auch hier der allgemeine Grundsatz: „Not documented, not done".

Die Nachschau dient der Überprüfung des vorhandenen Qualitätssicherungssystems, auch unter dem Aspekt, Verbesserungsmöglichkeiten erkennen und deren Umsetzung im Zeitfortschritt überprüfen zu können.

Vortragszeit: 2,5/5 Minuten

III. Regelungen zur Qualitätssteuerung und -überwachung in der WP-Praxis

Den Anforderungen des § 55b Abs. 2 Satz 2 WPO entsprechend, umfasst das **interne Qualitätssicherungssystem** zumindest:
- solide Verwaltungs- und Rechnungslegungsverfahren, interne Qualitätssicherungsmechanismen, wirksame Verfahren zur Risikobewertung sowie wirksame Kontroll- und Sicherheitsvorkehrungen für Datenverarbeitungssysteme,
- Vorkehrungen zum Einsatz angemessener und wirksamer Systeme und Verfahren sowie der zur angemessenen Wahrnehmung der Aufgaben erforderlichen Mittel und des dafür erforderlichen Personals,
- Grundsätze und Verfahren, die die Einhaltung der Anforderungen an die Eigenverantwortlichkeit des verantwortlichen Abschlussprüfers nach § 44 Abs. 1 Satz 3 WPO und an die Unabhängigkeit nach den §§ 319 bis 319b HGB gewährleisten,
- Grundsätze und Verfahren, die sicherstellen, dass Mitarbeiter und sonstige unmittelbar an den Prüfungstätigkeiten beteiligte Personen über angemessene Kenntnisse und Erfahrungen für die Ihnen zugewiesenen Aufgaben verfügen sowie ausgebildet, angeleitet und kontrolliert werden,
- die Führung von Prüfungsakten nach § 51b Abs. 5 WPO,
- organisatorische und administrative Vorkehrungen für den Umgang mit Vorfällen, die die ordnungsmäßige Durchführung der Prüfungstätigkeiten beeinträchtigen können, und für die Dokumentation dieser Vorfälle,
- Verfahren, die es den Mitarbeitern unter Wahrung der Vertraulichkeit ihrer Identität ermöglichen, potenzielle oder tatsächliche Verstöße gegen die Verordnung (EU) Nr. 537/2014 oder gegen Berufspflichten sowie etwaige strafbare Handlungen oder Ordnungswidrigkeiten innerhalb der Praxis an geeignete Stellen zu berichten,
- Grundsätze der Vergütung und der Gewinnbeteiligung nach § 55 WPO und
- Grundsätze und Verfahren, die gewährleisten, dass im Fall der Auslagerung wichtiger Prüfungstätigkeiten die interne Qualitätssicherung und die Berufsaufsicht nicht beeinträchtigt wird.

Zu deren individueller Ausgestaltung bietet der IDW QS 1 eine Reihe von Anhaltspunkten.

Die zu treffenden Regelungen zur **Beachtung der allgemeinen Berufspflichten** sind vielfältig. Um beispielsweise die gewissenhafte Abwicklung der Aufträge gewährleisten zu können, sind Regelungen zur Einhaltung der gesetzlichen und fachlichen Regeln, wie bspw. Schulungsmaßnahmen, Einsatz von Arbeitshilfen und Musterberichten zu treffen. Der Einhaltung der Verschwiegenheitspflicht dienen Regelungen zu schriftlichen Verpflichtungen der Mitarbeiter beim Abschluss ihrer Arbeitsverträge oder zur Sicherung der Arbeitspapiere gegen unbefugten Zugriff unberechtigter Personen.

Regelungen zur Auftragsannahme, -fortführung und vorzeitigen Beendigung dienen unter anderem der Sicherstellung der Einhaltung der Berufspflichten, insbesondere des Grundsatzes der Unabhängigkeit. So muss beispielsweise gewährleistet werden, dass Aufträge nur angenommen bzw. fortgeführt werden, nachdem eine **auftragsbezogene Risikoanalyse** vorgenommen worden ist, die Pflichten nach dem Geldwäschegesetz erfüllt wurden und sichergestellt ist, dass ausreichende fachliche, personelle und zeitliche Ressourcen zur Auftragsabwicklung vorhanden sind.

Zur **Mitarbeiterentwicklung** dienen Regelungen bei Einstellung von Mitarbeitern (beispielsweise zur Prüfung der fachlichen und persönlichen Eignung), zur Aus- und Fortbildung (beispielsweise zur Beachtung der 20 Stundenregel bezüglich der Teilnahme an Fachveranstaltungen) sowie zur Beurteilung (beispielsweise in Form von jährlichen „Feedback-Gesprächen" mit ihren Vorgesetzten), aber auch zur regelmäßigen Bereitstellung von Fachinformationen.

Mittels Regelungen zur **Gesamtplanung aller Aufträge** ist sicherzustellen, dass die übernommenen und absehbaren Aufträge zeitlich, fachlich und personell ordnungsgemäß abgearbeitet werden können. Mit zunehmender Praxisgröße und Volumen an Aufträgen steigt diesbezüglich auch der konkrete praxisindividuelle Regelungsbedarf.

Auch ist ein angemessener **Umgang mit Beschwerden und Vorwürfen** von Mandanten, Mitarbeitern oder Dritten regulativ zu berücksichtigen. So dürfen weder Beschwerden von Mitarbeitern zu deren persönlichen Nachteil gereichen, noch darf es versäumt werden, Maßnahmen zur Beseitigung von Schwächen zu ergreifen, wenn Beschwerden oder Vorwürfe zweifelsfrei auf deren Vorliegen hinweisen. Das für den Bereich der gesetzlichen Abschlussprüfungen nach § 316 HGB einzurichtende „Hinweisgebersystem" ist nach den konkreten Gegebenheiten der Wirtschaftsprüferpraxis (Art, Umfang, Komplexität und Risiko der Abschlussprüfungen) auszugestalten.

Hinsichtlich der **Auftragsabwicklung bei betriebswirtschaftlichen Prüfungen** existiert ein vergleichsweise hoher Regelungsbedarf: Dieser betrifft die Organisation der Auftragsabwicklung (inkl. Führung einer **Auftragsdatei** nach § 45 BS WP/vBP), die Einhaltung der gesetzlichen Vorschriften und der fachlichen Regelungen, die Anleitung des Prüfungsteams, die laufende Überwachung der Auftragsabwicklung und die abschließende Durchsicht der Prüfungsergebnisse durch den verantwortlichen Wirtschaftsprüfer. Außerdem sind die **auftragsbezogene** Qualitätssicherung (d.h. die Einholung von fachlichem Rat (Konsultation), die Berichtskritik und – für den Fall der Durchführung von gesetzlichen Abschlussprüfungen bei Unternehmen von öffentlichem Interesse i.S.d. § 319a Abs. 1 HGB – die **auftragsbegleitende** Qualitätssicherung), die Lösung von Meinungsverschiedenheiten, die Auftragsdokumentation (darunter Regelungen zum Abschluss der Arbeitspapiere inkl. der Beachtung der sog. 60-Tage-Regel) und das Thema Auslagerung wichtiger Prüfungstätigkeiten zu regeln.

Schließlich sind Regelungen zur Planung, Art und zum Umfang sowie zur Würdigung der Ergebnisse der **Nachschau** festzulegen. Diese lassen sich beispielsweise im Rahmen einer Nachschaurichtlinie verbindlich dokumentieren. Ziel der Nachschau ist es gemäß § 63 BS WP/vBP, die Angemessenheit und Wirksamkeit des Qualitätssicherungssystems in angemessenen Zeitabständen sowie bei gegebenem Anlass zu beurteilen. Sie bezieht sich sowohl auf die Praxisorganisation insgesamt als auch auf die Abwicklung einzelner Aufträge. Die („kleine") Nachschau nach § 55b Abs. 3 WPO bzw. § 49 Abs. 1 Satz 4 BS WP/vBP, d.h. die Bewertung des Qualitätssicherungssystems hinsichtlich der Regelungen zur Abwicklung von Abschlussprüfungen, die Fortbildung, Anleitung und Überwachung der Mitarbeiter sowie der Handakte (Prüfungsakte), hat **jährlich** zu erfolgen. Da das Ergebnis der Nachschau die Grundlage für die Weiterentwicklung des Qualitätssicherungssystems darstellt, ist es – nicht zuletzt im eigenen Interesse – zu dokumentieren. Die Ergebnisse der Bewertung und der bei Mängeln ergriffenen oder vorgeschlagenen Maßnahmen sind im Fall der „kleinen" Nachschau in einem **Nachschaubericht** zusammenzufassen.

> **Vortragszeit: 4/9 Minuten**

IV. Fazit

Da der Umfang und die konkrete Ausgestaltung des internen Qualitätssicherungssystems maßgeblich von der Art und Größe, dem Tätigkeitsbereich aber auch den qualitätsgefährdenden Risiken einer Wirtschaftsprüferpraxis abhängen, stellt dessen Einrichtung, Durchsetzung und Überwachung keine unzumutbare Aufgabe für die jeweilige Praxisleitung dar. Denn bei kleineren Praxen wird angesichts regelmäßig einfacherer organisatorischer Strukturen und geringerer Aufgabendelegation grundsätzlich auch ein geringerer Grad an Differenzierung und Formalisierung nötig sein, um ein angemessenes und wirksames Qualitätssicherungssystem einzurichten, durchzusetzen und zu überwachen. Dieser „Verhältnismäßigkeitsgrundsatz" ist nunmehr ausdrücklich in § 55b Abs. 1 Satz 2 WPO geregelt. Gleichwohl sind die Anforderungen in § 55b Abs. 2 WPO an das interne Qualitätssicherungssystem von Wirtschaftsprüferpraxen, die gesetzliche Abschlussprüfungen nach § 316 HGB durchführen, (unter anderem um die jährlich durchzuführende „kleine" Nachschau) erhöht worden. Die gesetzlichen Anforderungen werden durch die neugefasste BS WP/vBP konkretisiert (vgl. Geithner, Neue und geänderte Berufspflichten – die neu gefasste Berufssatzung für WP/vBP, in: WPK-Magazin Sonderausgabe 2016, S. 6-10). Das IDW hat in dem QS 1 die Berufsauffassung darüber dargelegt, wie ein Qualitätssicherungssystem in Wirtschaftsprüferpraxen ausgestaltet sein sollte, um die Einhaltung der gesetzlichen und satzungsrechtlichen Anforderungen sicherzustellen.

Zum 31.12.2017 verfügten – ausweislich des **Tätigkeitsberichts der Kommission für Qualitätskontrolle der Wirtschaftsprüferkammer für 2017** – 3.417 Praxen (WP/vBP in eigener Praxis, WPG/BPG und Prüfungsverbände bzw. Prüfungsstellen) über die Befugnis, gesetzliche Abschlussprüfungen durchzuführen (§ 319 Abs. 1 Satz 3 HGB). Nach Angaben der WPK innerhalb der **Marktstrukturanalyse 2017** belief sich die Anzahl der WP/vBP-Praxen (inkl. WPG/BPG) insgesamt auf 12.177 Praxen. Demzufolge unterlagen im Jahr 2017 **ca. 28,06 %** (zum 31.12.2016 waren es noch 3.699 von insgesamt 12.433 Praxen oder ca. 29,75 %) aller Wirtschaftsprüferpraxen den Anforderungen nach § 55b Abs. 2 WPO an das jeweilige interne Qualitätssicherungssystem.

Vielen Dank für Ihre Aufmerksamkeit.

> Vortragszeit: 1/10 Minuten

Vortrag 42
Einholung von Bestätigungen Dritter im Rahmen einer Abschlussprüfung (Prüfungswesen)

Sehr geehrte/r Frau/Herr Vorsitzende/r, sehr geehrte Prüfungskommission,
aus den mir zur Auswahl gestellten Themen habe ich mich für das Thema „**Einholung von Bestätigungen Dritter im Rahmen einer Abschlussprüfung**" entschieden. Meinen Vortrag gliedere ich wie folgt:

I.	Grundlagen
II.	Anforderungen an die Einholung von Bestätigungen Dritter
III.	Besondere Anwendungsfälle
IV.	Fazit

> Vortragszeit: 0,5 Minuten

I. Grundlagen

Um zu begründeten **Prüfungsfeststellungen** kommen zu können, müssen Abschlussprüfer durch geeignete Prüfungshandlungen ausreichende und angemessene Prüfungsnachweise einholen. Anderenfalls besteht für sie keine Möglichkeit, die Aussagen im Prüfungsbericht und im Bestätigungsvermerk mit hinreichender Sicherheit treffen zu können.

Ziel der Durchführung von Prüfungshandlungen ist es, eine **Risikobeurteilung** vornehmen zu können (dazu gehört auch eine Aufbauprüfung des internen Kontrollsystems), die mindestens um **Funktionsprüfungen** und gegebenenfalls auch um **aussagebezogene Prüfungshandlungen** zu ergänzen sind. Die Art und der Umfang aussagebezogener Prüfungshandlungen hängen vom Ergebnis der Risikobeurteilung hinsichtlich wesentlicher falscher Angaben ebenso ab, wie von den Ergebnissen der Funktionsprüfungen. Dabei werden **analytische Prüfungshandlungen**, wie beispielsweise Plausibilitätsprüfungen, und **Einzelfallprüfungen** unterschieden.

In bestimmten Fällen kann es – als eine Form der Einzelfallprüfung – erforderlich sein, **Bestätigungen Dritter** einzuholen. Dabei handelt es sich um einen Prüfungsnachweis, den der Abschlussprüfer unmittelbar als schriftliche Antwort (in Papierform, mittels eines elektronischen oder eines anderen Mediums) direkt von einem externen Dritten erhält. Der Vorteil einer Einholung von Bestätigungen Dritter liegt generell gesehen in dem Umstand, dass diese – zumindest, wenn sie mit der gebotenen Sorgfalt eingeholt werden – einen **höheren Grad an Verlässlichkeit** versprechen, als (interne) Bestätigungen von Personen aus dem geprüften Unternehmen selbst.

Die Berufsauffassung, nach der Wirtschaftsprüfer – unbeschadet ihrer Eigenverantwortlichkeit – Bestätigungen Dritter einholen, hat das Institut der Wirtschaftsprüfer seinen Prüfungsstandard „**Bestätigungen Dritter**" zuletzt im Zuge der „ISA-Transformation" im Jahr 2014 unter Anpassung an den ISA 505 („External Confirmations") und den ISA 501 („Audit Evidence – Specific Considerations for Selected Items") neu gefasst (IDW Prüfungsstandard: Bestätigungen Dritter (IDW PS 302 n.F.) (Stand: 10.07.2014), Tz. 1).

> **Vortragszeit: 1,5/2 Minuten**

II. Anforderungen an die Einholung von Bestätigungen Dritter

Die **Einholung von Saldenbestätigungen** kann nach zwei unterschiedlichen Methoden vorgenommen werden. Zum einen lässt sich eine **positive Bestätigungsanfrage** stellen und zwar entweder dergestalt, dass der Adressat gebeten wird, den in seinen Büchern vorhandenen Saldo mitzuteilen (**Bestätigungen Dritter bei Abschlussprüfungen: offene Anfrage**) oder aber dergestalt, dass der Adressat gebeten wird, seine Übereinstimmung mit einem mitgeteilten Saldo zu bestätigen (**Bestätigungen Dritter bei Abschlussprüfungen: geschlossene Anfrage**). Die offene Anfrage stellt gegenüber der geschlossenen Anfrage die zuverlässigere Methode dar. Zum anderen kann der Adressat im Zuge einer **negativen Bestätigungsanfrage** gebeten werden, nur im Falle einer Nichtübereinstimmung eine Saldenmitteilung abzugeben. Nachteil der letztgenannten Methode ist, dass sich im Falle eines ausbleibenden Rücklaufs kein expliziter Prüfungsnachweis für das Vorhandensein des mitgeteilten Saldos generieren lässt. Insofern stellt die positive Methode insgesamt die zuverlässigere der beiden Varianten dar. Eine Kombination beider Methoden ist möglich (IDW PS 302 n.F., Tz. 7).

Unter bestimmten Voraussetzungen dürfen nach den Vorstellungen des IDW allerdings auch allein negative Bestätigungsanfragen als aussagebezogene Prüfungshandlung zur Anwendung kommen. Sofern das Fehlerrisiko als gering eingeschätzt werden kann und geeignete Nachweise zur wirksamen internen Kontrolle erlangt worden sind, die Anfrage eine hohe Grundgesamtheit kleiner, homogener Kontensalden oder Geschäftsvorfälle betrifft, der Prüfer in der Erwartung einer sehr geringen Anzahl von Abweichungen ist und zumindest mit einer gewissen Rücklaufquote rechnet, ist das der Fall (IDW PS 302 n.F., Tz. 9).

Bestätigungen Dritter können vor oder zum Abschlussstichtag eingeholt werden. Eine Einholung vor dem Abschlussstichtag ist nach der jüngsten Fassung des IDW PS 302 – anders als bis dahin – selbst dann möglich, wenn das Fehlerrisiko als nicht gering eingestuft wird. Allerdings muss der Abschlussprüfer in einem solchen Fall sicherstellen, dass der Zeitraum zwischen der Einholung der Anfrage und dem Abschlussstichtag abgedeckt ist. Dieses gewährleistet er durch sog. **„Roll-forward"-Prüfungshandlungen** hinsichtlich der Weiterentwicklung des jeweils geprüften Bestands.

Weigern sich die gesetzlichen Vertreter, dem Abschlussprüfer die Versendung einer Bestätigungsanfrage zu gestatten, muss der Prüfer sie zu ihren Gründen hierfür befragen, und deren Stichhaltigkeit und Vertretbarkeit durch Einholung von Nachweisen überprüfen. Darüber hinaus muss der Abschlussprüfer die Auswirkungen auf seine vorgenommene Beurteilung der Fehlerrisiken beurteilen **und alternative Prüfungshandlungen zur Erlangung einschlägiger und verlässlicher Prüfungsnachweise** durchführen. Kann er keine stichhaltigen Gründe für die Weigerung der gesetzlichen Vertreter feststellen, so muss er darüber mit den für die Überwachung verantwortlichen Personen oder Organen – in Übereinstimmung mit dem IDW PS 470 n.F. (Stand: 10.10.2017) – kommunizieren (vgl. IDW PS 470 n.F. A26). Gegebenenfalls muss der Prüfer auch über Auswirkungen auf die Prüfungsdurchführung und das Prüfungsurteil entscheiden (IDW PS 302 n.F., Tz. 12).

Unter Umständen ergibt sich hieraus auch ein **Verstoß der gesetzlichen Vertreter gegen ihre Mitwirkungspflichten nach § 320 Abs. 2 HGB**. Hierauf wäre im Prüfungsbericht hinzuweisen.

Wesentlich ist bei der Einholung von Bestätigungen Dritter, dass der Abschlussprüfer die **Kontrolle über das Bestätigungsverfahren bewahren muss**, d.h. er muss nicht nur festlegen, welche Informationen im Einzelnen von welchen (geeigneten) externen Dritten einzuholen sind, sondern auch die Ausgestaltung der Bestätigungsanfragen und Kontrolle über den Versand und den Rücklauf übernehmen (IDW PS 302 n.F., Tz. 8). Geeignete Dritte können natürliche oder juristische Personen sein, sofern sie relevante und verlässliche Prüfungsnachweise abgeben können.

Ergeben sich Zweifel hinsichtlich der Verlässlichkeit einer dem Abschlussprüfer gegebenen Antwort, so muss dieser weitere Prüfungshandlungen durchführen, um sie zu beseitigen. Insbesondere muss er seine vorgenommene Beurteilung der Fehlerrisiken sowie Art, Umfang und Zeitpunkt der damit zusammenhängenden Prüfungshandlungen überdenken.

Auftretende Abweichungen müssen (**zwingend**) vom Prüfer ausgewertet werden, selbst dann, wenn sie **unterhalb der Nichtaufgriffsgrenze** im Sinne von IDW PS 250 liegen (vgl. IDW Prüfungsstandard: Wesentlichkeit im Rahmen der Abschlussprüfung (IDW PS 250) (Stand: 12.12.2012)). Für Abweichungen sind zwei Gründe denkbar:

1. Einerseits könnte es sich um einen Fehler innerhalb der Rechnungslegung des geprüften Unternehmens handeln.
2. Andererseits könnte sich die Antwort des Dritten als falsch herausstellen. Bisweilen handelt es sich dabei allerdings lediglich um zeitliche Buchungsdifferenzen oder aber um Bewertungsunterschiede.

Alternative Prüfungshandlungen müssen übrigens bei jeder Nichtbeantwortung durchgeführt werden (IDW PS 302 n.F., Tz. 16).

Ein klassischer Anwendungsfall für die Einholung von Bestätigungen Dritter sind **Saldenbestätigungen betreffend Forderungen und Verbindlichkeiten aus Lieferungen und Leistungen**.

> **Vortragszeit: 4/6 Minuten**

III. Besondere Anwendungsfälle

Über den Umfang der Geschäftsbeziehungen des geprüften Unternehmens mit Kreditinstituten sind im Rahmen der Abschlussprüfung **Bankbestätigungen** einzuholen. Die zu erfragenden Informationen beinhalten insbesondere bestehende Konten und deren Stand am Abschlussstichtag, bestehende Kreditlinien, gestellte Sicherheiten, Gewährleitungen, Geschäfte über Finanzderivate und Unterschriftsberechtigungen (IDW PS 302 n.F., Tz. 21).

Von der Einholung von Bankbestätigungen darf der Abschlussprüfer nur in wenigen und eng abgegrenzten Fällen absehen. Ein solcher **Ausnahmefall** liegt beispielsweise vor, wenn die Einholung von Bankbestätigungen aufgrund einer hohen Anzahl von Kreditinstituten, mit denen das geprüfte Unternehmen Geschäftsbeziehungen unterhält, die ausschließlich dem Zahlungsverkehr dienen, mit Blick auf die dadurch erzielbare und zu erzielende Prüfungssicherheit unpraktikabel und unwirtschaftlich ist (IDW PS 302 n.F., Tz. 23).

Deuten Hinweise der gesetzlichen Vertreter oder eigens durchgeführte Prüfungshandlungen des Abschlussprüfers darauf hin, dass **wesentliche Rechtsstreitigkeiten anhängig** sind, so muss der Abschlussprüfer auch mit den Rechtsberatern des Unternehmens kommunizieren. Dieses geschieht im Wege einer von den gesetzlichen Vertretern erstellten und durch den Abschlussprüfer versandten Anfrage. Im Regelfall wird der Prüfer eine Antwort in Form einer **Rechtsanwaltsbestätigung** erhalten. Wenn dieses nicht der Fall ist – oder die gesetzlichen Vertreter die Einholung einer solchen Bestätigung verweigern – und der Prüfer keine ausreichenden und angemessenen Prüfungsnachweise aus anderen Prüfungshandlungen erlangen kann, muss er sein Prüfungsurteil – entsprechend IDW Prüfungsstandard: Modifizierungen des Prüfungsurteils im Bestätigungsvermerk (IDW PS 405) (Stand: 30.11.2017, IDW Life 01.2018, S. 29 ff.) – im Zweifel einschränken oder sogar versagen.

IDW PS 302 n.F. behandelt darüber hinaus auch Besonderheiten betreffend die **Bestätigung für von Dritten** (zum Beispiel in Konsignationslagern) **verwahrte Vorräte**. Derartige Bestätigungen sind einzuholen, falls diese für den Abschluss wesentlich sind und er nicht in der Lage ist, die Vorräte persönlich in Augenschein zu nehmen oder andere ausreichende und verlässliche Prüfungshandlungen – wie beispielsweise eine Inventurprüfung, Einsichtnahme in die Lagebuchführung und Dokumente – vornehmen zu können (IDW PS 302 n.F., Tz. 19).

> Vortragszeit: 3/9 Minuten

IV. Fazit

Durch die **verschärften Anforderungen** an die Einholung von Bestätigungen Dritter, insbesondere hinsichtlich der **Kontrolle des Abschlussprüfers über das Bestätigungsverfahren**, hat das Institut der Wirtschaftsprüfer mit seiner jüngsten Neufassung des Prüfungsstandards IDW PS 302 n.F. die Bedeutung derartiger Prüfungshandlungen für den Berufsstand erneut unterstrichen.

Dass diese Anforderungen in der Praxis durchaus ihre Berechtigung haben, hatte nicht nur der Fall des italienischen Nahrungsmittelkonzerns „Parmalat" aus dem Jahr 2003 gezeigt. In dessen Konzernbilanz zum 31. Dezember 2002 waren u.a. Bankguthaben eines Tochterunternehmens in Höhe von beinahe 4 Milliarden € aktiviert worden. Zum Nachweis waren den Abschlussprüfern sogar über viele Jahre hinweg **gefälschte Bankbestätigungsschreiben** vorgelegt worden, die sich schließlich als nicht authentisch erwiesen haben (vgl. Peemöller/Hofmann, Bilanzskandale, 2. Aufl., Berlin 2017, 61 ff.). Hierzulande hat das Landgericht Hamburg mit Urteil vom 12.06.2013, 309 O 425/08 eine Wirtschaftsprüfungsgesellschaft zu Schadenersatzleistungen in zweistelliger Millionenhöhe verurteilt. Die Richter beanstandeten in diesem Fall vor allem die nicht lückenlose Kontrolle beim Versand der Saldenbestätigungen.

Die Abschlussprüfung ist ihrem Wesen nach zwar nicht auf die gezielte Aufdeckung betrügerischer Handlungen auszurichten, allerdings muss der Abschlussprüfer bei Planung und Durchführung seiner Prüfung durchaus das Risiko berücksichtigen, dass interne Kontrollmaßnahmen auf Initiative des Managements selbst außer Kraft gesetzt worden sein könnten („**Management Override**"). In diesem Kontext leistet die Neufassung des Prüfungsstandards IDW PS 302 n.F. einen wichtigen Beitrag zur Erlangung möglichst verlässlicher Prüfungsnachweise im Falle der Einholung von Bestätigungen Dritter.

Vielen Dank für Ihre Aufmerksamkeit.

> Vortragszeit: 1/10 Minuten

Vortrag 43
Vergangenheits- und zukunftsbezogene Prüfung des Lageberichts bei Unternehmen in der Krise (Prüfungswesen)

Sehr geehrte/r Frau/Herr Vorsitzende/r, sehr geehrte Prüfungskommission,
aus den mir zur Auswahl gestellten Themen habe ich mich für die „**Vergangenheits- und zukunftsbezogene Prüfung des Lageberichts bei Unternehmen in der Krise**" entschieden. Meinen Vortrag gliedere ich wie folgt:

I.	Gesetzliche Grundlagen und Standards
II.	Prüfung der Lageberichterstattung in der Krise
III.	Besondere Prüfungshandlungen
IV.	Fazit und Ausblick

> Vortragszeit: 0,5 Minuten

I. Gesetzliche Grundlagen und Standards

Die Vertreter einer Kapitalgesellschaft, die nicht klein im Sinne von § 267 HGB ist, haben – neben dem Jahresabschluss – gemäß § 264 Abs. 1 Satz 1 HGB auch einen **Lagebericht** aufzustellen. Gleiches gilt für Mutterunternehmen im Hinblick auf den **Konzernlagebericht** (§ 290 Abs. 1 Satz 1 HGB). Der Inhalt des Lageberichts richtet sich nach den Vorschriften § 289 HGB (für den Einzelabschluss) bzw. § 315 HGB (für den Konzernabschluss). Die gesetzlichen Anforderungen an den Konzernlagebericht werden durch den **Deutschen Rechnungslegungs Standard DRS 20 „Konzernlagebericht"** konkretisiert. Soweit DRS 20 die Auslegung allgemeiner gesetzlicher Grundlagen behandelt, ist dieses auch für den Lagebericht nach § 289 HGB bedeutsam, auf dem der Fokus dieses Vortrags liegt.

Der Abschlussprüfer hat nach § 317 Abs. 2 Satz 1 HGB zu prüfen, ob der Lagebericht mit dem Jahresabschluss – das heißt im Wesentlichen vergangenheitsorientiert – und mit den bei der Prüfung gewonnenen Erkenntnissen im Einklang steht und ob der Lagebericht insgesamt ein zutreffendes Bild von der Lage des Unternehmens vermittelt. Dabei hat der Abschlussprüfer auch zu prüfen, ob die Chancen und Risiken der zukünftigen Entwicklung zutreffend dargestellt sind. **Weitere Prüfungspflichten** ergeben sich zudem aus den §§ 321 und 322 HGB.

Im **Prüfungsbericht** muss der Abschlussprüfer gemäß § 321 Abs. 1 Satz 2 HGB vorweg zur Beurteilung der Lage des Unternehmens durch die gesetzlichen Vertreter Stellung nehmen. Dabei hat er – soweit die geprüften Unterlagen dieses erlauben – insbesondere auf die Beurteilung des Fortbestands und der künftigen Entwicklung des Unternehmens einzugehen.

Im Hauptteil des Prüfungsberichts muss der Abschlussprüfer feststellen, ob der Lagebericht den gesetzlichen Vorschriften und den ergänzenden Bestimmungen des Gesellschaftsvertrags bzw. der Satzung entspricht (§ 321 Abs. 2 Satz 1 HGB).

Sofern der Lagebericht nach der Beurteilung des Abschlussprüfers in Einklang mit dem Jahresabschluss steht und insgesamt ein zutreffendes Bild von der Lage des Unternehmens vermittelt und die Chancen und Risiken der zukünftigen Entwicklung zutreffend darstellt, bringt der Abschlussprüfer dieses mit dem insoweit **uneingeschränkten Bestätigungsvermerk** zum Ausdruck (§ 322 Abs. 3 HGB). Sind Einwendungen gegen den Lagebericht zu erheben, so ist das Prüfungsurteil insoweit einzuschränken. Beispielsweise kann der Lagebericht entgegen der gesetzlichen Verpflichtung nicht aufgestellt worden sein oder wesentliche Pflichtangaben vermissen lassen.

Zur **Prüfung des Lageberichts im Rahmen der Abschlussprüfung** hat das Institut der Wirtschaftsprüfer seinen IDW PS 350 n.F. (Stand: 12.12.2017) zur Berücksichtigung des DRS 20, des Bilanzrichtlinie-Umsetzungsgesetzes (BilRUG), des Entgelttransparenzgesetzes (EntgTranspG), des DRÄS 8 sowie zur Klarstellung des risikoorientierten Prüfungsvorgehens bei der Prüfung des (Konzern-)Lageberichts neu gefasst. Erstmalig anzuwenden ist der neugefasste Standard für Prüfungen von (Konzern-)Lageberichten für Berichtszeiträume, die am oder nach dem 15.12.2018 beginnen, mit der Ausnahme von Rumpfgeschäftsjahren, die vor dem 31.12.2019 enden (vgl. IDW PS 350 n.F., Tz. 18).

> Vortragszeit: 1,5/2 Minuten

II. Prüfung der Lageberichterstattung in der Krise

Zu Beginn der Prüfung muss der Abschlussprüfer im Rahmen seiner **Prüfungsplanung** eine vorläufige **Beurteilung der Lage des Unternehmens** vornehmen, um Prüfungsrisiken identifizieren, Schwerpunkte festsetzen und geeignete Prüfungshandlungen – auch für die Prüfung des Lageberichts – bestimmen zu können (vgl. IDW PS 350, Tz. 15 bzw. IDW EPS 350 n.F., Tz. 23 ff.). Dazu zählen auch Prüfungshandlungen zur Identifizierung und Beurteilung von Risiken wesentlicher falscher Darstellungen (quantitativer und/oder qualitativer Art) auf Lageberichtsebene insgesamt und auf Aussageebene (vgl. IDW PS 350 n.F., Tz. 32 ff.). Besonders kritisch sind in der „Krise" des Unternehmens die prognostischen und wertenden Angaben im Lagebericht zu prüfen. Dazu muss der Abschlussprüfer ein Verständnis von den relevanten Vorkehrungen und Maßnahmen (Systeme) zur Aufstellung des Lageberichts und zur Ermittlung prognostischer Angaben gewinnen. In diesem Zusammenhang muss sich der Abschlussprüfer u.a. mit den angewandten Methoden und Prognosemodellen, den zugrunde liegenden Annahmen, der Frage der Stetigkeit der angewandten Methoden auseinandersetzen. Die für die vorhergehenden Geschäftsjahre berichteten Prognosen hat er mit den tatsächlich eingetretenen Ergebnissen zu vergleichen, um die Prognose(un)sicherheit beurteilen zu können.

Hinsichtlich wesentlicher Risiken der künfigen Entwicklung hat der Abschlussprüfer unter Berücksichtigung des IDW PS 270 n.F. („Die Beurteilung der Fortführung der Unternehmenstätigkeit im Rahmen der Abschlussprüfung") zu beurteilen, ob eine wesentliche Unsicherheit (bestandsgefährdendes Risiko) vorliegt und gegebenenfalls festzustellen, ob die wesentliche Unsicherheit im Lagebericht angemessen angegeben und als solche bezeichnet worden ist (vgl. IDW PS 350 n.F., Tz. 75).

Zur (vergangenheitsorientierten) **Prüfung des Geschäftsverlaufs** und der (stichtagsbezogenen) Lage des Unternehmens muss der Abschlussprüfer das Unternehmensumfeld und die innerbetriebliche Organisation und Entscheidungsfindung analysieren. In diesem Kontext hat er ferner das Geschäftsergebnis und die wesentlichen finanziellen und nicht-finanziellen Leistungsindikatoren zu analysieren, um eine Beurteilung des **Krisenstadiums** und der **Krisenursachen** treffen zu können (vgl. IDW PS 350, Tz. 18 bzw. IDW EPS 350 n.F., Tz. 52 ff.).

Erhöhte Aufmerksamkeit muss der Prüfer im Falle einer Krise – zukunftsgerichtet – der **kurz- und mittelfristigen Erfolgs- und Finanzplanung** widmen. Denn schließlich richten auch Abschlussadressaten wie beispielsweise (potenzielle) Kreditgeber ihr Augenmerk in besonderem Maße hierauf.

Da in Studien eine **Zunahme an Manipulationshandlungen** betreffend des Jahresabschlusses und des Lageberichts von Unternehmen in der Krise nachgewiesen worden ist, gewinnt die kritische Grundhaltung des Abschlussprüfers auch hinsichtlich der Beurteilung der Lageberichtangaben (Angaben zu Krisenursachen, zum Sanierungskonzept des Managements, zu geplanten oder bereits durchgeführten Restrukturierungsmaßnahmen und deren zukünftigen Auswirkungen auf das Unternehmen) besonders an Gewicht (vgl. Peemöller/Hofmann, Bilanzskandale, 2. Aufl., Berlin 2017, 207; Deckers/Hermann, Die kritische Grundhaltung des Abschlussprüfers (professional scepticism), DB 41/2013, 2315 ff.; Berndt/Jeker, Fraud Detection im Rahmen der Abschlussprüfung, BB 48/2007, 2615 ff.).

Die **Prüfungsstrategie des Abschlussprüfers** wird bei Unternehmen in der Krise dem risikoorientierten Prüfungsansatz entsprechend insgesamt stärker auf prognostische Aussagen des Managements und deren Plausibilität und Widerspruchsfreiheit ausgerichtet sein. Demzufolge wird der Prüfer auch hinsichtlich des Lageberichts **besondere Prüfungshandlungen** als Reaktion auf wesentliche Risiken falscher Darstellung im Lagebericht durchführen, um schließlich sein Prüfungsurteil auf der Basis angemessener und ausreichender Nachweise mit hinreichender Sicherheit treffen zu können.

Vortragszeit: 3/5 Minuten

III. Besondere Prüfungshandlungen

Vergangenheitsbezogen unterzieht der Prüfer den **Wirtschaftsbericht der gesetzlichen Vertreter** nicht nur hinsichtlich des Verlaufs des vergangenen Geschäftsjahres und der aktuellen Vermögens-, Finanz- und Ertragslage des Unternehmens sowie der enthaltenen Angaben zu **finanziellen Leistungsindikatoren** (wie beispielsweise Cashflow, Eigenkapital- und Umsatzrentabilität, Working Capital, Liquiditäts- und Verschuldungsgrade, etc.), sondern – jedenfalls bei großen Kapitalgesellschaften gemäß § 267 Abs. 3 HGB – auch die **nicht-finanziellen Leistungsindikatoren** einer eingehenden Prüfung. Gerade in einer Krisensituation kann diesbezüglichen Angaben (wie beispielsweise zu einem Kundenzufriedenheitsindex, Fluktuationsraten, Ausgaben für Fertigung und Entwicklung, etc.) aus Abschlussadressatensicht ein hoher Stellenwert zukommen, indem diese beispielsweise Anhaltspunkte zur möglichen Wirksamkeit der von den gesetzlichen Vertretern bereits durchgeführten oder noch geplanten Sanierungsmaßnahmen bieten können.

Einen ungleich größeren Stellenwert gewinnen in der Krise aus Adressatensicht jedoch zukunftsbezogene Angaben im **Prognosebericht**. Denn hinsichtlich der voraussichtlichen Entwicklung mit ihren wesentlichen Chancen und Risiken sowie der ihnen zugrunde liegende Annahmen sind Angaben der gesetzlichen Vertreter regelmäßig stark von Prognosen, wertenden Angaben, geschätzten Werten und Annahmen des Managements geprägt, die besonders infolge des in der Krise häufig überproportional gestiegenen Drucks auf das Management durchaus auch einseitig ausfallen können.

Der Abschlussprüfer ist zwar nicht für die Vorhersage zukünftiger Bedingungen, Geschäftsvorfälle oder Ereignisse verantwortlich, jedoch muss er die Angemessenheit der organisatorischen Vorkehrungen des Managements zur Ermittlung von **geschätzten Werten** einer **Aufbauprüfung des unternehmensinternen Planungssystems** und im weiteren Prüfungsverlauf dessen Wirksamkeit einer Funktionsprüfung unterziehen (vgl. IDW Prüfungsstandard: Die Prüfung von geschätzten Werten in der Rechnungslegung einschließlich von Zeitwerten (IDW PS 314 n.F.); (Stand: 09.09.2009) Tz. 26). Der entsprechend anzuwendende Prüfungsstandard IDW PS 314 n.F. bezieht sich explizit auch auf die Prüfung geschätzter Werte im Lagebericht (vgl. IDW PS 314 n.F., Tz. 3). Auch hier ist zu prüfen, ob die – beispielsweise in der **integrierten Planungsrechnung** als Kernstück eines im Lagebericht beschriebenen **Sanierungskonzeptes** – enthaltenen Angaben zu den geschätzten Werten mit den angewandten Rechnungslegungsgrundsätzen im Einklang stehen und nicht irreführend sind. Ferner müssen die zugrunde liegenden Annahmen den Kriterien Relevanz, Zuverlässigkeit, Neutralität, Verständlichkeit und Vollständigkeit genügen und eine vertretbare und hinreichende Grundlage für die Bewertung bilden (vgl. IDW PS 314 n.F., Tz. 40 f.).

Prognostische und wertende Angaben hat der Abschlussprüfer auf der Grundlage der Jahresabschlussangaben hinsichtlich ihrer Plausibilität und Übereinstimmung mit seinen bei der Prüfung gewonnenen Erkenntnissen – ebenfalls auf der Basis einer Aufbau- und Funktionsprüfung des unternehmensinternen Planungssystems – zu beurteilen (vgl. IDW PS 350, Tz. 63 ff.). Bei wertenden Annahmen ist außerdem zu prüfen, ob nicht durch Wortwahl und Form der Darstellung – unter Umständen auch vorsätzlich – ein aus Adressatensicht irreführendes Bild der tatsächlich erwarteten Verhältnisse vermittelt wird (vgl. IDW PS 350 n.F., Tz. 70).

Bezogen auf den (seit dem Erstanwendungszeitpunkt des Bilanzrichtlinie-Umsetzungsgesetzes (BilRUG) im Anhang enthaltenen) **Nachtragsbericht** (§ 289 Abs. 2 HGB) muss der Abschlussprüfer besondere Prüfungshandlungen vornehmen, um **Vorgänge von besonderer Bedeutung nach dem Abschlussstichtag** (in der Krisensituation können dies beispielsweise Kündigung von Krediten, Stellung eines Insolvenzantrags – häufig durch einen Träger der Sozialversicherung –, Abgabe einer Rangrücktrittserklärung, ergriffene weitere finanzielle oder organisatorische Sanierungsmaßnahmen sein) beurteilen zu können. Denn IDW PS 350 n.F. nimmt explizit Bezug auf „Ereignisse nach dem Abschlussstichtag" (vgl. IDW EPS 350 n.F., Tz. 104).

Abschließend hat der Abschlussprüfer von den gesetzlichen Vertretern eine **schriftliche Erklärung** einzuholen, die sich auch auf den Lagebericht und die erforderlichen Angaben zu Vorgängen von besonderer Bedeutung nach dem Abschlussstichtag erstrecken muss (IDW PS 350 n.F., Tz. 105). Des Weiteren muss diese – bezogen auf bedeutende Annahmen bei Schätzwerten – eine Aussage dazu enthalten, ob diese Annahmen vertretbar sind und ob die gesetzlichen Vertreter die Möglichkeit und die Absicht haben, entsprechende (Sanierungs-) Handlungen auch tatsächlich durchzuführen (vgl. IDW PS 314 n.F., Tz. 77).

> **Vortragszeit: 4/9 Minuten**

IV. Fazit und Ausblick

Deutlich geworden ist, dass der Prüfung der vergangenheits- und insbesondere der zukunftsgerichteten Angaben im Lagebericht – in Erfüllung seiner Ergänzungsfunktion – in der Unternehmenskrise ein hoher Stellenwert zukommt. Gleichzeitig steigt in der Krise aber auch das Risiko falscher Angaben im Jahresabschluss sowie im Lagebericht, denn der Druck auf die gesetzlichen Vertreter steigt in einer solchen Ausnahmesituation häufig überproportional an. Besonders zukunftsgerichtete Angaben (z.B. im Chancen- und Risikobericht) enthalten aufgrund der ihnen zugrundeliegenden (subjektiven) Annahmen und prognostischer Elemente unweigerlich größere Unschärfen als vergangenheitsbezogene Angaben, für die sich in der Regel verlässlichere Prüfungsnachweise einholen lassen. Um auch diesbezüglich sein Prüfungsurteil mit hinreichender Sicherheit treffen zu können, gewinnt die kritische Grundhaltung des Abschlussprüfers in der Krise daher besonders an Bedeutung.

Das IDW bietet dem Abschlussprüfer mit den Prüfungsstandards 350 (bzw. EPS 350 n.F.) und 314 n.F. umfassende Hilfestellung bei der prüferischen Herangehensweise – auch in der Unternehmenskrise. Zwar wurde die Lageberichterstattung durch das Bilanzrichtlinie-Umsetzungsgesetz (BilRUG) mit der Streichung des Abs. 2 Nr. 1 in § 289 HGB dahingehend entlastet, dass Angaben zu Vorgängen von besonderer Bedeutung, die nach Schluss des Geschäftsjahres eingetreten sind (sog. **„Nachtragsbericht"**), nunmehr im Anhang abzubilden sind. Für den Arbeitsaufwand des Abschlussprüfers insgesamt bedeutet das jedoch kaum einen wesentlichen Unterschied (vgl. IDW PS 350 n.F., Tz. 104 zu „Ereignissen nach dem Abschlussstichtag").

Vielen Dank für Ihre Aufmerksamkeit.

> Vortragszeit: 1/10 Minuten

Vortrag 44
Ausstellung einer Bescheinigung nach § 270b InsO (Prüfungswesen)

Sehr geehrte/r Frau/Herr Vorsitzende/r, sehr geehrte Prüfungskommission,
aus den mir zur Auswahl gestellten Themen habe ich mich für das Thema **„Ausstellung einer Bescheinigung nach § 270b InsO"** entschieden. Meinen Vortrag gliedere ich wie folgt:

I.	Gesetzliche Grundlagen
II.	Anforderungen an den Gutachter
III.	Auftragsgegenstand
IV.	Berichterstattung
V.	Fazit und Ausblick

> Vortragszeit: 0,5 Minuten

I. Gesetzliche Grundlagen

Mit dem **Gesetz zur weiteren Erleichterung der Sanierung von Unternehmen (ESUG)**, das im Jahr 2012 in Kraft getreten ist, wollte der Gesetzgeber sanierungsfähigen Unternehmen die Möglichkeit geben, die angestrebte Sanierung mit den Instrumenten des Insolvenzrechts zu begünstigen. Das ESUG sieht hierzu im Wesentlichen einen stärkeren Einfluss der Gläubiger auf die Auswahl des Insolvenzverwalters, die Aufwertung des Insolvenzplanverfahrens sowie die Vereinfachung des Zugangs zur Eigenverwaltung vor. Nach § 270b Abs. 1 InsO bestimmt das Insolvenzgericht auf Antrag des Schuldners eine Frist von höchstens drei Monaten zur **Vorlage eines Insolvenzplans**, wenn der Schuldner den Eröffnungsantrag aufgrund drohender Zahlungsunfähigkeit (§ 18 InsO) oder Überschuldung (§ 19 InsO) gestellt hat (sog. **Schutzschirmverfahren**).

Dem Antrag ist eine begründete Bescheinigung eines in Insolvenzsachen erfahrenen Wirtschaftsprüfers, Steuerberaters, Rechtsanwalts oder einer Person mit vergleichbarer Qualifikation beizufügen, aus der sich ergibt, dass **drohende Zahlungsunfähigkeit** oder Überschuldung, aber **keine Zahlungsunfähigkeit** (§ 17 InsO) vorliegt und die angestrebte Sanierung nach Einschätzung dieses Gutachters nicht offensichtlich aussichtslos ist.

Das IDW hat mit seinem **Standard Bescheinigung nach § 270b InsO (IDW S 9)** seine Berufsauffassung darüber dargelegt, welche Anforderungen an den beauftragten Gutachter, an die durchzuführenden Tätigkeiten und an den Inhalt der Bescheinigung zu stellen sind (vgl. IDW Standard: Bescheinigung nach § 270b InsO (IDW S 9); (Stand: 18.08.2014)).

> **Vortragszeit: 1,5/2 Minuten**

II. Anforderungen an den Gutachter

Darüber hinaus muss der Gutachter vor einer Auftragsannahme feststellen, ob er die gesetzlichen Voraussetzungen erfüllt. Zunächst einmal muss es sich bei dem Gutachter um einen **Angehörigen der in dem Gesetzestext erwähnten Berufsgruppen** (Wirtschaftsprüfer, Steuerberater, Rechtsanwälte oder Personen mit vergleichbarer Qualifikation) handeln. Hervorzuheben ist insbesondere, dass er über Erfahrung in Insolvenzsachen verfügen muss. Gute theoretische Kenntnisse allein – wie sie durch das Ablegen eines der genannten Berufsexamina nachgewiesen werden können – sind somit nicht ausreichend, vielmehr muss der Gutachter auch vertiefte praktische Erfahrung in der Bearbeitung der zu testierenden Fragestellungen vorweisen können. Verlangt wird eine mehrjährige Tätigkeit als Insolvenzverwalter, als Sanierungsberater oder Ersteller von bzw. Gutachter für Sanierungskonzepten einschließlich der Beurteilung des Vorliegens von Insolvenzeröffnungsgründen.

Der Aussteller der Bescheinigung nach § 270b InsO darf außerdem mit dem vorläufigen Sachwalter oder einer dem vorläufigen Sachwalter nahestehenden Person **nicht identisch** sein.

> **Vortragszeit: 1/3 Minuten**

III. Auftragsgegenstand

Die Beauftragung hat die gutachterliche Würdigung der Fragen zum Gegenstand, ob drohende Zahlungsunfähigkeit oder Überschuldung, aber noch keine Zahlungsunfähigkeit vorliegt und die angestrebte Sanierung nicht offensichtlich aussichtslos ist.

Zahlungsunfähig ist ein Schuldner dann, wenn er nicht in der Lage ist, seine fälligen Zahlungsverpflichtungen zu erfüllen (§ 17 Abs. 2 InsO). Davon abzugrenzen ist das Vorliegen einer bloßen **Zahlungsstockung**, also der vorübergehenden Unfähigkeit, seine fälligen Verpflichtungen vollständig zu begleichen. Nach der Rechtsprechung des Bundesgerichtshofs ist von einer Zahlungsunfähigkeit regelmäßig dann auszugehen, wenn die bestehende Liquiditätslücke am Ende des für ihre Beseitigung zugebilligten Dreiwochenzeitraums 10 % oder mehr der fälligen Gesamtverbindlichkeiten beträgt, es sei denn, es ist mit an Sicherheit grenzender Wahrscheinlichkeit zu erwarten, dass die Lücke demnächst vollständig oder fast vollständig geschlossen sein wird und den Gläubigern nach den Umständen des Einzelfalls ein Zuwarten zumutbar ist. Ist die Liquiditätslücke hingegen geringer, so ist zunächst von einer Zahlungsstockung auszugehen. Da eine dauerhafte Unterdeckung im Interesse des Gläubigerschutzes bedenklich ist, liegt selbst bei einer geringen Unterdeckung – sofern sie länger als drei Monate (in Ausnahmefällen sechs Monate) nicht geschlossen werden kann – Zahlungsunfähigkeit vor.

Zahlungsunfähigkeit droht hingegen dann, wenn nach der Finanzplanung absehbar ist, dass die vorhandenen liquiden Mittel nicht mehr zur Erfüllung der fällig werdenden Zahlungsverpflichtungen ausreichen werden und dieser Umstand auch nicht mehr durch anderweitige Dispositionen und Finanzierungsmaßnahmen ausgeglichen werden kann. In diesem Fall kann der Schuldner einen **Insolvenzantrag nach § 18 InsO** stellen.

Eine **Überschuldung im Sinne von § 19 Abs. 2 InsO** liegt vor, wenn das Vermögen des Schuldners die bestehenden Verbindlichkeiten nicht mehr deckt, es sei denn, die Fortführung des Unternehmens ist den Umständen nach überwiegend wahrscheinlich. Die Prüfung der Überschuldung erfolgt zweistufig: Auf der ersten Stufe sind die Überlebenschancen des Unternehmens im Rahmen einer **Fortbestehensprognose** zu beurteilen. Fällt diese positiv aus, ist eine Überschuldungsprüfung im engeren Sinne nicht erforderlich. Für den Fall einer **negativen Fortbestehensprognose** sind auf der zweiten Stufe das Vermögen und die Schulden des Unternehmens und zwar zu Liquidationswerten in einem stichtagsbezogenen Status gegenüberzustellen. Deckt das Vermögen die Verbindlichkeiten nicht mehr ab, so liegt insolvenzrechtlich Überschuldung vor.

Der Planungszeitraum für die **insolvenzrechtliche Fortbestehensprognose** umfasst regelmäßig das laufende und das folgende Geschäftsjahr. Weitere Details zur Technik der Beurteilung von Zahlungsunfähigkeit und Überschuldung ergeben sich aus dem IDW Standard S 11 (vgl. IDW Standard: Beurteilung des Vorliegens von Insolvenzeröffnungsgründen (IDW S 11); (Stand: 22.08.2016)), der im Wesentlichen die bis dahin ergangene Rechtsprechung des BGH zusammenfasst sowie aus der neueren Rechtsprechung (BGH Urteil II ZR 88/16 vom 19.12.2017 zur sog. „Bugwelle").

Das **Schutzschirmverfahren** soll nach dem Willen des Gesetzgebers jedenfalls dann ausgeschlossen sein, wenn die **Sanierung offensichtlich aussichtslos** ist. Dieses ist immer dann der Fall, wenn trotz Sanierungsbemühungen eindeutig negative Erfolgsaussichten bestehen. Es müssen wenigstens im Rahmen eines **Grobkonzepts** grundsätzliche Vorstellungen darüber vorhanden sein, wie die angestrebte Sanierung konzeptionell und finanziell erreicht werden kann. Dieses umfasst mindestens eine Analyse der Krisenursachen, die Darstellung der aktuellen wirtschaftlichen Situation, ein skizziertes Leitbild für die Zukunft sowie eine grobe Beschreibung der geplanten Sanierungsmaßnahmen samt ihrer finanziellen Auswirkungen.

Im Rahmen seiner Tätigkeit muss sich der Gutachter ein **Bild von der Geschäftstätigkeit** und zurückliegenden Entwicklung sowie der Krisenursachen des betreffenden Unternehmens verschaffen, indem er beispielsweise Einsicht in die letzten Jahresabschlüsse, ggf. vorhandene Prüfungsberichte sowie laufende Controlling-Unterlagen nimmt.

Die dem Grobkonzept zugrunde liegenden konkreten Annahmen müssen begründet werden. Sofern dem Gutachter das Grobkonzept vonseiten der gesetzlichen Vertreter oder deren Beratern vorgelegt wird, muss er es dahingehend würdigen, ob offensichtliche Bedenken gegen dessen Schlüssigkeit bestehen. Insbesondere dürfen dem Grobkonzept – gemessen an den zur Verfügung stehenden Ressourcen (sachlich, personell und finanziell) – keine offensichtlichen Hinderungsgründe entgegenstehen. Dabei muss sich der Gutachter auch einen Eindruck davon verschaffen, ob das voraussichtliche Verhalten der Gläubiger die angestrebte Sanierung offensichtlich aussichtslos erscheinen lässt. Denn das „**Schutzschirmverfahren**" dient dazu, zunächst einen Insolvenzplan zu entwickeln, der anschließend den Gläubigern vorzulegen ist.

Der Gutachter hat seine durchgeführte Arbeit im Zusammenhang mit der Bescheinigung nach § 270b InsO zu **dokumentieren** und eine **Vollständigkeitserklärung** zu seinen Unterlagen zu nehmen, die zum Ausstellungsdatum der Bescheinigung einzuholen und zu datieren ist. In der Vollständigkeitserklärung versichern die gesetzlichen Vertreter, dass sie die für die Erstellung der Fortbestehensprognose, des Überschuldungsstatus und des Grobkonzepts relevanten Informationen zur Verfügung gestellt haben und erklären des Weiteren, dass keine Umstände der Unternehmensfortführung entgegenstehenden Umstände ersichtlich sind und keine Anzeichen dafür bekannt sind, welche die Sanierung im Rahmen eines Insolvenzplanverfahrens als offensichtlich aussichtslos erscheinen ließen.

> Vortragszeit: 4,5/7,5 Minuten

IV. Berichterstattung

Über seine Würdigungen und Feststellungen erstattet der Gutachter einen Bericht, der mit den Gründen für seine Einschätzung zu versehen ist.

Das Grobkonzept ist – als Bestandteil des Berichts – entweder innerhalb des Berichts selbst darzustellen oder diesem als Anlage beizufügen. Der Gutachter muss dem Bericht des Weiteren einen Nachweis über seine Qualifikation (z.B. aufgrund eigener Verwaltertätigkeit bei geeigneten Insolvenzverfahren, Erteilung von Bescheinigungen nach § 270b InsO, Erstellung von Sanierungskonzepten nach IDW S 6 oder gutachterlichen Stellungnahmen zum Vorliegen von Insolvenzgründen nach IDW S 11) beifügen. Im Zweifel muss sich der Gutachter zuvor von seiner **Verschwiegenheitspflicht** befreien lassen.

Abschließend umfasst der Bericht eine zusammenfassende **Schlussbemerkung über die Frage der Insolvenzreife und die nicht offensichtliche Aussichtslosigkeit der Sanierung**. Insoweit trägt der Gutachter auch die Verantwortung für seine Würdigung der Insolvenzeröffnungsgründe und für seine Einschätzung der nicht offensichtlichen Aussichtslosigkeit der Sanierung.

> Vortragszeit: 1,5/9 Minuten

V. Fazit und Ausblick

Zwar handelt es sich bei der Ausstellung einer Bescheinigung nach § 270b InsO nicht um eine Tätigkeit, die alleine Wirtschaftsprüfern vorbehalten wäre. Nichtsdestotrotz legen die Insolvenzgerichte die Messlatte hinsichtlich der geforderten Qualifikation des Gutachters in der Praxis vergleichsweise hoch – zum Teil sogar höher, als vom Gesetz selbst gefordert – jedenfalls dann, wenn sie anstelle einer richterlichen Plausibilitätskontrolle (sei es mangels Sachkunde und/oder mangels Zeit) beschließen, neben dem Gutachter einen **weiteren** Sachverständigen damit zu beauftragen, die Bescheinigung des Gutachters zu überprüfen.

Nicht nur wird dadurch die Funktion der Bescheinigung nach § 270b InsO als solche infrage gestellt. Vielmehr ist zu konstatieren, dass eine Überprüfung der Bescheinigung ohnehin nur in formeller Hinsicht möglich ist. Dieses liegt in der Natur der Sache, denn in materieller Hinsicht kann der zwischenzeitliche Fortgang der Dinge dazu führen, dass der „Zweitgutachter" im Zeitpunkt seiner Überprüfung bereits zu einem anderen Ergebnis kommen kann, als der Gutachter zuvor (vgl. Braun, Das Gegenteil der (Rechtsanwendungs-)Kunst ist gut gemeint!, NZI 2013, Heft 1–2, VI f.).

Die **Akzeptanz des sog. „Schutzschirmverfahrens"** hat in den vergangenen Jahren, seit dem Inkrafttreten des ESUG kontinuierlich zugenommen, jedenfalls wenn man die einschlägigen Statistiken hierüber beobachtet. Demzufolge ist auch ein zunehmender Bedarf an qualifizierten Gutachtern zu erwarten, die Bescheinigungen nach § 270b InsO auszustellen bereit und in der Lage sind.

Vielen Dank für Ihre Aufmerksamkeit.

> Vortragszeit: 1/10 Minuten

Vortrag 45
Erstellung von Sanierungskonzepten unter besonderer Berücksichtigung von Marktumfeld und Wettbewerbern (Prüfungswesen)

Sehr geehrte/r Frau/Herr Vorsitzende/r, sehr geehrte Prüfungskommission,
aus den mir zur Auswahl gestellten Themen habe ich mich für das Thema **„Erstellung von Sanierungskonzepten unter besonderer Berücksichtigung von Marktumfeld und Wettbewerbern"** entschieden. Meinen Vortrag gliedere ich wie folgt:

I.	Einleitung
II.	Branchenstrukturanalyse nach Porter und Konkurrenzanalyse
III.	Neuausrichtung der Unternehmensstrategie mithilfe von Portfolio-Techniken
IV.	Fazit

> Vortragszeit: 0,5 Minuten

I. Einleitung

Als mitunter komplexe Organisationen unterliegen Unternehmen – gleich welcher Rechtsform und Branche – in aller Regel einem steten Wandel. Damit geht auch das Risiko einer, in eine wirtschaftliche Krisensituation geraten zu können. Die Ursachen hierfür können vielfältiger Natur sein und lassen sich in **endogene** und **exogene Krisenursachen** unterscheiden. Interne Ursachen sind im Kern in der Regel **Managementfehler**, wenngleich sie zunächst an anderer Stelle, wie beispielsweise als (unbehobene) Organisationsmängel, Qualitätsmängel, Mangel an Ertragskraft oder Eigenkapital, etc. häufig zu spät erkannt werden. Die Unternehmensleitung trägt als Geschäftsführung (GmbH) oder Vorstand (Aktiengesellschaft) hierfür stets die **operative Gesamtverantwortung**.

Da sich Unternehmen naturgemäß in einer ständigen Interaktion mit ihrer Außenwelt bewegen, liegen Krisenursachen aber in aller Regel auch in äußeren Umständen. **Kürzere Produktlebenszyklen** als Folge sich immer schneller verändernder Verbrauchergewohnheiten sowie eine fortschreitende „Liberalisierung" der Volkswirtschaften (in diesem Kontext ist aktuell beispielsweise das Bestreben der Bundesregierung nach dem Abschluss des nicht u.a. aufgrund seines demokratieunverträglichen Zustandekommens und drohende Gefahren für die parlamentarische Kontrolle viel kritisierten sog. „Transatlantischen Freihandelsabkommens" – TTIP – zu nennen, der für 2016 geplant war, die Verhandlungen pausieren seit Anfang 2017), die zum einen die Abhängigkeit der Unternehmen untereinander, zum anderen aber auch den Wettbewerbsdruck erhöhen, gepaart mit einer zunehmend rasanten technologischen Entwicklung haben das Insolvenzrisiko – besonders vieler mittelständischer Unternehmen mit zum Teil generationenübergreifender Historie – spürbar erhöht (vgl. Goldstein/Hahne, Sanierungsmanagement mithilfe der Hausbank, in: Schmeisser/Bretz/Kessler/Krimphove (Hrsg.), Handbuch Krisen- und Insolvenzmanagement, Stuttgart 2007, 143).

In der **Finanzmarkt- und Bankenkrise** erhöhte sich dieses Risiko zuletzt überproportional (Stichwort: „**Kreditklemme**"). Darüber hinaus können bisweilen politische Entscheidungen erhebliche Auswirkungen auf die Entwicklung eines Unternehmens, eines Konzerns oder gar ganzer Branchen zeitigen, wie das Extrembeispiel des so nicht vorhersehbaren, weil völlig abrupten „Atomausstiegs" eindrucksvoll verdeutlicht, der das Oligopol der Betreiber von Kernkraftwerken in Deutschland insgesamt in nachhaltige wirtschaftliche Schwierigkeiten gebracht hatte.

In Krisensituationen gehört es jedenfalls zu den **Sorgfaltspflichten von Vorständen und Geschäftsführern**, angemessene und wirksame Sanierungsmaßnahmen in Angriff zu nehmen (vgl. z.B. Sikora, Der GmbH-Geschäftsführer in der Unternehmenskrise, NWB 4/2007, 1171; Kleindiek in Lutter/Hommelhoff, GmbHG, 19. Auflage 2016, § 43 Rn. 27). Dabei muss berücksichtigt werden, dass der Handlungsspielraum des Managements in der Krise mit zunehmendem Zeitfortschritt in aller Regel abnimmt, weshalb stets Eile das Gebot der Stunde ist.

Der Fachausschuss Sanierung und Insolvenz des IDW hat die **Anforderungen an die Erstellung von Sanierungskonzepten** in dem IDW Standard S 6 „Anforderungen an die Erstellung von Sanierungskonzepten" (Stand: 16.05.2018) zusammengefasst. Darin werden – insbesondere vor dem Hintergrund der einschlägigen Rechtsprechung des Bundesgerichtshofs – die betriebswirtschaftlichen und rechtlichen Kernanforderungen an Sanierungskonzepte gestellt und umfassend beschrieben. Mit der jüngsten Neufassung des IDW S 6 geht keine Änderung der materiellen Anforderungen an Sanierungskonzepte einher. Jedoch wird der Standard um Grundlagen „entlastet", die nunmehr mit dem „Fragen-und-Antworten-Papier (F & A zu IDW S 6)" in einem gesonderten Format dargestellt werden.

In seinem ersten Teil beinhaltet ein solches **Sanierungskonzept** neben den wesentlichen Unternehmensdaten, Aussagen betreffend die Analyse der Unternehmenslage, die Feststellung des Krisenstadiums (**Stakeholder- und Strategiekrise**, Produkt-/Absatzkrise, Erfolgs-, Liquiditätskrise und schließlich das Stadium der Insolvenzreife). Mit zunehmendem Krisenstadium sinkt der Handlungsspielraum des Managements. Auf der Basis einer **systematischen Lagebeurteilung** ist ein **Leitbild des sanierten Unternehmens** zu entwickeln und die hierfür notwendigen **Sanierungsmaßnahmen** sind zu beschreiben und ihre Auswirkungen sind innerhalb einer **integrierten Planungsrechnung** (Plan-Bilanzen, Plan-Gewinn- und Verlustrechnungen, Plan-Liquiditätsrechnungen) zu quantifizieren (vgl. IDW S 6, Tz. 11 und 63 ff.).

Befindet sich ein Unternehmen in einer **Strategiekrise** oder einem weiter fortgeschrittenen Krisenstadium, muss ein tragfähiges Sanierungskonzept zwangsläufig das Marktumfeld und den Wettbewerb in besonderer Weise berücksichtigen, wenn es der Überwindung der Krise dienlich sein soll. IDW S 6 fordert eine „stadiengerechte Bewältigung" der Unternehmenskrise (vgl. Tz. 68). Hierzu sind umfassende Analysen vorzunehmen und anschließend eine Neuausrichtung der Geschäftsstrategie zu entwickeln und umzusetzen.

> **Vortragszeit: 3/3,5 Minuten**

II. Branchenstrukturanalyse nach Porter und Konkurrenzanalyse

Um angesichts einer überkommenen Unternehmensstrategie eine gebotene Neuausrichtung derselben vornehmen zu können, bedarf es **vorher** umfassender **Analysen der Chancen und Risiken des Markt- und Wettbewerbsumfeldes.** Hierfür existiert gleich eine Vielzahl unterschiedlicher Methoden (vgl. Coenenberg, Strategisches Controlling, Stuttgart 2007, 54 ff.). Ein bekanntes Beispiel zur **Analyse des Wettbewerbsumfeldes** sind die sog. „**five forces**" von Porter.

Porter unterscheidet zwischen fünf Kräften, welche die **Wettbewerbsintensität** innerhalb einer Branche beeinflussen:
1. Es kann eine „**Bedrohung**" **durch neue Konkurrenten** entstehen. Denn dadurch entstehen höhere Kapazitäten, die ceteris paribus geringere Preise sowie eine geringe Rentabilität innerhalb der Branche zur Folge haben. Markteintrittsbarrieren, beispielsweise aufgrund von „economies of scale", Produktdifferenzierung oder staatlicher Politik, den Grad der Wahrscheinlichkeit des Eintritts dieser „Bedrohung".
2. Die **Verhandlungsstärke der Abnehmer** sowie
3. Diejenige der Lieferanten beeinflusst die Rentabilität innerhalb der Branche, beispielsweise durch den jeweiligen Konzentrationsgrad (ein Beispiel für einen hohen Konzentrationsgrad der Abnehmer bildet in Deutschland der Lebensmitteleinzelhandel).
4. **Substitutionsprodukte** lassen die Rentabilität sinken (beispielsweise lässt sich Kernenergie durch erneuerbare Energie ersetzen).
5. Der **Grad der Rivalität der existierenden Wettbewerber** ist in der Lage, die Branchenrentabilität (negativ) zu beeinflussen (Beispiel: Verstärkter Preiskampf aufgrund homogener Produkte bei den sog. „Billigfliegern"); (vgl. Coenenberg, 59 ff.).

In Abhängigkeit von der Zugehörigkeit des untersuchten Unternehmens zu einer strategischen Gruppe (beispielsweise Spezialist oder Generalist) wirken sich die fünf Kräfte unterschiedlich auf dessen Entwicklung aus.

Wird die **Branchenstrukturanalyse** um eine **Konkurrenzanalyse** – zum Beispiel unter Nutzung von Branchen- und Wirtschaftsdiensten, Veröffentlichungen von Verbänden und Kammern, Firmen und Presseberichten – erweitert, kann auf der Basis der so gewonnenen Erkenntnisse eine fundierte **Neuausrichtung der Unternehmensstrategie zur Überwindung einer Strategiekrise** entwickelt werden (ebenda, 63 f.).

> **Vortragszeit: 1,5/5 Minuten**

III. Neuausrichtung der Unternehmensstrategie mithilfe von Portfolio-Techniken

Ursprüngliches Anwendungsgebiet der Portfolio-Technik ist die Finanzwirtschaft. Während es dort um eine optimale Mischung (hinsichtlich des Zielkonflikts eingegangener Risiken und einer gewissen Renditeerwartung) eines **Wertpapier-Portfolios** geht, wird das Streben nach Ausgewogenheit auf die strategische Unternehmensplanung übertragen. In einem Unternehmen konkurrieren in der Regel verschiedene unternehmerische Handlungsfelder stets um lediglich begrenzt vorhandene Ressourcen. Um einen möglichst **nachhaltigen Mix an Produkt-Markt-Bereichen** verfolgen zu können, sollen sich Investitions- und Desinvestitionsobjekte die Waage halten (**Ausgeglichenheitspostulat**).

Auch im Bereich der **Portfolio-Ansätze** existiert eine Vielzahl mehr oder minder unterschiedlicher Ausprägungsformen. Einen gewissen Bekanntheitsgrad haben – möglicherweise wegen ihrer Verbreitung in der Praxis – das sog. „**Marktanteils-Marktwachstums-Portfolio**" der Boston-Consulting-Group (BCG) sowie das „**Marktattraktivitäts-Wettbewerbsstärken-Portfolio**" (McKinsey) erreicht. In Abhängigkeit ihres relativen Marktanteils und ihres realen Marktwachstums werden beim BCG-Modell Produkte im Rahmen einer **Vierfeldermatrix** in **Star-Produkte** (Investition!) und **Poor-Dogs** (Auslaufmodelle, d.h. Desinvestition) sowie **Question-Marks** (Nachwuchsprodukte) und **Cash-Cows** (Milchkühe) eingeteilt. Erklärtes Ziel ist dabei die Sicherung eines hohen Marktanteils in Märkten mit hohen Wachstumsraten (ebenda, 192 f.).

Der Vorteil dieses **quantitativen Ein-Faktoren-Systems** kann allerdings gleichzeitig auch als dessen Nachteil ausgelegt werden: Die theoretisch überzeugende, jedoch lediglich simplifizierte Darstellung gerät in der Realität naturgemäß schnell an ihre Grenzen. Dass dieserart Techniken gleichwohl eingesetzt werden, hat u.E. einen einfachen Grund: Vorstände haben bei ihrer Geschäftsführung die Sorgfalt eines ordentlichen und gewissenhaften Geschäftsleiters anzuwenden (§ 93 Abs. 1 Satz 2 AktG). **Investitions- und Desinvestitionsentscheidungen** sind – wegen der damit verbundenen Prognoseungewissheit – stets risikobehaftet. Im Falle einer gerichtlichen Überprüfung derartiger Entscheidungen, die immer ex ante (d.h. mit vollständigen Informationen – unter Inkaufnahme des sog. „hindsight-bias-Problems"!) stattfindet, ist darzulegen, dass der Vorstand dabei vernünftigerweise annehmen durfte, auf der Grundlage angemessener Informationen zum Wohle der Gesellschaft zu handeln **(„Business-Judgement-Rule")**. Anstatt sich – zumal als erfahrener Manager – bei Entscheidungen unter Ungewissheit durchaus auf die eigene Intuition und Heuristiken zu verlassen (und dies entsprechend zu dokumentieren), dienen stattdessen vermeidlich treffsicherere Theoriemodelle (BCG, McKinsey, etc.) als Vorwand für eine „vernünftige" Entscheidung.

Dass dies durchaus ein Fehler ist, haben Psychologen, wie Gigerenzer (Max-Planck-Institut für Bildungsforschung, Berlin) längst erkannt (vgl. Gigerenzer, Bauchentscheidungen – Die Intelligenz des Unbewussten und die Macht der Intuition, 10. Auflage, München 2008). Nur ist eben das Bauchgefühl – selbst eines gestandenen Managers – weniger gut dokumentierbar bzw. überprüfbar und damit auch justiziabel, als eine Entscheidung auf der Basis eines der zwar theoretisch überzeugenden, praktisch aber – bei Entscheidungen unter Restunsicherheiten – unterlegenen Modells.

Mit anderen Worten zählt bei der **Neuausrichtung einer Unternehmensstrategie** auch im Rahmen einer Unternehmenssanierung – zumindest dann, wenn sie möglichst erfolgreich sein soll – vor allem eines: Praktische Erfahrung.

> Vortragszeit: 3,5/8,5 Minuten

IV. Fazit

Es bleibt festzustellen, dass eine Sanierung stets ein anspruchsvolles und durch zahlreiche Unsicherheiten geprägtes Vorhaben darstellt. So gibt es durchaus spektakuläre Beispiele gescheiterter Sanierungsvorhaben, an denen selbst renommierte Beratungsgesellschaften beteiligt waren. Bislang ist jedoch kein sicher und schnell wirkendes „Patentrezept" bekannt geworden (vgl. Hess, Sanierungshandbuch, 4. Aufl., Köln, Kap. 3 Rz. 252). Obwohl die vom IDW formulierten **Anforderungen an die Erstellung von Sanierungskonzepten** aus Praktikersicht stellenweise etwas technokratisch formuliert sind, bieten sie eine wertvolle Orientierungsmöglichkeit für ein planvolles Vorgehen bei der Entwicklung eines umfassenden Sanierungskonzeptes. Deutlich geworden ist – am Beispiel Marktumfeld und Wettbewerb – auch, dass jeder Sanierungsfall seine individuelle und fachgerechte Lösung erfordert.

Da Unternehmenskrisen in aller Regel auf vielfältige Ursachen zurückzuführen sind, bedarf es einer mehrdimensionalen Herangehensweise. Grundvoraussetzung einer erfolgreichen strategischen Neuausrichtung eines in die Krise geratenen Unternehmens ist jedenfalls die **sorgfältige Analyse des Marktumfeldes und seiner Wettbewerber**. Die methodischen Ansätze hierfür sind vielfältig. Eine Möglichkeit ist – wie dargestellt – die Durchführung einer **Branchenstrukturanalyse nach Porter.** Die Neuausrichtung der Unternehmensstrategie lässt sich beispielsweise mithilfe der **Portfolio-Technik** bewältigen.

Ein weiterer Schlüsselfaktor einer erfolgreichen Sanierung ist zudem erfahrungsgemäß die Auswahl kompetenter und erfahrener neuer Umsetzungsverantwortlicher (Geschäftsführer bzw. Vorstände oder gegebenenfalls Interimsmanager). Denn der Erfolg eines **„Turnarounds"** beruht letztlich auf **drei Säulen**:
1. dem **Sanierungskonzept**,
2. einem **erfahrenen Krisenmanagement** sowie
3. einer **konsequenten Umsetzung**.

Vielen Dank für Ihre Aufmerksamkeit.

> Vortragszeit: 1,5/10 Minuten

Vortrag 46
Prüfung von Compliance-Management-Systemen (Prüfungswesen)

Sehr geehrte/r Frau/Herr Vorsitzende/r, sehr geehrte Prüfungskommission,
aus den mir zur Auswahl gestellten Themen habe ich mich für das Thema **„Prüfung von Compliance-Management-Systemen"** entschieden. Meinen Vortrag gliedere ich wie folgt:

I.	Grundlagen
II.	Gegenstand, Ziel und Umfang der Prüfung
III.	Prüfungsanforderungen
IV.	Fazit und Ausblick

Vortragszeit: 0,5 Minuten

I. Grundlagen

Der Begriff „**Compliance**" stammt ursprünglich aus dem Bereich der Medizin und bedeutet konsequentes Befolgen der ärztlichen Ratschläge durch den Patienten (Therapietreue). Zunächst von der angloamerikanischen Rechtssprache adaptiert, umfasst der zwischenzeitlich auch in Deutschland gebräuchliche Terminus im engeren Sinne die **Einhaltung von gesetzlichen Bestimmungen, regulatorischen Standards** (z.B. DCGK – Deutscher Corporate Governance Kodex) **und unternehmensinternen Richtlinien** (z.B. „Code of Conduct"). Insoweit vermittelt der Begriff den Eindruck, als handele es sich um eine „neudeutsche Bezeichnung altbekannter Selbstverständlichkeiten" (vgl. Poppe in: Inderst/Bannenberg/Poppe (Hrsg.), Compliance, 3. Auflage 2017, S. 1).

Compliance reicht allerdings insoweit darüber hinaus, als es eben nicht nur die **Legalitätspflicht des Vorstands** umfasst, sondern auch dessen **Legalitätskontrollpflicht**. Letztere ist nicht Bestandteil der Legalitätspflicht, sondern als **Organisationspflicht** Teil der allgemeinen **Sorgfaltspflicht** (§ 93 Abs. 1 Satz 1 AktG). In diesem weiteren Sinne umfasst Compliance daher die Gesamtheit der erforderlichen Maßnahmen zur Verhinderung von Verstößen gegen Gesetze, Richtlinien und Standards durch das Unternehmen, dessen Organmitglieder und Mitarbeiter. Hierfür existiert allerdings keine einzelne Rechtsgrundlage sondern ein ganzes „Zusammenspiel von Normen". In ihrer Gesamtheit bilden die darin enthaltenen Pflichten das Anforderungsprofil an eine unternehmensindividuell einzurichtende **Compliance-Organisation** (vgl. Bunting, Konzernweite Compliance – Pflicht oder Kür?, ZIP 32/2012, 1542 ff.); (neudeutsch: Compliance Management System, kurz CMS).

Die Bedeutung der **Einrichtung, Aufrechterhaltung und Überwachung eines angemessenen und wirksamen CMS** aus der Sicht des Vorstands lässt sich an dem Beispiel des Korruptionsfalls bei Siemens erkennen: Das LG München hat in seinem Urteil deutlich gemacht, dass Compliance-Verstöße zivilrechtlich durchaus streng geahndet werden können (vgl. LG München I, Urteil vom 10.12.2013, 5 HK O 1387/10). Seit der Veröffentlichung eines BMF-Schreibens zu § 153 AO beschäftigen sich viele Unternehmensleitungen mit der Einrichtung und Dokumentation eines **steuerlichen** Kontrollsystems.

Im Rahmen seiner **Überwachungspflicht** kann der Vorstand eine freiwillig durchgeführte **betriebswirtschaftliche Systemprüfung** in Auftrag geben, auf deren Grundlage sich eine Beurteilung über die in der CMS-Beschreibung enthaltenen Aussagen zur Einrichtung, Angemessenheit und Wirksamkeit des CMS abgeben lässt. Es handelt sich dabei zwar nicht um eine Vorbehaltsaufgabe von Berufsträgern. Gleichwohl hat das IDW mit dem Prüfungsstandard 980 die Berufsauffassung dargelegt, nach der Wirtschaftsprüfer unbeschadet ihrer Eigenverantwortlichkeit eine solche Prüfung durchführen (vgl. IDW Prüfungsstandard: Grundsätze ordnungsmäßiger Prüfung von Compliance Management Systemen (IDW PS 980) (Stand: 11.03.2011)).

> Vortragszeit: 2/2,5 Minuten

II. Gegenstand, Ziel und Umfang der Prüfung

Verantwortung für das CMS und für seine Beschreibung tragen die gesetzlichen Vertreter. **Prüfungsgegenstand** sind die einzelnen, in einer CMS-Beschreibung enthaltenen Aussagen.

Die Prüfung wird nach IDW PS 980 in drei mögliche Ausprägungsarten unterschieden. Im Rahmen einer **Konzeptionsprüfung** trifft der Prüfer mit hinreichender Sicherheit eine Aussage darüber, ob die konzeptionellen Aussagen innerhalb der CMS-Beschreibung in allen wesentlichen Belangen angemessen dargestellt worden sind. Das Ziel der **Angemessenheitsprüfung** greift weiter: Angemessen ist ein CMS dann, wenn es geeignet ist, mit hinreichender Sicherheit rechtzeitig Risiken für wesentliche Verstöße zu erkennen aber auch Regelverstöße zu verhindern. Dieses setzt natürlich voraus, dass die Grundsätze und Maßnahmen zu einem bestimmten Zeitpunkt in die Geschäftsprozesse des Unternehmens tatsächlich eingebunden waren. Hierüber hat der Prüfer eine Beurteilung abzugeben.

Da weder die Konzeptions- noch die Angemessenheitsprüfung eine Aussage über die Wirksamkeit des CMS ermöglichen, richten sie sich zuvorderst an die verantwortlichen Organe, um die Implementierung eines CMS mit unabhängiger externer Expertise zu begleiten.

Ziel der **Wirksamkeitsprüfung** ist es, durch Einholung ausreichender und angemessener Prüfungsnachweise zu beurteilen, ob und inwieweit das eingerichtete und beschriebene CMS in allen wesentlichen Belangen angemessen dargestellt und während eines bestimmten Zeitraums wirksam war. Dies ist insbesondere dann der Fall, wenn die Grundsätze und Maßnahmen von den davon betroffenen Personen ihrer individuellen Verantwortung entsprechend zur Kenntnis genommen und auch beachtet wurden.

Im Zweifel vermag die CMS-Prüfung nur in ihrer letztgenannten Ausprägungsart (**Wirksamkeitsprüfung**) einen Beitrag für den Nachweis zu leisten, dass das Management gegebenenfalls seiner Leitungsverantwortung gerecht geworden ist („Exculpationsgedanke").

> Vortragszeit: 2/4,5 Minuten

III. Prüfungsanforderungen

Der Prüfer hat bei einer CMS-Prüfung nach IDW PS 980 sowohl die **allgemeinen Berufspflichten** Unabhängigkeit, Verschwiegenheit, Eigenverantwortlichkeit und Gewissenhaftigkeit aber auch die **besonderen Berufspflichten** nach den §§ 20 ff. BS WP/vBP zu beachten. Die Auftragsbedingungen hat der Prüfer mit seinem Auftraggeber schriftlich zu vereinbaren.

Vor der Auftragsannahme muss der Prüfer die **Auftragsrisiken** beurteilen und feststellen, ob die für die Durchführung des Auftrags notwendigen (in der Regel **rechtliche!**) Fachkenntnisse vorliegen oder im Zweifel nötigenfalls (in der Regel **anwaltliche!**) Spezialisten verfügbar sind. Um letzteres beurteilen zu können, muss er sich Informationen über die Ausgestaltung des CMS sowie dessen Dokumentation beschaffen. Insgesamt ist die Prüfung so zu planen, dass ihre ordnungsgemäße Durchführung in sachlicher, personeller und zeitlicher Hinsicht sichergestellt ist. Um sein Prüfungsurteil mit hinreichender Sicherheit abgeben zu können, muss der Prüfer durch Planung und Durchführung seiner Prüfungshandlungen das Prüfungsrisiko unter Berücksichtigung einer nach pflichtgemäßem Ermessen zu bestimmenden Wesentlichkeit entsprechend reduzieren. Die geplanten Prüfungshandlungen werden in einem Prüfungsprogramm zusammengefasst.

Gleich jeder Systemprüfung beinhaltet die CMS-Prüfung eine Aufbauprüfung und eine Funktionsprüfung. Im Rahmen der **Aufbauprüfung** muss der Prüfer beurteilen, ob die vonseiten der gesetzlichen Vertreter dokumentierten Grundsätze und Maßnahmen (Konzeption) so ausgestaltet und eingerichtet waren (Angemessenheit), dass sie geeignet sind, mit hinreichender Sicherheit wesentliche Regelverstöße und Risiken für wesentliche Regelverstöße zu verhindern.

Das IDW weist darauf hin, dass ein angemessenes CMS folgende Grundelemente enthält, die zueinander in Wechselwirkung stehen und in die betrieblichen Abläufe eingebunden sind: Durch seine eigene Grundeinstellung und sein eigenes Verhalten prägen gesetzliche Vertreter und Mitglieder des Aufsichtsorgans maßgeblich („tone at the top") die **Compliance-Kultur** innerhalb des Unternehmens, also das gemeinsame Verständnis für die notwendige Akzeptanz und Bereitschaft zur Regelkonformität. Unter Berücksichtigung von **Compli-**

ance-Zielen (beispielsweise Geldwäscheprävention) werden unternehmensinterne **Compliance-Risiken** (im genannten Beispiel: Entgegennahme größerer Bargeldbeträge) festgestellt, aus denen sich Verstöße gegen einzuhaltende Regeln (hier: Geldwäschegesetz) ergeben können.

In einem systematischen Verfahren werden hierzu Risiken identifiziert, berichtet und hinsichtlich ihrer Eintrittswahrscheinlichkeit und Folgen analysiert. Im Zuge der Entwicklung eines **Compliance-Programms** werden auf dieser Basis Grundsätze und Maßnahmen eingeführt, die auf die Vermeidung von Compliance-Verstößen ausgerichtet sind. Das Compliance-Programm ist vonseiten des Managements in die Aufbau- und Ablauforganisation des Unternehmens einzubinden (**Compliance-Organisation**). Dabei müssen insbesondere Aufgaben und Verantwortlichkeiten klar geregelt und sauber voneinander abgegrenzt werden.

Im Rahmen einer **Compliance-Kommunikation** müssen die betroffenen Mitarbeiter über das entwickelte Maßnahmeprogramm aber auch dessen organisatorische Verankerung bis hin zu den festgelegten Aufgaben und Verantwortlichkeiten informiert werden. Des Weiteren ist das Berichtswesen an die zuständigen Stellen (Compliance-Officer, gesetzlicher Vertreter, Aufsichtsorgan) festzulegen.

Der **Legalitätskontrollpflicht** entsprechend bedarf es schließlich einer Überwachung der Angemessenheit und Wirksamkeit des CMS. Dieses setzt eine ausreichende Dokumentation (= Soll-Objekt) voraus. Im Rahmen der **Compliance-Überwachung** kann auch eine **Prüfung nach IDW PS 980** beauftragt werden. Die gesetzlichen Vertreter tragen die Verantwortung für die Umsetzung, für die Beseitigung von Mängeln aber auch für die laufende Optimierung des CMS.

Die Beurteilung, ob und inwieweit das System innerhalb des Prüfungszeitraums wirksam war, erfolgt im Rahmen der **Funktionsprüfung**. Als Prüfungshandlungen kommen hier die Befragung von Mitarbeitern, die Durchsicht von Nachweisen, die Beobachtung der in der Dokumentation dargestellten Maßnahmen, das Nachvollziehen von Kontrollaktivitäten sowie die Einsichtnahme in Berichte der Internen Revision in Betracht.

Zum Abschluss der Prüfungstätigkeit wird eine **Vollständigkeitserklärung** eingeholt, in der die gesetzlichen Vertreter versichern, dass die CMS-Beschreibung vollständig und richtig ist und dem Prüfer sämtliche erforderlichen Nachweise zu Konzeption, Angemessenheit, Implementierung und Wirksamkeit erteilt worden sind.

In Abhängigkeit von dem beauftragten Prüfungsumfang enthält der schriftliche **Prüfungsbericht** ein Urteil über die Aussagen innerhalb der CMS-Beschreibung hinsichtlich Konzeption, Angemessenheit und Wirksamkeit. Über festgestellte wesentliche Schwächen des CMS muss der Prüfer gegebenenfalls dem Aufsichtsorgan gegenüber berichten. Zur Stützung seines Urteils hat der Prüfer die zugrunde liegenden Prüfungsnachweise in seinen Arbeitspapieren festzuhalten. Die CMS-Beschreibung der gesetzlichen Vertreter ist dem Bericht als Anlage beizufügen.

Da es sich nicht um eine berufliche Vorbehaltsaufgabe handelt, besteht bei der Erstattung des Prüfungsberichts keine Verpflichtung zur Führung des Berufssiegels.

> **Vortragszeit: 4,5/9 Minuten**

IV. Fazit und Ausblick

Die Einrichtung eines CMS gehört zu den Pflichtaufgaben von Vorstand und Geschäftsführung. Dieses ist allgemein anerkannt und wird von den Gerichten in einschlägigen Entscheidungen inzwischen auch genauso umgesetzt (LG München I, Urteil vom 10.12.2013). Ein wirksames CMS schützt die Leitungsorgane vor der Inanspruchnahme auf Schadenersatz und/oder der Abberufung als Leitungsorgan und führt zur Entlastung im Rahmen von Haupt- und/oder Gesellschafterversammlung, aber auch in Straf- und Ordnungswidrigkeitenverfahren. Durch Beauftragung einer CMS-Prüfung kann nicht nur die Legalitätskontrollpflicht der gesetzlichen Vertreter dokumentiert werden. Vielmehr kann ein **durch einen Sachverständigen geprüftes CMS** unter bestimmten Voraussetzungen durchaus haftungsvermeidende Wirkung entfalten. Verfolgt ein gesetzlicher Vertreter mit der Beauftragung einer CMS-Prüfung in erster Linie das zuletzt genannte Ziel, wird er möglicherweise als Prüfer eine Anwaltskanzlei gegenüber einem Wirtschaftsprüfer bevorzugen.

Das IDW hat – als Reaktion auf das o.g. BMF-Schreiben vom 23.05.2016 – am 31.05.2017 den Praxishinweis 1/2016 zur Ausgestaltung und Prüfung eines Tax Compliance Systems (Tax CMS) gemäß IDW PS 980 veröffentlicht. Das BMF hat darin zur Frage der Abgrenzung einer Berichtigung von einer Selbstanzeige Stellung genommen und erstmalig den Begriff eines „innerbetrieblichen Kontrollsystems" verwendet. Demnach könne die Einrichtung eines innerbetrieblichen Kontrollsystems, das der Erfüllung steuerlicher Pflichten dient, gegebenenfalls ein Indiz darstellen, welches gegen das Vorliegen eines Vorsatzes oder einer Leichtfertigkeit sprechen kann (vgl. Breimann/Schwetzel: Prüfung von Tax Compliance Management Systemen nach IDW PS 980: Prüfungsarten, Prüfungsvorgehen und Wirkung des Testats, in: DStR: 48/2017, S. 2626 ff.).

Unabhängig von der Frage, ob es sich bei einer CMS-Prüfung um eine genuine Aufgabe von Juristen oder eher um eine betriebswirtschaftliche Analyse der Organisationsstruktur (oder beides?!) handelt, kommt einer CMS-Prüfung – nicht erst seit der Debatte um den **Entwurf eines Gesetzes zur Einführung der strafrechtlichen Verantwortlichkeit von Unternehmen und sonstigen Verbänden (VerbStrG)** des nordrheinwestfälischen Justizministers – in der Praxis zwischenzeitlich eine wahrnehmbare Bedeutung zu.

Vielen Dank für Ihre Aufmerksamkeit.

> Vortragszeit: 1/10 Minuten

Vortrag 47
Das Risikomodell nach ISA 300, 315 und 330 (Prüfungswesen)

Sehr geehrte/r Frau/Herr Vorsitzende/r, sehr geehrte Prüfungskommission,
aus den mir zur Auswahl gestellten Themen habe ich mich für das Thema „**Das Risikomodell nach ISA 300, 315 und 330**" entschieden. Meinen Vortrag gliedere ich wie folgt:

I.	Grundlagen und ISA-Transformation
II.	Das ISA-Risikomodell
III.	Skalierungsmöglichkeiten
IV.	Fazit

> Vortragszeit: 0,5 Minuten

I. Grundlagen und ISA-Transformation

Die EU-Reform der Abschlussprüfung ging im Wesentlichen von dem Grünbuch der EU-Kommission "Weiteres Vorgehen im Bereich der Abschlussprüfung: Lehren aus der Krise" aus. Mit der 8. EU-Richtlinie und der neuen EU-Abschlussprüfer-Verordnung trat diese Reform zwischenzeitlich in Kraft. In diesem Zusammenhang ist insbesondere die einheitliche Anwendung der internationalen Standards vorgesehen. Die International Standards on Auditing (ISA) wurden schon in der Vergangenheit fortlaufend in die IDW-Prüfungsstandards transformiert. Nach § 317 Abs. 5 HGB hat der Abschlussprüfer die internationalen Prüfungsstandards anzuwenden, die von der Europäischen Kommission im Rahmen eines sog. Komitologieverfahrens angenommen worden sind.

Die Annahme eines internationalen Prüfungsstandards durch die EU-Kommission setzt u.a. voraus, dass dieser in einem einwandfreien Verfahren mit angemessener öffentlicher Aufsicht und Transparenz erstellt wurde und international allgemein anerkannt ist, zu einem hohen Maß an Glaubwürdigkeit und Qualität beim Jahresabschluss und beim Konzernabschluss beiträgt und dem Gemeinwohl innerhalb der EU dient (vgl. Schmidt/Almeling, in: BeBiKo, § 317, Tz. 91). Die Mitgliedstaaten können nationale Prüfungsstandards solange anwenden, wie die Kommission für denselben Bereich keine internationalen Prüfungsstandards angenommen hat (vgl. Schmidt/Almeling, in: BeBiKo, § 317, Tz. 92). Sofern sich die Anwendungsbereiche der von der EU übernommenen ISA und der Prüfungsstandards des IDW überschneiden, ist aufgrund der gesetzlichen Bindungswirkung des § 317 Abs. 5 HGB in jedem Fall die Regelung des ISA (und nicht die Regelung des IDW) zu beachten (vgl. Schmidt/Almeling, in: BeBiKo, § 317, Tz. 93).

Schon jetzt werden gesetzliche Abschlussprüfungen in Deutschland unter mittelbarer Anwendung der ISA durchgeführt, weil das Institut der Wirtschaftsprüfer in Deutschland e.V. (IDW) die ISA-Anforderungen nach eigenem Bekunden in den eigenen Standards berücksichtigt hat, soweit keine gesetzlichen Regelungen entgegenstehen. Mittlerweile werden die ISA in die vom IDW festgestellten deutschen Grundsätze ordnungsmäßiger Abschlussprüfung (GoA) integriert. In Zukunft bestehen die deutschen Grundsätze ordnungsmäßiger Abschlussprüfung aus ISA, die in die deutsche Sprache übersetzt und um zwingende nationale Anforderungen modifiziert werden (sog. ISA (DE)) in bestimmten Bereichen weiterhin aus den Prüfungsstandards des IDW (vgl. Gewehr/Moser: Zur künftigen Anwendung der ISA in Deutschland, in: WPg 04.2018, 193-198, 198). Im Verlauf des Jahres 2018 wurden bereits Standardentwürfe nach Verabschiedung durch den HFA vom IDW veröffentlicht.

Die erstmalige Pflicht zur Anwendung dieser neuen Prüfungsstandards ist im Regelfall für Prüfungen im Jahr 2020 von Abschlüssen für Berichtszeiträume vorgesehen, die am oder nach dem 15.12.2018 beginnen (d.h. im Regelfall Abschlüsse des Geschäftsjahres 2019).

Vortragszeit: 3,0/3,5 Minuten

II. Das ISA-Risikomodell

Bei der Planung einer Abschlussprüfung muss der Abschlussprüfer nach ISA 300.7 seine Prüfungsstrategie nach Art, Umfang und Zeitpunkt entwickeln und sein darauf aufbauendes Prüfungsprogramm festlegen. In seinem Prüfungsprogramm legt der Abschlussprüfer die geplanten Prüfungshandlungen zur Risikobeurteilung nach ISA [DE] 315 (Revised) "Identifizierung und Beurteilung der Risiken wesentlicher falscher Darstellungen aus dem Verständnis von der Einheit und ihrem Umfeld" und die prüferischen Reaktionen nach ISA [DE] 330 "Reaktionen des Abschlussprüfers auf beurteilte Risiken" fest.

Das Ziel des Abschlussprüfers besteht nach ISA [E-DE] 315 (Revised) darin, aus dem Verständnis von dem Unternehmen und seinem Umfeld, einschließlich ihres IKS, die Risiken wesentlicher falscher Darstellungen aufgrund von dolosen Handlungen oder Irrtümern – stufenweise - auf Abschluss- und Aussageebene zu identifizieren und zu beurteilen, um dadurch eine Grundlage für die Planung und Umsetzung von Reaktionen auf die beurteilten Risiken wesentlicher Darstellungen zu schaffen (ISA [DE] 315 (Revised), Tz. 3). Um die entsprechenden Prüfungshandlungen überhaupt mit der notwendigen Eigenverantwortung planen und durchführen zu können, muss der Abschlussprüfer beide Ebenen („financial statement level" und „assertion level") verstehen (vgl. Krommes: Kommentar International Standards on Auditing – The Risks of Material Missstatement – Das Aufklärungsmodell des ISA 315, Wiesbaden 2018, Tz. 15).

Das zu gewinnende Verständnis von dem Unternehmen und seinem Umfeld umfasst nach ISA [E-DE] 315 (Revised), Tz. 11, relevante branchenbezogene, rechtliche und andere Faktoren, einschließlich der maßgebenden Rechnungslegungsgrundsätze, aber auch die Merkmale des Unternehmens selbst, inklusive seiner Geschäftstätigkeit, seiner Eigentümer-, Führungs- und Überwachungsstruktur, der Arten von derzeitigen und geplanten Investitionen einschließlich von Beteiligungen an Zweckgesellschaften sowie die Art, auf welche das Unternehmen organisiert und finanziert ist. Hierdurch wird der Abschlussprüfer in die Lage versetzt, diejenigen Arten von Geschäftsvorfällen, Kontensalden sowie Angaben zu verstehen, die im Abschluss zu erwarten sind. Auch muss der Abschlussprüfer ein Verständnis von den seitens des Unternehmens ausgewählten und angewendeten Rechnungslegungsmethoden einschließlich der Gründe für gegebenenfalls vorgenommene Änderungen gewinnen. Zudem muss der Abschlussprüfer beurteilen, ob die angewandten Rechnungslegungsmethoden für die Geschäftstätigkeit des Unternehmens angemessen und mit den in derselben Branche angewendeten Rechnungslegungsmethoden vereinbar sind.

Weiterhin richtet sich die Gewinnung des Verständisses ISA [E-DE] 315 (Revised) auf die Ziele und Strategien des Unternehmens sowie die damit verbundenen Geschäftsrisiken, welche Risiken falscher Darstellungen zur Folge haben können und auf die Messung und Überwachung des wirtschaftlichen Erfolgs des Unternehmens. Aus dem Geschäftsrisiko eines schrumpfenden Kundenstammes kann beispielsweise das Risiko falscher Darstellungen in Form von Erfassungen fiktiver Umsatzerlöse bzw. der unzutreffenden Bewertung von Forderungen liegen.

Das Prüfungsrisiko wird auch nach den ISA in das Fehlerrisiko (welches aus dem inhärenten Risiko und Kontrollrisiko besteht) und das Entdeckungsrisiko unterteilt. Zur Gewinnung des notwendigen Verständnisses von dem IKS des Unternehmens und seiner Komponenten (das Kontrollumfeld, das Risikobeurteilungsprozess des Unternehmens, das Rechnungslegungsbezogene Informationssystem – inklusive der damit verbundenen Geschäftsprozesse und der Kommunikation – die für die Abschlussprüfung relevanten Kontrollen und die Überwachung von Kontrollen), führt der Abschlussprüfer Befragungen der Mitarbeiter und weitere Prüfungshandlungen durch.

Die Identifizierung und Beurteilung der Risiken wesentlicher falscher Darstellungen umfasst Risiken, die sich auf den Abschluss als Ganzes auswirken, wie beispielsweise durch Außerkraftsetzung des IKS durch das Management („Management Override"). Bedenken hinsichtlich der Integrität des Managements des geprüften Unternehmens können im Extremfall so gravierend sein, dass sich der Abschlussprüfer zur Ablehnung des Prüfungsauftrags gehalten sieht. Bei einer gesetzlichen Abschlussprüfung kommt die Niederlegung eines bereits begonnenen Auftrags nach § 318 Abs. 6 HGB nur aus wichtigem Grund in Betracht (vgl. ISA [E-DE] 315 (Revised), Tz. D.A.125.1). Risiken auf Aussageebene beziehen sich dagegen auf Arten von Geschäftsvorfällen, Kontensalden sowie Anhangangaben. Diese werden nach den ISA strikt von den Risiken auf Abschlussebene identifiziert und gewürdigt.

Anschließend werden die beurteilten Risiken für wesentliche falsche Darstellungen in bedeutsame Risiken (ISA [E-DE] 315.27-29) und Risiken, bei denen aussagebezogene Prüfungshandlungen alleine nicht ausreichen (ISA [E-DE] 315.30) sowie sonstige Fehlerrisiken klassifiziert. Bedeutsame Risiken erfordern besondere Beachtung. So handelt es sich dabei häufig um Nicht-Routinetransaktionen oder Sachverhalte mit großem Ermessensspielraum (bspw. Schätzwerte). Die Umsatzrealisierung ist stets ein bedeutsames Risiko. Wird von dieser Risikoeinschätzung abgewichen, sind die Gründe dafür sorgfältig zu dokumentieren.

Da Prüfungshandlungen zur Risikobeurteilung allein keine ausreichend geeigneten Prüfungsnachweise als Grundlage für das Prüfungsurteil liefern, werden mit dem ISA [E-DE] 330 die "Reaktionen des Abschlussprüfers auf beurteilte Fehlerrisiken" dargestellt. Von allgemeinen Reaktionen auf die beurteilten Fehlerrisiken werden darin Prüfungshandlungen als Reaktion auf die beurteilten (speziellen) Risiken wesentlicher falscher Darstellungen auf Aussageebene (Funktionsprüfungen und aussagebezogene Prüfungshandlungen) unterschieden. Zu den allgemeinen Reaktionen zählen die kritische Grundhaltung, gegebenenfalls der Einsatz von Spezialisten im Prüfungsteam, auftragsbezogene Qualitätssicherungsmaßnahmen, Durchführung überraschender Prüfungshandlungen. Auf Aussageebene lassen sich Funktionsprüfungen (ISA [E-DE] 330.8-17), analytische Prüfungshandlungen und Einzelfallprüfungshandlungen (ISA [E-DE] 330.18-23) unterscheiden.

Die erstmalige Pflicht zur Anwendung der ISA [DE] 300, 315, 330 ist im Regelfall für Prüfungen im Jahr 2021 von Abschlüssen für Berichtszeiträume vorgesehen, die am oder nach dem 15.12.2019 beginnen (d.h. im Regelfall Abschlüsse des Geschäftsjahres 2020).

Vortragszeit: 4,5/8 Minuten

III. Skalierungsmöglichkeiten

Da sich die Gewinnung eines Verständnisses über die internen Kontrollen bei kleinen und mittleren Unternehmen (KMU) gelegentlich durchaus einfach gestalten kann, bestehen zumindest in derartigen Fällen deutliche Skalierungsmöglichkeiten. Zum anderen können auch nach ISA [E-DE] 315 (Revised) langjährige Mandatsbeziehungen aufgrund des zwischenzeitlich gewonnenen Verständnisses von dem Unternehmen und seinem Umfeld dazu führen, dass vermehrt Informationen aus vorangegangenen Prüfungen verwertet werden können. Dieses setzte jedoch voraus, dass sich zwischenzeitlich insoweit keine Veränderungen ergeben haben. Gemessen an der Geschwindigkeit im Bereich des Fortschrittes der Digitalisierung wird somit deutlich, dass Geschäftsprozesse in vielen Unternehmen mit entsprechendem Tempo weiterentwickelt werden.

Mit dem IDW PH 9.100.1 geht speziell für die Prüfung von KMU der explizite Hinweis einher, dass die Größe und die Komplexität den Umfang der Prüfungsplanung, der Feststellung und Beurteilung von Fehlerrisiken, die Festlegung und Durchführung von Prüfungshandlungen als Reaktion auf die beurteilten Fehlerrisiken und den Umfang der Arbeitspapiere bestimmen (vgl. IDW PH 9.100.1 (Stand: 29.11.2016), Tz. 20).

Skalierungsmöglichkeiten ergeben sich nach ISA [E-DE] 330 auch durch den Einsatz von sog. „Dual-Purpose-Tests", bei denen Funktionsprüfungen mit Einzelfallprüfungen kombiniert werden. Wenn bereits Funktionsprüfungen durchgeführt wurden, können wiederum analytische aussagebezogene Prüfungshandlungen ausreichend sein.

> Vortragszeit: 1/9 Minuten

IV. Fazit

Die ISA-Transformation ist nicht neu, wurden diese Standards doch in Deutschland bereits in der Vergangenheit – jedenfalls mittelbar – angewendet. Mit der Integration der ISA in die vom IDW festgestellten deutschen Grundsätze ordnungsmäßiger Abschlussprüfung (GoA) gehen nach Gewehr/Moser (a.a.O., S. 198) keine materiellen Änderungen bei der Planung und Durchführung der Abschlussprüfung oder der Berichterstattung darüber einher. Neu ist der Wechsel der Strategie des IDW weg von der Transformation der ISA in IDW Prüfungsstandards und stattdessen hin zu der direkten Integration der ISA in die ISA [DE].

Während Lenz (vgl. BB 37/2017, S. 1) die Wirtschaftsprüferkammer auffordert, die ISA als rechtlich verbindliche Normen in das deutsche Recht zu übernehmen, argumentieren Gewehr/Moser (a.a.O., S. 195) dahingehend, dass eine vollständige ISA-Übernahme aufgrund bestehender gesetzlicher Regelungen in Deutschland nicht möglich sei. Welche Auffassung auf lange Sicht zu überzeugen vermag, bleibt angesichts fortlaufender Harmonisierungsbestrebungen auf der einen Seite, bei gleichzeitig spürbarer „Desintegrationsentwicklungen" auf der anderen Seite (bspw. Brexit, zunehmende Auswirkungen von verschärften globalen Handelskonflikten und geopolitische Risiken, etc.) abzuwarten.

In diesem Sinne ist das ISA-Risikomodell im Grunde bereits heute eigentlich ein „alter Bekannter", denn es deckt sich im Wesentlichen mit den Anforderungen des risikoorientierten Prüfungsansatzes nach IDW PS 230, IDW PS 240 und IDW PS 261.

Nur ein umfassendes Verständnis des Abschlussprüfers von dem geprüften Unternehmen und seine Einschätzung der dort jeweils zuständigen Personen versetzt ihn nach Krommes in die Lage, ein ausgewogenes und Sicherheit vermittelndes Urteil über die Qualität des geprüften Abschlusses abzugeben (Krommes, a.a.O., S. VII f.). Der Abschlussprüfer muss „einen langen Weg" gehen, „um von sich behaupten zu können, dass er die Lage und Entwicklung des Unternehmens aufgrund gespannter Aufmerksamkeit auch wirklich begriffen hat."

Vielen Dank für Ihre Aufmerksamkeit.

> Vortragszeit: 1/10 Minuten

Vortrag 48
Die Bedeutung der integrierten Unternehmensplanungsrechnung (Prüfungswesen)

Sehr geehrte/r Frau/Herr Vorsitzende/r, sehr geehrte Prüfungskommission,
aus den mir zur Auswahl gestellten Themen habe ich mich für das Thema „**Die Bedeutung der integrierten Unternehmensplanungsrechnung**" entschieden. Meinen Vortrag gliedere ich wie folgt:

I.	Planungsanlässe
II.	Gesetzliche Grundlagen und Berufsstandards
III.	Entwicklung eines integrierten Planungsmodells
IV.	Fazit

> Vortragszeit: 0,5 Minuten

I. Planungsanlässe

Unter **Planung** wird die gedankliche Vorwegnahme und aktive Gestaltung zukünftiger Ereignisse verstanden (Perridon/Steiner/Rathgeber, Finanzwirtschaft der Unternehmung, 15. Auflage, München 2009, 631). Im Rahmen einer integrierten Unternehmensplanung wird die **Plan-Finanzrechnung** (Liquiditätsplanung) in die regelmäßig vorhandenen Planungsinstrumente einbezogen und damit eine Verbindung zur **Erfolgs- und Vermögensplanung (Plan-Gewinn- und Verlustrechnung und Plan-Bilanz)** hergestellt. Hinsichtlich für die Zukunft prognostizierter Geschäftsvorfälle wird somit auch deren künftige Liquiditätswirkung berücksichtigt (vgl. Chmielewicz, Finanz- und Erfolgsplanung, Stuttgart 1972).

In Abhängigkeit von der jeweiligen Unternehmenssituation kann eine Unternehmensplanungsrechnung ganz unterschiedlichen Zwecken dienen: Bereits im Zuge einer **Existenzgründung** bildet ein integriertes Planungsmodell das „Herzstück" eines vollständigen und aussagekräftigen **Businessplans**. Nach erfolgreicher Gründung dient dem Unternehmer im Idealfall eine integrierte Planung als Soll-Objekt für den laufenden Soll-Ist-Vergleich mithin zu internen Steuerungszwecken im Rahmen seines **operativen Controllings**. Im Laufe der Zeit treten erfahrungsgemäß immer wieder Situationen ein, in denen eine **Kapitalbeschaffung** erforderlich ist. Dieser geht im Regelfall eine Prüfung der Kapitaldienstfähigkeit durch die jeweiligen Eigen- oder Fremdkapitalgeber voraus. Ohne das Vorhandensein belastbarer Planzahlen ist dieses jedoch kaum zuverlässig möglich. Daher ist eine **integrierte Unternehmensplanungsrechnung** auch typischer Bestandteil eines **Credit Ratings** (Wambach/Rödl, Rating, Frankfurt 2001, 150 f.).

Gerät ein Unternehmen in eine mehr oder minder schwere wirtschaftliche **Krisensituation**, die – aus den unterschiedlichsten Gründen – bis zum Stadium der Insolvenznähe reichen kann, ist von den Verantwortlichen (Geschäftsführung, Vorstand) zur Abwendung der Krise unter Berücksichtigung ihrer kaufmännischen Sorgfaltspflichten (§ 93 Abs. 1 AktG, § 43 Abs. 1 GmbHG) zeitnah ein tragfähiges **Sanierungskonzept** zu erstellen und umzusetzen. Kernbestandteil eines solchen Konzepts ist nach **IDW S 6 – Anforderungen an die Erstellung von Sanierungskonzepten** (Stand: 16.05.2018) – ein integrierter Unternehmensplan (vgl. IDW S 6, Tz. 11).

Unabhängig von der Vielzahl denkbarer Bewertungsanlässe (Umwandlungen, Squeeze Out, Kauf oder Verkauf von Unternehmen oder Beteiligungen an Kapitalgesellschaften, Gesellschafterwechsel bei Personengesellschaften, usw.) hängt nicht zuletzt auch die Güte einer vorgenommenen **Unternehmensbewertung** – neben der Qualität der im Rahmen einer zuvor durchgeführten Unternehmensanalyse gewonnenen Erkenntnisse über vorhandene Stärken und Schwächen sowie der künftigen Potentiale und Risiken – von der Qualität der Zukunftsprognose ab. Erfolgsorientierte Bewertungsverfahren erfordern sowohl eine Prognose zukünftiger Cashflows als auch Bestandsgrößen, wie beispielsweise den Marktwert des Fremdkapitals für die Gewichtung der Kapitalkosten (vgl. Seppelfricke, Handbuch Aktien- und Unternehmensbewertung, 3. Auflage, Stuttgart 2007, 241 ff., 305). Im Regelfall wird daher eine integrierte Planung – bestehend aus **Plan-Gewinn- und Verlustrechnungen, Plan-Bilanzen** und **Plan-Kapitalflussrechnungen** – vorgenommen, denn der Wert eines Unternehmens ergibt sich nicht aus den Erfolgen der Vergangenheit sondern aus denen der Zukunft.

> **Vortragszeit: 2,5/3 Minuten**

II. Gesetzliche Grundlagen und Berufsstandards

So vielfältig geartet, wie die möglichen Planungsanlässe, sind auch deren Grundlagen innerhalb der Gesetze und Berufsstandards. Nach § 90 Abs. 1 Nr. 1 AktG hat der Vorstand einer Aktiengesellschaft dem Aufsichtsrat über die beabsichtigte Geschäftspolitik und andere grundsätzliche Fragen der **Unternehmensplanung** (insbesondere die Finanz-, Investitions- und Personalplanung) zu berichten, wobei auf Abweichungen der tatsächlichen Entwicklung von früher berichteten Zielen unter Angabe von Gründen einzugehen ist. Durch den Einsatz einer integrierten Unternehmensplanung lässt sich u.E. diesem Anspruch des Gesetzgebers vollumfänglich gerecht werden.

Aus handelsrechtlicher Sicht bildet § 252 Abs. 1 Nr. 2 HGB eine zentrale Vorschrift in diesem Kontext. Bei der Bewertung ist danach von der **Fortführung der Unternehmenstätigkeit** auszugehen, sofern dem nicht rechtliche oder tatsächliche Gegebenheiten entgegenstehen (sog. **Going-Concern-Prinzip**). Ob dieser grundlegenden Annahme nun tatsächliche (beispielsweise das Bestehen wirtschaftlicher Schwierigkeiten, wie sie etwa bei hälftigem Verlust des Kapitals offenkundig werden) oder rechtliche Gegebenheiten (Vorliegen eines Insolvenzgrundes) entgegenstehen, kann im Detail regelmäßig nur mithilfe einer integrierten Unternehmensplanung beurteilt werden. Aufschluss über die Vorgehensweise zur **Beurteilung des Vorliegens von Insolvenzeröffnungsgründen** bietet der **IDW Standard S 11** (IDW Standard: Beurteilung des Vorliegens von Insolvenzeröffnungsgründen (IDW S 11); (Stand: 22.08.2016)). Dieser Berufsstandard basiert übrigens im Wesentlichen auf Grundsätzen, die der Bundesgerichtshof in seiner Rechtsprechung zu dieser Frage aufgestellt hat. Der Standard unterscheidet – der Insolvenzordnung folgend – zwischen der **Beurteilung eingetretener Zahlungsunfähigkeit** (§ 17 InsO) als allgemeinem Eröffnungsgrund und der **Beurteilung des Vorliegens einer Überschuldung** (§ 19 InsO) als zusätzlichem Eröffnungsgrund für juristische Personen.

Die Beurteilung eingetretener Zahlungsunfähigkeit erfolgt im Wesentlichen anhand eines **Finanzstatus**, in dem die verfügbaren liquiden Mittel des Unternehmens dessen (sämtlichen) fälligen Verbindlichkeiten gegenübergestellt werden. Für den Fall, dass der Finanzstatus eine Liquiditätslücke ergibt, ist der Status um die erwarteten Ein- und Auszahlungen in einem ausreichend detaillierten Finanzplan auf Basis einer nach betriebswirtschaftlichen Grundsätzen durchzuführenden und ausreichend zu dokumentierenden Unternehmensplanung fortzuschreiben. Nicht nur kurzfristige Finanzpläne sind auf der Basis einer **integrierten Unternehmensplanung** – bestehend aus einer **Erfolgs-, Vermögens- und Liquiditätsplanung** – von der dafür verantwortlichen Unternehmensleitung zu erstellen.

Im Zuge der **zweistufigen Überschuldungsprüfung** sind die Überlebenschancen auf der ersten Stufe mittels einer **Fortbestehensprognose** zu beurteilen. Dabei handelt es sich um das wertende Gesamturteil über die Lebensfähigkeit des Unternehmens in der vorhersehbaren Zukunft. Getroffen wird dieses Gesamturteil auf der Grundlage des Unternehmenskonzepts und des **von der integrierten Unternehmensplanung abgeleiteten Finanzplans** (IDW S 11, Tz. 54 und 59).

Im Bereich des Handelsrechts ist in diesem Kontext darüber hinaus § 289 HGB betreffend den **Lagebericht** relevant, der von mittelgroßen und großen Kapitalgesellschaften aufzustellen ist. In dem Lagebericht ist im Rahmen des sog. **Prognoseberichts** auch die voraussichtliche Entwicklung mit ihren wesentlichen Chancen und Risiken zu beurteilen und zu erläutern; zugrundeliegende Annahmen sind anzugeben (§ 289 Abs. 1 Satz 4 HGB). Das Unternehmen soll also unter Offenlegung der Prognoseprämissen darlegen, welchen Geschäftsverlauf es in der Zukunft erwartet.

Das Deutsche Rechnungslegungs Standard Committee (DRSC) hat im Jahr 2012 den neuen **DRS 20 (Konzernlagebericht)** verabschiedet. Obwohl primär für die Konzernrechnungslegung entwickelt, entfalten die DRS durchaus auch für den Einzelabschluss (und Lagebericht) insoweit Bedeutung, als mitunter auch Regelungen zu Fragen enthalten sind, die in gleicherweise sowohl Einzel- als auch Konzernabschlüsse berühren (vgl. Baetge/Kirsch/Thiele, Bilanzen, 10. Auflage Düsseldorf 2009, 49).

Da eine wesentliche Änderung des DRS 20 gegenüber den beiden Vorläufern DRS 15 und DRS 5 in der **Erhöhung der Prognosegenauigkeit** (bei gleichzeitiger Verkürzung des Prognosezeitraums auf ein Jahr) liegt und die berichteten Prognosen im Wirtschaftsbericht des Folgejahres mit der tatsächlichen Entwicklung zu vergleichen sind (DRS 20.57), wird u.E. hierdurch auch die Bedeutung der integrierten Unternehmensplanungsrechnung – zumindest implizit – erhöht.

> **Vortragszeit: 3,5/6,5 Minuten**

III. Entwicklung eines integrierten Planungsmodells

Unabhängig von der Zuordnung der Planungsprozesse zu den hierarchischen Ebenen innerhalb des Unternehmens („**Top-down-Planung**" oder „**Bottom-up-Planung**") bilden die längerfristige Unternehmensplanung und die gegenwärtige Unternehmenssituation ihren Ausgangspunkt. Da alle Ein- und Auszahlungen des Unternehmens aus Geschäftsvorfällen aus dessen realwirtschaftlichen Bereich resultieren, sind zunächst die jeweiligen Teilpläne (Absatz-, Produktions-, Einkaufs-, Investitions- und Personalplanung) zu generieren.

Hervorzuheben ist an dieser Stelle besonders die gegenseitige Abhängigkeit der betrieblichen Funktionsbereiche. In der Praxis werden diese Funktionsbereiche daher regelmäßig, gegebenenfalls auch Kunden und Lieferanten („**Supply-Chain-Management-Gedanke**"), mit dem Ziel eng in die Planung einbezogen, einen effizienten Ressourceneinsatz sicherzustellen und ein größtmögliches Maß an Planungssicherheit erreichen zu können. Die Teilpläne werden zweckmäßigerweise beginnend mit deren Engpassbereich generiert. Typischerweise ist dieses der Absatzbereich. Erst darauf folgen Produktions-, Einkaufs-, Investitions- und Personalplanung.

Aus den realwirtschaftlichen Plänen werden anschließend die erfolgswirtschaftlichen Konsequenzen, die in **der Plan-Gewinn- und Verlustrechnung** sowie der **Plan-Bilanz** abgebildet werden, ebenso abgeleitet, wie die finanzwirtschaftlichen Konsequenzen. Die **Finanzplanung** dient nicht zuletzt der Feststellung des erforderlichen Kapitalbedarfs sowie der Abstimmung des zu beschaffenden Kapitals nach Art, Umfang und Verfügungsdauer und zwar dergestalt, dass die Liquidität im Planungszeitraum jederzeit sichergestellt wird („**Treasury-Management**"); (vgl. Volkart, Corporate Finance, 5. Auflage, Zürich 2011, 1013 ff.).

Durch Anwendung anerkannter Planungsgrundsätze und -prinzipien wird eine robuste Planung sichergestellt: Die **Unternehmensplanung** muss vollständig sein, d.h. alle wesentlichen Geschäftsvorfälle müssen einbezogen werden. Darüber hinaus müssen die getroffenen Prämissen plausibel, die enthaltenen Angaben zutreffend und nicht nur rechnerisch richtig entwickelt, sondern im Verhältnis zu den vorhandenen Erkenntnissen auch widerspruchsfrei, also schlüssig und intersubjektiv nachvollziehbar sein. Diese **Mindestanforderungen** an **eine ordnungsmäßige Planung** hat der Bund Deutscher Unternehmensberater – BDU in dem Leitfaden **Grundsätze ordnungsmäßiger Planung (GoP)** bereits seit Jahren zusammengeführt. Im Wesentlichen werden die GoP auch vom Institut der Wirtschaftsprüfer in den beiden Standards IDW ES 6 n.F. und IDW S 11 aufgegriffen (IDW S 6, Tz. 72 ff. und IDW S 11, Tz. 8 ff.). Im Jahr 2017 hat nun auch das IDW einen Praxishinweis zu der Beurteilung einer Unternehmensplanung bei Bewertung, Restrukturierung, Due Diligence und Fairness Opinion (IDW Praxishinweis 2/2017) (Stand: 02.01.2017) verabschiedet, der – was wenig überraschend ist – durchaus Parallelen zu den GoP des BDU aufweist.

Bei der **Erstellung einer integrierten Unternehmensplanung** ist dem Praktiker der Einsatz einer Software-Unterstützung unbedingt zu empfehlen. Auf diese Weise lassen sich verschiedene Szenarien (**worstcase, realcase, bestcase**) mit Eintrittswahrscheinlichkeiten zuverlässiger durchspielen. Für den Modulator einer integrierten Unternehmensplanungsrechnung bietet sich eine ganze Bandbreite möglicher Softwareunterstützung an, die von dem in der Praxis im Mittelstand häufig hierfür eingesetzten „Microsoft Excel" bis hin zu Produkten wie „SAP Financial Supply Chain Management" reichen. Anzumerken bleibt in diesem Zusammenhang jedoch, dass dem Anspruch nach der Verwendung möglichst exakter Daten durch die immanente Unsicherheit von Zukunftsinformationen stets Grenzen gesetzt bleiben werden.

> **Vortragszeit: 2,5/9 Minuten**

IV. Fazit

Die vielseitige Bedeutung einer integrierten Unternehmensplanung beruht u.E. – neben der Erfüllung gesetzlicher Verpflichtungen – zuvorderst auf ihrem großen Nutzen für das Unternehmen selbst. So dient sie einer verantwortungsbewussten Unternehmensleitung als wesentliche Informationsquelle, im Idealfall nicht erst in der Unternehmenskrise sondern bereits als Standardrepertoire – zum Beispiel im Rahmen des **Treasury-Managements**.

Abschlussprüfer haben nicht nur nach § 317 Abs. 2 Satz 2 HGB auch zu prüfen, ob die Chancen und Risiken der künftigen Entwicklung im Lagebericht zutreffend dargestellt sind, sondern – im Rahmen der sog. **Vorwegberichterstattung** im Prüfungsbericht – auch über Tatsachen zu berichten, die den Bestand des Unternehmens (oder Konzerns) gefährden oder seine Entwicklung wesentlich beeinträchtigen können. Darüber hinaus haben sie nach § 322 Abs. 2 Satz 3 HGB im **Bestätigungsvermerk** auf Risiken gesondert hinzuweisen, die den Fortbestand des Unternehmens (oder eines Konzernunternehmens) gefährden. Von mindestens ebenso grundlegender Bedeutung ist in diesem Zusammenhang die Frage der Beurteilung einer zutreffenden Anwendung des **Going-Concern-Prinzips**.

Spätestens in Zweifelsfällen versetzt das Vorhandensein einer fundierten integrierten Unternehmensplanung die Unternehmensleitung ebenso wie den Abschlussprüfer in eine günstige Situation: Während die erstgenannte über ein wirksames Frühwarninstrument verfügt, kann der letztgenannte erst so zu einem substantiierten Prüfungsergebnis gelangen.

Vielen Dank für Ihre Aufmerksamkeit.

> Vortragszeit: 1/10 Minuten

Vortrag 49
Zusammenwirken von handelsrechtlicher Fortführungsannahme und insolvenzrechtlicher Fortbestehensprognose (Prüfungswesen)

Sehr geehrte/r Frau/Herr Vorsitzende/r, sehr geehrte Prüfungskommission,
aus den mir zur Auswahl gestellten Themen habe ich mich für das Thema **„Zusammenwirken von handelsrechtlicher Fortführungsannahme und insolvenzrechtlicher Fortbestehensprognose"** entschieden. Meinen Vortrag gliedere ich wie folgt:

I.	Grundlagen
II.	Going-Concern-Annahme in der Unternehmenskrise
III.	Beurteilung des Vorliegens von Zahlungsunfähigkeit und Überschuldung
IV.	Fazit

> Vortragszeit: 0,5 Minuten

I. Grundlagen

Nach § 252 Abs. 1 Nr. 2 HGB ist bei der **Bewertung der im Jahresabschluss ausgewiesenen Vermögensgegenstände und Schulden** von der **Fortführung der Unternehmenstätigkeit** auszugehen, sofern nicht rechtliche oder tatsächliche Gegebenheiten entgegenstehen (sog. **Going-Concern-Prämisse**).

Welche tatsächlichen oder rechtlichen Gegebenheiten der handelsrechtlichen Fortführungsannahme entgegenstehen können, wird vom Gesetzgeber im HGB nicht näher spezifiziert. Klar ist jedoch, dass die gesetzlichen Vertreter – als Adressaten der Norm – bei jeder Aufstellung des Jahresabschlusses über die Berechtigung der Annahme zu entscheiden haben.

Das IDW hat in **IDW PS 270 n.F.** (Stand: 11.07.2018) die Auffassung des Berufsstandes dargelegt, nach der Wirtschaftsprüfer unbeschadet ihrer Eigenverantwortlichkeit die Einschätzung der gesetzlichen Vertreter zur **Fortführungsannahme im Rahmen einer Abschlussprüfung** beurteilen.

Danach können die gesetzlichen Vertreter grundsätzlich von **Going-Concern** ausgehen, wenn das Unternehmen in der Vergangenheit nachhaltige Gewinne erzielt hat, leicht auf finanzielle Mittel zurückgreifen kann, keine bilanzielle Überschuldung droht und die Fortführung des Unternehmens weiterhin beabsichtigt ist (vgl. IDW Standard, Die Beurteilung der Fortführung der Unternehmenstätigkeit im Rahmen der Abschlussprüfung (IDW PS 270, Tz. A8); („**Sonnenscheinkriterien**").

Gemäß dieser Regelvermutung sind bei der Aufstellung des Jahresabschlusses sodann die allgemeinen Bewertungsvorschriften (§§ 252 bis 256a HGB) anzuwenden.

Das Gesetz enthält wiederum keine ausdrückliche Regelung über die Auswirkungen einer **Abkehr vom Going-Concern-Prämisse** auf den handelsrechtlichen Jahresabschluss. Hierzu hat der Hauptfachausschuss des Instituts der Wirtschaftsprüfer im Rahmen seiner entsprechenden Stellungnahme **IDW RS HFA 17** Position bezogen. Tendenziell hat eine Abkehr vom Going-Concern-Prinzip einen Übergang von den allgemeinen Bewertungsregeln hin zu den jeweiligen Einzelveräußerungswerten der Vermögensgegenstände und zur Abbildung von nur in der Unternehmensauflösung begründeten Schulden zur Folge.

Tatsächliche Gegebenheiten, die der Fortführungsannahme entgegenstehen, sind vorrangig wirtschaftliche Schwierigkeiten, wie Zahlungsunfähigkeit und hälftiger Kapitalverzehr. Selbst wenn diese Umstände noch nicht vollends eingetreten sind, kommen als Umstände, welche die Fortsetzung der Unternehmenstätigkeit als zweifelhaft erscheinen lassen, beispielsweise in Betracht: Die **Verhängung politischer Sanktionen gegen wichtige Exportländer** oder ein **plötzlicher Technologieausstieg**. Zu entgegenstehenden rechtlichen Gegebenheiten zählt insbesondere die Eröffnung eines Insolvenzverfahrens, jedenfalls dann, wenn der Unternehmensfortbestand – mangels Entwicklung eines tragfähigen Sanierungskonzeptes (vgl. IDW Standard S 6 „Anforderungen Sanierungskonzepte", 16.05.2018) – ernsthaft gefährdet ist.

Als **Bezugsperiode für die Going-Concern-Prognose** ist ein Zeitraum von mindestens zwölf Monaten, gerechnet von dem Abschlussstichtag des Geschäftsjahres an, zugrunde zu legen. Darüber hinaus dürfen bis zum Abschluss der Aufstellung des Jahresabschlusses keine fundierten Anhaltspunkte dafür vorliegen, dass die Fortführungsannahme zu einem nach dem Aufstellungszeitpunkt liegenden Zeitpunkt nicht mehr aufrechterhalten werden kann. Im Zweifel verlängert sich der Prognosezeitraum.

Bei prüfungspflichtigen Unternehmen gehört die **Anwendbarkeit der Regelvermutung aus § 252 Abs. 1 Nr. 2 HGB** zum Prüfungsgegenstand. Ziel des Abschlussprüfers ist es in diesem Zusammenhang: **erstens** ausreichende geeignete Prüfungsnachweise darüber zu Erlangen, um feststellen zu können, ob die Einschätzung der gesetzlichen Vertreter über die Anwendung des Going-Concern-Prinzips bei der Aufstellung des Abschlusses angemessen ist (vgl. IDW PS 270 n.F., Tz. 14, Buchst. a).

Zweitens beurteilt der Abschlussprüfer, ob eine wesentliche Unsicherheit im Zusammenhang mit Ereignissen oder Gegebenheiten besteht, die bedeutsame Zweifel an der Fähigkeit des Unternehmens zur Fortführung seiner Tätigkeit aufwerfen können (vgl. IDW PS 270 n.F., Tz. 14, Buchst. b). Denn im Ergebnis hat der Abschlussprüfer **drittens** einen Bestätigungsvermerk in Übereinstimmung mit dem IDW PS 400 n.F. („Bildung eines Prüfungsurteils und Erteilung eines Bestätigungsvermerks", Stand: 30.11.2017) und mit dem IDW PS 270 n.F. zu erteilen (vgl. IDW PS 270 n.F., Tz. 14, Buchst. c). Der IDW PS 400 n.F. bildet dabei das Rahmenkonzept, wobei das Prüfungsurteil gegebenenfalls gemäß IDW PS 405 zu modifizieren (d.h. einzuschränken, zu versagen oder die Nichtabgabe zu erklären) ist. Sofern die Going-Concern-Annahme grundsätzlich angemessen ist, jedoch eine wesentliche Unsicherheit hierüber besteht, ist nach IDW PS 270 n.F. ein besonderer Abschnitt zur Erläuterung der wesentlichen Unsicherheit in den Bestätigungsvermerk aufzunehmen. Gegebenenfalls können – anstelle einer Modifizierung des Prüfungsurteils im Bestätigungsvermerk – „Mitteilungen besonders wichtiger Sachverhalte im Bestätigungsvermerk" (IDW PS 401) oder Hinweise im Bestätigungsvermerk (IDW PS 406) erforderlich sein. Viertens hat der Abschlussprüfer im Prüfungsbericht in Übereinstimmung mit dem IDW PS 450 n.F. über gegebenenfalls festgestellte bestandsgefährdende Tatsachen zu berichten (vgl. IDW PS 270 n.F., Tz. 14, Buchst. d).

Vortragszeit: 3/3,5 Minuten

II. Going-Concern-Annahme in der Unternehmenskrise

Liegen die „Sonnenscheinkriterien" **nicht** vor und verfügt das Unternehmen nicht über ausreichend stille Reserven, haben die gesetzlichen Vertreter die Unternehmensfortführung anhand aktueller und hinreichend detaillierter Planungsunterlagen zu untersuchen. Diese beinhalten – soweit erforderlich – auch die Auswirkungen realisierbarer Sanierungsmaßnahmen auf die zukünftige Vermögens-, Finanz- und Ertragslage des Unternehmens.

Indikatoren, die Anlass zum Zweifel an der Fortführungsmöglichkeit geben können, können **finanzielle Umstände** (bspw. Verluste, kurzfristige Schulden übersteigen das Umlaufvermögen, ungünstige Schlüsselkennzahlen, Unsicherheit bei der Refinanzierung fälliger Darlehen oder sogar der Bruch von Covenants), betriebliche Umstände (bspw. Ausscheiden von Führungskräften in Schlüsselpositionen ohne adäquaten Ersatz, Verlust eines Hauptabsatzmarktes, Verlust von Schlüsselkunden/Schlüssellieferanten) oder sonstige Umstände (bspw. Verstöße gegen gesetzliche Vorschriften, anhängige Gerichts- oder Aufsichtsverfahren) sein (vgl. IDW PS 270, Tz. 11).

Selbst das Vorliegen der oben genannten „Sonnenscheinkriterien" entbindet die gesetzlichen Vertreter/Mitglieder des vertretungsberechtigten Organs nicht von der Pflicht zur Planung (§ 90 AktG, § 289 Abs. 1 Satz 4

HGB, § 321 Abs. 1 Satz 3 HGB). So hat der BGH in seiner Rechtsprechung entschieden, dass sich die gesetzlichen Vertreter stets über die wirtschaftliche Lage der von ihnen vertretenen Gesellschaft vergewissern müssen, um Hinweise auf eine Insolvenzgefahr erkennen zu können (vgl. BGH, Urteil vom 14.05.2007, II ZR 48/06, Rn. 16). Dies folgt einerseits bereits aus der **Sorgfaltspflicht des ordentlichen und gewissenhaften Geschäftsleiters**. Andererseits droht den gesetzlichen Vertretern – jedenfalls im Falle einer verspäteten Stellung eines notwendigen Insolvenzantrags – Haftung und Strafe wegen **Insolvenzverschleppung** (§ 15a Abs. 4 InsO). Aus diesem Grund müssen sie im Zweifel in der Lage sein, den Nachweis dafür erbringen zu können, dass eine Insolvenzreife der Gesellschaft rechtzeitig festzustellen.

Je konkreter die Indizien für eine nachteilige wirtschaftliche Entwicklung sind, desto detaillierter müssen die gesetzlichen Vertreter die Auswirkungen derartiger Umstände analysieren, im Rahmen ihrer Unternehmensplanung berücksichtigen und dieses dokumentieren.

In einem **fortgeschrittenen Krisenstadium** (insbesondere während einer Erfolgs- und/oder einer Liquiditätskrise; vgl. IDW S 6 (Stand: 16.05.2018), Tz. 61 f.) ist daher sogar eine **insolvenzrechtliche Fortbestehensprognose** durch das dafür verantwortliche Management zu erstellen, um eine Aussage über das Vorliegen oder Nichtvorliegen der **Insolvenzreife** zu treffen. Zwingende Gründe für die Eröffnung des Insolvenzverfahrens sind **Zahlungsunfähigkeit** (§ 17 InsO) und – bei juristischen Personen auch – **Überschuldung** (§ 19 InsO).

Die insolvenzrechtliche Fortbestehensprognose wird im fortgeschrittenen Krisenstadium somit zum integralen Bestandteil der handelsrechtlichen Fortführungsannahme.

Das Institut der Wirtschaftsprüfer richtet sich mit dem IDW S 11 „Anforderungen an die Beurteilung des Vorliegens von Insolvenzeröffnungsgründen" (Stand: 22.08.2016) – unter Berücksichtigung der einschlägigen Rechtsprechung des Bundesgerichtshofes – sowohl an die gesetzlichen Vertreter als auch an die Berufsträger.

> **Vortragszeit: 3/6,5 Minuten**

III. Beurteilung des Vorliegens von Zahlungsunfähigkeit und Überschuldung

Zunächst einmal müssen die für die **Beurteilung der Insolvenzreife** verwendeten Informationen vollständig, aktuell, verlässlich und schlüssig sein (vgl. IDW Standard: Beurteilung des Vorliegens von Insolvenzeröffnungsgründen (IDW S 11, Tz. 8)). **Vergangenheitsorientierte Informationen** müssen zutreffend aus der Rechnungslegung übernommen worden und plausibel sein. Bei **zukunftsbezogenen Angaben** müssen die zugrunde liegenden Annahmen schlüssig sein. Sie müssen des Weiteren im Hinblick auf die sonst gewonnenen Erkenntnisse widerspruchsfrei sowie sachlich und rechnerisch richtig aus den Ausgangsdaten übernommen worden sein. Durch ein planvolles Vorgehen haben die Beurteilenden die erforderliche Vollständigkeit und Verlässlichkeit der wesentlichen Informationen sicherzustellen.

Der **Prognosezeitraum** erstreckt sich in diesem Kontext in der Regel über das laufende und das nächste Geschäftsjahr. Im Kern zielt die Fortbestehensprognose – im Wege einer Vorausschau über die Zahlungsfähigkeit des Unternehmens – auf dessen Finanzkraft ab.

Nach § 17 Abs. 2 Satz 1 InsO ist ein **Schuldner zahlungsunfähig**, wenn er nicht in der Lage ist, seine fälligen Zahlungsverpflichtungen zu erfüllen. Zahlungsunfähigkeit ist von der bloßen Zahlungsstockung, also einer vorübergehenden Unfähigkeit, die fälligen Verbindlichkeiten vollständig begleichen zu können, abzugrenzen (vgl. BGH, Urteil vom 24.05.2005, IX ZR 123/04). Wenn der Schuldner bereits seine Zahlungen eingestellt hat, ist nach § 17 Abs. 2 Satz 2 InsO in aller Regel Zahlungsunfähigkeit anzunehmen (vgl. BGH, Urteil vom 18.07.2013, IX ZR 143/12). Weitere Beweisanzeichen für das Vorliegen einer Zahlungseinstellung können beispielsweise eine dauerhaft schleppende Zahlungsweise, die Nichtbegleichung von Sozialversicherungsbeiträgen oder Pfändungen und Vollstreckungen sein (vgl. IDW S 11, Tz. 20).

Um Zahlungsunfähigkeit von einer bloßen vorübergehenden Zahlungsstockung abgrenzen zu können, bedarf es der Aufstellung eines **stichtagsbezogenen Finanzstatus** sowie im Anschluss gegebenenfalls eines **zeitraumbezogenen Finanzplans**.

In dem Status werden alle gegenwärtig verfügbaren liquiden Finanzmittel des Unternehmens sowie dessen sämtliche fällige Verbindlichkeiten erfasst und gegenübergestellt. Zu den gegenwärtig verfügbaren Finanzmitteln gehören Barmittel, Bankguthaben, Schecks in der Kasse und nicht ausgeschöpfte und ungekündigte Kreditlinien. **Kurzfristig verfügbare Finanzmittel**, wie beispielsweise erwartete Zahlungszuflüsse aus Kundenforderungen, dürfen erst im Finanzplan berücksichtigt werden. Die Fälligkeit der Verbindlichkeiten bestimmt sich nach allgemeinen Grundsätzen: Bei Fehlen einer rechtsgeschäftlichen Vereinbarung liegt nach § 271 Abs. 1 BGB jedenfalls **sofortige Fälligkeit** vor.

Weist der Finanzstatus zur **Ermittlung der Stichtagsliquidität** aus, dass der Schuldner seine fälligen Zahlungsverpflichtungen erfüllen kann, so ist **keine Zahlungsunfähigkeit** gegeben. Zwar ist in diesem Fall eine Erstellung eines Finanzplanes nicht erforderlich, jedoch hat der Schuldner seine Liquiditätsentwicklung – insbesondere in der Krise – laufend (kritisch) zu beobachten. Ergibt sich aus dem Status des Schuldners eine Liquiditätslücke, so hat er die während des Prognosezeitraums erwarteten Ein- und Auszahlungen zusätzlich in einer **Liquiditätsplanung** zu berücksichtigen. Der erforderliche Detaillierungsgrad (quartals-, monats- oder wochenweise) wird durch die Größe der bestehenden Liquiditätslücke, die Länge des Prognosezeitraums sowie durch Besonderheiten des Einzelfalls (Branche, etc.) bestimmt (vgl. IDW S 11, Tz. 44). Zahlungsunfähigkeit liegt nach der Auffassung des BGH vor, wenn zu erwarten ist, dass eine nach drei Wochen verbleibende Liquiditätslücke von 10 % oder mehr nicht innerhalb „überschaubarer Zeit" geschlossen werden kann (vgl. BGH, Urteil vom 24.05.2005, IX ZR 123/04, Abschn. II. 4.b).

Überschuldung liegt nach § 19 Abs. 2 InsO vor, wenn das Vermögen des Schuldners die bestehenden Verbindlichkeiten nicht mehr deckt. Ihre Prüfung erfordert ein **zweistufiges Vorgehen**: Zuerst sind die Überlebenschancen des Unternehmens mittels einer **Fortbestehensprognose** zu beurteilen. Nur wenn diese negativ ausfällt, sind Vermögen und Schulden des Unternehmens auf der zweiten Stufe in einem **stichtagsbezogenen Status zu Liquidationswerten** gegenüberzustellen. Ergibt der Überschuldungsstatus ein negatives Reinvermögen, so liegt Überschuldung vor, die zur Stellung eines Insolvenzantrags verpflichtet.

Bei **negativer Fortbestehensprognose** und **positivem Reinvermögen** besteht zwar keine Insolvenzantragspflicht, aufgrund der drohenden Zahlungsunfähigkeit (§ 18 InsO) kann jedoch ein Eröffnungsantrag gestellt werden.

> Vortragszeit: 3/9,5 Minuten

IV. Fazit

Das Gesetz selbst enthält keine Details zu der Differenzierung zwischen der Annahme und der Aufgabe des Going-Concern-Prinzips. Nach der Auffassung des XI. Senats beim BGH scheidet für eine Kapitalgesellschaft eine Bilanzierung nach Fortführungswerten bei Bestehen eines Insolvenzgrundes aus, wenn innerhalb des Prognosezeitraumes damit zu rechnen ist, dass das Unternehmen noch vor dem Insolvenzantrag, im Eröffnungsverfahren oder alsbald nach Insolvenzeröffnung stillgelegt wird (vgl. BGH, Urteil vom 26.01.2017, XI ZR 285/14). Insoweit gehört das rechtzeitige Erkennen des Zeitpunktes, zu dem die Unternehmensfortführung in Frage gestellt und gegebenenfalls verworfen wird – nicht zuletzt während einer akuten Unternehmenskrise –, zu den schwierigsten Bilanzierungsfragen überhaupt (vgl. Adams, Das Going-Concern-Prinzip in der Jahresabschlussprüfung, Wiesbaden 2007, 25). Denn im fortgeschrittenen Krisenstadium wird die **Durchführung einer insolvenzrechtlichen Fortbestehensprognose** zum integralen Bestandteil der handelsrechtlichen Fortführungsannahme. Die Beurteilung der von den gesetzlichen Vertretern getroffenen Annahme stellt insofern – jedenfalls in der fortgeschrittenen Unternehmenskrise – regelmäßig auch für den Abschlussprüfer eine besondere Herausforderung im Rahmen der Prüfungsdurchführung dar (vgl. Kaiser, Die Crux mit dem Going Concern – Einige Gedanken zu § 252 Abs. 1 Nr. 2 HGB, in: ZIP 51-52/2012, S. 2478-2489).

Vielen Dank für Ihre Aufmerksamkeit.

> Vortragszeit: 0,5/10 Minuten

Vortrag 50
Zusammenarbeit zwischen Wirtschaftsprüfer und Aufsichtsrat (Prüfungswesen)

Sehr geehrte/r Frau/Herr Vorsitzende/r, sehr geehrte Prüfungskommission,
aus den mir zur Auswahl gestellten Themen habe ich mich für das Thema „**Zusammenarbeit zwischen Wirtschaftsprüfer und Aufsichtsrat**" entschieden. Meinen Vortrag gliedere ich wie folgt:

I.	Einleitung
II.	Auftrag zur Abschlussprüfung durch den Aufsichtsrat
III.	Durchführung der Abschlussprüfung
IV.	Aushändigung des Prüfungsberichts an den Aufsichtsrat und Teilnahme an der Bilanzsitzung des Aufsichtsrats
V.	Fazit

Vortragszeit: 0,5 Minuten

I. Einleitung

Aufgrund mehrerer Bilanzskandale, in den USA **Enron** oder **FannieMae** in Deutschland **IBG** oder **FlowTex** und der Geschehnisse in der Finanz- und Wirtschaftskrise, wird die Frage diskutiert, wie die Kapitalmarktinformationen durch Jahres- und Konzernjahresabschlüsse verbessert und damit die Funktionsfähigkeit der Kapitalmärkte gesichert werden kann. Eine Folge ist, dass kapitalmarktorientierte Unternehmen verpflichtet sind, eine **Corporate-Governance-Erklärung** anzugeben. In der Diskussion stehen ferner Maßnahmen, die die Prüfungsqualität verbessern, die Unabhängigkeit der Wirtschaftsprüfer sicherstellen sowie einen Beitrag zur Erreichung eines effizienteren **Corporate-Governance-Systems** leisten sollen. Der Abschlussprüfer steht dabei vermehrt im Blickpunkt der Öffentlichkeit.

In den USA wurde mit dem **Sarbanes-Oxley-Act** das Ziel einer stärkeren Professionalisierung des Corporate-Governance-Systems verfolgt. Ähnliches verfolgen die Reformvorschläge der EU-Kommission zur Stärkung der Qualität der Corporate Governance. In dem Zusammenhang wurden drei Grünbücher zur Corporate Governance und Abschlussprüfung sowie zwei weitere Regulierungsvorschläge zur Abschlussprüfung veröffentlicht. Das KonTraG bezweckt eine konkretere Beschreibung und Transparenz der Verantwortlichkeiten von Gesellschaftsorganen. Auch die Zusammenarbeit des Wirtschaftsprüfers mit Gesellschaftsorganen hat sich vor diesem Hintergrund verändert. War früher der Vorstand Hauptansprechpartner; so kommt der Zusammenarbeit mit dem Aufsichtsrat verstärkt Bedeutung zu. Der IDW PS 470 n.F.: Grundsätze für die Kommunikation des Abschlussprüfers mit dem Aufsichtsorgan vom 10.10.2017, IDW Life 1/2018, S. 173 ff. regelt die Grundsätze für die Kommunikation des Abschlussprüfers mit dem Aufsichtsorgan. Er gilt sowohl für die Kommunikation mit dem Aufsichtsrat als auch für die Kommunikation mit Beiräten oder anderen Aufsichtsgremien, deren Aufgabenstellung mit der eines Aufsichtsrats vergleichbar ist.

Vortragszeit: 2,5/3 Minuten

II. Auftrag zur Abschlussprüfung durch den Aufsichtsrat

Durch § 111 Abs. 2 Satz 3 AktG, wurden das **Vorschlagsrecht des Abschlussprüfers** sowie die **Erteilung des Prüfungsauftrags vom Vorstand auf den Aufsichtsrat** übertragen.

Dies soll die Unabhängigkeit des Abschlussprüfers stärken und die Mitverantwortung des Aufsichtsrats für die Rechnungslegung unterstreichen. Die Erteilung des Auftrags braucht gem. § 107 Abs. 3 Satz 2 AktG nicht zwangsläufig durch das Aufsichtsratsplenum erfolgen, sondern kann auch an einen Prüfungsausschuss (audit committee) delegiert werden.

Der **Corporate Governance Kodex** empfiehlt, dass der Aufsichtsrat vom Abschlussprüfer im Vorfeld der Unterbreitung des Wahlvorschlags an die Hauptversammlung eine sog. Unabhängigkeitserklärung des Abschlussprüfers einholt. Diese bezieht sich auf die beruflichen, finanziellen oder sonstigen Beziehungen zwischen dem Prüfer und seinen Organen und Prüfungsleitern sowie ggf. dem Netzwerk, dem er angehört. Auf diese Erklärung ist im Rahmen der Ausführungen zum Prüfungsauftrag hinzuweisen. Zudem sollte der Aufsichtsrat bzw. der Prüfungsausschuss mit dem Abschlussprüfer Prüfungsschwerpunkte vereinbaren. Prüfungs- und sonstige Honorare des Abschlussprüfers sind im Anhang gem. § 285 Nr. 17 HGB auszuweisen.

Von § 111 Abs. 2 Satz 3 AktG nicht umfasst sind dagegen solche Tätigkeiten des Abschlussprüfers, die über die Prüfung des Jahresabschlusses hinausgehen. Diese Tätigkeiten werden vom Vorstand in Auftrag gegeben. Allerdings ist der Aufsichtsrat verpflichtet, sich auch hinsichtlich dieser Tätigkeiten über die Unabhängigkeit des Abschlussprüfers zu vergewissern. Nach § 111 Abs. 4 Satz 2 AktG darf der Aufsichtsrat den Abschluss von Beratungsverträgen, die über die Prüfung des Jahresabschlusses hinausgehen, von seiner Zustimmung abhängig zu machen.

Vortragszeit: 2,5/5,5 Minuten

III. Durchführung der Abschlussprüfung

Der Abschlussprüfer hat darauf hinzuweisen, dass die Prüfung unter Beachtung der vom IDW festgestellten Grundsätze ordnungsmäßiger Abschlussprüfung durchgeführt wird. Zur Darstellung des risikoorientierten Prüfungsansatzes wird der Abschlussprüfer insbesondere auf die Bedeutung der Kenntnisse der Geschäftstätigkeit sowie des wirtschaftlichen und rechtlichen Umfelds eingehen und darlegen, welche Konsequenzen daraus für die Schwerpunktbildung der Abschlussprüfung sowie die **Anwendung von Stichprobenverfahren** gezogen wurden. Darzustellen sind rechtliche und wirtschaftliche Besonderheiten, die sich im Geschäftsjahr für die Gesellschaft bzw. den Konzern ergeben haben. Hierzu gehören z.B. bedeutende Akquisitionen, Unternehmensverkäufe, Umwandlungen, Restrukturierungen oder Umstellung der Rechnungslegung. Gegebenenfalls ist auf Besonderheiten im Konzern einzugehen, z.B. die Abgrenzung und/oder die Änderung des Konsolidierungskreises.

Vortragszeit: 1/6,5 Minuten

IV. Aushändigung des Prüfungsberichts an den Aufsichtsrat und Teilnahme an der Bilanzsitzung des Aufsichtsrats

Der Prüfungsbericht hat gemäß § 111 Abs. 1 AktG zentrale Bedeutung bei der Unterstützung des Aufsichtsrats zu der **Erfüllung seines Überwachungsauftrags**. Er ist nach § 170 Abs. 3 Satz 2 AktG grundsätzlich jedem Aufsichtsratsmitglied auszuhändigen.

Der Abschlussprüfer hat auf die **Ordnungsmäßigkeit der Rechnungslegung** und darauf einzugehen, ob der Abschluss insgesamt unter Beachtung der Grundsätze ordnungsmäßiger Buchführung ein den tatsächlichen Verhältnissen entsprechendes Bild der Vermögens-, Finanz- und Ertragslage vermittelt. Ausführliche Erläuterungen sind dann geboten, wenn die Rechnungslegung zu beanstanden ist. Sofern im Konzernabschluss ein gesetzliches Wahlrecht abweichend von einer DRSC ausgeübt wird, begründet dies keine Einwendung des Konzernabschlussprüfers gegen die Ordnungsmäßigkeit der Konzernrechnungslegung. Dennoch empfiehlt der IDW PS 470, bei wesentlichen Abweichungen den Aufsichtsrat hierauf aufmerksam zu machen.

Die **Berichterstattung** soll problemorientiert zur Beurteilung der Lage des Unternehmens durch den Vorstand, insbesondere auch zum Fortbestand und zur künftigen Entwicklung des Unternehmens Stellung nehmen. Sie erfordert eine Berichterstattung über festgestellte Unrichtigkeiten oder schwerwiegende Verstöße gegen gesetzliche Vorschriften sowie zu bestandsgefährdenden/entwicklungsbeeinträchtigenden Tatsachen durch den Vorstand oder von Arbeitnehmern. Auch über Maßnahmen des Vorstands zur Risikoüberwachung, insbesondere die Einrichtung eines Risikofrüherkennungssystems ist zu berichten, vgl. § 321 Abs. 4 HGB i.V.m. § 91 Abs. 2 AktG. Da sich der Vorstand oft stark mit der Unternehmensentwicklung identifiziert und zu einer zu optimistischen Unternehmensbeurteilung neigt, hat der Aufsichtsrat ein starkes Interesse an einer Kommentierung der Lageberichterstattung des Vorstands durch den Abschlussprüfer. Durch die Wiedergabe der wesentlichen Ergebnisse der Prüfung, soll es den Aufsichtsratsmitgliedern ermöglicht werden, sich effizient auf die bilanzfeststellende Aufsichtsratssitzung vorzubereiten.

Damit wächst dem Aufsichtsrat bzw. dem Prüfungsausschuss Verantwortung dahingehend zu, den Prüfungsbericht vor der Bilanzsitzung durchzuarbeiten und die vom Abschlussprüfer vorgenommenen Beurteilungen auszuwerten.

In der **Bilanzsitzung** ist die die Teilnahme des Abschlussprüfers zwingend. Der mündliche Prüfervortrag in der Bilanzsitzung soll dem Aufsichtsratsmitglied die Möglichkeit geben, den Prüfer zu wichtigen Feststellungen aus seinem Bericht zu befragen. Der mündliche Prüferbericht, für den der IDW PS 470 Berichtsgegenstände benennt, soll grundsätzlich nichts enthalten, was nicht schon im schriftlichen Prüfungsbericht niedergelegt ist.

Der Abschlussprüfer hat auch zu dem im Bestätigungsvermerk abgegebenen Prüfungsurteil Stellung zu nehmen. Insbesondere ist auf die Gründe für eine Einschränkung oder Versagung des Bestätigungsvermerks einzugehen. In Berichten über die Prüfung des Jahresabschlusses 2016 ist auf mögliche Auswirkungen des BilRUG zu achten (insbesondere die Neudefinition der Umsatzerlöse, den Wegfall des a.o. Ergebnisses und die Anpassung der entsprechenden Vorjahresbeträge). Besonderes Augenmerk ist auf die Berichterstattung über die Prüfungsschwerpunkte, den geänderten Umfang der Prüfung des Lageberichts und die Analyse der VFE-Lage (Kennzahlen) sowie die Anwendung der neuen Allgemeinen Auftragsbedingungen (IDW-Vordruck) zu richten.

Vortragszeit: 2,5/9 Minuten

V. Fazit

Der IDW PS 470 der als Reaktion auf die Finanz- und Wirtschaftskrise 2012 verfasst wurde, beschreibt aus der Sicht des Abschlussprüfers im Sinne einer guten Corporate Governance, die Grundsätze für die Kommunikation des Abschlussprüfers mit dem Aufsichtsorgan. Er gilt sowohl für die Kommunikation mit dem Aufsichtsrat als auch für die Kommunikation mit Beiräten oder anderen Aufsichtsgremien. Dabei werden vor allem die Themen der Auswahl des Abschlussprüfers, insbesondere unter dem Gesichtspunkt der Unabhängigkeit, der Auftragserteilung, der Prüfungsplanung, der Prüfungsdurchführung und der Berichterstattung behandelt. IDW PS 470 n.F. gilt für die Prüfung von Abschlüssen für Berichtszeiträume, die am oder nach dem 15.12.2017 beginnen, mit der Ausnahme von Rumpfgeschäftsjahren, die vor dem 31.12.2018 enden. Für die gesetzliche Prüfung von Abschlüssen von Public Interest Entities – nach Art. 11 Abs. 1 EU-APrVO (gilt seit 17.06.2016), haben Abschlussprüfer von Unternehmen von öffentlichem Interesse (Public Interest Entities = PIE) dem Prüfungsausschuss einen zusätzlichen Bericht vorzulegen – gilt IDW PS 470 n.F. für Berichtszeiträume, die nach dem 16.06.2016 beginnen.

Vielen Dank für Ihre Aufmerksamkeit.

Vortragszeit: 1/10 Minuten

Vortrag 51
Bilanzierung und Bewertung nach deutschem Handelsrecht bei Wegfall der Going-Concern-Prämisse (Prüfungswesen)

Sehr geehrte/r Frau/Herr Vorsitzende/r, sehr geehrte Prüfungskommission,
aus den mir zur Auswahl gestellten Themen habe ich mich für das Thema **„Bilanzierung und Bewertung nach deutschem Handelsrecht bei Wegfall der Going-Concern-Prämisse"** entschieden. Meinen Vortrag gliedere ich wie folgt:

I.	Grundlagen
II.	Bilanzansatz

III.	Bewertung
IV.	Ausweis
V.	Anhang und Lagebericht
VI.	Fazit

> Vortragszeit: 0,5 Minuten

I. Grundlagen

Nach handelsrechtlichen Vorschriften ist bei der Erstellung eines Jahresabschlusses grundsätzlich von der **Fortführung der Unternehmenstätigkeit der Gesellschaft** auszugehen, sofern dem nicht tatsächliche oder rechtliche Gründe entgegenstehen (vgl. § 252 Abs. 1 Nr. 2 HGB). Damit gilt die Annahme der Unternehmensfortführung als gesetzliche Regelvermutung, welche neben der Bewertung von Vermögensgegenständen, Schulden, Rechnungsabgrenzungsposten und Sonderposten sowie für die Angaben im Anhang, ebenso deren Ansatz und Ausweis beeinflusst. Von dieser Regelvermutung ist insbesondere auszugehen, wenn das Unternehmen nachhaltige Gewinne erzielt hat, es problemlos auf finanzielle Mittel zugreifen kann, keine bilanzielle Überschuldung droht und die Fortführung des Unternehmens beabsichtigt ist.

Die Beurteilung, wann von einer negativen Fortführungsprognose auszugehen ist, wird in IDW EPS 270 n.F. problematisiert. Die Auswirkungen einer Abkehr von der Going-Concern-Prämisse auf den handelsrechtlichen Jahresabschluss und den Lagebericht werden in IDW RS HFA 17 aufgeführt.

Zu beachten ist, dass hiermit keine Regelungen definiert werden, wie sie für einen stichtagsbezogenen Überschuldungsstatus gelten. Diese sind Gegenstand des IDW S 11. Allerdings gelten die genannten Ausführungen sehr wohl für Gesellschaften, die sich in Abwicklung bzw. Liquidation oder in der Insolvenz befinden, es sei denn, die Unternehmensfortführung zum Beispiel aufgrund einer geplanten Sanierung ist hinreichend sicher.

Entfällt die Annahme des Going-Concern, tritt die periodengerechte Gewinnermittlung in den Hintergrund und die Rechnungslegung folgt dem Ziel der Feststellung des vorhandenen Reinvermögens (vgl. IDW RS HFA 17 Auswirkungen einer Abkehr von der Going-Concern-Prämisse auf den handelsrechtlichen Jahresabschluss (Stand: 11.07.2018), Tz. 4). Primäres Ziel der Rechnungslegung ist nunmehr die Feststellung des zum Bilanzstichtag vorhandenen Reinvermögens.

> Vortragszeit: 2/2,5 Minuten

II. Bilanzansatz

Die **Abkehr von der Going-Concern-Prämisse** kann teilweise erhebliche Auswirkungen auf den Bilanzierungsansatz haben (vgl. IDW RS HFA 17, Tz. 6 ff.). Durch das primäre Ziel der sachgerechten Ermittlung des Reinvermögens folgt für den Bilanzansatz, dass nur noch bis zum Zeitpunkt der Beendigung des Geschäftsbetriebs verwertbare Vermögensgegenstände zu aktivieren sind. Dementgegen sind neben den bislang zu passivierenden, auch solche Verpflichtungen zu berücksichtigen, die durch die Abkehr von der Going-Concern-Prämisse erst verursacht wurden (vgl. IDW RS HFA 17, Tz. 4).

- Das Aktivierungsverbot für bestimmte **selbstgeschaffene immaterielle Vermögensgegenstände** des Anlagevermögens – z.B. Marken, Drucktitel und Kundenlisten (vgl. § 248 Abs. 2 Satz 2 HGB) – besteht weiterhin, auch wenn die entsprechenden Vermögenswerte nun für den Verkauf vorgesehen sind. Ein originärer Geschäfts- oder Firmenwert darf auch bei Wegfall der Going-Concern-Prämisse nicht aktiviert werden.
- Die **Aktivierung eines Rechnungsabgrenzungspostens** (vgl. § 250 Abs. 1 HGB) setzt voraus, dass der Vertrag fortgesetzt und nicht aufgrund der wirtschaftlichen Situation von der Gegenseite gekündigt wird. Ein aktiviertes Disagio (vgl. § 250 Abs. 3 HGB) ist auszubuchen, sofern die Verbindlichkeit vorzeitig zurückgezahlt wird.
- Können Bindungsfristen auf Grund der Liquidation nicht eingehalten werden, sind **Sonderposten für nicht rückzahlungspflichtige Zuwendungen** aufzulösen.

- Durch die Abwicklung müssen eventuell weitere **Rückstellungen für Abfindungen** von Mitarbeitern, Vertragsstrafen, Rückbau- und Abbauverpflichtungen passiviert werden. Mittelbare Pensionsverpflichtungen und Altzusagen, die bislang zulässigerweise nicht passiert wurden (vgl. Art. 28 Abs. 1 EGHGB) sind nun zu passivieren, da das Argument, der Zahlungsverpflichtung stünden ausreichende künftige Gewinne aus der laufenden Geschäftstätigkeit gegenüber, weggefallen ist.
- **Gesellschafterdarlehen** müssen – obwohl sie grundsätzlich nachrangig i.S.d. InsO sind (vgl. § 39 Abs. 1 Nr. 5 InsO) – weiterhin in der Handelsbilanz passiviert werden.

> **Vortragszeit: 2/4,5 Minuten**

III. Bewertung

Auf die Bewertung hat eine Abkehr von der Going-Concern-Prämisse folgende Auswirkungen (vgl. IDW RS HFA 17, Tz. 18 ff.).

Die **generellen Bewertungsgrundsätze** (vgl. § 252 HGB) – Ansatz der Schulden zum Erfüllungsbetrag, Anschaffungskostenprinzip, Einzelbewertungsgrundsatz, Grundsatz der Bilanzidentität, Saldierungsverbot und Stichtagsprinzip – sind trotz geänderter Zielsetzung weiterhin zu beachten. Allerdings richtet sich die Bewertung nunmehr im Wesentlichen nach den Verhältnissen auf dem Absatzmarkt. Bilanzierte Schulden sind weiterhin mit dem Erfüllungsbetrag (s. § 253 Abs. 1 Satz 2 HGB) zu bilanzieren, allerdings ist kritisch zu hinterfragen, ob Schulden gegebenenfalls aufgrund der veränderten Situation vorzeitig fällig werden. Diese Bedenken sind auch bei der Bewertung der Rückstellungen und der Bestimmung der voraussichtlichen Restlaufzeit sowie des Abzinsungszinssatzes zu beachten (vgl. IDW RS HFA 17, Tz. 18).

Bemerkenswert ist in diesem Zusammenhang, dass die Abkehr von der Going-Concern-Prämisse einen **begründeten Ausnahmefall** i.S.d. § 252 Abs. 2 HGB darstellt, der eine Abweichung von den bisherigen Ansatz- (über § 246 Abs. 3 Satz 2 HGB anwendbar) und Bewertungsmethoden rechtfertigt.

Obwohl sich das Hauptziel der Rechnungslegung verändert, folgt daraus aber keineswegs eine Aufhebung oder Abschwächung des handelsrechtlichen Vorsichtsprinzips. Insbesondere gelten das Anschaffungskosten-, Realisations- und Imparitätsprinzip fort. Vermögensgegenstände sind mit den unter Liquiditätsgesichtspunkten ermittelten Zeitwerten nur insoweit zu bewerten, als diese die Anschaffungs-/Herstellungskosten nicht übersteigen.

Folgende Einzelsachverhalte seien separat erwähnt:

Ein **aktivierter Geschäfts- oder Firmenwert** darf nur fortgeführt werden, wenn entsprechende Verwertungserlöse erwartet werden. **Immaterielle Vermögensgegenstände und Sachanlagen** sind nur dann weiterhin planmäßig abzuschreiben, wenn sie auch weiterhin voraussichtlich über einen längeren Zeitraum genutzt werden. **Ansammlungsrückstellungen** müssen mit dem vollen Wert passiviert werden, wenn der Ansammlungszeitraum aufgrund der Abwicklung beendet ist. Die Bewertung von **latenten Steuern** ist aufgrund der bevorstehenden Abwicklung besonders kritisch zu prüfen. Dies gilt insbesondere für vortragsfähige Verluste und Zinsen (vgl. IDW RS HFA 17, Tz. 15).

> **Vortragszeit: 3/7,5 Minuten**

IV. Ausweis

Beim Bilanzausweis sind ebenfalls Besonderheiten zu beachten (vgl. IDW RS HFA 17, Tz. 33 ff.):

- Auch wenn **Vermögensgegenstände des Anlagevermögens** unter Veräußerungsgesichtspunkten zu bewerten sind, sind sie weiterhin dem Anlagevermögen zuzuordnen; eine Umgliederung ins Umlaufvermögen ist nicht zulässig, da eine Umgliederung zu Informationsverlusten führen würde. So werden beispielsweise noch veräußerbare Maschinen zum erzielbaren Veräußerungspreis bilanziert, aber trotz der Veräußerungsabsicht weiterhin unter den Sachanlagen ausgewiesen.
- Im **Verbindlichkeitenspiegel** sind Sonderkündigungsrechte der Gläubiger anzugeben.
- Änderungen in der Bilanzierung und Bewertung aufgrund der Abkehr von der Fortführungsprognose sind entweder unter den sonstigen betrieblichen Erträgen oder unter den sonstigen betrieblichen Aufwendungen auszuweisen. Im Anhang ist über diese außergewöhnlichen Geschäftsvorfälle mit dem Betrag und der Art nach § 285 Nr. 31 HGB zu berichten.

> Vortragszeit: 1/8,5 Minuten

V. Anhang und Lagebericht

Zuletzt gehe ich kurz auf die Auswirkung der Abkehr von der Going-Concern-Prämisse auf den Anhang und den Lagebericht ein (vgl. IDW RS HFA 17, Tz. 39 ff.). Im **Anhang** sollten erhebliche stille Reserven durch Darstellung von voraussichtlichen Veräußerungswerten neben den Buchwerten, bei denen unverändert das Anschaffungskostenprinzip gilt, angegeben werden.

Die Durchbrechungen der Stetigkeit von Ansatz- und Bewertungsgrundsätzen aufgrund der Abkehr von der Going-Concern-Prämisse müssen im Anhang erläutert werden und die Gründe und Anhaltspunkte, die für die Abkehr von der Fortführungsprognose herangezogen wurden, sind im **Lagebericht** ausführlich zu erläutern. Die Abkehr von der Fortführungsprognose muss auch durch die Darstellung der zukünftigen Entwicklung und der Ereignisse nach dem Bilanzstichtag zum Ausdruck kommen.

> Vortragszeit: 1/9,5 Minuten

VI. Fazit

Im Gesetz wird festgelegt, dass für die Bewertung normalerweise von der Fortführung der Unternehmenstätigkeit auszugehen ist. Die Going-Concern-Prämisse ist also ein grundlegendes Prinzip, aus dem weitere Grundsätze abgeleitet werden. Eine Abkehr von der Going-Concern-Prämisse hingegen ist gesetzlich nicht normiert, hat aber dennoch weitreichende Konsequenzen auf den handelsrechtlichen Jahresabschluss sowie den Lagebericht. Das IDW hat mit einer Stellungnahme zur Rechnungslegung (IDW RS HFA 17) zum Ansatz und zur Bewertung im Jahresabschluss sowie zum Ausweis und den Auswirkungen auf Anhang und Lagebericht im Fall einer Abkehr von der Going-Concern-Prämisse die Berufsauffassung der Wirtschaftsprüfer dargestellt, welche ich Ihnen in diesem Kurzvortrag in der gebotenen Kürze vorgestellt habe.

Vielen Dank für Ihre Aufmerksamkeit.

> Vortragszeit: 0,5/10 Minuten

Vortrag 52
Rechnungslegung und Prüfung von gemeinnützigen Stiftungen und Vereinen (Prüfungswesen)

Sehr geehrte/r Frau/Herr Vorsitzende/r, sehr geehrte Prüfungskommission,
aus den mir zur Auswahl gestellten Themen habe ich mich für das Thema „**Rechnungslegung und Prüfung von gemeinnützigen Stiftungen und Vereinen**" entschieden. Meinen Vortrag gliedere ich wie folgt:

I.	Grundlagen der Rechnungslegung
II.	Jahresabschluss und Lagebericht
III.	Einnahmen-/Ausgaben- und Vermögensrechnung
IV.	Prüfung
V.	Fazit

> Vortragszeit: 0,5 Minuten

I. Grundlagen der Rechnungslegung

Originäre Rechnungslegungsvorschriften für Vereine und Stiftungen ergeben sich lediglich rudimentär aus dem BGB (§ 27 Abs. 3 i.V.m. 666 BGB). Stiftungen haben darüber hinaus Regelungen zu beachten, die sich aus den einzelnen Landesstiftungsgesetzen ergeben. Die Vorschriften verpflichten u.a. den Vorstand der Einrichtungen Rechenschaft über die Geschäftsführung abzugeben. Der Umfang der Rechnungslegung bestimmt sich nach den §§ 259 und 260 BGB bzw. nach den Landesstiftungsgesetzen. Diese Vorschriften definieren jedoch lediglich als Mindestanforderungen eine geordnete Zusammenstellung der Einnahmen und Ausgaben sowie ein Vermögensbestandsverzeichnis. Regelungen zur konkreten Ausgestaltung dieser Rechnungen bestehen nicht. Auch existieren keine ausdrücklichen Prüfungs- oder Offenlegungspflichten.

Handelsrechtliche Vorschriften sind von Vereinen und Stiftungen dann verpflichtend anzuwenden, wenn diese durch gewerbliche Betätigung oder Eintragung im Handelsregister Kaufmannseigenschaft erlangt haben (vorbehaltlich des § 241a HGB, wonach auch Kaufleute nicht buchführungspflichtig werden, sofern bestimmte Größenkriterien nicht überschritten werden). Nichts desto trotz entsteht dadurch grundsätzlich keine Pflicht zur Anwendung der ergänzenden Vorschriften für Kapitalgesellschaften und somit auch keine Publizitätspflicht. Die **ergänzenden Rechnungslegungsvorschriften der §§ 264–335 HGB** für Kapitalgesellschaften sind für eingetragene Vereine und Stiftungen dann anzuwenden, wenn sie zwei der drei Größenmerkmale des § 1 PublG überschreiten (Schwellenwerte gemäß § 1 PublG: 65 Mio. € Bilanzsumme, 130 Mio. € Umsatzerlöse und 5.000 Arbeitnehmer). Aus diesem Umstand resultiert dann eine Prüfungs- und Publikationspflicht durch analoge Anwendung der §§ 316–329 HGB für den unternehmerischen Bereich.

Steuerliche Regelungen zur Führung von Büchern und Aufzeichnungen können unterschieden werden in abgeleitete und originäre Buchführungspflichten. Gemäß § 140 AO hat derjenige, der schon nach anderen als den Steuergesetzen Bücher und Aufzeichnungen zu führen hat, diese Verpflichtungen auch für die Besteuerung zu erfüllen (sog. abgeleitete Buchführungspflicht). Eine **originäre Buchführungspflicht** kann sich bei Überschreiten bestimmter Größenmerkmale aus § 141 AO ergeben.

Doch auch aus den **Anforderungen des Gemeinnützigkeitsrechts** ergeben sich bestimmte Maßgaben für die Rechnungslegung: Dabei sollen sich aus der Rechnungslegung eine Aufteilung der Einnahmen und Ausgaben auf die Sphären (ideeller Bereich, Vermögensverwaltung, Zweckbetrieb und steuerpflichtiger wirtschaftlicher Geschäftsbetrieb) einer gemeinnützigen Organisation ableiten lassen. Dies ergibt sich u.a. aus der möglichen partiellen Steuerpflicht wirtschaftlicher Geschäftsbetriebe sowie aus der Pflicht zum Nachweis einer ordnungsgemäßen tatsächlichen Geschäftsführung. Auch ist ein Nachweis erforderlich, dass das Gebot der zeitnahen Mittelverwendung eingehalten wurde. Hier sind für gemeinnützige Organisationen verpflichtend **Nebenrechnungen** zu führen, sofern sich die Angaben nicht unmittelbar aus der Rechnungslegung ableiten lassen.

Das IDW empfiehlt sowohl für Vereine als auch für Stiftungen die handelsrechtliche Rechnungslegung für das gesamte Unternehmen und geht in zwei Standards auf Einzelfragen ein (IDW RS HFA 5 und 14). Bei spendensammelnden Organisationen ist der IDW RS HFA 21 zu beachten.

> **Vortragszeit: 2,5/3 Minuten**

II. Jahresabschluss und Lagebericht

Sofern Handelsrecht angewandt wird (verpflichtend oder freiwillig), besteht der **Jahresabschluss** mindestens aus Bilanz und Gewinn- und Verlustrechnung. Grundsätzlich gelten dann neben den **allgemeinen Grundsätzen ordnungsgemäßer Buchführung** auch die Vorschriften zu Ansatz, Ausweis und Bewertung des HGB. Die **Aufstellung eines Anhangs** wird empfohlen – u.a. zur Darstellung der angewandten Bilanzierungs- und Bewertungsmethoden sowie für Angaben zum Kapitalerhaltungskonzept. Auch die **Aufstellung eines Lageberichts** wird empfohlen – ggf. können Angaben des Berichts über die Erfüllung des Stiftungszwecks ganz oder teilweise im Lagebericht gegeben werden.

Hinsichtlich der **Bewertung** gelten folgende Besonderheiten: Unentgeltlich erworbene, aktivierungspflichtige Vermögensgegenstände (insbesondere durch Stiftungsakt oder bei Zustiftungen übertragenes Sachvermögen sowie Sachspenden) sollten im Zugangszeitpunkt mit dem vorsichtig geschätzten beizulegenden Wert (angenommene Anschaffungskosten) angesetzt werden (beschaffungsmarktorientiert).

Hinsichtlich des **Ausweises** gelten folgende Besonderheiten, da Anpassungen der handelsrechtlichen Gliederungen an die Strukturmerkmale von Vereinen bzw. Stiftungen (§ 265 Abs. 5, 6 und 8 HGB) erfolgen müssen: Bei der Gliederung der Bilanz ist insbesondere beim Eigenkapital darauf zu achten, dass neben dem Stiftungs- (Errichtungskapital plus Zustiftungen) bzw. Vereinskapital, Rücklagen, bei Stiftungen sog. Umschichtungsergebnisse (Ausweis von Aufwendungen und Erträgen aus Umschichtungen des Grundstockvermögens) und der Ergebnisvortrag auszuweisen sind.

Bei der Gliederung der **Gewinn- und Verlustrechnung** wird das Umsatzkostenverfahren empfohlen mit dem gesonderten Ausweis der Posten „Projektaufwendungen" und „Werbeaufwand" bzw. einer Anhangangabe ebendieser Aufwendungen, sofern das Gesamtkostenverfahren Anwendung findet. Eine Vermischung der beiden Verfahren ist auch für Vereine und Stiftungen unzulässig.

Hinsichtlich der **Kapitalerhaltungspflicht von Stiftungen** benennt das IDW grundsätzlich drei Konzepte: Die substanzielle, nominale oder reale Kapitalerhaltung. Maßgeblich ist dabei die Satzung der Stiftung. Enthält diese keine konkreten Vorgaben empfiehlt das IDW die reale Kapitalerhaltung. Der Nachweis hat dabei entweder im Anhang, unter der Bilanz oder in einer separaten Anlage zu erfolgen. Dabei ist dem indexierten Stiftungskapital das bilanzielle Eigenkapital der Stiftung zuzüglich wesentlicher stiller Reserven abzüglich wesentlicher stiller Lasten gegenüberzustellen. Hier besteht jedoch ein Problem bei **steuerbegünstigten Geldstiftungen** (z.B. Förderstiftungen ohne Sachvermögen ! keine stillen Reserven/Lasten): Die „erwirtschafteten" Mittel unterliegen dem Gebot der zeitnahen und ausschließlichen Mittelverwendung. Die Zuführung zu einer Kapitalerhaltungsrücklage (wie im RS vorgeschlagen) stellt gemeinnützigkeitsrechtlich einen Verstoß gegen das Gebot der zweckentsprechenden Mittelverwendung dar und ist vor dem Hintergrund gemeinnützigkeitsschädlich.

> **Vortragszeit: 2/5 Minuten**

III. Einnahmen-/Ausgaben- und Vermögensrechnung

Sofern keine kaufmännische Rechnungslegung erfolgt, haben Vereine und Stiftungen mindestens eine Einnahmen-/Ausgaben- und Vermögensrechnungen zu erstellen. Dabei sind auch zwingend Vorjahreszahlen anzugeben. Die angewandten Rechnungslegungsgrundsätze sowie die Bilanzierungs- und Bewertungsmethoden sind z.B. in einer Anlage zu erläutern.

Im Rahmen der **Einnahmen-/Ausgabenrechnung** sind alle Zu- und Abflüsse an Geldmitteln aufzunehmen. Zu den Geldmitteln zählen dabei auch jederzeit fällige Bankverbindlichkeiten, sofern sie zur Disposition der liquiden Mittel gehören. Als Einnahmen und Ausgaben sind auch Einnahmen aus Sachspenden und Abgänge aus ihrer Verwendung zu werten. Im Namen von Dritten erfolgter Einnahmen und Ausgaben sind gesondert auszuweisen.

Im Rahmen der **Vermögensrechnung** sind Vermögensgegenstände und Schulden grundsätzlich in entsprechender Anwendung des HGB anzusetzen. Rücklagen sind zumindest als **Davon-Vermerk** anzugeben und zu erläutern. Eine Darstellung der Veränderungen des Reinvermögens wird empfohlen.

Aufgrund gemeinnützigkeitsrechtlicher Maßgaben kann eine **Mittelverwendungsrechnung** als weiteres Informationsinstrument in Betracht kommen.

> **Vortragszeit: 1/6 Minuten**

IV. Prüfung

Für die **Prüfung von Vereinen und Stiftungen** gelten IDW PS 740 und 750. Für Vereine kennt das Gesetz keine rechtsformbezogene gesetzliche **Prüfungspflicht**. Für Stiftungen kann sich eine Prüfungspflicht durch die Stiftungsaufsicht aus den Landesstiftungsgesetzen ergeben, welche dann auf Dritte übertragen werden kann (zum Beispiel auf Wirtschaftsprüfer). Weiterhin kann sich eine gesetzliche Prüfungspflicht aufgrund branchenspezifischer Tätigkeit, z.B. als Krankenhaus, oder aufgrund des Publizitätsgesetzes ergeben. Teilweise sehen Satzungen eine (freiwillige) Prüfung der Rechnungslegung vor.

Prüfungsgegenstand sind dabei der aufgestellte Jahresabschluss einschließlich Lagebericht (sofern aufgestellt) oder die Einnahmen-/Ausgabenrechnung mit Vermögensrechnung, jedoch immer entsprechend §§ 317 ff. HGB unter Berücksichtigung der zugrundeliegenden Buchführung.

Hinsichtlich der Beauftragung ist bei freiwilligen Prüfungen mangels gesetzlicher Vorschriften darauf zu achten, dass Gegenstand, Art und Umfang der Prüfung, Art der Berichterstattung, Haftungsvereinbarungen, etc. im Auftragsbestätigungsschreiben hinreichend konkretisiert sind. IDW PS 220 ist entsprechend anzuwenden. Gegebenenfalls kommen Auftragserweiterungen zur Prüfung der Erhaltung des Stiftungsvermögens, satzungsgemäße Verwendung der Stiftungsmittel, Ordnungsmäßigkeit der Geschäftsführung, Einhaltung steuerrechtlicher Vorschriften der AO, in Betracht.

Hinsichtlich der **Prüfungsdurchführung** ist Folgendes zu beachten:

Da die Form der Rechnungslegung gesetzlich nicht vorgeschrieben ist, hat der Abschlussprüfer zunächst zu beurteilen, ob aufgrund der Größe und Komplexität der Organisationen die **Aufstellung eines kaufmännischen Jahresabschlusses im Sinne des HGB** oder einer Einnahmen-/Ausgaben-Rechnung sachgerecht ist. Darüber hinaus sind auch bei diesen Prüfungen Aussagen mit hinreichender Sicherheit zu treffen. Es kommt also der **risikoorientierte Prüfungsansatz** zur Anwendung. Das bedeutet, dass Prüfungshandlungen durchgeführt werden müssen, um Risiken wesentlicher falscher Angaben in der Rechnungslegung (Fehlerrisiken) festzustellen. Auf der Grundlage der Beurteilung der Fehlerrisiken hat der Prüfer ausreichende und angemessene Prüfungsnachweise zur Funktion relevanter Teile des IKS (Funktionsprüfungen) und zu den einzelnen Aussagen in der Rechnungslegung einzuholen (**aussagebezogene Prüfungshandlungen**).

Wegen der häufig ehrenamtlichen Verwaltung bei gemeinnützigen Vereinen und Stiftungen sind die Struktur- und Organisationsmerkmale in diesen Fällen wie bei KMU anzusehen. Bei rein vermögensverwaltenden Stiftungen kann es ausreichen, die Genehmigungs- und Überwachungsprozesse bei Vermögensanlagen und -umschichtungen festzustellen und die Einhaltung der Vorgaben zu überprüfen.

Im Rahmen der **Berichterstattung zu Abschlussprüfung im Sinne der §§ 317 ff. HGB** sowie bei Prüfungen der Jahres(ab)rechnungen ist ein Prüfungsbericht analog zu IDW PS 450 zu erstellen. Die Erteilung eines Bestätigungsvermerks entsprechend § 322 HGB setzt jedoch zwingend eine Prüfung nach §§ 317 ff. HGB voraus. In anderen Fällen kann ein Prüfungsvermerk (vgl. IDW PS 480) oder eine Bescheinigung (vgl. IDW PS 900) erteilt werden. Ein uneingeschränktes Prüfungsurteil bedingt die Einhaltung der verpflichtenden Vorgaben des IDW RS HFA 5 bzw. 14. Musterformulierungen für Bestätigungsvermerke sind in den Anlagen zu den IDW PS 740 und 750 aufgeführt.

> Vortragszeit: 3/9 Minuten

V. Fazit

Für Vereine und Stiftungen gelten nur rudimentäre gesetzliche Bestimmungen zur Rechnungslegung. Aufgrund dieser Regelungslücken empfiehlt das IDW die analoge Anwendung der Vorschriften für Kapitalgesellschaften auch für Vereine und Stiftungen und geht im Rahmen der beiden erwähnten Rechnungslegungsstandards auf Besonderheiten der beiden Organisationsformen ein. Des Weiteren wird die Berufsauffassung dargelegt, welche Voraussetzungen erfüllt sein müssen, damit ein uneingeschränkter Bestätigungsvermerk im Sinne des § 322 HGB erteilt werden kann.

Vielen Dank für Ihre Aufmerksamkeit.

> Vortragszeit: 1/10 Minuten

Vortrag 53
Der Komponentenansatz im handelsrechtlichen Jahresabschluss (Prüfungswesen)

Sehr geehrte/r Frau/Herr Vorsitzende/r, sehr geehrte Prüfungskommission,
aus den mir zur Auswahl gestellten Themen habe ich mich für das Thema **„Der Komponentenansatz im handelsrechtlichen Jahresabschluss"** entschieden. Meinen Vortrag gliedere ich wie folgt:

I.	Einführung und Hintergrund
II.	Begriff
III.	Anwendung
IV.	Der Komponentenansatz im Verhältnis zu ausgewählten Grundsätzen ordnungsgemäßer Buchführung und Bilanzierung
V.	Fazit

> Vortragszeit: 0,5 Minuten

I. Einführung und Hintergrund

Durch das Bilanzrechtsmodernisierungsgesetz wurde die Möglichkeit für alle Bilanzierenden aufgehoben, sogenannte **Aufwandsrückstellungen** zu bilden (vgl. § 249 Abs. 2 HGB i.d.F. vor Inkrafttreten des Bilanzrechtsmodernisierungsgesetzes). Dadurch entfiel die Möglichkeit, Rückstellungen für genau beschriebene Maßnahmen, zu bilden, deren Aufwendungen dem Berichtsjahr oder früheren Jahren zuzuordnen waren, wenn die Aufwendungen am Bilanzstichtag hinreichend sicher, aber hinsichtlich der exakten Höhe bzw. dem Zeitpunkt der Aufwendungen unbestimmt waren. Es bestand daher beispielsweise auch die Möglichkeit, Rückstellungen für notwendige Großreparaturen zu bilden, also für anfallende Instandhaltungsmaßnahmen ohne rechtliche Verpflichtung bei Gegenständen des Anlagevermögens.

Ziel der Streichung war eine Angleichung des HGB an die IFRS, nach denen Rückstellungen aufgrund von reinen Innenverpflichtungen grundsätzlich nicht gebildet werden dürfen (vgl. IAS 37.20). Gleichzeitig beinhalten die Regelungen zur Bilanzierung des Anlagevermögens nach IFRS die Verpflichtung, jeden Teil einer Sachanlage mit einem im Verhältnis zum gesamten Wert des Gegenstandes bedeutsamen Anschaffungswert getrennt abzuschreiben, sofern diese einzelnen Komponenten unterschiedliche Nutzungsdauern aufweisen (vgl. IAS 16.43-49). Korrespondierend dazu werden **Aufwendungen für Großinspektionen und -reparaturen** bei Vorliegen der Ansatzvoraussetzungen als nachträgliche Anschaffungs- und Herstellungskosten erfasst und der Aufwand so über die Abschreibungen verursachungsgerecht verteilt.

Aufgrund dieser Entwicklung hat das IDW einen Rechnungslegungshinweis veröffentlicht, in dem die Zulässigkeit einer komponentenweisen planmäßigen Abschreibung von Sachanlagen nach Handelsrecht erörtert wird (vgl. IDW RH HFA 1.016).

> Vortragszeit: 1,5/2 Minuten

II. Begriff

Als Komponentenansatz definiert das IDW das **Aufteilen eines abnutzbaren Gegenstandes des Anlagevermögens in seine wesentlichen Komponenten** mit unterschiedlicher wirtschaftlicher Nutzungsdauer anstelle der einheitlichen Abschreibung eines Vermögensgegenstands als Ganzes. Der Betrag der planmäßigen Abschreibung ergibt sich dann aus der Summe der auf seine einzelnen Komponenten entfallenden Abschreibungen. Dieser Betrag kann sich von dem Betrag, der sich von der pauschalen Abschreibung des einheitlichen Vermögensgegenstandes ergibt, unterscheiden, was jedoch im Grunde zu einer verursachungsgerechteren Verteilung des Aufwands führt (vgl. IDW RH HFA 1.016, Tz. 4). Wesentlicher Unterschied zwischen dem Komponentenansatz nach HGB zu jenem nach IFRS ist, dass nach HGB im Grundsatz ausschließlich physisch separierbare Komponenten gebildet werden können, wohingegen es nach IFRS möglich ist, neben physischen Komponenten auch Komponenten für regelmäßig wiederkehrende Wartungsmaßnahmen zu bilden.

> Vortragszeit: 1/3 Minuten

III. Anwendung

Die Anwendung des **Komponentenansatzes nach HGB** ist zulässig, wenn physisch separierbare Komponenten eines Sachanlagevermögensgegenstands ausgetauscht werden, die im Verhältnis zum gesamten Gegenstand wesentlich sind. Als wesentlich kann z.B. angesehen werden, wenn die Komponente mindestens 5 % der gesamten Anschaffungs- oder Herstellungskosten übersteigt. Zu beachten in diesem Zusammenhang ist, dass die Anzahl der Komponenten die Fülle an nachzuhaltenden Informationen und organisatorisch zu treffenden Vorkehrungen erheblich beeinflusst. Eine zu starke Aufteilung führt dazu, dass der Komponentenansatz in der Folge nicht mehr praktikabel umsetzbar ist. Der sachgerechten Auswahl geeigneter Komponenten kommt damit wesentliche Bedeutung zu. Als plastisches Beispiel nennt das IDW im Rechnungslegungshinweis ein Gebäude mit grundsätzlich 60 Jahren Nutzungsdauer, dessen Dach jedoch bereits nach 20 Jahren erneuert werden muss und welches daher über die geringere Nutzungsdauer abgeschrieben wird.

Für jede Komponente muss eine eigene Nutzungsdauer geschätzt und die Abschreibungsmethode für die Vornahme der planmäßigen Abschreibungen bestimmt werden. Hinsichtlich der Wahl der Abschreibungsmethodik gibt es keine konkreten Vorgaben. Es ist jene Methode zu wählen, die den Abnutzungsverlauf am besten widerspiegelt. Technisch wird seitens des IDW für die Verbuchung der separaten Abnutzung/Ausbuchung ein Teilabgang/-verbrauch bzw. für den Ersatz der Komponente ein Teilzugang empfohlen. Damit stellt der Ersatz der Komponente **nachträgliche Anschaffungs- und Herstellungskosten** dar, die nicht im Zeitpunkt des Zugangs erfolgswirksam werden, sondern über die Abschreibungen den Unternehmenserfolg belasten.

Anhand der vorstehenden Ausführungen wird deutlich, dass eine Voraussetzung für die **Anwendung des Komponentenansatzes** nach Handelsrecht die Erfüllung der Ansatzkriterien des Sachanlagevermögens ist. Somit scheidet die Anwendung des Komponentenansatzes für Großreparaturen bzw. -inspektionen mangels physischen Austauschs aus.

Weiterhin ist zu beachten, dass der Komponentenansatz steuerlich nicht zur Anwendung kommt. Maßgebend sind hier weiterhin der sog. einheitliche Funktions- und Nutzenzusammenhang und eine einheitliche Abschreibung des Vermögenswerts. Die Anwendung des Komponentenansatzes in der Handelsbilanz führt daher zu Bilanzunterschieden zwischen Handels- und Steuerbilanz und damit zu latenten Steuern.

Vortragszeit: 3/6 Minuten

IV. Der Komponentenansatz im Verhältnis zu ausgewählten Grundsätzen ordnungsgemäßer Buchführung und Bilanzierung

In § 252 Abs. 1 Nr. 3 HGB ist der **Einzelbewertungsgrundsatz** kodifiziert, also dass Vermögensgegenstände und Schulden zum Abschlussstichtag einzeln zu bewerten sind. Die Frage stellt sich nun aber, ob der Komponentenansatz mit diesem Grundsatz in Einklang stehen kann. Das IDW vertritt in seinem Hinweis die Auffassung, dass dies so ist und der Komponentenansatz dem Einzelbewertungsgrundsatz nicht entgegensteht. Vielmehr werde durch die komponentenweise Abschreibung der Betrag, der in der jeweiligen Periode als Aufwand zu erfassen ist realitätsnäher bestimmt.

Einen weiteren Bilanzierungsgrundsatz stellt das **Konzept des einheitlichen Nutzungs- und Funktionszusammenhangs** dar. Auch gegen ebendiesen verstößt der Komponentenansatz nicht, da der Vermögensgegenstand als solcher durch den Komponentenansatz nicht aufgeteilt wird. Vielmehr betrifft der Komponentenansatz die Art der Abschreibung, also der Verteilung der Anschaffungskosten sowie die bilanzielle Abbildung der Erhaltungsinvestitionen (vgl. IDW RH HFA 1.016, Tz. 9).

Im Rahmen der Folgebewertung von Vermögensgegenständen des Sachanlagevermögens ist regelmäßig ein **Niederstwerttest** zu machen, ob über die planmäßige Abschreibung hinaus Abschreibungsbedarf aufgrund von Wertminderungen besteht (§ 253 Abs. 3 Satz 3 HGB). Unter Anwendung des Komponentenansatzes könnte man überlegen, was Gegenstand dieses Tests sein könnte. Da jedoch wie bereits ausgeführt durch die Anwendung des Komponentenansatzes lediglich die Art der Abschreibung und nicht der Vermögensgegenstand selbst beeinflusst wird, ist auch der Vermögensgegenstand insgesamt Objekt des Niederstwerttests. Das bedeutet, dass vorhandene stille Lasten einer Komponente, die durch stille Reserven einer anderen Komponente kompensiert werden, nicht zu außerplanmäßigen Abschreibungen führen. Kommt man infolge eines Niederstwerttests zum Ergebnis, dass eine außerplanmäßige Abschreibung vorzunehmen ist, so ist der Abschreibungsbedarf sachgerecht auf die Komponenten zu verteilen. Ob eine **Wertminderung von Dauer** ist oder nicht, hängt von der Entwicklung des Buchwerts im Verhältnis zum beizulegenden Wert (Marktwert) ab. Da die Anwendung des Komponentenansatzes in den ersten Perioden i.d.R. zu höheren planmäßigen Abschreibungen als bei einheitlicher Abschreibung führt, kann die Anwendung des Komponentenansatzes dazu führen, dass eine außerplanmäßige Abschreibung nicht erforderlich ist. Sollte der Grund für die Vornahme einer außerplanmäßigen Abschreibung später nicht mehr bestehen, so ist zwingend eine Zuschreibung bis maximal zur Höhe der fortgeführten Anschaffungs- oder Herstellungskosten vorzunehmen. Der Zuschreibungsbetrag ist erneut auf die einzelnen Komponenten aufzuteilen.

> Vortragszeit: 3/9 Minuten

V. Fazit

Mit dem Bilanzrechtsmodernisierungsgesetz wurden im Handelsgesetzbuch Anpassungen nach dem Vorbild der Internationalen Rechnungslegungsstandards umgesetzt, wie unter anderem das Verbot von Aufwandsrückstellungen. Dadurch wurde es den Bilanzierenden unmöglich Rückstellungen für künftige Aufwendungen zu bilden, die jedoch eine verursachungsgerechtere Verteilung dieser abbilden würden. Andere Vorschriften der IFRS wie die Möglichkeit zur komponentenweisen Abschreibung von Sachanlagevermögen wurden vom deutschen Gesetzgeber nicht übernommen. Als Reaktion auf den Protest des Mittelstandes erörtert das IDW die handelsrechtliche Zulässigkeit von einer komponentenweisen Abschreibung von Sachanlagen in einem gesonderten Rechnungslegungshinweis. Dabei werden Aufwendungen für Großreparaturen und -inspektionen jedoch explizit ausgenommen, sodass auch trotz dieses Hinweises keine gleichwertige Alternative zu Aufwandsrückstellungen geschaffen wurde. Insbesondere im Hinblick auf die praktische Anwendung muss Klarheit darüber bestehen, dass die nachzuhaltenden Informationen und zu treffenden Vorkehrungen deutlich höher sind als bei einheitlicher Abschreibung.

Vielen Dank für Ihre Aufmerksamkeit.

> Vortragszeit: 1/10 Minuten

Vortrag 54
Handelsbilanzielle Behandlung von Zuschüssen der öffentlichen Hand (Prüfungswesen)

Sehr geehrte/r Frau/Herr Vorsitzende/r, sehr geehrte Prüfungskommission,
aus den mir zur Auswahl gestellten Themen habe ich mich für das Thema „**Handelsbilanzielle Behandlung von Zuschüssen der öffentlichen Hand**" entschieden. Meinen Vortrag gliedere ich wie folgt:

I.	Einführung
II.	Begriffsabgrenzungen
III.	Bilanzierung von nicht rückzahlbaren Zuwendungen
IV.	Bilanzierung von bedingt rückzahlbaren Zuwendungen
V.	Prüfungsaspekte
VI.	Fazit

> Vortragszeit: 0,5 Minuten

Vortrag 54: Handelsbilanzielle Behandlung von Zuschüssen der öffentlichen Hand

I. Einführung

So facettenreich **öffentliche Förderungen** ausgestaltet sein können, so facettenreich ist ihre Bilanzierung. Prägend ist dabei häufig die steuerliche Behandlung. Das IDW hat daher in der Stellungnahme des HFA 1/1984 Bilanzierungsfragen bei Zuwendungen, dargestellt am Beispiel finanzieller Zuwendungen der öffentlichen Hand beantwortet. Dabei wird nicht auf unbedingt rückzahlbare Zuwendungen eingegangen, da diese als Fremdkapital, genauer Verbindlichkeiten, zu bilanzieren sind und insofern keine Fragen aufwerfen. Ebenfalls eindeutig ist die Bilanzierung, wenn der Zuwendende durch die Mittel dem Gesellschaftskapital zuführt oder dem Unternehmen Sachzuwendungen und sonstige Vorteile, wie zum Beispiel Zinsvorteile oder Bürgschaften zuwendet.

> **Vortragszeit: 0,5/1 Minute**

II. Begriffsabgrenzungen

Unter **finanziellen Zuwendungen** sind im Allgemeinen Zahlungen an einen Berechtigten zu verstehen (vgl. IDW HFA 1/1984 Bilanzierungsfragen bei Zuwendungen, dargestellt am Beispiel finanzieller Zuwendungen der öffentlichen Hand, Abschnitt 1). Es gibt vielfältige Bezeichnungen wie beispielsweise Beihilfen, Prämien, Subventionen, Zulagen und Zuschüsse. Eine konkrete Legaldefinition nach deutschem Recht gibt § 264 Abs. 7 StGB. Danach ist eine **Subvention** eine Leistung aus öffentlichen Mitteln nach Bundes- oder Landesrecht an Betriebe oder Unternehmen, die wenigstens zum Teil ohne marktmäßige Gegenleistung gewährt wird und der Förderung der Wirtschaft dienen soll. Im Rahmen des Europarechts wird für Subvention der Begriff staatliche Beihilfe verwendet. Diese Beihilfen werden über § 264 Abs. 7 Nr. 2 StGB in den Subventionsbegriff des deutschen StGB einbezogen.

Steuerpflichtige Zuwendungen werden als Zuschüsse und steuerfreie Zuwendungen als Zulagen bezeichnet (vgl. IDW HFA 1/1984, Abschnitt 1). Ihre Gewährung bezieht sich im Wesentlichen entweder auf Investitionen oder auf Aufwendungen. Vor allem **Investitionszuschüsse** werden häufig mit einer Bindungsdauer belegt, in der der geförderte Vermögensgegenstand weder veräußert, noch aus der Betriebsstätte entfernt werden darf. Bei Nichteinhaltung dieser Frist folgt eine vollständige oder teilweise Rückzahlungspflicht.

Im Hinblick auf die Bilanzierung sind insbesondere nicht rückzahlbare oder nur bedingt rückzahlbare Zuwendungen zu unterscheiden. Bei bedingt rückzahlbaren Zuwendungen ist die Rückzahlungspflicht von dem Eintritt oder Ausbleiben bei der Gewährung festgelegter Bedingungen abhängig.

> **Vortragszeit: 1/2 Minuten**

III. Bilanzierung von nicht rückzahlbaren Zuwendungen

Nicht rückzahlbare Zuwendungen stellen für das empfangene Unternehmen zusätzliche Finanzierungsmittel dar. Es handelt sich hierbei nicht um Eigenkapital und auch mangels Rückzahlungspflicht nicht um Fremdkapital. Sie müssen daher als Erfolgsbeiträge in der Gewinn- und Verlustrechnung ihren Niederschlag finden. Die Gewährung von nicht rückzahlbaren Zuwendungen ist häufig an bestimmte Voraussetzungen geknüpft, dementsprechend hängen die bilanzielle Behandlung und der zutreffende Erfolgsausweis von diesen Voraussetzungen ab. Bei Investitionszuschüssen ist zu beachten, dass diese sachgerecht über den Zeitraum der Nutzungsdauer des geförderten Vermögensgegenstandes verteilt werden. Aufwandszuschüsse sollten in den Zeiträumen erfolgswirksam werden, in denen der Aufwand zu dessen Deckung sie dienen, anfällt.

Die sofortige vollständige **erfolgswirksame Vereinnahmung** ist grundsätzlich nicht sachgerecht. Ausnahmen von dieser Regel können geboten sein, wenn für den bezuschussten Vermögensgegenstand eine Verteilung über die Nutzungsdauer nicht mehr erforderlich ist, weil beispielsweise eine außerplanmäßige Abschreibung vorgenommen wurde und hierdurch die künftigen Geschäftsjahre bereits von Aufwand entlastet sind (vgl. IDW HFA 1/1984, Abschn. 2a).

Hinsichtlich des **Zeitpunkts der Bilanzierung** ist Folgendes zu beachten: Der Anspruch auf eine Zuwendung ist als Forderung zu aktivieren, wenn das Unternehmen am Bilanzstichtag die Voraussetzungen für die Gewährung der Zuwendung erfüllt und bis zur Aufstellung des Abschlusses diese Zuwendung bewilligt wurde.

Basiert die Gewährung der Zuwendung auf einem rechtlichen Anspruch, ist eine Forderung einzubuchen, wenn das Unternehmen zum Bilanzstichtag die Voraussetzungen erfüllt und bis zur Aufstellung des Abschlusses der erforderliche Antrag gestellt ist oder verlässlich mit der Antragstellung gerechnet werden darf (vgl. IDW HFA 1/1984, Abschnitt 2b). Wird eine nicht rückzahlbare Zuwendung ausbezahlt, bevor die Voraussetzungen dafür erfüllt sind, so ist die Zuwendung als sonstige Verbindlichkeit zu passivieren bis er bestimmungsgemäß verwendet ist.

Ist die grundsätzlich nicht rückzahlbare Zuwendung mit einer sogenannten auflösenden Bedingung versehen, so ist eine **Passivierung der Rückzahlungsverpflichtung** erst dann geboten, wenn die Nichteinhaltung feststeht, beabsichtigt oder zu erwarten ist. In Betracht kommen beispielsweise Bindungsfristen bei Investitionszuschüssen die den Zuwendungsempfänger verpflichten, ein gefördertes Anlagegut innerhalb der Frist nicht zu veräußern.

Hinsichtlich des **Ausweises** von Zuwendungen ist wiederum zwischen Investitions- und Aufwandszuschüssen zu unterscheiden: Für den Bilanzierenden gibt es im Handelsrecht zwei Möglichkeiten zur Erfassung von Investitionszuwendungen: die direkte und indirekte Methode. Der internationale Rechnungslegungsstandard IAS 20 „Bilanzierung und Darstellung von Zuwendungen der öffentlichen Hand" kennt ebenfalls diese Methoden.

Bei der **direkten Methode** werden die Zuwendungen von den Anschaffungskosten des Vermögensgegenstandes abgesetzt, sodass sich in der Folge die Abschreibungen auf das Sachanlagevermögen um die zeitanteiligen Beträge der Zuwendungen vermindern.

Bei der **indirekten Methode** wird ein Sonderposten auf der Passivseite gebildet. Dieser Sonderposten ist nicht mit dem „Sonderposten mit Rücklageanteil" nach dem HGB a.F. zu verwechseln, sondern wird dem Bilanz-Gliederungsschema hinzugefügt (vgl. § 265 Abs. 5 Satz 2 HGB). Ein Ausweis unter den Rücklagen, der Rechnungsabgrenzungsposten oder ein Ausweis unter Wertberichtigungen ist nicht zulässig. Es ist darauf zu achten, dass der Charakter des Passivpostens aus der Bezeichnung hervorgeht. Das IDW empfiehlt die Bezeichnung „Sonderposten für Investitionszuschüsse zum Anlagevermögen" (IDW HFA 1/1984, Abschn. 2d1). Die erfolgswirksame Auflösung erfolgt ratierlich entsprechend der Nutzungsdauer des Vermögensgegenstands und ist entweder als gesonderter Posten, als Absetzung von den Abschreibungen oder unter den sonstigen betrieblichen Erträgen auszuweisen.

Aufwandszuschüsse sind im Fall der notwendigen Abgrenzung nach den Umständen des Einzelfalls als sonstige Verbindlichkeiten oder als passive Rechnungsabgrenzungen auszuweisen. In der Gewinn- und Verlustrechnung sind vereinnahmte Aufwandszuschüsse unter den sonstigen betrieblichen Erträgen auszuweisen. Eine Verrechnung mit den entsprechenden Aufwendungen ist aufgrund des grundsätzlichen Saldierungsverbots unzulässig. Möglich ist allenfalls eine offene Absetzung (vgl. IDW HFA 1/1984, Abschn. 2d2).

Vortragszeit: 3/5 Minuten

IV. Bilanzierung von bedingt rückzahlbaren Zuwendungen

Bedingt rückzahlbare Zuwendungen kommen in der Praxis häufig und in verschiedensten Formen vor. Die Bilanzierung hängt daher von der konkreten Ausgestaltung der Bedingungen im Einzelfall ab. Das IDW geht in seiner Stellungnahme auf folgende Beispiele ein:

- Sehen die Zuwendungsbedingungen vor, dass Zuschüsse zurückzuzahlen sind, sofern Gewinne erzielt werden, so stellt dies eine vertragliche Gewinnverfügung dar. Es sind in Höhe des Anteils am Gewinn im Jahr der Gewinnerzielung entsprechende Verbindlichkeiten zu bilden. Etwaige nicht zu bilanzierende Verpflichtungen sind im Anhang gemäß § 264 Abs. 2 Satz 2 HGB anzugeben. In Betracht kommen solche vertraglichen Bedingungen beispielsweise bei Sanierungszuschüssen.
- Sehen die Zuwendungsbedingungen vor, dass Zuschüsse zur Förderung bestimmter Projekte zurückzuzahlen sind, sofern die Projekte zu Erlösen führen oder profitabel sind, handelt es sich um eine vertragliche Risikobeteiligung des Zuschussgebers an dem Projekt. Führt eine etwaige Rückzahlungspflicht zu einer wirtschaftlichen Belastung für das Unternehmen, ist diese zu passivieren. Führt demnach das Projekt zu einem Erfolg, ist dementsprechend eine sonstige Verbindlichkeit zu passivieren. Gegebenenfalls, wenn damit gerechnet werden muss, dass die Rückzahlung nicht aus den Gewinnen des Projekts erfolgen kann,

ist eine Rückstellung für drohende Verluste aus schwebenden Geschäften zu bilden. Bei der Bewertung der Rückstellung ist insbesondere zu berücksichtigen, ob das Unternehmen verpflichtet ist, das Projekt weiter zu betreiben.
- Sehen die Zuwendungsbedingungen vor, dass die Zuwendung grundsätzlich binnen eines Zeitraums zurückzuzahlen ist, diese Verpflichtung jedoch entfällt, wenn das mit der Förderung bezweckte Ziel nicht erreicht wird, gilt folgendes: So lange die Verpflichtung noch nicht entfällt, ist in der Bilanz eine sonstige Verbindlichkeit auszuweisen.

Vortragszeit: 2/7 Minuten

V. Prüfungsaspekte

Anregungen für Aspekte, die bei der **Prüfung von Zuschüssen der öffentlichen Hand** zu beachten sind bietet unter anderem der IDW Prüfungsstandard 700 zur „Prüfung von Beihilfen nach Art. 107 AEUV insbesondere zugunsten öffentlicher Unternehmen" (vgl. IDW PS 700 Prüfung von Beihilfen nach Artikel 107 AEUV insbesondere zugunsten öffentlicher Unternehmen (Stand: 07.09.2011)). Dieser Standard behandelt zwar einen Spezialfall, seine grundsätzlichen Aussagen lassen sich jedoch auch auf generell für die Prüfung von Zuschüssen übertragen. Nach IDW PS 700 hat der Abschlussprüfer im Rahmen von Jahresabschlussprüfungen zu beurteilen, ob Beihilfen im Jahresabschluss ordnungsgemäß abgebildet und die erforderlichen Angaben im Lagebericht gemacht worden sind (vgl. IDW PS 700, Tz. 2). Hierbei sollte der Abschlussprüfer insbesondere folgende Prüfungsaspekte beurteilen:

Bereits im Rahmen der Gewinnung eines Verständnisses von dem zu prüfenden Unternehmen und dessen rechtlichen und wirtschaftlichen Umfelds hat der Abschlussprüfer festzustellen, ob das zu prüfende Unternehmen Beihilfen oder andere Zuwendungen erhalten hat. Auf dieser Basis soll dann beurteilt werden, ob die erhaltenen Mittel ordnungsgemäß gewährt wurden und korrekt im Jahresabschluss und Lagebericht abgebildet sind. Insbesondere sind **mögliche Rückzahlungsverpflichtungen** zu identifizieren und hinsichtlich ihrer Auswirkungen auf Jahresabschluss und Lagebericht zu beurteilen.

Nach der Beurteilung der sich aus den gewährten Beihilfen ergebenden Fehlerrisiken hat der Abschlussprüfer Art und Umfang weiterer Prüfungshandlungen festzulegen (vgl. IDW PS 700, Tz. 40).

In Betracht kommen Prüfungshandlungen zur Überprüfung, ob etwaige Verwendungsvorgaben eingehalten wurden, ob die Zahlungseingänge den Bescheiden über die Mittel entsprechen, ob der Zeitpunkt der Bilanzierung korrekt gewählt wurde oder die Erträge periodengerecht verbucht wurden.

Auf der Grundlage der durchgeführten Prüfungshandlungen muss der Abschlussprüfer abschließend würdigen, ob er **angemessene und ausreichende Prüfungsnachweise** erhalten hat, um mit hinreichender Sicherheit sein Prüfungsurteil treffen zu können. Auswirkungen auf den Bestätigungsvermerk sind nach dem IDW PS 400 zu beurteilen (vgl. IDW PS 700, Tz. 49): Sind die Mittel unzulässigerweise gewährt worden und resultieren daraus wesentlich falsche Angaben im Jahresabschluss, so hat der Abschlussprüfer im Prüfungsbericht darüber zu berichten und den Bestätigungsvermerk einzuschränken oder zu versagen. Hat das zu prüfende Unternehmen im Lagebericht unangemessen über die mit den Zuschüssen verbundenen Risiken Bericht erstattet, so ist der Bestätigungsvermerk ebenfalls einzuschränken und im Prüfungsbericht darüber zu informieren.

An dieser Stelle sei insbesondere auf Folgendes hingewiesen: Liegt aufgrund der Passivierung einer Rückzahlungsverpflichtung eine Überschuldung vor oder ist von einer **Zahlungsunfähigkeit** auszugehen, ist der Bestätigungsvermerk zu versagen, sofern das zu prüfende Unternehmen den Jahresabschluss unzulässigerweise unter der Annahme des Going-concerns aufgestellt hat (vgl. IDW PS 700, Tz. 52 ff.).

Kann der Abschlussprüfer die **Ordnungsmäßigkeit der Zuschussbilanzierung** nicht beurteilen, so liegt ein Prüfungshemmnis vor und der Bestätigungsvermerk ist einzuschränken. Sind die Prüfungshemmnisse in Summe so wesentlich, dass der Abschlussprüfer nicht in der Lage ist, ein positives Gesamturteil abzugeben, ist ein Versagungsvermerk zu erteilen (vgl. IDW PS 700, Tz. 60).

Vortragszeit: 2/9 Minuten

VI. Fazit

Abschließend ist festzuhalten, dass die ordnungsgemäße Bilanzierung und Lageberichterstattung von Zuschüssen der öffentlichen Hand eine vollständige tatsächliche Identifizierung und zutreffende rechtliche Beurteilung der Zuwendungen erfordert. Dies ist unter der teilweise sehr schwierigen Auslegung der Verträge über die Gewährung unerlässlich. Hier sind in erster Linie die gesetzlichen Vertreter des Unternehmens gefragt, die die Risiken im Jahresabschluss und Lagebericht konkret darstellen müssen, insbesondere im Hinblick auf Rückforderungsansprüche, die zu einer möglichen Überschuldung führen können.

Vielen Dank für Ihre Aufmerksamkeit.

> Vortragszeit: 1/10 Minuten

Vortrag 55
Die Erstellung von Jahresabschlüssen durch den Wirtschaftsprüfer hinsichtlich der einzelnen Auftragsarten bezüglich Inhalt, Auftragsdurchführung und Berichterstattung (Prüfungswesen)

Sehr geehrte/r Frau/Herr Vorsitzende/r, sehr geehrte Prüfungskommission,
aus den mir zur Auswahl gestellten Themen habe ich mich für das Thema „**Die Erstellung von Jahresabschlüssen durch den Wirtschaftsprüfer hinsichtlich der einzelnen Auftragsarten bezüglich Inhalt, Auftragsdurchführung und Berichterstattung**" entschieden. Meinen Vortrag gliedere ich wie folgt:

I.	Einführung und Hintergrund
II.	Inhalt der Erstellung
III.	Auftragsannahme und -durchführung
IV.	Berichterstattung
V.	Fazit

> Vortragszeit: 0,5 Minuten

I. Einführung und Hintergrund

Die **Pflicht zur Aufstellung des Jahresabschlusses** liegt grundsätzlich in der Verantwortung der gesetzlichen Vertreter (§ 242 Abs. 1-3 ggf. i.V.m. §§ 264 Abs. 1, 264a HGB). Anders jedoch als die der Erstellung zugrunde liegenden Entscheidungen können die mit der Erstellung verbundenen Arbeiten sehr wohl auf externe Sachverständige übertragen werden.

Nicht selten sind **Wirtschaftsprüfer zugleich auch Steuerberater** und bieten, mit oder ohne Steuerberater-Titel, klassische Steuerberatungsleistungen, wie zum Beispiel die Erstellung von Jahresabschlüssen an. Um Unsicherheiten darüber zu begegnen, wie Bescheinigungen bei Aufträgen zu erteilen sind, die die Erstellung eines Jahresabschlusses mit gleichzeitiger Plausibilitätsbeurteilung beinhalten, hat das **IDW** einen **Standard** erlassen, der eben dieses Thema behandelt (IDW Standard: Grundsätze für die Erstellung von Jahresabschlüssen (IDW S 7)).

Wenn ein Wirtschaftsprüfer von Mandanten mit der Erstellung von Jahresabschlüssen beauftragt wird, hat er auch hierbei die **Vorschriften der WPO** sowie die **Berufspflichten** zu beachten (vgl. IDW S 7, Tz. 2).

> Vortragszeit: 0,5/1 Minute

II. Inhalt der Erstellung

Jeder Erstellungsauftrag beinhaltet die Entwicklung der **Bilanz** sowie der **Gewinn- und Verlustrechnung** aus der Buchführung sowie, falls notwendig, die Aufstellung eines Anhangs und/oder weiterer Abschlussbestandteile. Ein etwaiger **Lagebericht** ist stets von den gesetzlichen Vertretern/Mitgliedern des vertretungsberechtigten Organs aufzustellen, da dieser ihre Sicht auf die Lage des Unternehmens präsentiert.

Der Auftrag beinhaltet darüber hinaus immer die erforderliche Dokumentation, eine Bescheinigung über die Erstellung sowie gegebenenfalls einen Erstellungsbericht. Die Entscheidung über die Ausübung bilanzieller Wahlrechte obliegt in jedem Fall den gesetzlichen Vertretern. Hierzu gehören neben den Entscheidungen über materielle und formelle Gestaltungsmöglichkeiten, aber auch Entscheidungen über die Anwendung von Aufstellungs- und Offenlegungserleichterungen.

Der IDW S 7 sieht drei verschiedene Auftragsarten zur Erstellung von Jahresabschlüssen vor:
- erstens die Erstellung ohne Beurteilungen,
- zweitens die Erstellung mit Plausibilitätsbeurteilungen,
- drittens die Erstellung mit umfassenden Beurteilungen (vgl. IDW S 7, Tz. 11 und 37).

Während die Erstellung ohne Beurteilungen lediglich die Entwicklung des Jahresabschlusses aus den vorgelegten Unterlagen sowie erteilten Auskünften vorsieht, gehen die anderen beiden Auftragsarten weiter und erfordern zusätzlich, dass der Wirtschaftsprüfer die Unterlagen und erteilten Auskünfte auf ihre Plausibilität hin beurteilt. Im Rahmen der Erstellung mit umfassenden Beurteilungen muss er sich darüber hinaus auch von der Ordnungsmäßigkeit der Belege, Bücher und Bestandsnachweise überzeugen.

> **Vortragszeit: 1/2 Minuten**

III. Auftragsannahme und -durchführung

Aufgrund des nicht gesetzlich normierten Auftragsumfangs zur Erstellung eines Jahresabschlusses sind die vom Wirtschaftsprüfer zu übernehmenden Aufgaben eindeutig festzulegen. Insbesondere ist festzulegen, auf welcher Grundlage und nach welchen Grundsätzen der Jahresabschluss erstellt werden soll. Auch ist festzulegen in welchem Umfang die Berichterstattung erfolgen soll. Eine Bescheinigung ist in jedem Fall zu erteilen, doch gegebenenfalls wünscht der Auftraggeber darüber hinaus einen Erstellungsbericht. Dann sind Art und Umfang hinreichend zu konkretisieren. Im Zweifel berichtet der Wirtschaftsprüfer im berufsüblichen Umfang.

Auch ansonsten gelten für den Wirtschaftsprüfer, der mit einer Erstellung betraut wurde, die berufsüblichen **Grundsätze der Unabhängigkeit, Gewissenhaftigkeit, Verschwiegenheit, Eigenverantwortlichkeit und Unparteilichkeit** (§ 43 Abs. 1 WPO). Soweit sich die Erstellung der Prüfung oder auch der prüferischen Durchsicht ausschließen, muss der Wirtschaftsprüfer stets darauf achten, die Tätigkeiten gegeneinander abzugrenzen.

Bei der **Abschlusserstellung ohne Plausibilitätsbeurteilungen** entwickelt der Wirtschaftsprüfer den Jahresabschluss aus den ihm zur Verfügung gestellten Informationen, ohne deren Ordnungsmäßigkeit oder Plausibilität zu beurteilen. Erkennt der Wirtschaftsprüfer jedoch offensichtliche Unrichtigkeiten im Rahmen der Erstellung, so hat er die gesetzlichen Vertreter darauf hinzuweisen. An erkannten unzulässigen Wertansätzen und Darstellungen darf der Wirtschaftsprüfer in keiner der dargestellten Auftragsarten mitwirken.

Die **Abschlusserstellung mit Plausibilitätsbeurteilungen** umfasst neben den eigentlichen Erstellungsarbeiten auch die Beurteilung der Plausibilität der ihm vorgelegten Unterlagen. Bei Plausibilitätsbeurteilungen im Rahmen der Jahresabschlusserstellung handelt es sich allgemein um Methoden, in deren Rahmen ein Wert überschlagsmäßig daraufhin überprüft wird, ob er stimmig sein kann oder nicht. Dabei kann nicht immer die Richtigkeit des Ansatzes oder des Werts verifiziert werden. Für einen Auftrag zur Erstellung von Jahresabschlüssen mit Plausibilitätsbeurteilungen bedeutet dies, dass der Wirtschaftsprüfer die vorgelegten Belege, Bücher, Bestandsnachweise sowie erteilten Auskünfte durch geeignete Maßnahmen wie Befragungen und analytische Beurteilungen auf ihre Stimmigkeit untersuchen muss (vgl. IDW S 7, Tz. 11). Dies soll „... dem Wirtschaftsprüfer mit einer gewissen Sicherheit die Feststellung ermöglichen, dass ihm keine Umstände bekannt geworden sind, die gegen die Ordnungsmäßigkeit der vorgelegten Belege, Bücher und Bestandsnachweise in allen für den Jahresabschluss wesentlichen Belangen sprechen" (vgl. IDW S 7, Tz. 37). Sofern der Wirtschaftsprüfer Zweifel an der Plausibilität hat, hat er diese durch weitergehende Maßnahmen zu klären (vgl. IDW S 7, Tz. 30).

Der IDW S 7 nennt Maßnahmen, die zur **Beurteilung der Plausibilität mindestens** durchzuführen sind. Diese sind die Befragung nach den angewandten Verfahren zur Erfassung und Verarbeitung von Geschäftsvorfällen im Rechnungswesen, Befragung zu allen wesentlichen Abschlussaussagen, analytische Beurteilungen der einzelnen Abschlussaussagen, Befragung nach Gesellschafter- und/oder Aufsichtsratsbeschlüssen mit Bedeutung für den Jahresabschluss und Abgleich des Gesamteindrucks des Jahresabschlusses insgesamt mit den im Verlauf der Erstellung erhaltenen Informationen (vgl. IDW S 7, Tz. 40). In welchem Umfang diese Mindestanforderungen durchzuführen sind, hängt vom Grad der Wesentlichkeit und dem Fehlerrisiko der Aussage ab (vgl. IDW S 7, Tz. 41).

Befragungen sind im Wesentlichen darauf auszurichten, dass der Wirtschaftsprüfer Kenntnisse über das rechnungslegungsbezogene interne Kontrollsystem erlangt. Aufbau- und Funktionsprüfungen entfallen jedoch (vgl. IDW S 7, Tz. 42). Dabei sind solche Befragungen und Analysen wie folgt auszugestalten: Ist zum Beispiel das Vorratsvermögen ein wesentlicher Posten des Jahresabschlusses, kann der Wirtschaftsprüfer Befragungen von Mitarbeitern hinsichtlich des internen Kontrollsystems der Materialwirtschaft durchführen. Die Befragung kann sich zum Beispiel auf die Vorgehensweise bei der Inventur sowie durchgeführter Niederstbewertung beziehen. Bekommt der Wirtschaftsprüfer hierbei die Auskunft, dass ein Niederstwerttest durchgeführt wurde, während die erhaltenen Belege und Bücher keinen Hinweis hierauf enthalten, ist diese Aussage zunächst unplausibel. Der Wirtschaftsprüfer hat diesem durch weitere Maßnahmen nachzugehen.

Ein typisches Beispiel für eine analytische Beurteilung ist der **Vorjahresvergleich**, sofern Vorjahreswerte verfügbar sind. Durch den Vorjahresvergleich bekommt der Wirtschaftsprüfer einen Eindruck davon, wie sich das Geschäft des Mandanten im Wirtschaftsjahr entwickelt hat. Diese Entwicklung und deren Niederschlag in den einzelnen Jahresabschlussposten kann er nach durchgeführter Analyse durch z.B. weitere Befragungen oder den Abgleich mit erhaltenen Unterlagen plausibilisieren.

Ebenso ist es möglich, dass der Wirtschaftsprüfer einen **Kennzahlenvergleich** durchführt. Mögliche betrachtete Kennzahlen können die Lagerumschlagshäufigkeit, die Umsatzrendite oder der Rohertrag sein. Sofern der Wirtschaftsprüfer Fehler im zu erstellenden Jahresabschluss oder in den ihm zugrundeliegenden Unterlagen feststellt, muss er Vorschläge für die Korrektur unterbreiten und hat auf die entsprechende Abbildung im Jahresabschluss zu achten (vgl. IDW S 7, Tz. 44).

Bei der **Erstellung mit umfassenden Beurteilungen** muss der Wirtschaftsprüfer mit hinreichender Sicherheit die Ordnungsmäßigkeit bescheinigen können. Der Aktivitäten zur Erstellung des Jahresabschlusses sind also so zu planen und durchzuführen, dass ein hinreichend sicheres Urteil abgegeben werden kann. Zu beurteilen sind dabei die Ordnungsmäßigkeit der Buchführung sowie Angemessenheit und Wirksamkeit des rechnungslegungsbezogenen internen Kontrollsystems. Art und Umfang der Aktivitäten ähneln daher bei diesem Erstellungsauftrag denen einer Abschlussprüfung. Daher hat der Wirtschaftsprüfer auch entsprechend die jeweils einschlägigen IDW Prüfungsstandards zu berücksichtigen.

Wie bereits eingangs erwähnt, sind **Unterlagen** über das Zustandekommen des Jahresabschlusses notwendiger Bestandteil der Rechnungslegung und somit auch des Auftrages der Abschlusserstellung. Die Abschlussunterlagen umfassen dabei sämtliche Unterlagen die erforderlich sind um die Entwicklung des Jahresabschlusses aus Buchführung und den weiteren vorgelegten Unterlagen nachvollziehen zu können. Ebenfalls dokumentiert werden müssen die durch den Wirtschaftsprüfer vorgenommenen Tätigkeiten und Beurteilungshandlungen nach Art, Umfang und Ergebnis.

> **Vortragszeit: 5/7 Minuten**

IV. Berichterstattung

Ebenfalls notweniger Bestandteil jedes Erstellungsauftrages ist die **Bescheinigung**, aus der sich Art und Umfang der Tätigkeit des Wirtschaftsprüfers ergeben. Eine bloße Unterzeichnung des Abschlusses ist nicht zulässig (vgl. IDW S 7, Tz. 56). Aus der Bescheinigung muss klar hervorgehen, dass der Wirtschaftsprüfer den Jahresabschluss erstellt, d.h. nicht geprüft hat. Auf Einwendungen oder Beurteilungshemmnisse ist hinzuweisen. Im Falle von Mängeln oder Unrichtigkeiten in den gesamten vorgelegten Unterlagen darf keine Bescheinigung erteilt werden. In dem Fall, dass dem Jahresabschluss ein Lagebericht beigefügt wird, ist darauf hinzuweisen, dass dieser von den gesetzlichen Vertretern der Gesellschaft erstellt wurde und nicht Gegenstand des Erstellungsauftrages war.

Im Rahmen der Bescheinigung sind der **Umfang der Erstellungstätigkeit** und damit die Verantwortlichkeit des Wirtschaftsprüfers genau zu beschreiben. Bei einem Auftrag ohne Beurteilungen muss in der Bescheinigung deutlich werden, dass der Wirtschaftsprüfer den Abschluss erstellt hat, ohne die vorgelegten Unterlagen eine Plausibilitätsbeurteilung zu unterziehen. Bei einem Auftrag mit Plausibilitätsbeurteilungen ist in der Bescheinigung auf ebendiese hinzuweisen. Die Ordnungsmäßigkeit des Jahresabschlusses darf nicht bescheinigt werden (vgl. IDW S 7, Tz. 62). Musterformulierungen für diese Bescheinigungen sind als Anlage zum IDW Standard 7 abgedruckt.

Eine Bescheinigung über die Erstellung eines Jahresabschlusses darf nur **gesiegelt** werden, wenn in ihr Erklärungen über Beurteilungsergebnisse abgegeben werden. Also nur dann, wenn der Auftrag mindestens Plausibilitätsbeurteilungen oder umfassende Beurteilungen umfasst. Ein **Erstellungsauftrag ohne Beurteilungen** darf in keinem Fall gesiegelt werden (vgl. IDW S 7, Tz. 67).

Die **Erstattung eines Erstellungsberichts** wird seitens des IDW empfohlen, ist jedoch abhängig vom Willen des Auftraggebers. Die Auftraggeber, also die gesetzlichen Vertreter des Unternehmens sind auch die Adressaten des Berichts. Dabei hat der Wirtschaftsprüfer darauf zu achten, dass die Form der Berichterstattung nicht den Eindruck erweckt, es habe eine Abschlussprüfung im Sinne des § 316 HGB stattgefunden (vgl. IDW S 7, Tz. 69). Ansonsten gelten für den Erstellungsbericht dieselben Grundsätze zur Berichterstattung wie bei einem Prüfungsbericht: Unparteilichkeit, Vollständigkeit, Wahrheit und Klarheit. Und auch die einschlägigen berufsständischen Vorgaben sind einzuhalten.

> Vortragszeit: 2/9 Minuten

V. Fazit

Werden durch Angehörige des Berufsstands der Wirtschaftsprüfer Jahresabschlüsse erstellt, so sind einige Besonderheiten zu beachten. Der IDW S 7 beschreibt die Maßgaben, die für solche Aufträge gelten und unterscheidet dabei verschiedene Auftragsarten. Die Durchführung von Plausibilitätsbeurteilungen im Rahmen der Jahresabschlusserstellung erhöht die Sicherheit, dass nichts gegen die Ordnungsmäßigkeit des erstellten Jahresabschlusses spricht. Eine positive Aussage zum Jahresabschluss kann jedoch nur bei einem Auftrag mit umfassenden Beurteilungen getroffen werden. Zudem nimmt im Vergleich zum Auftrag der Jahresabschlusserstellung ohne Beurteilungen die Verantwortung des Wirtschaftsprüfers im Rahmen dieser Tätigkeit zu. Dies muss er bei seiner Beauftragung, Planung und Durchführung sowie bei der Dokumentation und Berichterstattung entsprechend berücksichtigen.

Vielen Dank für Ihre Aufmerksamkeit.

> Vortragszeit: 1/10 Minuten

Vortrag 56
Die Ermittlung des Erfüllungsbetrages von Verbindlichkeitsrückstellungen unter Berücksichtigung der Abzinsungsproblematik und des Beibehaltungswahlrechts (Prüfungswesen)

Sehr geehrte/r Frau/Herr Vorsitzende/r, sehr geehrte Prüfungskommission,
aus den mir zur Auswahl gestellten Themen habe ich mich für das Thema „**Die Ermittlung des Erfüllungsbetrages von Verbindlichkeitsrückstellungen unter Berücksichtigung der Abzinsungsproblematik und des Beibehaltungswahlrechts**" entschieden. Meinen Vortrag gliedere ich wie folgt:

I.	Grundsätze und Begriffsverständnis
II.	Verteilungsrückstellungen
III.	Sach- und Dienstleistungsverpflichtungen
IV.	Preis- und Kostenänderungen
V.	Kompensation von Aufwendungen
VI.	Ermittlung der Restlaufzeit
VII.	Abzinsung und Beibehaltungswahlrecht
VIII.	Ausweis in Gewinn- und Verlustrechnung und Anhangangaben
IX.	Fazit

Vortragszeit: 0,5 Minuten

I. Grundsätze und Begriffsverständnis

Mit dem **Bilanzrechtsmodernisierungsgesetz** wurde ein neuer Rechtsbegriff im HGB eingeführt. Seither sind **Rückstellungen** in Höhe des nach vernünftiger kaufmännischer Beurteilung notwendigen Erfüllungsbetrags zu bilanzieren (vgl. § 253 Abs. 1 Satz 2 HGB). Aufgrund der in diesem Zusammenhang aufkommenden Fragestellungen hat das IDW 2012 bzw. 2015 eine Stellungnahme zur Rechnungslegung veröffentlicht, in der auf Einzelfragen zur handelsrechtlichen Bilanzierung von Verbindlichkeitsrückstellungen eingegangen wird.

Neben der Änderung der Bewertung von Rückstellungen gibt es noch weitere Änderungen hinsichtlich des Ansatzes und Ausweises. Die im Zusammenhang mit Rückstellungen entwickelten **Grundsätze ordnungsgemäßer Bilanzierung** bleiben jedoch weitestgehend unverändert.

Rückstellungen sind Verpflichtungen gegenüber Dritten, die dem Grunde nach bereits entstanden, deren Höhe und bzw. oder Fälligkeit jedoch ungewiss sind (vgl. § 249 Abs. 1 HGB). Die Rückstellungstatbestände werden im § 249 HGB abschließend aufgeführt und deren Bewertung im § 253 HGB geregelt. Diese Vorschriften gelten für alle Kaufleute und auch für den Konzernabschluss (vgl. §§ 298 Abs. 1 i.V.m. 249, 253 HGB). Der **Ausweis der Rückstellungen** ist in den ergänzenden Vorschriften für Kapitalgesellschaften und sogenannte haftungsbeschränkte Personenhandelsgesellschaften (vgl. § 264a HGB) im § 266 HGB geregelt. Andere bilanzierende Gesellschaften können diese Vorschrift freiwillig anwenden.

Anzusetzen sind Rückstellungen für ungewisse Verbindlichkeiten und für drohende Verluste aus schwebenden Geschäften. Weiter sind unterlassene Aufwendungen für Instandhaltung – somit eine Innenverpflichtung – passivierungspflichtig, soweit sie in den ersten drei Monaten des Folgejahres nachgeholt werden. Auch Gewährleistungen, die ohne rechtliche Verpflichtung erbracht werden, sind zu passivieren (vgl. § 249 Abs. 1 HGB). An dieser Stelle ist zu erwähnen, dass die Bildung von Aufwandsrückstellungen nicht mehr zulässig ist. Rückstellungen dürfen nur aufgelöst werden, soweit der Grund für die Rückstellung entfallen ist (vgl. § 249 Abs. 2 Satz 2 HGB).

Der **Ausweis von Rückstellungen** erfolgt auf der Passivseite der Bilanz, jeweils gesondert in den Positionen Pensionsrückstellungen, Steuerrückstellungen und sonstige Rückstellungen (vgl. § 266 Abs. 3 Buchst. b HGB). Zu beachten ist an dieser Stelle das Saldierungsgebot für Rückstellungen für Altersversorgungsverpflichtungen mit einem Deckungsvermögen (vgl. § 246 Abs. 2 Satz 2 HGB).

Hinsichtlich der **Bewertung von Rückstellungen** ergeben sich durch den neuen Rechtsbegriff grundlegende Änderungen. Der Ansatz in Höhe des nach vernünftiger kaufmännischer Beurteilung notwendigen Erfüllungsbetrags bedeutet zunächst, dass die Bewertung unter Berücksichtigung künftiger Preis- und Kostensteigerungen zu erfolgen hat. Ebenfalls zu berücksichtigen sind wertaufhellende Ereignisse, die für den voraussichtlichen Erfüllungszeitpunkt erwartet werden (vgl. IDW Stellungnahme zur Rechnungslegung: Einzelfragen zur handelsrechtlichen Bilanzierung von Verbindlichkeitsrückstellungen (IDW RS HFA 34), Tz. 14). Notwendigkeit bedeutet in diesem Zusammenhang, dass zum voraussichtlichen Erfüllungszeitpunkt tatsächlich eine Vermögensminderung entweder durch Zahlung oder durch Sach- oder Dienstleistung des Bilanzierenden zu erwarten ist (vgl. IDW RS HFA 34, Tz. 15). Auch impliziert der Begriff die Verpflichtung, den Nominalbetrag bei einer Restlaufzeit von mehr als einem Jahr abzuzinsen (vgl. IDW RS HFA 34, Tz. 17).

> Vortragszeit: 2,5/3 Minuten

II. Verteilungsrückstellungen

Bei der **Bewertung von Verteilungsrückstellungen** ergeben sich Besonderheiten aufgrund dessen, dass die Verpflichtung zwar rechtlich unmittelbar mit Verwirklichung des auslösenden Ereignisses entsteht, deren wirtschaftliche Verursachung sich jedoch über die nachfolgenden Jahre erstreckt. Als Beispiel seien hier Rückbauverpflichtungen zu nennen. Hier sollten auch die Aufwendungen aus der Zuführung zu Rückstellungen über die Gesamtperiode verteilt werden. Zur Verteilung kommen gemäß IDW zwei Methoden zur Verteilung in Betracht: Beim **Barwertverfahren** wird der Nominalbetrag der Rückstellung gleichmäßig auf die Perioden verteilt und mit dem aktuellen restlaufzeitadäquaten Zinssatz auf den Abschlussstichtag abgezinst. Durch diese Vorgehensweise steigt, aufgrund der kürzer werdenden Restlaufzeit, der jährliche operative Aufwand. Beim **Gleichverteilungsverfahren** bleibt der operative Aufwand hingegen nahezu konstant, da zu jedem Abschlussstichtag der Betrag ermittelt wird, der sich bei annuitätischer Verteilung des Gesamtbetrags ergibt. Abweichungen ergeben sich durch Aufzinsung und abweichende Zinssätze.

Kommt es im Laufe der Ansammlung zu einer Verlängerung des Verteilungszeitraums, verringert sich der jährlich zuzuführende Betrag entsprechend. Eine Auflösung zur Verringerung des Rückstellungsbestands kommt nach Meinung des IDW nicht in Betracht. Im Falle einer Verkürzung des Verteilungszeitraums erhöht sich entsprechend der jährlich zuzuführende Betrag (vgl. IDW RS HFA 34, Tz. 18 ff.).

> Vortragszeit: 1/4 Minuten

III. Sach- und Dienstleistungsverpflichtungen

Im Falle von Sach- und Dienstleistungsverpflichtungen ist der **Nominalbetrag der Rückstellung** unter Berücksichtigung der Vollkosten zu ermitteln. Angesetzt werden also Einzel- und notwendige Gemeinkosten, unabhängig davon, ob diese nach § 255 Abs. 2 HGB aktivierungsfähig oder -pflichtig sind. Einbezogen werden auch gegebenenfalls anfallende Transaktionskosten, falls der geschuldete Vermögensgegenstand erst noch beschafft werden muss. Ebenso sind sogenannte Geldwertschulden zu bewerten, also Verpflichtungen, die zwar in Geld auszugleichen sind, die sich jedoch nach Preisen von Sach- oder Dienstleistungen bemessen. Befindet sich der geschuldete Vermögensgegenstand bereits im Vermögen des Bilanzierenden, so entspricht der Nominalbetrag der Rückstellung seinem Buchwert. Eine Abzinsung kommt dann nicht in Betracht (vgl. IDW RS HFA 34, Tz. 21 ff.).

> Vortragszeit: 1/5 Minuten

IV. Preis- und Kostenänderungen

Künftige Preis- und Kostensteigerungen sind bei der **Ermittlung des Erfüllungsbetrags** in dem Maße zu berücksichtigen, wie sie unter Beachtung des Stichtagsprinzips (vgl. § 252 Abs. 1 Nr. 3 HGB) absehbar sind. Das bedeutet, dass diese Annahmen durch objektive Hinweise gestützt werden müssen. Das pauschale Zugrundelegen von voraussichtlichen Inflationsraten der Europäischen Zentralbank ist nur in Ausnahmefällen zulässig. Vielmehr sind die unternehmens- und branchenspezifischen Gegebenheiten zu berücksichtigen. Nachhaltige Preis- und Kostensenkungen sind im Hinblick auf das handelsrechtliche Vorsichtsprinzip grundsätzlich nicht zu berücksichtigen, es sei denn, es liegen hinreichend objektive Hinweise darauf vor (vgl. IDW RS HFA 34, Tz. 25 ff.).

> Vortragszeit: 1/6 Minuten

V. Kompensation von Aufwendungen

Kann das bilanzierende Unternehmen im Zusammenhang mit den zurückzustellenden Aufwendungen Ansprüche geltend machen, unterscheidet man zwischen **Netto- und Bruttobilanzierung**. Eine **Nettobilanzierung**, also eine unmittelbare Verrechnung der zu erwartenden Erträge mit den Aufwendungen, kommt lediglich in

Betracht, wenn die Ansprüche nicht die Voraussetzungen zur Aktivierung erfüllen. Darüber hinaus müssen die erwarteten Erträge unmittelbar aus demselben Geschäft resultieren und ihr Entstehen hinreichend sicher sein. Als Beispiel nennt das IDW die Unzulässigkeit der Saldierung einer Rückstellung für die Verpflichtung zur Rekultivierung einer Kiesgrube mit erwarteten Erträgen aus Kippgebühren. Erfüllen hingegen die Ersatz- oder Rückgriffsansprüche die Aktivierungsvoraussetzungen, scheidet eine Saldierung ebenfalls aus (§ 246 Abs. 2 Satz 1 HGB); (vgl. IDW RS HFA 34, Tz. 30 ff.).

Vortragszeit: 1/7 Minuten

VI. Ermittlung der Restlaufzeit

Der Restlaufzeit kommt bei der **Ermittlung des Erfüllungsbetrages** große Bedeutung zu. Sie ist der Zeitraum zwischen Abschlussstichtag und voraussichtlichem Erfüllungszeitpunkt der Verpflichtung und bestimmt die Zeitspanne über die künftige Preis- und Kostensteigerungen berücksichtigt werden müssen (vgl. § 253 Abs. 1 Satz 2 HGB) und über die abgezinst werden muss (vgl. § 253 Abs. 2 Satz 1 HGB) sowie die Höhe des Abzinsungssatzes. Bei der Ermittlung des voraussichtlichen Erfüllungszeitpunktes kann vereinfachend bei Verträgen mit vereinbarter Laufzeit stets das Ende ebendieser angenommen worden. Dies gilt auch dann, wenn Verlängerungsoptionen Vertragsbestandteil sind und die Inanspruchnahme dieser Optionen wirtschaftlich sinnvoll und daher wahrscheinlich sind. Bei Verträgen mit Kündigungsoption ist der frühestmögliche Kündigungstermin anzusetzen. Sofern den Verpflichtungen eine unbestimmte Laufzeit zu Grunde liegt, ist die Restlaufzeit vorsichtig zu schätzen. Verpflichtungen, die nicht zu einem bestimmten Zeitpunkt, sondern über einen Zeitraum zu erfüllen sind, sind in Teilbeträgen, sogenannten Jahresscheiben, zurückzustellen und gesondert zu bewerten. Als Beispiel kann hier die Verpflichtung zur Aufbewahrung von Geschäftsunterlagen angeführt werden (vgl. IDW RS HFA 34, Tz. 36 ff.).

Vortragszeit: 1/8 Minuten

VII. Abzinsung und Beibehaltungswahlrecht

Die handelsrechtliche Abzinsung erfolgt zwingend mit den unter **Berücksichtigung der Rückabzinsungsverordnung** von der Deutschen Bundesbank ermittelten und monatlich veröffentlichten Zinssätzen. Diese repräsentieren den restlaufzeitadäquaten durchschnittlichen Marktzinssatz, der sich im Falle von Rückstellungen für Altersversorgungsverpflichtungen aus den vergangenen zehn Geschäftsjahren und im Falle sonstiger Rückstellungen aus den vergangenen sieben Geschäftsjahren ergibt. Allerdings sind diese Zinssätze nur für ganzjährige Laufzeiten angegeben. Endet die Restlaufzeit **unterjährig**, kommen zur Ableitung grundsätzlich drei Methoden in Betracht:

1. Lineare Interpolation,
2. Verwendung des ganzjährigen Zinssatzes, der der Restlaufzeit am nächsten kommt oder
3. bei im Zeitablauf steigenden Zinssätzen, Verwendung des ganzjährigen Zinssatzes für die nächstkürzere Restlaufzeit.

Die Bundesbank ermittelt Zinssätze für Restlaufzeiten zwischen einem und 50 Jahren. Werden Rückstellungen mit einer Restlaufzeit von weniger als einem Jahr freiwillig abgezinst, so ist es nicht zu beanstanden, wenn hierzu der Zinssatz für eine einjährige Restlaufzeit angenommen wird. Bei einer Restlaufzeit von über 50 Jahren, ist es nicht zu beanstanden, wenn der Zinssatz für eine 50-jährige Restlaufzeit zugrunde gelegt wird (vgl. IDW RS HFA 34, Tz. 41 ff.).

Die **Zinssätze der Bundesbank** sind zur Abzinsung auch dann zu verwenden, wenn es sich um eine verzinsliche Verpflichtung handelt. Dabei erhöhen fällige Zinsen grundsätzlich den anzusetzenden Erfüllungsbetrag wie zu erwartende Preissteigerungen. In einem zweiten Schritt muss zur Abzinsung grundsätzlich der restlaufzeitadäquate Zinssatz gemäß Rückabzinsverordnung genommen werden. Von dieser Vorgehensweise darf nur unter Wesentlichkeitsgesichtspunkten abgewichen werden (vgl. IDW RS HFA 34, Tz. 34 f.).

Führt die erstmalige Anwendung der durch BilMoG geänderten **Bewertungsvorschriften** letztlich, also nach Erhöhung aufgrund von Preis- und Kostensteigerungen und nach Verringerung wegen des Abzinsungsgebots, zu einer Reduktion des Rückstellungsbetrags, so darf der bisherige Rückstellungsbetrag beibehalten werden, wenn dieser bis 2024 wieder zugeführt werden müsste. Lediglich darüber hinausgehende Beträge waren erfolgswirksam aufzulösen (vgl. Art. 67 Abs. 1 Satz 2 EGHGB). Das Beibehaltungswahlrecht war insoweit beschränkt. Wird von dem Beibehaltungswahlrecht kein Gebrauch gemacht, sind die aufzulösenden Beträge unmittelbar in die Gewinnrücklagen einzustellen (vgl. Art. 67 Abs. 1 Satz 3 EGHGB).

> Vortragszeit: 1/9 Minuten

VIII. Ausweis in Gewinn- und Verlustrechnung und Anhangangaben

Aufwendungen aus der erstmaligen Zuführung zu Rückstellungen sind grundsätzlich im operativen Ergebnis abzubilden. Erträge und Aufwendungen aus der Ab- und Aufzinsung im Finanzergebnis. Für diese wird ein gesonderter Ausweis in der Gewinn- und Verlustrechnung gefordert (vgl. § 277 Abs. 5 Satz 1 HGB). Dem kann entweder durch eine Vorspalte, durch einen davon-Vermerk oder eine Anhangangabe Rechnung getragen werden.

Im **Anhang** sind grundsätzlich die angewandten Bilanzierungs- und Bewertungsmethoden anzugeben (vgl. §§ 284 Abs. 2 Nr. 1, 313 Abs. 1 Nr. 1 HGB) wie auch grundlegende Annahmen, Berechnungsverfahren und Zusammensetzung (vgl. §§ 285 Nr. 12, Nr. 24, 314 Abs. 1 Nr. 16 HGB) der jeweiligen Rückstellungspositionen. Wurde von den Beibehaltungswahlrechten für vor der Einführung des BilMoG gebildete Aufwandsrückstellungen (vgl. Art. 67 Abs. 3 Satz 1 EGHGB) oder für aufgrund der Bewertungsänderung geringere Rückstellungen Gebrauch gemacht, so ist auch dies im Anhang anzugeben (vgl. § 284 Abs. 2 Nr. 1 HGB).

> Vortragszeit: 0,5/9,5 Minuten

IX. Fazit

Mit der Einführung des Begriffs des Erfüllungsbetrags im Rahmen des BilMoG sind in der Praxis viele Fragen aufgeworfen worden. Das IDW hat einige der Problemstellungen in einem Rechnungslegungshinweis aufgegriffen und die Meinung des Berufsstands festgeschrieben. Es ergeben sich durch die Neuerungen gegenläufige Effekte: Zum einen ist der Erfüllungsbetrag unter Berücksichtigung von Preis- und Kostensteigerungen zu ermitteln. Zum anderen wird dieser durch die Abzinsungsverpflichtung wieder verringert. Wie die Auswirkungen im Ergebnis sind, muss im Einzelfall beurteilt werden.

Vielen Dank für Ihre Aufmerksamkeit.

> Vortragszeit: 0,5/10 Minuten

Vortrag 57
Die Bilanzierung von Anteilen an Personenhandelsgesellschaften (Prüfungswesen)

Sehr geehrte/r Frau/Herr Vorsitzende/r, sehr geehrte Prüfungskommission,
aus den mir zur Auswahl gestellten Themen habe ich mich für das Thema „**Die Bilanzierung von Anteilen an Personenhandelsgesellschaften**" entschieden. Meinen Vortrag gliedere ich wie folgt:

I.	Einführung
II.	Ausweis
III.	Zugangs- und Folgebewertung
IV.	Vereinnahmung von Gewinnanteilen
V.	Kapitalrückzahlungen und andere ergebnisneutrale Ausschüttung der Gesellschaft

VI.	Fazit

Vortragszeit: 0,5 Minuten

I. Einführung
Die **bilanzielle Abbildung von Anteilen an Personengesellschaften in der Handels- und Steuerbilanz der Gesellschafter** ist mit schwierigen bilanzrechtlichen Fragen verbunden. Das IDW legt in einer Stellungnahme zur Rechnungslegung die Berufsauffassung dar, wie Anteile an Personenhandelsgesellschaften im handelsrechtlichen Jahresabschluss zu bilanzieren sind (IDW Stellungnahme zur Rechnungslegung: Bilanzierung von Anteilen an Personenhandelsgesellschaften im handelsrechtlichen Jahresabschluss (IDW RS HFA 18)). Dabei gelten die gegebenen Hinweise für alle Gesellschafter, grundsätzlich unabhängig von deren Rechtsform.

Vortragszeit: 0,5/1 Minute

II. Ausweis
Anteile an Personenhandelsgesellschaften sind im handelsrechtlichen Jahresabschluss, im Gegensatz zur Steuerbilanz, als einheitlicher Vermögensgegenstand als Beteiligung im Finanzanlagevermögen auszuweisen. Der Ausweis im Finanzanlagevermögen bedingt, dass die Anteile dazu bestimmt sind, dem eigenen Geschäftsbetrieb dauerhaft zu dienen (vgl. § 271 Abs. 1 Satz 1 HGB). Dies ist bei Anteilen an Personenhandelsgesellschaften unabhängig von der Höhe der Beteiligung regelmäßig der Fall (vgl. WP-Handbuch 2012, Bd. I, F 259). Sind die Voraussetzungen für Anteile an verbundenen Unternehmen erfüllt, erfolgt der Ausweis entsprechend (vgl. § 271 Abs. 2 HGB). Für den **Ausweis als Beteiligung** kommt es nicht darauf an, ob es sich um die Beteiligung als Gesellschafter einer OHG, als persönlich haftender Gesellschafter an einer KG oder als Kommanditist handelt. Aus der unbeschränkten Haftung können sich jedoch passivierungspflichtige Verbindlichkeiten oder Angabepflichten ergeben, auf die im Rahmen dieses Kurzvortrags nicht weiter eingegangen werden soll.

Vortragszeit: 1/2 Minuten

III. Zugangs- und Folgebewertung
Bei einem Erwerb von Dritten ergeben sich die Anschaffungskosten handels- wie steuerrechtlich aus dem vereinbarten Kaufpreis unter Berücksichtigung etwaiger Anschaffungsnebenkosten oder Anschaffungskostenminderungen (vgl. IDW RS HFA 18, Tz. 6 f.). Als **Anschaffungsnebenkosten** kommen Kosten der Eintragung ins Handelsregister, Vermittlungs- und Maklerprovisionen, Beratungs- und Gutachterkosten sowie gegebenenfalls Notarkosten in Betracht.

Werden **Anteile an einer Personenhandelsgesellschaft im Tausch gegen Hingabe eigener Vermögensgegenstände erworben**, besteht handelsrechtlich in Bezug auf die zu aktivierenden Anschaffungskosten ein Wahlrecht entweder zum Ansatz zum Zeitwert des hingegebenen Vermögensgegenstandes oder zum Ansatz zum Buchwert (vgl. IDW RS HFA 18, Tz. 9). Steuerrechtlich bemessen sich die Anschaffungskosten beim Tausch grundsätzlich nach dem gemeinen Wert des hingegebenen Wirtschaftsguts (vgl. § 6 Abs. 6 S. 1 EStG).

Während Anteile an Personenhandelsgesellschaften handelsrechtlich einen einheitlichen Vermögensgegenstand darstellen, erfolgt die Bilanzierung in der **Steuerbilanz** nach der sogenannten **Spiegelbildmethode** (vgl. IDW RS HFA 18, Tz. 43). Maßgeblich für den Beteiligungsansatz ist das Kapitalkonto des Gesellschafters bei der Personenhandelsgesellschaft, das bei einem davon abweichenden Kaufpreis durch eine Ergänzungsbilanz korrigiert wird. Während der Beteiligungsansatz in der Handelsbilanz dem Kaufpreis entspricht, wird der Buchwert in der Steuerbilanz um alle Entnahmen, Einlagen und die steuerlichen Jahresergebnisse aus Gesamthands-, Ergänzungs- und Sonderbilanzen fortgeführt. Die Jahresergebnisse werden phasengleich vereinnahmt. Da der Anteil an einer Personenhandelsgesellschaft steuerlich nicht selbständig bewertbar ist, kann keine Teilwertabschreibung vorgenommen werden.

Handelsbilanziell ist die Beteiligung einem **Niederstwerttest** zu unterziehen. Ist einer Beteiligung am Abschlussstichtag dauerhaft ein niedrigerer Wert beizulegen, muss eine außerplanmäßige Abschreibung auf diesen Wert vorgenommen werden (vgl. § 253 Abs. 3 Satz 3 HGB). Für den Fall einer nur vorübergehenden Wertminderung besteht ein Abschreibungswahlrecht (vgl. § 253 Abs. 3 Satz 4 HGB). Der beizulegende Zeitwert ist dabei nach den allgemeinen Grundsätzen zur Bewertung von Beteiligungen (vgl. IDW Stellungnahme zur Rechnungslegung: Anwendung der Grundsätze des IDW S 1 bei der Bewertung von Beteiligungen und sonstigen Unternehmensanteilen für die Zwecke eines handelsrechtlichen Jahresabschlusses (IDW RS HFA 10)) vorzunehmen. Entfallen die Gründe für die vorgenommene außerplanmäßige Abschreibung, ist eine Wertaufholung bis zur Höhe der um Kapitalrückzahlungen und Abgänge geminderten Anschaffungskosten zwingend.

Im Hinblick auf etwaige zu bildende **latente Steuern** gilt grundsätzlich Folgendes: Bei Gründung oder Erwerb einer Beteiligung besteht in aller Regel kein Unterschied zwischen steuerlichem Kapitalkonto und handelsrechtlichem Buchwert. Temporäre Differenzen entstehen im Zeitablauf, beispielsweise, wenn in der Ergänzungsbilanz aufgedeckte stille Reserven bei unverändertem Beteiligungsbuchwert in der Handelsbilanz abgeschrieben werden oder wenn Entnahmen getätigt werden, die nicht zu einer Verringerung des Beteiligungsbuchwerts führen und damit latente Steuern auf Gesellschafterebene auslösen. **Passive latente Steuern** sind beispielsweise zu berücksichtigen, wenn Verluste der Personenhandelsgesellschaft das steuerliche Kapitalkonto mindern, handelsrechtlich aber keine Abschreibung des Beteiligungsbuchwerts vorgenommen wurde. Dies gilt nicht, soweit es sich um Verluste i.S.d. § 15a EStG handelt.

> **Vortragszeit: 3/5 Minuten**

IV. Vereinnahmung von Gewinnanteilen

Steuerlich erfolgt stets eine **phasengleiche Gewinnvereinnahmung**. Dem Gesellschafter einer Personenhandelsgesellschaft wird der Gewinnanteil mit Ablauf des Wirtschaftsjahres der Personenhandelsgesellschaft zugerechnet. Auf Ebene der Personenhandelsgesellschaft erhöht der Gewinnanteil das Kapitalkonto, weshalb der Gewinnanteil auf Ebene des Gesellschafters den steuerlichen Beteiligungsansatz erhöht.

In der Handelsbilanz ist der einem Gesellschafter zustehende Gewinnanteil als Forderung bilanzierungspflichtig, wenn der Gesellschafter einen Anspruch auf die Gewinnausschüttung hat. Im Rahmen der für die Bilanzierung maßgebenden wirtschaftlichen Betrachtungsweise ist eine phasengleiche Vereinnahmung zulässig, wenn das künftige Entstehen des Rechtsanspruchs hinreichend gesichert ist (vgl. IDW RS HFA 18, Tz. 12). Ist der Gewinnanteil im Entstehungszeitpunkt aufgrund gesetzlicher Vorschriften der Verfügungsgewalt des Gesellschafters entzogen, z.B. durch eine Ausschüttungssperre, darf keine Forderung aktiviert werden (vgl. IDW RS HFA 18, Tz. 19).

Nach der **gesetzlichen Regelung** steht dem Gesellschafter der Personenhandelsgesellschaft der Gewinnanteil am Abschlussstichtag ohne weiteren Gesellschafterbeschluss zu. Erforderlich ist aber, dass das Geschäftsjahr der Personenhandelsgesellschaft spätestens mit dem Geschäftsjahr des (bilanzierenden) Gesellschafters endet (vgl. WP-Handbuch 2012, Bd. I, E 536). Außerdem muss die auszuweisende Forderung innerhalb des Wertaufhellungszeitraums der Höhe nach durch das Festliegen aller wesentlichen Bilanzierungs- und Bewertungsentscheidungen hinreichend konkretisiert sein (vgl. IDW RS HFA 18, Tz. 14), d.h. sämtliche Bilanzierungs- und Bewertungsentscheidungen müssen getroffen sein, die auf die Höhe des Gewinnanteils wesentlichen Einfluss haben können. Dies ist der Fall, wenn der Jahresabschluss der Personenhandelsgesellschaft innerhalb des maßgeblichen Werterhellungszeitraums festgestellt worden ist. Steht die Feststellung noch aus, genügt es, dass der aufgestellte Jahresabschluss aus Sicht des persönlich haftenden Gesellschafters verbindlichen Charakter erlangt hat, was durch eine entsprechende Unterschrift unter dem Jahresabschluss zu dokumentieren ist (vgl. WP-Handbuch 2012, Bd. I E 536). Unterliegt der Jahresabschluss der Personenhandelsgesellschaft allerdings der Prüfung durch einen Abschlussprüfer, steht die verbindliche Fassung erst nach Beendung der Prüfungshandlungen fest (vgl. IDW RS HFA 18, Tz. 15). Das IDW (vgl. IDW RS HFA 18, Tz. 16) geht davon aus, dass es bei der Änderung von Bilanzierungsentscheidungen bei einem noch nicht festgestellten Jahresabschluss allenfalls zu einer Erhöhung des verteilungsfähigen Gewinns kommt und der sich aus dem aufgestellten Jahresabschluss ergebene Gewinnanteil als ein Mindestgewinnanteil anzusehen ist, der als Beteiligungsertrag vor Feststellung vereinnahmt werden darf. Ein darüberhinausgehender, sich aus einer abweichenden Feststellung ergebender Gewinn, darf erst berücksichtigt werden, wenn die Feststellung bis zum Ende des Wertaufhellungszeitraums beschlossen worden ist.

Eine **Erhöhung der Anschaffungskosten der Anteile an der Personenhandelsgesellschaft** liegt vor, wenn ein aktivierter Gewinnauszahlungsanspruch durch Gesellschaftervereinbarung in voller Höhe oder teilweise zur Erhöhung der Kapitaleinlage verwendet wird.

Abweichend von der gesetzlichen Regelung kann die Gewinnverwendung der Beschlussfassung der Gesellschafter obliegen. Außerdem können durch Gesellschaftsvertrag oder Gesellschafterbeschluss Teile des Jahresüberschusses den Rücklagen zuzuführen sein. In diesem Fall kann der Gesellschafter zum Abschlussstichtag der Personenhandelsgesellschaft nicht über seinen Gewinnanteil verfügen, so dass ihm zu diesem Zeitpunkt noch kein aktivierbarer Anspruch zusteht. Obliegt die Gewinnverwendung dem Beschluss der Gesellschafterversammlung, entsteht eine aktivierungsfähige Forderung erst im Zeitpunkt der Beschlussfassung. Wenn ein Gesellschafter über die notwendige Stimmrechtsmehrheit für die Beschlussfassung verfügt, kann sein Anteil am Gewinn unter entsprechender Anwendung der BGH-Rechtsprechung (BGH-Urteil vom 12.01.1998, II ZR 82/93, DB 1998, 567 zur Aktivierungspflicht von Gewinnansprüchen, wenn der Jahresabschluss der Tochtergesellschaft noch vor Abschluss der Prüfung der Muttergesellschaft festgestellt ist) – ggf. vor Beschlussfassung – phasengleich vereinbart werden.

Im Hinblick auf etwaige **Steuerlatenzen** sei Folgendes anzumerken: Kommt es in Handels- und Steuerbilanz zu einer phasengleichen Gewinnvereinnahmung, kommt ein Ansatz latenter Steuern lediglich in Betracht, wenn sich die Gewinnanteile zum Beispiel aufgrund unterschiedlicher Ansatz- und Bewertungsfragen in Handels- und Steuerbilanz nicht entsprechen. Bei einer phasenverschobenen Gewinnvereinnahmung sind latente Steuern bei Gesellschaftern dann zu bilden, wenn das steuerbilanzielle Aktivum den handelsrechtlichen Wertansatz übersteigt. Die Auflösung der aktiven latenten Steuern erfolgt, wenn der Gewinnanspruch in der Handelsbilanz aktiviert wird (vgl. IDW RS HFA 18, Tz. 45 ff.).

> **Vortragszeit: 3/8 Minuten**

V. Kapitalrückzahlungen und andere ergebnisneutrale Ausschüttung der Gesellschaft

Beschließt die Personenhandelsgesellschaft die **Auskehrung von Rücklagen**, die in einer Zeit thesauriert wurden, bevor das bilanzierende Unternehmen Gesellschafter der Personenhandelsgesellschaft wurde, waren die Rücklagen bereits Bestandteil bei der Ermittlung der Anschaffungskosten der Anteile an der Personenhandelsgesellschaft. In der Folge ist die Auskehrung ebendieser Rücklagen als Kapitalrückzahlung anzusehen, welche ergebnisneutral sowohl in Handels- als auch Steuerbilanz den Beteiligungsbuchwert mindert.

Das zu **Kapitalrückzahlungen** gesagte gilt auch bei Entnahmen zulasten des Kapitalanteils des Gesellschafters. Sowohl handels- als auch steuerrechtlich liegt eine Kapitalrückzahlung vor, die den Beteiligungsbuchwert als Abgang erfolgsneutral reduziert. Eine Kapitalrückzahlung ist auch gegeben, wenn eine Personenhandelsgesellschaft freie Liquidität an die Gesellschafter auszahlt, ohne dass es sich dabei um eine Ausschüttung handelt. Handelt es sich jedoch um gesellschaftsrechtlich unzulässige Auszahlungen ist beim Empfänger eine Rückzahlungsverbindlichkeit zu passivieren. Eine Passivierung einer Verbindlichkeit hat auch dann zu erfolgen, wenn die Liquiditätsausschüttungen den Buchwert der Beteiligung übersteigen. Diese Verbindlichkeit hat den Charakter eines Vorschusses auf künftig entstehende Gewinnanteile und ist bei Gewinnen in der Folgezeit erfolgswirksam auszubuchen.

> **Vortragszeit: 1/9 Minuten**

VI. Fazit

Im Ergebnis ist festzuhalten, dass die Bilanzierung von Anteilen an Personenhandelsgesellschaften insbesondere aufgrund der unterschiedlichen Behandlung in Handels- und Steuerbilanz nicht trivial ist. Zur Bestimmung des Zeitpunktes der Gewinnvereinnahmung sind die gesellschaftsrechtlichen Vereinbarungen genau zu prüfen, denn in Abhängigkeit der bestehenden Regelungen kommt es handelsrechtlich zu einer phasengleichen oder phasenverschobenen Gewinnvereinnahmung. Steuerlich kommt stets die Spiegelbildmethode zur Anwendung und damit erfolgt stets eine phasengleiche Gewinnvereinnahmung. Bei Ausschüttungen einer Personenhandelsgesellschaft ist zu prüfen, ob es sich um Gewinnausschüttungen oder Kapitalrückzahlungen handelt.

In Abhängigkeit davon, hat eine unterschiedliche Abbildung in der Handelsbilanz des Gesellschafters zu erfolgen. Auch die Beteiligungsbewertung von Anteilen an Personenhandelsgesellschaften folgt unterschiedlichen Grundsätzen. Während bei der Folgebewertung steuerrechtlich die Spiegelbildmethode Anwendung findet, erfolgt die handelsrechtliche Folgebewertung unter Beachtung der allgemeinen Grundsätze zur Bewertung von Beteiligungen. Die unterschiedliche handelsrechtliche und steuerrechtliche Beteiligungsbewertung führt regelmäßig zur Abgrenzung latenter Steuern.

Vielen Dank für Ihre Aufmerksamkeit.

Vortragszeit: 1/10 Minuten

Vortrag 58
Die Beurteilung der Fortführung der Unternehmenstätigkeit im Rahmen der Abschlussprüfung (Prüfungswesen)

Sehr geehrte/r Frau/Herr Vorsitzende/r, sehr geehrte Prüfungskommission,
aus den mir zur Auswahl gestellten Themen habe ich mich für das Thema „**Die Beurteilung der Fortführung der Unternehmenstätigkeit im Rahmen der Abschlussprüfung**" entschieden. Meinen Vortrag gliedere ich wie folgt:

I.	Einführung
II.	Verantwortlichkeit der gesetzlichen Vertreter
III.	Prüfung der Going Concern-Prämisse durch den Abschlussprüfer
IV.	Auswirkungen auf Bestätigungsvermerk und Prüfungsbericht
V.	Fazit

Vortragszeit: 0,5 Minuten

I. Einführung

Nach § 252 Abs. 1 Nr. 2 **HGB** ist bei der Bewertung der im Jahresabschluss ausgewiesenen Vermögensgegenstände und Schulden von der **Fortführung der Unternehmenstätigkeit** auszugehen, sofern dem nicht tatsächliche oder rechtliche Gegebenheiten entgegenstehen. Kann von der Fortführung der Unternehmenstätigkeit nicht mehr ausgegangen werden, hat dies Auswirkungen auf die anzuwendenden Bewertungsregeln. Außerdem sind die Konsequenzen für den Lagebericht (§ 289 HGB) und das Risikofrüherkennungssystem (§ 91 Abs. 2 AktG) zu berücksichtigen.

Mit dem **IDW PS 270 n.F.** legt das IDW die Berufsauffassung dar, nach der Wirtschaftsprüfer unbeschadet ihrer Eigenverantwortlichkeit bei einer Abschlussprüfung die Einschätzung der gesetzlichen Vertreter des bilanzierenden Unternehmens zur Fortführung der Unternehmenstätigkeit beurteilen.

Vortragszeit: 0,5/1 Minute

II. Verantwortlichkeit der gesetzlichen Vertreter

Die gesetzlichen Vertreter haben bei jeder Jahresabschlussstellung Überlegungen anzustellen, ob die Bewertung noch unter der Annahme der Unternehmensfortführung erfolgen kann. Sie können hiervon ausgehen, wenn:

- das Unternehmen in der Vergangenheit erfolgreich war,
- leicht auf finanzielle Mittel zurückgegriffen werden kann,

- keine Überschuldung droht oder besteht.

Als **Bezugsgröße** bei der Beurteilung der Fortführung der Unternehmenstätigkeit ist mindestens ein Zeitraum von 12 Monaten vom Abschlussstichtag des Geschäftsjahres zugrunde zu legen.

Besteht eine wesentliche Unsicherheit im Zusammenhang mit Ereignissen oder Gegebenheiten, die einzeln oder in Summe bedeutsame Zweifel an der Annahme der Fortführung der Unternehmenstätigkeit aufwerfen können, und werden diese nicht spätestens bis zum Zeitpunkt der Beendigung der Aufstellung des Abschluss ausgeräumt, müssen die gesetzlichen Vertreter dies im Abschluss angeben. In der Regel erfolgen diese Angaben im Anhang. Im Fall eines HGB-Abschlusses, der nach Rechnungslegungsgrundsätzen zur Ordnungsmäßigkeit aufgestellt wird, können diese Ausführungen beispielsweise unter der Bilanz erfolgen. Eine ausschließliche Berichterstattung im Lagebericht reicht folglich nicht (mehr) aus.

> **Vortragszeit: 1/2 Minuten**

III. Prüfung der Going Concern-Prämisse durch den Abschlussprüfer

Im Rahmen der Jahresabschlussprüfung hat der Abschlussprüfer die Angemessenheit der durch die gesetzlichen Vertreter getroffenen Annahme der Fortführung der Unternehmenstätigkeit bei der Planung und Durchführung der Prüfungshandlungen und bei der Abwägung der Prüfungsaussagen auf ihre Plausibilität hin zu beurteilen. Hält der Abschlussprüfer die Prognose für angemessen, so ist dies keinesfalls ein Garant für das Fortbestehen des Unternehmens. Die Prognose bleibt stets eine Hypothese, die nicht zwingend eintreten muss.

Letztlich muss der Abschlussprüfer ausreichende und angemessene Prüfungsnachweise darüber erlangen und zu einer Schlussfolgerung kommen, ob die Einschätzung der gesetzlichen Vertreter über die Anwendung des Rechnungslegungsgrundsatzes der Fortführung der Unternehmenstätigkeit bei der Aufstellung des Abschlusses angemessen ist. Weiterhin muss der Abschlussprüfer auf der Grundlage der erlangten Prüfungsnachweise zu einer Schlussfolgerung darüber kommen, ob eine wesentliche Unsicherheit im Zusammenhang mit Ereignissen oder Gegebenheiten besteht, die bedeutsame Zweifel an der Fähigkeit des Unternehmens zur Fortführung der Unternehmenstätigkeit aufwerfen können. Diese Schlussfolgerung ist maßgeblich um in Übereinstimmung mit den einschlägigen Standards einen Bestätigungsvermerk erteilen zu können sowie Bericht erstatten zu können.

Generell hat der Abschlussprüfer bei der Durchführung der nach IDW PS 261 n.F. erforderlichen Prüfungshandlungen zur Risikobeurteilung Überlegungen anzustellen, ob Ereignisse oder Gegebenheiten vorliegen, die bedeutsame Zweifel an der Fähigkeit des Unternehmens zur Fortführung der Unternehmenstätigkeit aufwerfen können. Dabei ist zunächst festzustellen, ob die gesetzlichen Vertreter bereits eine vorläufige Einschätzung der Fähigkeit des Unternehmens zur Fortführung der Unternehmenstätigkeit vorgenommen haben. Wurde eine solche Einschätzung bereits vorgenommen, ist diese mit den gesetzlichen Vertretern zu erörtern und festzustellen, ob Ereignisse oder Gegebenheiten erkannt wurden, die einzeln oder insgesamt bedeutsame Zweifel an der Fähigkeit des Unternehmens zur Fortführung der Unternehmenstätigkeit aufwerfen können und wenn ja, welche Pläne die gesetzlichen Vertreter verfolgen, um diesen Entwicklungen zu begegnen. Sollten eine solche Einschätzung noch nicht vorliegen, hat der Abschlussprüfer mit den gesetzlichen Vertretern die Grundlage für die beabsichtigte Anwendung des Rechnungslegungsgrundsatzes der Fortführung der Unternehmenstätigkeit zu erörtern und diese hinsichtlich möglicher Ereignisse oder Gegebenheiten zu befragen, die einzeln oder insgesamt bedeutsame Zweifel an der Fähigkeit des Unternehmens zur Fortführung der Unternehmenstätigkeit aufwerfen können.

Wurden solche Ereignisse oder Gegebenheiten identifiziert, hat der Abschlussprüfer festzustellen, ob eine **wesentliche Unsicherheit** vorliegt. Der Begriff der wesentlichen Unsicherheit stellt eine Fortentwicklung des bislang verwendeten Begriffs der erheblichen Unsicherheit dar. Wesentliche Unsicherheiten entsprechen bestandsgefährdenden Risiken nach § 322 Abs. 2 Satz 3 HGB. Eine wesentliche Unsicherheit in Zusammenhang mit Ereignissen oder Gegebenheiten besteht, wenn diese bedeutsamen Zweifel an der Fähigkeit des Unternehmens zur Fortführung der Unternehmenstätigkeit aufwerfen können, und das Unternehmen daher möglicherweise nicht in der Lage ist, im gewöhnlichen Geschäftsverlauf seine Vermögenswerte zu realisieren sowie seine Schulden zu begleichen.

Wurden ebensolche Hinweise identifiziert, hat der Abschlussprüfer ausreichende und angemessene Prüfungsnachweise Prüfungsnachweise zu erlangen, um festzustellen, ob eine wesentliche Unsicherheit in diesem Zusammenhang besteht, die bedeutsame Zweifel an der Fähigkeit des Unternehmens zur Fortführung der Unternehmenstätigkeit aufwerfen können. Hierbei sind auch solche Tatbestände und Maßnahmen zu berücksichtigen, die dieser Unsicherheit entgegenwirken. Diese **zusätzlichen Prüfungshandlungen** müssen mindestens umfassen:
- Sofern die gesetzlichen Vertreter noch keine Einschätzung der Fähigkeit des Unternehmens zur Fortführung der Unternehmenstätigkeit vorgenommen haben, sind diese dazu aufzufordern.
- Beurteilung der Pläne der gesetzlichen Vertreter für zukünftige Maßnahmen, die ihrer Einschätzung zugrundeliegen
- Sofern eine Liquiditätsprognose erstellt wurde, sind die zugrundeliegenden Daten hinsichtlich ihrer Verlässlichkeit zu beurteilen und festzustellen, ob die zugrundeliegenden Annahmen ausreichend begründet sind.

> **Vortragszeit: 5/7 Minuten**

IV. Auswirkungen auf Bestätigungsvermerk und Prüfungsbericht

Ist die Annahme der Fortführung der Unternehmenstätigkeit unangemessen, der Abschluss dennoch unter Anwendung des Rechnungslegungsgrundsatzes aufgestellt, hat der Abschlussprüfer sein Prüfungsurteil zu versagen.

Wird der Abschluss unter Anwendung des Rechnungslegungsgrundsatzes der Fortführung der Unternehmenstätigkeit aufgestellt, obwohl eine wesentliche Unsicherheit besteht, so ist abzuwägen, ob die wesentliche Unsicherheit (bestandsgefährdendes Risiko) im Abschluss bzw. Lagebericht angemessen angegeben ist. Ist dies der Fall, so kann der Abschlussprüfer ein nicht modifiziertes Prüfungsurteil abgeben. Er hat allerdings in einem gesonderten Abschnitt des Bestätigungsvermerks über die wesentliche Unsicherheit im Zusammenhang mit der Fortführung der Unternehmenstätigkeit zu berichten. Enthalten Abschluss bzw. Lagebericht keine angemessene Angaben über eine wesentliche Unsicherheit so ist ein eingeschränktes bzw. versagtes Prüfungsurteil abzugeben und darüber im Abschnitt „Grundlage für das eingeschränkte (versagte) Prüfungsurteil" des Bestätigungsvermerks zu berichten.

Sind die gesetzlichen Vertreter nicht bereit, auch nach entsprechender Aufforderung durch den Abschlussprüfer ihre Einschätzung der Fähigkeit des Unternehmens zur Fortführung der Unternehmenstätigkeit vorzunehmen oder den ihrer Einschätzung zugrunde liegenden Zeitraum auszudehnen, hat der Abschlussprüfer die Auswirkungen auf seinen Bestätigungsvermerk abzuwägen.

Im Prüfungsbericht berichtet der Abschlussprüfer über bestandsgefährdende Risiken und entwicklungsbeeinträchtigende Tatsachen (§ 321 Abs. 1 Satz 3 HGB). Auswirkungen ergeben sich auch auf die Stellungnahme zur Beurteilung der Lage des Unternehmens gemäß § 321 Abs. 1 Satz 2 HGB. Hier ist insbesondere auf die Annahme der Fortführung der Unternehmenstätigkeit und auf die Beurteilung der künftigen Entwicklung des Unternehmens einzugehen, wie sie im Abschluss und im Lagebericht ihren Ausdruck gefunden haben.

Unabhängig von der Berichterstattung in Bestätigungsvermerk und Prüfungsbericht hat sich der Abschlussprüfer mit den für die Überwachung Verantwortlichen über festgestellte Ereignisse oder Gegebenheiten auszutauschen, die bedeutsame Zeifel an der Fähigkeit des Unternehmens zur Fortführung der Unternehmenstätigkeit aufwerfen können.

> **Vortragszeit: 2,5/9,5 Minuten**

V. Fazit

Die **Annahme der Unternehmensfortführung** gehört zu den Grundsätzen ordnungsgemäßer Buchführung und gehört zu den Grundbedingungen, auf denen die Konzeption des Jahresabschlusses beruht. Damit ist die Beurteilung der Fortführung der Unternehmenstätigkeit durch den Abschlussprüfer integrierter Bestandteil des Bestätigungsvermerks. Eine sachgerechte Beurteilung der Einschätzung über die Unternehmensfortführung der gesetzlichen Vertreter durch den Abschlussprüfer ist daher von großer Bedeutung.

Vielen Dank für Ihre Aufmerksamkeit.

> Vortragszeit: 0,5/10 Minuten

Vortrag 59
Anhangangaben nach HGB zu Geschäften mit nahestehenden Unternehmen und Personen (Prüfungswesen)

Sehr geehrte/r Frau/Herr Vorsitzende/r, sehr geehrte Prüfungskommission,
aus den mir zur Auswahl gestellten Themen habe ich mich für das Thema **„Anhangangaben nach HGB zu Geschäften mit nahestehenden Unternehmen und Personen"** entschieden. Meinen Vortrag gliedere ich wie folgt:

I.	Gesetzliche Grundlagen
II.	Begriff der nahestehenden Unternehmen und Person
III.	Inhalt der Angabepflichten
IV.	Beziehungen zu nahestehenden Personen im Rahmen der Abschlussprüfung
V.	Schlussbemerkung

> Vortragszeit: 0,5 Minuten

I. Gesetzliche Grundlagen

Der Kaufmann bzw. der gesetzliche Vertreter der Gesellschaft ist gemäß § 242 Abs. 1–3 i.V.m. §§ 264 Abs. 1, 264a HGB dazu verpflichtet einen **Jahresabschluss** aufzustellen. Gemäß § 264 Abs. 1 HGB haben die gesetzlichen Vertreter/Mitglieder des vertretungsberechtigten Organs einer Kapitalgesellschaft den Jahresabschluss um einen Anhang zu erweitern. Dieser bildet mit der Bilanz und Gewinn- und Verlustrechnung eine Einheit.

Der Anhang ist unter Berücksichtigung der gesetzlichen Vorschriften (§§ 284 bis 288 HGB) aufzustellen.

Gemäß § 285 Nr. 21 HGB sind **alle wesentlichen Geschäftsvorfälle** mit nahestehenden Unternehmen und Personen anzugeben, die nicht zu marktüblichen Bedingungen zustande gekommen sind.

Ausgenommen von der Anhangangabe sind Geschäfte zwischen in einen Konzernabschluss einbezogenen nahestehenden Unternehmen, wenn diese Geschäfte bei der Konsolidierung weggelassen werden.

Es können **Angaben über Geschäfte nach Geschäftsarten** zusammengefasst werden, sofern die getrennte Angabe für die Beurteilung der Auswirkungen auf die Finanzlage nicht notwendig ist.

Entsprechendes gilt gemäß § 314 Abs. 1 Nr. 13 HGB für den Konzernanhang.

Das IDW konkretisiert in der **IDW Stellungnahme zur Rechnungslegung** (IDW RS HFA 33) Einzelfragen im Zusammenhang mit den Anhangangaben zu Geschäften mit nahe stehenden Unternehmen und Personen.

Darüber hinaus besteht die Möglichkeit, anstatt der Angabe der wesentlichen nicht zu marktüblichen Bedingungen zustande gekommene Geschäfte, **alle wesentlichen Geschäfte mit nahestehenden Unternehmen und Personen** anzugeben. Werden sämtliche wesentliche Geschäfte mit nahestehenden Unternehmen und Personen angegeben, ist eine Untergliederung in marktübliche und marktunübliche Geschäfte nicht mehr vorzunehmen.

Kleine Kapitalgesellschaften i.S.v. § 267 Abs. 1 HGB können größenabhängige Erleichterungen gemäß § 288 Abs. 1 HGB in Anspruch nehmen und somit auf diese Anhangangabe verzichten. Mittelgroße Kapitalgesellschaften i.S.v. § 267 Abs. 2 HGB brauchen die Angabe zu marktunüblichen Geschäften nur vorzunehmen, wenn es sich um **Aktiengesellschaften** handelt. Die Angabe kann in diesem Fall auf Geschäfte beschränkt werden, die direkt oder indirekt mit dem Hauptgesellschafter oder Mitgliedern des Geschäftsführungs-, Aufsichts- oder Verwaltungsorgans abgeschlossen werden.

> Vortragszeit: 1,5/2 Minuten

II. Begriff der nahestehenden Unternehmen und Person

Die Begriffsbestimmung und Definition der **„Nahestehenden Person"** erfolgt in Anlehnung an IAS 24.

Danach steht eine natürliche Person oder ein naher Familienangehöriger dieser Person einem berichtenden Unternehmen (das zu prüfende Unternehmen) nahe, wenn er/sie das berichtende Unternehmen beherrscht oder an dessen gemeinschaftlicher Führung beteiligt ist, maßgeblichen Einfluss auf das zu prüfende Unternehmen hat oder im Management des berichtenden Unternehmens oder eines Mutterunternehmens des berichtenden Unternehmens eine Schlüsselposition bekleidet.

Nahe Familienangehörige einer Person sind als nahestehende Person zu bezeichnen, wenn angenommen werden kann, dass sie Einfluss auf die Entscheidungen der natürlichen Person nehmen können. Hierzu gehören insbesondere die Kinder und Ehegatten der natürlichen Person.

Ein Unternehmen steht dem zu prüfenden Unternehmen nahe, wenn eine der folgenden **Voraussetzungen** vorliegt:
- Das Unternehmen und das berichtende Unternehmen gehören zum selben Konzern.
- Eines der beiden Unternehmen ist ein assoziiertes Unternehmen oder ein Gemeinschaftsunternehmen des anderen.
- Beide Unternehmen sind Gemeinschaftsunternehmen desselben Dritten.
- Eines der beiden Unternehmen ist ein Gemeinschaftsunternehmen eines dritten Unternehmens und das andere ist assoziiertes Unternehmen dieses dritten Unternehmens.
- Bei dem Unternehmen handelt es sich um einen Plan für Leistungen nach Beendigung des Arbeitsverhältnisses zugunsten der Arbeitnehmer entweder des berichtenden Unternehmens oder eines dem berichtenden Unternehmen nahestehenden Unternehmens. Handelt es sich bei dem berichtenden Unternehmen selbst um einen solchen Plan, sind auch die in diesen Plan einzahlenden Arbeitgeber als dem berichtenden Unternehmen nahestehend zu betrachten.
- Das Unternehmen wird von einer dem berichtenden Unternehmen nahestehenden natürlichen Person beherrscht oder steht unter gemeinschaftlicher Führung, an der eine dem berichtenden Unternehmen nahe stehende natürliche Person beteiligt ist.
- Eine natürliche Person, die das berichtende Unternehmen beherrscht oder an dessen gemeinschaftlicher Führung beteiligt ist, hat maßgeblichen Einfluss auf das Unternehmen oder bekleidet im Management des Unternehmens (oder eines Mutterunternehmens) eine Schlüsselposition; oder
- das Unternehmen oder ein Mitglied des Konzerns, zu dem es gehört, erbringt Dienstleistungen im Bereich der Unternehmensführung für die Berichtseinheit oder das Mutterunternehmen der Berichtseinheit.

> Vortragszeit: 2/4 Minuten

III. Inhalt der Angabepflichten

Es sind Angaben zu der **Art von Geschäftsvorfällen** mit nahestehenden Unternehmen und Personen, die **Art der Beziehung** zu diesen Unternehmen und Personen sowie zum **Wert dieser Geschäfte** zu machen. Außerdem sind weitere Angaben vorzunehmen, die für die Beurteilung der Finanzlage notwendig sind. Das IDW empfiehlt für diese Angaben eine matrixförmige Darstellung im Anhang.

In diesem Zusammenhang stellt sich die Frage, welche Arten von Geschäften unter die Angabepflicht gemäß § 285 Nr. 21 und § 314 Abs. 1 Nr. 13 HGB fallen. Der **Begriff „Geschäft"** umfasst sowohl sämtliche Rechtsgeschäfte als auch andere getroffene Maßnahmen. Hierzu zählen unter anderem die entgeltlichen und unentgeltlichen Übertragungen von Vermögensgegenständen bzw. deren Nutzungsüberlassung, Bezug/Erbringung von Dienstleistungen, Finanzierungen jeglicher Art (inklusive Cash-Pooling), Gewährung/Erhalt von Bürgschaften oder auch die Übernahme der Erfüllung von Verbindlichkeiten. Es handelt sich mithin um alle Transaktionen rechtlicher und wirtschaftlicher Art, die sich auf die gegenwärtige und zukünftige Finanzlage des Unternehmens auswirken können.

Ob ein Geschäft zu marktunüblichen Bedingungen abgeschlossen wurde, ist – unter Beachtung des **Grundsatzes der Wesentlichkeit** – über einen Drittvergleich zu beurteilen. Geschäfte können einzeln oder zusammen mit anderen gleichartigen oder wirtschaftlich zusammengehörenden Geschäften wesentlich sein. In jedem Fall ist die Wesentlichkeit unter Berücksichtigung der Verhältnisse des Einzelfalls zu beurteilen. Für diese Beurteilung können auch steuerliche Beurteilungskriterien zur verdeckten Gewinnausschüttung oder Einlage herangezogen werden.

Liegen angabepflichtige Geschäfte vor, sind die Arten von Beziehungen anzugeben, die zu der entsprechenden Nähe führen. Aus Vereinfachungsgründen können die nahe stehenden Unternehmen und Personen in geeignete Gruppen zusammengefasst werden. Es können beispielsweise folgende Gruppen gebildet werden: Tochterunternehmen, assoziierte Unternehmen, Personen in Schlüsselpositionen des Unternehmens sowie nahe Familienangehörige. Es ist nicht erforderlich, einzelne nahe stehende Unternehmen oder natürliche Personen namentlich zu nennen, sodass die Geschäftspartner von einem außenstehenden Dritten identifiziert werden können.

Bei der Angabe zu den Arten von Geschäften empfiehlt das IDW die **sachgerechte Kategorisierung der angabepflichtigen Geschäfte** (z.B. Verkäufe, Käufe, Erbringen von Dienstleistungen, Bezug von Dienstleistungen). Alternativ kann die Kategorisierung auch in Beschaffungs-, Absatz-, Finanzierungs- und sonstige Geschäfte erfolgen.

Der Gesetzgeber schreibt auch die **Angabe des Wertes der Geschäfte** vor. Hierunter ist das zwischen dem Bilanzierenden und der nahe stehende Person vereinbarte Gesamtentgelt zu verstehen. Handelt es sich um einen Geschäftsvorfall, der unentgeltlich erbracht wurde, entfällt dadurch nicht die Angabepflicht. In diesem Fall ist ein Betrag von null Euro zu berücksichtigen.

Von der Angabepflicht nach § 285 Nr. 21 bzw. § 314 Abs. 1 Nr. 13 HGB bleiben weitere Angaben im Jahresabschluss, die Beziehungen zu nahe stehenden Unternehmen und Personen betreffen unberührt.

Im Hinblick auf die an die Mitglieder des Geschäftsführungsorgans, eines Aufsichtsrats oder Beirats gewährten **Gesamtbezüge** besteht mit §§ 285 Nr. 9, 314 Abs. 1 Nr. 6 HGB eine umfangreiche und abschließende Regelung, die auch die Schutzklausel des § 286 Abs. 4 HGB einbezieht. Aufgrund dieser lex specialis sind die entsprechenden Angaben aus dem Anwendungsbereich der §§ 285 Nr. 21, 314 Abs. 1 Nr. 13 HGB ausgenommen.

> **Vortragszeit: 2,5/6,5 Minuten**

IV. Beziehungen zu nahestehenden Personen im Rahmen der Abschlussprüfung

Bei Geschäften mit nahestehenden Personen besteht ein hohes **Kontrollrisiko**. Diese Geschäfte sind vollständig zu erfassen und die entsprechenden Konditionen festzustellen. Aus diesem Grund haben die gesetzlichen Vertreter ein internes Kontrollsystem zu implementieren, welches auch in Bezug auf Geschäftsvorfälle mit nahestehenden Personen angemessen und wirksam ist. Mit Hilfe des internen Kontrollsystems können diese Geschäfte in der Buchführung ordnungsgemäß erfasst und im Jahresabschluss entsprechend der angewandten Rechnungslegungsgrundsätze dargestellt werden.

Neben den oben beschriebenen Anhangangaben gehören hierzu nach den handelsrechtlichen Vorschriften auch der Ausweis von Forderungen und Verbindlichkeiten gegen verbundene Unternehmen (§ 266 HGB) sowie Ausleihungen, Forderungen und Verbindlichkeiten gegenüber den Gesellschaftern (§ 42 Abs. 3 GmbHG).

Im Rahmen der Jahresabschlussprüfung hat der Abschlussprüfer Prüfungshandlungen in einem Umfang vorzunehmen, die ihm eine Beurteilung ermöglichen, ob das interne Kontrollsystem angemessen und wirksam in Bezug auf Geschäftsvorfälle mit nahe stehenden Personen ausgestaltet ist. Allerdings kann nicht erwartet werden, dass alle Beziehungen zu und Geschäfte mit nahestehenden Personen im Rahmen der Prüfung aufgedeckt werden. In diesem Zusammenhang hat der Abschlussprüfer auch zu prüfen, ob die nach den Rechnungslegungsgrundsätzen erforderlichen Angaben zu den nahestehenden Unternehmen und Personen erfolgten und ordnungsgemäß abgebildet wurden.

Die **Angemessenheit der Konditionen** ist grundsätzlich nicht durch den Abschlussprüfer zu beurteilen. Der Abschlussprüfer hat nur dann die Marktüblichkeit der vereinbarten Konditionen zu prüfen, wenn im Anhang nur die wesentlichen marktunüblichen Geschäfte angegeben werden, d.h. gegebenenfalls auch überhaupt keine Geschäfte. Dies ist mit der impliziten Aussage verbunden, dass in diesem Geschäftsjahr keine wesentlichen marktunüblichen Geschäfte stattgefunden haben und alle übrigen Geschäfte mit nahe stehenden Personen zu marktüblichen Bedingungen abgeschlossen wurden.

Darüber hinaus gilt im Rahmen der Abschlussprüfung i.Z.m. mit nahestehenden Personen der IDW PS 255 bzw. der ISA (E-DE) 550 NAHE STEHENDE PERSONEN für die Prüfung von Abschlüssen für Zeiträume, die ab dem 15.12.2019 beginnen, zu beachten.

> **Vortragszeit: 2,5/9 Minuten**

V. Schlussbemerkung

Transaktionen mit nahestehenden Unternehmen und Personen deuten häufig auf bedeutsame Risiken hin und können damit auch Indizien für Risiken im Zusammenhang mit Unrichtigkeiten und Verstößen darstellen.

Das Ziel der Berichterstattung über Beziehungen zu nahestehenden Personen im Jahresabschluss ist die Offenlegung des Kreises der nahe stehenden Personen sowie die Auswirkungen von Geschäftsvorfällen mit diesen Personen. Beziehungen zu nahe stehenden Personen können dazu führen, dass Geschäfte nur aufgrund dieser Beziehung abgeschlossen werden bzw. dass sie zu Bedingungen zustande kommen oder durchgeführt werden, die Dritten nicht eingeräumt werden. Aus diesem Grund verbessert die Offenlegung die Transparenz und den Einblick in die Vermögens-, Finanz- und Ertragslage.

In der Praxis vermeiden die gesetzlichen Vertreter häufig die Angabe der marktunüblichen Geschäfte mit nahe stehenden Unternehmen und Personen und üben stattdessen das Wahlrecht aus, d.h. sie geben alle wesentliche Geschäfte mit nahestehenden Unternehmen und Personen an.

Vielen Dank für Ihre Aufmerksamkeit.

> **Vortragszeit: 1/10 Minuten**

Vortrag 60
Das Konzept der Wesentlichkeit (Prüfungswesen)

Sehr geehrte/r Frau/Herr Vorsitzende/r, sehr geehrte Prüfungskommission,
aus den mir zur Auswahl gestellten Themen habe ich mich für das Thema „**Das Konzept der Wesentlichkeit**" entschieden. Meinen Vortrag gliedere ich wie folgt:

I.	Einleitung
II.	Das Konzept der Wesentlichkeit und dessen Anwendungsbereich
III.	Die Festlegung von Wesentlichkeitsgrenzen
IV.	Schlussbemerkung

> **Vortragszeit: 0,5 Minuten**

I. Einleitung

Der **Begriff der Wesentlichkeit** sowie dessen Bedeutung spielen für die Jahresabschlussprüfung eine entscheidende Rolle. Die Prüfung des Jahresabschlusses und des Lageberichts ist so auszurichten, dass mit hinreichender Sicherheit falsche Angaben in der Rechnungslegung, die wegen ihrer Größenordnung oder Bedeutung für die Adressaten wesentlich sind, aufgedeckt werden.

Um die Wesentlichkeitsgrenzen sachgerecht bestimmen zu können, muss man das **Konzept der hinreichenden Sicherheit** und den risikoorientierten Prüfungsansatz verinnerlicht haben.

Die **Festlegung der Wesentlichkeitsgrenzen** ist die Basis dafür, welche Bereiche in welchem Umfang zu prüfen sind und welche Fehler noch akzeptiert werden können, ohne den Bestätigungsvermerk einzuschränken oder zu versagen.

> **Vortragszeit: 0,5/1 Minuten**

II. Das Konzept der Wesentlichkeit und dessen Anwendungsbereich

Der Gesetzgeber bestimmt in § 317 Abs.1 Satz 3 HGB, dass die Prüfung so auszulegen ist, dass **Unrichtigkeiten und Verstöße gegen die gesetzlichen Vorschriften** und die sie ergänzenden Bestimmungen des Gesellschaftsvertrag oder der Satzung, die sich wesentlich auf die Vermögens-, Finanz- und Ertragslage auswirken, bei gewissenhafter Berufsausübung erkannt werden.

Aus diesem Grund legt das IDW in dem IDW PS 250 n.F. die Berufsauffassung dar, nach der Wirtschaftsprüfer als Abschlussprüfer unbeschadet ihrer Eigenverantwortlichkeit das **Konzept der Wesentlichkeit bei der Abschlussprüfung** zu berücksichtigen haben.

Durch die Anwendung des Wesentlichkeitsgrundsatzes erfolgt eine Konzentration auf entscheidungserhebliche Sachverhalte. Das Konzept der Wesentlichkeit wird auch als adressatenorientiert beschrieben. Es sind nur solche Rechnungslegungsinformationen als wesentlich anzusehen, von denen zu erwarten ist, dass ihre falsche Darstellung im Einzelnen oder insgesamt die wirtschaftlichen Entscheidungen der Rechnungslegungsadressaten beeinflussen. Dabei kann die **Wesentlichkeit quantitativ** in einem Grenzwert, aber auch **qualitativ in einer Eigenschaft** ausgedrückt werden.

Darüber hinaus kann sich die Wesentlichkeit auch daraus ergeben, dass mehrere Fehler, die für sich allein betrachtet unwesentlich sind, zusammen mit anderen wesentlich werden.

Grundsätzlich ist das Konzept der Wesentlichkeit sowohl bei der **Prüfung des Abschlusses als Ganzes** als auch bei der Prüfung einzelner Prüffelder zu beachten. Die Anwendung und dessen Auswirkung auf das Prüfungsrisiko sind:
- im Rahmen der Prüfungsplanung, d.h. im Zusammenhang mit Prüfungshandlungen zur Risikobeurteilung sowie für die Festlegung von Art, Zeitpunkt und Umfang der Prüfungshandlungen,
- zur Beurteilung der Auswirkungen von festgestellten falschen Angaben auf die Prüfungsdurchführung,
- zur Beurteilung der Auswirkungen von nicht korrigierten falschen Angaben auf Jahresabschluss bzw. Lagebericht sowie
- bei der Bildung des Prüfungsurteils

zu berücksichtigen.

Die Wesentlichkeitsgrenzen und das Prüfungsrisiko stehen in einem wechselseitigen Zusammenhang: Je höher die Wesentlichkeit festgelegt wird, umso geringer ist das **Prüfungsrisiko**, da die Wahrscheinlichkeit von Fehlerfeststellungen durch den Abschlussprüfer durch hohe Wesentlichkeitsgrenzen verringert wird. Dies bedeutet im Umkehrschluss, dass niedrige Wesentlichkeitsgrenzen zu einem höheren Prüfungsrisiko führen, da in so einem Fall umfangreichere Prüfungshandlungen erfolgen müssen. Stellt der Abschlussprüfer z.B. im Rahmen der Prüfung fest, dass die Wesentlichkeitsgrenzen niedriger festzulegen sind, als ursprünglich vermutet, steigt das Prüfungsrisiko. Der Abschlussprüfer kompensiert dies durch eine Verringerung der Höhe des Entdeckungsrisikos, indem Art oder Zeitpunkt der geplanten aussagebezogenen Prüfungshandlungen angepasst werden bzw. deren Umfang erweitert wird.

Der Abschlussprüfer hat im Rahmen der Jahresabschlussprüfung eines Einzelunternehmens grundsätzlich drei **Wesentlichkeitsgrenzen** zu bestimmen. Hierbei handelt es sich um:
- die Wesentlichkeit für den Abschluss als Ganzes – gilt für Bilanz, GuV, Anhang und Lagebericht,
- die spezifische Wesentlichkeit (einzelne Arten von Geschäftsvorfällen, Kontensalden, Abschluss- bzw. Lageberichtsangaben),

- die Toleranzwesentlichkeit zur Beurteilung der Risiken (für Wesentlichkeit für den Abschluss als Ganzes und für spezifische Wesentlichkeiten festlegen).

Darüber hinaus gibt es noch eine sogenannte **Nichtaufgriffsgrenze**. Hierbei handelt es sich jedoch um keine Wesentlichkeitsgrenze. Während der Prüfung festgestellte falsche Angaben unterhalb dieser Grenze sind für die weitere Prüfung nicht zu berücksichtigen.

Im Rahmen einer **Konzernabschlussprüfung** hat der Abschlussprüfer noch eine vierte Wesentlichkeit festzulegen, und zwar die sogenannte Teilbereichswesentlichkeit.

Letztendlich erfolgt die Festlegung der Wesentlichkeitsgrenzen durch den Abschlussprüfer und liegt in dessen pflichtgemäßen Ermessen. Neben seinen beruflichen Erfahrungen werden auch die **Prüfungsfeststellungen der letzten Jahre** sowie die Umstände des Einzelfalls mit in seine Beurteilung einfließen.

> Vortragszeit: 2,5/3,5 Minuten

III. Die Festlegung von Wesentlichkeitsgrenzen

Im Rahmen der Prüfungsplanung wird die **Wesentlichkeit für den Abschluss als Ganzes** festgelegt. Sie dient der Festlegung einer Prüfungsstrategie, also der Festlegung von Art, Umfang und Zeitpunkt der Prüfungshandlungen und dient ebenfalls als Maßstab zur Bildung des Prüfungsurteils. Sie hilft insoweit zu beurteilen, welche falschen Angaben insgesamt betrachtet noch akzeptiert werden können, ohne den Bestätigungsvermerk einzuschränken oder zu versagen.

Eine bestimmte Methode zur Festlegung der Wesentlichkeit schreibt der IDW PS 250 nicht vor. In diesem Zusammenhang wird in dem Standard immer wieder auf die pflichtgemäße Ermessenausübung des Abschlussprüfers verwiesen. In der Praxis wird häufig als Ausgangspunkt für die Festlegung der Wesentlichkeit für den Abschluss als Ganzes ein vom Abschlussprüfer als angemessen angesehener Prozentsatz auf eine gewählte Bezugsgröße verwendet.

Auch bezüglich der zu wählenden **Bezugsgröße** gibt es keine exakten Vorgaben durch das IDW. Auch hier liegt die Festlegung einer geeigneten Bezugsgröße und eines geeigneten Prozentsatzes im pflichtgemäßen Ermessen des Abschlussprüfers. In der Praxis werden häufig das Ergebnis vor Steuern, die Umsatzerlöse, das Eigenkapital, die Bilanzsumme oder der Gewinn aus laufender Geschäftstätigkeit verwendet.

Bei der **Wahl der geeigneten Bezugsgröße** hat der Abschlussprüfer einige Faktoren bei seiner Auswahl zu berücksichtigen. Handelt es sich z.B. um eine Holdinggesellschaft oder Immobiliengesellschaft wird die Position des Anlagevermögens oder der Bilanzsumme häufig geeigneter sein als die Bezugsgröße Umsatzerlöse. Handelt es sich dagegen um ein Produktionsunternehmen, richtet sich die Aufmerksamkeit der Rechnungslegungsadressaten häufig auf den Gewinn, die Erlöse oder das Eigenkapital und somit ist einer dieser entsprechenden Bezugsgrößen zu wählen. Bei einem Non-Profit-Unternehmen sind dagegen häufig die Gesamtaufwendungen die richtige Bezugsgröße.

Darüber hinaus ist auch die **Volatilität der Bezugsgröße** zu berücksichtigen. Bruttogrößen, wie z.B. Umsatzerlöse, sind weniger volatil als Residualgrößen, wie z.B. Gewinn vor Steuern und deshalb bei stark schwankenden Jahresergebnissen besser als Bezugsgröße geeignet.

Außerdem kann es sinnvoll sein, nicht die Jahreswerte zu nehmen, sondern **Durchschnittswerte der letzten drei bis fünf Jahre** zu bilden, um damit Ergebniseffekte zu relativieren. Auch die Bereinigung von einmaligen oder außergewöhnlichen Effekten kann sinnvoll sein um eine geeignetere Bezugsgröße zu erhalten.

Die Wesentlichkeit wird jedes Jahr neu festgelegt. Die Faktoren, die für die Auswahl der Bezugsgröße herangezogen wurden, sind zu dokumentieren. Sollte im Vergleich zum Vorjahr eine **abweichende Bezugsgröße** gewählt werden, ist dies in den Arbeitspapieren zu dokumentieren.

Wie oben bereits erwähnt, erfolgt auch die Auswahl eines geeigneten Prozentsatzes nach pflichtgemäßem Ermessen, wobei zwischen dem Prozentsatz und der gewählten Bezugsgröße eine Beziehung besteht.

In der Praxis werden häufig folgende **Prozentsätze** verwendet: 0,5-2 % der Umsatzerlöse, 0,25-4 % der Bilanzsumme, 3-10 % des Gewinn vor Steuern und 3-5 % des Eigenkapitals.

Neben der Wesentlichkeitsgrenze für den Abschluss als Ganzes können **spezifische Wesentlichkeitsgrenzen** festgelegt werden. Dies ist der Fall, wenn in einzelnen Geschäftsvorfällen, Kontensalden oder Abschlussangaben Fehler zu erwarten sind, die unterhalb der Wesentlichkeitsgrenze für den Abschluss als Ganzes liegen und die wirtschaftlichen Entscheidungen der Rechnungslegungsadressaten beeinflussen.

Die **spezifische Wesentlichkeit** steht in keinem Zusammenhang mit der Wesentlichkeit für den Abschluss als Ganzes, außer dass sie definitionsgemäß niedriger sein muss. Sie wird in der Höhe angesetzt, ab der ein Fehler für den Rechnungslegungsadressat entscheidungsrelevant ist. Es kann sich daher anbieten, wie bei der Wesentlichkeit für den Abschluss als Ganzes, einen Prozentsatz zu wählen, der auf den Geschäftsvorfall, den Kontensaldo oder die Abschlussangabe angewendet wird. Wird eine spezifische Wesentlichkeit festgelegt, ist hierfür auch eine Toleranzwesentlichkeit, die sogenannte spezifische Toleranzwesentlichkeit, festzulegen.

Die Toleranzwesentlichkeit wird nach pflichtgemäßem Ermessen des Abschlussprüfers festgelegt. Die Toleranzwesentlichkeit kann als einheitlicher Betrag für den Abschluss als Ganzes oder auch in unterschiedlichen Beträgen für verschiedene Prüffelder festgelegt werden.

Bei der Festlegung der **Toleranzwesentlichkeitsgrenze** wird der Abschlussprüfer regelmäßig auch von Art und Umfang der bei vorhergehenden Abschlussprüfungen festgestellten Fehlern beeinflusst. Aber auch sein „business understanding" ist von entscheidender Bedeutung, das während der Prüfungshandlungen zur Risikobeurteilung fortlaufend aktualisiert wird.

Bei der Toleranzwesentlichkeit handelt es sich um einen Betrag, der unterhalb der Wesentlichkeit für den Abschluss als Ganzes festgelegt wird. Damit soll die Wahrscheinlichkeit auf ein angemessenes niedriges Maß reduziert werden, dass die Summe aus den nicht korrigierten und nicht aufgedeckten falschen Angaben die Wesentlichkeit für den Abschluss als Ganzes überschreitet.

Der **IDW PS 250** enthält keine Vorgaben für geeignete Prozentsätze. In der Praxis orientiert sich die Toleranzwesentlichkeitsgrenze häufig an einem prozentualen Verhältnis zur Wesentlichkeitsgrenze für den Abschluss als Ganzes. Als Orientierungshilfen werden hierfür Bandbreiten zwischen 70–80 % von der Wesentlichkeit für den Abschluss als Ganzes genannt.

Bei der Festlegung des geeigneten Prozentsatzes ist das **Aggregationsrisiko** zu beachten; D.h. je höher das Risiko eingeschätzt wird, desto niedriger muss der Prozentsatz für die Toleranzwesentlichkeit gewählt werden. Das Aggregationsrisiko wird unter anderem durch folgende Faktoren beeinflusst: Festgestellte Mängel im internen Kontrollsystem und somit schwaches Kontrollumfeld, viele oder betragsmäßig hohe festgestellte Fehler im Vorjahr und gegebenenfalls auch deren Nicht-Korrektur im laufenden Abschluss sowie hohe Schätzunsicherheit in den Finanzinformationen.

> Vortragszeit: 5,5/9 Minuten

IV. Schlussbemerkung

Das Konzept der Wesentlichkeit ist für die Jahresabschlussprüfung von essentieller Bedeutung. Der risikoorientierte Prüfungsansatz und die damit im Zusammenhang stehende Konzentration auf entscheidungserhebliche Sachverhalte basiert auf diesem Konzept. Mit den im Rahmen des risikoorientierten Prüfungsansatzes erfolgten Prüfungshandlungen wird das Risiko minimiert, dass der Abschlussprüfer falsche Angaben in der Rechnungslegung nicht entdeckt, die wesentliche Auswirkungen auf die Ordnungsmäßigkeit der Rechnungslegung und der Berichterstattung haben.

Darüber hinaus hat der Wirtschaftsprüfer die Abschlussprüfung auch unter dem Maßstab der Wirtschaftlichkeit durchzuführen und somit die Prüfungstätigkeiten auf den notwendigen Umfang zu begrenzen, um so Aussagen über das Prüfungsurteil mit einer hinreichenden Sicherheit treffen können. Auch dieses Vorhaben ist nur unter Beachtung des Wesentlichkeitsgrundsatzes zu erreichen.

Das IDW legt in dem IDW PS 250 n.F. die Berufsauffassung dar, nach der die Wirtschaftsprüfer das Konzept der Wesentlichkeit im Rahmen einer Abschlussprüfung zu berücksichtigen haben. Allerdings enthält der Standard keine konkreten Vorgaben zur Berechnung der Wesentlichkeitsgrenzen. Die Festlegung der Wesentlichkeitsgrenzen liegt stets im pflichtgemäßen Ermessen des Abschlussprüfers.

Vielen Dank für Ihre Aufmerksamkeit.

> Vortragszeit: 1/10 Minuten

Vortrag 61
Der Prüfungsbericht über die Jahresabschlussprüfung von Kapitalgesellschaften – Bedeutung, allgemeine Grundsätze, berichtspflichtige Sachverhalte, Gliederung (Prüfungswesen)

Sehr geehrte/r Frau/Herr Vorsitzende/r, sehr geehrte Prüfungskommission,
aus den mir zur Auswahl gestellten Themen habe ich mich für das Thema „**Der Prüfungsbericht über die Jahresabschlussprüfung von Kapitalgesellschaften – Bedeutung, allgemeine Grundsätze, berichtspflichtige Sachverhalte, Gliederung**" entschieden. Meinen Vortrag gliedere ich wie folgt:

I.	Einleitung
II.	Allgemeine Grundsätze für die Erstellung eines Prüfungsberichts
III.	Form, Aufbau und Gliederung des Prüfungsberichts sowie berichtspflichtige Sachverhalte
IV.	Schlussbemerkung

> Vortragszeit: 0,5 Minuten

I. Einleitung

In § 321 HGB wird die **Gestaltung und der Mindestinhalt des Prüfungsberichts** gesetzlich geregelt. Gemäß § 321 Abs. 1 Satz 1 HGB hat der Abschlussprüfer über Art und Umfang sowie über das Ergebnis der Prüfung schriftlich zu berichten. Der Prüfungsbericht soll die gesetzlichen Vertreter bzw. den Aufsichtsrat über Prüfungsfeststellungen und Prüfungsergebnisse sachgerecht unterrichten (Informationsfunktion), die pflichtgemäße Durchführung der Prüfung nach § 317 HGB nachweisen (Dokumentationsfunktion) und bei der Überwachung des Unternehmens unterstützen.

Die **Anforderungen an den Prüfungsbericht** wurden in den letzten Jahren unter anderem durch das KonTraG, BilReG oder das BilMoG mehrmals modifiziert und erweitert. So wurde z.B. mit dem BilMoG im Jahr 2010 die Unabhängigkeitserklärung des Abschlussprüfers im Prüfungsbericht vorgeschrieben (§ 321 Abs. 4a HGB).

In der berufsständischen Verlautbarung IDW PS 450 n.F. konkretisiert das IDW die gesetzlichen Anforderungen an den Prüfungsbericht.

Hierbei ist es nicht entscheidend, ob es sich um eine gesetzliche oder freiwillige Jahresabschlussprüfung handelt. Sofern für freiwillige Abschlussprüfungen ein **Bestätigungsvermerk** erteilt werden soll, ist der Prüfungsbericht ebenfalls nach den im IDW PS 450 n.F. festgelegten Grundsätzen zu erstellen.

Der Prüfungsstandard IDW PS 450 wurde im Zuge der EU-Abschlussprüfungsreform überarbeitet und am 15.09.2017 wurde der IDW PS 450 n.F. veröffentlicht. Die Europäische Kommission hat den Abschlussprüfer von „PIEs"(public interest entities; Unternehmen von öffentlichem Interesse gem. § 319a HGB) dazu verpflichtet, die Ergebnisse der Abschlussprüfung dem Prüfungsausschuss schriftlich zu erläutern. Der Art. 11 EU-APrVO konkretisiert und erweitert mit zusätzlichen Angabe- bzw. Erklärungspflichten die Prüfungsberichte von PIEs.

Im Folgenden werde ich auf die Bedeutung, allgemeinen Grundsätze, berichtspflichtige Sachverhalte sowie die Gliederung des Prüfungsberichts von Kapitalgesellschaften eingehen. Die darüber hinausgehenden Anforderungen an die Prüfungsberichte von PIEs sind nicht Gegenstand meines Vortrags.

> Vortragszeit: 1/1,5 Minuten

II. Allgemeine Grundsätze für die Erstellung eines Prüfungsberichts

Ein Prüfungsbericht hat einer Reihe allgemeiner Grundanforderungen zu entsprechen, damit er seinen Aufgaben gerecht werden kann.

Der Abschlussprüfer hat den Prüfungsbericht unter **Beachtung der Berufspflichten** gewissenhaft, unparteiisch und mit der gebotenen Klarheit zu erstatten.

Der **Grundsatz der Unparteilichkeit** (§ 43 Abs. 1 Satz 2 WPO, § 323 Abs. 1 Satz 1 HGB) verlangt, dass die Sachverhalte unter Berücksichtigung aller verfügbaren Informationen sachgerecht und objektiv gewertet werden.

Zu dem **Grundsatz der Gewissenhaftigkeit** gehört neben der wahrheitsgetreuen Berichterstattung auch die vollständige Berichterstattung. Der Prüfungsbericht muss nach der Überzeugung des Abschlussprüfers den tatsächlichen Gegebenheiten entsprechen und alle Feststellungen und Tatsachen wiedergeben, die für eine ausreichende Information der Berichtsempfänger und für die Vermittlung eines klaren Bildes über das Prüfungsergebnis von Bedeutung sind. Das Weglassen wesentlicher Informationen würde zu einer Verletzung des Grundsatzes führen.

Der **Grundsatz der Klarheit** fordert eine verständliche, eindeutige und problemorientierte Darlegung der berichtspflichtigen Sachverhalte sowie eine übersichtliche Gliederung. Hierzu gehört auch die Beschränkung auf das Wesentliche.

Unter Berücksichtigung der gesetzlichen Vorgaben empfiehlt das IDW folgende **Gliederung** für den Prüfungsbericht:
- Prüfungsauftrag,
- Bestätigung der Unabhängigkeit des Abschlussprüfers,
- Grundsätzliche Feststellungen,
- Gegenstand, Art und Umfang der Prüfung,
- Feststellungen und Erläuterungen zur Rechnungslegung,
- Feststellungen zum Risikofrüherkennungssystem,
- Feststellungen aus Erweiterungen des Prüfungsauftrags,
- Wiedergabe des Bestätigungsvermerks,
- Anlagen zum Prüfungsbericht.

Darüber hinaus gilt bei der Berichterstattung der **Grundsatz der Stetigkeit**. Die Form der Berichterstattung sowie dessen Gliederung sind in den Folgejahren grundsätzlich beizubehalten.

> Vortragszeit: 1,5/3 Minuten

III. Form, Aufbau und Gliederung des Prüfungsberichts sowie berichtspflichtige Sachverhalte

1. Prüfungsauftrag

In dem **einleitenden Berichtsabschnitt** sind Angaben zum Prüfungsauftrag vorzunehmen. Hier sind u.a. der Name des geprüften Unternehmens sowie der Abschlussstichtag zu nennen. Außerdem sollte hervorgehoben werden, ob es sich um eine Pflichtprüfung gem. §§ 316 ff. HGB oder um eine freiwillige Prüfung handelt. Auch Angaben zur Wahl und zur Beauftragung des Abschlussprüfers sind vorzunehmen. Ferner empfiehlt es sich, auf die Auftragsbedingungen hinzuweisen. Schließlich muss erwähnt werden, dass der Prüfungsbericht nach dem IDW PS 450 erstellt wurde.

Darüber hinaus ist gegebenenfalls der Adressatenkreis zu nennen. Handelt es sich um eine gesetzliche Jahresabschlussprüfung, ergeben sich die Adressaten aus den gesetzlichen Regelungen. In diesem Fall erscheint es nicht als sachgerecht, den Prüfungsbericht zu adressieren. Dagegen sollte bei freiwilligen Jahresabschlussprüfungen der Adressatenkreis des Prüfungsberichts stets benannt werden.

2. Bestätigung der Unabhängigkeit des Abschlussprüfers

Gemäß § 321 Abs. 4a HGB hat der Abschlussprüfer in dem Prüfungsbericht auch seine Unabhängigkeit zu erklären. Hiermit wird im Nachgang dokumentiert, dass der Abschlussprüfer während der Prüfung unabhängig war.

3. Grundsätzliche Feststellungen

Gemäß § 321 Abs. 1 Satz 2 HGB hat der Abschlussprüfer in einer sogenannten **Vorwegberichterstattung zu der Lagebeurteilung des Unternehmens** durch die gesetzlichen Vertreter Stellung zu nehmen. Dabei hat er insbesondere auf die Annahme der Fortführung der Unternehmenstätigkeit und auf die Beurteilung der künftigen Entwicklung des Unternehmens einzugehen. Er hat diejenigen Angaben der gesetzlichen Vertreter hervorzuheben, die für die Berichtsadressaten zur Beurteilung der Lage des Unternehmens wesentlich sind. Darüber hinaus hat der Abschlussprüfer eine eigenständige Beurteilung etwaiger bestandsgefährdender Umstände vorzunehmen und die den Einschätzungen der gesetzlichen Vertreter zugrunde liegenden Annahmen kritisch zu würdigen.

Gemäß § 321 Abs. 1 Satz 3 HGB besteht für den Abschlussprüfer die sogenannte **Redepflicht**. Stellt er im Rahmen der ordnungsmäßigen Durchführung der Abschussprüfung Tatsachen fest, die die Entwicklung des geprüften Unternehmens wesentlich beeinträchtigen oder seinen Bestand gefährden, hat er hierüber zu berichten.

Darüber hinaus hat der Abschlussprüfer auch über **festgestellte Unrichtigkeiten und Verstöße gegen gesetzliche Vorschriften** sowie Tatsachen zu berichten, die schwerwiegende Verstöße der gesetzlichen Vertreter oder von Arbeitnehmern gegen Gesetz, Gesellschaftsvertrag oder Satzung erkennen lassen. Die sich daraus gegebenenfalls ergebenden Konsequenzen für den Bestätigungsvermerk sind zu erläutern.

Sollten keine bestandsgefährdenden Tatsachen vorliegen und keine schwerwiegenden Verstöße im Rahmen der Prüfungsdurchführung aufgedeckt werden, ist auf eine **Negativerklärung im Prüfungsbericht** zu verzichten.

4. Gegenstand, Art und Umfang der Prüfung

In diesem Berichtsteil hat der Abschlussprüfer den Berichtsadressaten gemäß § 321 Abs. 3 HGB **Gegenstand, Art und Umfang der Prüfung** zu erläutern. Die Berichtsadressaten sollen somit die Prüfungstätigkeit des Abschlussprüfers besser beurteilen können.

Als **Prüfungsgegenstand** sind gemäß § 317 HGB die Buchführung, der Jahresabschluss, der Lagebericht sowie gegebenenfalls das gemäß § 91 Abs. 2 AktG einzurichtende Risikofrüherkennungssystem zu nennen. Ferner sind die angewandten Rechnungslegungsgrundsätze darzulegen. Es empfiehlt sich im Prüfungsbericht die Aufgaben des Abschlussprüfers darzulegen und darauf hinzuweisen, dass die gesetzlichen Vertreter für die Rechnungslegung sowie für die gegenüber dem Abschlussprüfer gemachten Angaben die Verantwortung tragen.

Hinsichtlich **Art und Umfang der Abschlussprüfung** sind im Prüfungsbericht die Grundsätze zu nennen, nach denen die Prüfung erfolgt ist, wobei an dieser Stelle neben den §§ 316 ff. HGB auch auf die ebenfalls vom IDW aufgestellten **Grundsätze ordnungsmäßiger Abschlussprüfung** (GoA) Bezug zu nehmen ist. Die Beschreibung des Prüfungsumfangs muss ausführlich sein. Der Abschlussprüfer hat die Grundzüge des Prüfungsvorgehens und der zugrunden liegende Prüfungsstrategie darzustellen. Eine Begründung des Prüfungsvorgehens ist nicht erforderlich. Allerdings muss es den Aufsichtsgremien möglich sein, aus den Ausführungen im Prüfungsbericht Konsequenzen für die eigene Überwachungsaufgabe zu ziehen.

Außerdem ist im Prüfungsbericht darauf hinzuweisen, dass die gesetzlichen Vertreter die verlangten Aufklärungen und Nachweise (§ 320 HGB) erbracht haben.

5. Feststellungen und Erläuterungen zur Rechnungslegung

Im Hauptteil des Prüfungsberichts ist gemäß § 321 Abs. 2 Satz 1 HGB festzustellen, ob die geprüften Unterlagen den gesetzlichen Vorschriften und den gegebenenfalls vorliegenden, ergänzenden Vereinbarungen des Gesellschaftsvertrags oder der Satzung entsprechen.

Der Abschlussprüfer hat in diesem Berichtsteil auf die Ordnungsmäßigkeit der Rechnungslegung einzugehen und auch Feststellungen zur Gesamtaussage des Jahresabschlusses zu treffen. In diesem Zusammenhang hat er u.a. festzustellen, ob die Bilanz und GuV ordnungsgemäß aus der Buchführung abgeleitet wurden und die Ansatz-, Ausweis- und Bewertungsvorschriften beachtet worden sind, der Stetigkeitsgrundsatz beachtet wurde, der Lagebericht im Einklang mit Jahresabschluss und den bei der Prüfung gewonnenen Erkenntnissen steht. Außerdem hat der Abschlussprüfer darauf einzugehen, ob der Jahresabschluss insgesamt unter Beachtung der **Grundsätze ordnungsmäßiger Buchführung** ein den tatsächlichen Verhältnissen entsprechendes Bild der Vermögens-, Finanz- und Ertragslage der Kapitalgesellschaft vermittelt.

An dieser Stelle ist auch über Beanstandungen zu berichten, die nicht zur Einschränkung des Bestätigungsvermerks geführt haben, jedoch für die Überwachung der Geschäftsführung und des Unternehmens von Bedeutung sind. Hierzu zählen z.B. festgestellte bedeutsame Schwächen im internen Kontrollsystem, die sich allerdings nicht auf den Jahresabschluss oder Lagebericht beziehen.

Die Abschnitte zu **Feststellungen zum Risikofrüherkennungssystem** und zu **Feststellungen aus Erweiterungen des Prüfungsauftrags** entfallen, wenn § 317 Abs. 4 HGB nicht zur Anwendung kommt bzw. mit dem Auftraggeber keine Erweiterungen des Prüfungsauftrages vereinbart werden.

Handelt es sich bei dem zu prüfenden Unternehmen um eine börsennotierte Aktiengesellschaft ist das **Ergebnis der Prüfung des Risikofrüherkennungssystems** in einem gesonderten Berichtsteil darzustellen. Es ist insbesondere darauf einzugehen, ob der Vorstand die ihm nach § 91 Abs. 2 AktG obliegenden Maßnahmen erfüllt hat und ein geeignetes und funktionierendes Überwachungssystems eingerichtet hat.

Als Beispiel für die Erweiterung des Prüfungsauftrags ist in der Praxis häufig die **Prüfung der Geschäftsführung** zu nennen. In diesem Fall ist in einem gesonderten Abschnitt des Prüfungsberichts darüber zu berichten.

6. Wiedergabe des Bestätigungsvermerks

Gemäß § 322 Abs. 7 HGB ist der datierte und unterzeichnete Bestätigungsvermerk unter Angabe von Ort, Datum und Namen des unterzeichneten Abschlussprüfers auch im Prüfungsbericht wiederzugeben. Allerdings ist der im Prüfungsbericht wiedergegebene Bestätigungsvermerk nicht gesondert zu unterzeichnen.

7. Anlagen zum Prüfungsbericht

Der geprüfte Jahresabschluss und der Lagebericht sind dem Prüfungsbericht als Anlagen beizufügen. Das IDW empfiehlt außerdem auch die im Rahmen der Abschlussprüfung zugrunde gelegten allgemeinen Auftragsbedingungen als Anlage beizulegen. Darüber hinaus wird der Abschlussprüfer häufig auch noch einen Erläuterungsteil, mit Aufgliederungen und Erläuterungen der Jahresabschlussposten erstellen und als Anlage beifügen. Auch die Darstellung der rechtlichen, wirtschaftlichen und steuerlichen Verhältnisse erfolgt in der Regel in einer Anlage zum Prüfungsbericht.

> Vortragszeit: 6/9 Minuten

IV. Schlussbemerkung

Der Prüfungsbericht hat eine wichtige Informationsfunktion für die Abschlussadressaten. Gemäß § 321 Abs. 5 HGB richtet er sich grundsätzlich an die Auftraggeber. Bei einer GmbH sind dies im Regelfall die gesetzlichen Vertreter. Bei einer AG dagegen erteilt der Aufsichtsratsvorsitzende gemäß § 111 Abs. 2 Satz 3 AktG dem Abschlussprüfer den Prüfungsauftrag. Hat der Aufsichtsrat den Auftrag erteilt, so ist der Bericht ihm und gleichzeitig einem eingerichteten Prüfungsausschuss vorzulegen. Der Abschlussprüfer hat die Prüfungsberichte nach Fertigstellung unmittelbar an seinen Auftraggeber zu übergeben. Darüber hinaus gibt es mittelbare Adressaten, wie z.B. Kreditinstitute und Anteilseigner, die üblicherweise von dem Auftraggeber einen Bericht erhalten. Die Berichtsinhalte richten sich somit – unmittelbar oder mittelbar – an einen ausgewählten Adressatenkreis.

Außerdem gilt die Prüfung ohne schriftlichen Bericht als noch nicht abgeschlossen. Sie ist erst mit Vorlage des unterzeichneten und gesiegelten Prüfungsberichts nachweislich beendet. In der Folge kann der Jahresabschluss erst dann rechtswirksam festgestellt werden (§ 316 Abs. 1 Satz 2 HGB).

Vielen Dank für Ihre Aufmerksamkeit.

> Vortragszeit: 1/10 Minuten

Vortrag 62
Die Erstellung von Jahresabschlüssen durch den Wirtschaftsprüfer (Prüfungswesen)

Sehr geehrte/r Frau/Herr Vorsitzende/r, sehr geehrte Prüfungskommission,
aus den mir zur Auswahl gestellten Themen habe ich mich für das Thema **„Die Erstellung von Jahresabschlüssen durch den Wirtschaftsprüfer"** entschieden. Meinen Vortrag gliedere ich wie folgt:

I.	Einleitung
II.	Inhalt, Art und Umfang der Jahresabschlusserstellung
III.	Berichterstattung
IV.	Schlussbemerkung

> Vortragszeit: 0,5 Minuten

I. Einleitung

Der Kaufmann bzw. der gesetzliche Vertreter der Gesellschaft ist gemäß § 242 Abs. 1-3 i.V.m. §§ 264 Abs. 1, 264a HGB dazu verpflichtet einen **Jahresabschluss** aufzustellen. Die genannten Personen haben auch über die Ausübung der Gestaltungsmöglichkeiten zu entscheiden. Jedoch kann die Erstellung auf externe Sachverständige übertragen werden.

Das IDW hat mit dem IDW S 7 „Grundsätze für die Erstellung von Jahresabschlüssen" die berufsständische Verlautbarung herausgegeben, die Grundsätze festlegen, nach denen Wirtschaftsprüfer Jahresabschlüsse erstellen dürfen.

Das **Berufsbild des Wirtschaftsprüfers** umfasst nach § 2 WPO neben der Jahresabschlussprüfung auch die Beratung und Vertretung der Mandanten in steuerlichen und wirtschaftlichen Angelegenheiten, gutachterliche Tätigkeiten und die treuhänderische Verwaltung von Vermögen.

Wird der Wirtschaftsprüfer mit der Erstellung eines Jahresabschlusses beauftragt, wird er als Sachverständiger i.S.d. § 2 Abs. 3 Nr. 1 WPO tätig. Er kann daher von den gesetzlichen Vertretern der Gesellschaft damit beauftragt werden, den Abschluss zu erstellen, hierüber zu berichten und eine Bescheinigung zu erteilen. Der Wirtschaftsprüfer hat bei dieser Tätigkeit und bei der Berichterstattung hierüber die einschlägigen Normen der WPO und die Berufspflichten zu beachten.

Allerdings darf ein Wirtschaftsprüfer, der zugleich der Abschlussprüfer der Gesellschaft ist, aus Gründen der Unabhängigkeit und des Selbstprüfungsverbotes (§ 319 Abs. 3 HGB) weder an der Aufstellung noch an der Erstellung des Abschlusses beteiligt sein. Der Wirtschaftsprüfer muss gerade wegen seiner öffentlichen Funktion besonderes Augenmerk darauf legen, dass er keine Ordnungsmäßigkeit von Unterlagen bescheinigt, an deren Zustandekommen er selbst mitgewirkt hat.

Die **Erstellung von Jahresabschlüssen nach IDW S 7** ist von der Tätigkeit einer prüferischen Durchsicht (IDW PS 900) und der Durchführung von freiwilligen oder gesetzlichen Jahresabschlussprüfungen i.S.d. §§ 316 ff. HGB abzugrenzen.

> Vortragszeit: 1/1,5 Minuten

II. Inhalt, Art und Umfang der Jahresabschlusserstellung

Grundsätzlich umfasst der Auftrag zur Erstellung des Jahresabschlusses die **Entwicklung der Bilanz** sowie **Gewinn- und Verlustrechnung** aus der Buchführung. Zusätzlich werden gegebenenfalls die Anfertigung des zugehörigen Anhangs sowie weitere Abschlussbestandteile, wie z.B. die Erstellung der Kapitalflussrechnung und Eigenkapitalspiegel beauftragt.

Darüber hinaus gehört zur Erstellung auch eine Bescheinigung über die Erstellung sowie in Abhängigkeit von der getroffenen Vereinbarung ein Erstellungsbericht sowie die erforderliche Dokumentation der Erstellungstätigkeit.

Der Wirtschaftsprüfer hat den Auftraggeber über bilanzielle Sachverhalte mit Ermessensspielräumen aufgrund von Bilanzierungs- und Bewertungswahlrechten zu informieren, um entsprechende Entscheidungsvorgaben einzuholen.

Die **Lageberichterstattung** darf der Wirtschaftsprüfer nicht übernehmen. Diese hat seitens der gesetzlichen Vertreter zu erfolgen. Der Grund hierfür ist, dass der Wirtschaftsprüfer keine ermessensbehaftete Aussagen treffen kann. Er darf hierbei jedoch beratend tätig sein und dem gesetzlichen Vertreter Hilfestellungen geben.

Der **Auftragsumfang** zur Erstellung eines Jahresabschlusses ist gesetzlich nicht geregelt und kann deshalb zwischen Auftraggeber und Auftragnehmer im Rahmen des dispositiven Vertragsrechtes frei vereinbart werden.

Das IDW unterscheidet in S 7 nach dem Grad der Beurteilung folgende drei Fälle:
- Erstellung ohne Beurteilungen,
- Erstellung mit Plausibilitätsbeurteilungen,
- Erstellung mit umfassenden Beurteilungen.

1. Erstellung ohne Beurteilungen

Bei der Erstellung ohne Beurteilungen handelt es sich um den **Mindestumfang einer Jahresabschlusserstellung**. In diesem Fall entwickelt der Wirtschaftsprüfer den Jahresabschluss aus den vorgelegten Büchern und Bestandsnachweisen unter Berücksichtigung der erteilten Auskünfte. Dabei verwendet der Wirtschaftsprüfer die ihm vorgelegten Unterlagen, ohne deren Ordnungsmäßigkeit oder Plausibilität zu beurteilen. Es gehört auch nicht zu seinen Aufgaben, die Angemessenheit und Funktion der internen Kontrollen sowie der Ordnungsmäßigkeit der Buchführung oder der Inventur zu prüfen. Die durchzuführenden Abschlussbuchungen (z.B. Berechnung von Abschreibungen, Wertberichtigungen, Rückstellungen) beziehen sich auf die vorgelegten Unterlagen und erteilten Auskünfte ohne eine Beurteilung ihrer Richtigkeit.

Darüber hinaus gehören die erforderlichen Entscheidungen über die **Ausübung materieller und formeller Gestaltungsmöglichkeiten** (Ansatz-, Bewertungs- und Ausweiswahlrechte sowie Ermessensentscheidungen) nicht zu den Erstellungstätigkeiten. Bestehende Gestaltungsmöglichkeiten sind im Rahmen der Erstellung nach den Vorgaben des Kaufmanns bzw. der gesetzlichen Vertreter auszuüben. Gleiches gilt für die Frage, inwieweit **Aufstellungs- und Offenlegungserleichterungen** für kleine und mittelgroße Kapitalgesellschaften in Anspruch genommen werden sollen. Darüber hinaus hat der Wirtschaftsprüfer die gesetzlichen Vertreter über gesetzliche Fristen zur Aufstellung, Feststellung und Offenlegung des Jahresabschlusses zu informieren.

Grundsätzlich fallen vom Wirtschaftsprüfer im Rahmen seiner Erstellungstätigkeit nicht entdeckte Mängel der Unterlagen sowie sich daraus ergebende Auswirkungen auf den Jahresabschluss nicht in die Verantwortlichkeit des Wirtschaftsprüfers. Allerdings hat er bei **Zweifeln an der Ordnungsmäßigkeit der vorgelegten Dokumente**, diese zu klären. Sollten sich die Zweifel bestätigen und die entsprechenden Mängel nicht behoben werden, so hat der Wirtschaftsprüfer dieses in seiner Bescheinigung zum Ausdruck zu bringen.

2. Erstellung mit Plausibilitätsbeurteilungen

Bei der Erstellung eines Jahresabschlusses mit Plausibilitätsbeurteilungen hat der Wirtschaftsprüfer neben der eigentlichen Erstellungstätigkeit die ihm vorgelegten Bücher, Belege und Bestandsnachweise durch Befragungen und analytische Beurteilungen auf ihre Plausibilität hin zu beurteilen, um mit einer gewissen Sicherheit beurteilen zu können, dass die vorgelegten Unterlagen und Geschäftsprozesse ordnungsgemäß sind.

Der Wirtschaftsprüfer hat bei dieser Art der Auftragserteilung die Mitarbeiter und gesetzlichen Vertreter mindestens nach den **Verfahren zur Erfassung von Geschäftsvorfällen**, zu allen wesentlichen Abschlussaussagen zu befragen und ein Verständnis über das interne Kontrollsystem zu erlangen. Darüber hinaus hat er analytische Beurteilungen der einzelnen Abschlussaussagen vorzunehmen (z.B. Vergleiche mit Vorjahreszahlen, Kennzahlenvergleich) und sich Gesellschafter-, Beirats- und/oder Aufsichtsratsbeschlüsse zeigen zu lassen, die Auswirkungen auf den Jahresabschluss haben. Am Ende hat der Wirtschaftsprüfer einen Abgleich vorzunehmen, um festzustellen, ob sich der Gesamteindruck mit den Erkenntnissen deckt, die er im Rahmen der Jahresabschlusserstellung gewonnen hat.

Der Umfang der vorzunehmenden Plausibilitätsbeurteilungen hängt vom Grad der Wesentlichkeit und dem Fehlerrisiko der betreffenden Abschlussaussage ab.

Eine weitergehende Beurteilung ist nur vorzunehmen, wenn sich Hinweise auf wesentlich unrichtige Aussagen sowie falsche Auskünfte oder ähnliche Anhaltspunkte ergeben.

3. Erstellung mit umfassenden Beurteilungen

Insbesondere der **Auftrag zur Erstellung mit umfassenden Beurteilungen** ist darauf gerichtet, dass sich der Wirtschaftsprüfer zusätzlich zu den eigentlichen Erstellungstätigkeiten im Rahmen der Auftragsdurchführung durch geeignete Maßnahmen von der Ordnungsmäßigkeit der ihm vorgelegten Belege, Bücher und Bestandsnachweise überzeugt und somit eine hinreichende Sicherheit über die Ordnungsmäßigkeit dieser Unterlagen erlangt. Der Wirtschaftsprüfer hat seine Handlungen so zu planen und durchzuführen, dass er ein hinreichend sicheres Urteil zur Ordnungsmäßigkeit der vorgelegten Unterlagen abgeben kann.

Neben der **Beurteilung der Ordnungsmäßigkeit** und **Angemessenheit der Buchführung** gehört zur Erstellung mit umfassenden Beurteilungen auch die **Beurteilung der Wirksamkeit des rechnungslegungsbezogenen internen Kontrollsystems**. Diese Beurteilungen sind nach Art und Umfang wie bei der Abschlussprüfung vorzunehmen. Vom Ergebnis dieser Beurteilungen hängt es ab, ob die Buchführung und die Bestandsnachweise mit hinreichender Sicherheit dazu geeignet sind, daraus einen Jahresabschluss zu erstellen, der den gesetzlichen Vorschriften entspricht.

Der Wirtschaftsprüfer hat bei dieser Art der Beauftragung z.B. folgende Maßnahmen durchzuführen: Handelt es sich bei dem Vorratsvermögen um einen wesentlichen Abschlussposten, sollte der Wirtschaftsprüfer an der Inventur teilnehmen. Außerdem hat der Wirtschaftsprüfer zu entscheiden, ob er eine Saldenbestätigungsaktion bei Debitoren und Kreditoren durchführt sowie Bank- und Rechtsanwaltsbestätigungen einholt.

Es darf allerdings nicht der Eindruck von Prüfungshandlungen entstehen und somit den Anschein erwecken, dass eine Prüfung des Abschlusses oder dessen prüferische Durchsicht stattgefunden hat.

Vortragszeit: 6/7,5 Minuten

III. Berichterstattung

Im Falle der Erstellung von Abschlüssen hat der Wirtschaftsprüfer stets eine **Bescheinigung** zu erteilen. Die bloße Unterzeichnung, Siegelung oder Wiedergabe auf einem Bogen mit Briefkopf des Wirtschaftsprüfers ist unzulässig.

Die Bescheinigung enthält eine schriftlich formulierte Aussage über die Erstellung des Jahresabschlusses durch den Wirtschaftsprüfer. Bei festgestellten und nicht behobenen Mängeln hat der Wirtschaftsprüfer in der Bescheinigung darauf hinzuweisen.

Die Bescheinigung ist als solche zu bezeichnen. Der Wortlaut der Bescheinigung hat sich allerdings an dem erteilten Auftrag zu orientieren und enthält folgende Mindestinhalte: Überschrift, Adressat, Art des Erstellungsauftrags und eventuelle Ergänzungen, zugrunde liegendes Geschäftsjahr, Verantwortlichkeit der gesetzlichen Vertreter und des Wirtschaftsprüfers, maßgebende Rechtsvorschriften und vorgelegte Unterlagen, Hinweis auf die Einhaltung der Grundsätze des IDW Standards, Ergebnisse der Tätigkeiten des Wirtschaftsprüfers sowie Datum, Ort und Unterschrift.

Wichtig hierbei ist die **Abgrenzung zum Bestätigungsvermerk**. Da es sich um eine Erstellung und nicht um eine Prüfung handelt, darf in keinem Fall ein Bestätigungsvermerk erteilt werden.

Darüber hinaus darf in der Bescheinigung keine positive Aussage zur Ordnungsmäßigkeit des Jahresabschlusses getroffen werden. Vielmehr ist festzustellen, ob dem Wirtschaftsprüfer Umstände bekannt geworden sind, die gegen die Ordnungsmäßigkeit der ihm vorgelegten Unterlagen und des auf dieser Grundlage von ihm auftragsgemäß erstellten Jahresabschlusses sprechen.

Eine Bescheinigung über die Erstellung eines Jahresabschlusses darf nur dann gesiegelt werden, wenn der Wirtschaftsprüfer über die reine Erstellungstätigkeit hinaus noch Plausibilitätsbeurteilungen oder umfassende Beurteilungen vorgenommen hat. In dem Fall, dass der Wirtschaftsprüfer nur mit der Erstellung ohne Beurteilung beauftragt wird, besteht Siegelverbot für die Bescheinigung.

Neben der verpflichtend zu erstellenden Bescheinigung empfiehlt das IDW auch die Erstellung eines Berichts (**Erstellungsbericht**). Wird die Anfertigung eines Erstellungsberichts mit dem Mandanten vereinbart, sind Art und Umfang der Berichterstattung bereits im Auftragsbestätigungsschreiben zu vereinbaren.

Im Erstellungsbericht werden die gesetzlichen Vertreter über Art und Umfang der durchgeführten Tätigkeiten unterrichtet. Insofern dient der Bericht auch zum Nachweis der Erfüllung der Pflichten des Wirtschaftsprüfers aus dem Auftragsverhältnis.

Die **Form der Berichterstattung** darf nicht den Anschein erwecken, es habe eine Abschlussprüfung i.S.d. §§ 316 ff. HGB oder eine prüferische Durchsicht des Abschlusses (IDW PS 900) stattgefunden.

Ansonsten gelten für den Erstellungsbericht die allgemeinen **Berichtsgrundsätze des IDW PS 450**.

Der Wirtschaftsprüfer hat seine Arbeit angemessen zu dokumentieren. Aus den Arbeitspapieren müssen die im Rahmen der Erstellung vorgenommenen Tätigkeiten einschließlich der vorgenommenen Beurteilungshandlungen nach Art, Umfang und Ergebnis festgehalten werden. Außerdem hat der beauftragte Wirtschaftsprüfer eine **Vollständigkeitserklärung** von seinem Mandanten einzuholen, denn die Erstellung des Jahresabschlusses durch einen Sachverständigen befreit das für die Buchführung zuständige Organ nicht von seiner gesetzlichen Verantwortung für die Vollständigkeit und Richtigkeit der Buchführung.

> Vortragszeit: 2/9,5 Minuten

IV. Schlussbemerkung

Die Jahresabschlusserstellung gehört zu den zentralen Aufgaben einer Steuerberatungs- und Wirtschaftsprüfungskanzlei. Der Wirtschaftsprüfer sollte daher den Auftragsumfang mit seinem Mandanten gegebenenfalls unter Einbeziehung der Kreditgeber (z.B. Banken) durch schriftliche Vereinbarung und Auftragsbestätigungsschreiben klar festlegen. Haftungsrisiken lassen sich so eingrenzen. Ebenfalls ist der Leistungsumfang für die Honorargestaltung von entscheidender Bedeutung.

Vielen Dank für Ihre Aufmerksamkeit.

> Vortragszeit: 0,5/10 Minuten

Vortrag 63
Die Grundsätze für die Durchführung von Konzernabschlussprüfungen, einschließlich der Tätigkeit von Teilbereichsprüfern (Prüfungswesen)

Sehr geehrte/r Frau/Herr Vorsitzende/r, sehr geehrte Prüfungskommission,
aus den mir zur Auswahl gestellten Themen habe ich mich für das Thema „**Die Grundsätze für die Durchführung von Konzernabschlussprüfungen, einschließlich der Tätigkeit von Teilbereichsprüfern**" entschieden. Meinen Vortrag gliedere ich wie folgt:

I.	Gesetzliche Grundlagen
II.	Verantwortung des Abschlussprüfers
III.	Durchführung der Konzernabschlussprüfung
IV.	Schlussbemerkung

> Vortragszeit: 0,5 Minuten

I. Gesetzliche Grundlagen

Die **Pflicht zur Aufstellung von Konzernabschlüssen** sowie **Konzernlageberichten** ist rechtsformspezifisch in den §§ 290 bis 293 HGB bzw. in § 11 PublG geregelt. Konkretisiert werden diese gesetzlichen Regelungen durch DRS 19 „Pflicht zur Konzernrechnungslegung und Abgrenzung des Konsolidierungskreis".

Der **Konzernabschluss** nach HGB besteht gemäß § 297 Abs. 1 HGB aus einer: Konzernbilanz, Konzerngewinn- und -verlustrechnung, Konzernanhang, Kapitalflussrechnung und Eigenkapitalspiegel. Darüber hinaus kann der Abschluss freiwillig um eine Segmentberichterstattung erweitert werden.

Im Gegensatz zu den einbezogenen Unternehmen ist der Konzern kein eigenständiges Rechtssubjekt. Aus diesem Grund ist der Konzernabschluss auch nicht Grundlage für die Ausschüttungs- oder Steuerbemessungsfunktion. Er hat nur die reine Informationsfunktion.

Der Konzernabschluss ist gemäß § 171 Abs. 2 Satz 5 AktG vom Aufsichtsrat respektive von der Gesellschafterversammlung gem. § 46 Nr. 1b GmbHG zu billigen. Der Konzernabschluss als solcher ist nicht festzustellen.

Eine **Legaldefinition des Konzernbegriffs** gibt es im HGB und PublG nicht. Gemäß § 290 HGB sind inländische Kapitalgesellschaften grundsätzlich zur Aufstellung eines Konzernabschlusses und -lageberichts verpflichtet, wenn sie mit einem anderen Unternehmen in einem in § 290 Abs. 1 oder 2 Nr. 1–4 HGB definierten Beziehungsverhältnis (= **Mutter-/Tochterverhältnis**) stehen.

Gemäß § 316 Abs. 2 HGB ist der Konzernabschluss und der Konzernlagebericht von Kapitalgesellschaften durch einen Abschlussprüfer zu prüfen. Ohne Prüfung kann der Konzernabschluss nicht gebilligt werden.

Das IDW legt in der berufsständischen Verlautbarung IDW PS 320 n.F. besondere **Grundsätze für die Durchführung von Konzernabschlussprüfungen** fest. Insbesondere behandelt der Standard die Verwertung der Tätigkeit von Teilbereichsprüfern im Rahmen der Konzernabschlussprüfung. ISA (E-DE) 600 Besondere Überlegungen zu Konzernabschlussprüfungen (einschließlich der Tätigkeit von Teilbereichsprüfern) wird Teil der künftigen vom IDW festgestellten deutschen Grundsätze ordnungsgemäßer Abschlussprüfung. ISA (DE) 600 gilt erstmals für die Prüfung von Konzernabschlüssen für Zeiträume, die am oder ab dem 15.12.2019 beginnen, mit der Ausnahme von Rumpfgeschäftsjahren, die vor dem 31.12.2020 enden. Eine freiwillige vorzeitige Anwendung ist nicht zulässig. Durch den Übergang von IDW PS 320 n.F. auf ISA (DE) 600 ergeben sich jedoch keine neuen Anforderungen für den Abschlussprüfer.

> **Vortragszeit: 1/1,5 Minuten**

II. Verantwortung des Abschlussprüfers

Der beauftragte **Konzernabschlussprüfer** ist für die gewissenhafte **Durchführung der Konzernabschlussprüfung** verantwortlich. Er hat sich davon zu überzeugen und sicherzustellen, dass die mit der Durchführung betrauten Personen, einschließlich der Teilbereichsprüfer, über ausreichend fachliche Kenntnisse, angemessene praktische Erfahrungen sowie notwendige Branchenkenntnisse verfügen, um den Auftrag ordnungsgemäß durchführen zu können. Der Konzernabschlussprüfer ist für die Anleitung, Überwachung und Durchführung des Auftrags zur Konzernabschlussprüfung unter Berücksichtigung der beruflichen Standards und den relevanten gesetzlichen und sonstigen rechtlichen Anforderungen verantwortlich.

Das **Prüfungsrisiko** einer Konzernabschlussprüfung umfasst das Risiko, dass wesentliche falsche Angaben in der Rechnungslegung des Konzerns im Rahmen der Prüfung nicht aufgedeckt werden. Hierzu zählen insbesondere auch Fehler in einem Teilbereich, die weder durch den Teilbereichsprüfer noch durch das Konzernprüfungsteam bemerkt werden.

Aus diesem Grund hat der Konzernabschlussprüfer bereits im Rahmen der sorgfältigen Planung der Konzernabschlussprüfung die Einbindung sowie Art und Umfang der Tätigkeit von **Teilbereichsprüfern** zu berücksichtigen.

Ein **Teilbereich** ist eine Einheit oder Geschäftstätigkeit, deren Rechnungslegungsinformationen in den Konzernabschluss einzubeziehen sind. Ein Teilbereich muss damit nicht zwingend eine rechtlich selbstständige Einheit sein. Es kann sich z.B. auch um eine unselbstständige Niederlassung oder Geschäftssparte handeln, die buchhalterisch getrennt geführt und im Rahmen des Konsolidierungsprozesses zusammengeführt werden.

Ziel und Zweck der Einbindung von Teilbereichsprüfern ist es, ausreichende und angemessene Prüfungsnachweise über die Rechnungslegungsinformationen der Teilbereiche und über den Konsolidierungsprozess zu gewinnen. Daraus ableitend soll der Abschlussprüfer ein eigenständiges Prüfungsurteil über den Konzernabschluss und den Konzernlagebericht erlangen.

Wird ein Teilbereich aus dem Konzernabschluss durch einen anderen Abschlussprüfer geprüft, hat der Konzernabschlussprüfer bzw. das Konzernprüfungsteam dessen Arbeit gemäß § 317 Abs. 3 HGB zum Zwecke der Verwertung im Rahmen der Konzernabschlussprüfung zu überprüfen und dies zu dokumentieren. Art und Umfang der Überprüfung hängen von der Risikobeurteilung und dem Verständnis des Konzernabschlussprüfers, von den Teilbereichen sowie der Bedeutung des jeweiligen Teilbereichs ab.

> **Vortragszeit: 2,5/4 Minuten**

III. Durchführung der Konzernabschlussprüfung

Der Konzernabschlussprüfer hat bereits vor der Auftragsannahme ein Verständnis von dem Konzern, seinen Teilbereichen und dem jeweiligen Umfeld zu gewinnen, um die voraussichtlich bedeutsamen Teilbereiche des Konzerns zu identifizieren. Nur mit Hilfe dieser Kenntnisse kann er beurteilen, ob das Prüfungsteam voraussichtlich ausreichende und angemessene Prüfungsnachweise zum Konsolidierungsprozess und zu den Rechnungslegungsinformationen der Teilbereiche erlangt, aus denen sich ein hinreichend sicheres Prüfungsurteil ableiten lässt. Sollte dies nicht möglich sein, z.B. aufgrund von Beschränkungen des Prüfungsumfangs durch das Konzernmanagement, ist das Mandat abzulehnen.

Sollte der Auftrag angenommen werden, hat der verantwortliche Abschlussprüfer eine **Prüfungsstrategie** festzulegen und ein **Prüfungsprogramm** zu entwickeln.

In einem ersten Schritt hat er das bei der Auftragsannahme gewonnene Verständnis von dem Konzern und seinen Teilbereichen zu vertiefen. Aus diesem Grund hat der Abschlussprüfer zunächst eine umfangreiche **Prozessaufnahme** durchzuführen. Hierzu zählen insbesondere der Prozess zur Aufstellung des Konzernabschlusses einschließlich der vorgesehenen Konsolidierungsmaßnahmen, die Konzernbilanzrichtlinien sowie die sonstigen Anweisungen des Konzernmanagements für die Aufstellung des Konzernabschlusses. Das hierdurch gewonnene Verständnis muss ausreichen, um die Risiken wesentlicher falscher Angaben im Konzernabschluss beurteilen zu können.

Plant der Konzernabschlussprüfer im Rahmen der Konzernabschlussprüfung die **Einbindung von Teilbereichsprüfern** und die Verwertung deren Arbeit, muss er ein Verständnis darüber erlangen, ob die Teilbereichsprüfer, die für die Konzernabschlussprüfung maßgeblichen Berufspflichten beachten und unabhängig sind. Außerdem hat der Teilbereichsprüfer über ausreichende fachliche Kompetenzen zu verfügen und er hat in einem regulatorischen Umfeld tätig zu sein, in dem Abschlussprüfer aktiv beaufsichtigt werden. Gemäß § 320 Abs. 3 Satz 2, 2. Halbsatz i.V.m. Abs. 2 HGB steht dem Konzernabschlussprüfer im Falle einer gesetzlichen Konzernabschlussprüfung ein Auskunftsrecht gegenüber dem Abschlussprüfer des Mutterunternehmens oder von inländischen Tochterunternehmen zu.

Im Anschluss an die Gewinnung eines Verständnisses von dem Konzern und seinen Teilbereichen hat der Konzernabschlussprüfer die Wesentlichkeit für die Konzernabschlussprüfung zu bestimmen.

Das **Konzernprüfungsteam** hat im Rahmen der Planung zunächst die Konzernwesentlichkeit für Zwecke der Festlegung der **Konzernprüfungsstrategie** festzulegen. Darüber hinaus sind gegebenenfalls eine oder mehrere unter der Konzernwesentlichkeit liegende spezifische Wesentlichkeitsgrenzen für bestimmte Arten von Geschäftsvorfällen, Kontensalden oder Abschlussangaben zu bestimmen. Außerdem sind Teilbereichswesentlichkeiten für solche Teilbereiche festzulegen, die für Zwecke der Konzernabschlussprüfung einer Prüfung unterzogen werden. Die **Teilbereichswesentlichkeitsgrenze** liegt immer unterhalb der **Konzernwesentlichkeitsgrenze**. Darüber hinaus wird noch eine sogenannte **Nichtaufgriffsgrenze** festgelegt. Oberhalb dieser Schwelle werden falsche Angaben nicht als zweifelsfrei unbeachtlich für den Konzernabschluss angesehen. Bei dieser Schwelle handelt es sich jedoch um keine Wesentlichkeitsgrenze.

Die Teilbereichsprüfer haben bei der Planung und Durchführung des Teilbereichs in eigener Verantwortung Toleranzwesentlichkeiten festzulegen. Diese **Wesentlichkeitsgrenzen** müssen unterhalb der vom Konzernprüfungsteam festgelegten Teilbereichswesentlichkeit liegen. Das Konzernabschlussprüfungsteam hat die Angemessenheit der von den Teilbereichsprüfern festgelegten Toleranzwesentlichkeitsgrenzen zu beurteilen.

Als Reaktion auf das gewonnene Verständnis, der Prozessaufnahmen und der beurteilen Risiken hat der Konzernabschlussprüfer die Art und den Umfang der Tätigkeiten sowie die zeitliche Einteilung festzulegen, die von dem Prüfungsteam und gegebenenfalls von den Teilbereichsprüfern in Bezug auf die Rechnungslegungsinformationen durchzuführen sind.

Die Anwendung des risikoorientierten Prüfungsansatzes erfordert die **Funktionsprüfung des konzernweiten rechnungslegungsbezogenen Kontrollsystems**. Wenn es sich um bedeutsame Teilbereiche handelt und die Erwartung auf wirksamen konzernweiten Kontrollen basiert, oder wenn aussagebezogene Prüfungshandlungen allein keine ausreichenden und/oder angemessene Nachweise liefern, muss der verantwortliche Abschlussprüfer die Wirksamkeit dieser Kontrollen prüfen oder einen Teilbereichsprüfer auffordern, diese Prüfung vorzunehmen. Das Konzernprüfungsteam muss bei bedeutsamen Teilbereichen in die Risikobeurteilung des Teilbereichsprüfers sowie gegebenenfalls auch in weitere Prüfungshandlungen eingebunden werden, um bedeutsame Risiken wesentlicher falscher Angaben im Konzernabschluss festzustellen.

Für nicht bedeutsame Teilbereiche des Konzerns sind **analytische Prüfungshandlungen** ausreichend. Sie können vom Konzernprüfungsteam vorgenommen werden.

In einem nächsten Schritt ist der **Konsolidierungsprozess** zu prüfen. Auf Grundlage der Prozessaufnahmen und Funktionsprüfung des internen Kontrollsystems hat das Konzernprüfungsteam die Wirksamkeit der für die Konsolidierung relevanten Kontrollen zu beurteilen sowie die Vollständigkeit des Konsolidierungskreises und die Ordnungsmäßigkeit der konsolidierungsbedingten Anpassungen sicherzustellen. Das Konzernprüfungsteam muss darüber hinaus weitere Prüfungshandlungen planen und durchführen, um auf die beurteilten Risiken im Konsolidierungsprozess zu reagieren. Das Konzernprüfungsteam hat zu prüfen, ob die in der Berichterstattung des Teilbereichsprüfers enthaltenden Rechnungslegungsinformationen mit den in den Konzernabschluss einbezogenen Informationen übereinstimmen. Darüber hinaus hat der Konzernabschlussprüfer zu beurteilen, ob eine zutreffende Anpassung der Rechnungslegungsinformationen des Teilbereichs an die konzerneinheitlichen Rechnungslegungsmethoden (HB II) und gegebenenfalls einschließlich der Währungsumrechnung und des konzerneinheitlichen Stichtags vorgenommen wurde.

Ein wichtiges Element zur **Reduzierung des Prüfungsrisikos** und zur **Erlangung ausreichender und angemessener Prüfungsnachweise** als Grundlage für das Konzernprüfungsurteil ist eine wirksame wechselseitige Kommunikation zwischen dem Konzernprüfungsteam und den Teilbereichsprüfern. Hierzu hat der Konzernabschlussprüfer den Teilbereichsprüfern rechtzeitig umfangreiche Prüfungsanweisungen zu erteilen. Diese Prüfungsanweisungen sollten u.a. mindestens Informationen zur Art der durchzuführenden Tätigkeiten und zum Umfang der geplanten Verwertung der Tätigkeiten enthalten, und zwar die Festlegung von Form und Inhalt der Kommunikation des Teilbereichsprüfers mit dem Konzernprüfungsteam, die zu beachtenden Berufspflichten, insbesondere die Unabhängigkeitsanforderungen, die Teilbereichswesentlichkeit sowie festgestellte bedeutsame Risiken wesentlicher falscher Angaben im Konzernabschluss, die für die Tätigkeit des Teilbereichsprüfers relevant sind.

Darüber hinaus hat der **Teilbereichsprüfer** das Konzernprüfungsteam über alle weiteren Sachverhalte zu informieren, die für die **Konzernabschlussprüfung** relevant sind. Hierzu zählt z.B. insbesondere eine Aufstellung der nicht korrigierten falschen Angaben in der Rechnungslegung des Teilbereichs oberhalb der Nichtaufgriffsgrenze, die Beschreibung von festgestellten wesentlichen Schwächen im rechnungslegungsbezogenen internen Kontrollsystem des Teilbereichs, die Information über Fälle der Nichteinhaltung von Gesetzen oder anderer Rechtsvorschriften, die eine wesentliche falsche Angabe im Konzernabschluss zur Folge haben könnten, sowie zumindest eine zusammenfassende Feststellung des Teilbereichsprüfers, seine Schlussfolgerungen und das Prüfungsurteil.

> **Vortragszeit: 5/9 Minuten**

IV. Schlussbemerkung

Im Rahmen der Konzernabschlussprüfung wird häufig die Einbindung von Teilbereichsprüfern sinnvoll und notwendig sein. Wichtig in diesem Zusammenhang ist die Beachtung der berufsrechtlichen Vorgaben.

In diesem Zusammenhang ist auch auf die Auswirkung der Verwertung der Tätigkeit eines Teilbereichsprüfers auf den Bestätigungsvermerk des Konzernabschlussprüfers hinzuweisen. Hat sich der verantwortliche

Abschlussprüfer nach pflichtgemäßem Ermessen für die Einbindung von Teilbereichsprüfern entschieden, so dürfen hierauf keine verweisenden Angaben in den Bestätigungsvermerk zum Konzernabschluss aufgenommen werden. Dies würde dem **Grundsatz der Gesamtverantwortung des Konzernabschlussprüfers** widersprechen. Sollten in dem Teilbereich solche Prüfungsfeststellungen vorliegen, die allein betrachtet zu einer Einschränkung oder Versagung des Teilbereichs führen würden, hat der Konzernabschlussprüfer die Auswirkungen auf den Bestätigungsvermerk vom Konzernabschluss zu beurteilen. Je nach Art und Bedeutung der festgestellten falschen Angaben in der Rechnungslegung kann es auch erforderlich sein, dass der Bestätigungsvermerk zum Konzernabschluss eingeschränkt oder versagt wird.

Vielen Dank für Ihre Aufmerksamkeit.

Vortragszeit: 1/10 Minuten

Vortrag 64
Risiko- und Prognosebericht in der Lageberichterstattung (Prüfungswesen)

Sehr geehrte/r Frau/Herr Vorsitzende/r, sehr geehrte Prüfungskommission,
aus den mir zur Auswahl gestellten Themen habe ich mich für das Thema „**Risiko- und Prognosebericht in der Lageberichterstattung**" entschieden. Meinen Vortrag gliedere ich wie folgt:

I.	Gesetzliche Grundlagen
II.	Grundsätze und Inhalte der Lageberichterstattung
III.	Prüfung des Lageberichts
IV.	Schlussbemerkung

Vortragszeit: 0,5 Minuten

I. Gesetzliche Grundlagen

Die **Lageberichterstattung** war in den letzten Jahren ein wesentlicher Reformschwerpunkt im deutschen Handelsrecht. Diverse Gesetzesnovellierungen, wie z.B. das Übernahmerichtlinie-Umsetzungsgesetz, das Transparenzrichtlinien-Umsetzungsgesetz, das Bilanzrechtsmodernisierungsgesetz sowie zuletzt durch das Bilanzrichtlinie-Umsetzungsgesetz (BilRuG) haben die Anforderungen an die Lageberichterstattung verändert.

Gem. § 264 Abs. 1 HGB haben die gesetzlichen Vertreter einer mittelgroßen und großen Kapitalgesellschaft den Jahresabschluss, bestehend aus Bilanz, GuV und Anhang, um einen **Lagebericht** zu ergänzen.

Die gesetzlichen **Mindestanforderungen an die Aufstellung des Lageberichts** ergeben sich aus § 289 HGB.

Darüber hinaus hat das Deutsche Rechnungslegungs Standards Committee (DRSC) den DRS 20 „**Konzernlagebericht**" verabschiedet. Dieser ersetzt die bisherigen Standards DRS 15, DRS 5, DRS 5-10 und DRS 5-20 und regelt als übergreifender Standard die Lageberichterstattung für alle Mutterunternehmen, die gem. § 315 HGB einen Konzernlagebericht aufstellen müssen oder freiwillig aufstellen. Es besteht für den Einzelabschluss keine Verpflichtung diese Grundsätze anzuwenden, allerdings empfiehlt der DRSC auch eine entsprechende Anwendung für die Lageberichterstattung nach § 289 HGB.

Vortragszeit: 1,5/2 Minuten

II. Grundsätze und Inhalte der Lageberichterstattung

Das übergeordnete **Ziel der Lageberichterstattung** ist es, Rechenschaft über die Verwendung der anvertrauten Ressourcen im Berichtszeitraum zu legen, sowie dem verständigen Adressaten Informationen zur Verfügung zu stellen. So kann dieser sich ein zutreffendes Bild vom Geschäftsverlauf, von der Lage und von der voraussichtlichen Entwicklung des Konzerns mit den einhergehenden Chancen und Risiken machen.

Der Gesetzgeber kodifiziert in § 289 und § 315 HGB keine expliziten Vorgaben zu **Aufbau, Form und Umfang des Lageberichts**. Es werden lediglich die inhaltlichen Mindestanforderungen an die Lageberichterstattung geregelt.

Der DRS 20 formuliert **sechs Grundsätze der Konzernlageberichterstattung**, die von den gesetzlichen Vertretern der Kapitalgesellschaft bei der Aufstellung des Lageberichts zu berücksichtigen sind. Hierzu zählen Vollständigkeit, Verlässlichkeit und Ausgewogenheit, Klarheit und Übersichtlichkeit, Vermittlung der Sicht der Konzernleitung, Wesentlichkeit und Informationsabstufung.

Darüber hinaus konkretisiert der DRS 20 die gesetzlichen Anforderungen und fordert die **Untergliederung der Lageberichterstattung** in folgende Berichtsteile:
- Grundlagen des Geschäfts,
- Wirtschaftsbericht,
- Nachtragsbericht,
- Prognose-, Chancen- und Risikobericht,
- Internes Kontrollsystem und Risikomanagementsystem bezogen auf den Rechnungslegungsprozess,
- Risikoberichterstattung in Bezug auf die Verwendung von Finanzinstrumenten,
- Übernahmerelevante Angaben,
- Vergütungsbericht,
- Konzernerklärung zur Unternehmensführung,
- Nichtfinanzielle Konzernerklärung,
- Versicherung der gesetzlichen Vertreter.

Ausgangspunkt für die Darstellung, Analyse und Beurteilung des Geschäftsverlaufs und der wirtschaftlichen Lage bilden **Angaben zu den Grundlagen des Unternehmens**. Es ist auf das Geschäftsmodell sowie auf die Forschungs- und Entwicklungsaktivitäten einzugehen. Kapitalmarktorientierte Unternehmen haben außerdem das unternehmensintern eingesetzte Steuerungssystem darzustellen.

Im **Wirtschaftsbericht** sind der Geschäftsverlauf einschließlich der Geschäftsergebnisse und die Lage des Konzerns darzustellen, zu analysieren und zu beurteilen. Dabei ist auch auf die gesamtwirtschaftlichen und branchenbezogenen Rahmenbedingungen einzugehen. Es ist auf die Entwicklungen und Ereignisse einzugehen, die für den Geschäftsverlauf ursächlich waren, sowie deren Bedeutung für den Konzern zu beurteilen. In die Ausführungen sind die bedeutsamsten finanziellen Leistungsindikatoren einzubeziehen.

Neu durch das BilRUG ist, dass die bisherige Verpflichtung zur **Nachberichterstattung** (Nachtragsbericht) im Konzernlagebericht aufgehoben wurde (§ 315 Abs. 2 Nr. 1 HGB a.F.) und die Vorgänge von besonderer Bedeutung, die nach dem Schluss des Geschäftsjahres eingetreten sind, nunmehr gemäß § 314 Abs. 1 Nr. 25 HGB im Konzernanhang unter ihrer Art und ihrer finanziellen Auswirkungen anzugeben sind. Es wird allerdings empfohlen, einen Verweis auf die entsprechenden Anhangangaben in den Konzernlagebericht aufzunehmen. Wenn solche Vorgänge nicht eingetreten sind, wird empfohlen, dies im Konzernlagebericht anzugeben.

Im Folgenden wird insbesondere auf den **Prognose- und Risikobericht** eingegangen. Gemäß § 289 Abs. 1 Satz 4 HGB ist im Lagebericht die voraussichtliche Entwicklung mit ihren wesentlichen Chancen und Risiken zu beurteilen und zu erläutern.

Der **Prognose-, Chancen- und Risikobericht** soll es dem verständigen Adressaten ermöglichen, sich in Verbindung mit dem Abschluss ein zutreffendes Bild von der voraussichtlichen Entwicklung des Unternehmens und den mit ihr einhergehenden wesentlichen Risiken und Chancen zu machen. Es sind sowohl Prognosen zu den wichtigsten finanziellen als auch zu den nichtfinanziellen Leistungsindikatoren anzugeben.

Der **Prognosehorizont** hat sich laut DRS 20 von zwei Jahren auf mindestens ein Jahr, gerechnet vom letzten Abschlussstichtag an, verkürzt. Im Gegenzug zur Verkürzung des Prognosezeitraumes soll sich aber die Prognosegenauigkeit erhöhen. Bisher verlangte der DRS 15 eine Beschreibung der Prognose mindestens als positiven oder negativen Trend. Gemäß DRS 20 müssen in Zukunft nunmehr auch Aussagen zur Richtung (z.B. steigen, fallen) und Intensität (z.B. stark, erheblich, geringfügig, leicht) der erwarteten Veränderungen vom prognostizierten Wert und dem Istwert der Berichtsperiode erfolgen. Es sind somit keine komparativen und qualitativen Prognosen mehr zulässig, sondern vielmehr sind sog. **Punkt-, Intervall- oder qualifiziert-komparative Prognosen** gefordert.

Darüber hinaus sind **absehbare Sondereinflüsse auf die wirtschaftliche Lage des Unternehmens** darzustellen und zu analysieren.

Es darf nur dann von den geforderten Prognoseaussagen bzw. der Prognosegenauigkeit abgewichen werden, wenn bezüglich der Zukunftserwartungen außergewöhnlich hohe Unsicherheit besteht. In diesen Fällen darf von der erforderlichen Konkretisierung abgesehen werden und es dürfen alternativ verschiedene Zukunftsszenarien angegeben werden.

Die **Risikoberichterstattung** umfasst Angaben zu den einzelnen Risiken sowie eine zusammenfassende Darstellung der Risikolage. Es sind alle wesentlichen Risiken zu nennen, welche die Entscheidungen eines verständigen Adressaten des Lageberichts beeinflussen können.

Die Chancen und Risiken der künftigen Entwicklung stehen gleichwertig nebeneinander. Die Chancen sind somit analog zu den Risiken zu behandeln. Es ist jedoch jeweils getrennt über die beiden Bereiche zu berichten. Darüber hinaus besteht auch ein **Verrechnungsverbot** für die Auswirkungen unterschiedlicher Chancen und Risiken.

Die Risiken können nach einer sogenannten **Brutto- oder Nettobetrachtung** dargestellt werden. Bei der Bruttobetrachtung erfolgt die Darstellung und die Beurteilung der Risiken vor den ergriffenen Maßnahmen zur Risikobegrenzung. Bei der Nettobetrachtung dagegen werden nur die Risiken dargestellt und beurteilt, die nach den Maßnahmen zur Risikobegrenzung verbleiben.

Die **Risikoeinschätzung** ist nunmehr auch über den Bilanzstichtag hinaus vorzunehmen, sofern sich Risiken nach dem Schluss des Berichtszeitraums ändern oder neue auftreten.

Darüber hinaus sind die Risiken gegebenenfalls zu quantifizieren, wenn dies auch zur internen Steuerung erfolgt und die quantitativen Angaben für den verständigen Adressaten wesentlich sind.

Um die Klarheit und Übersichtlichkeit des Risikoberichts zu erhöhen, sind die einzelnen Risiken entweder in einer Rangfolge zu ordnen oder zu Kategorien gleichartiger Risiken zusammenzufassen.

Angaben zum Risikomanagementsystem sind grundsätzlich von allen Unternehmen vorzunehmen. Handelt es sich um kapitalmarktorientierte Unternehmen enthält DRS 20 zusätzliche Angaben und Anforderungen in Bezug auf die Beschreibung der Merkmale des Risikomanagementsystems. In diesem Fall ist zusätzlich auf die Strategie, den Prozess und die Organisation des Risikomanagements einzugehen.

Es besteht grundsätzlich die Möglichkeit einer zusammengefassten Darstellung der Berichtsinhalte des Prognose-, Chancen- und Risikoberichts, aber auch die Möglichkeit der Abfassung in einzelnen Teilbereichen.

Die Angaben zum internen **Kontroll- und zum Risikomanagementsystem** in Bezug auf die Rechnungslegung umfassen Strukturen, Prozesse und Kontrollen zur Erstellung des Abschlusses. Aussagen zur Effektivität sind nicht erforderlich.

In dem Berichtsteil **Risikoberichterstattung in Bezug auf die Verwendung von Finanzinstrumenten** hat die Unternehmensleitung über ihre Risikoziele und Risikomanagementmethoden im Zusammenhang mit eingesetzten Finanzinstrumenten zu berichten. Dabei ist auch auf konkrete Risiken aus der Verwendung von Finanzinstrumenten einzugehen, denen das Unternehmen ausgesetzt ist.

Mit den übernahmerelevanten Angaben wird das Ziel verfolgt, einen potenziellen Bieter in die Lage zu versetzen, sich vor Abgabe eines Übernahmeangebots ein umfassendes Bild über die mögliche Zielgesellschaft und ihre Struktur sowie etwaige Übernahmehindernisse zu verschaffen.

Börsennotierte Aktiengesellschaften haben zusätzlich die Erklärung zur Unternehmensführung gemäß § 289a HGB abzugeben. Konzernunternehmen von öffentlichem Interesse haben außerdem Informationen in Bezug auf Umwelt-, Sozial- und Arbeitnehmerbelange sowie Achtung der Menschenrecht und Bekämpfung von Korruption und Bestechung zu geben. Darüber hinaus haben bestimmte kapitalmarktorientierte Unternehmen eine „Versicherung der Mitglieder des vertretungsberechtigten Organs" mit in den Lagebericht aufzunehmen.

> Vortragszeit: 5,5/7,5 Minuten

III. Prüfung des Lageberichts

Der IDW PS 350 enthält die berufsständischen Regelungen zur Prüfung des Lage- sowie Konzernlageberichts. Der Hauptfachausschuss des IDW hat mit dem IDW PS 350 n.F. die Methodik zur Prüfung des Lageberichts im Rahmen der Abschlussprüfung unter Berücksichtigung aktueller Gesetzesänderungen und des überarbeiteten DRS 20 fortentwickelt. Der IDW PS 350 n.F. enthält nunmehr eine weitgehend geschlossene Darstellung der Anforderungen an die Prüfung des Lageberichts und betont dabei das risikoorientierte Vorgehen des Abschlussprüfers. Darüber hinaus wird ein stärkerer Fokus auf die Befassung des Prüfers mit den Vorkehrungen und Maßnahmen (Systemen) zur Ermittlung prognostischer Angaben sowie für die Chancen- und Risikoberichterstattung gelegt. IDW PS 350 n.F. ist für nach dem 15.12.2018 beginnende Geschäftsjahre anzuwenden.

§ 316 Abs. 1 Satz 1 HGB schreibt die **Prüfung des Lageberichts** im Rahmen der Jahresabschlussprüfung vor. Gemäß § 317 Abs. 2 Satz 1 HGB hat der Abschlussprüfer zu prüfen, ob der Lagebericht mit dem Jahresabschluss sowie mit den bei der Prüfung gewonnen Erkenntnissen in Einklang steht und ob der Lagebericht insgesamt ein zutreffendes Bild von der Lage des Unternehmens vermittelt.

Darüber hinaus ist auch zu prüfen, ob die Chancen und Risiken der zukünftigen Entwicklung im Lagebericht zutreffend dargestellt sind (§ 317 Abs. 2 Satz 2 HGB). Insbesondere bei den prognostischen Angaben hat der Abschlussprüfer zu prüfen, ob sie im Einklang mit dem Jahresabschluss stehen und ob sie vor dem Hintergrund der Jahresabschlussangaben vollständig und plausibel erscheinen. Die **Prüfung der Risikoberichterstattung** stellt oft den schwierigsten Teilbereich der gesamten Jahresabschlussprüfung dar. Die zu prüfenden Unternehmen haben häufig kein effizientes Risikofrüherkennungssystem installiert. Die gesetzlichen Vertreter vertrauen vielmehr auf ihre Erfahrungen und den gesunden Menschenverstand. Eine weitere Schwierigkeit besteht darin, die Vollständigkeit der Risikosituation zu erfassen und zu dokumentieren.

Die Notwendigkeit einer intensiven Auseinandersetzung mit den Risiken der zukünftigen Entwicklung ergibt sich auch aus der Verpflichtung, im Prüfungsbericht vorweg zu der Beurteilung der Lage durch die gesetzlichen Vertreter Stellung zu nehmen. Dabei ist insbesondere auf deren Beurteilung des Fortbestands und der zukünftigen Entwicklung des Unternehmens einzugehen (§ 321 Abs. 1 Satz 2 HGB).

Auch im **Bestätigungsvermerk** ist gemäß § 322 Abs. 2 Satz 3 HGB gesondert auf fortbestandsgefährdende Risiken einzugehen.

> Vortragszeit: 1,5/9 Minuten

IV. Schlussbemerkung

Die **Anforderungen an die Lageberichterstattung** werden zunehmend komplexer und umfangreicher. Die Lageberichterstattung erlangt insbesondere auch durch die verstärkte Berücksichtigung der Informationsbedürfnisse von Investoren immer mehr an Bedeutung. Gerade in Krisenzeiten wie der Finanzmarktkrise und der Euro-Staaten-Krise legen die Rechnungslegungsadressaten und Abschlussprüfer einen größeren Wert auf eine angemessene und sachgerechte Lageberichterstattung. Hier steht vor allem der Risiko- und Prognosebericht im Fokus der Aufmerksamkeit.

Die **Deutsche Prüfstelle für Rechnungslegung** (DPR) hat in der Vergangenheit mehrfach bemängelt, dass in den Lageberichten häufig die Risiken nur unvollständig oder gar nicht dargestellt werden. Aus diesem Grund will die DPR in Zukunft verstärkt Untersuchungen in Bezug auf die Chancen- und Risikodarstellung vornehmen.

Vielen Dank für Ihre Aufmerksamkeit.

> Vortragszeit: 1/10 Minuten

Vortrag 65
Steuerfreie Rücklagen (Steuerrecht)

Sehr geehrte/r Frau/Herr Vorsitzende/r, sehr geehrte Prüfungskommission,
aus den mir zur Auswahl gestellten Themen habe ich mich für das Thema „**Steuerfreie Rücklagen**" entschieden. Meinen Vortrag gliedere ich wie folgt:

I.	Einleitung
II.	Reinvestitionsrücklage, § 6b EStG
III.	Rücklage für Ersatzbeschaffung nach R 6.6 EStR 2012
IV.	Zuschussrücklage, R 6.5 EStR 2012
V.	Latente Steuern
VI.	Fazit

Vortragszeit: 0,5 Minuten

I. Einleitung

Die **Bildung der steuerfreien Rücklage** (handelsrechtlich bis 2008 als Sonderposten mit Rücklageanteil, §§ 247 III, 273 HGB-alt, ab 2009 durch das BilMoG handelsrechtlich aufgehoben) bedarf unter dem Gesichtspunkt des steuerlichen Gleichbehandlungsgebots einer besonderen rechtlichen Grundlage, denn sie bewirkt, dass ein realisierter Gewinn abweichend von §§ 4, 5 EStG nicht im Jahr seiner Entstehung, sondern erst später bei der Gewinn erhöhenden Auflösung der Rücklage versteuert wird. In den Fällen der Zuschussrücklage gem. R 6.5 Abs. 4 EStR und der Rücklage für Ersatzbeschaffung nach R 6.6 Abs. 4 EStR fehlt eine gesetzliche Regelung, sie sind aber gewohnheitsrechtlich anerkannt (BFH vom 05.06.2003, IV R 56/01, BStBl II 2003, 801). Nach § 6 UmwStG darf eine steuerfreie Rücklage auch für einen sog. Übernahmefolgegewinn gebildet werden, der im Rahmen einer Verschmelzung oder Spaltung durch Konfusion nicht wertgleicher Bilanzpositionen als laufender Gewinn anfallen kann. Die bis zum 31.12.2006 mögliche Ansparrücklage nach § 7g Abs. 3 EStG a.F. ist durch den außerbilanziellen Investitionsabzugsbetrag ersetzt worden. Für Sonderposten mit Rücklageanteil, die bis zum 31.12.2008 gebildet worden sind, besteht gem. Art. 66 Abs. 1 EGHB ein Wahlrecht zur handelsrechtlichen Beibehaltung.

Vortragszeit: 1/1,5 Minuten

II. Reinvestitionsrücklage, § 6b EStG

Die Vorschrift soll Unternehmern eine wirtschaftlich sinnvolle Anpassung an strukturelle Veränderungen erleichtern. Dies geschieht dadurch, dass stille Reserven aus der Veräußerung eines Wirtschaftsguts nicht sofort aufgedeckt, sondern steuerneutral in eine Rücklage eingestellt bzw. mit den Kosten der Neuinvestition verrechnet werden. Verkauft ein Unternehmer bestimmte Wirtschaftsgüter des Anlagevermögens (Grund und Boden, Aufwuchs bei land- und fortwirtschaftlichem Betriebsvermögen, Gebäude oder Binnenschiffe) die bestimmte Vorbesitzzeiten (i.d.R. 6 Jahre) aufweisen, kann er einen ggf. entstehenden Gewinn entweder von den Anschaffungs-/Herstellungskosten entsprechender Wirtschaftsgüter absetzen oder in eine sog. Reinvestitionsrücklage einstellen und so die liquiditätsnachteilige sofortige Besteuerung vermeiden.

Der Abzug ist zulässig bei den **Anschaffungs- oder Herstellungskosten** von:
- Grund und Boden, soweit der Gewinn bei der Veräußerung von Grund und Boden entstanden ist,
- Aufwuchs auf Grund und Boden mit dem dazugehörigen Grund und Boden, wenn der Aufwuchs zu einem land- und forstwirtschaftlichen Betriebsvermögen gehört, soweit der Gewinn bei der Veräußerung von Grund und Boden oder der Veräußerung von Aufwuchs auf Grund und Boden mit dem dazugehörigen Grund und Boden entstanden ist,

- Gebäuden, soweit der Gewinn bei der Veräußerung von Grund und Boden, von Aufwuchs auf Grund und Boden mit dem dazugehörigen Grund und Boden oder Gebäuden entstanden ist, oder
- Binnenschiffen, soweit der Gewinn bei der Veräußerung von Binnenschiffen entstanden ist.

Der **Anschaffung oder Herstellung von Gebäuden** steht ihre Erweiterung, ihr Ausbau oder ihr Umbau gleich. Der Abzug ist in diesem Fall nur von dem Aufwand für die Erweiterung, den Ausbau oder den Umbau der Gebäude zulässig.

Der Unternehmer muss den Gewinn allerdings innerhalb von vier Jahren (bei Gebäuden im Bau Verlängerung innerhalb von 6 Jahren) für die Herstellung oder die Anschaffung bestimmter der betreffenden Wirtschaftsgüter des Anlagevermögens verwenden.

Investiert der Unternehmer nicht oder nur teilweise, muss er die **Rücklage in Höhe des abgezogenen Betrags gewinnerhöhend auflösen**, § 6b Abs. 3 EStG. Außerdem erhöht sich dann der Gewinn für jedes volle Wirtschaftsjahr, in dem die Rücklage bestanden hat, um 6 % des aufgelösten Betrages, § 6b Abs. 7 EStG. Dies soll den durch die Steuerstundung erreichten Zinsvorteil ausgleichen. Der Zinssatz ist im Hinblick auf das seit Längerem aktuelle Zinsniveau jedoch realitätsfremd.

Die **Rücklagenbildung** ist unternehmerbezogen nicht unternehmensbezogen, d.h. möglich ist auch eine Übertragung auf Personengesellschaften an der der veräußernde Unternehmer beteiligt ist, d.h. auf einen anderen Betrieb oder ein Sonderbetriebsvermögen des Steuerpflichtigen.

Nach § 6b Abs. 10 EStG dürfen **Gewinne aus der Veräußerung von Kapitalgesellschaftsbeteiligungen** mit entsprechenden Vorbesitzzeiten bis zu 500.000 € auf die Anschaffungskosten von Kapitalgesellschaftsbeteiligungen, Gebäuden und abnutzbaren beweglichen Wirtschaftsgütern übertragen bzw. in eine Reinvestitionsrücklage eingestellt werden. Für die Besteuerung gelten die Grundsätze des Teileinkünfteverfahrens entsprechend. Auch die Übertragungs- und Strafbesteuerungsgrundsätze gelten entsprechend.

Der EuGH (Urteil vom 16.04.2015, C-591/13, Kommission/Deutschland, IStR 361) hatte die frühere Regelung zu der Rücklagenübertragung nach § 6b EStG, die sich nur auf inländische Wirtschaftsgüter bezog, als Verstoß gegen die Niederlassungsfreiheit, Art. 49 AEUV, gewertet. Durch das Steueränderungsgesetz 2015 wurde ein neuer Absatz 2a geschaffen. Der Steuerpflichtige kann entweder den Gewinn sofort versteuern, oder auf Antrag bei einer beabsichtigten Reinvestition des Veräußerungsgewinns im EU-/EWR-Raum die auf den Veräußerungsgewinn entfallende Steuer über einen Zeitraum von 5 Jahren verteilen. Die Änderung gilt rückwirkend für alle offenen Fälle.

Vortragszeit: 3,5/5 Minuten

III. Rücklage für Ersatzbeschaffung nach R 6.6 EStR 2012

Zur Gewinnrealisierung kommt es nach der **Systematik der steuerlichen Gewinnermittlung** auch, wenn ein Wirtschaftsgut nicht durch Verkauf, sondern durch höhere Gewalt oder Enteignung aus dem Betriebsvermögen ausscheidet und dem Steuerpflichtigen dafür eine Entschädigung gezahlt wird, die den Buchwert des ausgeschiedenen Wirtschaftsguts übersteigt. Die Rechtsprechung sah es jedoch als unbillig an, den Gewinn aus diesem „Geschäft" nach den allgemeinen Regeln zu besteuern und damit dem Steuerpflichtigen die Mittel für den Ersatz des ausgeschiedenen Wirtschaftsguts durch ein Ersatz-Wirtschaftsgut teilweise zu entziehen (z.B. BFH vom 29.04.1982, IV R 10/79, BStBl II 1982, 568). Die Finanzverwaltung hat hierauf reagiert. Von der Gewinnrealisierung kann, soweit nicht § 6b in Anspruch genommen werden kann, unter den besonderen Voraussetzungen der R 6.6 EStR 2012 abgesehen werden. Der Mechanismus der R 6.6 EStR besteht ebenso wie der des § 6b EStG darin, dass der Steuerpflichtige aufgrund eines ihm gewährten Wahlrechts, entweder die Entschädigung erfolgswirksam zu vereinnahmen hat um dann ggf. eine höhere AfA-Bemessungsgrundlage zu haben oder die AK/HK von ihm angeschaffter oder hergestellter Ersatz-Wirtschaftsgüter um den Gewinn aus dem begünstigten Veräußerungs- oder Enteignungsvorgang zu kürzen.

Eine **Entschädigung** i.S.v. R 6.6 Abs. 1 EStR liegt nur vor, soweit sie für das aus dem Betriebsvermögen ausgeschiedene Wirtschaftsgut als solches und nicht für Schäden gezahlt worden ist, die die Folge des Ausscheidens aus dem Betriebsvermögen sind (z.B. Entschädigungen für künftige Nachteile beim Wiederaufbau, Ertragswertentschädigung für die Beeinträchtigung des verbleibenden Betriebs); ausnahmsweise können auch Zinsen in die Entschädigung im Sinne von R 6.6 Abs. 1 EStR einzubeziehen sein (BFH vom 29.04.1982, IV R 177/78, BStBl II 1982, 568, H 6.6 Abs. 1 EStR). Ein Ersatzwirtschaftsgut können alle Wirtschaftsgüter des Anlage- oder

Umlaufvermögens sein. Ein Ersatzwirtschaftsgut setzt nicht nur ein der Art nach funktionsgleiches Wirtschaftsgut voraus, es muss auch funktionsgleich genutzt werden. Rücklagen für Ersatzbeschaffung können nur gebildet werden, wenn das Ersatzwirtschaftsgut in demselben Betrieb angeschafft oder hergestellt wird, dem auch das entzogene Wirtschaftsgut diente. Das gilt nicht, wenn die durch Enteignung oder höhere Gewalt entstandene Zwangslage zugleich den Fortbestand des bisherigen Betriebes selbst gefährdet oder beeinträchtigt hat (BFH vom 22.01.2004, IV R 65/02, BStBl II 2004, 421). Scheidet ein Wirtschaftsgut infolge einer behördlichen Anordnung oder zur Vermeidung eines behördlichen Eingriffs durch Veräußerung aus dem Betriebsvermögen aus, tritt an die Stelle der Entschädigung der Veräußerungserlös. Bei Auflösung der Rücklage fällt anders als bei § 6b EStG kein Zwangszins an.

> Vortragszeit: 2/7 Minuten

IV. Zuschussrücklage, R 6.5 EStR 2012

Werden Wirtschaftsgüter mit **Zuschüssen aus öffentlichen oder privaten Mitteln** angeschafft oder hergestellt, so hat der Steuerpflichtige nach R 6.5 Abs. 2 EStR grundsätzlich ein vergleichbares Wahlrecht. Er kann die Zuschüsse als Betriebseinnahmen ansetzen; in diesem Fall werden die AK/HK der betreffenden Wirtschaftsgüter durch die Zuschüsse nicht berührt. Er kann die Zuschüsse aber auch erfolgsneutral behandeln; in diesem Fall dürfen die Anlagegüter, für die die Zuschüsse gewährt worden sind, nur mit den Anschaffungs- oder Herstellungskosten bewertet werden, die der Steuerpflichtige selbst, also ohne Berücksichtigung der Zuschüsse, aufgewendet hat. Lediglich die eigenen Aufwendungen bilden dann die Grundlage für die Bemessung der AfA. Werden Zuschüsse gewährt, die erfolgsneutral behandelt werden sollen, wird aber das Anlagegut ganz oder teilweise erst in einem auf die Gewährung des Zuschusses folgenden Wirtschaftsjahr angeschafft, so kann in Höhe des noch nicht verwendeten Zuschussbetrags eine steuerfreie Rücklage gebildet werden, die im Wirtschaftsjahr der Anschaffung auf das Anlagegut zu übertragen ist.

> Vortragszeit: 1/8 Minuten

V. Latente Steuern

Ansätze in rein steuerliche Ergänzungsbilanzen führen zu **Steuerlatenzen** in der Handelsbilanz.

Die Auswirkung auf die handelsrechtlichen Jahresabschlüsse soll anhand des folgenden Beispiels verdeutlicht werden. Durch den Ansatz der Rücklage nur in der Steuerbilanz ergibt sich zunächst ein niedrigeres steuerliches Ergebnis. Dies führt zu einer Rückstellung für latente Steuern in der Handelsbilanz (für Kapitalgesellschaften und Personenhandelsgesellschaften i.S.d. § 264a HGB, (ausgenommen kleine Personenhandelsgesellschaften i.S.d. § 267 HGB, vgl. § 274a Nr. 4 HGB; jedoch sollen kleine Personenhandelsgesellschaften i.S.d. § 264a HGB und reine Personenhandelsgesellschaften nach Auffassung des IDW zumindest Rückstellungen für passive temporäre Differenzen abgrenzen; vgl. IDW RS HFA 7, anderer Auffassung Verlautbarung der Bundessteuerberaterkammer zum Ausweis passiver latenter Steuern als Rückstellungen in der Handelsbilanz)). Durch höhere Abschreibungen in der Handelsbilanz in den Folgejahren ergeben sich dann aktive latente Steuern.

> Vortragszeit: 1/9 Minuten

VI. Fazit

Steuerfreie Rücklagen bilden ein bilanztechnisches Instrument, um stille Reserven auf spätere Besteuerungszeiträume bzw. andere Wirtschaftsgüter zu übertragen. Sie haben steuerbilanziell eine große Bedeutung. Sie können steuerlich nach Maßgabe bestimmter Sondervorschriften als sog. **Sonderposten mit Rücklageanteil** offen ausgewiesen werden. Steuerfreie Rücklagen sind zweckgebundene Rücklagen, wie z.B. die Reinvestitionsrücklage nach § 6b EStG, die Rücklage für Ersatzbeschaffung, die Reinvestitionsrücklage nach § 6b EStG oder die Zuschussrücklage. Abweichend vom handelsrechtlichen Passivierungsverbot unterliegen steuerfreie Rücklagen steuerlich einem Passivierungswahlrecht. Soweit die Begünstigung einen reinen Inlandsbezug hat, sind sie unter dem Gesichtspunkt der EU-Niederlassungsfreiheit kritisch zu sehen und nachzubessern.

Vielen Dank für Ihre Aufmerksamkeit.

> Vortragszeit: 1/10 Minuten

Vortrag 66
Ergänzungsbilanzen und Ergänzungs-GuV-Rechnungen bei Personengesellschaften (Steuerrecht)

Sehr geehrte/r Frau/Herr Vorsitzende/r, sehr geehrte Prüfungskommission,
aus den mir zur Auswahl gestellten Themen habe ich mich für das Thema „**Ergänzungsbilanzen und Ergänzungs-GuV-Rechnungen bei Personengesellschaften**" entschieden. Meinen Vortrag gliedere ich wie folgt:

I.	Einleitung
II.	Vorgänge die zu Ergänzungsbilanzen führen
III.	Aufstellung der Ergänzungsbilanz
IV.	Fortführung und Auflösung der Ergänzungsbilanz
V.	Latente Steuern
VI.	Fazit

> Vortragszeit: 0,5 Minuten

I. Einleitung

Die **Einkünfte einer Personengesellschaft** sind additiv zu ermitteln. Um den Gesamtgewinn der Personengesellschaft nach § 15 Abs. 1 S. 1 Nr. 2 EStG auf die Mitunternehmer aufzuteilen, ist zu dem Ergebnis der Steuerbilanz der Personengesellschaft das Ergebnis der Ergänzungs- und Sonderbilanzen der Gesellschafter hinzuzurechnen. Der Begriff der „**Ergänzungsbilanz**" wird in § 6 Abs. 5 Sätze 4-6 EStG und in § 24 Abs. 2 Satz 1 UmwStG verwendet, jedoch nicht definiert. Da die steuerrechtlichen Bilanzierungs- und Bewertungsvorschriften von den handelsrechtlichen abweichen, differieren Handelsbilanz und Steuerbilanz eines Unternehmens. Sind nur einzelne Gesellschafter einer Personenhandelsgesellschaft hiervon betroffen, muss eine Ergänzungsbilanz aufgestellt werden. Die Wertansätze in der Ergänzungsbilanz beinhalten rechnerische Korrekturposten für den jeweiligen Gesellschafter zu den Wertansätzen in der Steuerbilanz der Personengesellschaft für die Wirtschaftsgüter des Gesellschaftsvermögens (Gesamthandsvermögens).

Damit unterscheidet sich die Ergänzungsbilanz von der Sonderbilanz. In der **Sonderbilanz** werden Wirtschaftsgüter im Eigentum des Gesellschafters bilanziert, wogegen in der Ergänzungsbilanz der Mehr- oder Minderwertanteil des Gesellschafters an Wirtschaftsgütern im (Gesamthands-)Eigentum der Gesellschaft bilanziert wird. Betreffen Mehr- oder Minderbelastungen die gesamte Personengesellschaft kann auf eine Ergänzungsbilanz verzichtet werden.

Entgegen dem Wortlaut sind Ergänzungsbilanzen auch bei nichtbilanzierenden Personengesellschaften, d.h. solchen die ihren Gewinn durch **Einnahmen-Überschussrechnung nach § 4 Abs. 3 EStG** ermitteln, zu erstellen. Ein Beispiel ist der Erwerb eines Anteils an einer Freiberufler-Sozietät. Der BFH (vom 24.06.2009, VIII R 13/07, BStBl II 2009, 993) spricht jetzt in diesen Fällen von einer steuerlichen Ergänzungsrechnung und wendet die Grundsätze zur Aufstellung von Ergänzungsbilanzen auf die Einnahmen-Überschussrechnung an.

> Vortragszeit: 1,5/2 Minuten

II. Vorgänge die zu Ergänzungsbilanzen führen

Eine **Ergänzungsbilanz** wird insbesondere in folgenden Fällen erforderlich:
- Inanspruchnahme personenbezogener steuerlicher Regelungen (z.B. degressive Gebäude-AfA nach § 7 Abs. 5 EStG a.F.),
- personenbezogene Steuervergünstigungen, z.B. § 6b-Rücklage für Reinvestitionen,
- entgeltlicher Erwerb eines Mitunternehmeranteils (Gesellschafterwechsel), zu einem über oder unter dem Buchwert liegenden Kaufpreis,
- Änderung der Beteiligungsverhältnisse an einer Personengesellschaft,
- Einbringung von Betrieben, Teilbetrieben und Beteiligungen in eine Personengesellschaft gegen Gewährung von Gesellschaftsrechten, sofern die Gesellschaft die Buchwerte der eingebrachten Wirtschaftsgüter in ihrer Steuerbilanz nicht fortführt, sowie
- beim Ausscheiden eines Gesellschafters gegen Abfindung über oder unter dem Buchwert,
- Umwandlungen (Verschmelzungen, Formwechsel, Auf- und Abspaltungen).

Vortragszeit: 1,5/3,5 Minuten

III. Aufstellung der Ergänzungsbilanz

Nach § 15 Abs. 1 Satz 1 Nr. 2 EStG werden die dem jeweiligen Mitunternehmer zuzurechnenden Einkünfte in zwei Stufen ermittelt:

1. Der Anteil des Mitunternehmers an dem gesamthänderisch erwirtschafteten Gewinn der Personengesellschaft und
2. die Vergütungen, die der Mitunternehmer von der Gesellschaft für seine Tätigkeit im Dienst der Gesellschaft, für die Hingabe von Darlehen oder die Überlassung von Wirtschaftsgütern bezogen hat.

Der auf der ersten Stufe zu ermittelnde **Gewinn der Gesamthand** ergibt sich aus der von der Handelsbilanz aufgrund der Maßgeblichkeit gemäß § 5 Abs. 1 EStG abgeleiteten und aufgrund steuerlicher Regeln modifizierten Steuerbilanz der Personengesellschaft. In diesem Gewinn sind insbesondere auch die an die Gesellschafter geleisteten Sondervergütungen berücksichtigt – entweder als sofort abzugsfähige Betriebsausgabe oder als aktivierungspflichtiger Herstellungsaufwand. Der dort ausgewiesene Gewinn wird sodann entsprechend den gesellschaftsvertraglichen Vereinbarungen auf die Gesellschafter verteilt. Dieser aus der Gesamthandsbilanz zugeteilte Gewinnanteil ist jedoch ggf. zu korrigieren. Ein wesentlicher Korrekturposten sind die sog. Ergänzungsbilanzen und Ergänzungs-GuV-Rechnungen. Ergänzungsbilanzen enthalten die Wertdifferenzen zwischen den steuerlichen Anschaffungskosten eines Gesellschafters und den korrespondierenden Anschaffungs- oder Herstellungskosten der Gesellschaft für die einem Gesellschafter anteilig zuzurechnenden Wirtschaftsgüter.

> **Beispiel:** K erwirbt vom Personenhandelsgesellschafter V erwirbt einen Anteil an einer Personengesellschaft, der einen Wert von 500 T€ für 700 T€. Statt V ist nun K an dem Eigenkapital der Gesellschaft i.H.v. 500 T€ beteiligt. K hat aber 200 T€ mehr bezahlt, also höhere Anschaffungskosten bezahlt als es dem Buchwert seines Kapitalkontos entspricht. Die Mehranschaffungskosten für die Wirtschaftsgüter der Personengesellschaft sind in einer positiven Ergänzungsbilanz auszuweisen.
>
> Die Aufteilung des über dem Buchkapital liegenden Erwerbspreis (Mehrwert) ist in der **Eröffnungsergänzungsbilanz** nach dem Verhältnis der Teilwerte in drei Stufen vorzunehmen:
> 1. auf die in der Gesamthandsbilanz der Gesellschaft bereits aktivierten Wirtschaftsgüter,
> 2. darüber hinaus, soweit relevant auf nicht aktivierungsfähige, originäre immaterielle Einzel-Wirtschaftsgüter, die bei derivativem Erwerb aufgrund des Vollständigkeitsgrundsatzes zu aktivieren sind und
> 3. auf den Geschäftswert.
>
> Nach einer modifizierten **Stufentheorie** wird der Mehrbetrag (200 T€) proportional auf alle Wirtschaftsgüter (inklusive der erstmals aktivierten immateriellen Wirtschaftsgüter und eines Geschäftswerts) verteilt.

Bei **personenbezogenen Steuervergünstigungen**, etwa einer § 6b EStG Rücklage, erhalten lediglich die Gesellschafter die Begünstigung der Steuerstundung des Veräußerungsgewinns, die die persönlichen Voraussetzungen, insbesondere eine ausreichende Vorbesitzzeit haben. Um dies nach den steuerlichen Vorgaben darzustellen, wird der Veräußerungsgewinn in der steuerlichen Gesamthandsbilanz der Gesellschaft voll ausgewiesen. Die Gesellschafter, bei denen die persönlichen Begünstigungsvoraussetzungen vorliegen, neutralisieren ihren Veräußerungsgewinnanteil durch eine negative Ergänzungsbilanz.

> **Vortragszeit: 2/5,5 Minuten**

IV. Fortführung und Auflösung der Ergänzungsbilanz

Die in der Ergänzungsbilanz enthaltenen **Mehr- oder Minderwerte** für die Wirtschaftsgüter und Schulden sind fortzuentwickeln bzw. fortzuschreiben. So sind z.B. stille Reserven abzuschreiben, die in abnutzbaren Wirtschaftsgütern aufgedeckt wurden. Ein Geschäfts- oder Firmenwert ist ebenfalls abzuschreiben.

Zu den Ergänzungsbilanzen für die einzelnen Gesellschafter sind korrespondierende **Ergänzungsgewinn- und -verlustrechnungen** aufzustellen, welche die Ergebnisbeiträge aus den Ergänzungsbilanzen für die einzelnen Gesellschafter im jeweiligen Wirtschaftsjahr enthalten. Die Ergebnisbeiträge aus den Ergänzungsgewinn- und -verlustrechnungen bilden mit den Ergebnissen aus den Sondergewinn- und -verlustrechnungen und dem Ergebnis aus der Gesamthandsbilanz den einheitlich festgestellten Gewinn der Personenhandelsgesellschaft.

Es besteht Einigkeit darin, dass die **Korrekturposten** (Mehrwert/Minderwert) einen Bezug zur Hauptbilanz haben müssen. Über die weitergehende Behandlung besteht Streit (Blümich/Bode, § 15 EStG Rn. 556a; Dreissig, BB 1990, 958, 959; Ley, kösdi 11/1992, 9152, 9160 einerseits; s. andererseits auch Regniet, Ergänzungsbilanzen bei der Personengesellschaft, 180; Niehus, StuW 2002, 116, 119 ff.; Schmidt/Wacker, EStG, 33. Auflage, § 15 Rn. 465 in Bezug auf die Restnutzungsdauer; Reiß in Kirchhof, EStG, 13. Auflage, § 15 Rn. 251).

Nach einer auch vom FG Niedersachsen als Vorinstanz vertretenen Auffassung, sei ein in der Ergänzungsbilanz eines Mitunternehmers aktivierter Mehrwert eines abnutzbaren beweglichen Wirtschaftsguts des Gesellschaftsvermögens entsprechend der in der Gesamthandsbilanz zugrunde gelegten **Abschreibungsmethode und Restnutzungsdauer abzuschreiben** (FG Niedersachsen, Urteil vom 20.10.2009, 8 K 323/05, EFG 2010, 558). Der BFH beurteilte die strittige (ergänzungs-)bilanzielle Rechtsfrage anders und stellte – im dezidierten Gegensatz zum Finanzgericht – entscheidend auf den Zweck der Ergänzungsbilanz ab. Diesen identifiziert er darin, den einen Mitunternehmeranteil erwerbenden Gesellschafter einer Mitunternehmerschaft so weit wie möglich einem Einzelunternehmer gleichzustellen, der im Wege des „**asset deal**" einzelne Wirtschaftsgüter erwirbt (BFH Urteil vom 20.11.2014, IV R 1/11, DStR 2015, 283; zur linearen Gebäude-AfA ebenso H 7.2 EStH „Zeitliche Anwendung bei linearer Gebäude AfA"). Daher muss bezogen auf die Abschreibung der in der Ergänzungsbilanz ausgewiesenen Mehrwerte die Restnutzungsdauer im Zeitpunkt des Anteilserwerbs neu geschätzt werden. Zugleich stehen dem Gesellschafter die gleichen Abschreibungswahlrechte wie einem Einzelunternehmer zu. Das bedeutet in letzter Konsequenz, dass auch die Abschreibungsmethode anzuwenden ist, die für den in der Ergänzungsbilanz dargestellten Anschaffungsvorgang maßgeblich ist. Wird in der Gesamthandsbilanz nach § 7 Abs. 2 EStG degressiv abgeschrieben und fällt diese Möglichkeit weg, darf in der Ergänzungsbilanz nur linear abgeschrieben werden.

Eine Ergänzungsbilanz wird aufgelöst, wenn ein Gesellschafter ausscheidet, für den eine Ergänzungsbilanz aufgestellt wurde. Das **Veräußerungsergebnis** wird folgendermaßen ermittelt:

Veräußerungspreis
+ gemeiner Wert der entnommenen Wirtschaftsgüter
./. Kapitalkonto der Gesamthandsbilanz
./. Kapitalkonto der Ergänzungsbilanz.

> **Vortragszeit: 2,5/8 Minuten**

V. Latente Steuern

Ansätze in rein steuerliche Ergänzungsbilanzen führen zu **Steuerlatenzen** in der Handelsbilanz (für Personenhandelsgesellschaften i.S.d. § 264a HGB (ausgenommen kleine Personenhandelsgesellschaften i.S.d. § 267 HGB, vgl. § 274a Nr. 4 HGB; jedoch sollen kleine Personenhandelsgesellschaften i.S.d. § 264a HGB und reine Personenhandelsgesellschaften nach Auffassung des IDW zumindest Rückstellungen für passive temporäre Differenzen abgrenzen; vgl. IDW RS HFA 7, anderer Auffassung Verlautbarung der Bundessteuerberaterkammer zum Ausweis passiver latenter Steuern als Rückstellungen in der Handelsbilanz)). Die **Aktivierung aufgedeckter stiller Reserven** in einer positiven Ergänzungsbilanz führt auf Ebene der Personengesellschaft zu aktiven latenten Steuern. Diese aktiven latenten Steuern werden in Zukunft korrespondierend zur Abschreibung der stillen Reserven aufgelöst. Die Aktivierung latenter Steuern erfolgt grundsätzlich erfolgsneutral, da sie im Zusammenhang mit einem Anschaffungsvorgang stehen. Im Falle des Gesellschafterwechsels über dem Buchwert ist jedoch danach zu unterscheiden ob der Veräußerungsvorgang auf Ebene der Personengesellschaft der Gewerbesteuer nach § 7 Satz 2 GewStG unterliegt, falls ja ist die Einbuchung der aktiven latenten Steuern erfolgswirksam, falls nein ist sie erfolgsneutral.

Wird ein Mitunternehmeranteil unter dem Buchwert des Kapitalkontos des ausscheidenden Gesellschafters veräußert oder sind in der Bilanz stille Lasten vorhanden, werden die **Wertansätze der Wirtschaftsgüter** in der Gesamthandsbilanz herabgesetzt. Dies erfolgt durch die Aufstellung einer negativen Ergänzungsbilanz. Die unterschiedlichen Wertansätze zwischen Handels- und Steuerbilanz der Personengesellschaft führen zur verpflichtenden Abgrenzung passiver latenter Steuern.

> Vortragszeit: 1/9 Minuten

VI. Fazit

Ergänzungsbilanzen betreffen gesellschafterspezifische Korrekturposten zu dem gesamthänderisch gebundenen Vermögen. Sie gewährleisten eine zutreffende Erfassung des jeweiligen Beteiligungsanteils der einzelnen Mitunternehmer für steuerliche Zwecke.

Große praktische Bedeutung kommt ihrer Aufstellung im Falle eines Gesellschafterwechsels zu. Über ihre Fortführung besteht Streit. Die Finanzverwaltung hat nur partiell hierzu Stellung genommen, ein hierzu ergangenes BFH-Urteil ist noch nicht im Bundessteuerblatt veröffentlicht.

Auch die Ergänzungsbilanzen unterliegen – ebenso wie die Gesamthands- und Sonderbilanzen – der elektronischen Übermittlungspflicht nach § 5b EStG. Jedoch wird für die von Personenhandelsgesellschaften und anderen Mitunternehmerschaften einzureichenden Ergänzungsbilanzen (ebenso Sonderbilanzen) nicht beanstandet, wenn diese für Wirtschaftsjahre, die vor dem 01.01.2015 enden, im Freitext unter dem Modul „Steuerliche Modifikationen" übermittelt werden; eine Gliederung nach dem Taxonomie-Datensatz ist dann nicht erforderlich.

Vielen Dank für Ihre Aufmerksamkeit.

> Vortragszeit: 1/10 Minuten

Anhang

Konkretisierung der Prüfungsgebiete nach § 4 Wirtschaftsprüferprüfungsverordnung (§ 4 WiPrPrüfV)

(1) Prüfungsgebiete sind
1. Wirtschaftliches Prüfungswesen, Unternehmensbewertung und Berufsrecht,
2. Angewandte Betriebswirtschaftslehre, Volkswirtschaftslehre,
3. Wirtschaftsrecht und
4. Steuerrecht.

(2) Das Prüfungsgebiet Wirtschaftliches Prüfungswesen, Unternehmensbewertung und Berufsrecht umfasst:
1. Rechnungslegung
a) **Buchführung, Jahresabschluss und Lagebericht**
   1. Buchführung
   2. Funktionen und Konzeption der externen Rechnungslegung
   3. Grundlagen des Jahresabschlusses
      3.1. Nationale Quellen der Rechnungslegung
      3.2. Nationale Auswirkungen von EU-Vorschriften
   4. Bilanzierungsgrundsätze
   5. Bewertungsgrundsätze
   6. Ausweisvorschriften
   7. Anhang
   8. Lagebericht
   9. Besonderheiten bestimmter Rechtsformen
   10. Besonderheiten des Jahresabschlusses nach dem Publizitätsgesetz
   11. Änderung von Jahresabschlüssen
   12. Nichtigkeit und Anfechtbarkeit von Hauptversammlungsbeschlüssen und des festgestellten Jahresabschlusses
   13. Offenlegung
   14. Straf- und Bußgeldvorschriften

b) **Konzernabschluss und Konzernlagebericht, Bericht über die Beziehungen zu verbundenen Unternehmen**
   1. Grundlagen des Konzernabschlusses
   2. Pflicht zur Aufstellung eines Konzernabschlusses und Konzernlageberichts
   3. Abgrenzung des Konsolidierungskreises
   4. Überleitung von der HB I zur HB II
   5. Konzernbilanz
      5.1. Bilanzierung von Tochterunternehmen
      5.2. Quotenkonsolidierung
      5.3. Equity-Methode
   6. Konzern-Gewinn- und Verlustrechnung
   7. Konzernergebnis
   8. Konzernanhang
   9. Kapitalflussrechnung
   10. Eigenkapitalspiegel

11. Segmentberichterstattung
   12. Konzernlagebericht
   13. Besonderheiten des Konzernabschlusses nach dem Publizitätsgesetz
   14. Bericht über die Beziehungen zu verbundenen Unternehmen

c) **International anerkannte Rechnungslegungsgrundsätze**
   1. Grundlagen der Rechnungslegung nach IAS/IFRS
      1.1. Institutionen der Rechnungslegung
      1.2. Ziele und qualitative Anforderungen an die Rechnungslegung
      1.3. Bestandteile der Rechnungslegung und Definition der Abschlussposten
      1.4. Sonderregelungen für die erstmalige Anwendung von IFRS
      1.5. Ansatz-, Bewertungs- und Ausweisgrundsätze
      1.6. Änderung von Bilanzierungs- und Bewertungsmethoden
      1.7. Behandlung von Bilanzierungsfehlern
      1.8. Ereignisse nach dem Bilanzstichtag
   2. Gewinn- und Verlustrechnung nach IAS/IFRS
      2.1. Struktur der Gewinn- und Verlustrechnung
      2.2. Erträge
      2.3. Discontinued Operations
      2.4. Außerordentliche Erträge und Aufwendungen
      2.5. Earnings per share
   3. Ansatz-, Bewertungs- und Ausweisvorschriften nach IAS/IFRS sowie wesentliche Angaben zu einzelnen Posten des Abschlusses
   4. Grundlagen der Konzernrechnungslegung nach IAS/IFRS
      4.1. Funktionen des Konzernabschlusses und Aufstellungspflicht
      4.2. Konsolidierungskreis
      4.3. Währungsumrechnung ausländischer Einzelabschlüsse
      4.4. Purchase Accounting
      4.5. Eliminierung konzerninterner Transaktionen
      4.6. Bilanzierung assoziierter Unternehmen
      4.7. Bilanzierung von Gemeinschaftsunternehmen
   5. Kapitalflussrechnung
   6. Segmentberichterstattung
   7. Related Party disclosure
   8. Eigenkapitalveränderungsrechnung

d) **Rechnungslegung in besonderen Fällen**
   1. Gründung
   2. Umwandlung
   3. Sanierung
   4. Liquidation
   5. Insolvenz

e) **Jahresabschlussanalyse**
   1. Aufgaben und Ziele
   2. Aufbereitung des Datenmaterials
   3. Kennzahlen zur Jahresabschlussanalyse
      3.1. Finanzwirtschaftliche Analyse
         3.1.1. Analyse der Vermögenslage
         3.1.2. Analyse der Finanzlage

Anhang 247

    3.2. Erfolgswirtschaftliche Analyse
        3.2.1. Erfolgsquellenanalyse
        3.2.2. Ertrags- und Aufwandsstrukturanalyse
        3.2.3. Rentabilitätsanalyse
    3.3. Analyse der Ergebnisverwendungspolitik
    3.4. Kapitalmarktorientierte Erfolgsanalyse (DVFA/SG, Earnings per Share)
    3.5. Wertschöpfungsanalyse
4. Kennzahlensysteme
    4.1. Traditionelle Kennzahlensysteme
    4.2. Rating Verfahren
    4.3. Multivariate Diskriminanzanalyse (MDA)
    4.4. Künstliche Neuronale Netzanalyse (KNN)
    4.5. Jahresabschlussanalyse auf der Grundlage empirischer Bilanzforschung

- Enforcement der Rechnungslegung

2. Prüfung
a) Prüfung der Rechnungslegung: rechtliche Vorschriften und Prüfungsstandards, insbesondere Prüfungsgegenstand und Prüfungsauftrag, Prüfungsansatz und Prüfungsdurchführung, Bestätigungsvermerk, Prüfungsbericht und Bescheinigungen, andere Reporting-Aufträge
1. Rechtliche Vorschriften und Prüfungsstandards
    1.1. Grundlagen
    1.2. Rechtliche Vorschriften
    1.3. Nationale Prüfungsgrundsätze
    1.4. Internationale Prüfungsgrundsätze
2. Prüfungsgegenstand und Prüfungsauftrag, Prüfungsansatz und Prüfungsdurchführung, (insbesondere IDW PS 200 bis 399)
    2.1. Prüfungsgegenstand
    2.2. Prüfungsauftrag
        2.2.1. Bestellung des Abschlussprüfers (Wahl, Ausschlussgründe, Prüfungsauftrag)
        2.2.2. Inhalt des Prüfungsauftrags
        2.2.3. Verantwortlichkeit des Abschlussprüfers
    2.3. Prüfungsplanung durch den Abschlussprüfer
        2.3.1. Grundlagen
        2.3.2. Gegenstand und Zweck der Planung
        2.3.3. Sachliche Planung (Risikoorientierung)
        2.3.4. Zeitliche Planung
        2.3.5. Personelle Planung
        2.3.6. Erstellung und Dokumentation des Prüfungsplans
        2.3.7. Berücksichtigung des Risikos von Unregelmäßigkeiten und Verstößen bei der Prüfungsplanung
    2.4. Durchführung der Abschlussprüfung
        2.4.1. Grundlagen
        2.4.2. Prüfung der Rechtsgrundlagen und der rechtlichen Verhältnisse
        2.4.3. Berücksichtigung des Risikos von Unregelmäßigkeiten und Verstößen bei der Prüfungsdurchführung
        2.4.4. Analyse der Strategie
        2.4.5. Prüfung des internen Kontrollsystems (IKS-Prüfung) bzw. Prozessanalyse
        2.4.6. Aussagebezogene Prüfungshandlungen
        2.4.7. Prüfung des Lageberichts

- 2.5. Besonderheiten bei der Erstprüfung
- 2.6. Ereignisse nach dem Bilanzstichtag
- 2.7. Besonderheiten bei der Konzernabschlussprüfung und der Prüfung des Konzernlageberichts
- 2.8. Verwendung der Arbeit Dritter
- 2.9. Beurteilung von zusätzlichen Informationen, die von Unternehmen zusammen mit dem Jahresabschluss veröffentlicht werden
- 2.10. Gemeinschaftsprüfungen (Joint Audit)
- 2.11. Interne und externe Qualitätssicherung
3. Prüfungsbericht, Bestätigungsvermerk und Bescheinigungen (insbesondere IDW PS 400 bis 499)
    - 3.1. Grundlagen
    - 3.2. Nachweis der Prüfungsdurchführung und Berichterstattung
    - 3.3. Bericht über die Jahresabschlussprüfung von Kapitalgesellschaften und diesen gleichgestellten Gesellschaften
    - 3.4. Bericht über die Konzernabschlussprüfung von Kapitalgesellschaften und diesen gleichgestellten Gesellschaften
        - 3.4.1. Grundlagen
        - 3.4.2. Aufbau und Gliederung
        - 3.4.3. Inhalt des Konzernprüfungsberichts
        - 3.4.4. Zusammengefasster Prüfungsbericht gemäß § 298 HGB
        - 3.4.5. Besonderheiten der Berichterstattung zu nach international anerkannten Rechnungslegungsgrundsätzen aufgestellten Konzernabschlüssen
        - 3.4.6. Prüfung des Berichtes des Vorstands über Beziehungen zu verbundenen Unternehmen
    - 3.5. Bestätigungsvermerk bei Abschlussprüfungen von Kapitalgesellschaften und diesen gleichgestellten Gesellschaften
        - 3.5.1. Grundlagen
        - 3.5.2. Inhalt und Bestandteile des Bestätigungsvermerks
        - 3.5.3. Erteilung des Bestätigungsvermerks/Versagungsvermerks
        - 3.5.4. Bestätigungsvermerk bei Konzernabschlussprüfungen
        - 3.5.5. Sonderfälle von Bestätigungsvermerken bei Abschlussprüfungen
    - 3.6. Besonderheiten des Prüfungsergebnisses bei Abschlussprüfungen nach PublG
    - 3.7. Besonderheiten bei freiwilligen Abschlussprüfungen
    - 3.8. Bescheinigungen
        - 3.8.1. Grundlagen
        - 3.8.2. Bescheinigungen und Berichterstattung bei der Erstellung von Jahresabschlüssen durch Wirtschaftsprüfer
        - 3.8.3. Bescheinigungen und Berichterstattung zu anderen Prüfungstätigkeiten
4. Andere Reporting-Aufträge (insbesondere IDW PS 800 ff.)

b) **Sonstige gesetzlich vorgeschriebene Prüfungen, insbesondere aktienrechtliche Sonderprüfungen, Prüfung von Risikofrüherkennungssystemen, Geschäftsführungsprüfungen**
1. Aktienrechtliche Gründungsprüfung und gleichartige Prüfungen
    - 1.1. Aktienrechtliche Gründungsprüfung
    - 1.2. Nachgründungsprüfung
    - 1.3. Kapitalerhöhung mit Sacheinlagen
2. Aktienrechtliche Sonderprüfung
    - 2.1. Allgemeine Sonderprüfung nach den §§ 142 ff. AktG
    - 2.2. Sonderprüfung nach den §§ 258 ff. AktG wegen unzulässiger Unterbewertung
    - 2.3. Sonderprüfung nach § 315 AktG
3. Prüfung des Risikofrüherkennungssystems
    - 3.1. Grundlagen

Anhang

      3.2. Ausgestaltung des Risikofrüherkennungssystems nach § 91 Abs. 2 AktG
      3.3. Prüfungsanlässe (unmittelbare und mittelbare Prüfung)
      3.4. Prüfungsgegenstand, -art und -umfang
      3.5. Prüfungsziele
      3.6. Prüfungsplanung
      3.7. Prüfungsdurchführung
  4. Prüfungen nach dem Umwandlungsgesetz
  5. Geschäftsführungsprüfung

c) **Andere betriebswirtschaftliche Prüfungen, insbesondere Due-DiligencePrüfungen, Kreditwürdigkeitsprüfungen, Unterschlagungsprüfungen, Wirtschaftlichkeitsprüfungen, Prüfung von Sanierungskonzepten**
  1. Due-Diligence-Prüfung
  2. Kreditwürdigkeitsprüfung
  3. Unterschlagungsprüfung
  4. Wirtschaftlichkeitsprüfung
  5. Prüfung von Sanierungskonzepten
  6. Sonstige betriebswirtschaftliche Prüfungen

3. **Grundzüge und Prüfung der Informationstechnologie**
  1. Allgemeine Grundlagen im Bereich der Informationstechnologie
      1.1. Systemkonzepte
      1.2. IT-Strategie
      1.3. IT-Organisation
      1.4. IT-Management
      1.5. Systementwicklung und -beschaffung
      1.6. Hardware und sonstige Komponenten von IT-Systemen
      1.7. Netzwerke und Datenübertragungstechnologien
      1.8. Software
      1.9. Datenorganisation und Datenzugriff
      1.10. Verarbeitungstechniken in rechnungslegungsrelevanten IT-Systemen
  2. Berufsständische Verlautbarungen und relevante Vorschriften zur Ordnungsmäßigkeit und Prüfung IT-gestützter Rechnungslegungssysteme
      2.1. Verlautbarungen des IDW
      2.2. Steuerrechtliche Verlautbarungen
      2.3. Sonstige rechtliche Vorschriften
  3. Grundlagen IT-gestützter interner Kontrollsysteme
      3.1. Risiken des IT-Einsatzes
      3.2. Kontrollziele
      3.3. Aufbau des IT-Kontrollsystems
      3.4. Kontrollverantwortlichkeit
      3.5. Bestimmungsfaktoren des Kontrollumfelds
      3.6. Beurteilung von IT-Risiken
      3.7. Realisierung von IT-bezogenen Kontrollen und Sicherungsmaßnahmen in IT-Systemen mit Rechnungslegungsbezug
      3.8. Generelle Kontrollmaßnahmen in IT-Systemen mit Rechnungslegungsbezug
      3.9. Überwachung des IT-Kontrollsystems
  4. Prüfungsmethoden und Prüfungstechniken
      4.1. Prüfungsprozess
      4.2. Prüfungsmethoden und Prüfungstechniken

   4.3. IT-gestützte Prüfung
  5. Berufstypischer Umgang mit IT
   5.1. Praxisorientierter Einsatz von IT zur Unterstützung berufstypischer Tätigkeiten
   5.2. Kenntnisse betrieblicher Rechnungslegungssysteme
   5.3. Einrichtung von Kontrollen in PC-System-Umgebungen
   5.4. Definition von Anforderungen an PC-Systeme

4. Bewertung von Unternehmen und Unternehmensanteilen
  1. Allgemeine Grundsätze der Unternehmensbewertung
   1.1. Zweckadäquanzprinzip, Grenzpreisprinzip und Eignerbezogenheitsprinzip
   1.2. Bewertungszwecke
    1.2.1. Beratungsfunktion und Entscheidungswert/Grenzpreis
    1.2.2. Vermittlungsfunktion und Arbitriumwert
    1.2.3. Argumentationsfunktion und Argumentationswert
    1.2.4. Abgrenzung zur Funktionenlehre des IDW
  2. Verfahren der Unternehmensbewertung
   2.1. Gesamtbewertungsverfahren
    2.1.1. Ertragswertverfahren
    2.1.2. DCF-Verfahren
     2.1.2.1. WACC-Ansatz
     2.1.2.2. APV-Ansatz
     2.1.2.3. FTE-Ansatz
    2.1.3. Unternehmensbewertung mit Multiples
   2.2. Einzelbewertungsverfahren
    2.2.1. Substanzwertverfahren
    2.2.2. Liquidationswertverfahren
  3. Nicht betriebsnotwendiges Vermögen
  4. Besonderheiten bei der Bewertung von Unternehmensanteilen
   4.1. Unternehmensanteil als Bewertungsobjekt
    4.1.1. Direkte Methode: Der Unternehmensanteil als eigenständiges Bewertungsobjekt
    4.1.2. Indirekte Methode: Ableitung des Anteilswertes aus dem Gesamtwert des Unternehmens
   4.2. Paketzuschläge und Minderheitsabschläge
   4.3. Relevanz von Börsenkursen
  5. Berufsständische Grundsätze
   5.1. IDW Standard: Grundsätze zur Durchführung von Unternehmensbewertungen (IDW S 1)
   5.2. Stellungnahme HFA 2/1995: Zur Unternehmensbewertung im Familien- und Erbrecht
   5.3. Anwendung der IDW Prüfungsstandards auf die Unternehmensbewertung durch Wirtschaftsprüfer
  6. Rechtliche Rahmenbedingungen von Unternehmensbewertungen bei
   6.1. Umwandlungen, insbesondere Verschmelzungen
   6.2. Gründungen/Kapitalerhöhungen, insbesondere Bewertung von Sacheinlagen in Form von Unternehmen
   6.3. Abschluss von Unternehmensverträgen (insbesondere angemessene Abfindung/ angemessener Ausgleich)
   6.4. Gesellschafterauseinandersetzungen
   6.5. Unternehmensbewertung für bilanzielle Zwecke
   6.6. Unternehmensbewertung im Zusammenhang mit dem WpÜG

5. Berufsrecht, insbesondere Organisation des Berufs, Berufsaufsicht, Berufsgrundsätze und Unabhängigkeit

Anhang

1. Organisation des Berufs
    1.1. Abschlussprüferaufsichtskommission (APAK)
    1.2. Wirtschaftsprüferkammer (WPK)
    1.3. Institut der Wirtschaftsprüfer in Deutschland e.V. (IDW)
    1.4. Internationale Berufsorganisationen
2. Berufsaufsicht/Widerrufsverfahren/Qualitätskontrolle
    2.1. Berufsaufsicht
        2.1.1. Berufsaufsicht des WPK-Vorstandes
        2.1.2. Zuständigkeit
        2.1.3. Verfahren
        2.1.4. Mögliche Entscheidungen
    2.2. Berufsgerichtliche Ahndung von Pflichtverletzungen
        2.2.1. Zuständigkeit
        2.2.2. Verfahren
        2.2.3. Mögliche Entscheidungen
    2.3. Widerrufsverfahren
    2.4. Qualitätskontrolle
        2.4.1. Verfahren
        2.4.2. Inhalt
3. Berufsgrundsätze, Unabhängigkeit
    3.1. Rechtliche Grundlagen
        3.1.1. Grundgesetz (insbesondere Art. 12)
        3.1.2. Wirtschaftsprüferordnung
        3.1.3. Verordnungen
        3.1.4. Satzungen
        3.1.5. Gebührenordnung
        3.1.6. Beitragsordnung
    3.2. Formelle berufsrechtliche Rahmenbedingungen
        3.2.1. Niederlassungsrecht (u. a. BHV)
        3.2.2. Formen der beruflichen Zusammenarbeit
        3.2.3. Wirtschaftsprüfungsgesellschaften
    3.3. Materielle berufsrechtliche Rahmenbedingungen
        3.3.1. Allgemeine Berufspflichten, insbesondere Unabhängigkeit und Gewissenhaftigkeit
        3.3.2. Siegel und Siegelführung
        3.3.3. Durchführung von Prüfungen und Erstattung von Gutachten (insb. Besorgnis der Befangenheit)
        3.3.4. Sicherung der Qualität der Berufsarbeit in den Aufgaben nach § 2 Abs. 1 WPO
    3.4. Auftragsdurchführung
    3.5. Haftung
        3.5.1. Haftungsrisiko
        3.5.2. Haftung gegenüber Mandanten
        3.5.3. Haftung gegenüber Dritten
        3.5.4. Verjährung
    3.6. Internationale Anforderungen

(3) Das Prüfungsgebiet Angewandte Betriebswirtschaftslehre, Volkswirtschaftslehre umfasst:
1. Angewandte Betriebswirtschaftslehre
einschließlich methodischer Problemstellungen der externen Rechnungslegung, der Corporate Governance und der Unternehmensbewertung (Vgl. hierzu A.1 und A.4)
a) Kosten- und Leistungsrechnung

1. Kosten- und Leistungsrechnung als Führungsinstrument
   1.1. Kosten- und Leistungsrechnung im Rechnungswesen
   1.2. Kosten- und Leistungsrechnung im Controlling
2. Betriebsabrechnung
   2.1. Kostenartenrechnung
      2.1.1. Gliederung der Kostenarten
      2.1.2. Erfassung der wichtigsten Kostenarten
   2.2. Kostenstellenrechnung
      2.2.1. Aufgaben und Gliederung der Kostenstellen
      2.2.2. Ermittlung von Bezugsgrößen
      2.2.3. Verrechnung der innerbetrieblichen Leistungen
      2.2.4. Betriebsabrechnungsbogen
3. Kostenträgerstückrechnung
   3.1. Aufgaben
   3.2. Kalkulationsverfahren
4. Kurzfristige Erfolgsrechnung
   4.1. Betriebsabrechnung und Finanzbuchhaltung
   4.2. Verfahren der kurzfristigen Erfolgsrechnung
5. Kostenrechnungssysteme
   5.1. Teilkostenrechnung (Deckungsbeitragsrechnung) und Vollkostenrechnung
      5.1.1. Einstufige Deckungsbeitragsrechnung (Direct Costing)
      5.1.2. Stufenweise Deckungsbeitragsrechnung
      5.1.3. Deckungsbeitragsrechnung mit relativen Einzelkosten
   5.2. Ist-, Plan-, Normalkostenrechnung
6. Kostenplanung und -kontrolle
   6.1. Planung auf Basis von Verrechnungspreisen
   6.2. Planung und Kontrolle von Einzelkosten
   6.3. Planung und Kontrolle von Gemeinkosten
   6.4. Abweichungsanalyse
7. Kostenmanagement
   7.1. Prozesskostenrechnung
   7.2. Produktlebenszykluskostenrechnung
   7.3. Target Costing

b) **Planungs- und Kontrollinstrumente**
1. Das integrierte Planungs- und Kontrollsystem
   1.1. Grundlagen der Planung
   1.2. Planungsziele
      1.2.1. Shareholder Value Ansatz [incl. der einschlägigen Bewertungsmethoden (DCF, EVA, etc.)]
      1.2.2. Stakeholder Value Ansatz
      1.2.3. Zielhierarchie
   1.3. Planungselemente
      1.3.1. Planungsinstanzen
      1.3.2. Planungsprozesse
      1.3.3. Planungsinstrumente
   1.4. Planungs- und Kontrollsystem als Subsystem der Führung
      1.4.1. Elemente von Planungs- und Kontrollsystemen
      1.4.2. Aufbauprinzipien von Planungs- und Kontrollsystemen
   1.5. Entwicklung zu Managementsystemen

Anhang

2. Unterstützung der Unternehmensführung durch operative und strategische Controllingkonzepte
  2.1. Grundlagen
    2.1.1. Operatives Controlling
    2.1.2. Strategisches Controlling
  2.2. Elemente des Controlling
    2.2.1. Funktionen, Institutionen, Instrumente
    2.2.2. Informationssystem
    2.2.3. Berichtswesen
3. Operatives Controlling
  3.1. Unternehmenssteuerung mit integrierten Kennzahlensystemen
  3.2. Planung und Kontrolle der Ertragskraft der Unternehmung
    3.2.1. Liquidität und Rentabilität
    3.2.2. Kennzahlen zur Planung und Kontrolle (z.B. ROI)
    3.2.3. Kostenorientierte Entscheidungen einschließlich Break-Even-Analyse
  3.3. Planung und Kontrolle der Finanzkraft der Unternehmung (Cash-Flow-Management)
  3.4. Planung und Kontrolle der Liquidität
4. Strategisches Controlling
  4.1. Grundlagen
    4.1.1. Gap-Analyse
    4.1.2. Strategischer Planungsprozess
    4.1.3. Ebenen der strategischen Planung
    4.1.4. Bildung strategischer Geschäftseinheiten
  4.2. Unternehmens- und Umfeldanalyse
    4.2.1. Umfeldanalyse
    4.2.2. Unternehmensanalyse
  4.3. Geschäftsstrategien
    4.3.1. Strategische Stoßrichtungen
    4.3.2. Kostenwettbewerb
    4.3.3. Qualitätswettbewerb
    4.3.4. Zeitwettbewerb
  4.4. Unternehmensstrategien
    4.4.1. Portfolio-Konzepte
    4.4.2. Wettbewerbsmatrizen
    4.4.3. Konzept der Kernkompetenzen
  4.5. Balanced Scorecard
  4.6. Steuerung von Strategien durch strategische Kontrolle
5. Früherkennungssysteme zur Analyse und Prognose
  5.1. Früherkennungssysteme als Bestandteil eines umfassenden Risikomanagement
  5.2. Früherkennungssystem der strategischen Planung
  5.3. Aufbaustufen eines Früherkennungssystems
  5.4. Einsatz von Szenarien
    5.4.1. Grundlagen
    5.4.2. Szenarien im Prozess der strategischen Planung
    5.4.3. Phasenablauf eines Szenarios

c) **Unternehmensführung und Unternehmensorganisation**
  1. Grundlagen
  2. Organisatorische Gestaltungsalternativen
    2.1. Divisionale Organisationsstrukturen
    2.2. Funktionale Organisationsstrukturen

- 2.3. Matrixorganisation
- 2.4. Holdingkonzepte
- 2.5. Aktuelle Varianten (z.B. virtuelle Organisation, Netzwerke)
3. Organisation und Erfolgssteuerung (inklusive anreiztheoretischer Grundlagen und Performancemaßen)
4. Organisation und Kontrolle (insbesondere entscheidungstheoretische Grundlagen der Kontrolle)
5. Corporate Governance

d) Unternehmensfinanzierung
1. Grundlagen
    - 1.1. Finanzplanung als betriebliche Teilplanung
    - 1.2. Ziele
    - 1.3. Instrumente
    - 1.4. Finanzmärkte
2. Finanzierungsformen
    - 2.1. Systematisierung
    - 2.2. Formen der Innenfinanzierung
    - 2.3. Formen der Außenfinanzierung
        - 2.3.1. Beteiligungsfinanzierung
            - 2.3.1.1. Kapitalerhöhung der Aktiengesellschaft
            - 2.3.1.2. Kapitalbeteiligungsgesellschaften
            - 2.3.1.3. Venture-Capital-Gesellschaften
            - 2.3.1.4. Unternehmensbeteiligungsgesellschaften
        - 2.3.2. Fremdfinanzierung (Kreditfinanzierung)
            - 2.3.2.1. Langfristige Fremdfinanzierung
            - 2.3.2.2. Kurzfristige Fremdfinanzierung
            - 2.3.2.3. Finanzierungsinstrumente am Euromarkt
        - 2.3.3. Kreditsubstitute
3. Finanzierungsplanung
    - 3.1. Begriff und Aufgaben
    - 3.2. Kapitalmarktmodell
    - 3.3. Bedarfsplanung
        - 3.3.1. Prognose von Finanzströmen
        - 3.3.2. Budgetierung
    - 3.4. Liquiditätsplanung
    - 3.5. Strukturplanung
        - 3.5.1. Problemfelder
        - 3.5.2. Kosten einzelner Finanzierungsformen (mit/ohne Steuern)
        - 3.5.3. Optimierung der Kapitalstruktur (Entscheidung über Eigen- und Fremdfinanzierung)
        - 3.5.4. Optimierung der Dividendenpolitik (Entscheidung über Außen- oder Innenfinanzierung mit Eigenkapital)
4. Risikoabsicherung durch Termingeschäfte
    - 4.1. Überblick
    - 4.2. Risikoabsicherung mit Forwards und Futures
    - 4.3. Risikoabsicherung mit Optionen

e) Investitionsrechnung
1. Grundlagen
    - 1.1. Arten der Investitionsentscheidungen
    - 1.2. Ablauf des Entscheidungsprozesses

Anhang

2. Investitionsentscheidungen bei Sicherheit
    2.1. Statik und Dynamik
    2.2. Wichtige dynamische Verfahren
        2.2.1. Vollständiger Finanzplan
        2.2.2. Kapitalwert
        2.2.3. Interner Zinssatz
        2.2.4. Annuität
    2.3. Investitionsprogrammplanung bei Sicherheit
        2.3.1. Dean-Modell
        2.3.2. Programmplanung mit Hilfe linearer Programmierung
3. Berücksichtigung von Steuern
    3.1. Standardmodell
    3.2. Steuerparadoxon
4. Investitionsentscheidungen bei Unsicherheit
    4.1. Grundlagen
    4.2. (Statische) Amortisationsrechnung
    4.3. Sensitivitätsanalysen
    4.4. Risikoanalysen
    4.5. Markowitzmodell (Portfolioselection)
    4.6. Marktorientierte Bewertung riskanter Investitionen (Investitionsbeurteilung mit dem CAPM)

2. Volkswirtschaftslehre
a) Grundzüge der Volkswirtschaftslehre und Volkswirtschaftspolitik
1. Mikroökonomik
    1.1. Märkte und Marktformen
    1.2. Haushaltstheorie
    1.3. Unternehmenstheorie
    1.4. Preistheorie
2. Soziale Marktwirtschaft, Unternehmertum und Wettbewerb
    2.1. Unternehmertum und Wirtschaftsordnung
    2.2. Wettbewerbstheorie
    2.3. Wettbewerbspolitik in Deutschland und in der EU
3. Makroökonomik
    3.1. Volkswirtschaftliche Gesamtrechnung
    3.2. Kreislauftheorie und Volkswirtschaftliche Gesamtrechnung
    3.3. Wohlstands- und Leistungsmaße
    3.4. Einkommensrechnungen der Volkswirtschaftlichen Gesamtrechnung
4. Geld- und Fiskalpolitik
    4.1. Stabilisierungs- und wachstumspolitische Ziele
    4.2. Instrumente und Akteure
    4.3. Fiskalpolitik
    4.4. Geldpolitik der EZB

b) Grundzüge der Finanzwissenschaft
1. Das System der öffentlichen Einnahmen
2. Öffentliche Güter versus öffentliche Ausgaben
3. Finanzwissenschaftliche Steuertheorie

Die Nummern 1. (Angewandte Betriebswirtschaftslehre) und 2. (Volkswirtschaftslehre) umfassen Grundkenntnisse anwendungsorientierter Mathematik und Statistik.

(4) Das Prüfungsgebiet Wirtschaftsrecht umfasst:
1. **Grundzüge des Bürgerlichen Rechts einschließlich Grundzüge des Arbeitsrechts und Grundzüge des internationalen Privatrechts, insbesondere Recht der Schuldverhältnisse und Sachenrecht**
    1. Grundlagen
    2. Rechtsgeschäfte
        - 2.1. Rechtssubjekte
        - 2.2. Geschäftsfähigkeit
        - 2.3. Willenserklärung
        - 2.4. Form
        - 2.5. Gesetzes- und Sittenwidrigkeit
        - 2.6. Willensmängel, Anfechtung, Widerruf
        - 2.7. Verjährung
    3. Verträge
        - 3.1. Vertragsarten
        - 3.2. Vertragsschluss
        - 3.3. Vertragsinhalt
        - 3.4. Leistungsort und Leistungszeit
        - 3.5. Stellvertretung
        - 3.6. Erfüllung
        - 3.7. Abtretung
        - 3.8. Zurückbehaltung und Aufrechnung
    4. Leistungsstörungen
        - 4.1. Pflichtverletzung
        - 4.2. Unmöglichkeit
        - 4.3. Schuldnerverzug
        - 4.4. Gläubigerverzug
        - 4.5. Schlechtleistung
        - 4.6. culpa in contrahendo
        - 4.7. Verschulden
        - 4.8. Schadensersatz
    5. Kaufvertrag
        - 5.1. Sach- und Rechtskauf
        - 5.2. Vertragspflichten
        - 5.3. Sachmängelhaftung
        - 5.4. Rechtsmängelhaftung
    6. Werkvertrag
        - 6.1. Vertragspflichten
        - 6.2. Sachmängelhaftung
    7. Geschäftsbesorgungsvertrag
    8. Bürgschaftsvertrag
    9. Arbeitsrecht
        - 9.1. Arbeitsvertrag
        - 9.2. Arbeitszeit
        - 9.3. Kündigung
        - 9.4. Kündigungsschutz
        - 9.5. Betriebsverfassungsrecht
        - 9.6. Sozialversicherungsrecht
    10. AGB-Recht
    11. Deliktsrecht
        - 11.1. Unerlaubte Handlung

Anhang

      11.2. Gefährdungshaftung
- 12. Eigentum und Besitz
- 13. Eigentumsvorbehalt
- 14. Pfandrecht an beweglichen Sachen und Rechten
- 15. Sicherungsübereignung
- 16. Grundpfandrechte
- 17. Internationales Privatrecht
  - 17.1. Anwendungsbereich
  - 17.2. Vertragliche Schuldverhältnisse
  - 17.3. Außervertragliche Schuldverhältnisse
  - 17.4. Sachenrecht

2. **Handelsrecht, insbesondere Handelsstand und -geschäfte einschließlich internationalem Kaufrecht**
   1. Grundlagen
   2. Kaufleute
      - 2.1. Einzelkaufmann
      - 2.2. Handelsgesellschaften
   3. Firmen- und Registerrecht
      - 3.1. Handelsfirma
      - 3.2. Handelsregister
      - 3.3. Andere Register
      - 3.4. Zweigniederlassungen
      - 3.5. Haftung bei Inhaberwechsel
   4. Stellvertretung
      - 4.1. Prokura
      - 4.2. Handlungsvollmacht
      - 4.3. Rechtscheinsvollmacht
   5. Handelsvertreter und Handelsmakler
   6. Handelsgeschäfte
      - 6.1. Allgemeines
      - 6.2. Handelsbrauch
      - 6.3. Kaufmännisches Bestätigungsschreiben
      - 6.4. Gutgläubiger Erwerb
      - 6.5. AGB-Recht
   7. Handelskauf
      - 7.1. Allgemeines
      - 7.2. Untersuchungs- und Rügepflicht
   8. Internationales Kaufrecht (CISG)
      - 8.1. Anwendungsvoraussetzungen
      - 8.2. Rechtliche Besonderheiten
   9. Kommissionsgeschäfte und andere spezielle Handelsgeschäfte
   10. Wertpapierrecht
       - 10.1. Allgemeines
       - 10.2. Wertpapiere des BGB und des HGB

3. **Gesellschaftsrecht (Personengesellschaften und Kapitalgesellschaften, Recht der verbundenen Unternehmen), Corporate Governance und Grundzüge des Kapitalmarktrechts**
   1. Grundlagen
   2. BGB-Gesellschaft

3. Offene Handelsgesellschaft
    3.1. Rechtsnatur
    3.2. Errichtung
    3.3. Rechte und Pflichten der Gesellschafter
    3.4. Geschäftsführung
    3.5. Vertretung
    3.6. Haftung für Gesellschaftsverbindlichkeiten
    3.7. Gesellschafterwechsel
    3.8. Beendigung
4. Kommanditgesellschaft
    4.1. Errichtung
    4.2. Rechte und Pflichten der Gesellschafter
    4.3. Geschäftsführung und Vertretung
    4.4. Haftung für Gesellschaftsverbindlichkeiten
    4.5. Gesellschafterwechsel
    4.6. GmbH & Co. KG
    4.7. Beendigung
5. Partnerschaftsgesellschaft
    5.1. Rechtsnatur und Errichtung
    5.2. Rechte und Pflichten der Partner
    5.3. Vertretung und Haftung
6. Europäische Gesellschaftsformen
7. Stille Gesellschaft
    7.1. Errichtung
    7.2. Rechte und Pflichten der Gesellschafter
8. Gesellschaft mit beschränkter Haftung
    8.1. Allgemeines
    8.2. Errichtung
    8.3. Rechte und Pflichten der Gesellschafter
    8.4. Geschäftsführung und Vertretung
    8.5. Erwerb und Übertragung von Geschäftsanteilen
    8.6. Einmann-GmbH
    8.7. Kapitalerhaltung und Gesellschafterdarlehen
    8.8. Haftung für Gesellschaftsverbindlichkeiten
    8.9. Beendigung
9. Aktiengesellschaft
    9.1. Allgemeines
    9.2. Errichtung
    9.3. Rechte und Pflichten der Aktionäre
    9.4. Organe
    9.5. Grundkapital und Aktien
    9.6. Haftung für Gesellschaftsverbindlichkeiten
    9.7. Kleine Aktiengesellschaft
    9.8. Beendigung
10. Kommanditgesellschaft auf Aktien
11. Eingetragene Genossenschaft
12. Recht der verbundenen Unternehmen
    12.1. Allgemeines
    12.2. Herrschende und abhängige Unternehmen
    12.3. Vertragskonzern

Anhang

- 12.4. Faktischer Konzern
- 12.5. GmbH-Konzern
- 12.6. Fusionskontrolle
- 13. Corporate Governance
    - 13.1. Allgemeines
    - 13.2. Deutscher Corporate Governance Kodex
    - 13.3. Entsprechenserklärung gemäß § 161 AktG
- 14. Kapitalmarktrecht
    - 14.1. Allgemeines
    - 14.2. Mitteilungs- und Veröffentlichungspflichten nach dem Wertpapierhandelsgesetz
    - 14.3. Insiderrecht
    - 14.4. Unternehmensübernahmerecht

4. **Umwandlungsrecht**
    1. Grundlagen
    2. Formwechselnde Umwandlung
        - 2.1. Personengesellschaften
        - 2.2. Kapitalgesellschaften
    3. Verschmelzung
        - 3.1. Arten
        - 3.2. Verschmelzungsvertrag
        - 3.3. Verschmelzungsbericht und Verschmelzungsprüfung
    4. Spaltung
        - 4.1. Arten
        - 4.2. Durchführung
    5. Vermögensübertragung

5. **Grundzüge des Insolvenzrechts**
    1. Grundlagen
    2. Eröffnung des Insolvenzverfahrens
    3. Massegläubiger und Masseverbindlichkeiten
    4. Aussonderung, Absonderung und Aufrechnung
    5. Wirkungen der Insolvenzeröffnung
    6. Insolvenzanfechtung
    7. Verwaltung und Verwertung der Insolvenzmasse, Eigenverwaltung
    8. Anmeldung, Prüfung und Feststellung der Forderungen
    9. Verteilung und Beendigung
    10. Insolvenzplan

6. **Grundzüge des Europarechts**
    1. Verfassung der Europäischen Union
        - 1.1. Struktur der Europäischen Union
        - 1.2. Rechtsnatur der EG und der EU
        - 1.3. Aufgaben der EU
        - 1.4. Befugnisse der EU
        - 1.5. Institutionen der EU
    2. Die Gemeinschaftsrechtsordnung
        - 2.1. Rechtsquellen des Gemeinschaftsrechts
        - 2.2. Handlungsinstrumentarium
        - 2.3. Rechtssetzungsverfahren

      2.4. Rechtsschutzsystem
3. Einordnung des Gemeinschaftsrechts im Gesamtsystem des Rechts
      3.1. Eigenständigkeit der Gemeinschaftsrechtsordnung
      3.2. Zusammenwirken von Gemeinschaftsrecht und nationalem Recht
      3.3. Kollision zwischen Gemeinschaftsrecht und nationalem Recht

(5) Das Prüfungsgebiet Steuerrecht umfasst:
Grundlagen der Steuerrechtsordnung
1. Steuerrecht als Teil der Rechtsordnung
2. System des Steuerrechts
3. Gebiete und Gesetze des allgemeinen Steuerrechts
4. Gebiete und Gesetze des besonderen Steuerrechts
5. Finanzverfassungsrechtliche Grundlagen der Steuerrechtsordnung
6. Rechtsstaatlichkeit des Steuerrechts
7. Systemtragende Prinzipien rechtsstaatlichen Steuerrechts
(einschl. Tatbestandsmäßigkeit der Besteuerung, Leistungsfähigkeitsprinzip)
8. Rechtsanwendung im Steuerrecht
9. Das Steuerrechtsverhältnis

1. **Abgabenordnung und Nebengesetze, Finanzgerichtsordnung**
   1. Grundlagen
   2. Zuständigkeit der Finanzbehörden
   3. Steuerschuldrecht
      - 3.1. Steuerschuldverhältnis
      - 3.2. Steueranspruch
      - 3.3. Steuerbegünstigte Zwecke
   4. Steuerverfahrensrecht
      - 4.1. Aufbau und Organisation der Finanzbehörden
      - 4.2. Allgemeine Verfahrensregeln
      - 4.3. Vorbereitung und Ermittlung der Besteuerungsgrundlagen
      - 4.4. Außenprüfung
   5. Fristen, Termine, Wiedereinsetzung
   6. Verwaltungsakte
      - 6.1. Begriff
      - 6.2. Bekanntgabe von Verwaltungsakten und Entscheidungen
   7. Festsetzungs- und Feststellungsverfahren
      - 7.1. Steuerbescheide
      - 7.2. Vorbehaltsfestsetzungen
      - 7.3. Steueranmeldungen
      - 7.4. Vorläufige und ausgesetzte Steuerfestsetzungen
      - 7.5. Festsetzungsverjährung für Steuern
      - 7.6. Feststellungsbescheide
      - 7.7. Sonstige
   8. Berichtigung von Verwaltungsakten
      - 8.1. Berichtigung offenbarer Unrichtigkeiten (§ 129 AO)
      - 8.2. Rücknahme rechtswidriger Verwaltungsakte (§ 130 AO)
      - 8.3. Widerruf rechtmäßiger Verwaltungsakte (§ 131 AO)
      - 8.4. Aufhebung und Änderung von Steuerbescheiden (§ 172 AO)
      - 8.5. Berichtigung wegen neuer Tatsachen oder Beweismittel (§ 173 AO)
      - 8.6. Widerstreitende Steuerfestsetzungen (§ 174 AO)

Anhang

- 8.7. Änderung von Bescheiden (§ 175 Abs. 1 Nr. 1 AO)
- 8.8. Eintritt eines Ereignisses mit steuerlicher Wirkung für die Vergangenheit
- 8.9. Einschränkungen des Berichtigungsumfangs
- 8.10. Berichtigung von Rechtsfehlern (§ 177 AO)
9. Haftung
    - 9.1. Haftungstatbestände und Verfahren
    - 9.2. Einzelne Haftungstatbestände nach der AO
    - 9.3. Haftung nach Einzelsteuergesetzen
    - 9.4. Zivilrechtliche Haftungstatbestände
    - 9.5. Festsetzungsverfahren
10. Erhebungsverfahren
11. Außergerichtliches Rechtsbehelfsverfahren
    - 11.1. Zulässigkeitsvoraussetzungen
    - 11.2. Verfahrensgrundsätze
    - 11.3. Hinzuziehung
12. Klagen und Rechtsmittel im Steuerprozess
    - 12.1. Statthaftigkeit der Klage
    - 12.2. Weitere Sachurteilsvoraussetzungen
    - 12.3. Beteiligte
    - 12.4. Verfahren vor dem Finanzgericht
    - 12.5. Verfahren vor dem Bundesfinanzhof
13. Vorläufiger Rechtsschutz
14. Rechtsschutz im Recht der EU
15. Grundzüge des Straf- und Bußgeldverfahrens

2. Recht der Steuerarten, insbesondere
a) Einkommen-, Körperschaft- und Gewerbesteuer
Einkommensteuer
Grundlagen der Einkommensbesteuerung

1. Steuerpflicht
    - 1.1. Unbeschränkte Steuerpflicht
    - 1.2. Beschränkte Steuerpflicht
2. Steuergegenstand
    - 2.1. Bestimmung der steuerbaren Einkünfte
    - 2.2. Bestimmung der Einkunftsart
3. Bemessungsgrundlage der ESt
4. Die personelle Einkünftezurechnung, Zurechnung der Einkünfte bei Ehegatten, Verträge zwischen Ehegatten
5. Ermittlung der Einkünfte einschließlich steuerfreie Einnahmen, nicht abziehbare Ausgaben
6. Vereinnahmung und Verausgabung
7. Bemessungszeitraum, Veranlagungszeitraum, Ermittlungszeitraum
8. Nichtabzugsfähige Kosten der Lebensführung
9. Sonderausgaben
10. Außergewöhnliche Belastungen
11. Veranlagung der Einkommensteuer
    - 11.1. Einzelveranlagung
    - 11.2. Veranlagung von Ehegatten
12. Tarif
    - 12.1. Aufbau

12.2. Progressionsvorbehalt (§ 32b EStG)
12.3. Einzelfragen bei Tarifermäßigung (§§ 34, 34b, 34c, 35 EStG)
13. Familienleistungsausgleich
14. Erhebung der Einkommensteuer (Entstehung, Einkommensteuerfestsetzung, Vorauszahlungen, Lohnsteuer, Kapitalertragsteuer, Steuerabzug bei Bauleistungen, Steuerabzug bei beschränkt Steuerpflichtigen)

Bilanzsteuerrecht
1. Grundlagen der Gewinnermittlung
    1.1. Gewinnermittlung
    1.2. Betriebsvermögen
    1.3. Betriebseinnahmen
    1.4. Betriebsausgaben
    1.5. Entnahmen
    1.6. Einlagen
    1.7. Steuerfreie Einnahmen
    1.8. Nichtabziehbare Betriebsausgaben einschließlich Betriebsausgaben im Zusammenhang mit steuerfreien Betriebseinnahmen
    1.9. Bilanzzusammenhang, Bilanzberichtigung, Bilanzänderung
2. Bilanzierung
    2.1. Bilanzierungspflicht
    2.2. Geltungsbereich § 5 EStG
    2.3. Maßgeblichkeitsgrundsatz
    2.4. Grundsätze ordnungsmäßiger Buchführung (GoB)
    2.5. Anwendung von § 5 EStG auf den Ansatz dem Grunde nach im Einzelnen (aktive Wirtschaftsgüter, passive Wirtschaftsgüter, Rechnungsabgrenzungsposten, steuerfreie Rücklagen)
3. Bewertung
    3.1. Bewertungsgegenstand, Systematik der steuerlichen Bewertung, Bewertungsgrundsätze
    3.2. Bewertungsmaßstäbe des Bilanzsteuerrechts (Anschaffungskosten, Herstellungskosten, Teilwert)
    3.3. Planmäßige Abschreibungen (AfA, AfS)
    3.4. Abschreibungen auf den niedrigeren Teilwert sowie AfaA
    3.5. Abschreibungen auf den niedrigeren steuerlichen Wert (Sonderabschreibungen, erhöhte Absetzungen, Bewertungsabschläge einschl. §§ 6a, 6b EStG, geringwertige Wirtschaftsgüter)
    3.6. Bewertungsvereinfachungen (Festbewertung, Gruppenbewertung, Sammelbewertung)
4. Bewertung von Passiva (Verbindlichkeiten, Rückstellungen)
5. Ausgewählte Fragen zur Bilanzierung und Bewertung
    5.1. Bilanzierung und Bewertung von Beteiligungen
    5.2. Bilanzierung und Bewertung von Derivaten (Grundlagen)
6. Steuerbilanzpolitik
    6.1. Instrumente der Steuerbilanzpolitik
    6.2. Strategie der Steuerbilanzpolitik
7. Besonderheiten der Gewinnermittlung nach § 4 Abs. 3 EStG (Einnahmen-Ausgabenrechnung)

Besteuerung der gewerblichen Einkünfte einschließlich der Personengesellschaften
1. Besteuerung der gewerblichen Einkünfte gem. § 15 EStG
    1.1. Grundlagen
    1.2. Einzelunternehmer
    1.3. Einkünfte aus gewerblich tätigen Mitunternehmerschaften

        1.3.1. Mitunternehmerschaften/vermögensverwaltende Personengesellschaften
        1.3.2. Regelung des § 15 Abs. 3 EStG
        1.3.3. Steuerliches Betriebsvermögen
        1.3.4. Leistungsaustausch zwischen Mitunternehmerschaft und Mitunternehmern
        1.3.5. Gewinnanteil/Vergütungen
 2. Veräußerung des Betriebs (§ 16 EStG)
        2.1. Grundlagen
        2.2. Veräußerungstatbestände des § 16 Abs. 1 EStG
        2.3. Betriebsaufgabe nach § 16 Abs. 3 EStG
        2.4. Ermittlung des Veräußerungsgewinns (§ 16 Abs. 2 EStG)
        2.5. Freibetrag nach § 16 Abs. 4 EStG
        2.6. Erbfall und Erbauseinandersetzung
        2.7. Verpachtung eines ganzen Gewerbebetriebs oder eines Teilbetriebs
 3. Veräußerung von Anteilen an Kapitalgesellschaften (§ 17 EStG/§ 23 EStG)
        3.1. Anwendungsbereich
        3.2. Wesentliche Beteiligung
        3.3. Veräußerung
        3.4. Ermittlung des Veräußerungsgewinns
        3.5. Besteuerung des Veräußerungsgewinns
        3.6. Auflösung und Kapitalherabsetzung
 4. Sonderfälle
        4.1. Betriebsaufspaltung
        4.2. GmbH & Co. KG (einschließlich Verlustausgleichsbeschränkungen nach § 15a EStG)
        4.3. GmbH & atypisch stille Gesellschaft
        4.4. Die Kommanditgesellschaft auf Aktien (KGaA)
        4.5. Familienpersonengesellschaften
        4.6. Gewerbliche Tierzucht und gewerbliche Tierhaltung

Einkünfte aus Kapitalvermögen
 1. Umfang der Einkunftsart
        1.1. Kapitalanlage und Ertrag
        1.2. Zurechnung von Kapitalerträgen
 2. Einnahmen aus Kapitalvermögen
 3. Steuerbefreiungen, Steuererleichterungen
 4. Ermittlung der Einkünfte aus Kapitalvermögen (einschließlich Werbungskosten)
 5. Zurechnung zu anderen Einkunftsarten
 6. Veräußerung von Kapitalanlagen
 7. Kapitalertragsteuer
 8. Gebietsfremde mit Kapitalanlagen im Inland

Einkünfte aus Vermietung und Verpachtung
 1. Umfang der Einkunftsart
 2. Ermittlung der Einkünfte (Einnahmen, Werbungskosten)
 3. Veräußerung von Wirtschaftsgütern, Abgrenzung gegenüber anderen Einkunftsarten (insbesondere gewerblicher Grundstückshandel)
 4. Gesellschaften/Gemeinschaften
        4.1. Nicht gewerblich tätige Personengesellschaften
        4.2. Bauherren/Bauträger-/Erwerbergemeinschaften
        4.3. Geschlossene Immobilienfonds
        4.4. Beschränkter Ausgleich negativer Einkünfte

5. Nießbrauch und andere dingliche sowie obligatorische Nutzungsrechte an Grundvermögen
   5.1. Nießbrauchsarten
   5.2. Allgemeine Besteuerungsgrundsätze

Übrige Einkunftsarten
1. Einkünfte aus Land- und Forstwirtschaft
2. Einkünfte aus selbstständiger Arbeit
3. Einkünfte aus nichtselbstständiger Arbeit
4. Sonstige Einkünfte

Verluste im Einkommensteuerrecht
1. Entstehung von Verlusten
2. Zurechnung von Verlusten
3. Verlustausgleich
4. Einschränkung des Verlustausgleichs
5. Verlustabzug (§ 10d EStG)

Körperschaftsteuer
1. Grundlagen
2. Anwendungsbereich des Körperschaftsteuergesetzes
3. Steuerpflicht
   3.1. Unbeschränkte Steuerpflicht
   3.2. Beschränkte Steuerpflicht
4. (Persönliche) Steuerbefreiungen
5. Einkommen
   5.1. Einkommensermittlung
   5.2. Besonderheiten bei der Ermittlung des Einkommens von Kapitalgesellschaften
      5.2.1. Steuerfreie Einnahmen, nichtabziehbare Ausgaben
      5.2.2. Offene Gewinnausschüttung, verdeckte Gewinnausschüttung
      5.2.3. Offene Einlagen, verdeckte Einlagen
      5.2.4. Gesellschafter-Fremdfinanzierung (§ 8a KStG)
      5.2.5. Einkommensermittlung in Sonderfällen
   5.3. Steuerliche Behandlung von Verlusten
        (Verlustrücktrag/Verlustvortrag, Einschränkung des Verlustabzugs: § 8 Abs. 4 KStG)
6. Körperschaftsteuerliche Organschaft
7. Gesonderte Feststellung von Besteuerungsgrundlagen, Verhältnis von Feststellungsbescheid und Körperschaftsteuerbescheid
8. Veranlagung
9. Körperschaftsteuersystem: Halbeinkünfteverfahren
   9.1. Dividendenbesteuerung (natürliche Personen, juristische Personen)
   9.2. Veräußerung von Anteilen an einer Kapitalgesellschaft (natürliche Personen, juristische Personen)

Gewerbesteuer
1. Grundlagen
2. Steuerpflicht
   2.1. Sachliche Steuerpflicht (Steuergegenstand)
   2.2. Persönliche Steuerpflicht (Steuerschuldner)
   2.3. (Persönliche) Steuerbefreiungen
3. Gewerbeertrag

- 3.1. Ermittlungszeitraum
- 3.2. Ausgangsgröße: Gewinn aus Gewerbebetrieb i.S.d. EStG oder KStG
- 3.3. Modifikationen: Hinzurechnungen und Kürzungen
4. Festsetzung und Zerlegung des Gewerbesteuermessbetrags
5. Entstehung, Festsetzung und Erhebung
6. Steuererklärungspflicht
7. Steuerermäßigung nach § 35 EStG
8. Gewerbesteuerliche Organschaft

Einfluss der Besteuerung auf die Rechtsformwahl und Finanzierung von Unternehmen
1. Einfluss der Besteuerung auf die Unternehmensrechtsform
    - 1.1. Grundformen: Einzelunternehmen, Personengesellschaften, Kapitalgesellschaften
    - 1.2. Mischformen, insbes. Betriebsaufspaltung, stille Gesellschaft
2. Einfluss der Besteuerung auf die Finanzierung von Unternehmen
    - 2.1. Vergleich Eigen- und Fremdfinanzierung in Abhängigkeit von der Rechtsform
    - 2.2. Gesellschafter-Fremdfinanzierung (einschl. Einschränkung der Gesellschafter-Fremdfinanzierung)
    - 2.3. Leasing

Steuern im Konzern
1. Ertragsteuern
    - 1.1. Grundsätze der Besteuerung eines Inlandskonzerns/-teilkonzerns
        - 1.1.1. Getrennte Besteuerung eines Inlandskonzerns/-teilkonzerns
        - 1.1.2. Vermeidung der Mehrfachbesteuerung
        - 1.1.3. Berücksichtigung von Verlusten
        - 1.1.4. Innerkonzernliche Geschäftsbeziehungen
    - 1.2. Organschaft
        - 1.2.1. Voraussetzungen
        - 1.2.2. Einkommensermittlung im Organkreis
        - 1.2.3. Gescheiterter Gewinnabführungsvertrag
    - 1.3. Sonstige Unternehmensverträge
    - 1.4. Steuerliche Aspekte der Gestaltung des Konzernaufbaus
        - 1.4.1. Konzernorganisation und Organschaft
        - 1.4.2. Steueroptimierung durch geeignete Beteiligungsstruktur
        - 1.4.3. Umgestaltung innerkonzernlicher Beteiligungsverhältnisse
        - 1.4.4. Abschreibung der Anschaffungskosten beim Beteiligungserwerb
        - 1.4.5. Besteuerung inländischer Konzernverwaltungsstellen
2. Verkehrsteuern
    - 2.1. Umsatzsteuer
        - 2.1.1. Organschaft
        - 2.1.2. Beteiligungsverwaltung
        - 2.1.3. Bemessungsgrundlage bei konzerninternen Lieferungen und Leistungen
    - 2.2. Grunderwerbsteuer

Unternehmenskauf – Unternehmensverkauf
1. Einzelunternehmen, Personengesellschaften
    1.1. Besteuerung des Verkäufers: §§ 16, 34 EStG
    1.2. Besteuerung des Käufers
    1.3. Gestaltungsmöglichkeiten (z.B. Verkauf gegen wiederkehrende Bezüge)
2. Kapitalgesellschaften
    2.1. Besteuerung des Verkäufers (asset deal oder share deal)
    2.2. Besteuerung des Käufers (asset deal oder share deal)
    2.3. Gestaltungsmöglichkeiten

b) **Bewertungsgesetz, Erbschaftsteuer, Grundsteuer Bewertungsgesetz**
    1. Grundlagen
    2. Feststellungszeitpunkte
    3. Bewertung des Betriebsvermögens
    4. Aufteilung des Werts des Betriebsvermögens bei Personengesellschaften
    5. Wertfeststellung bei Kapitalgesellschaften
    6. Die Bedarfsbewertung des Grundbesitzes
    7. Sonderfälle der Bewertung

Erbschaftsteuer
1. Grundlagen
2. Steuerpflichtige Vorgänge
3. Persönliche Steuerpflicht
4. Bemessungsgrundlage: Ermittlung des steuerpflichtigen Erwerbs (einschließlich Begünstigung für Betriebsvermögen)
5. Steuerklassen
6. Freibeträge, Steuersatz, Tarifbesonderheiten (einschl. Zusammenrechnungen)
7. Vor- und Nacherbschaft
8. Ehegüterrecht und Erbschaftsteuer
9. Auslandsberührung
    9.1. Doppelbesteuerungsabkommen und innerstaatliche Vermeidungsnormen
    9.2. Regelung des Außensteuerrechts
    9.3. Erbschaftsteuerplanung bei Auslandsberührung
10. Besteuerungsverfahren
11. Erbschaftsteuerplanung/Nachfolgeplanung

Grundsteuer
1. Steuergegenstand
2. Befreiungen und Vergünstigungen, Steuerschuldner
3. Berechnung: Bemessungsgrundlage, Steuertarif
4. Durchführung der Besteuerung

c) **Umsatzsteuer, Grunderwerbsteuer Umsatzsteuer**
    1. Gemeinschaftsrecht und einzelstaatliches Umsatzsteuerrecht
    2. Steuerbarkeit
        2.1. Unternehmer und Unternehmen
        2.2. Leistung und Leistungsaustausch
        2.3. Geltungsbereich des UStG, Gebietsbegriffe
        2.4. Lieferung
            2.4.1. Begriff

        2.4.2. Sonderformen (Tausch und tauschähnliche Umsätze, Lieferungen und sonstige Leistungen eines Arbeitgebers)
        2.4.3. Zeitpunkt der Lieferung
        2.4.4. Ort der Lieferung
    2.5. Sonstige Leistungen
        2.5.1. Begriff
        2.5.2. Ort der sonstigen Leistung
    2.6. Unentgeltliche Wertabgaben
    2.7. Innergemeinschaftlicher Erwerb
    2.8. Einfuhr von Gegenständen im Inland
3. Wichtige steuerfreie Umsätze und Verzicht auf die Steuerbefreiung
    3.1. Steuerbefreiungen mit Vorsteuerabzugsrecht (insbesondere innergemeinschaftliche Lieferung)
    3.2. Unechte Steuerbefreiungen mit Vorsteuerausschluss
    3.3. Verzicht auf Steuerbefreiung (Umsatzsteueroption)
4. Bemessungsgrundlagen
5. Steuersatz
6. Rechnungen
7. Vorsteuerabzug und Vorsteuerberichtigung
    7.1. System des Vorsteuerabzugs
    7.2. Vorsteuerberichtigung nach § 15a UStG
8. Steuerentstehung, Steuerschuldner, Haftung für schuldhaft nicht abgeführte Steuer
9. Besteuerung besonderer Unternehmer und besonderer Leistungen
10. Besteuerungsverfahren (Besteuerungszeitraum, Rechnungslegungsverpflichtungen einschl. Regelungen im Europäischen Binnenmarkt)

Grunderwerbsteuer
1. Steuerbare Erwerbsvorgänge
2. Steuerbefreiungen
3. Bemessungsgrundlage, Steuertarif
4. Durchführung der Besteuerung

d) Umwandlungssteuerrecht
1. Grundlagen
    1.1. Steuerliche Problembereiche von Umwandlungen
    1.2. Grundstruktur von Umwandlungsvorgängen nach dem UmwStG
    1.3. Verhältnis zwischen UmwG und UmwStG
    1.4. Begriff des Teilbetriebes
    1.5. Relevante Stichtage
    1.6. Einfluss des Maßgeblichkeitsprinzips auf Umwandlungsvorgänge
2. Umwandlung einer Kapitalgesellschaft auf eine Personengesellschaft oder auf eine natürliche Person
    2.1. Ermittlung des Übertragungs- und Übernahmeergebnisses
    2.2. Spezifika einzelner Umwandlungsformen
3. Verschmelzung von Kapitalgesellschaften
    3.1. Ebene der übertragenden Gesellschaft
    3.2. Ebene der übernehmenden Gesellschaft
    3.3. Besteuerung der Gesellschafter der übertragenden Körperschaft
    3.4. Auswirkungen auf ein Organschaftsverhältnis
    3.5. Zusammenfassung des verwendbaren Eigenkapitals
    3.6. Verkehrsteuern

4. Tausch von Anteilen an Kapitalgesellschaften
5. Spaltung von Kapitalgesellschaften
   5.1. Auf- oder Abspaltungen zwischen Kapitalgesellschaften
   5.2. Auf- oder Abspaltung auf eine Personengesellschaft
6. Einbringung eines Betriebs, Teilbetriebs oder Mitunternehmensanteils in eine Kapitalgesellschaft
   6.1. Behandlung der Sacheinlage
   6.2. Einbringungsgewinn
   6.3. Besteuerung der gewährten Anteile
   6.4. Besteuerung der aufnehmenden Kapitalgesellschaft
   6.5. Verkehrsteuern
   6.6. § 23 UmwStG, Fusionsrichtlinie
7. Einbringung von Betriebsvermögen in eine Personengesellschaft
   7.1. Behandlung der Sacheinlage
   7.2. Ausgleichsleistungen
   7.3. Folgen für die aufnehmende Personengesellschaft
   7.4. Verkehrsteuern
8. Formwechsel einer Personengesellschaft in ein Einzelunternehmen
   8.1. Folgen für den ausscheidenden Gesellschafter
   8.2. Folgen für den übernehmenden Gesellschafter
   8.3. Verkehrsteuern
9. Anwachsung
10. Realteilung von Personengesellschaften

3. Grundzüge des Internationalen Steuerrechts
1. Grundlagen
2. Bedeutung des Europarechts für das internationale Steuerrecht
3. Unbeschränkte und beschränkte Steuerpflicht
   3.1. Erweiterte beschränkte Steuerpflicht
   3.2. Besonderheiten bei der Gewerbesteuer
4. Innerstaatliche Maßnahmen zur Vermeidung einer internationalen Doppelbesteuerung
   4.1. Anrechnungsmethode
   4.2. Abzugsmethode
   4.3. Steuerbefreiung (§ 8b KStG)
   4.4. Pauschalierungsmethode
   4.5. Auslandstätigkeitserlass
5. Doppelbesteuerungsabkommen
   5.1. Funktion der DBA
   5.2. Qualifikationsprobleme
   5.3. Sachlicher und persönlicher Geltungsbereich der DBA
   5.4. Wirkungsweise der Doppelbesteuerungsabkommen
   5.5. Besonderheiten
6. Besteuerung grenzüberschreitender Geschäftstätigkeit
   6.1. Direktgeschäft
   6.2. Betriebsstätte
   6.3. Tochterkapitalgesellschaft
   6.4. Tochterpersonengesellschaft
   6.5. Einfluss der Besteuerung auf die Struktur der ausländischen Geschäftstätigkeit
7. Einkunfts- und Vermögensabgrenzung bei international verbundenen Unternehmen bzw. Unternehmensteilen international tätiger Gesellschaften

- 7.1. Abgrenzung bei Unterhaltung einer ausländischen Betriebsstätte durch Steuerinländer bzw. einer inländischen Betriebsstätte durch Steuerausländer
- 7.2. Abgrenzung bei Beteiligung an ausländischer Personengesellschaft durch Steuerinländer bzw. an inländischer Personengesellschaft durch Steuerausländer
- 7.3. Abgrenzung bei Beteiligung an ausländischer Kapitalgesellschaft durch Steuerinländer bzw. an inländischer Kapitalgesellschaft durch Steuerausländer
8. Grundzüge des Außensteuergesetzes
9. Hinzurechnungsbesteuerung
    - 9.1. Systematik
    - 9.2. Voraussetzungen der Hinzurechnungsbesteuerung
    - 9.3. Rechtsfolge der Hinzurechnungsbesteuerung
10. Verfahrensrechtliche Fragen bei Auslandsbeziehungen
    - 10.1. Aufklärungs- und Mitwirkungspflichten bei Auslandssachverhalten
    - 10.2. Dokumentationspflichten
    - 10.3. Zwischenstaatliche Rechts- und Amtshilfe
    - 10.4. Zwischenstaatliche Maßnahmen zur Vermeidung der Doppelbesteuerung bei Qualifikationskonflikten

Stichwortverzeichnis

Symbole
9-Punkte-Katalog 155
66 ausgewählte Themen mit Gliederung und ausformuliertem Kurzvortrag 8
66 Prüfungsvorträge 8

A
Abgrenzbarkeit
- abstrakte 98
- abstrakte - des Wohnungseigentums 98
- konkrete 98

Abkehr von der Going-Concern-Prämisse 190
Ablauf der mündlichen Prüfung 1
Abschlussprüfer
- Auswirkung der Schlussfolgerung 63
- Durchführung Prüfungshandlung 102
- Prüfungshandlungen 114
- Prüfungsstrategie 164
- Verantwortung 101, 231
- Ziel nach ISA 177

Abschlussprüferaufsichtsreformgesetz 155
Abschlussprüfung
- Durchführung der 188
- Planung 177
- unter Beachtung der ISA 107
- Ziel 105

Abschlussprüfung Unregelmäßigkeiten 148
- Bestätigungsvermerk einschränken oder versagen 150
- Compliance 148
- Deutscher Corporate Governance Kodex 148
- Dokumentationspflichten 150
- erweiterte Prüfungspflicht 150
- Internes Kontrollsystem 148
- kollusives Verhalten 150
- kritische Unternehmenssituationen 149
- Management Override 149
- Maßnahmen bei Vermutung oder Aufdeckung von Unregelmäßigkeiten 150
- Mitteilungspflichten 150
- Prüfungsansatz zur Berücksichtigung von Unregelmäßigkeiten 149
- Red Flags 149
- risikoorientierter Prüfungsansatz 149
- Schwierigkeiten bei der Erlangung von Prüfungsnachweisen 149
- sonstige Gesetzesverstöße 150
- Überraschungselement 149
- Umsatzrealisation Verstoßrisiken 149
- ungewöhnliche Geschäfte 149
- Unrichtigkeiten 148
- Unterschlagungsprüfung 149
- Verschwiegenheitspflicht 150
- Verstöße 148

Absolutes Recht 17
Abweichender Prognosezeitraum 60
Add-Ons 139
Aggregationsrisiko 222
Aktivierung des selbst geschaffenen Geschäfts- oder Firmenwertes 130
Alleinbesitz und Mitbesitz 21
Allgemeine Berufspflichten 135
All-or-nothing-approach 50
Altersteilzeitgesetz 145
Anforderungen an die Qualitätssicherung in der Wirtschaftsprüferpraxis 155
Angaben
- als Haftungsverhältnis 76
- im Einzelabschluss nach IFRS 134
- zu Geschäften mit nahestehenden Personen 134

Angaben zu nahestehenden Personen 132, 138, 140
- Anhang 132
- Art der Beziehung 133
- Beurteilung der Finanzlage 133, 134
- Bilanz 132
- Drittvergleich 132, 133
- Geschäft, Begriff 133
- Gewinn- und Verlustrechnung 132
- gleichartige Posten 134
- IAS 24 132
- im Jahresabschluss nach HGB und IFRS 132
- Informationsfunktion der Anhangangaben 132
- Jahresabschluss 132
- Negativanzeige 133
- Wahlrecht 134

Angabepflichten von Haftungsverhältnissen im handelsrechtlichen Jahres- und Konzernabschluss 75
Anhang

- Angaben 126
- Angaben nach HGB zu Geschäften mit nahestehenden Unternehmen und Personen 216

Anhangangaben zu Geschäften mit nahestehenden Unternehmen und Personen
- Aktiengesellschaften 216
- alle wesentlichen Geschäftsvorfälle 216
- Angabe des Wertes der Geschäfte 218
- Angaben über Geschäfte nach Geschäftsarten 216
- Angabepflichten 217
- Angemessenheit der Konditionen 219
- Begriff Geschäft 217
- Begriff Nahestehende Person 217
- Gesamtbezüge 218
- Grundsatz der Wesentlichkeit 218
- Jahresabschluss 216
- Kleine Kapitalgesellschaften 216
- Kontrollrisiko 218
- Nahe Familienangehörige einer Person 217
- sachgerechte Kategorisierung der angabepflichtigen Geschäfte 218

Annahme
- der Fortführung des Unternehmens gem. § 252 Abs. 1 Nr. 2 HGB 60
- der Unternehmensfortführung 215

Ansatz und Bewertung von immateriellen Vermögensgegenständen/-werten nach HGB und IFRS 127
Anschaffungskostenmodell 10
Anschaffungskostenprinzip 124
Anschaffungspreisminderungen 10
Anstellungsvertrag 58

Anteile an einer Personenhandelsgesellschaft
- Erhöhung der Anschaffungskosten 212
- Tausch 210

Anwendungssoftware 23
Anwendung von Stichprobenverfahren 188
ARAP-Modell 147
Arten des Eigentums 18
Asset-and-Liability-Ansatz 43
Asset deal 243
Atemtrick 7
Audit risk 118
Aufdeckung von Unregelmäßigkeiten im Rahmen der Abschlussprüfung 148
Auflassung 20

Aufsichtsrat
- Aushändigung des Prüfungsberichts an den 188
- Erfüllung seines Überwachungsauftrags 188

Auftragsabwicklung 136
Auftragsdatei 137
Auftragsdokumentation 137
Auftrag zur Abschlussprüfung durch Aufsichtsrat 187
Aufwandsrückstellungen 46, 196

Aufwendungen
- für Großinspektionen und -reparaturen 196
- und Erträge aus der Währungsumrechnung 126

Ausgeglichenheitspostulat 171
Auskunftpflichten 41
Ausnahme vom Saldierungsverbot 147

Ausstellung einer Bescheinigung nach § 270b InsO 166
- Akzeptanz des Schutzschirmverfahrens 169
- Anforderungen an den Gutachter 167
- Auftragsgegenstand 167
- Berichterstattung 168
- Bild von der Geschäftstätigkeit 168
- Grobkonzept 168
- IDW Standard S 11 168
- Sanierung aussichtslos 168
- Schlussbemerkung 168
- Verschwiegenheitspflicht 168
- Vollständigkeitserklärung 168

Auswirkungen auf Bestätigungsvermerk und Prüfungsbericht 215
Auswirkungen auf den Bestätigungsvermerk 122
Auswirkungen der Digitalisierung auf die Wirtschaftsprüfung 29
Auswirkungen einer Abkehr von der Going-Concern-Prämisse auf den handelsrechtlichen Jahresabschluss 183
Auswirkungen einer skalierten Prüfungsdurchführung 78

B

Barwertverfahren 207
Bauträgervertrag 98
Bedingter Bestätigungsvermerk 66
Berichterstattung 38, 188, 204
- Entfall der angemessenen 63
- im Bestätigungsvermerk 103

- im Prüfungsbericht 103
- Überschuldung, Auswirkung auf die 122

Berichterstattungspflicht
- im Abschluss und Lagebericht 61

Beruf des Wirtschaftsprüfers 135

Bescheinigung 166
- nach § 270b InsO (IDW S 9) 166

Besitz 18
- geht verloren 21

Besitzdiener 20

Besitzmittler 20

Besitzschutz 21

Bestandsgefährdende Tatsachen 64

Bestätigung der Unabhängigkeit des Abschlussprüfers 224

Bestätigungen Dritter bei Abschlussprüfungen
- alternative Prüfungshandlungen zur Erlangung einschlägiger und verlässlicher Prüfungsnachweise 161
- analytische Prüfungshandlungen 160
- Anforderungen an die Einholung 160
- Aufbauprüfung 160
- aussagebezogene Prüfungshandlungen 160
- Bankbestätigungen 161
- Bestätigungen Dritter 160
- Bestätigungsanfrage
- Einholung von Saldenbestätigungen 160
- Funktionsprüfung 160
- für von Dritten verwahrte Vorräte 162
- gefälschte Bankbestätigungsschreiben 162
- Kontrolle über Bestätigungsverfahren 161
- Management Override 162
- negative Bestätigungsanfrage 160
- Nichtaufgriffsgrenze 161
- positive 160
- Prüfungsfeststellungen 160
- Prüfungshandlungen, Ziel der Durchführung von 160
- Prüfungsnachweise 160
- Rechtsanwaltsbestätigung 162
- Risikobeurteilung 160
- Roll-forward-Prüfungshandlungen 160
- Saldenbestätigungen betreffend Forderungen und Verbindlichkeiten aus Lieferungen und Leistungen 161
- Verstoß der gesetzlichen Vertreter gegen ihre Mitwirkungspflichten 161

Bestätigungsvermerk 104
- Aufschiebende Bedingung 108
- Auswirkungen 122, 140, 215
- Doppeldatum 108
- eines Konzernabschlusses/Konzernlageberichtes 104
- Erteilung 106
- Erwartungslücke 104, 109
- gem. § 322 HGB 104
- Gliederung 107
- Nachtragsprüfung 108
- ordnungsgemäße Erteilung bei Abschlussprüfungen 105
- Widerruf 108

Bestellung
- von Grundschulden 76

Betriebsaufspaltung
- Anteil an der Betriebskapitalgesellschaft 70
- Anwendung des Teilabzugsverbots 71
- Anwendung des Teileinkünfteverfahrens 71
- Aufgabegewinn 71
- Ausschüttungen der Betriebskapitalgesellschaft 70
- Beendigung 70
- Begründung 68
- Besonderheiten 71
- Betriebsaufgabe 71
- echte 68
- einheitlicher Betätigungswille 68
- einheitlicher geschäftlicher Betätigungswille 69
- Entstehung 69
- faktische Beherrschungsverhältnisse 69
- gesetzliche Einstimmigkeitsabrede 69
- kapitalistische 68
- mitunternehmerische 69
- personelle Verflechtung 69
- Rechtsinstitut 68
- sachliche Verflechtung 69
- umsatzsteuerfreie Vermietungsleistung 70
- umsatzsteuerliche Organschaft 70
- unechte 68
- wesentliche Betriebsgrundlage 69
- Wiesbadener Modell 69
- Zusammenrechnung von Ehegattenanteilen 69

Betroffenenrechte 53

Betrug 16
Beurteilung
- der Fortführung der Unternehmenstätigkeit im Rahmen der Abschlussprüfung 213
- der Unternehmensfortführung in der Jahresabschlussprüfung 138
- der Wirksamkeit des rechnungslegungsbezogenen internen Kontrollsystems 229

Bewertung der Software 24
Bewertungsanlässe und Bewertungsobjekte 9
Bewertungsgutachten 11, 12
Bewertungsverfahren nach IDW S 10 11
Beziehungen zu nahestehenden Personen im Rahmen der Abschlussprüfung 218
Bilanz
- Entwicklung 227

Bilanzeid 101
Bilanzielle Abbildung von Anteilen an Personengesellschaften
- in der Handels- und Steuerbilanz der Gesellschafter 210

Bilanzielle Behandlung von Software 22
Bilanzierung
- latenter Steuern 48
- OHG 31
- unter Fortführungsgesichtspunkten 122
- von bedingt rückzahlbaren Zuwendungen 200
- von Erfüllungsrückständen 147
- von Leasingverhältnissen 49
- von Sachanlagen 10

Bilanzierung entgeltlich erworbener Software
- Abgrenzung zwischen Anschaffungs- und Herstellungskosten 23
- Anschaffungskosten 24
- Anschaffungsnebenkosten 24
- Anschaffungspreisminderungen 24
- Investitionen in bestehende Software 24
- Klassifizierung der Software 22
- Maßnahmen zur Erweiterung oder Verbesserung von Software 24
- materielle oder immaterielle Vermögensgegenstände des Anlagevermögens 22
- Standardsoftware 24

Bilanzierungshilfe 48
Bilanzierung und Bewertung
- latenter Steuern im Einzelabschluss nach HGB 72
- von Rückstellungen nach HGB und deutschen Steuerrecht – Unterschiede und Auswirkungen auf den handelsrechtlichen Jahresabschluss 45

Bilanzierung und Bewertung bei Wegfall der Going-Concern-Prämisse
- aktivierter Geschäfts- oder Firmenwert 191
- Aktivierung eines Rechnungsabgrenzungspostens 190
- Annahme des Going-Concern entfällt 190
- Ansammlungsrückstellungen 191
- Auswirkungen auf Anhang und Lagebericht 190, 192
- Auswirkungen auf den Ausweis 191
- Auswirkungen auf die Bewertung 191
- Fortführung der Unternehmenstätigkeit der Gesellschaft 190
- generelle Bewertungsgrundsätze 191
- Gesellschafterdarlehen 191
- Grundlagen 190
- latente Steuern 191
- negative Fortführungsprognose 190
- Rückstellungen für Abfindungen 191
- selbstgeschaffene immaterielle Vermögensgegenstände des Anlagevermögens 190
- Sonderposten für nicht rückzahlungspflichtige Zuwendungen 190
- Verbindlichkeitenspiegel 191
- Vermögensgegenstände des Anlagevermögens 191

Bilanzierung und Prüfung
- von Anteilen an Personenhandelsgesellschaften 81
- von Drohverlustrückstellungen im Jahresabschluss nach HGB 85
- von Steuern im handelsrechtlichen Jahresabschluss 92

Bilanzierung und Prüfung von Steuern
- Aktivierung eines Erstattungsanspruchs 94
- außerbilanzielle Gewinnkorrekturen 93
- Bewertung 93
- Bewertung der Steuerforderung 93
- Bewertung der Steuerschuld 93
- Bilanzierung 93
- Doppelbesteuerung 94

Stichwortverzeichnis

- Forderung gegenüber den Behörden 94
- Gewerbeertrag 93
- Gewerbeertrag Ermittlung 94
- Gewerbesteuer 92
- Gewerbesteuerpflicht 92
- innerbilanzielle Gewinnkorrekturen 93
- Körperschaftsteuer 92
- Körperschaftsteuerpflicht 92
- Kürzungsvorschrift 94
- Personenhandelsgesellschaften 92
- Prüfungsfeststellungen 95
- Prüfung von Steuern 94
- Qualität der Ermittlung der Steuerforderung/-schuld 95
- Rechnungslegung Risiken 94
- Steuererstattungsanspruch 94
- Steuerzahllast 94
- Transparenzprinzip 92
- Überleitungsrechnung 93
- Vollständigkeitsgebot 93
- zu versteuerndes Einkommen 94

Bilanzierung von Anteilen an Personenhandelsgesellschaften 209, 224
- Anschaffungsnebenkosten 210
- Ausweis als Beteiligung 210
- Gewinnvereinnahmung 211
- Kapitalrückzahlungen 212
- Latente Steuern 211
- Niederstwerttest 210
- passive latente Steuern 211
- Rücklagen Auskehrung 212
- Spiegelbildmethode 210
- Steuerlatenzen 212
- Vereinnahmung von Gewinnanteilen 211

Bilanzsitzung 189
Bilanzverlängerung 44
Bildung der steuerfreien Rücklage 238
Branchenstrukturanalyse 171
Branchenüblicher Sicherheitsabschlabschlag 98
Briefkurs 125
Bruchteilsgemeinschaft 18
Bundesdatenschutzgesetz 52
Bundling 23
Business-Judgement-Rule 58, 172

C

Carve-Out 139
Cash-Cows 171

Cashflow
- aus der Finanzierungstätigkeit 91
- aus Investitionstätigkeit 91
- aus operativer Tätigkeit 90
- Auswirkungen des DRS 21 auf die Praxis 91
- direkte Ermittlungsmethode 91

Clarity Format 101
Code of Conduct 173
Compliance 148, 173
- Management System 173

Compliance-Gedanke 157
Control risk 118
Corporate Governance 56
- Definition 56
- Erklärung 187
- Kodex 57
- System 187

Corporate Governance Kodex 188
Culpa in contrahendo 58
Customizing 24

D

Datenschutz 30
Datenschutz-Grundverordnung 52, 53
- Prüfungsanlässe 53
- Prüfungsdurchführung 54, 55
- Sanktionen bei Nichteinhalten der Anforderungen 53

Dauer des Vortrags 1
Debt Mezzanine Swap 154
Deliktische Ansprüche 16
Detection Risk 118
Deutscher Corporate Governance Kodex 57, 148, 173
Devisenkassamittelkurs 124
Dienstvertrag 14
Digitalisierung 30
- Anforderungen an die Wirtschaftsprüfung 30
- Auswirkungen auf die Wirtschaftsprüfung 29
- Verlautbarungen des Berufsstandes 31

Digital Labs 30
Discounted-Cashflow-Verfahren 11
Dokumentation zur Ermittlung des Immobilienwerts 12
Drei- oder Vier-Konten-Modell 143
Drohverlustrückstellungen
- Bilanzierung und Bewertung 87

- Differenzierung schwebender Absatz- und Beschaffungsgeschäfte 87
- Drohender Verlust 86
- Preis- und Kostensteigerungen 87
- Prüfung 88
- Prüfung der Bewertung von 86
- Risikobeurteilung 88
- schriftliche Vollständigkeitserklärung des Managements 88
- schwebende Beschaffungsgeschäfte 87
- schwebendes Absatzgeschäft 87
- schwebendes Geschäft 86
- Systemprüfungshandlung 88
- Verpflichtungsüberschuss der Geldleistungsverpflichtung 87
- walk-trough 88

Dual-Purpose-Test 80, 178

Durchführung
- der Konzernabschlussprüfung 231
- des Wirtschaftsprüferexamens 1
- einer insolvenzrechtlichen Fortbestehensprognose 186

Durchschnittsnoten des schriftlichen und mündlichen Prüfungsabschnitts 2

E

E-Bilanz 25
- allgemeine Härtefallregelung 28
- ausländische Betriebsstätte 26
- Datenfernübertragung 25
- Datenübermittlung 28
- elektronische Lohnsteuerkarte 25
- elektronische Übermittlung Gegenstand 26
- ELSTER 25
- Eröffnungsbilanzen 27
- eXtensible Business Reporting Language 27
- GAAP-Modul 27
- GCD-Modul 27
- inländische Betriebsstätten ausländischer Unternehmen 26
- NIL-Wert 27
- persönlich befreite Körperschaftsteuerpflichtige 26
- persönlicher und sachlicher Geltungsbereich 26
- Schätzung wegen Nichtvorlage von Büchern oder Aufzeichnungen 28
- Schluss- und Anfangsbilanzen 27
- Überleitungsrechnung auf die steuerlichen Werte 26
- Übermittlung von Einnahme-Überschussrechnungen durch Datenfernübertragung 26
- Verzichten aus Billigkeitsgründen 28
- vorgeschriebener Datensatz 27
- XBRL-Datensatz 27

Effektivzinsmethode 44

Eigenbesitzer 20

Eigenhaftung
- der Erfüllungsgehilfen 15
- des Vorstands 58

Eigenkapitalausweis bei Personengesellschaften
- Anhang 143
- Ausweis des Kapitalkontos II 144
- Eigenkapital 141
- Eigenkapitalausweis 142
- Eigenkapital Bestandteile 142
- Gesellschaft bürgerlichen Rechts 142
- Gewinnausweis und -verwendung 144
- GmbH & Co. KG 142
- Kapitalanteile 142
- Kapitalgesellschaften und Co.-Richtliniengesetz 142
- Kapitalkonten feste 142
- Kapitalkonten variable 143
- Kaufmann 141
- Kommanditgesellschaft 142
- Kommanditisten 143
- Komplementäre 143
- nach HGB 141
- Offene Handelsgesellschaft 142
- Personengesellschaft 142
- Rücklagen 144
- Überentnahmen 143
- Vollständigkeitsgebot 141

Eigenkapitalgliederung 142

Eigennützige Treuhand 19

Eigentum 17
- und Besitz 17
- unzulässige Eingriffe Dritter 20

Eigentumserwerb 19
- bewegliche Sachen 20

Eigentumsschutz 20

Einholung von Bestätigungen Dritter im Rahmen einer Abschlussprüfung 159

Einstandspflicht nach § 264 Abs. 3 Nr. 2 HGB 67

Stichwortverzeichnis

Elektronische Lohnsteuerkarte 25
ELSTER 25
Enron 187
Entdeckungsrisiko 118
Entsprechenserklärung
- Arten 57
- Verstoß 58

Ereignisse nach dem Bilanzstichtag
- Auswirkungen auf Unternehmensleitung und Abschlussprüfer 113
- Bestätigungsvermerk Erteilung 114
- Nachtragsprüfung 115
- Prüfung der Vorratsabgrenzung 114
- Prüfungshandlungen des Abschlussprüfers 114
- wertbeeinflussende Tatsachen 113

Ereignisse oder Gegebenheiten 61
Erfolgskrise 170
Erfolgs- und Vermögensplanung 180
Ergänzungsbilanz 241
- Aufstellung 242
- Fortführung und Auflösung 243
- und Ergänzungs-GuV-Rechnungen bei Personengesellschaften 241

Ergänzungsbilanzen bei Personengesellschaften
- Abschreibungsmethode 243
- Aktivierung aufgedeckter stiller Reserven 244
- Aufstellungsgründe 242
- Einkünfte einer Personengesellschaft 241
- Einnahmen-Überschussrechnung 241
- Ergänzungsgewinn- und -verlustrechnungen 243
- Eröffnungsergänzungsbilanz 242
- Gewinn der Gesamthand 242
- Korrekturposten 243
- Latente Steuern 244
- Mehr- oder Minderwerte 243
- Restnutzungsdauer 243
- Steuerlatenzen 244
- Steuervergünstigungen, personenbezogene 243
- Veräußerungsergebnis, Ermittlung 243
- Wertansätze der Wirtschaftsgüter 244
- zeitliche Anwendung bei linearer Gebäude AfA 243

Ergänzungsprüfung 2

Erlöse aus Verträgen mit Kunden 96
Ermittlung des Erfüllungsbetrages von Verbindlichkeitsrückstellungen unter Berücksichtigung der Abzinsungsproblematik und des Beibehaltungswahlrechts 205
Eröffnungsergänzungsbilanz 242
Eröffnungsverfahren 40
Erstellung von Jahresabschlüssen durch den Wirtschaftsprüfer 227
- Abschlusserstellung mit Plausibilitätsbeurteilungen 203
- Abschlusserstellung ohne Plausibilitätsbeurteilungen 203
- Auftragsannahme und -durchführung 203
- Befragungen 204
- Berufspflichten 202
- Bescheinigung 204
- Beurteilung der Plausibilität 204
- Bilanz 203
- Erstattung eines Erstellungsberichts 205
- Erstellung mit umfassenden Beurteilungen 204
- Erstellungsauftrag ohne Beurteilungen 205
- Gewinn- und Verlustrechnung 203
- IDW Standard Grundsätze für die Erstellung von Jahresabschlüssen 202
- Kennzahlenvergleich 204
- Lagebericht 203
- Ordnungsmäßigkeit der Belege, Bücher und Bestandsnachweise 203
- Pflicht zur Aufstellung 202
- Umfang der Erstellungstätigkeit 205
- Unterlagen über das Zustandekommen des Jahresabschlusses 204
- Vorjahresvergleich 204
- Vorschriften der WPO 202
- Wirtschaftsprüfer zugleich auch Steuerberater 202

Erstellung von Jahresabschlüssen nach IDW S 7 227
Erstellung von Sanierungskonzepten unter besonderer Berücksichtigung von Marktumfeld und Wettbewerbern 169
Erteilung des Prüfungsauftrags vom Vorstand auf den Aufsichtsrat 187
Ertragssteueraufwendungen und -erträge, Korrektur 90
Erwerb

- des Besitzes 21
- und Schutz des Besitzes 21
- und Schutz des Eigentums 19

Escape 44
Exit-Option 57
Expectation gap 104
Exposure Draft ED/2010/09 Leases 50
Externe Qualitätskontrolle 135
Externe Überwachung der Unternehmensleitung 57

F

Fahrlässigkeit 15
FannieMae 187
Fehlerhafte Prospektprüfung 16

Feststellungen
- aus Erweiterungen des Prüfungsauftrags 226
- zum Risikofrüherkennungssystem 226

Fifo-Verfahren 147
Finanzierungsgenussschein 151, 154

Finanzierungsleasing
- -verhältnisse 50

Finanzmittelfonds 90

Finanzstatus
- stichtagsbezogen 185

Firmware 22
Five forces 171
FlowTex 187
Flüssige Mittel 125
Fokussieren 7
Forderungen aus Lieferungen und Leistungen 125

Fortbestehensprognose 121, 167, 186
- insolvenzrechtliche 167, 185
- negative 186

Fortführung der Unternehmenstätigkeit 183, 213
- Bestätigungsvermerk 215
- Bezugsgröße bei der Beurteilung 214
- IDW PS 270 213
- im Rahmen der Abschlussprüfung 59
- Prüfungsbericht 215
- unangemessene Anwendung des Rechnungslegungsgrundsatzes 122
- Verantwortlichkeit der gesetzlichen Vertreter 213

Fortführungsannahme des § 252 Abs. 1 Nr. 2 HGB 64
Fortführungsfähigkeit 37

Fortführungsgesichtspunkte
- Jahresabschluss 121

Fortführungsmöglichkeit
- Indikatoren 184

Fortführungsprognose 121
- negativ 121
- positive 121

Fremdwährungsdarlehen, gewährte 125
Fremdwährungsgeschäfte, Umrechnung 124
Fünf-Stufen-Modell 96, 97

G

GCD-Modul 27
Gebäude, Anschaffung oder Herstellung 239
Geistiges Eigentum 19
Geldkurs 125
Gemeinsamkeiten von Eigentum und Besitz 18

Genussrecht
- als Eigenkapital 153
- als Fremdkapital 153
- Anhang 153
- Aufwand für eine bestimmte Zeit nach dem Abschlussstichtag 154
- Begriff 152
- bilanzielles Eigenkapital zu qualifizierendes Genussrechtskapital 153
- Bilanzierung bei der Genussrechte emittierenden Kapitalgesellschaft 152
- Bilanzierung beim Genussrechtsinhaber 153
- Debt Mezzanine Swap 154
- Entnahme aus Genussrechtskapital 153
- erfolgswirksame Vereinnahmung des überlassenen Genussrechtskapitals durch den Genussrechtsemittenten 153
- Ertrag aus der Verlustübernahme 153
- Finanzierungsinstrument 152
- Genußrechtskapital mit bilanziellem Fremdkapitalcharakter 153
- gesetzliche Kapitalerhaltungsregeln 152
- handelsrechtliche Bewertung 154
- handelsrechtliche Bilanzierung 154
- HFA 1/1994 152
- im Liquidations- oder Insolvenzfall 152
- Längerfristigkeit der Kapitalüberlassung 152
- Qualifizierung als bilanzielles Eigenkapital 152
- Sanierung 153
- Umqualifizierung von Eigen- und Fremdkapital 153
- und deren Bilanzierung 151
- Vergütung für die Kapitalüberlassung 154

- Vergütung für Genussrechtskapital 153
- Verlustteilnahme 154
- Verwässerungsschutz 152

Genussrechtskapital
- bei seiner Zuführung 152

Genussscheine 151
Gesamthänderischer Mitbesitz 21
Gesamthandseigentum 18
Gesamthandsgemeinschaften mit Gesamthandseigentum 18
Gesamtvermögensvergleich 16
Geschäftsbesorgungsverträge 14

Gesetz
- zur weiteren Erleichterung der Sanierung von Unternehmen 166

Gesetzlicher Vertreter
- Verantwortung 101

Gewährleistungen für fremde Verbindlichkeiten 76

Gewerbesteuer 92
- Entstehung 93
- Ermittlung der Bemessungsgrundlage 93
- Höhe 93

Gewinnermittlung körperschaftsteuerliche 93

Gewinn- und Verlustrechnung 227
- Erfassung und Ausweis in der 126

Gleichverteilungsmodell 145
Gleichverteilungsverfahren 207
Going-Concern 183

Going-Concern-Annahme
- Unternehmenskrise 184

Going-concern-concept 120

Going-concern-Prämisse
- Verweigerung der Vornahme oder Ausweitung einer Einschätzung 63

Going-Concern-Prämisse 121, 183
- Prüfung durch den Abschlussprüfer 214

Going-Concern-Prinzip 182

Going-Concern-Prognose
- Bezugsperiode 184

GoP 182
Grunderwerbsteuer 92

Grundsatz
- der Ansatzstetigkeit 24
- der Eigenverantwortlichkeit 203
- der Gesamtverantwortung des Konzernabschlussprüfers 234
- der Gewissenhaftigkeit 203, 224
- der Klarheit 224
- der Nachrangigkeit 142
- der prüferischen Durchsicht von Jahresabschlüssen nach IDW PS 900 109
- der Stetigkeit 224
- der Unabhängigkeit 203
- der Unparteilichkeit 203, 224
- der Verschwiegenheit 203
- der vollen Verlustteilnahme 142
- der Wesentlichkeit 111
- der Wirtschaftlichkeit und Wesentlichkeit der Abschlussprüfung 61
- für die Durchführung von Konzernabschlussprüfungen 231
- für die Durchführung von Konzernabschlussprüfungen, einschließlich der Tätigkeit von Teilbereichsprüfern 230
- für die Erstellung von Jahresabschlüssen 227
- ordnungsgemäßer Buchführung 193
- ordnungsmäßiger Abschlussprüfung 225
- ordnungsmäßiger Buchführung 225
- ordnungsmäßiger Planung 182
- zur Abschlussprüfung bei teilweiser Auslagerung der Rechnungslegung auf Dienstleistungsunternehmen 95
- zur Bewertung von Immobilien 11

Grundsätze ordnungsmäßiger Abschlussprüfung
- ISA 177

Grundsteuer 92
Gutgläubiger Erwerb 20

H

Haftung 13
- des Wirtschaftsprüfers 16
- im Außenverhältnis 58
- im Innenverhältnis 58

Haftung des Vorstands
- bei Verstoß 58
- bei Verstoß gegen den Deutschen Corporate Governance Kodex 56

Haftungsrisiken
- des Kaufmanns 76

Haftungsverhältnisse 75
- Abgrenzung 75
- aus der Bestellung von Sicherheiten für fremde Verbindlichkeiten 76
- Ausweis 77
- Bewertung 76

- im handelsrechtlichen Jahresabschluss 75
- im handelsrechtlichen Konzernabschluss 77
- Kapitalgesellschaften und Personenhandelsgesellschaften 77
- vertragliche Gewährleistungen 76
- Wechselobligo 76

Handelsrechtliche Bilanzierung von Verpflichtungen aus Altersteilzeitvereinbarungen 145, 147
- Abfindungscharakter 146
- Altersteilzeitverhältnisse 145
- Aufstockungszahlungen 145
- Behandlung der Aufstockungsbeträge 146
- Beschäftigungsphase 145
- Bestandteil der Leistungs- und Entgeltpflichten aus dem Arbeitsverhältnis 146
- Blockmodell 145
- eigenständige Abfindungsverpflichtung 146
- Freistellungsphase 145
- RS HFA 30 148
- Zeitpunkt der Passivierung der Rückstellung für Aufstockungsbeträge 146

Handelsrechtliche Fortführungsannahme 183

Handelsrechtliche Fortführungsannahme und insolvenzrechtliche Fortbestehensprognose
- Anwendbarkeit der Regelvermutung 184
- Auswirkungen realisierbarer Sanierungsmaßnahmen 184
- Bewertung 183
- Ermittlung der Stichtagsliquidität 186
- finanzielle Umstände 184
- Fortbestehensprognose 185
- Fortführungsannahme 185
- IDW RS HFA 17 183
- kurzfristig verfügbare Finanzmittel 186
- plötzlicher Technologieausstieg 184
- positives Reinvermögen 186
- Prognosezeitraum 185
- Schuldner ist zahlungsunfähig 185
- Sonnenscheinkriterien 183
- stichtagsbezogener Status zu Liquidationswerten 186
- vergangenheitsorientierte Informationen 185
- Verhängung politischer Sanktionen gegen wichtige Exportländer 184
- zeitraumbezogener Finanzplan 185
- zukunftsbezogenen Angaben 185

- zweistufiges Vorgehen 186

Handelsregister
- Inhalt, Publizität und Offenlegungspflicht 32

Hindsight-bias-Problems 172

Hinweise zur Vorbereitung auf das Wirtschaftsprüferexamen 3

Hinzurechnungsvorschrift 94

Hochinflationsregelung 126

Höhe des nach §§ 249 ff. BGB zu ersetzenden Schadens 16

Honorarbemessung
- Grundsätze 137

I

IAS 17 50

IAS 24 134

IBG 187

Identifizierung einer Leistungsverpflichtung 97

IDW
- PS 250 222
- PS 270 183
- PS 980, Ausprägungsarten 174
- RS HFA 3 146
- S 10 - Bewertungen von Immobilien 9
- Stellungnahme zur Rechnungslegung 216

IDW QS 1 137

IFRS 15 96

IFRS 16 51

IKS-Modell 79

Immaterieller Vermögenswert
- Definition 129
- Erfassung und Bewertung 130

Immaterielle Vermögensgegenstände 128
- Aktivierung 128
- Aktivierungsmöglichkeit
- Aktivierungspflicht 128
- Aktivierungsverbot 128
- Aktivierungswahlrecht 128
- Anhang 129
- Anschaffungs-/Herstellungskosten 130
- Anschaffungskostenmethode 131
- Ausübung des Aktivierungswahlrechts 129
- Beginn 129
- entgeltlich erworbene 128
- Entwicklung 129, 130
- Folgebewertung 129, 130
- Forschung 129, 130
- IAS 38 Anwendungsbereich 129

- im Jahresabschluss nach HGB 128
- Neubewertungsmethode 131
- Neubewertungsmethode Wertsteigerungen 131
- selbst geschaffene 128
- Summe der Ausgaben für Forschung und Entwicklung 131
- Zugangsbewertung 129, 130
- Zugangs-/Folgebewertung 128

Immaterielle Vermögenswerte
- Angaben 131
- im Einzelabschluss nach IFRS 129

Immobilie als Finanzinvestition 10

Immobilienbewertung
- nach HGB 9
- nach IFRS 10

ImmoWertV 12
Impairment-only-approach 131
Impairment-Test 131
Individualsoftware 23
Inhärentes Risiko 118

Insolvenzantrag 120
- Zulassung 41

Insolvenzantragsgrund 62

Insolvenzeröffnungsgrund 120
- Beurteilung des Vorliegens 120, 181

Insolvenzeröffnungsverfahren 39
- Akteneinsichtsrecht 41
- Antragspflicht 40
- Auskunftsansprüche 42
- Eigenantragsrecht des Schuldners 39
- Erlass eines allgemeinen Veräußerungsverbots an den Schuldner 41
- Eröffnungsgründe, Sicherungsmaßnahmen sowie Mitwirkungs- bzw. Auskunftspflichten 38
- Gläubigerversammlungen 41
- Hauptprüfungsverfahren 41
- Mitwirkungs- bzw. Auskunftspflichten 41
- Mitwirkungspflichten 41
- Prinzipalgeschäft 40
- Sachverständige 42
- Sicherungsmaßnahmen 41
- Verfahrenskosten 40
- Verzeichnis der Gläubiger und ihrer Forderungen 40
- Vorprüfungsverfahren 41

- Zulassung des Insolvenzantrags 41

Insolvenzgericht
- Entscheidung des 40

Insolvenzordnung
- Eröffnungsgründe 39
- Ziele 39

Insolvenzreife
- Beurteilung 185
- Stadium 170

Insolvenzsicherung 147

Insolvenzverfahren
- Antragsrecht/-pflicht 39

Insolvenzverschleppung 185
Intangible assets 128
Integration des ISA 720 139
Integrierte Planungsrechnung 165

Internationale Rechnungslegung
- Anhang 134

International Standards on Auditing Siehe ISA
Interne Qualitätssicherung 135
Internes Kontrollsystem 148

ISA
- 720, Integration 139
- Abschlussprüfung 107
- -Integration am Beispiel des ISA 720 E-DE 138
- -Risikomodell 177
- -Transformation 176

J

Jahresabschluss 113, 120, 124, 127
- Änderung wegen werterhellender Tatsachen 114
- Anteile an Personenhandelsgesellschaften 210
- going-concern-Prämisse 122
- keine Änderung wegen werterhellender Tatsachen 115
- Pflicht zur Berücksichtigung der Steuern 92
- prüferische Durchsicht 109
- Verzögerung der Aufstellung 64
- Widerruf des Bestätigungsvermerks, Änderung 115
- Widerruf des Bestätigungsvermerks, keine Änderung 115

Jahresabschlusserstellung 227
- Abgrenzung zum Bestätigungsvermerk 229
- Angemessenheit der Buchführung 229

- Aufstellungs- und Offenlegungserleichterungen 228
- Auftragsumfang 228
- Ausübung materieller und formeller Gestaltungsmöglichkeiten 228
- Berichterstattung 229
- Berichtsgrundsätze des IDW PS 450 230
- Berufsbild des Wirtschaftsprüfers 227
- Bescheinigung 229
- Beurteilung der Ordnungsmäßigkeit 229
- Entwicklung der Bilanz 227
- Erstellungsbericht 230
- Form der Berichterstattung 230
- Gewinn- und Verlustrechnung
- Entwicklung 227
- Inhalt, Art, Umfang 227
- Mindestumfang 228
- mit Plausibilitätsbeurteilungen 228
- mit umfassenden Beurteilungen 229
- nach IDW S 7 227
- ohne Beurteilung 228
- Plausibilitätsbeurteilungen
- Umfang 229
- Verfahren zur Erfassung von Geschäftsvorfällen 228
- Vollständigkeitserklärung 230
- Zweifel an der Ordnungsmäßigkeit der vorgelegten Dokumente 228

Jahresabschluss nach HGB
- Angaben 133
- Immaterielle Vermögensgegenstände 128

Jahresabschlussprüfung 116
- Aufstellung nicht korrigierter Prüfungsdifferenzen 118
- Average prudent investor 117
- Bestätigungsvermerk modifizieren 119
- Dokumentation 119
- Festlegung der Wesentlichkeit 117
- Feststellung falscher Angaben 118
- Konzept der Wesentlichkeit 117
- Nichtaufgriffsgrenze 117
- Prüfungsdurchführung 117
- Prüfungsplanung 117
- Prüfungsrisiko 117
- Steuern 94
- Toleranzwesentlichkeit 117
- Überschuldung, Auswirkung auf die 121
- vorläufige Risikoeinschätzung 118
- Wesentlichkeit 117
- Wesentlichkeit Arten 117
- Wesentlichkeit Prüfungsrisiko 118
- zweifelsfrei unbeachtliche Angaben unterhalb der Nichtaufgriffsgrenze 118

K

Kapitalertragsteuer 92

Kapitalflussrechnung 89
- Bestandteile des DRS 21 90
- nach DRS 21 89

Kapitalkonto II 143
- Fremdkapitalcharakter 144

Kapitalrückzahlungen und andere ergebnisneutrale Ausschüttung der Gesellschaft 212

Kauf unter Eigentumsvorbehalt 19

Kaufmann, Beginn Handelsgewerbe 127

Kfz-Steuer 92

KMU 79, 178
- typische Merkmale 79

Komponentenansatz im handelsrechtlichen Jahresabschluss
- Anwendung des Komponentenansatzes 197
- Aufteilen eines abnutzbaren Gegenstandes des Anlagevermögens in seine wesentlichen Komponenten 196
- Aufwandsrückstellungen 196
- Aufwendungen für Großinspektionen und -reparaturen 196
- Einzelbewertungsgrundsatz 197
- im Verhältnis zu ausgewählten Grundsätzen ordnungsgemäßer Buchführung und Bilanzierung 197
- Komponentenansatz nach HGB 197
- Konzept des einheitlichen Nutzungs- und Funktionszusammenhangs 197
- nachträgliche Anschaffungs- und Herstellungskosten 197
- Niederstwerttest 197
- Wertminderung von Dauer 198

Komponentenansatz nach HGB 197

Konkurrenzanalyse 171

Kontrollrisiko 118

Konzept der hinreichenden Sicherheit 220

Konzept der Wesentlichkeit 117, 219, 228
- abweichende Bezugsgröße 221
- Bezugsgröße 221

- Durchschnittswerte der letzten drei bis fünf Jahre 221
- Festlegung der Wesentlichkeitsgrenzen 220, 221
- Konzernabschlussprüfung 221
- Nichtaufgriffsgrenze 221
- Prozentsätze 221
- Prüfung des Abschlusses als Ganzes 220
- Prüfungsfeststellungen der letzten Jahre 221
- Prüfungsrisiko 220
- spezifische Wesentlichkeitsgrenzen 221
- Unrichtigkeiten und Verstöße gegen die gesetzlichen Vorschriften 220
- Volatilität der Bezugsgröße 221
- Wahl der geeigneten Bezugsgröße 221
- Wesentlichkeit für den Abschluss als Ganzes 221
- Wesentlichkeitsgrenzen 220

Konzept des einheitlichen Nutzungs- und Funktionszusammenhangs 197

Konzeptionsprüfung 34

Konzernabschluss
- Bestandteile 231
- Pflicht zur Aufstellung 231

Konzernabschlussprüfer 231

Konzernabschlussprüfung
- analytische Prüfungshandlungen 233
- Durchführung 232
- Erlangung ausreichender und angemessener Prüfungsnachweise 233
- Funktionsprüfung des konzernweiten rechnungslegungsbezogenen Kontrollsystems 233
- Konsolidierungsprozess 233
- Konzern-GoB-Vermutung 90
- Konzernprüfungsstrategie 232
- Konzernprüfungsteam 232
- Konzernwesentlichkeitsgrenze 232
- Legaldefinition des Konzernbegriffs 231
- Mutter-/Tochterverhältnis 231
- Nichtaufgriffsgrenze 232
- Prozessaufnahme 232
- Prüfungsprogramm 232
- Prüfungsrisiko 231
- Prüfungsrisiko, Reduzierung 233
- Prüfungsstrategie 232
- Teilbereich 231
- Teilbereichsprüfer 231, 232
- Teilbereichsprüfer, Einbindung 232
- Teilbereichsprüfer, Ziel und Zweck der Einbindung 231
- Teilbereichswesentlichkeitsgrenze 232

Konzernlagebericht 234
- Pflicht zur Aufstellung 231

Konzernlageberichterstattung
- Grundsätze 235

Konzernsummenbilanz 77

Körperschaftsteuer 92
- Entstehung 93
- Ermittlung der Bemessungsgrundlage 93
- Höhe 93

Kosten
- des Softwareanwenders für Updates 24
- für eine umfangreiche Bearbeitung und Ergänzung von Software 24

Kreditklemme 170

Krisenstadium, fortgeschrittenes 185

Künftige Preis- und Kostensteigerungen 87

L

Lagebericht 100, 126, 234
- Angaben im 126
- Aufbau, Form, Umfang 235
- Beurteilung falscher Angaben 103
- falsche Darstellungen 102
- falsche festgestellte Darstellung 103
- Geschäftsverlauf 100
- gewissenhafte Lageberichtsprüfung 104
- Informationskategorien 102
- Inhalt 163
- Mindestanforderungen an die Aufstellung 234
- Pflicht zur inhaltlichen Prüfung 101
- Prüfung 234, 237
- Prüfungsdurchführung 102

Lageberichterstattung 228, 234
- absehbare Sondereinflüsse auf die wirtschaftliche Lage des Unternehmens 236
- Anforderungen 237
- Angaben zu den Grundlagen des Unternehmens 235
- Bestätigungsvermerk 237
- Brutto- oder Nettobetrachtung 236
- Chancenbericht 235

- Deutsche Prüfstelle für Rechnungslegung 237
- Grundsätze und Inhalt 235
- in der Krise, Prüfung 163
- Prognosebericht 235
- Prognosehorizont 235
- Prüfung der Risikoberichterstattung 237
- Prüfung des Lageberichts 237
- Punkt-, Intervall- oder qualifiziert-komparative Prognosen 236
- Risikobericht 235
- Risikoberichterstattung 236
- Risikoberichterstattung in Bezug auf die Verwendung von Finanzinstrumenten 236
- Risikoeinschätzung 236
- Risikomanagementsystem, Angaben 236
- Untergliederung der Lageberichterstattung 235
- Verrechnungsverbot für die Auswirkungen unterschiedlicher Chancen und Risiken 236
- Wirtschaftsbericht 235
- Ziel 235

Lageberichtsprüfung, Planung 102
Lampenfieber 7
Latente Steuern 72, 240, 244
- aktive - auf Verlustvorträge 73
- Aktivierungswahlrecht 73
- Auflösung 73
- Ausweis 74
- Bewertung 73
- Bildung 72
- Ergebniseffekte aus der Anpassung 74
- Gewerbesteuer 73
- Körperschaftsteuer 73
- nicht haftungsbeschränkte Personenhandelsgesellschaften 72
- Passivierungsgebot 72
- quasi-permanente Differenzen 72
- steuerliche Verlustvorträge 74
- temporär 72
- Vorliegen eines Überhangs aktiver latenter Steuern 74

Leasing 49
- Barwert der Mindestleasingzahlungen 50
- Leasingverhältnisse über Immobilien 50
- Operating-Leasingverhältnis 50
- receivable and residual approach 51
- Typ A-Leasingverhältnisse 51
- Typ B-Leasingverhältnisse 51
- Zeitwert des Leasinggegenstandes 50

Leasingbilanzierung
- IFRS 16 42, 49, 54

Leasingverbindlichkeit
- Bewertung 44

Legalitätskontrollpflicht 173
Legalitätspflicht 173
Lernstress 4
Liquiditätskrise 170
Liquiditätsplanung 180
Lohnsteuer 92

M

Management Override 80, 178
Mandatsverträge 14
Mängelhaftung des Wirtschaftsprüfers 13
Marktortprinzip 53
Materiality 117
Mindestanforderungen an eine ordnungsmäßige Planung 182
Miteigentum 18
Mündliche Prüfung, Ablauf 1

N

Nachberichterstattung 235
Nachschau 138
- -bericht 158
- kleine 158

Nachschussverpflichtung des Kommanditisten 143
Nachtragsbericht 166, 235
Nachtragsprüfung 108
- durch den gesetzlichen Abschlussprüfer 108

Nahestehende Person, Begriff 132
Nahestehendes Unternehmen, Begriff 217
Negative Fortbestehensprognose 167
Negativerklärung im Prüfungsbericht 225
Neuausrichtung der Unternehmensstrategie 171
- mit Hilfe von Portfolio-Techniken 171

Nicht haftungsbeschränkte Personenhandelsgesellschaften 72
Nicht zu Wohnzwecken dienende Räume 19
Notes 134
Nutzungsrecht 43
- Bewertung 44

Nutzungsrechtmodell 43

O

Off-Balance-Gestaltung 49
Off-balance-sheet-Effekt 50
On-balance-Bilanzierung 50
Operating Lease 50
Operating-Leasingverhältnisse 50
Ordnungsmäßigkeit
- der Rechnungslegung 188
- des Jahresabschlusses 66
- des Konzernabschlusses 67

Organisationspflicht 173
Organpflichten 58

P

Patronatserklärung 76
Personengesellschaft, Eigenkapital 142
Personenhandelsgesellschaft 81
- Anteile 210
- Beteiligungen an 82
- Bilanzierung und Bewertung 82
- Bilanzierung von Anteilen 82
- Folgebewertung 82
- Gesellschaftsvertrag 83
- Gewinnvereinnahmung durch den Gesellschafter einer 83
- Mehrheit der Stimmrechte 82
- phasengleiche Gewinnvereinnahmung 83
- Prüfung von Anteilen 82
- quasi-temporäre Differenz 83
- Vereinnahmung des Gewinns 83
- Wert einer Beteiligung 83
- Zugangsbewertung 82

Pfandrecht
- an beweglichen Sachen 53
- an unbeweglichen Sachen 53

Pflichtbestandteil eines Konzernabschlusses 90
Pflicht/en
- des Abschlussprüfers des Tochterunternehmens 65
- des Konzernabschlussprüfers 67
- des Vorstands 58
- zur Aufstellung des Jahresabschlusses 202
- zur Konzernrechnungslegung und Abgrenzung des Konsolidierungskreis 231

Pflichthinweis gem. § 322 Abs. 2 S. 3 HGB 63
Pflichtverletzung
- rechtswidrige 15

Pflicht zur inhaltlichen Prüfung des Lageberichts 101
Plan-Bilanz 180, 182
Plan-Finanzrechnung 180
Plan-Gewinn- und Verlustrechnung 180, 182
Planung 180
Planungsmodell, Entwicklung eines integrierten 181
Plausibilitätsbeurteilungen 110
Poor-Dogs 171
Portfolio-Ansätze
- Marktanteils-Marktwachstums-Portfolio 171
- Marktattraktivitäts-Wettbewerbsstärken-Portfolio 171

Portfolio-Option 51
Portfolio-Techniken 171
Praxisorganisation 136
Preis- und Kostenänderungen 207
Produkt-/Absatzkrise 170
Prognosezeitraum 62
Prüferische Durchsicht von Jahresabschlüssen
- Art 111
- Auftragsbedingungen 110
- Befragungen zu Ereignissen nach dem Stichtag 111
- Berichterstattung 112
- Berufsübliche Vollständigkeitserklärung 111
- Bescheinigung Grundbestandteile 112
- betriebswirtschaftliche Prüfung 110
- Dokumentation 112
- Grundsätze für die Durchführung 110
- Informationen von sachverständigen Dritten 111
- nach IDW PS 900 109
- Planung 111
- Plausibilitätsbeurteilungen 110
- Prüfungsnachweise 110
- Regelungen und Inhalte 110
- Review 110
- Treuepflicht des Wirtschaftsprüfers 110
- Umfang 111
- Verwertung von Arbeiten Dritter 111
- Zeitlicher Ablauf 111
- Ziel und Gegenstand 110

Prüfung
- der Geschäftsführung 226
- des inhärenten und des Kontrollrisikos 95
- des Lageberichts 100

- erster Eindruck 5
- nach der Datenschutz-Grundverordnung und dem Bundesdatenschutzgesetz 52
- von Vereinen und Stiftungen 194

Prüfung des Lageberichts bei Unternehmen in der Krise
- Aufbauprüfung des unternehmensinternen Planungssystems 165
- besondere Prüfungshandlungen 164
- Bestätigungsvermerk, uneingeschränkter 163
- Beurteilung der Lage des Unternehmens 163
- Finanzielle Leistungsindikatoren 164
- Funktionsprüfung 165
- Konzernlagebericht 163
- Krisenstadium 164
- Krisenursachen 164
- kritische Grundhaltung des Abschlussprüfers 164
- kurz- und mittelfristige Erfolgs- und Finanzplanung 164
- Lagebericht Einwendungen 163
- Manipulationshandlungen Zunahme 164
- Nachtragsbericht 165
- nicht-finanzielle Leistungsindikatoren 164
- Prognosebericht 165
- prognostische und wertende Angaben 165
- Prüfung der Lage des Unternehmens 164
- Prüfung des Geschäftsverlaufs 164
- Prüfungsbericht 163
- Prüfungsbericht Hauptteil 163
- Prüfungsplanung 163
- schriftliche Erklärung 165
- Vorgänge von besonderer Bedeutung nach dem Abschlussstichtag 165
- weitere Prüfungspflichten 163
- Wirtschaftsbericht 164

Prüfungsakte 137
Prüfungsauftrag, Kündigung 108

Prüfungsbericht 63, 215
- Auswirkungen 215

Prüfungsbericht Jahresabschlussprüfung von Kapitalgesellschaften 223
- Anforderungen an den 223
- Anlagen zum Prüfungsbericht 226
- Art und Umfang der Abschlussprüfung 225
- Beachtung der Berufspflichten 224
- Ergebnis der Prüfung des Risikofrüherkennungssystems 226
- Feststellungen und Erläuterungen zur Rechnungslegung 225
- Gegenstand, Art und Umfang der Prüfung 225
- Gestaltung und der Mindestinhalt des Prüfungsberichts 223
- Gliederung 224
- Grundsätzliche Feststellungen 224
- Prüfungsauftrag 224
- Prüfungsgegenstand 225
- Redepflicht 225
- Wiedergabe des Bestätigungsvermerks 226

Prüfungsdurchführung
- Einfluss von falschen Angaben 118

Prüfungsgebiet
- Prüfungswesen 8
- Steuerrecht und Wirtschaftsrecht 8

Prüfungshandlungen
- besondere 164

Prüfungshandlungen des Abschlussprüfers 102
Prüfungshandlungen zur Risikobeurteilung 214
Prüfungshemmnis 63

Prüfungspflichten im Zusammenhang mit § 264 Abs. 3 HGB 64
- Bestätigungsvermerk Doppeldatum 66
- Erleichterungsvorschriften 65
- Nachtragsprüfung 66
- Pflichten des Konzernabschlussprüfers 67
- Prüfung des Tochterunternehmens 66
- Prüfungshinweis des IDW PH 9.200.1 65
- Verzicht auf Befreiung von der Abschlussprüfung 65

Prüfungsplanung 122
Prüfungsrisiko, ISA 178
Prüfungsstrategie 177

Prüfungsurteil 63
- Arten 106
- Einfluss von falschen Angaben 118

Prüfungsvorbereitung in einer Arbeitsgruppe 3

Prüfung von Anteilen an Personenhandelsgesellschaften 84
- Einholung einer Vollständigkeitserklärung 85
- Einschränkung des Prüfungsurteils 85

- Erstellung einer eigenen IDW S 1-Bewertung 84
- Funktionsprüfung des IKS 84
- Prüfungsplanung 84
- Überprüfung der richtigen Ermittlung der Bewertungsdifferenzen 85
- Überprüfung der Vollständigkeit 84

Prüfung von Compliance-Management-Systemen 173
- Angemessenheitsprüfung 174
- Aufbauprüfung 174
- Auftragsrisiken 174
- Berufspflichten 174
- Besondere Berufspflichten 174
- Betriebswirtschaftliche Systemprüfung 173
- Compliance-Kommunikation 175
- Compliance-Kultur 174
- Compliance-Organisation 173, 175
- Compliance-Programm 175
- Compliance-Risiken 175
- Compliance-Überwachung 175
- Compliance-Ziele 175
- durch einen Sachverständigen geprüftes CMS 175
- Einhaltung von gesetzlichen Bestimmungen, regulatorischen Standards und unternehmensinternen Richtlinien 173
- Einrichtung, Angemessenheit und Wirksamkeit 173
- Einrichtung, Aufrechterhaltung und Überwachung 173
- Funktionsprüfung 175
- Konzeptionsprüfung 174
- Prüfungsanforderungen 174
- Prüfungsbericht 175
- Prüfungsgegenstand 174
- Systemprüfung 174
- Überwachungspflicht 173
- VerbStrG 176
- Vollständigkeitserklärung 175
- Wirksamkeitsprüfung 174

Q

Qualifizierter Mitbesitz 21
Qualitätskontrolle, externe 135, 136
Qualitätssicherung
- § 55b WPO 155
- Auftragsabwicklung bei betriebswirtschaftlichen Prüfungen 158
- Auftragsannahme, -fortführung und vorzeitige Beendigung 158
- auftragsbegleitende 158
- auftragsbezogene 158
- Beachtung der allgemeinen Berufspflichten 158
- Berufspflichten 155
- Berufspflicht zur Einrichtung, Durchsetzung und Überwachung eines ordnungsgemäßen Qualitätssicherungssystems 156
- Berufssatzung für Wirtschaftsprüfer/vereidigte Buchprüfer 155
- Festlegung von Regelungen zur 157
- Feststellung von qualitätsgefährdenden Risiken 156
- Gesamtplanung aller Aufträge 158
- Grundsatz der gewissenhaften Berufsausübung 155
- interne 135
- internes Qualitätssicherungssystem 157
- Mitarbeiterentwicklung 158
- Nachschau 158
- Präventivfunktion 156
- qualitätsgefährdende Risiken 157
- Qualitätssteuerung und -überwachung 157
- Umgang mit Beschwerden und Vorwürfen 158
- wirksames Qualitätsumfeld 156

Qualitätssicherung durch IDW EQS 1
- neue Anforderungen 135, 142

Qualitätssicherung in der Wirtschaftsprüferpraxis
- Anforderungen 155

Qualitätssicherungssystem 136, 157
- Bestandteile bei Einrichtung, Durchsetzung und Überwachung 156

Qualitätssicherung und -kontrolle
- in der Wirtschaftsprüferkanzlei 135

Qualitätsziele 157
Question-Marks 171

R

Rechenschaftspflicht 53
Rechnungslegung, Einfluss von falschen Angaben 118
Rechnungslegungsgrundsatz
- unangemessene Anwendung 122

Recht auf Datenübertragbarkeit 53

Recht auf Vergessenwerden 53
Rechtliche Gemeinsamkeiten und Unterschiede zwischen BGB-Gesellschaft, offener Handelsgesellschaft und Kommanditgesellschaft 29
Red Flags 149
Review 110, 112
Rhetorik 6
Right-of-use asset 51
Right-to-use-approach 43
Risikobeurteilung 102
- Ergebnis 102
- Reaktion des Abschlussprüfers 102

Risikomodell nach ISA 300, 315 und 330 176
Risikoorientierter Prüfungsansatz 195
Risiko- und Prognosebericht in der Lageberichterstattung 234, 244
Risk-and-Reward-Ansatz 43
Rückabzinsungsverordnung 208
Rücklagen 238
- Bildung der steuerfreien 238
- **für Ersatzbeschaffung 238, 239**

Rückstellungen 206
- Abzinsung und Beibehaltungswahlrecht 208
- Aktive latente Steuern 48
- Anhang 209
- Ansammlungsrückstellungen 47
- Ansatz 206
- Ansatz- und Bewertungsvorschriften 47
- Ansatzverbot für Drohverlustrückstellungen 47
- Anschaffungskostenprinzip 48
- Ausweis 206
- Bewertung 206
- Bewertung nach HGB 47
- Bewertungsbestimmungen 47
- Bewertungsvorschriften 208
- Bilanzierung nach HGB 46
- Bildung 46
- Bruttobilanzierung 207
- Definition 46, 206
- Ermittlung des Erfüllungsbetrags 207, 208
- für drohende Verluste aus schwebenden Geschäften 46, 86
- für ungewisse Verbindlichkeiten 86, 147
- für ungewisse Verbindlichkeiten nach § 249 Abs. 1 Satz 1 HGB 146
- Geld- und Sachleistungsverpflichtungen 47
- Gewährleistungen 46
- Gewährleistungsverpflichtungen 47
- Gewinn- und Verlustrechnung 209
- handelsbilanzielle 47
- im Geschäftsjahr unterlassene Aufwendungen für Abraumbeseitigung 46
- im Geschäftsjahr unterlassene Aufwendungen für Instandhaltung 46
- Kompensation von Aufwendungen 207
- Maßgeblichkeitsprinzip 47
- Nettobilanzierung 207
- Nominalbetrag der 207
- Passive latente Steuern 48
- Passivierungsverbot für Patent- oder Urheberrechtsverletzungen 47
- Passivierung von Pensionsrückstellungen 47
- Restlaufzeit Ermittlung der 208
- Rückstellungen für Dienstjubiläen 47
- Sachleistungsverpflichtungen 47
- Schuldrückstellungen 46
- steuerliche Bewertung 47
- steuerlicher Rückstellungsausweis 48
- Temporary-Konzept 48
- Übernahme 48
- ungewisse Verbindlichkeiten 46
- Verteilungsrückstellungen 207
- Vollständigkeitsgebot 46
- Zinssätze der Bundesbank 208

Rückstellungsverbot 46

S

Sachenrecht 17
Sach- und Dienstleistungsverpflichtungen 207
Sachwertverfahren 12
Saldenbestätigungen betreffend Forderungen und Verbindlichkeiten aus Lieferungen und Leistungen 161
Sanierungsfähigkeit 37
Sanierungsgutachten IDW S6
- Gegenstand 36

Sanierungskonzepte 165
- Analyse der Chancen und Risiken des Markt- und Wettbewerbsumfeldes 171
- Anforderungen 36
- Anforderungen an die Erstellung 170
- Bedrohung durch neue Konkurrenten 171
- Ein-Faktoren-System 171
- Erforderlichkeit der Prüfung 36

- Finanzmarkt- und Bankenkrise 170
- Grad der Rivalität der existierenden Wettbewerber 171
- Inhalt 170
- Investitions- und Desinvestitionsentscheidungen 172
- Konkurrenzanalyse 171
- Konzentrationsgrad 171
- Krisenursachen endogene 169
- Krisenursachen exogene 169
- Lagebeurteilung systematische 170
- Leitbild eines sanierten Unternehmens 170
- Managementfehler 169
- nachhaltiger Mix an Produkt-Markt-Bereichen 171
- Neuausrichtung einer Unternehmensstrategie 172
- operative Gesamtverantwortung 170
- Planungsrechnung 170
- Porter 171
- Portfolio-Ansätze 171
- Produktlebenszyklen, kürzere 170
- Prüfung 35
- Sanierungsmaßnahmen 170
- Sorgfaltspflichten 170
- Substitutionsprodukte 171
- Verhandlungsstärke der Abnehmer 171
- Wertpapier-Portfolio 171
- Wettbewerbsintensität 171

Sanktionen bei Nichteinhalten der Anforderungen der DSGVO 53
Sarbanes-Oxley-Act 187
Schadensersatzanspruch 15
- nach den Grundsätzen des Vertrages mit Schutzwirkung zugunsten Dritter 15

Schlichter Mitbesitz 21
Schuldhaftes Handeln 15
Schutzschirmverfahren 166, 168
Schwebende Beschaffungsgeschäfte 87
Schwebendes Absatzgeschäft 87
Schwebendes Geschäft 86
Selbstsicher und überzeugend auftreten 6
Sequester 41
Shareholder-Value
- -Ansatz, Kritik 178

Sicherungsmaßnahmen 41
Skalierte Abschlussprüfung 78

- aussagebezogene Prüfungshandlungen 80
- Auswirkung im Prüfungsprozess 79
- Dokumentation 80
- dual-purpose-test 80
- Einschätzung des Kontrollrisikos 79
- Fortführung der Unternehmenstätigkeit 80
- Funktionsprüfungshandlungen 80
- Grad der Skalierung 78
- IKS-Modell 79
- KMU 79
- Management-Overrides 80
- Prüfungsplanung 79
- Risikobeurteilung 79
- risikoorientierter Prüfungsansatz 79

Skalierung
- Prüfungsdurchführung 80

Sonderbilanz 241
Sonderposten mit Rücklageanteil 240
Sorgfaltspflicht 173
- des ordentlichen und gewissenhaften Geschäftsleiters 185
- von Vorständen und Geschäftsführern 170

Spezifische Wesentlichkeit 222
Stakeholder 57
- Krise 170

Star-Produkte 171
Steuerbilanzgewinn 93
Steuerfreie Rücklagen 238
- Anschaffung oder Herstellung von Gebäuden 239
- Anschaffungs- oder Herstellungskosten 238
- Entschädigung 239
- Gewinne aus der Veräußerung von Kapitalgesellschaftsbeteiligungen 239
- in Höhe des abgezogenen Betrags gewinnerhöhend auflösen 239
- latente Steuern 240
- Reinvestitionsrücklage 238
- Rücklagenbildung 239
- Steuerlatenzen 240
- Systematik der steuerlichen Gewinnermittlung 239
- Übernahmefolgegewinn 238
- Zuschüsse aus öffentlichen oder privaten Mitteln 240

Steuerlatenzen 48
- Abgrenzung von 126

- gem. § 274 HGB 126
Steuern im handelsrechtlichen Jahresabschluss 92
Steuertaxonomie 27
Stichtagsprinzip 113
Stichtags- und Vorsichtsprinzip 100
Strategiekrise 170
Stufentheorie, modifizierte 242
Subjektives Eigentumsrecht 18
Supply-Chain-Management-Gedanke 181
Systemsoftware 23

T

Tax Compliance Kommunikation 34
Tax Compliance-Kultur 33
Tax Compliance Management-Systeme
- Aufbau 33
- Prüfung 32
- Ziel und Gegenstand der Prüfung von 34

Tax Compliance-Organisation 34
Tax Compliance Programm 34
Tax Compliance-Risiken 34
Tax Compliance-Ziele 34
Taxonomie 27
- Mindestumfang 27

TCMS Überwachung 34
Teilbesitz 21
Teileigentum 19
Teilnahme an der Bilanzsitzung des Aufsichtsrats 188
Temporary-Konzept 48, 72, 126, 129
Toleranzwesentlichkeit 117
Toleranzwesentlichkeitsgrenze 222
Transaktionspreis 98
Transformationsmodell 139
Treasury-Management 182
Treuhandeigentum 19
Turnaround 172

U

Übereignung 20
Übernahmefolgegewinn 238
Überschuldung 120, 167, 185, 186
- Beurteilung des Vorliegens 120

Überschuldungsbegriff, zweistufiger 120
Überschuldungsbilanz 121
Überschuldungsprüfung 121
Überschuldung und bestandsgefährdende Tatsachen

- Definition, Prüfung und Berichterstattung 120, 126

Überzeugend auftreten beim Kurzvortrag 3
Umgang mit Beschwerden und Vorwürfen 137
Umgang mit Lampenfieber 7
Umsatzsteuer 92
Unbedingter Bestätigungsvermerk 66
Uneigennützige Treuhand 19
Uneingeschränkter Bestätigungsvermerk 66
Unmittelbarer Besitzer 20
Unternehmensplanung
- Erstellung einer integrierten 182

Unternehmensplanungsrechnung
- abgeleiteter Finanzplan 181
- Anforderungen an die Erstellung von Sanierungskonzepten 180
- Berufsstandards 180
- Bestätigungsvermerk 182
- bestcase 182
- Bottom-up-Planung 181
- Businessplan 180
- Credit Rating 180
- Erfolgs-, Vermögens- und Liquiditätsplanung 181
- Erhöhung der Prognosegenauigkeit 181
- Existenzgründung 180
- Finanzplanung 182
- Finanzstatus 181
- Fortbestehensprognose 181
- Fortführung der Unternehmenstätigkeit 180
- Going-Concern-Prinzip 180
- Integrierte 179
- Kapitalbeschaffung 180
- Konzernlagebericht 181
- Krisensituation 180
- Lagebericht 181
- operatives Controlling 180
- Plan-Bilanz 180
- Plan-Gewinn- und Verlustrechnung 180
- Plan-Kapitalflussrechnung 180
- Planungsanlässe 180
- Prognosebericht 181
- realcase 182
- Sanierungskonzept 180
- Teilpläne 181
- Top-down-Planung 181
- Treasury-Management 182

- Überschuldung 181
- Überschuldungsprüfung zweistufige 181
- Unternehmensbewertung 180
- Unternehmensplanung 180
- Vorwegberichterstattung 182
- worstcase 182
- Zahlungsunfähigkeit 181

Unternehmenstätigkeit
- Beurteilung der Fortführung i.R.d. Abschlussprüfung 59
- unangemessene Annahme der Fortführung 215
- Zweifel an der Annahme der Fortführung 214

Unterscheidung zwischen Dienst- und Werkvertrag 14
Unterschiede von Eigentum und Besitz 18
Unterschlagungsprüfung 149

V

Veränderung des Finanzmittelfonds 90
Verantwortung der gesetzlichen Vertreter und des Abschlussprüfers 101

Verbindlichkeiten
- aus der Begebung aus Bürgschaften, Wechsel- und Scheckbürgschaften 76
- aus Gewährleistungsverträgen 76

Vereine und Stiftungen
- Anforderungen des Gemeinnützigkeitsrechts 193
- Aufstellung eines Anhangs 193
- Aufstellung eines kaufmännischen Jahresabschlusses im Sinne des HGB 195
- Aufstellung eines Lageberichts 193
- aussagebezogene Prüfungshandlungen 195
- Ausweis 194
- Berichterstattung zu Abschlussprüfung im Sinne der §§ 317 ff. HGB 195
- Bewertung 193
- Einnahmen-/Ausgabenrechnung 194
- ergänzende Rechnungslegungsvorschriften der §§ 264–335 HGB 193
- Gewinn- und Verlustrechnung 194
- Handelsrechtliche Vorschriften 193
- Jahresabschluss 193
- Jahresabschluss und Lagebericht 193
- Kapitalerhaltungspflicht von Stiftungen 194
- Mittelverwendungsrechnung 194
- Nebenrechnungen 193
- originäre Buchführungspflicht 193
- originäre Rechnungslegungsvorschriften 193
- Prüfungsdurchführung 195
- steuerbegünstigte Geldstiftungen 194
- steuerliche Regelungen zur Führung von Büchern und Aufzeichnungen 193

Vereinfachtes Ertragswertverfahren 12
Vergangenheits- und zukunftsbezogene Prüfung des Lageberichts bei Unternehmen in der Krise 162
Vergleichswertverfahren 12
Verhältnismäßigkeitsgrundsatz 155
Verletzungen von Eigentum und Besitz 18
Verlustsonderkonten 143

Vermerk
- über die Prüfung des Abschlusses 105
- über die Prüfung des Lageberichts 105
- zu sonstigen Prüfungsgegenständen 106

Vermittlung von Präsentationstechniken 3
Verpflichtung zur Datenfernübertragung 26
Verstoß gegen den DCGK 58
Verteilungsrückstellungen 207
- Bewertung 207

Verträge
- Vorliegen mehrerer 97

Verträge mit Kunden 97
- Erlöse 96

Vertragliche Mängelansprüche 17
Vertragshaftung 14

Verwertung
- von Arbeiten von für den Abschlussprüfer tätigen Sachverständigen 95

Vierfeldermatrix 171
Visualisieren 7
Voice-Option 57
Volleigentümer 19
Vollständigkeitsgebot 46
Vorbehaltseigentum 19

Vorbereitung
- auf die Prüfung 3
- des Vortrags am Prüfungstag 4

Vorbereitungsgruppe 3
Vorliegen einer wesentlichen Unsicherheit 62
Vorsätzliches Handeln 15
Vorschlagsrecht des Abschlussprüfers 187
Vortragsgliederung 4

Vortragsskript erstellen 4
Vortragsthemen 4
Vorwegberichterstattung zu der Lagebeurteilung des Unternehmens 224

W

Währungsbedingte Abschreibungen 126
Währungsumrechnung
- bei der Zugangsbewertung 124
- im Konzernabschluss 124
- in der Gewinn- und Verlustrechnung 126

Währungsumrechnung im HGB-Jahresabschluss 124, 130
- Anhang 126
- Anwendungsbereich des § 256a HGB 124
- Devisenkassamittelkurs 125
- Eigenkapital 125
- Einführung und Konzeption 124
- Folgebewertung 125
- Lagebericht 126
- Rechnungsabgrenzungsposten 125
- Rückstellungen 125
- Sonstige Vermögensgegenstände 125
- Verbindlichkeiten 125
- Vermögensgegenstände des Anlage- und Umlaufvermögens 125
- Zugangsbewertung 124

Walk-through 88, 95
Wechselobligo 76
Werkleistung, mangelhafte 14
Werkvertrag 14
Wertaufhellungsprinzip 113
Wert des Immobilienvermögens 9
Wesentliche Neuerungen durch IDW EQS 1 137
Wesentliche Unsicherheit 63, 214
- im Abschluss nicht angemessen angegeben 123
- angemessene Anwendung des Rechnungslegungsgrundsatzes 123

Wesentlichkeit
- Begriff 219
- im Rahmen der Jahresabschlussprüfung 116
- Konzept - Anwendung 117

Wesentlichkeits- und Stetigkeitsgrundsatz 91
Whistleblowing 137
Wiederauffüllung des Genussrechtskapitals 153
Wirtschaftliches Eigentum
- Begriff 19

Wirtschaftliches Prüfungswesen 2
Wirtschaftsprüfer
- Aufgaben und Berufspflichten 29
- Berufsbild 227
- Chancen und Risiken 31
- haftungsrelevante Rechtsbeziehungen 14

Wirtschaftsprüferexamen
- Hinweise zur Vorbereitung 3
- Inhalt 1

Wohnungseigentum 19

X

XBRL-Datensatz 27

Z

Zahlungsfähigkeit
- drohende 120

Zahlungsmitteläquivalente 90
Zahlungsstockung 167
Zahlungsunfähigkeit 120, 167, 181, 185
- drohende 167

Zeitplan zur Vorbereitung 4
Zeitraumbezogene Erfassung 99
Zielsetzung und Umfang des IDW S 10 11
Zusammenarbeit zwischen Wirtschaftsprüfer und Aufsichtsrat 187, 196
Zusammenwirken von handelsrechtlicher Fortführungsannahme und insolvenzrechtlicher Fortbestehensprognose 64, 183
Zuschüsse der öffentlichen Hand 198
- angemessene und ausreichende Prüfungsnachweise 201
- Ausweis der Zuwendungen 200
- Bilanzierung von nicht rückzahlbaren Zuwendungen 199
- direkte Methode 200
- erfolgswirksame Vereinnahmung 199
- finanzielle Zuwendungen 199
- indirekte Methode 200
- Investitionszuschüsse 199
- mögliche Rückzahlungsverpflichtungen 201
- öffentliche Förderungen, Bilanzierung 199
- Ordnungsmäßigkeit der Zuschussbilanzierung 201
- Passivierung der Rückzahlungsverpflichtung 200
- Prüfung 201
- steuerpflichtige Zuwendungen 199

Stichwortverzeichnis

- Subvention 199
- Überschuldung 201
- Zahlungsunfähigkeit 201
- Zeitpunkt der Bilanzierung 199
- Zuwendungen, bedingt rückzahlbare 200

Zuschussrücklage 238, 240
Zuwendungen, nicht rückzahlbare 199
Zweifel an der Annahme der Fortführung der Unternehmenstätigkeit 214
Zwei-Konten-Modell 143